DIE BESTEN SCHLANKHEITSREZEPTE DER WELT

Über 500 Rezepte unter 500 Kalorien

WILHELM HEYNE VERLAG

MÜNCHEN

HEYNE-BUCH Nr. 4290
im Wilhelm Heyne Verlag, München

Genehmigte, ungekürzte Taschenbuchausgabe
Copyright © 1976/1979 by Mosaik Verlag GmbH, München
und Orbis-Verlag für Publizistik GmbH, Hamburg
Printed in Germany 1980
Fotos: Peter Frisch, Rudolf Nüttgens, Jacques Hartz,
René Lauert, Christian Teubner, Arnold Zabert
Umschlaggestaltung: Atelier Heinrichs, München
Satz: Schaber, Wels
Druck: Ebner Ulm

ISBN 3-453-40274-X

In unserer alphabetisch geordneten Rezeptsammlung finden Sie 644 kalorienarme Gerichte. Und zwar keine Hungerkost, bei deren Anblick sich der Magen schon in Trauerfalten legt, **sondern vollwertige, schmackhafte Speisen, die man mit ungetrübtem Genuß essen kann.**
Wer abnehmen will, kommt auf vielen Wegen zum Ziel. Fast jede Abmagerungsdiät bringt ihn dahin, wenn – ja, wenn er sie durchhält. Die Schwäche der meisten Kuren mit stark reduzierter Kalorienzahl ist jedoch, daß sie von uns eine Stärke verlangen, die schon fast übermenschlich ist: Wir sollen uns tage-, ja wochenlang damit abfinden, daß ein leises, aber nie zu vergessendes Hungergefühl an unserem Innenleben nagt!
»Wenn Sie abnehmen wollen, müssen Sie dafür sorgen, daß Sie satt werden.« Dies sagt der Ernährungswissenschaftler Professor Dr. Hans Ditschuneit zu allen, die mit Übergewicht zu ihm kommen. Seine Empfehlung: »Schränken Sie während einer Abmagerungskur den Anteil der Kohlenhydrate an den Speisen stark zugunsten der Eiweiß- und Fettwerte ein. Denn Nahrungsmittel mit viel Kohlenhydraten machen schnell wieder hungrig.«
Weil es also nicht nur auf die Kalorien – oder die Joule-Werte, die später einmal an ihre Stelle treten werden – ankommt, sondern auf den Anteil von Eiweiß, Fett und Kohlendydraten an der täglichen Nahrung, haben wir zu allen Rezepten in MENÜ SCHLANK auch diese Mengen ausgerechnet. In welchem Verhältnis sie bei einer Reduktionskost zueinander stehen sollen, **sagt Ihnen die Einführung zu unserer Kalorientabelle.** Auch den Cholesteringehalt, der pro Tag 300 mg nicht überschreiten sollte, weisen wir aus und bei Rezepten, die sich für Diabetiker eignen, die Broteinheiten.

Die Redaktion von MENÜ SCHLANK hat bewußt darauf verzichtet, nur Rezepte für strenge Reduktionskost zu bringen. Sie sollten also immer einen prüfenden Blick auf den Rezeptvorspann werfen. Sie finden nämlich auch ein paar außerplanmäßige **Schleckereien, die Sie sich aber lieber als gelegentliche Belohnung für Erfolge auf der Waage aufsparen** oder Ihren Familienmitgliedern überlassen sollten. Das gilt auch für die Beilagen, bei denen wir auch mehr an Ihre Tischgenossen gedacht haben. Nichts für ungut und viel Spaß beim Schlankessen.

Abendbrot daheim

Eine Portion enthält: 11 g Eiweiß, 10 g Fett, 11 g Kohlenhydrate, 147 mg Cholesterin.
Kalorien: 195 = 816 Joule.
Zubereitung: 55 Minuten.

5 g getrocknete chinesische Pilze, 1 TL Sojasoße, ¾ l Würfelbrühe, 20 g Sago, Salz, weißer Pfeffer, Streuwürze, 2 EL Sherry, Dill, Schnittlauch, 1 kleiner Rettich, 125 g kleine Tomaten, 2 hartgekochte Eier, 1 Stück Salatgurke (150 g), 1 kleine Paprikaschote, 100 g Lachsschinken, Salatblätter zum Auslegen. – Für die Marinade: 2 EL Zitronensaft, 1 EL Tomatenketchup, Salz, Süßstoff, 2 EL Pflanzenöl.

Chinesische Pilze etwa 10 Minuten einweichen, dann ausdrücken. Mit Sojasoße durchziehen lassen. Brühe aufkochen. Sago einstreuen und 15 Minuten darin garen. Die kleingeschnittenen Pilze 10 Minuten mitgaren. Suppe mit Salz, Pfeffer, Streuwürze und Sherry abschmecken. Vor dem Servieren mit etwas gehacktem Schnittlauch und Dill überstreuen. Rest aufbewahren.
Rettich schälen. Mit einem Rettichschneider spiralenförmig aufschneiden. Tomaten, hartgekochte Eier und Gurke in Scheiben schneiden. Paprikaschote vierteln, waschen, in dünne Streifen schneiden. Lachsschinken aufrollen.
Eine Platte mit Salatblättern belegen. Alle vorbereiteten Zutaten gruppenweise darauf anrichten. Für die Marinade Zitronensaft, Tomatenketchup, Salz, Süßstoff und Pflanzenöl verrühren. Kräftig abschmecken und über die Salatzutaten träufeln. Zuletzt noch gehackten Dill und Schnittlauch über Gurken und Tomaten streuen.

Beilagen: 4 Scheiben Toast. Eine Scheibe: 52 Kalorien = 218 Joule. Dazu 20 g Halbfettmargarine. Eine Portion: 38 Kalorien = 159 Joule.

Alkohol

Bei einer Schlankheitsdiät sollten Sie starken Alkohol wie Schnäpse und Südweine meiden. Wenn schon Alkohol, dann ein Glas Bier (0,2 = 94 Kalorien). Weil es ein paar Vitamine und Eiweiß enthält. Besser noch ein Glas (⅛ l) Weißwein mit 76 Kalorien und Vitaminspuren. Oder auch leichten Rotwein (95 Kalorien), der auch Vitamine und Mineralstoffe enthält. Wein deshalb, weil er bei eiweißreicher Kost die Eiweißverdauung fördern kann. Die Kalorien von ein, zwei Gläschen (¼ l) fallen unter diesen Umständen nur sehr wenig ins Gewicht. Aber bitte nicht mehr trinken. Der Kalorien wegen! Wenn Sie aber leberempfindlich sind, sollten Sie Alkohol möglichst ganz meiden.

Allerlei-Salat

Abb. nach Seite 16.

Eine Portion enthält: 21 g Eiweiß, 5 g Fett, 16 g Kohlenhydrate = 1,3 BE, 51 mg Cholesterin.
Kalorien: 201 = 855 Joule.
Zubereitung: 30 Minuten.

1 Kopf Salat, 1 Dose Mandarinen (190 g), ½ Salatgurke (250 g), 250 g Tomaten, 1 Dose Champignons (230 g), 250 g gegrilltes Hähnchenfleisch. – Für die Marinade: 1 Becher Magerjoghurt, 2 EL (20 g) Mayonnaise (50 %), 2 EL Zitronensaft, Salz, 1 Prise Zucker oder flüssiger Süßstoff, weißer Pfeffer, Zwiebelpulver, Ingwer, Paprika edelsüß. 1 Kästchen Kresse zum Garnieren.

Salat putzen, waschen, abtropfen lassen. Blätter zerpflücken. Mandarinen abtropfen lassen. Gurke waschen. Ungeschält in Scheiben schneiden. Tomaten waschen und in Achtel schneiden.
Abgetropfte Champignons in Scheiben schneiden. Hähnchenfleisch von den Knochen lösen. In gleichmäßige Stücke schneiden. Alle vorbereiteten Zutaten in einer Schüssel vorsichtig untereinanderheben.
Für die Marinade Joghurt mit der Mayonnaise schaumig schlagen. Zitronensaft, Salz, Zucker oder Süßstoff, Pfeffer und Zwiebelpulver, Ingwer und Paprika dazu geben. Dann kräftig abschmecken.

Salat in einer frischen Schüssel anrichten. Mit Kresse garnieren. Marinade nur darübergeben, nicht mischen. Das wird am Tisch gemacht.

Beilagen: 4 Scheiben Knäckebrot. Eine Scheibe: 38 Kalorien = 159 Joule. 0,6 BE. — 20 g Butter. Eine Portion: 38 Kalorien = 158 Joule.

PS: Kalorienrechner müsssen wissen, daß Knäckebrot nicht gleich Knäckebrot ist. Die verschiedenen Sorten können unterschiedliche Kalorienwerte haben. Wir empfehlen deshalb immer Roggen-Knäcke.

Amerikanische Steaks
6 Portionen

Eine Portion enthält: 28 g Eiweiß, 14 g Fett, 24 g Kohlenhydrate, 88 mg Cholesterin.
Kalorien: 352 = 1474 Joule.
Zubereitung: 25 Minuten.

> *1 kleine Apfelsine (150 g), 3 Walnußkerne, 1 Tomate, 1 kleine Zwiebel, 1 rote Peperoni, 2 Maiskölbchen aus dem Glas, 4 Pfirsichhälften aus der Dose, 1 Dose Erbsen (280 g), 1 Dose Maiskörner (280 g), 20 g Margarine, 6 Filetsteaks (je 125 g), 1½ EL Pflanzenöl (20 g), Salz, schwarzer Pfeffer, ½ Bund Petersilie.*

Apfelsine mit einem scharfen Messer wie einen Apfel schälen. Auch die weiße Haut entfernen. Frucht in Scheiben schneiden. Mit den Walnußkernen bereitlegen. Tomate in Scheiben schneiden. Zwiebel würfeln. Peperoni längst halbieren und entkernen. Mit den Maiskölbchen beiseitelegen. Eine Pfirsichhälfte in Spalten schneiden.
Erbsen und Mais im Dosenwasser erhitzen, abgießen und in 10 g Margarine schwenken. Würzen.
Filetsteaks im heißen Pflanzenöl etwa 3 Minuten auf jeder Seite braten. Mit Salz und Pfeffer würzen. Auf einer vorgewärmten Platte anrichten und warm stellen. Die bereitgelegten Zutaten nacheinander in 10 g Margarine erhitzen. Salzen. Steaks damit garnieren.
Restliches Gemüse und drei nochmal halbierte, erwärmte Pfirsichhälften als Beilage reichen. Steakplatte mit Petersilie garnieren.

Beilage: Körnig gekochter Reis von 125 g. Eine Portion: 115 Kalorien = 481 Joule.

Ananas-Erdbeerschale

Eine Portion enthält: 6 g Eiweiß, 1 g Fett, 14 g Kohlenhydrate, 1 mg Cholesterin.
Kalorien: 90 = 377 Joule.
Zubereitung: 15 Minuten.

375 g Erdbeeren, Süßstoff, 125 g Speisequark (10%), 2 EL Magermilch, 1 Prise Salz, etwas Vanillemark, 100 g Ananasstücke (Dose).

Erdbeeren waschen, entstielen, halbieren und mit Süßstoff süßen. Auf vier Glasschalen verteilen. Ein paar Früchte zum Garnieren zurücklassen.
Quark mit Milch, Salz, Vanillemark und Süßstoff glattrühren. Den größten Teil der Ananasstücke fein würfeln. Unter den Quark mischen. Über die Erdbeeren verteilen. Mit Erdbeer- und Ananasstücken garnieren.

Beilagen: 4 Zwiebäcke. Ein Stück: 40 Kalorien = 167 Joule.

TIP Erdbeeren enthalten viel Vitamin C und alle Mineralstoffe und Spurenelemente. Sie sind nierenfreundlich. Nutzen Sie die Erdbeerzeit.

Ananaskraut

Eine Portion enthält: 2 g Eiweiß, 6 g Fett, 17 g Kohlenhydrate, 0 mg Cholesterin.
Kalorien: 132 = 553 Joule.
Zubereitung: 30 Minuten.

1 Zwiebel, 2 EL Pflanzenöl (20 g), 500 g Sauer- oder Weinkraut, 3 EL Weißwein, 1 Brühwürfel, 200 g Ananasstücke (Dose), Salz, weißer Pfeffer.

Geschälte Zwiebel würfeln und im Fett goldgelb braten. Zwei Drittel des Sauerkrautes, Weißwein und eventuell einen Schuß Wasser dazugeben und das Gemüse in 20 Minuten garen. Das restliche rohe Sauerkraut feinhacken und zusammen mit den etwas zerkleinerten Ananasstücken ins Sauerkraut mischen. Mit Salz und Pfeffer kräftig abschmecken.

Beilagen: 4 Kasseler-Koteletts (500 g) in 1 EL Pflanzenöl gebraten. Ein Kotelett: 363 Kalorien = 1520 Joule. — Kartoffelschnee von 500 g Kartoffeln. Eine Portion: 85 Kalorien = 356 Joule.

TIP Sauerkraut ist eine gute Vitamin-C-Quelle. Deshalb gibt man auch einen Teil roh ins gekochte Gemüse. Weitere Vorteile: Sein Anteil an Milchsäure macht es leicht verdaulich und wirkt sich positiv auf die Darmflora aus. Weiter ist Sauerkraut reich an Kalium und Calcium. Man kann es als Mittel zum Entschlacken auch roh essen oder als Saft trinken.

Ananassalat auf Äpfeln

Eine Portion enthält: 2 g Eiweiß, 7 g Fett, 26 g Kohlenhydrate, 10 mg Cholesterin.
Kalorien: 172 = 720 Joule.
Zubereitung: 15 Minuten.

50 g Mayonnaise (50 %), 2 EL Magermilch, Salz, weißer Pfeffer, flüssiger Süßstoff. ½ TL Currypulver, 150 g Ananasstücke aus der Dose, 2 Tomaten, 150 g Staudensellerie, 3 mürbe Äpfel (375 g), 4 Salatblätter, Saft einer Zitrone. – Zum Garnieren: 4 Kirschen und 4 gefüllte Oliven.

Mayonnaise mit Milch und Gewürzen verrühren und abschmecken. Ananasstücke etwas kleiner schneiden. Tomaten abziehen und würfeln. Staudensellerie putzen und in feine Ringe schneiden. 2 Äpfel schälen. Ebenfalls würfeln. Alle diese Zutaten leicht in die Mayonnaise mischen.
Die gut abgetropften Salatblätter auf vier Portionsteller verteilen. Einen gewaschenen Apfel ausstechen, in vier Scheiben schneiden, auf die Salatblätter legen und mit Zitrone beträufeln. Ananassalat auf die Apfelscheiben verteilen.
Die vier Portionsteller des Ananas-Salats mit je einer Kirsche und einer in Scheiben geschnittenen Olive garnieren.

Beilagen: 4 Scheiben Toast. Eine Scheibe: 52 Kalorien = 218 Joule.

Apfel

Ein Hoch dem Apfel, weil er soviele gute Diät-Seiten hat. Daß er relativ kalorienarm ist, hat sich sicher schon herumgesprochen. Genau gesagt: Ein größerer Apfel wiegt — geschält und entkernt — 100 g. Damit hat er 55 Kalorien oder 230 Joule. Durch seinen Gehalt an Frucht- und Traubenzucker liefert der Apfel 12 g Kohlenhydrate, also eine Broteinheit. Das bedeutet: Er ist Idealkost nicht nur für alle, die der Figur zuliebe Kalorien sparen müssen, sondern auch für Diabetiker.

Sogar Magenempfindliche können Äpfel gut vertragen, wenn die Äpfel geschält und zerkleinert werden. Denn die Apfelsäure wirkt günstig auf Verdauung und Stoffwechsel, aber nicht schädlich bei Magenübersäuerung, weil ein Basenüberschuß besteht.

Da der Apfel kaum Natrium enthält, kann er auch bei salzarmer Kost unbedenklich empfohlen werden. Ein Apfelrohkosttag zwischendurch ist eine gute Sache. Denn Äpfel entschlacken, schwemmen aus und sorgen für Gewichtsreduktion. Außer Vitamin C enthalten Äpfel auch noch die meisten anderen Vitamine und Mineralstoffe und Spurenelemente, die für Ihre Gesundheit wichtig sind.

Apfelsüßmost enthält übrigens auch die wichtigsten Nährstoffe des Apfels. Für 100 g (1 Glas enthält etwa 200 g) müssen Sie 46 Kalorien oder 193 Joule rechnen.

Tun Sie noch mehr für Ihre Gesundheit: Verwenden Sie Apfelessig in der Küche. Oder trinken sie täglich eine Mischung aus 1 EL Apfelessig (Obstessig), 1 TL Honig und Wasser. Damit decken Sie einen Teil Ihres täglichen Kaliumbedarfs und bekommen weitere Mineralstoffe und Spurenelemente.

Apfel bosnisch

Eine Portion enthält: 1 g Eiweiß, 5 g Fett, 33 g Kohlenhydrate, 0 mg Cholesterin.
Kalorien: 209 = 875 Joule.
Zubereitung: 25 Minuten.

4 große Äpfel (600 g), 20 g Margarine, 20 g kandierter Ingwer, 1 EL Rosinen (15 g), 40 g Zucker, 4 EL Sliwowitz.

Äpfel waschen. Kerngehäuse ausstechen. Margarine in einer feuerfesten Form erhitzen. Äpfel hineinsetzen. Mit der Margarine aus der Form bepinseln.
Ingwer würfeln, mit den Rosinen mischen und in die Äpfel füllen. Mit Zucker bestreuen. Aufs Backblech setzen und in den vorgeheizten Ofen schieben.

Bratzeit: 15 Minuten. Elektroherd: 225 Grad. Gasherd: Stufe 4.
Äpfel aus dem Ofen nehmen. In der Form mit erwärmtem Sliwowitz übergießen, anzünden und brennend servieren.

Beilagen: Schlagschaum von ½ Beutel Instant Schlagschaumpulver (20 g) und 5 EL sehr kalter Magermilch: Eine Portion: 41 Kalorien = 172 Joule. 0,2 BE.

TIP Wer sich täglich ein oder zwei Äpfel gönnt, tut sich etwas Gutes an. Denn Äpfel sind wahre Vitamin- und Mineralstoffdepots.
Und zwei Äpfel können gut und gern mal eine Abendmahlzeit ersetzen. Für Kaloriensparer.

Apfelfleisch

Eine Portion enthält: 16 g Eiweiß, 36 g Fett, 9 g Kohlenhydrate = 0,7 BE, 70 mg Cholesterin.
Kalorien: 444 = 1859 Joule.
Zubereitung: 70 Minuten.

500 g Kotelettstück vom Schwein, Salz, weißer Pfeffer, 2 EL Pflanzenöl (20 g), 2 Zwiebeln, 2 Äpfel (250 g). Zum Garnieren: Petersilie.

Kotelettstück mit Salz und Pfeffer einreiben. Pflanzenöl im Topf erhitzen. Fleisch rundherum gut anbräunen. Einen Schuß Wasser zufügen. Fleisch 50 Minuten braten. Zwischendurch mit dem Bratfond beschöpfen.
Geschälte Zwiebeln in Ringe schneiden, Äpfel schälen, achteln und entkernen. Beides 10 Minuten vor Ende der Bratzeit zum Fleisch geben und goldbraun werden lassen. Fleisch auf einer vorgewärmten Platte mit Bratfond, Zwiebeln und Äpfeln anrichten. Mit Petersilie garnieren.

Beilagen: Kopfsalat in einer Marinade aus Gewürzen und je 2 EL Zitronensaft, Pflanzenöl und Kräutern. Eine Portion: 55 Kalorien = 230 Joule. 0,1 BE. — Kartoffelbrei von 500 g Kartoffeln, $1/8$ l Magermilch (150 cm^3) und 10 g Margarine. Eine Portion: 116 Kalorien = 486 Joule. 2 BE.

PS: Als Äpfel verwenden Sie am besten leicht säuerliche Sorten. Zum Beispiel Gravensteiner oder Roten Boskop.

Apfelkuchen

Ein Stück enthält: 1 g Eiweiß, 2 g Fett, 15 g Kohlenhydrate, 0 mg Cholesterin.
Kalorien: 78 = 327 Joule.
Zubereitung: Ohne Ruhezeit 55 Minuten.

15 g Hefe, gut $1/8$ l lauwarme Magermilch (150 cm^3), 20 g Zucker, 250 g Mehl, 1 Prise Salz, 30 g Margarine, 1000 g Äpfel, 2 EL Zitronensaft, 100 g Zucker zum Bestreuen.

Hefe in die Milch bröckeln, 1 Prise Zucker zufügen, mischen, aufgehen lassen. Übrigen Zucker, Mehl, Salz und die zerlaufene Margarine in eine Schüssel geben. Hefemilch zufügen. Zu einem Teig mischen. Kräftig kneten und schlagen. Mit Folie abgedeckt an einem warmen Ort bis zur doppelten Größe aufgehen lassen.
Noch mal kurz durchkneten. Backblech einfetten, Teig auf einer Hälfte ausrollen. Noch mal gehenlassen.
Inzwischen die Äpfel schälen, vierteln, entkernen und in gleichmäßige Schnitze schneiden. Mit Zitronensaft beträufeln und die Teigplatte damit belegen. In den vorgeheizten Ofen schieben.

Backzeit: 20—25 Minuten. Elektroherd: 200—225 Grad. Gasherd: Stufe 3—4.
Aus dem Ofen nehmen. Noch warm mit Zucker bestreuen und in 16 Stücke schneiden.

PS: Wer sich mehr Kalorien leisten kann, gibt vorm Backen noch 100 g gewaschene Rosinen auf die Äpfel. Ein Stück enthält dann 17 Kalorien = 71 Joule mehr.

TIP Teig auf dem Backblech am besten mit einer Schiene aus Alufolie abgrenzen. Das hält ihn in der richtigen Form.

Apfelmüsli

Eine Portion enthält: 3 g Eiweiß, 4 g Fett, 36 g Kohlenhydrate, 2 mg Cholesterin.
Kalorien: 202 = 845 Joule.
Zubereitung: 15 Minuten.

10 EL Vollkornhaferflocken (100 g), ¼ l fettarme Milch, 1 TL gemahlene Walnußkerne (5 g), 2 Äpfel (250 g), 100 g Weintrauben, 1 EL Sanddornsaft, 1 TL Zitronensaft, 2 TL Bienenhonig (20 g).

Haferflocken 15 Minuten in der Milch einweichen. Gemahlene Walnüsse zugeben. Äpfel waschen, abtrocknen und ungeschält in die Haferflocken raffeln. Gewaschene Weintrauben halbieren, entkernen und kleinschneiden. Mit Sanddorn- und Zitronensaft in die Mischung rühren. Mit Bienenhonig abschmecken.

Apfelquark mit Weizenkeimen
Eine Portion

Enthält: 13 g Eiweiß, 5 g Fett, 44 g Kohlenhydrate, 10 mg Cholesterin.
Kalorien: 265 = 1109 Joule.
Zubereitung: 10 Minuten.

3 EL Magerquark (40 g), 3 EL Buttermilch, 1 EL Sahne (10 g), 1 EL Sanddornsaft (20 g), 1 TL Honig (10 g), 2 TL Zitronensaft, 1 Apfel (100 g), 2 EL Weizenkeime (20 g).

Quark mit Buttermilch und Sahne schaumig rühren. Sanddornsaft, Honig und Zitronensaft zugeben.
Apfel waschen. In die Quarkmischung raffeln. Mit den Weizenkeimen unterrühren. 30 Minuten zugedeckt ruhen lassen. Nach Wunsch mit Süßstoff abschmecken.

Beilage: 1 Scheibe Knäcke. 38 Kalorien = 159 Joule.

Apfelsalat pikant

Eine Portion enthält: 4 g Eiweiß, 1 g Fett, 21 g Kohlenhydrate, 0 mg Cholesterin.
Kalorien: 101 = 423 Joule.
Zubereitung: 30 Minuten.

375 g Sellerie, Salz, 2 EL Zitronensaft, 375 g Äpfel, flüssiger Süßstoff, 125 g Möhren, 1 Magermilch-Joghurt, 25 g Mayonnaise (50 %), Salz, weißer Pfeffer, 1 Prise Ingwerpulver.

Sellerie schälen, in Scheiben schneiden und in Salzwasser etwa 10 Minuten garen. Abkühlen lassen, in Stifte schneiden und mit Zitronensaft beträufeln. Äpfel ungeschält vierteln, entkernen, in Stückchen schneiden und leicht süßen. Mit dem Sellerie mischen. Möhren putzen, fein raspeln und ebenfalls untermischen.
Joghurt und Mayonnaise mit den Gewürzen verquirlen und abschmecken. Über den Salat geben.

Wann reichen? Als Beilage zu kaltem Braten, als Imbiß oder Zwischenmahlzeit.

PS: Sellerie hat einen hohen Anteil an Vitamin E. Der Mensch braucht es, um Gefäß-, Kreislauf- und Drüsensystem gesund zu halten.

Apfelstrudel
8 Portionen

Eine Portion enthält: 4 g Eiweiß, 7 g Fett, 62 g Kohlenhydrate, 0 mg Cholesterin.
Kalorien: 336 = 1407 Joule.
Zubereitung: Etwa 100 Minuten.

250 g Mehl, ½ TL Salz, ⅛ l lauwarmes Wasser, 40 g flüssige Margarine, 1000 g Äpfel, 75 g Zucker und flüssiger Süßstoff, ½ TL Zimt, 75 g Rosinen oder Korinthen, Margarine zum Bestreichen (15 g), 1 EL Semmelbrösel (15 g), 10 g Puderzucker.

Mehl in eine Schüssel geben, Mulde eindrücken, Salz daraufstreuen, Wasser und Margarine in die Mitte gießen. Alles vorsichtig verrühren, dann kneten. Teig kräftig schlagen, damit er geschmeidig wird. Mit

warmem Wasser bestreichen und in einem vorgewärmten, geschlossenen Topf 30 Minuten ruhen lassen.

Inzwischen Äpfel schälen, vierteln, entkernen und in feine Scheibchen schneiden. Mit Zucker, Süßstoff, Zimt und Rosinen oder Korinthen mischen.

Den Teig auf bemehltem Tuch ausrollen und über beide Handrücken vorsichtig so dünn ausziehen, daß man eine Zeitung darunter lesen könnte. Mit etwas zerlassener Margarine bestreichen und mit Semmelbröseln bestreuen.

Eine Hälfte mit Apfelfüllung belegen, die Ränder seitlich etwa 2 cm einschlagen. Dann das Tuch an der belegten Teigseite anheben, so daß sich der Strudel fast von selbst aufrollt. Teigende etwas andrücken und Seiten verschließen. Strudel auf ein gefettetes Backblech heben. Mit zerlassener Margarine bestreichen und in den vorgeheizten Ofen schieben.

Während des Backens noch ein- bis zweimal bepinseln. Mit Puderzucker bestäuben. Warm servieren.

Backzeit: 50—60 Minuten. Elektroherd: 200—225 Grad. Gasherd: Stufe 3—4.

Wann reichen: Als Dessert mit Vanillesoße von 2 Beuteln Instant-Soßenpulver und ½ l Magermilch. Eine Portion: 60 Kalorien = 251 Joule.

Apfelstrudel schmeckt auch abgekühlt am Nachmittag zum Kaffee.

PS: Wer ein Ei in den Teig gibt (siehe Bild), nimmt 2 EL Wasser weniger und rechnet für jede Portion 9 Kalorien = 37 Joule hinzu.

Appetithappen

Zubereitung: Für jedes Rezept 5 bis 10 Minuten.

Mit Tatar

Ein Häppchen enthält: 5 g Eiweiß, 2 g Fett, 6 g Kohlenhydrate = 0,5 BE, 12 mg Cholesterin.
Kalorien: 63 = 263 Joule.

1 Scheibe Vollkornbrot (50 g), 5 g Butter oder Margarine, 50 g Tatar (Beefsteakhack), Salz, weißer Pfeffer, Zwiebelpulver, ½ Eiweiß, 1 Scheibe gekochtes Ei, 1 TL Kapern, Kresse.

◁ *Bananen-Cocktail (Rezept S. 34)*

Vollkornbrot bestreichen, Tatar mit den Gewürzen und dem rohen Eiweiß mischen. Abschmecken. Aufs Brot verteilen. In vier Häppchen schneiden. Mit gekochtem Eiweißring, Kapern und Kresse garnieren.

Mit Quarkcreme

Ein Häppchen enthält: 4 g Eiweiß, 1 g Fett, 5 g Kohlenhydrate = 0,4 BE, 4 mg Cholesterin.
Kalorien: 49 = 205 Joule.

1 Scheibe Grahambrot (35 g), 5 g Butter oder Margarine, 2 EL Magerquark, 1 TL Magermilchpulver, Salz, weißer Pfeffer, ½ EL Schnittlauch, 4 Radieschen, Petersilie.

Grahambrot bestreichen. Quark mit Magermilchpulver, Gewürzen und Schnittlauch mischen. Aufs Brot verteilen. In vier Stücke schneiden. Garnieren mit Radieschen und Petersilie.

Mit Schweinebraten

Ein Häppchen enthält: 4 g Eiweiß, 3 g Fett, 5 g Kohlenhydrate = 0,4 BE, 45 mg Cholesterin.
Kalorien: 68 = 284 Joule.

1 Scheibe Graubrot (35 g), 5 g Butter oder Margarine, 1 Scheibe magerer Schweinebraten (50 g), ½ gekochtes Ei, 4 Dillspitzen.

Graubrot bestreichen. Mit Schweinebraten belegen. Das Brot vierteln. Mit Eischeiben und Dillspitzen garnieren.

Mit Rohkost

Ein Häppchen enthält: 3 g Eiweiß, 2 g Fett, 7 g Kohlenhydrate = 0,5 BE, 62 mg Cholesterin.
Kalorien: 64 = 268 Joule.

1 Scheibe Vollkornbrot (50 g), 5 g Butter oder Margarine, 1 Tomate, 1 gekochtes Ei, 1 Cornichon, Salz, Pfeffer, Dill.

Bestrichenes Brot vierteln. Mit Tomaten-, Ei- und Cornichonscheiben belegen. Würzen. Dill anlegen.

Mit Hühnerbrust

Ein Häppchen enthält: 5 g Eiweiß, 2 g Fett, 2 g Kohlenhydrate = 0,1 BE, 20 mg Cholesterin.
Kalorien: 49 = 205 Joule.

1 Scheibe Weißbrot (25 g), 5 g Butter oder Margarine, 50 g gekochtes Hühnerbrüstchen, 12 Spargelspitzen (50 g), 1 Blatt Kopfsalat, 20 Nordseekrabben (20 g).

Weißbrot bestreichen. Hühnerbrüstchen in gleichmäßige Scheiben schneiden. Brot damit belegen. Vierteln. Mit je 3 abgetropften Spargelspitzen, einem Stück Salatblatt und 5 Krabben garnieren.

Mit Kalbsbraten

Ein Häppchen enthält: 4 g Eiweiß, 3 g Fett, 9 g Kohlenhydrate, 15 mg Cholesterin.
Kalorien: 83 = 347 Joule.

1 Scheibe Graubrot (35 g), 5 g Butter, 1 Scheibe Kalbsbraten (50 g), 1 Blatt Kopfsalat, Walnußkerne (10 g), 4 Cocktailkirschen (20 g).

Graubrot bestreichen. Mit Kalbsbraten belegen. Vierteln, mit Salat, Walnußkernen und Kirschen garnieren.

Mit Schinken

Ein Häppchen enthält: 4 g Eiweiß, 6 g Fett, 5 g Kohlenhydrate = 0,4 BE, 14 mg Cholesterin.
Kalorien: 92 = 385 Joule.

1 Scheibe Grahambrot (50 g), 5 g Butter oder Margarine, 2 Scheiben magerer, geräucherter Schinken (60 g), 4 Champignons, Kresse.

Grahambrot bestreichen. Vierteln. Schinkenscheiben auch vierteln. Aufrollen. Auf jedes Brotstück zwei Schinkenröllchen mit Champignons und Kresse legen.

Mit Mortadella

Ein Häppchen enthält: 2 g Eiweiß, 4 g Fett, 3 g Kohlenhydrate = 0,2 BE, 10 mg Cholesterin.
Kalorien: 56 = 234 Joule.

1 Scheibe Toastbrot (20 g), 5 g Butter oder Margarine, 2 Scheiben Mortadella (30 g), 4 paprikagefüllte Oliven.

Toastbrot bestreichen und vierteln. Mortadellascheiben halbieren. Je eine Hälfte auf ein Stück Brot legen. Oliven in dünnen Scheiben auf die Häppchen legen.

Mit Frischrahmkäse

Ein Häppchen enthält: 2 g Eiweiß, 2 g Fett, 6 g Kohlenhydrate = 0,5 BE, 4 mg Cholesterin.
Kalorien: 43 = 180 Joule.

1 Scheibe Vollkornbrot (50 g), 5 g Butter oder Margarine, 1 Ecke Frischrahmkäse (62,5 g), 2 TL Kondensmilch, Paprika edelsüß, Kresse.

Brot bestreichen und vierteln. Frischrahmkäse mit der Kondensmilch glattrühren. Mit dem Spritzbeutel auf die Brotscheiben dressieren. Mit Paprika bestäuben. Kresse anlegen.

Aprikosen-Auflauf

Eine Portion enthält: 11 g Eiweiß, 3 g Fett, 57 g Kohlenhydrate, 4 mg Cholesterin.
Kalorien: 304 = 1273 Joule.
Zubereitung: 50 Minuten.

¾ l (etwa 750 g) Magermilch, 1 Stückchen ungespritzte Zitronenschale, 1 kleine Prise Salz, 100 g mittelfeine Haferflocken, 1 TL Sojamehl, flüssiger Süßstoff, 1 TL Vanillinzucker, 1 Eiweiß, 500 g Aprikosen aus der Dose (850 g Fruchteinwaage), 1 TL Butter oder Margarine, 1 TL Zucker.

Im Kochtopf 2 mm hoch Wasser aufkochen, dann brennt die Magermilch nicht an.
Magermilch, Zitronenschale und Salz hineingeben. Aufkochen.
Haferflocken und Sojamehl mischen. Unter Rühren zur Milch geben. Kurz durchkochen. Mit Süßstoff und Vanillinzucker abschmecken. Steifgeschlagenes Eiweiß unterheben. Vom Herd nehmen und abkühlen lassen.
Aprikosen abtropfen lassen. Auflaufform einfetten. Die Hälfte des Haferflockenbreis reingeben. Mit einer Schicht Aprikosen (einige zum Garnieren zurücklassen) belegen. Restlichen Brei darüber verteilen. Oberfläche mit den restlichen Aprikosen garnieren. Butter- oder Margarineflöckchen darüber verteilen, Zucker draufstreuen. In den vorgeheizten Ofen schieben.

Backzeit: 30 Minuten. Elektroherd: 180 Grad. Gasherd: Stufe 3.
Heiß oder kalt servieren.

Wann reichen? Als Abendessen oder als reichliche Zwischenmahlzeit.

Aprikosenbecher

Eine Portion enthält: 9 g Eiweiß, 10 g Fett, 34 g Kohlenhydrate, 26 mg Cholesterin.
Kalorien: 288 = 1206 Joule.
Zubereitung: 20 Minuten.

½ Dose Aprikosen (240 g), 1 Haushaltspackung Vanille-Eiskrem, 2 EL Maraschino-Likör, 125 g Speisequark (10 %), 250 g Himbeeren, 20 g Mandelstifte.

Aprikosen abtropfen lassen. Vier Hälften zum Garnieren zurücklassen. Die übrigen Aprikosen durch ein Sieb streichen.
Das Mus mit Eiskrem, Maraschino und Quark cremig rühren. Himbeeren auf vier Gläser verteilen, darauf die Aprikosencreme verteilen und die Mandelstifte streuen.

PS: Im Sommer auf jeden Fall frische Früchte verwenden. Denn frisch ist das darin enthaltene, augenfreundliche Vitamin A ganz besonders wirksam.

Aprikosen

Aprikosen sind rar. Weil die Welternte nicht groß ist. Aber so rar sie sind, so wichtig sind sie auch. Zum Beispiel ihres hohen Gehaltes an Vitamin A wegen, der selbst in getrockneten und Dosenfrüchten noch äußerst wirksam ist.
Und kalorienarm sind Aprikosen auch. Zumindest die frischen Früchte. 100 g haben 54 Kalorien, sind also eine feine Zwischenmahlzeit. Bei Konservenfrüchten müssen Sie mit 93 und bei getrockneten mit 300 Kalorien rechnen. Aber von den getrockneten Aprikosen ißt man ja auch nur wenig.
Aprikosensaft oder -nektar: 1 Glas (0,2 l) hat 100 Kalorien.
Drei wichtige B-Vitamine und 8 mg Vitamin C auf 100 g Frischfrüchte machen Aprikosen für fast jede Diät interessant. Für Schlankheitskost sowieso. Daß sie dreißigmal mehr Kalium als Natrium enthalten bedeutet: Aprikosen sind für entschlackende entwässernde Obsttage vorzüglich geeignet.
Trotz der angenehmen Fruchtsäure sind sie basenüberschüssig, übersäuern also den Magen nicht. Calcium und Magnesium stehen im ausgewogenen Verhältnis zueinander. Daß in je 100 g frischen Aprikosen 2 mg Eisen enthalten sind, hört sich neben all den Superlativen fast bedeutungslos an, ist es aber nicht. Aufgrund einer glücklichen Kombination der Wertstoffe gehört die Aprikose nämlich zu den hervorragenden Blutbildnern unter den Nahrungsmitteln. Es gibt zwar eisenhaltigere Nahrungsmittel, aber sie tragen weniger dazu bei, Hämoglobin (Blutfarbstoff) zu produzieren.
Wichtig: 2 bis 3 Eßlöffel gut gewaschene, getrocknete Aprikosen und ein paar Haselnüsse dazu sind eine vorzügliche Zwischenmahlzeit, ersetzen das Schulfrühstück und das Brot am Arbeitsplatz. Und vor allem sind sie eine wirksame Bremse für alle, die zu schnell nach Süßigkeiten greifen.

Aprikosen-Fruchtsalat

Eine Portion enthält: 2 g Eiweiß, 1 g Fett, 39 g Kohlenhydrate, 0 mg Cholesterin.

Kalorien: 143 = 599 Joule.
Zubereitung: 20 Minuten.

500 g vollreife Aprikosen, 100 g Heidelbeeren (frisch oder tiefgekühlt), 2 Äpfel (250 g), 1 Birne (125 g), 1 TL Zucker, 1 TL Vanillinzucker, 4 Blätter frische Minze.

Aprikosen waschen, entsteinen und vierteln. Heidelbeeren waschen und abtropfen lassen. Tiefgekühlte nur auftauen. Gewaschene Äpfel vierteln, entkernen und ungeschält in feine Scheiben schneiden. Geschälte, entkernte Birne auch in feine Scheiben schneiden. Alles mit Zucker und Vanillezucker mischen. 30 Minuten durchziehen lassen. Anrichten. Mit Minze garnieren.

Wann reichen? Als Dessert, wenn das Essen nicht zu reichhaltig war. Auch als Zwischenmahlzeit oder Abendessen mit Knäckebrot. Eine Scheibe: 38 Kalorien = 159 Joule. 0,6 BE.

PS: Diabetiker lassen den Zucker weg und schmecken mit Süßstoff ab. Und alle, die es sich leisten können — Diabetiker eingeschlossen — gönnen sich zusätzlich einen EL Schlagsahne. Macht 36 Kalorien für jede Portion mehr.

Aprikosen-Shake

Eine Portion enthält: 7 g Eiweiß, 7 g Fett, 25 g Kohlenhydrate, 24 mg Cholesterin.
Kalorien: 194 = 812 Joule.
Zubereitung: 35 Minuten.

65 g Trockenaprikosen, ¼ l Wasser, 1 Stückchen ungespritzte Zitronenschale, flüssiger Süßstoff, gut ¾ l (800 g) Trinkmilch (3,5 %), 4 Cocktailkirschen mit Stiel (20 g).

Aprikosen in einem Sieb mit heißem Wasser kurz überbrausen, dann gründlich kalt waschen. Mit Wasser und Zitronenschale aufkochen. 30 Minuten zugedeckt bei geringer Hitze quellen lassen. Durch ein Sieb passieren. Nach dem Auskühlen im Mixer pürieren. Mit einigen Tropfen Süßstoff abschmecken.
Abgekühltes Fruchtmark in vier Gläser verteilen. Mit je 200 g Milch (knapp ¼ l) verquirlen. Mit je einer Cocktailkirsche garniert servieren.

Wann reichen? Als vollwertige Zwischenmahlzeit, als Dessert oder als Suppe vor einem kräftigen Essen.

TIP Geschälte oder zerkleinerte Früchte niemals offen stehen lassen. Auch Fruchtsalat nicht. Sie werden mit Klarsicht- oder Alufolie abgedeckt und damit vor Vitaminverlust ausreichend geschützt. Denn der Sauerstoff der Luft kann einige Vitamine leicht zerstören.

Arabischer Reistopf

Eine Portion enthält: 38 g Eiweiß, 26 g Fett, 26 g Kohlenhydrate = 2,1 BE, 130 mg Cholesterin.
Kalorien: 520 = 2177 Joule.
Zubereitung: 90 Minuten.

375 g mageres Hammelfleisch ohne Knochen, 3/8 l Wasser, Salz, 1/2 Hähnchen (500 g), 1 Zwiebel, 1 EL Pflanzenöl (10 g), 125 g Reis, 2 Msp weißer Pfeffer, 2 Msp Zimt, 5 paprikagefüllte Oliven zum Garnieren.

Hammelfleisch in Würfel schneiden. Wasser und Salz im Topf aufkochen. Fleisch hineingeben. Zugedeckt 30 Minuten kochen lassen.
Dann das vorbereitete halbe Hähnchen zugeben.
Weitere 30 Minuten kochen lassen.
Geschälte Zwiebel in Ringe schneiden. Öl in einem anderen Topf erhitzen. Zwiebel darin glasig werden lassen. Fleisch und Brühe dazugeben. Hähnchen von den Knochen lösen. Mit dem Reis und den Gewürzen in das Gericht mischen. Reistopf 20 Minuten auf schwacher Hitze garen. Abschmecken. Mit in Scheiben geschnittenen Oliven garniert auftragen.

PS: Es könnte ja sein, daß Sie keine Oliven mögen. Für diesen Fall empfehlen wir Ihnen, zwei, drei kleine Gewürzgurken zu verwenden. Sie haben sogar noch weniger Kalorien als Oliven.

Arme Ritter

Eine Portion enthält: 7 g Eiweiß, 14 g Fett, 38 g Kohlenhydrate, 65 g Cholesterin.
Kalorien: 315 = 1319 Joule.
Zubereitung: 25 Minuten.

> ¼ l Magermilch, 1 Ei, flüssiger Süßstoff, 1 Prise Salz, 3 alte Brötchen, 30 g Semmelbrösel, 60 g Margarine, 25 g Zucker, ½ TL Zimt, 100 g Apfelmus aus der Dose.

Magermilch mit Ei, Süßstoff und einer Prise Salz verquirlen. Die Brötchen in Scheiben schneiden. Kurz in der Eiermilch einweichen und nicht zu weich werden lassen. Dann abgetropft in Semmelbröseln wenden. Margarine in der Pfanne erhitzen. Arme Ritter darin auf beiden Seiten je 5 Minuten goldbraun braten. Zucker und Zimt mischen. Arme Ritter damit bestreuen. Apfelmus dazu extra servieren.

Wann reichen? Arme Ritter, die in manchen Gegenden auch Karthäuser Klöße genannt werden, kann man mittags und abends essen. Dazu gibt es Tee mit Süßstoff und ⅛ l Trinkmilch. Eine Tasse: 20 Kalorien = 84 Joule.

PS: Wer noch mehr Kalorien sparen will, läßt Zimt und Zucker weg. 24 Kalorien weniger rechnen!

Artischocken Bordelaise

Eine Portion enthält: 6 g Eiweiß, 26 g Fett, 26 g Kohlenhydrate = 2,1 BE, 0 mg Cholesterin.
Kalorien: 406 = 1708 Joule.
Zubereitung: 65 Minuten.

> 4 große Artischocken (1200 g), Salz, Saft einer Zitrone, 1 Bund Suppengrün, 500 g Knochen, je ¼ l Rotwein und Wasser, weißer Pfeffer, 40 g Margarine, 35 g Mehl, 1 EL Tomatenmark, Cayennepfeffer, 1 Markknochen, 1 Knoblauchzehe.

Artischocken gut waschen, in reichlich Salz-Zitronen-Wasser 40 Minuten garen.
Suppengrün putzen, waschen, zerschneiden und mit den Knochen in Rotwein-Wasser aufsetzen. Mit Salz und Pfeffer würzen. 30 Minuten kochen. Durchsieben. Aus 30 g Margarine, Mehl und ½ l Rotweinbrühe eine Mehlschwitze bereiten. Mit Tomatenmark, Salz und Cayennepfeffer herzhaft abschmecken. Aus den Knochen das Mark herauslösen und grob würfeln. Geschälten Knoblauch fein hacken. In 10 g Margarine goldgelb werden lassen. Knochenmark kurz darin erhitzen.

Von den Artischocken die äußeren Blätter, Deckel und Heu (die inneren Fasern) entfernen. Anrichten. Knochenmark in die Artischocken füllen und die Soße drübergießen.

Beilage: 4 Scheiben Stangenweißbrot. Eine Scheibe: 39 Kalorien = 163 Joule. 0,6 BE.

Artischocken

Sicherlich wußten Sie, daß Artischocken gesund sind. Aber vielleicht wußten Sie nicht so genau, was dieses Gemüse, eine Edeldistel, bewirkt, das früher nur Feinschmeckern vorbehalten war, heute aber schon preiswert zu haben ist.
Wer Artischocken ißt, tut seinem Magen und seiner Leber Gutes. Der leicht bittere Geschmack der Artischocken stammt vom Bitterstoff Cynarin, der die Magenschleimhaut günstig beeinflußt und die Arbeit von Leber und Galle anregt. Die pharmazeutische Industrie nutzt die Extrakte der Artischocken zur Herstellung von Medikamenten für Leber und Galle.
100 g Artischocken haben 61 Kalorien = 255 Joule, 2 g Eiweiß, Spuren von Fett, 12 g Kohlenhydrate (also 1 BE), kein Cholesterin, aber Vitamin A und E, 50 mg Calcium, 1 mg Eisen.
Daß das Vitamin A eine gesunde Wirkung auf Augen und Sehkraft hat, ist ja bekannt. Und das Vitamin E, das auch in Artischocken enthalten ist, beeinflußt die Funktion des Kreislaufes, des Gefäß- und Drüsensystems günstig.
Hochinteressant: Die in der Artischocke vorkommende Stärke besteht vornehmlich aus Inulin. Dieses Inulin verwandelt sich dann im Körper in Fruchtzucker, der ohne die Hilfe des Hormons Insulin abgebaut werden kann. Diabetiker sollten deshalb in der Erntezeit von September bis Mai reichlich Artischocken essen.
Schließlich sei noch der in Italien hergestellte und auch bei uns angebotene Cynar erwähnt, ein Magenbitter, der aus Artischockenextrakt hergestellt wird. Er leistet bei Magenverstimmungen gute Dienste.

Artischocken gefüllt

Eine Portion enthält: 8 g Eiweiß, 2 g Fett, 24 g Kohlenhydrate = 2 BE, 19 mg Cholesterin.
Kalorien: 152 = 636 Joule.
Zubereitung: 45 Minuten.

4 Artischocken (1000 g), Salz, Saft einer Zitrone, ½ Dose Leipziger Allerlei, 10 g Margarine, 50 g Krebsschwänze.

Äußere Blätter der Artischocken ablösen. Die anderen Blätter stutzen und einen Deckel abschneiden. Das Heu entfernen. Artischocken gut waschen und in leicht gesalzenem Zitronenwasser etwa 40 Minuten kochen.
Leipziger Allerlei erhitzen, abgießen, mit 10 g Margarine und etwas Salz durchschwenken. In die fertigen, abgetropften Artischocken füllen und auf einer Platte anrichten. Mit leicht erwärmten Krebsschwänzen garnieren.

Beilagen: 4 Scheiben gekochter Schinken (400 g). Eine Scheibe: 191 Kalorien = 800 Joule. — Körnig gekochter Reis von 125 g. Eine Portion: 115 Kalorien = 481 Joule. 2 BE.

TIP Artischocken können Sie gut im Gemüsefach Ihres Kühlschrankes aufbewahren. Sie halten sich acht Tage frisch. Vorausgesetzt, Sie haben einwandfreie Ware gekauft. Schnittstellen an Blättern und Stengeln vor dem Kochen mit Zitronensaft einreiben. Sonst werden sie braun.

Artischockenböden auf Kalbsschnitzel

Eine Portion enthält: 27 g Eiweiß, 7 g Fett, 5 g Kohlenhydrate = 0,4 BE, 113 mg Cholesterin.
Kalorien: 208 = 871 Joule.
Zubereitung: 20 Minuten.

4 Kalbsschnitzel (je 125 g), 20 g Pflanzenöl, Salz, weißer Pfeffer, 8 Artischockenböden (Dose), 2 EL Zitronensaft, frische, gehackte oder getrocknete Zitronenmelisse, Petersilie zum Garnieren.

Schnitzel im heißen Öl auf jeder Seite in je 3 Minuten goldbraun braten. Salzen und pfeffern. Auf einer Platte anrichten und warm stellen. Abgetropfte Artischockenböden in gleichmäßige Streifen schneiden. Mit Zitronensaft und Zitronenmelisse im Bratfett kurz erhitzen. Auf die angerichteten Schnitzel verteilen und mit Petersilie garniert auftragen.

Beilagen: Kopfsalat mit je 1 Grapefruit, Orange und Banane und 100 g Ananaswürfel in einer Marinade aus 2 EL Zitronensaft, 2 EL Pflanzenöl und Gewürzen. Eine Portion: 142 Kalorien = 595 Joule. 1,9 BE. — Kartoffelkroketten von 125 g Krokettenpulver mit 15 g Fettaufnahme. Eine Portion: 153 Kalorien = 641 Joule. 2 BE.

Artischockenböden mit Käse

Eine Portion enthält: 12 g Eiweiß, 10 g Fett, 7 g Kohlenhydrate = 0,5 BE, 140 mg Cholesterin.
Kalorien: 175 = 733 Joule.
Zubereitung: 10 Minuten.

4 Kopfsalatblätter, 8 Artischockenböden, 1 EL saure Sahne, 1 TL gehackte Petersilie, 50 g Edamer Käse (30%), 50 g Chesterkäse (50%), 2 kleine hartgekochte Eier, 4 TL deutscher Kaviar, Dillspitzen.

Gewaschene, trockengetupfte Salatblätter auf vier Teller verteilen. Je zwei Artischockenböden darauf legen. Sahne mit Petersilie verrühren. Käse in feine Streifen schneiden. Mit der Sahne mischen. Auf die eine Seite der Artischockenböden verteilen. Auf die andere Seite kommen Eischeiben. Beides durch einen schmalen Kaviarstreifen sauber abgrenzen. Mit Dillspitzen garnieren.

Beilage: 4 Scheiben Knäckebrot und 20 g Butter oder Margarine. Eine Portion: 75 Kalorien = 313 Joule. 0,6 BE.

Artischockenböden mit Krabben

Eine Portion enthält: 8 g Eiweiß, 1 g Fett, 7 g Kohlenhydrate = 0,5 BE, 53 mg Cholesterin.
Kalorien: 75 = 314 Joule.
Zubereitung: 15 Minuten.

½ Apfel (40 g), 1 Dose (140 g), Nordseekrabben, 2 EL Joghurt, Salz, weißer Pfeffer, 1 TL gehackte Petersilie, 4 Kopfsalatblätter, 8 Artischockenböden, etwas Petersilie.

Apfel schälen, entkernen und fein würfeln. Krabben abtropfen lassen. Joghurt mit Salz und Pfeffer würzen. Apfelwürfel, Krabben (ein paar zum Garnieren zurücklassen) und Petersilie reinmischen. 30 Minuten ziehen lassen. Gewaschene, trockengetupfte Salatblätter auf vier Teller verteilen. Darauf je zwei abgetropfte Artischockenböden. Mit der Apfel-Krabbenmischung füllen. Mit den restlichen Krabben und wenig Petersilie garnieren.

Beilage: 8 Kräcker. Eine Portion: 35 Kalorien = 147 Joule. 0,5 BE.

Artischockenböden mit Tatar

Eine Portion enthält: 10 g Eiweiß, 4 g Fett, 6 g Kohlenhydrate = 0,5 BE, 139 mg Cholesterin.
Kalorien: 106 = 444 Joule.
Zubereitung: 15 Minuten.

4 Kopfsalatblätter, 8 Artischockenböden, 125 g Tatar, 1 Eigelb, Salz, Pfeffer, Zwiebelpulver, 4 Wachteleier (Glas), ½ Kästchen Kresse, 1 TL feine Kapern.

Salatblätter waschen und trockentupfen. Artischockenböden abtropfen lassen. Tatar mit Eigelb, Salz, Pfeffer und Zwiebelpulver mischen. Abschmecken. Artischockenböden damit füllen. In die Mitte ein halbes Wachtelei drücken. Kresse und Kapern anlegen.

Beilage: 4 Brötchen (je 25 g). Eine Portion: 70 Kalorien = 293 Joule. 0,1 BE.

Auberginenpfanne

Eine Portion enthält: 6 g Eiweiß, 16 g Fett, 11 g Kohlenhydrate = 1 BE, 27 mg Cholesterin.
Kalorien: 231 = 967 Joule.
Zubereitung: 45 Minuten.

1 Aubergine (300 g), 2 Apfelsinen (400 g), 3 EL (30 g) Margarine, 125 g Fleischwurst, 1 Zwiebel, Salz, schwarzer Pfeffer, Tabascosoße, Oregano, 1 Tomate (60 g), 1 Bund Schnittlauch.

Aubergine waschen und ungeschält der Länge nach in Achtel schneiden, dann quer in Scheibchen. Apfelsine mit einem scharfen Messer wie einen Apfel schälen. Dabei die Haut entfernen. Filets ebenfalls ohne Haut rausschneiden (vor und hinter der Trennhaut einschneiden).
Margarine erhitzen. Die grobwürflig geschnittene Fleischwurst darin anbraten. Gehackte Zwiebel und Auberginenscheibchen 5 Minuten mitdünsten. Eventuell einen Schuß Wasser zufügen. Mit den Gewürzen pikant abschmecken.
Gehäutete Tomate vierteln, entkernen und in Streifen schneiden. Zusammen mit den Apfelsinenfilets und dem Saft dazugeben. Weitere 5 Minuten mitgaren. Den gehackten Schnittlauch drüberstreuen. Gericht in der Pfanne auftragen.

Beilagen: Körnig gekochter Reis (von 125 g Langkornreis). Eine Portion: 115 Kalorien = 481 Joule. 2 BE.

Austern-Stew

Eine Portion enthält: 8 g Eiweiß, 11 g Fett, 2 g Kohlenhydrate = 0,1 BE, 366 mg Cholesterin.
Kalorien: 151 = 632 Joule.
Zubereitung: 30 Minuten.

1 EL Butter, 20 Austern (Glas), ½ Tl abgeriebene Zitronenschale, gemahlene Muskatnuß, 4 Eigelb, 1 Glas ($1/16$ l) herber Rheinwein, 1 TL feingehackte Petersilie, eventuell 1 EL Zitronensaft.

Butter in einem Topf zerlassen. Abgetropfte Austern (Flüssigkeit bitte auffangen) mit der Zitronenschale dazugeben. Muskat drüberstäuben. 5 Minuten zugedeckt dünsten lassen. Ab und zu den Topf leicht schütteln.

In einem anderen Topf 6 Eßlöffel Austernwasser mit dem Eigelb verquirlen. (Das Eigelb muß ganz frisch sein, es bindet besser.) Wein zugießen. Bei kleinster Hitze mit dem Schneebesen schlagen. Sobald die Masse dicklich wird, den Topf vom Herd nehmen und die fertigen Austern zugeben. Nicht mehr kochen. Petersilie überstreuen. Abschmecken. Nach Geschmack zusätzlich mit Zitronensaft.

Beilage: Körnig gekochter Reis von 125 g, gemischt mit gehackter Petersilie. Eine Portion: 115 Kalorien = 481 Joule. 2 BE.

Wann reichen? Im Reisrand zu besonders festlichen Anlässen als Vorspeise oder als Abendessen.

A-Vitamin

Unser täglicher Bedarf: 5000 I. E. (Internationale Einheiten). In Leber und Lebertran ist dieses Augenvitamin reichlich enthalten. Und als Karotin, dem Provitamin A, in allen Gemüse- und Obstsorten. Verlust beim Erhitzen: 20 %. Zuviel speichert die Leber, und Mangel führt zu Nachtblindheit.

B

Bacon-Nieren

Eine Portion enthält: 17 g Eiweiß, 18 g Fett, 12 g Kohlenhydrate = 1 BE, 263 mg Cholesterin.
Kalorien: 295 = 1235 Joule.
Zubereitung: 20 Minuten.

> *2 Schweinenieren (300 g), 1 EL Pflanzenöl (10 g), 4 Scheiben Bacon (40 g), 100 g Cocktail-Würstchen, 2 kleine Tomaten, Salz, weißer Pfeffer, 4 Scheiben Toastbrot, Petersilie zum Garnieren.*

Nieren flach halbieren, säubern und 60 Minuten wässern. Abtrocknen. Obenauf etwas einschneiden und mit Öl bepinseln. Unter dem vorgeheizten Grill auf jeder Seite 4 Minuten grillen. 2 Minuten vor Ende der Garzeit Baconscheiben und mit Öl bepinselte Cocktail-Würstchen auf den Nieren verteilen. Halbierte Tomaten dazulegen und 2 Minuten mitgrillen. Alles mit Salz und Pfeffer würzen.
Brot toasten. Auf eine Platte oder auf Teller verteilen. Nieren, Bacon, Cocktail-Würstchen und Tomaten darauf anrichten. Mit Petersilie garniert anrichten.

Beilagen: Kopfsalat in einer Marinade aus je 2 EL Zitronensaft gehacktem Schnittlauch, Keimöl und Gewürzen. Eine Portion: 55 Kalorien = 230 Joule.

Als Getränk: 4 Glas Tomatensaft (je $\frac{1}{8}$ l). Ein Glas: 27 Kalorien = 113 Joule. 0,4 BE.

Bamberger Rouladen

Eine Portion enthält: 25 g Eiweiß, 23 g Fett, 4 g Kohlenhydrate = 0,3 BE, 88 mg Cholesterin.

Kalorien: 348 = 1457 Joule.
Zubereitung: 70 Minuten.

> 1 Zwiebel, 3 EL Pflanzenöl (30 g), 1 kleine Dose Pfifferlinge (105 g), 4 Scheiben Rouladenfleisch (500 g), Salz, weißer Pfeffer, 1 EL Mehl (10 g), 1/4 l Würfelbrühe.

Geschälte Zwiebel hacken. 10 g Öl im Topf erhitzen. Zwiebeln darin glasig werden lassen. Abgetropfte Pfifferlinge darin erhitzen. Fleischscheiben mit Salz und Pfeffer würzen. Pfifferlinge darauf verteilen und zu Rouladen rollen. Zusammenklammern. 20 g Öl im Schmortopf erhitzen. Rouladen darin rundherum anbraten. Pilzwasser angießen. 45 bis 60 Minuten zugedeckt schmoren lassen.
Rouladen rausnehmen und auf einer vorgewärmten Platte anrichten, Bratfond einkochen lassen, Mehl darin anschwitzen. Mit Würfelbrühe ablöschen und mit Salz und Pfeffer würzen.

Beilagen: Salat von 375 g Wachsbohnen, 125 g Tomaten, 3 EL Essig, Zwiebelpulver, 2 EL Keimöl, 1 Bund Petersilie und Gewürzen. Eine Portion: 83 Kalorien = 348 Joule. — Spätzle von 125 g. Eine Portion: 122 Kalorien = 511 Joule. 2 BE.

Bambussprossen-Salat

Eine Portion enthält: 9 g Eiweiß, 9 g Fett, 12 g Kohlenhydrate = 1 BE, 129 mg Cholesterin.
Kalorien: 167 = 699 Joule.
Zubereitung: 20 Minuten.

> 1 Knoblauchzehe, Salz, 3 EL Essig, 2 EL Sojasoße, 1 Msp Ingwerpulver, 2 EL Keimöl (20 g), 2 hartgekochte Eier, 1 rote Paprikaschote, flüssiger Süßstoff, 1 Dose Bambussprossen (340 g), 1 Gewürzgurke (50 g), 1/2 Dose Sellerie, frischer Estragon und Dill.

Geschälte Knoblauchzehe in einer Schüssel mit Salz zerdrücken. Essig, Sojasoße, Ingwerpulver und Öl dazugeben. Gut verrühren und abschmecken.
Eier und geputzte Paprikaschote fein würfeln. In die Salatsoße mischen. Salat mit Salz und flüssigem Süßstoff abschmecken. 20 Minuten kalt stellen.

Bambussprossen abtropfen lassen. In Streifen schneiden. Gurke und Sellerie auch streifig schneiden. Mit den Bambussprossen in die Salatsoße mischen, Salat anrichten. Mit Estragon und Dill (fein gehackt) garnieren.

Beilagen: 4 Scheiben Toast. Eine Scheibe: 52 Kalorien = 218 Joule. 0,8 BE.

Bananen-Cocktail
Abb. vor Seite 17.

Eine Portion enthält: 7 g Eiweiß, 6 g Fett, 14 g Kohlenhydrate, 46 mg Cholesterin.
Kalorien: 159 = 624 Joule.
Zubereitung: 20 Minuten.

> *3 EL Tiefkühl-Erbsen (60 g), Salz, 2 kleine Bananen, 100 g Krabbenfleisch, 2 EL Mayonnaise (50%), 2 EL Magermilch, 1 TL Mango-Chutney, 1 EL Weinbrand, weißer Pfeffer, flüssiger Süßstoff, 4 Blatt Kopfsalat.*

Tiefkühl-Erbsen in einen Topf mit wenig kochendem Wasser geben. Salzen und in etwa 8 Minuten garen. Auf ein Sieb geben, abtropfen und auskühlen lassen.
Bananen schälen und in Scheiben schneiden. Erbsen, Bananenscheiben und Krabbenfleisch mischen.
Mayonnaise mit Magermilch verrühren. Mango-Chutney und Weinbrand zufügen. Mit Salz, Pfeffer und wenig Süßstoff abschmecken. Diese Marinade über die Zutaten geben und mischen.
Vier Cocktailschalen mit einem Salatblatt auslegen. Bananen-Cocktail einfüllen und servieren.

Beilagen: 4 Scheiben Toast. Eine Scheibe: 52 Kalorien = 218 Joule.

Bananen-Rhabarber-Auflauf

Eine Portion enthält: 5 g Eiweiß, 0 g Fett, 27 g Kohlenhydrate, 0 mg Cholesterin.
Kalorien: 131 = 548 Joule.
Zubereitung: 40 Minuten.

750 g roter Rhabarber, flüssiger Süßstoff, 1 Msp gemahlene Nelken, 3 kleine Bananen, 3 Eiweiß, 30 g Zucker (2 EL), 1 TL Zitronensaft.

Rhabarber waschen und in Stücke schneiden. Mit Süßstoff beträufeln und mit Nelkenpulver überstäuben. Geschälte Bananen in dicke Scheiben schneiden. Zitronensaft drüberträufeln. Mit den Rhabarberstücken mischen. In eine gefettete Auflaufform füllen. In den vorgeheizten Ofen (mittlere Schiene) stellen.

Backzeit: 25 Minuten. Elektroherd: 225 Grad. Gasherd: Stufe 4. Eiweiß, Zucker, Zitronensaft mit Süßstoff steifschlagen. Nach 20 Minuten Backzeit über die Obstmasse verteilen und noch 3 Minuten bei 250 Grad (Gas: Stufe 5—6) überbacken. Wichtig: Heiß servieren!

Beilage: Vanillesoße aus 1 Beutel Instant-Soßenpulver und ¼ l Magermilch. Eine Portion: 60 Kalorien = 251 Joule.

TIP Da Bananen zu den säurearmen Früchen gehören, sind sie leicht verdaulich und ideal als Zwischenmahlzeit. Sie sind aber auch unser kalorienreichstes Frischobst. Eine kleine Frucht von 100 g hat schon 90 Kalorien!

Bananensalat Costa Rica

Eine Portion enthält: 1 g Eiweiß, 5 g Fett, 17 g Kohlenhydrate, 0 mg Cholesterin.
Kalorien: 120 = 502 Joule.
Zubereitung: 10 Minuten.

4 Tomaten (250 g), 3 kleine Bananen, 4 EL Zitronensaft, Salz, weißer Pfeffer, Currypulver, 2 EL Keimöl (20 g), Schnittlauch, Kresse zum Garnieren.

Tomaten überbrühen, abziehen und in Scheiben schneiden. Bananen schälen. Auch in Scheiben schneiden. Mit etwas Zitronensaft beträufeln. Tomaten- und Bananenscheiben schuppenförmig in einer flachen Schale anrichten.
Aus dem restlichen Zitronensaft, aus Salz, Pfeffer, Currypulver und Öl eine Marinade rühren. Drübergießen. Salat mit Schnittlauchröllchen bestreuen und mit Kresse garnieren.

Wann reichen? Als Zwischenmahlzeit oder zu kurzgebratenem Fleisch.

Baseler Frühstück

Eine Portion enthält: 21 g Eiweiß, 11 g Fett, 45 g Kohlenhydrate, 38 mg Cholesterin.
Kalorien: 385 = 1612 Joule.
Zubereitung: 10 Minuten.

> Für das Bircher Müsli: *30 g Haferflocken, 1 Magermilch-Joghurt, 1 roter Apfel, 1 kleine Banane, 6 EL Apfelsinensaft, flüssiger Süßstoff.* – Außerdem: *4 Scheiben Knäckebrot, 4 kleine Scheiben Vollkornbrot (je 40 g), 50 g Halbfett-Margarine, 100 g Tilsiter (30%), 100 g kalter Kalbsbraten (4 Scheiben), 2 Bund Radieschen.*

Haferflocken und Magermilch-Joghurt in einer Schüssel verrühren. Apfel mit Schale grob hineinraffeln. Banane in ganz dünne Scheibchen schneiden. Hineinmischen. Apfelsinensaft zufügen und alles leicht mischen. Mit Süßstoff abschmecken.
Brotscheiben bestreichen und belegen. Mit Radieschen garniert anrichten.

Getränke: Schwarzer Kaffee oder Tee.

Bayrischer Toast
Eine Portion

Enthält: 17 g Eiweiß, 21 g Fett, 25 g Kohlenhydrate, 75 mg Cholesterin.
Kalorien: 374 = 1566 Joule.
Zubereitung: 15 Minuten.

> *1 Scheibe Toastbrot (20 g), 1 Scheibe Leberkäse (50 g), 1 EL Tomatenketchup (20 g), ½ Apfel (75 g), 2 EL geriebener Schweizer Käse (30 g), 1 großes Blatt Kopfsalat.*

Eine Toastseite rösten, die andere mit Leberkäse belegen. Mit Tomatenketchup bestreichen. Apfel schälen und entkernen. Auf den Leberkäse raspeln. Mit geriebenem Käse bestreuen und unterm vorgeheizten Grill überbacken, bis der Käse goldbraun ist.

Grillzeit: Etwa 5 Minuten. Salatblatt waschen, abtropfen lassen. Toast darauf anrichten.

Béchamelkartoffeln

Eine Portion enthält: 7 g Eiweiß, 8 g Fett, 40 g Kohlenhydrate = 3,3 BE, 4 mg Cholesterin.
Kalorien: 267 = 1118 Joule.
Zubereitung: 20 Minuten.

750 g Pellkartoffeln, 2 Zwiebeln, 30 g Margarine, 20 g Schinkenwürfel, 35 g Mehl, 1/4 l Würfelbrühe, 1/4 l Magermilch, Salz, weißer Pfeffer, 1 Bund Schnittlauch.

Kartoffeln abziehen und in Scheiben schneiden. Geschälte Zwiebeln würfeln. Margarine im Topf erhitzen, Zwiebel- und Schinkenwürfel darin bräunen. Mehl darüberstäuben. Kurz durchschwitzen lassen. Mit Brühe und Milch ablöschen. Aufkochen und herzhaft mit Salz und weißem Pfeffer abschmecken.
Kartoffelscheiben vorsichtig untermischen und heiß werden lassen. Gehackten Schnittlauch zufügen und noch mal abschmecken.

Beilagen: 4 Kalbsbratwürstchen (400 g Bratwurst, 20 g Pflanzenöl.) Eine Portion: 390 Kalorien = 1633 Joule. Eingelegte Rote Bete (250 g). Eine Portion: 36 Kalorien = 151 Joule. 0,6 BE.

TIP Wer ihn nicht verträgt, kann Béchamelkartoffeln auch gut ohne Schinken zubereiten.

Beef Lindström

Eine Portion enthält: 15 g Eiweiß, 15 g Fett, 8 g Kohlenhydrate = 0,6 BE, 108 mg Cholesterin.
Kalorien: 247 = 1034 Joule.
Zubereitung: 25 Minuten.

125 g Beefsteakhack (Tatar), 125 g gemischtes Hack, 1 eingeweichtes Brötchen, 1 Ei, 75 g eingelegte Rote Bete, 1 EL Kapern, Zwiebelpulver, Salz, schwarzer Pfeffer, 2 EL Pflanzenöl (20 g) zum Braten, Petersilie zum Garnieren.

Hack, ausgedrücktes Brötchen und Ei in eine Schüssel geben. Rote Bete hacken, dazugeben. Mit Kapern, Zwiebelpulver, Salz und Pfeffer zu einem würzigen Hackteig mischen. Vier Frikadellen formen.

Pflanzenöl in einer Pfanne erhitzen und die Frikadellen darin auf jeder Seite etwa 4 Minuten braten.
Mit Petersilie garniert anrichten.

Beilagen: Salat mit gemischten Kräutern von 2 EL Zitronensaft, 2 EL gemischten Kräutern, 2 EL Keimöl, Gewürzen und einem Kopf Salat. Eine Portion: 55 Kalorien = 230 Joule. Kartoffelbrei von 500 g Kartoffeln, gut $1/8$ l Magermilch (150 cm^3) und 10 g Margarine. Eine Portion: 116 Kalorien = 486 Joule. 1,7 BE.

Beefsteak afrikanische Art

Eine Portion enthält: 30 g Eiweiß, 11 g Fett, 8 g Kohlenhydrate = 0,6 BE, 91 mg Cholesterin.
Kalorien: 268 = 1122 Joule.
Zubereitung: 65 Minuten.

500 g Beefsteak (Rindfleisch aus Kluft oder Roastbeef), 2 EL Pflanzenöl (20 g), 1 Zwiebel, 3/8 l Wasser, wenig feingehackte Peperoni, Salz, Sambal Nasi goreng, 15 g Mehl (1 gehäufter EL), 4 EL Dosenmilch (7,5 %), 100 g Lauch, 125 g frische Sojabohnenkeimlinge.

Beefsteak in kurze Streifen schneiden. Im erhitzten Pflanzenöl anbraten. Geschälte Zwiebel würfeln. Kurz mitbraten. Wasser und Peperoni zufügen. (Vorsicht, sehr scharf!)
Mit Salz und Sambal Nasi goreng würzen. 40 Minuten garen. Mehl mit Dosenmilch verrühren. Zum Fleisch geben. Unter Rühren aufkochen. Geputzten Lauch in feine Stifte schneiden. Gründlich waschen. Mit Sojabohnenkeimlingen zum Fleisch geben. Bei schwacher Hitze 10 Minuten mitgaren. Gericht abschmecken und anrichten.

Beilagen: Tomaten-Gurken-Salat von 250 g Tomaten und 500 g Salatgurke in einer Marinade aus 2 EL Zitronensaft, je 1 EL Petersilie und Schnittlauch, 1 Zwiebel, 2 EL Keimöl. Eine Portion: 75 Kalorien = 314 Joule. 0,4 BE.
Reis von 125 g. Eine Portion: 115 Kalorien = 481 Joule. 2 BE.

Beefsteak-Rouladen

Eine Portion enthält: 34 g Eiweiß, 26 g Fett, 11 g Kohlenhydrate = 1 BE, 112 mg Cholesterin.
Kalorien: 445 = 1863 Joule.
Zubereitung: 70 Minuten.

> ½ *Dose Pfifferlinge (250 g), 1 große Zwiebel, 1 Bund Petersilie, 30 g geriebener Parmesankäse, 4 dünne Beefsteaks aus der Kluft oder vom Roastbeef (je 150 g), Salz, 2 EL Pflanzenöl (20 g), ¼ l Würfelbrühe, schwarzer Pfeffer, 30 g Mehl, 3 EL Magermilch.*

Pfifferlinge abtropfen lassen und fein hacken. Geschälte Zwiebeln und Petersilie auch hacken. Alles mit dem Parmesankäse vermischen. Beefsteaks auf einer Seite leicht salzen, die Hälfte der Pilzmasse darauf verteilen. Aufrollen, mit Rouladennadeln oder Hölzchen feststecken. Pflanzenöl in einem Bräter erhitzen. Rouladen darin rundherum gut anbraten. Nach und nach Würfelbrühe angießen. Mit der Pfeffermühle darübermahlen. Im geschlossenen Topf etwa 45 Minuten schmoren. Rouladen rausnehmen und in einer Schüssel warm stellen. Restliche Pflanzenmischung in den Topf geben, kurz durchkochen. Mehl mit Milch verquirlen und in die kochende Soße rühren. 5 Minuten durchkochen. Über die Rouladen gießen.

Beilagen: Grüne Bohnen (500 g Bohnen, 1 EL gehackte Petersilie, 10 g Margarine). Eine Portion: 57 Kalorien = 239 Joule. 0,5 BE. — Salzkartoffeln (von 500 g). Eine Portion: 85 Kalorien = 356 Joule. 1,6 BE.

Beefsteak Tatar

Abb. nach Seite 48.

Eine Portion enthält: 25 g Eiweiß, 7 g Fett, 1 g Kohlenhydrate = 0 BE.
Kalorien: 181 = 758 Joule.
Zubereitung: 10 Minuten.

> *400 g Beefsteakhack (Tatar), 1 kleine Zwiebel oder 30 g Lauch, Salz, weißer Pfeffer, ½ TL Senf, 1 Ei. – Zum Garnieren: 4 Kopfsalatblätter, 1 hartgekochtes Ei, ½ Kästchen Kresse.*

Beefsteakhack mit der geschälten, fein gehackten Zwiebel (oder dem geputzten, gehackten Lauch), Salz, Pfeffer, Senf und Ei mischen und abschmecken. Gewaschene, abgetropfte Salatblätter auf vier Teller verteilen. Darauf jeweils eine Portion Hack mit Ei und Kresse anrichten.

Beilagen: 4 Scheiben Vollkornbrot, 20 g Butter oder Margarine. Eine Portion: 158 Kalorien = 662 Joule. 1,6 BE.

PS: Es macht nichts, wenn Sie sich zusätzlich feinsaures Gemüse leisten. Es ist nämlich kalorienarm. Und Magenempfindliche nehmen Lauch statt Zwiebel.

Berliner Rinderbrust

Eine Portion enthält: 19 g Eiweiß, 23 g Fett, 14 g Kohlenhydrate = 1,1 BE, 73 mg Cholesterin.
Kalorien: 353 =1478 Joule.
Zubereitung: 135 Minuten.

500 g Rinderbrust, Salz, 1 Zwiebel, 3 Gewürznelken, 1 Lorbeerblatt, 5 Pfefferkörner, 1 Bund Suppengrün (Möhren, Sellerie, Lauch und Petersilienwurzel). – Meerrettichsoße: 20 g Margarine, 25 g Mehl, ¼ l Fleischbrühe, ⅛ l Milch, 35 g geriebener Meerrettich, Salz, flüssige Zwiebelwürze, flüssiger Süßstoff.

Rinderbrust in kochendes, gesalzenes Wasser geben. Das Fleisch soll eben bedeckt sein. Zwiebel schälen und mit Gewürznelken spicken. Zusammen mit Lorbeerblatt und Pfefferkörnern dazugeben. Etwa 2 Stunden ganz leise kochen lassen.
Inzwischen Suppengrün putzen, waschen und kleinschneiden. Nach 1½ Stunden dazugeben und mitkochen. Das Fleisch rausnehmen, in Portionsstücke schneiden. Auf einer Platte warm stellen.
Für die Soße Mehl und Margarine hellgelb dünsten. Mit Fleischbrühe ablöschen. Milch und Meerrettich zufügen und aufkochen. Mit Salz, flüssiger Zwiebelwürze und eventuell Süßstoff abschmecken. Gemüse auf der Fleischplatte anrichten. Etwas Fleischbrühe drübergießen. Meerrettichsoße extra reichen.

Beilagen: Petersilienkartoffeln von 500 g Kartoffeln, 10 g Margarine und 1 Bund Petersilie. Eine Portion: 105 Kalorien = 440 Joule. 1,6 BE.

PS: Man kann außerdem noch eingelegte Rote Bete, Gewürzgurken und eingelegte Zwiebeln (falls man die verträgt) dazu servieren. Sie fallen von den Kalorien her gesehen nicht so sehr ins Gewicht.

Berliner Salat

Eine Portion enthält: 12 g Eiweiß, 10 g Fett, 6 g Kohlenhydrate = 0,5 BE, 151 mg Cholesterin.
Kalorien: 168 = 703 Joule.
Zubereitung: 25 Minuten.

1 EL Zitronensaft, Salz, weißer Pfeffer, 2 EL Pflanzenöl, 2 Zwiebeln, 1 dicke Scheibe Corned beef (125 g), 375 g Tomaten, 2 hartgekochte Eier, gehackte Kräuter nach Geschmack.

Zitronensaft, Salz, Pfeffer und Pflanzenöl verrühren. Herzhaft abschmecken. Geschälte Zwiebeln in feine Ringe schneiden.
Corned beef, Tomaten und Eier in Scheiben schneiden. Mit der Salatsoße mischen. Durchziehen lassen. Nochmal abschmecken. Mit gehackten Kräutern nach Geschmack bestreuen.

Beilagen: 4 Scheiben Toast. Eine Scheibe: 52 Kalorien = 218 Joule. 0,8 BE.

Berner Müsli
Eine Portion

Eine Portion enthält: 5 g Eiweiß, 7 g Fett, 25 g Kohlenhydrate = 2 BE, 0 mg Cholesterin.
Kalorien: 197 = 284 Joule.
Zubereitung: 15 Minuten.

1 EL Haferflocken (10 g), 3 EL Wasser, 1 EL Zitronensaft, 1 TL Hagebuttenmus, 2 EL Magerjoghurt (30 g), 20 g getrocknete Aprikosen, flüssiger Süßstoff, 1 EL geriebene Haselnüsse (10 g).

Haferflocken 15 Minuten im Wasser quellen lassen. Die übrigen Zutaten — Aprikosen hacken — untermischen. Mit Süßstoff abschmecken. Nach 10 Minuten mit Haselnüssen bestreuen.

Bier

Der Durststiller Bier hat auch als Nahrungsmittel Vorzüge. Denn es enthält Calcium, Phosphor, die Vitamine B_1, B_2 und Niacin. Auch etwas Eiweiß. Dennoch ist es besser, wenn's bei ein, zwei Gläschen bleibt. Zwar wirkt sich Bier günstig auf die Arbeit der Nieren aus, aber zuviel sorgt für Fettpölsterchen. Denn Bier hat Kalorien. Ein Glas von 0,2 l helles Bier 94, Malzbier sogar 104.

Birnen mit Hagebutten

Eine Portion enthält: 5 g Eiweiß, 5 g Fett, 45 g Kohlenhydrate, 0 mg Cholesterin.
Kalorien: 206 = 862 Joule.
Zubereitung: Ohne Einweichzeit 50 Minuten.

500 g frische Hagebutten (oder 100 g getrocknete), 500 g aromatische Birnen, dünn geschälte Schale einer Zitrone, 1 TL Zucker, 1 TL flüssiger Süßstoff, 1 Msp Zimt, ½ l kochendes Wasser, Saft einer Zitrone.

Frische Hagebutten putzen und waschen. (Getrocknete waschen und eine Stunde einweichen.) Birnen schälen, vierteln, entkernen. Mit den Hagebutten und den Gewürzen ins kochende Wasser geben, aufkochen lassen und etwa 20 Minuten bei geringster Hitze eher ziehen als kochen lassen. Abschmecken und dann den Zitronensaft zugeben. Gut auskühlen lassen.

Birnendessert Baronesse

Eine Portion enthält: 4 g Eiweiß, 1 g Fett, 22 g Kohlenhydrate = 1,8 BE, 0 mg Cholesterin.
Kalorien: 153 = 641 Joule.
Zubereitung: 25 Minuten.

4 Birnen (500 g), ⅜ l Wasser, 4 EL Zitronensaft, flüssiger Süßstoff, 6 Blatt eingeweichte rote Gelatine, ¼ l Rotwein, 250 g Brombeeren.

Birnen schälen. Die Stengel dranlassen. Das sieht lustig aus. Kerngehäuse am Blütenansatz herausschneiden. In Wasser mit Zitronensaft und Süßstoff in 8 Minuten beißfest kochen. Gut abtropfen lassen. Vom heißen Sud ⅜ l abmessen. Ausgedrückte Gelatine darin auflösen. Rotwein hineinrühren. In den Kühlschrank stellen. Wenn die Masse halbsteif geworden ist, in vier Gläser füllen. Je eine Birne hineinsetzen. Mit den gewaschenen, abgetropften Brombeeren garnieren.

Beilagen: Schlagschaum (von ½ Beutel Instant Schlagschaumpulver/ 20 g und ⅛ l sehr kalter Magermilch). Eine Portion: 41 Kalorien = 172 Joule.

Birnengelee

Eine Portion enthält: 3 g Eiweiß, 0 g Fett, 22 g Kohlenhydrate, 0 mg Cholesterin.
Kalorien: 97 = 406 Joule.
Zubereitung: 20 Minuten.

800 g (1 Dose) Birnenhälften, 6 Blatt weiße Gelatine, ⅛ l heißes Wasser, 1 EL Zitronensaft, 1 Msp Zimt, flüssiger Süßstoff, 2 EL Mandarinenschnitze aus der Dose (40 g).

Birnenhälften abtropfen lassen. Saft auffangen. Gelatine fünf Minuten in kaltem Wasser einweichen. Ausdrücken. Mit ⅛ l kochendheißem Wasser in einer Schüssel verrühren, bis die Gelatine völlig aufgelöst ist. Zitronensaft und Zimt reinmischen. Mit dem Birnensaft zu ½ l auffüllen. Eventuell nachsüßen.
Birnenhälften auf vier Tellern anrichten. Mit Mandarinenschnitzen hübsch garnieren. Gelee gleichmäßig darüber verteilen, sobald es zu stocken beginnt. Zugedeckt im Kühlschrank erstarren lassen.

Birnensalat pikant

Eine Portion enthält: 5 g Eiweiß, 13 g Fett, 14 g Kohlenhydrate = 1,1 BE, 23 mg Cholesterin.
Kalorien: 201 = 842 Joule.
Zubereitung: 20 Minuten.

> 2 Birnen (250 g), ¼ l Wasser, flüssiger Süßstoff, ½ Dose Sellerie, 75 g roher Schinken, 50 g Mayonnaise (50 %), 2 EL Magermilch, 1 EL Zitronensaft, etwas Senf, Salz, Paprika edelsüß.

Birnen waschen, schälen, achteln. Kerngehäuse rausschneiden. Wasser mit flüssigem Süßstoff süßen, im Topf aufkochen. Birnenachtel darin 8 Minuten beißfest kochen. Abtropfen und abkühlen lassen. Sellerie und Schinken in feine Streifen schneiden.
Für die Soße Mayonnaise mit Magermilch, Zitronensaft, Senf, Salz und Paprika verrühren. Eventuell noch mit etwas Süßstoff abschmecken. Über die Salatzutaten geben und gut durchziehen lassen.

Beilagen: 4 Scheiben Toastbrot. Eine Scheibe: 52 Kalorien = 218 Joule. 0,8 BE. — 20 g Halbfettmargarine. Eine Portion: 19 Kalorien = 80 Joule.

PS: Noch besser schmeckt der Salat, wenn Sie 1 EL (15 g) gehackte Walnußkerne hineinmischen und jedes Glas mit 1 EL geschlagener Sahne (insgesamt 50 g) krönen. Aber es wird auch kalorienreicher. Eine Portion: 64 Kalorien = 267 Joule.

Biskuitrolle

Eine Scheibe enthält: 2 g Eiweiß, 2 g Fett, 27 g Kohlenhydrate, 65 mg Cholesterin.
Kalorien: 133 = 557 Joule.
Zubereitung: 25 Minuten:

> 4 Eigelb, 4 EL warmes Wasser, 125 g Zucker, 4 Eiweiß, 75 g Mehl, 50 g Speisestärke, 1 Msp Backpulver, 300 g Erdbeer- oder Kirschkonfitüre, Puderzucker zum Bestäuben.

Eigelb und warmes Wasser dickschaumig schlagen. Nach und nach Zucker zugeben und so lange weiterschlagen, bis eine dicke, cremigschaumige Masse entstanden ist.

Eiweiß zu sehr steifem Schnee schlagen. Auf die Eigelbmasse geben. Mehl, Speisestärke und Backpulver mischen. Über die Eimasse verteilen. Unterheben, Backblech mit Pergamentpapier belegen. An der offenen Seite einen Rand falten, damit der Teig nicht vom Blech laufen kann. Papier einfetten. Teig darauf verteilen. In den vorgeheizten Ofen schieben.

Backzeit: 10 Minuten. Elektroherd: 225 Grad. Gasherd: Stufe 4.
Nach dem Backen die Teigplatte sofort auf ein Geschirrtuch stürzen. Mit kaltem Wasser bestreichen und Papier abziehen. Biskuitplatte rasch mit Konfitüre bestreichen. Von der Schmalseite her aufrollen. Dabei das Geschirrtuch anheben. Dann geht's fast von selbst. Biskuitrolle gut auskühlen lassen. Mit Puderzucker bestäuben, in 15 Scheiben schneiden.

Bismarckheringe

Eine Portion enthält: 30 g Eiweiß, 23 g Fett, 8 g Kohlenhydrate = 0,6 BE, 111 mg Cholesterin.
Kalorien: 400 = 1675 Joule.
Zubereitung: 35 Minuten.

⅛ l Weißwein, ⅛ l Wasser, 1 Apfel, 1 Zwiebel, 1 Bund Dill, Schale einer ungespritzten Zitrone, 8 Bismarckheringe aus dem Glas (600 g), 1 Trinkmilch-Joghurt, 2 EL Magermilch, 1 EL Marinade, Salz, flüssiger Süßstoff, 1 TL Dillspitzen.

Weißwein und Wasser in einer Schüssel mischen. Apfel schälen, vierteln, entkernen, in dünne Scheiben schneiden. Geschälte Zwiebel in feine Ringe schneiden. Apfelscheibchen, Zwiebelringe, Dill und Zitronenschale in die Flüssigkeit geben. Bismarckheringe über Nacht darin einlegen.
Joghurt, Magermilch und Zitronensaft verrühren. Apfelscheibchen aus der Marinade durch ein Sieb streichen. Dazugeben. Mit Salz und Süßstoff abschmecken. Heringe aus der Marinade nehmen, in mundgerechte Stücke schneiden, in die Soße geben und mit gehacktem Dill überstreuen.

Beilagen: 4 Scheiben Bauernbrot. Eine Scheibe: 125 Kalorien = 523 Joule. 2,1 BE.

Bleichsellerie mit Dip

Eine Portion enthält: 4 g Eiweiß, 6 g Fett, 6 g Kohlenhydrate, 9 mg Cholesterin.
Kalorien: 93 = 389 Joule.
Zubereitung: 10 Minuten.

> 500 g Bleichsellerie. Für den Dip: 2 EL Mayonnaise (50 %), 2 EL Magerquark, 2 EL Joghurt, 1 EL Schaschliksoße (fertig gekauft), 1 Prise Zucker oder flüssiger Süßstoff, Salz, weißer Pfeffer, je 1 TL gehackte Petersilie und Schnittlauchröllchen.

Bleichselleriestangen sind eine gesunde und delikate Knabberei. Kalorienarm wie sie sind, sollten sie anstelle von salzigem und süßem Gebäck zum Beispiel vorm Fernseher genossen werden.
Bleichsellerie waschen und trockenschwenken. Stangen auseinanderschneiden. Blätter etwas stutzen. Dicke Stengel längs aufspalten. In Bechergläsern anrichten. Bis zum Servieren mit Klarsichtfolie zugedeckt im Kühlschrank aufbewahren. Für den Dip: Mayonnaise, Quark, Joghurt und Schaschliksoße verrühren. Mit Salz, Pfeffer und Zucker abschmecken. Petersilie und Schnittlauch unterheben.
In vier Schälchen aufteilen.

PS: Wenn's gerade keinen Bleichsellerie gibt, können Sie auch Chicoréeblätter mit Dip servieren.

Blitzgulasch

Eine Portion enthält: 25 g Eiweiß, 11 g Fett, 5 g Kohlenhydrate = 0,4 BE, 86 mg Cholesterin.
Kalorien: 234 = 980 Joule.
Zubereitung: 45 Minuten.

> 500 g Rinderfilet, 2 EL Pflanzenöl (20 g), 1 Zwiebel, je 1 rote und grüne Paprikaschote, schwarzer Pfeffer, Paprika edelsüß, 4 Tomaten.

Rinderfilet in grobe Würfel schneiden. Öl in einem Topf erhitzen, Fleisch darin rundherum anbraten. Geschälte Zwiebeln vierteln. Paprikaschoten waschen und entkernen und in Streifen schneiden. Zum Fleisch geben. Umrühren. Mit Salz, Pfeffer und Paprika würzen.

Eventuell einen Schuß Wasser zufügen. Im geschlossenen Topf schmoren lassen.
Tomaten überbrühen, abziehen, vierteln. 5 Minuten vor Ende der Garzeit zum Gulasch geben.
Abschmecken. Vor allem mit Paprika edelsüß.

Beilagen: Tomaten-Gurkensalat aus 250 g Tomaten und 1 Salatgurke (500 g) in einer Marinade aus 2 EL Zitronensaft, je 1 EL Petersilie und Schnittlauchröllchen, 1 Zwiebel, 2 EL Keimöl und Gewürzen.
Eine Portion: 75 Kalorien = 314 Joule. 0,4 BE. Salzkartoffeln von 500 g.
Eine Portion: 85 Kalorien = 356 Joule. 1,6 BE. Als Dessert: Heidelbeer-Eiskreme (eine Haushaltspackung). Eine Portion: 141 Kalorien = 590 Joule.

Blitzkuchen mit Äpfeln

Ein Stück enthält: 3 g Eiweiß, 6 g Fett, 32 g Kohlenhydrate, 43 mg Cholesterin.
Kalorien: 206 = 862 Joule.
Zubereitung: 75 Minuten.

750 g Äpfel, 2 EL Zucker (30 g), Saft einer Zitrone. – Für den Teig: 60 g Margarine, 100 g Zucker, 2 Eigelb, abgeriebene Schale einer halben Zitrone (ungespritzt), 200 g Mehl, ½ Päckchen Backpulver, knapp ⅛ l Magermilch (100 cm³), 1 EL Rum, 2 Eiweiß, 1 EL Pflanzenöl, 1 El Puderzucker.

Äpfel schälen, halbieren und entkernen. Gewölbte Apfelseiten dicht nebeneinander längs einschneiden. Zucker drüberstreuen. Mit Zitronensaft beträufeln. Zugedeckt durchziehen lassen.
Für den Teig Margarine und Zucker schaumig rühren. Nach und nach Eigelb, Zitronenschale und 2 EL Saft von den Äpfeln dazugeben. Mehl und Backpulver mischen. Abwechselnd mit Milch und Rum unterrühren. Eiweiß steifschlagen. Unterheben.
Dann den fertigen Teig in eine gefettete Springform von 24 cm Durchmesser füllen.
Apfelhälften mit der Wölbung nach oben auf dem Teig verteilen und mit Pflanzenöl bepinseln. In den vorgeheizten Ofen auf die mittlere Schiene stellen.

Backzeit: 60 Minuten. Elektroherd: 175 Grad. Gasherd: Stufe 2.
Aus dem Ofen und aus der Form nehmen. Mit Puderzucker bestäuben. In 12 Stücke schneiden.

Blumenkohl mit Krabben

Abb. vor Seite 49.

Eine Portion enthält: 9 g Eiweiß, 8 g Fett, 5 g Kohlenhydrate = 0,4 BE, 22 mg Cholesterin.
Kalorien: 165 = 691 Joule.
Zubereitung: 45 Minuten.

> *1 großer Blumenkohl (1000 g), Salz, 6 Tomaten (375 g), 2 EL Semmelbrösel, 2 EL geriebener Käse (30 %), weißer Pfeffer, 30 g Margarine, 50 g Nordseekrabben, 1 Stengel Dill.*

Blumenkohl putzen. In kochendes Wasser geben, leicht salzen. 15 Minuten garen. Abtropfen lassen. Feuerfeste Form einfetten, Blumenkohl hineinlegen.
Tomaten halbieren (Stengelansätze dabei rausschneiden) und um den Blumenkohl legen. Semmelbrösel und geriebenen Käse darüberstreuen. Mit Pfeffer bestäuben. Margarine zergehen lassen und drübergeben.
In den vorgeheizten Ofen stellen.

Backzeit: 20 Minuten. Elektroherd: 200—250 Grad. Gasherd: Stufe 3—4.
Vor dem Auftragen mit Krabbenfleisch und Dill garnieren.

Beilagen: 4 Rindersteaks (je 100 g), 20 g Pflanzenmargarine. Eine Portion: 173 Kalorien = 724 Joule.
Kartoffelbrei (von 500 g Kartoffeln, gut ⅛ l Magermilch/150 cm³, 10 g Margarine). Eine Portion: 116 Kalorien = 486 Joule. 1,7 BE.

TIP Zu Blumenkohl mit Krabben können Sie auch Dosentomaten verwenden. Und wenn Sie mal kein Fleisch als Beilage mögen, nehmen Sie ein paar Krabben mehr. 100 g haben von 84 bis 103 Kalorien.

Blumenkohl mit Tomatensoße

Eine Portion enthält: 5 g Eiweiß, 3 g Fett, 10 g Kohlenhydrate = 0,1 BE, 7 mg Cholesterin.
Kalorien: 82 = 343 Joule.
Zubereitung: 45 Minuten.

> *1 großer Blumenkohl (1000 g), Salz, 300 g Tomaten, 1 kleine Zwiebel (30 g),*

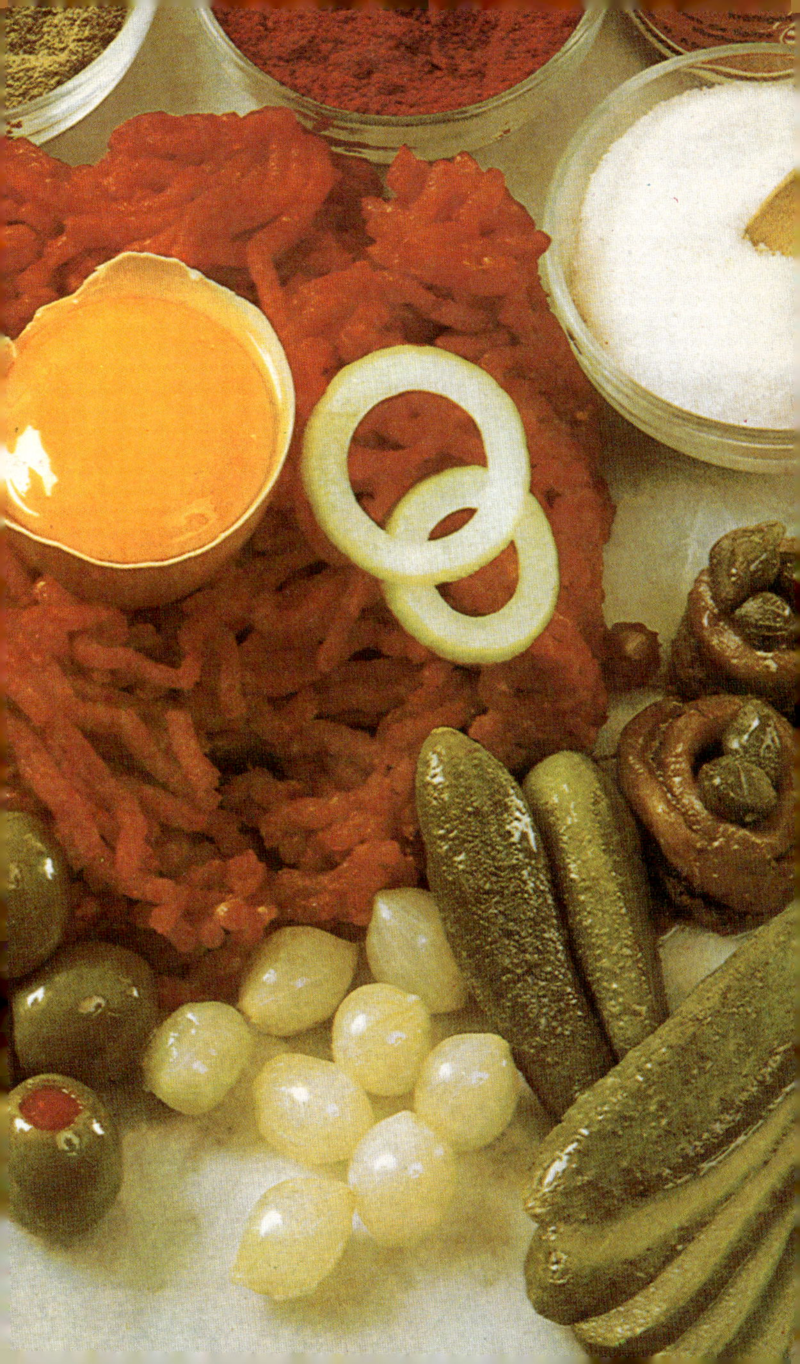

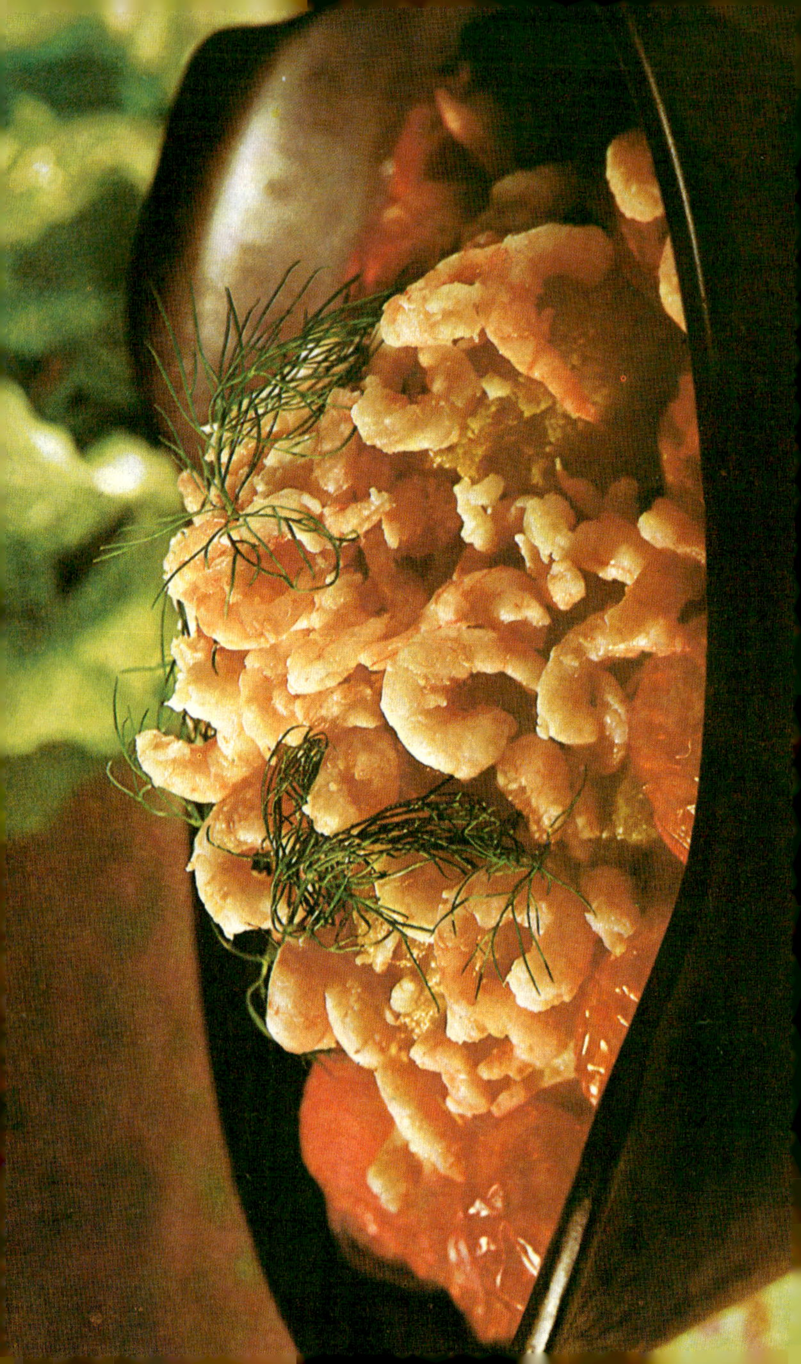

1 TL Speisestärke, weißer Pfeffer, geriebene Muskatnuß, 10 g Butter, 1 EL gehackte Petersilie.

Blumenkohl putzen. Im ganzen waschen. Reichlich Wasser mit Salz in einem Topf aufkochen. Blumenkohl hineinlegen. In 30 Minuten garkochen. Mit dem Schaumlöffel rausnehmen und in eine vorgewärmte Schüssel legen.
Während der Garzeit die Tomaten waschen und kleinschneiden. Mit der geschälten, gewürfelten Zwiebel in ⅛ leicht gesalzenem Wasser 20 Minuten kochen. Mit in kaltem Wasser angerührter Speisestärke binden. Durchsieben. Mit Salz, weißem Pfeffer und Muskatnuß rund abschmecken. Butter in der Soße zergehen lassen, Petersilie hineinrühren. Über den Blumenkohl gießen.

Beilage: 500 g Salzkartoffeln. Eine Portion: 85 Kalorien = 356 Joule. 1,6 BE.

PS: Vitaminschonend und zeitsparend: Soßen erst binden, dann durchs Sieb streichen. Damit haben Sie einmal aufkochen gespart!

Blumenkohl-Birnen-Rohkost

Eine Portion enthält: 4 g Eiweiß, 10 g Fett, 18 g Kohlenhydrate = 1,6 BE, 17 mg Cholesterin.
Kalorien: 198 = 829 Joule.
Zubereitung: 20 Minuten.

3 EL (60 g) Mayonnaise (50%), 4 EL saure Sahne, 4 EL Zitronensaft, Salz, flüssiger Süßstoff, 1 Blumenkohl (500 g), 500 g feste Birnen, Pistazien zum Garnieren.

Mayonnaise, saure Sahne und Zitronensaft verrühren. Mit Salz und Süßstoff herzhaft abschmecken.
Blumenkohl putzen, waschen, feinreiben und sofort in die Salatsoße geben. Birnen schälen, grob raspeln und ebenfalls einmischen. Kurz durchziehen lassen. Nochmal abschmecken. Mit blättrig geschnittenen Pistazien garnieren.

Beilagen: 4 Scheiben Toast. Eine Scheibe: 52 Kalorien = 218 Joule. 0,8 BE.

Wann reichen? Als kleines Abendessen oder — ohne Toast — als Vorspeise.

◁ *Blumenkohl mit Krabben (Rezept S. 48)*

Blutdruck

Jeder kann erhöhten Blutdruck (Hypertonie) haben. Der Übergewichtige wie der Schlanke. Aber Übergewichtige sind häufiger davon betroffen. Bluthochdruck ist oft die Folge von Nieren-, Drüsen- oder Gefäßkrankheiten. Meistens ist die Ursache jedoch nicht zu ergründen. Gutes Gegenmittel: Salzarme Kost. Viele Nahrungsmittel sind salzlos im Handel, auch Brot, Wurst, Käse und Margarine, sogar Sauerkraut. — Rauchen, Alkohol und Kaffee schaden, Bewegung in frischer Luft tut not.

Bohnen in Sofrito-Soße

Eine Portion enthält: 7 g Eiweiß, 14 g Fett, 10 g Kohlenhydrate = 0 BE, 21 mg Cholesterin.
Kalorien: 200 = 837 Joule.
Zubereitung: 45 Minuten.

50 g durchwachsener Speck, 50 g roher Schinken, 1 Zwiebel, 250 g rote, gewürfelte Paprikaschoten, 2 abgezogene und gewürfelte Tomaten, 1 Prise Knoblauchsalz, knapp 1/8 l Wasser (1/2 Tasse), 1 Packung tiefgekühlte Bohnen (450 g), 1 EL gehackte spanische Oliven, 1 TL gehackte Kapern, 1 gestrichener TL Oregano, 1 TL Salz, weißer Pfeffer.

Speck, Schinken und geschälte Zwiebel würfeln. Im Topf braten, bis der Speck knusprig ist.
Paprika- und Tomatenwürfel zugeben, mit Knoblauchsalz würzen. 1/2 Tasse Wasser zugießen. Unter ständigem Rühren bei schwacher Hitze schmoren lassen. Tiefkühlbohnen, Oliven, Kapern, Oregano, Salz und Pfeffer und einen Schuß Wasser zufügen. Zugedeckt gut 25 Minuten weichschmoren.

Beilagen: Gebratene Schweinenieren (600 g Nieren, 20 g Fett). Eine Portion: 210 Kalorien = 879 Joule.
Grillkartoffeln (500 g ungeschälte Kartoffeln) in Alufolie gewickelt und im Ofen 40 Minuten gebacken. Eine Portion: 85 Kalorien = 356 Joule. 1,6 BE.

PS: Die Sofrito-Soße stammt aus Puerto Rico, einer der Inseln in der Karibischen See. Man kann statt Bohnen auch Erbsen (0,3 BE) oder ein anderes Gemüse verwenden. Wer keinen durchwachsenen Speck verträgt, ersetzt ihn durch 2 EL Pflanzenöl.

Bohnen mit Matjesfilet

Eine Portion enthält: 31 g Eiweiß, 44 g Fett, 11 g Kohlenhydrate, 123 mg Cholesterin.
Kalorien: 594 = 2487 Joule.
Zubereitung: 45 Minuten.

8 Matjesfilets (640 g), 1 EL Essig, 1 Zwiebel, 1/8 l saure Sahne, 750 g grüne Bohnen, Salz, 20 g Margarine, 1 EL gehackte Petersilie.

Matjesfilets unter kaltem Wasser abspülen. Gut abgetropft auf einer Platte anrichten. Mit Essig beträufeln. Zwiebel in feine Ringe schneiden und auf die Filets verteilen. Mit der Sahne übergießen und durchziehen lassen.
Bohnen abziehen, waschen und brechen. In wenig Wasser mit Salz 25 Minuten garen. Abgießen. Margarine und Petersilie zugeben und durchschwenken. Zu den Matjesfilets servieren.

Beilagen: Pellkartoffeln von 500 g. Eine Portion enthält: 85 Kalorien = 356 Joule.

Blutzucker

Jeder Mensch muß eine geringe Menge Zucker im Blut haben. Sonst ist er abgespannt und unkonzentriert.
Einfache Kohlenhydrate wie Zucker oder Süßigkeiten würden den Blutzuckerspiegel zwar sofort in die Höhe schnellen, aber jäh wieder unter den Durchschnitt sinken lassen. Richtig: Nahrungsmittel mit komplexen Kohlenhydraten essen. Zum Beispiel Vollkornerzeugnisse. Deren Kohlenhydrate werden nur langsam in Blutzucker umgewandelt. Ergebnis: Der Blutzuckerspiegel hält sich konstant.

Bohnen-Hammel-Eintopf

Eine Portion enthält: 24 g Eiweiß, 35 g Fett, 27 g Kohlenhydrate = 2,2 BE, 81 mg Cholesterin.
Kalorien: 548 = 2294 Joule.
Zubereitung: 115 Minuten.

50 g durchwachsener Speck, 1 Zwiebel, 500 g Hammelschulter, 1½ l Würfelbrühe, 600 g grüne Bohnen, 500 g Kartoffeln, 2 Stengel Bohnenkraut, Salz, Pfeffer, Streuwürze, 1 Bund Petersilie.

Speck und geschälte Zwiebel fein würfeln. Speck im Topf auslassen und leicht bräunen. Zwiebelwürfel dazugeben. Hammelfleisch grob würfeln. Dazugeben und anbraten. Würfelbrühe angießen. 60 Minuten kochen lassen.
In der Zwischenzeit die Bohnen abziehen, waschen und brechen. Kartoffeln schälen und würfeln. Mit Bohnen und Bohnenkraut in den Topf geben.
Salz, Pfeffer und Streuwürze zufügen. Noch etwa 30 Minuten kochen lassen. Nochmal abschmecken und mit Petersilie garnieren.

Beilagen: Wer etwas dazu trinken möchte, dem empfehlen wir ein Glas (⅛ l) Tomatensaft. Es hat 27 Kalorien = 113 Joule. 0,4 BE.

Bohnenplaki

Eine Portion enthält: 30 g Eiweiß, 23 g Fett, 17 g Kohlenhydrate = 0,7 BE, 88 mg Cholesterin.
Kalorien: 417 = 1746 Joule.
Zubereitung: 55 Minuten.

500 g grüne Bohnen, 1 Zwiebel, 3 EL Pflanzenöl (30 g), 4 EL Zitronensaft, Salz, weißer Pfeffer, 4 EL Semmelbrösel (40 g), knapp 1 EL gehacktes Bohnenkraut, 1½ Bund Petersilie, gut ¼ l heißes Wasser (300 cm³). – Außerdem: 4 Schweineschnitzel (je 125 g), Salz, schwarzer Pfeffer, 20 g Pflanzenöl.

Bohnen fädeln, waschen. Eventuell durchschneiden. Blanchieren (das heißt: mit kochendem Wasser übergießen) und ein paar Minuten darin stehenlassen, Zwiebel schälen und würfeln. Öl im Topf erhitzen. Schichtweise Bohnen, Zwiebeln, Zitronensaft, Salz, Pfeffer, Semmel-

brösel, Bohnenkraut und ⅔ gehackte Petersilie in den Topf geben. Letzte Schicht: Bohnen. Heißes Wasser angießen. Restliche Petersilie überstreuen. In 30 Minuten garkochen. Abkühlen lassen.
Schnitzel im heißen Öl auf jeder Seite 4 Minuten braten. Heiß oder kalt zum Bohnen-Plaki reichen.

Beilagen: 4 Scheiben Bauernbrot. Eine Scheibe: 125 Kalorien = 520 Joule. 2,1 BE.

PS: Plakis sind übrigens Gerichte, die man in Griechenland warm zubereitet und kalt ißt. Als Vorspeise oder auch als sommerliches Essen.

PS: Im Winter fürs Bohnenplaki Tiefkühlbohnen verwenden. Dosengemüse eignet sich nicht dafür.

Borjupörkölt

Eine Portion enthält: 21 g Eiweiß, 44 g Fett, 7 g Kohlenhydrate = 0,5 BE, 88 mg Cholesterin.
Kalorien: 333 = 1394 Joule.
Zubereitung: 70 Minuten.

1 Zwiebel, 2 EL Pflanzenöl (20 g), 500 g Schweinefleisch aus der Keule, Salz, 20 g Paprika edelsüß, 500 g grüne Paprikaschoten, 250 g Tomaten, Paprika rosenscharf.

Hier haben Sie ein echt ungarisches Gericht, das im Land der Magyaren mit Schweineschmalz zubereitet wird. Wer einen robusten Magen hat, wird ganz sicher Schweinefett dazu verwenden. 50 g sind gerade richtig. Aber jede Portion hat dann 70 Kalorien mehr. Wer abnehmen will, spart sie natürlich.
Geschälte Zwiebel fein würfeln. In dem heißen Öl anbraten. Grob gewürfeltes Schweinefleisch dazu geben. Mit Salz und Paprika edelsüß würzen.
20 Minuten im geschlossenen Topf schmoren. Paprikaschoten vierteln, entkernen, waschen und in Streifen schneiden. Dazugeben.
Tomaten überbrühen, abziehen, entkernen. Fruchtfleisch würfeln. Auch dazugeben.
Pörkölt insgesamt noch 30 Minuten weiterschmoren. Vor dem Auftragen mit rosenscharfem Paprika abschmecken.

Beilagen: Reis von 125 g. Eine Portion: 115 Kalorien = 481 Joule. 2 BE.

Borkumer Scholle

Eine Portion enthält: 40 g Eiweiß, 19 g Fett, 3 g Kohlenhydrate = 0 BE, 436 mg Cholesterin.
Kalorien: 375 = 1570 Joule.
Zubereitung: 30 Minuten.

> 4 kleine Schollen (1000 g), 4 EL Essig, 2 EL Pflanzenöl (20 g), Salz, weißer Pfeffer, Paprika edelsüß, Knoblauchpulver, 50 g Pfifferlinge aus der Dose, 50 g geriebener Edamer (30 %), 1 Dose Muscheln natur (195 g), 20 g Margarine, 4 Eier, 2 EL Wasser, 2 Bund Dill, 2 Tomaten.

Ausgenommene Schollen waschen und trockentupfen. Essig, Pflanzenöl, Salz, Pfeffer, Paprika und Knoblauchpulver verrühren. Auf die Schollen verteilen und etwa 60 Minuten einziehen lassen. Einmal wenden.
Schollen aus der Marinade nehmen und leicht abtropfen lassen. Unterm vorgeheizten Grill 8 bis 10 Minuten auf jeder Seite grillen, Bauchseite zuerst. 5 Minuten vor Ende der Grillzeit Pfifferlinge und Käse auf die Schollen verteilen und mitgrillen.
Muscheln abgießen und in Margarine andünsten. Eier mit Wasser, Salz und Paprikapulver verquirlen. Über die Muscheln gießen und stocken lassen. Schollen und versteckte Muscheln auf einer Platte anrichten. Mit gehacktem Dill bestreuen. Mit Tomatenachteln garnieren und servieren.

Beilagen: Petersilienkartoffeln von 500 g Kartoffeln, 10 g Margarine und 1 Bund Petersilie. Eine Portion: 105 Kalorien = 440 Joule. 1,6 BE.

Bouillonkartoffeln mit Rinderbrust

Eine Portion enthält: 22 g Eiweiß, 24 g Fett, 42 g Kohlenhydrate, 69 mg Cholesterin.
Kalorien: 493 = 2064 Joule.
Zubereitung: 140 Minuten.

> ½ l Wasser, Salz, Pfefferkörner, Lorbeerblatt, 500 g magere Rinderbrust, 750 g Kartoffeln, 250 g Sellerie, 250 g Möhren, 1 Stange Lauch (250 g), Streuwürze, 1 Bund Petersilie, 20 g Instant-Schlagschaumpulver (½ Beutel), 5 EL gekühlte Magermilch, 35 g geriebener Meerrettich, etwas Zitronensaft.

Wasser mit Salz, Pfefferkörnern und Lorbeerblatt in einem Topf aufkochen. Rinderbrust darin 90 Minuten garen. Inzwischen Kartoffeln, Sellerie und Möhren schälen, waschen und in gleichmäßig kleine Würfel schneiden. Die Kartoffelwürfel dürfen etwas größer sein.
Lauch putzen, gründlich waschen, in Ringe schneiden. Von der fertigen Brühe ¾ l abmessen und wieder aufkochen. Gemüse und Kartoffeln 30 Minuten darin garen. Mit Streuwürze und Salz abschmecken. Gehackte Petersilie drüberstreuen.
Schlagschaumpulver mit Magermilch (sie soll möglichst kühl sein) nach Anweisung aufschlagen. Mit Salz und Meerrettich abschmecken. Das Fleisch in Scheiben schneiden und anrichten. Bouillonkartoffeln und Meerrettichschaum extra reichen.

Beilagen: 75 g Preiselbeerkompott. Eine Portion: 37 Kalorien = 155 Joule.

PS: Die übrige Brühe können Sie als Zwischenmahlzeit servieren.

Bourbon-Filet
6 Portionen

Eine Portion enthält: 41 g Eiweiß, 16 g Fett, 10 g Kohlenhydrate = 0,8 BE, 210 mg Cholesterin.
Kalorien: 372 = 1557 Joule.
Zubereitung: 85 Minuten.

> *500 g grüne Bohnen, Wasser, Salz, 500 g Lauch, 3 Kohlrabi (500 g), 1000 g Rinderfilet, weißer Pfeffer, Rosmarin, 2½ EL Pflanzenöl (25 g), 2 Zwiebeln, 2 Eiweiß, 75 g geriebener Käse (30%), 1 EL Senf, 1 Bund Schnittlauch, 2 Eigelb.*

Bohnen putzen und waschen. Wasser mit Salz in einem Topf aufkochen. Bohnen darin 20 Minuten garen. Rausnehmen.
Lauchstangen halbieren, gründlich waschen. 10 Minuten im Bohnenwasser garen. Rausnehmen.
Kohlrabi schälen, halbieren und in Scheiben schneiden. Im Gemüsewasser 15 Minuten garen.
Inzwischen das Rinderfilet mit Salz, Pfeffer und Rosmarin einreiben. In eine Bratpfanne legen. Mit dem erhitzten Öl begießen. In den vorgeheizten Ofen auf die mittlere Schiene stellen.

Bratzeit: 40 Minuten. Elektroherd: 250 Grad. Gasherd: Stufe 5 bis 6.
Nach 10 Minuten die geschälten, halbierten Zwiebeln dazugeben.
Eiweiß zu steifem Schnee schlagen. Käse, Senf, gehackten Schnittlauch, Salz, Pfeffer und Eigelb dazugeben und alles vorsichtig mischen.
Nach weiteren 15 Minuten Bratzeit das Gemüse sortenweise in die Bratenpfanne geben. Fleisch und Gemüse mit der Käsemasse überziehen. Noch 10 Minuten braten lassen.
Gemüse — jede Sorte für sich — und das aufgeschnittene Fleisch auf einer vorgewärmten Platte hübsch anrichten.

Beilagen: Kartoffelschnee von 500 g Kartoffeln. Eine Portion: 85 Kalorien = 356 Joule. 1,6 BE.

Brandteig-Ringe

Ein Stück enthält: 4 g Eiweiß, 7 g Fett, 15 g Kohlenhydrate, 86 mg Cholesterin.
Kalorien: 154 = 645 Joule.
Zubereitung: 55 Minuten.

> ¼ l Wasser, 50 g Margarine, 1 Prise Salz, 150 g Mehl, 4 Eier. – Für die Füllung: 1 Beutel Instant-Schlagschaumpulver, ⅛ l Magermilch (sehr kalt), 1 kleine Dose Mandarinen (190 g), 1 EL Puderzucker (15 g).

Wasser mit Margarine und Salz in einem breiten Topf aufkochen. Mehl auf einmal hineinschütten und so lange rühren, bis sich die Masse als Kloß vom Topfboden löst. Den Topf vom Herd nehmen und sofort ein Ei unter die heiße Masse rühren. Etwas abkühlen lassen. Dann nacheinander noch 3 Eier dazugeben. Jedes Ei soll gut untergerührt sein, bevor das nächste zugefügt wird. Der Teig soll stark glänzen.
Mit dem Spritzbeutel 12 Ringe von 5 cm Durchmesser auf ein gefettetes und bemehltes Backblech spritzen. In den vorgeheizten Ofen auf die mittlere Schiene schieben.

Backzeit: 25 Minuten. Elektroherd: 225 Grad, Gasherd: Stufe 4.
Die fertigen Ringe waagerecht halbieren und auskühlen lassen. Aus Instant-Schlagschaumpulver und kalter Magermilch nach Anweisung Schlagschaum bereiten. Mit den abgetropften Mandarinenspalten

mischen. Kurz vorm Servieren in die kalten Ringe füllen. Zusammengesetzte Ringe mit Puderzucker bestäuben.

PS: Jedes Brandteiggebäck schmeckt nur frisch. Bitte am Backtag servieren — oder auch einfrieren.

Brasilianisches Hühnergericht

Eine Portion enthält: 32 g Eiweiß, 10 g Fett, 10 g Kohlenhydrate = 0,8 BE, 101 mg Cholesterin.
Kalorien: 272 = 1139 Joule.
Zubereitung: 70 Minuten.

750 g Hühnerbrust. – Für die Marinade: 4 EL Zitronensaft, 2 Zwiebeln (80 g), weißer Pfeffer, Salz, 1 Knoblauchzehe. – Außerdem: 40 g Margarine, 4 Tomaten (250 g), 1 Zwiebel (40 g), Salz, weißer Pfeffer, 1 Tasse Wasser, 1 Pfefferschote (Peperoni) aus dem Glas, 30 g Maismehl (ersatzweise Mehl), 2 EL gehackte Petersilie.

Hühnerbrüste halbieren. Aus Zitronensaft, 2 geschälten, gehackten Zwiebeln, weißem Pfeffer und der mit etwas Salz zerdrückten Knoblauchzehe eine Marinade rühren. Das Hühnerfleisch zwei Stunden darin durchziehen lassen. Zwischendurch immer wieder mit der Marinade begießen. Abgetropftes Hühnerfleisch in heißer Margarine 10 Minuten rundherum anbraten. Tomaten überbrühen, abziehen, halbieren, entkernen, Stengelansätze herausschneiden. Das Fruchtfleisch würfeln. Die Zwiebeln ebenfalls würfeln. Beides zum Fleisch geben, salzen und pfeffern. Weitere 10 Minuten schmoren. Wasser angießen. Gericht in 20 Minuten im geschlossenen Topf garschmoren. Gehackte Pfefferschote zufügen. Noch mal durchschmoren. Maismehl drüberstäuben. Umrühren. Oder mit kalt angerührtem Mehl binden. Gericht abschmecken und mit Petersilie bestreut servieren.

Beilagen: Salat von einem Kopf Salat in Marinade aus 2 EL Zitronensaft, 2 EL Kräutern, 2 EL Pflanzenöl und Gewürzen. Eine Portion: 55 Kalorien = 230 Joule. — Körnig gekochter Reis von 125 g. Eine Portion: 115 Kalorien = 481 Joule. 2 BE.

Nachtisch: 400 g (Diabetiker-)Pfirsiche aus der Dose. Eine Portion: 79 Kalorien = 331 Joule. 1,6 BE.

Bratäpfel gegrillt

Eine Portion enthält: 1 g Eiweiß, 7 g Fett, 20 g Kohlenhydrate, 18 mg Cholesterin.
Kalorien: 162 = 678 Joule.
Zubereitung: 35 Minuten.

> 4 aromatische Äpfel (500 g), 20 g Sultaninen, 1 EL Rum (40 Vol.-%), 20 g Butter oder Margarine, 2 TL Zucker, 1 EL geriebene Haselnußkerne zum Bestreuen (10 g), 1 TL Butter (5 g).

Äpfel waschen, abtrocknen. Kernhaus mit dem Apfelausstecher (notfalls mit einem schmalen Küchenmesser) entfernen. Gewaschene, noch feuchte Sultaninen mit Rum beträufeln. Ab und zu umrühren, damit sich das Aroma gleichmäßig verteilt. Ist die Flüssigkeit aufgesaugt, werden die Sultaninen mit Butter und Zucker gemischt und in die Äpfel gefüllt.
Auflaufform innen einfetten, Äpfel hineinsetzen. Unter dem vorgeheizten Grill in 15 Minuten grillen.
Aus dem Ofen nehmen. Mit geriebenen Haselnußkernen überstreuen.

Wann reichen? Als Dessert oder als Beilage zu Wild und anderem Braten. Wer die Äpfel ungefüllt grillt, muß für jede Portion nur 60 Kalorien = 251 Joule rechnen.

TIP Wenn Sie mal keinen Rum zur Hand haben, mischen Sie 3 Tropfen Rum-Aroma und 1 Eßlöffel Apfelsaft. Darin die Sultaninen einweichen.

Bratäpfel nordisch

Eine Portion enthält: 2 g Eiweiß, 3 g Fett, 22 g Kohlenhydrate, 14 mg Cholesterin.
Kalorien: 163 = 682 Joule.
Zubereitung: 30 Minuten.

> 4 Äpfel (500 g), 20 g Butter oder Margarine, 3 TL Zucker, 1 Eiweiß, 4 EL Apfelmus, 2 EL Calvados, 10 g gehackte Mandeln.

Äpfel waschen und abtrocknen. Kerngehäuse ausstechen. Auf jeden Apfel einen Stich Butter oder Margarine geben und je ½ TL Zucker daraufstreuen. Auf dem gefetteten Backblech in den vorgeheizten Ofen schieben.

Bratzeit: 10—15 Minuten. Elektroherd: 225 Grad. Gasherd: Stufe 4.
Eiweiß mit dem restlichen Zucker zu steifem Schnee schlagen. Äpfel aus dem Ofen nehmen. In jeden Apfel einen Eßlöffel Apfelmus füllen. Mit Calvados beträufeln. Eine Schneehaube daraufsetzen. Bei 250 Grad noch mal 3 Minuten überbacken.
Vor dem Auftragen mit den gehackten Mandeln bestreuen. Dann sofort servieren.

PS: Diabetiker nehmen Zuckeraustauschstoff und Diabetiker-Apfelmus.

Brokkoli mit Schinken

Eine Portion enthält: 19 g Eiweiß, 17 g Fett, 14 g Kohlenhydrate = 1,1 BE, 44 mg Cholesterin.
Kalorien: 296 = 1239 Joule.
Zubereitung: 50 Minuten.

750 g Brokkoli, Salz, Muskat, 1 kleine Zwiebel, 30 g Margarine, 250 g magerer gekochter Schinken. – Für die Soße: 35 g Mehl, 30 g Margarine, 1 kleine Dose Tomatenmark (70 g), ½ l Brokkolibrühe, Basilikum, flüssige Zwiebelwürze, Salz.

Brokkoli putzen, waschen, in kochendes Wasser geben. Salzen und 30 Minuten garen. Die saftigen Strünke müssen weich sein. Zum Schluß mit Muskat würzen. Zwiebel sehr fein hacken. In Margarine hellgelb braten. Gekochten Schinken würfeln. Kurz darin braten. Brokkoli abtropfen lassen. In einer vorgewärmten Schüssel anrichten. Schinken darüber verteilen. Warm stellen.
Für die Tomatensauce das Mehl in Margarine unter Rühren durchschwitzen. Tomatenmark zugeben und kurz durchdünsten. Nach und nach mit Gemüsebrühe auffüllen. Würzen und durchkochen. Abschmecken. Brokkoli und Soße getrennt reichen.

Beilage: Körnig gekochter Reis von 125 g. Eine Portion: 115 Kalorien = 481 Joule. 2 BE.

Brot

Brot ist nicht gleich Brot. Wählen Sie die Vollkornsorten, zu denen auch das Knäckebrot gehört. Sie liefern lebenswichtige Nährstoffe und sättigen anhaltend. Weißbrot hat diese Vorteile nicht.
Kein Land, in dem es so viele Brotsorten gibt, wie bei uns. Immerhin werden über 200 in bundesdeutschen Bäckereien und Geschäften angeboten. Kein Land aber auch, wo das Brot so als Dickmacher verschrieen ist, wie bei uns. Obwohl das weniger am Brot, als an dem liegt, womit es belegt wird. Nämlich mit viel Wurst und Käse. Und das alles von der fetten Sorte. Nein, Brot ist nicht der eigentliche Dickmacher. Der rückläufige Kauf ist eher eine falsche Entscheidung, zumindest was die guten dunklen Brotsorten angeht.
Unterschieden werden die Brotsorten nach Getreideart, Lockerungsmittel (Sauerteig, Hefe) und Form (freigeschobenes, angeschobenes, Kasten-, Korb- oder Schüsselbrot). Für besondere Auswahl oder Vorbereitung von Getreide oder Teig seien als Beispiele die Spezialbrote genannt: Simons-, Graham- und Steinmetzbrot, Flocken-, Knäcke- und Waffelbrot. Neben den meist eiweißreicheren, aber kohlenhydratarmen Diabetikerbroten gibt es auch natrium(salz)armes Vollkornbrot, auch salzloses Knäckebrot und Diabetikerknäcke.
Nun ist Brot nicht gleich Brot. Ausschlaggebend für seinen ernährungsphysiologischen Wert ist vor allem der Ausmahlungsgrad des Getreides. Helles Brot aus ausgemahlenem Mehl liefert nur leere Kalorien: Das bedeutet zwar Sättigung, aber keine Zufuhr lebenswichtiger Nährstoffe wie Eiweiß, Mineralstoffe und Vitamine. Wer abnehmen will, sollte auf Weißbrot verzichten.
Dagegen enthält Vollkornbrot alle Bestandteile des gereinigten Korns, einschließlich der eiweißreichen Aleuronschicht, der Mineralsalze und des wertvollen Keims im Brot, vor allem der B-Vitamine, die für den Kohlenhydratstoffwechsel nötig sind und der Ballaststoffe, die der Verdauung förderlich sind.

Wer eine Schlankheitskur macht, wird sich vernünftigerweise für die Vollkornbrotsorten entscheiden. Zum Beispiel auch für Knäcke- und Waffelbrot, die ja Vollkornerzeugnisse sind. Sie beweisen, daß Vollkornbrot nicht ausschließlich grobes Brot ist. Es gibt hochwertige, aber sehr zarte und leicht verdauliche Sorten. Zum Beispiel Weizenvollkornbrot. Ja sogar Zwieback aus Vollkorn, aber auch Toastbrotsorten, die mit etwas Vollkorn angereichert sind.

Fest steht, daß 100 g Vollkornbrot viel nachhaltiger sättigen als 100 g Weißbrot. Als Orientierung sagen wir Ihnen noch, wieviel Kalorien je 50 g (1 Scheibe oder 1 Brötchen) die wichtigsten Brotsorten haben:

Brötchen	140
Grahambrot	125
Graubrot	125
Pumpernickel	124
Roggenvollkornbrot	120
Weizenvollkornbrot	120
Knäckebrot (5 Scheiben = 50 g)	180
Weißbrot	130

Da jeder von uns durchschnittlich täglich 175 g Brot ißt, sollten Sie eine gesunde Wahl treffen.

Broteinheiten

Kohlenhydrate in der Nahrung — also Zucker- und Stärkeanteile — werden für die Diabetikerkost in der Maßeinheit BE = Broteinheiten berechnet. Eine BE = 12 g Kohlenhydrate. Diabetiker müssen die vom Arzt vorgeschriebenen täglichen Broteinheiten genau einhalten. Darum haben wir für geeignete Rezepte die BE ausgerechnet. Diabetiker verzichten auf Rezepte ohne BE-Angaben.

Brombeer-Birnen

Eine Portion enthält: 2 g Eiweiß, 1 g Fett, 30 g Kohlenhydrate, 0 mg Cholesterin.
Kalorien: 190 = 795 Joule.
Zubereitung: 25 Minuten.

250 g Brombeeren, 1 EL Zucker (15 g), flüssiger Süßstoff, 4 Birnen (600 g), ¼ l Wasser, ¼ l Weißwein, 4 EL Zitronensaft, Mark einer halben Vanilleschote, 1 TL gewürfelter, kandierter Ingwer, 1 EL Weinbrand.

Brombeeren vorsichtig waschen. Gut abtropfen lassen. In eine Schüssel geben, mit Zucker bestreuen und eventuell mit Süßstoff süßen. Zugedeckt durchziehen lassen, bis sie saftig sind.
Birnen schälen, halbieren und entkernen. Wasser mit Weißwein, Zitronensaft, Süßstoff, Vanillemark, Ingwer und Weinbrand aufkochen. Die Birnen darin 10 Minuten bei schwacher Hitze beißfest kochen.
Birnenhälften abtropfen lassen. Kreisförmig auf einer Glasplatte anrichten. Die Mulden in den Birnen mit Brombeeren füllen. Restliche Beeren als Hügel in die Mitte geben. Saft drübergießen.

Bückling in Rührei

Eine Portion enthält: 27 g Eiweiß, 23 g Fett, 1 g Kohlenhydrate = 0,1 BE, 321 mg Cholesterin.
Kalorien: 336 = 1407 Joule.
Zubereitung: 25 Minuten.

2 Bücklinge (500 g), 4 Eier, 8 EL Wasser, Salz, weißer Pfeffer, Muskat, 1 Bund Schnittlauch, 20 g Margarine.

Bücklinge an der Rückengräte einschneiden. Haut abziehen. Filets sauber von den Gräten heben und mit dem Messer in mundgerechte Stücke teilen.
Eier und Wasser verquirlen. Mit Salz, weißem Pfeffer und Muskat nur leicht würzen, weil der Bückling schon würzig ist. Schnittlauch hacken und hineinmischen.

Bücklingsstücke in heißer Margarine leicht anbraten. Eimasse drübergießen und bei schwacher Hitze stocken lassen. Das dauert etwa 10 Minuten.

Beilagen: 4 Scheiben (je 50 g) Schwarz- oder Vollkornbrot. Eine Portion: 120 Kalorien = 502 Joule. 2 BE. — 40 g Halbfettmargarine. Eine Portion: 38 Kalorien = 159 Joule.

Bulgarische Paprikaschoten

Eine Portion enthält: 4 g Eiweiß, 7 g Fett, 18 g Kohlenhydrate = 1,4 BE, 0 mg Cholesterin.
Kalorien: 159 = 666 Joule.
Zubereitung: 45 Minuten.

4 rote Paprikaschoten (500 g), Salz, Paprika edelsüß, 1 Dose Maiskörner (280 g), 30 g Margarine, Weinessig, flüssiger Süßstoff, ½ Bund Petersilie.

Von den Paprikaschoten einen flachen Deckel abschneiden. Schoten entkernen, waschen und gut abtropfen lassen. Innen kräftig mit Salz und Paprikapulver würzen. In kochendes, leicht gesalzenes Wasser legen. 10 Minuten vorgaren. In der Zwischenzeit Maiskörner auf einem Sieb abtropfen lassen. In 20 g Margarine erhitzen. Mit Salz, Weinessig und Süßstoff abschmecken. Gehackte Petersilie zufügen. In die etwas abgetropften Paprikaschoten füllen.
Schoten in eine gefettete, feuerfeste Form stellen. 10 g Margarine dazugeben. In 15 Minuten zugedeckt garschmoren. Wenn nötig, einen Schuß Wasser zufügen.

Beilagen: Hammelbraten von 500 g Lende, in 20 g Pflanzenöl gebraten. Eine Portion: 306 Kalorien = 1281 Joule. — Salzkartoffeln von 500 g. Eine Portion: 85 Kalorien = 356 Joule. 1,6 BE.

PS: Wer Kalorien sparen will, kann die Salzkartoffeln weglassen und nur das eiweißhaltige Fleisch zu den Bulgarischen Paprikaschoten essen.

Bunter Gemüsetopf

Eine Portion enthält: 25 g Eiweiß, 30 g Fett, 37 g Kohlenhydrate = 3 BE, 69 mg Cholesterin.
Kalorien: 542 = 2269 Joule.
Zubereitung: 50 Minuten.

> 500 g Hochrippe (in 4 Stücke geteilt), 2½ EL Pflanzenöl (25 g), 250 g Möhren, 250 g Sellerie, etwas Wasser, 500 g Kartoffeln, 250 g Lauch, 500 g Blumenkohl, 1 Packung Tiefkühl-Brechbohnen (300 g), Salz, weißer Pfeffer, 250 g Tomaten, 1 Bund Petersilie.

Fleischstücke im Pflanzenöl auf jeder Seite anbräunen. Möhrenscheiben, Selleriewürfel und einen Schuß Wasser zufügen. 5 Minuten dünsten. Kartoffelwürfel, Lauchringe, Blumenkohlröschen und Brechbohnen dazugeben. Mit Salz und Pfeffer würzen. Eventuell noch einen weiteren Schuß Wasser zufügen. Weitere 15 Minuten garen.
Tomaten abziehen, vierteln und dazugeben. 5 Minuten mitgaren. Das fertige Gericht abschmecken. Mit gehackter Petersilie bestreut auftragen.

Bunter Salat

Eine Portion enthält: 17 g Eiweiß, 12 g Fett, 14 g Kohlenhydrate = 1,1 BE, 129 mg Cholesterin.
Kalorien: 244 = 1022 Joule.
Zubereitung: 30 Minuten.

> 1 Paket Tiefkühl-Erbsen (300 g), knapp 1 TL Salz, flüssiger Süßstoff, 1 kleiner Kopf Salat, 150 g Räucherlachs in Scheiben, 4 Tomaten (250 g), ½ Salatgurke (250 g), 2 hartgekochte Eier, 1 Zitrone. – Für die Marinade: 2 EL Dillessig, Salz, weißer Pfeffer, 2 EL Pflanzenöl (20 g). Dillzweige zum Garnieren.

Erbsen in kochendes Wasser geben. Mit Salz und Süßstoff würzen. Nach Anweisung garen. Abtropfen und abkühlen lassen.
Salat putzen, waschen und abtropfen lassen. Auf vier Teller verteilen. Lachs jeweils in der Mitte anrichten. Tomaten und Gurke waschen und in Scheiben schneiden. Bei den Tomaten die Stengelansätze rausschneiden. Geschälte Eier achteln. Diese Zutaten um den Lachs herum anrichten. Erbsen auch auf die Teller verteilen. Zitrone achteln und je zwei Schnitze auf jeden Teller legen.

Aus Dillessig, Salz, Pfeffer und Pflanzenöl eine Marinade rühren. Gut abschmecken und über die Salatportionen träufeln. Im Kühlschrank zugedeckt eine halbe Stunde durchziehen lassen. Mit Dill garniert servieren.

Wann reichen? Als Vorspeise oder Mittagsimbiß.

Buntes Fischfilet

Eine Portion enthält: 40 g Eiweiß, 10 g Fett, 8 g Kohlenhydrate = 0 BE, 66 mg Cholesterin.
Kalorien: 290 = 1214 Joule.
Zubereitung: 30 Minuten.

4 Stück Seelachsfilets (800 g), 4 EL Zitronensaft, 250 g Tomaten, 1 Zwiebel (50 g), 1 große Dose Champignons (530 g Einwaage), 3 EL Keimöl (30 g), Salz, frisch gemahlener weißer Pfeffer, Thymian, Basilikum, 1 ungespritzte Zitrone, ½ Bund Petersilie.

Fischfilets mit Zitronensaft einreiben. Zugedeckt 15 Minuten durchziehen lassen.
Indessen Tomaten häuten, entkernen und würfeln. Die Zwiebel schälen und würfeln. Pilze abtropfen lassen. Zwiebelwürfel und Champignons in einer beschichteten Pfanne in 1 EL Öl andünsten, Tomaten zugeben. Mit Salz, Pfeffer, Thymian und Basilikum abschmecken. Noch einmal kurz durchschmoren. Warm stellen.
Fischfilets mit Haushaltspapier abtupfen. Salzen. Restliches Öl in der Pfanne erhitzen. Fischfilets 10 Minuten auf beiden Seiten goldbraun braten.
Gemüse kurz erhitzen. Fisch mit dem Gemüse auf einer Platte anrichten. Mit Zitronenscheiben und Petersilie garnieren.

Beilage: 500 g Salzkartoffeln. Eine Portion: 85 Kalorien = 356 Joule. 1,6 BE.

PS: Bei Unverträglichkeit statt Zwiebeln Granulat oder Zwiebelpulver verwenden. Dies Gericht eignet sich auch vorzüglich zum Überbacken. Dazu die Filets in eine feuerfeste Form legen, Gemüse darüberhäufen, mit 60 g geriebenem Käse (45 %) bestreuen und im Backofen bei größter Hitze oder unterm Grill überbacken, bis der Käse zu schmelzen beginnt. Jede Portion enthält 44 g Eiweiß, 14 g Fett, 9 g Kohlenhydrate = 0,7 BE, 80 mg Cholesterin. Kalorien: 350 = 1465 Joule.

Burgunder Braten

Eine Portion enthält: 26 g Eiweiß, 25 g Fett, 4 g Kohlenhydrate = 0 BE, 94 mg Cholesterin.
Kalorien: 383 = 1604 Joule.
Zubereitung: 115 Minuten.

> *500 g Rindfleisch aus der Keule, Salz, weißer Pfeffer, Paprika rosenscharf, Knoblauchsalz, 2 EL Pflanzenöl (20 g), 25 g gewürfelter, durchwachsener Speck, gut $\frac{1}{8}$ l warmes Wasser (100 cm³), 250 g Pfifferlinge, frisch oder aus der Dose, 1 EL (15 g) Mehl, 1 kleines Glas Burgunder, flüssiger Süßstoff, 1 Bund Schnittlauch.*

Fleisch mit Salz, Pfeffer, Paprika und Knoblauchsalz einreiben. Im Pflanzenöl rundherum scharf anbraten. Speckwürfel im Fleischtopf glasig werden lassen. Warmes Wasser zugießen. 60 Minuten schmoren.
Die geputzten, gewaschenen Pfifferlinge dazugeben. Noch 30 Minuten mitschmoren. (Dosenpfifferlinge abgießen. Nach 75 Minuten Schmorzeit zugeben.) Braten aus dem Topf nehmen und warm stellen. Schmorsaft durchsieben. Mit Pilzbrühe und Wasser auf gut $\frac{1}{4}$ l auffüllen. Aufkochen. Mit in kaltem Wasser angerührten Mehl binden. 5 Minuten durchkochen. Mit Wein, Salz und Süßstoff abschmekken.
Fleisch in Scheiben schneiden. Pfifferlinge darauf verteilen, gehackten Schnittlauch draufstreuen. Soße extra reichen.

Beilagen: Grüner Salat (von 2 El Zitronensaft, 2 EL Schnittlauch, 2 EL Pflanzenöl, 1 Kopf Salat). Eine Portion: 55 Kalorien = 230 Joule. — Kartoffelpüree (von 500 g Kartoffeln, gut $\frac{1}{8}$ l Magermilch/150 cm³, 10 g Margarine). Eine Portion: 116 Kalorien = 486 Joule. 1,7 BE.

PS: Diabetiker verzichten auf den Speck.

Burgunder Hammelcarré

Eine Portion enthält: 23 g Eiweiß, 28 g Fett, 3 g Kohlenhydrate = 0,2 BE, 81 mg Cholesterin.
Kalorien: 392 = 1641 Joule.
Zubereitung: 90 Minuten.

500 g Hammelcarré (Kotelettstück), Salz, Knoblauchpulver, grob gemahlener schwarzer Pfeffer, 2 EL Pflanzenöl (20 g), $1/8$ l Rotwein, gut $1/8$ l Wasser (150 cm³), je 1 Prise Salbei, Thymian, Rosmarin, $1/2$ Bund Petersilie, $1/2$ Bund Schnittlauch, 2 EL Magermilch, 1 EL Mehl (10 g), flüssiger Süßstoff.

Fleisch mit Salz, Knoblauchpulver und Pfeffer gut einreiben. Öl im Bräter erhitzen. Fleisch rundherum braun anbraten. Mit Rotwein und Wasser ablöschen. Salbei, Thymian und Rosmarin dazugeben. Petersilie und Schnittlauch waschen, zusammenbinden und ebenfalls dazugeben. Fleisch etwa 60 Minuten zugedeckt schmoren lassen. Herausnehmen und auf einer Platte warm stellen.

Petersilie und Schnittlauch entfernen. Bratfond mit etwas Wasser loskochen. Mit in Magermilch angerührtem Mehl binden und mit Salz, Pfeffer und flüssigem Süßstoff abschmecken. Etwas Soße über das aufgeschnittene Fleisch geben, den Rest extra dazureichen.

Beilagen: Grüne Bohnen. Eine Portion: 57 Kalorien = 239 Joule. 0,5 BE. Salzkartoffeln von 500 g. Eine Portion: 85 Kalorien = 356 Joule. 1,6 BE.

Butter

Frische Butter ist ein besonders leicht verdauliches Speisefett. Was Magen- und Galleempfindlichen zugute kommt, wenn sie sie nicht gebräunt essen. Allerdings enthalten 100 g Butter bei einem Fettanteil von 82 % 755 Kalorien = 3161 Joule. Das bedeutet: Bei Magerkost auch mit Butter sparsam umgehen. Wichtig für Herzgefährdete: 100 g Butter enthalten 280 mg Cholesterin. Und nur 3 % mehrfach ungesättigte, aber 61 % gesättigte Fettsäuren. Wer einen zu hohen Cholesterinspiegel hat, verzichtet weitgehend auf Butter.

Butter kann reich an Vitamin A sein. (Die Menge hängt von der Fütterung der Kühe und von der Herstellungsweise ab). Sie enthält außerdem etwas Vitamin B und die Vitamine D und E.

Butterbohnen

Eine Portion enthält: 4 g Eiweiß, 5 g Fett, 10 g Kohlenhydrate = 0 BE, 14 mg Cholesterin.
Kalorien: 103 = 431 Joule.
Zubereitung: 30 Minuten.

750 g zarte Stangenbohnen, ½ l Wasser, Salz, 1 Msp getrocknetes Bohnenkraut, 1 Prise weißer Pfeffer, 20 g Butter, 1 EL Petersilie, 2 Tomaten zum Garnieren.

Stangenbohnen waschen, putzen und dabei entfädeln. Wasser mit Salz, Bohnenkraut und Pfeffer im breiten Topf aufkochen. Ganze Bohnen hineinlegen. Im geschlossenen Topf 20 Minuten weichkochen. Mit dem Schaumlöffel auf eine vorgewärmte Platte legen. Butter in Flöckchen darauf geben. Petersilie drüberstreuen. Mit gewaschenen, geviertelten Tomaten garniert sofort servieren.

Wann reichen? Als Beilage zu Rinder- oder Schweinebraten. Auch zu Steaks.

Butterfisch

Eine Portion enthält: 30 g Eiweiß, 15 g Fett, 16 g Kohlenhydrate = 1,3 BE, 176 mg Cholesterin.
Kalorien: 340 = 1424 Joule.
Zubereitung: 50 Minuten.

1 Rotbarsch von 1000 g, Essig, 1 Bund Suppengrün, 1 TL Gewürzkörner, 3 kleine Lorbeerblätter, 1 Zwiebel, Salz, 2 EL Weinessig, ¾ l Wasser, 30 g Butter, 35 g Mehl, 1 Eigelb, ⅛ l saure Sahne, 1 Bund Dill, ½ Bund Petersilie, Meerrettich, Süßstoff, weißer Pfeffer.

Rotbarsch säubern, säuern, salzen. Suppengrün putzen, waschen und grob zerkleinern. Mit Gewürzkörnern, Lorbeerblättern, Zwiebelringen, Salz, Weinessig und Wasser in einen ausreichend großen Topf geben und aufkochen. Fisch in den Sud geben. In etwa 20 Minuten garziehen lassen. Rausnehmen und warm stellen.
Fischbrühe durchsieben. Aus Butter, Mehl und ⅜ l Fischbrühe eine helle

Mehlschwitze bereiten. Eigelb mit saurer Sahne verquirlen. In die Soße rühren. Nicht mehr kochen lassen.
Dill und Petersilie fein hacken und ebenfalls in die Soße geben. Mit Meerrettich, Salz, Süßstoff und Pfeffer abschmecken. Fisch anrichten, mit Soße überziehen.

Beilagen: Grüner Salat mit Kräutern (von 2 EL Zitronensaft, 2 EL gehackten Kräutern, 2 EL Pflanzenöl, 1 Kopf Salat). Eine Portion: 55 Kalorien = 230 Joule. — Petersilienkartoffeln (von 500 g Kartoffeln, 10 g Margarine, 1 Bund Petersilie). Eine Portion: 105 Kalorien = 440 Joule. 1,6 BE.

Buttermilch

Sie ist ein Getränk mit lauter guten Noten und einer schlechten. Die guten Noten: 100 g Buttermilch enthalten nur 35 Kalorien = 147 Joule, 4 g Kohlenhydrate = 0,4 BE, 3,5 g hochwertiges Eiweiß und nur Fettspuren. Man kann sich also mit Buttermilch prima schlanktrinken. Und auch Diabetiker brauchen darauf nicht zu verzichten (gut 300 g = 1 BE). Die schlechte Eigenschaft: Buttermilch gibt's leider nicht überall.

Buttermilch-Auflauf

Eine Portion enthält: 9 g Eiweiß, 14 g Fett, 37 g Kohlenhydrate, 161 mg Cholesterin.
Kalorien: 323 = 1352 Joule.
Zubereitung: 80 Minuten.

> 2 Eigelb, 50 g Zucker, 1 Prise Salz, 1 Päckchen Vanillinzucker, ¼ l Buttermilch, ⅛ l Sahne, 75 g Mehl, 1 gestr. TL Backpulver, 1 Päckchen Vanille-Puddingpulver, 25 g Rosinen, 10 g gehackte Mandeln, 2 Eiweiß.

Eigelb, Zucker, Salz und Vanillinzucker schaumig schlagen. Buttermilch und Sahne mischen. Mehl, Backpulver und Puddingpulver auch mischen. Abwechselnd Flüssigkeit und Mehlmischung in die Eigelbmasse rühren, dann Rosinen und Mandeln.

Eiweiß zu steifem Schnee schlagen. Unter den Teig heben. In eine gefettete, feuerfeste Form füllen. In den vorgeheizten Ofen auf die mittlere Schiene stellen.

Backzeit: 60 Minuten. Elektroherd: 200—225 Grad. Gasherd: Stufe 3—4.

Beilagen: 1 Paket aufgetaute Tiefkühl-Himbeeren (300 g). Eine Portion: 83 Kalorien = 348 Joule.

B-Vitamine

Es gibt nicht nur ein einziges Vitamin B, es gibt davon einen ganzen, lebensnotwendigen Komplex: Die B-Vitamine. Hauptquelle sind die Vollkornprodukte. Aber: Der Mensch von heute ißt zuwenig davon und zuviel Süßigkeiten, die zu erhöhtem Vitamin-B-Bedarf führen.
Schlimme Folgen bei großem Vitamin-B-Mangel: Stoffwechselstörungen, Herz-Kreislaufschäden, gestörte Zellatmung. Mögliche wahrnehmbare Mangelerscheinungen:
Brüchige Fingernägel, Hautschäden, nervöse Störungen (B-Vitamine werden auch Nervenvitamine genannt), Wachstums- und Verdauungsstörungen.
Wir sagen Ihnen, wie die B-Vitamine heißen und worin sie, neben Vollkornprodukten und Weizenkeimen, vorkommen.
Vitamin B_1: Nüsse, Hefe, Kartoffeln, Gemüse, Leber, Schweinefleisch, Hülsenfrüche (Sojabohnen!).
Vitamin B_2: Hefe, Eigelb, Käse, Leber, Sojabohnen.
Niacin (Nikotinsäure): Milch, Hefe, Soja, Fleisch, Leber.
Panthotensäure: Wie bei Niacin.
Vitamin B_6: Hefe, Leber, grünes Gemüse, Fleisch.
Folsäure: Grünes Gemüse, tierische Organe, Hefe.
Vitamin B_{12} (wichtiges Vitamin für die Blutbildung): Rohe Leber, Eier, Milch.
Die Berücksichtigung dieser Nahrungsmittel und Vollkornprodukte verhindert auch in einer Reduktionskost einen Mangel an B-Vitaminen.

C

Cäcilies Filet-Platte

Eine Portion enthält: 25 g Eiweiß, 19 g Fett, 15 g Kohlenhydrate, 90 mg Cholesterin.
Kalorien: 353 = 1478 Joule.
Zubereitung: 30 Minuten.

8 kleine Tomaten (250 g), Salz, weißer Pfeffer, 2 rote Äpfel, 500 g Schweinefilet, 2 EL Pflanzenöl (20 g), Currypulver, 1 geh. EL Mehl (15 g), ¼ l Wasser, 3 EL Dosenmilch (7,5 %), 1 EL Tomatenketchup, 2 EL Sherry, Petersilie.

Tomaten abziehen und mit Salz und Pfeffer würzen. Gewaschene, abgetrocknete Äpfel ausstechen. In 8 Ringe schneiden.
Schweinefilet in etwa 2 cm dicke Scheiben schneiden. Mit dem Handballen etwas flachdrücken. In der Pfanne im heißen Öl auf jeder Seite 3 Minuten braten. Mit Salz und Currypulver würzen.
Die Filets auf einer vorgewärmten Platte anrichten und warm stellen. In der Pfanne nacheinander die Apfelringe etwa 4 Minuten braten und die Tomaten 4 Minuten dünsten. Beides neben dem Fleisch anrichten. Mehl im Bratfond anschwitzen. Mit Wasser ablöschen. Dosenmilch, Tomatenketchup und Sherry zufügen. Mit Salz und Currypulver abschmecken. Extra servieren. Platte mit Petersilie garnieren.

Beilagen: Körnig gekochter Reis (von 125 g Langkornreis). Eine Portion: 115 Kalorien = 481 Joule.

PS: Man kann die Platte auch mit Rinderfilet zubereiten. Macht 62 Kalorien für jede Portion weniger.

Calcium

Wie alle Mineralien ist auch Calcium lebenswichtig. Seine Aufgaben: Knochen und Blut gesund zu erhalten. Calciummangel im Blut bewirkt zum Beispiel Unruhe, Nervosität, Schlaflosigkeit und auch Schmerzempfindlichkeit. Es ist also nur gut, bei Schlankheitskuren Calciumtabletten einzunehmen. Denn durch die geringere Nahrungszufuhr verringert sich naturgemäß auch ihr Anteil an Calcium. Das kann zu Stimmungskrisen (Depressionen) führen. Enthalten ist Calcium in mg-Mengen in beinahe allen Lebensmitteln. Höhere Anteile haben: Corned beef, Hering, Rotbarsch, Milch- und Milchprodukte, Margarine, Nährmittel, Vollkornprodukte, Sojamehl, vom Gemüse vor allem das Grüngemüse, bei Obst die Apfelsinen und alle Nüsse. Der Renner ist Sesamsamen mit 1160 mg Calcium auf 100 g. Tagesbedarf an Calcium: 1 Gramm.

Calamares in pikanter Soße

Eine Portion enthält: 19 g Eiweiß, 10 g Fett, 6 g Kohlenhydrate = 0,5 BE, 65 mg Cholesterin.
Kalorien: 199 = 833 Joule.
Zubereitung: 30 Minuten.

1 Dose geschälte Tomaten (530 g), 1 Zwiebel, Salz, schwarzer Pfeffer, flüssiger Süßstoff, Sambal Oelek, Knoblauchpulver, Thymian, Majoran, 500 g Tintenfisch, 2 EL Pflanzenöl (20 g), 2 TL Zitronensaft.

Calamares nennen die Spanier das, was bei uns Tintenfisch heißt. Sie bereiten den kalorienarmen Fisch sehr würzig zu. Auf keinen Fall darf Knoblauch fehlen, wenn es beim Essen spanisch zugehen soll.
Tomaten abtropfen lassen und durch ein Sieb streichen. Zwiebel hineinreiben. Mit den Gewürzen herzhaft abschmecken.

Tintenfisch unter fließendem Wasser reinigen. In Ringe schneiden. Mit der Tomatensoße in einem Topf aufsetzen und 15 Minuten brodelnd kochen lassen. Die Soße soll etwas eindicken. Erkalten lassen. Pflanzenöl und Zitronensaft unterrühren. Abschmecken und gut gekühlt servieren.

Beilagen: 4 Scheiben Stangenweißbrot (60 g). Eine Scheibe: 39 Kalorien = 163 Joule. 0,6 BE.

TIP Tintenfisch kann man nicht allezeit und überall frisch kaufen. In diesem Fall helfen Sie sich am besten mit naturell eingelegtem Dosenfisch. Davon genügen etwa 250 g. Er wird nur in der Soße erhitzt.

California-Cocktail

Eine Portion enthält: 9 g Eiweiß, 6 g Fett, 13 g Kohlenhydrate = 1 BE, 64 mg Cholesterin.
Kalorien: 147 = 615 Joule.
Zubereitung: 15 Minuten.

2 kleine Grapefruit von je 250 g, 4 EL Orangensaft, 150 g Hummerfleisch oder Krebsschwänze aus der Dose, 4 Salatblätter. – Für die Marinade: 3 EL Tomatenmark (30 g), 2 EL (40 g), Mayonnaise (50%), Salz, weißer Pfeffer, flüssiger Süßstoff, Paprika edelsüß, 1 EL Weinbrand.

Grapefruits mit einem scharfen Messer wie einen Apfel schälen, so daß die weiße Haut mit entfernt wird. Die Filets ebenfalls ohne Haut herausschneiden.
Fruchtfleisch würfeln. Mit Orangensaft beträufeln. Hummerfleisch oder Krebsschwänze abtropfen lassen. Etwas zerpflücken. In einer Schale auf Salatblättern oder auch in vier Gläsern anrichten.
Für die Marinade Tomatenmark und Mayonnaise verrühren. Mit Salz, Pfeffer, flüssigem Süßstoff, Paprika und Weinbrand pikant abschmecken. Über den Cocktail gießen. Gut durchziehen lassen. Kalt servieren.

Beilagen: 4 Scheiben Toast. Eine Scheibe: 52 Kalorien = 218 Joule. 0,7 BE. — 20 g Halbfett-Margarine. Eine Portion: 19 Kalorien = 80 Joule.

Camembert à la maison

Eine Portion enthält: 17 g Eiweiß, 9 g Fett, 40 g Kohlenhydrate, 29 mg Cholesterin.
Kalorien: 317 = 1327 Joule.
Zubereitung: 15 Minuten.

250 g (2 Stück) Camembert (30%), 4 Bananen (600 g), 2 EL Tomatenmark (40 g), eventuell Salz, 1 EL Tomatenketchup (15 g), 8 Scheiben Knäckebrot (80 g), Petersilie.

Camembert locker in Aluminiumfolie eindrehen und in kochendem Wasser in etwa 10 Minuten schmelzen lassen. Fruchtfleisch von 3 Bananen mit einer Gabel zerdrücken, mit dem Camembert und dem Tomatenmark verrühren. Nach Geschmack noch mit Salz abschmecken. Restliche Banane in 24 Scheiben schneiden. Camembertmasse auf Knäckebrotscheiben streichen. Mit je drei Bananenscheiben schuppenförmig garnieren. Auf jede Bananenscheibe einen kleinen Tupfen Ketchup und etwas Petersilie geben. Sofort anrichten.

Beilage: Kopfsalat aus 1 Kopf Salat, 40 g Keimöl (4 EL), 2 EL Zitronensaft oder Essig, Salz, einer Prise Zucker oder etwas Süßstoff und gehackten Kräutern (Dill, Petersilie, Kresse). Eine Portion: 110 Kalorien = 460 Joule.

Wann reichen? Als Abendessen, wenn Sie mittags ein paar Kalorien gespart, also nicht viel gegessen haben.

Camembert-Toast
Eine Portion

Enthält: 19 g Eiweiß, 19 g Fett, 49 g Kohlenhydrate = 4,1 BE, 29 mg Cholesterin.
Kalorien: 460 = 1926 Joule.
Zubereitung: 15 Minuten.

1 Scheibe Graubrot (50 g), 10 g Margarine, 1 reife Birne (180 g), 1 halber (62,5 g) Camembert (30%), 1 TL Mandelblätter.

Brot mit Margarine bestreichen. Birne dünn schälen, halbieren, entkernen. Birnenhälften mit der Schnittfläche nach unten auf die Brotscheibe legen. Camembert waagerecht in 3 bis 4 Halbmonde schneiden, schuppenförmig über die Birnenhälften legen. Mandelblätter drüberstreuen. Toast im vorgeheizten Ofen auf höchster Stufe oder unter dem heißen Grill 10 Minuten überbacken, bis der Käse geschmolzen ist.

Wann reichen? Als schnelles Mittagessen.

PS: Wer es kräftiger liebt, nimmt an Stelle einer Birne einen Apfel gleicher Größe, schält und raffelt ihn, häuft die Apfelraspeln auf die bestrichene Brotscheibe und überbackt den Toast.

Canneloni mit Quark

Eine Portion enthält: 37 g Eiweiß, 19 g Fett, 53 g Kohlenhydrate, 182 mg Cholesterin.
Kalorien: 475 = 1987 Joule.
Zubereitung: 35 Minuten.

> Für die Füllung: *500 g Magerquark, 2 EL Keimöl (20 g), 2 Eigelb, 60 g feiner Weizengrieß, $1/8$ l Magermilch, 1 Prise Salz, Mark einer Vanilleschote, abgeriebene Zitronenschale, flüssiger Süßstoff, 2 Eiweiß.* – Außerdem: *12 Cannelloni (150 g Hartweizengrießware), $1/2$ l Magermilch, 2 EL Semmelbrösel (20 g).*

Für die Füllung: Quark, Öl, Eigelb, Grieß und Milch miteinander verrühren. Würzen. Mit Süßstoff abschmecken. Steifgeschlagenes Eiweiß unterheben.
Quarkmasse mit dem Spritzbeutel in die Cannelloni füllen. Teigrollen in einfacher Lage in eine feuerfeste Form geben, mit der Milch übergießen, mit Semmelbröseln bestreuen. Form offen in den vorgeheizten Backofen auf die mittlere Schiene stellen.

Backzeit: 30 Minuten. Elektroherd: 180 Grad. Gasherd: Stufe 3.

Beilage: 750 g entsteinte Aprikosen mit einer Tasse Wasser, Zitronensaft und Süßstoff im Mixer fein pürieren.
Eine Portion: 95 Kalorien = 398 Joule.

Caponata

Eine Portion enthält: 5 g Eiweiß, 27 g Fett, 24 g Kohlenhydrate, 0 mg Cholesterin.
Kalorien: 380 = 1591 Joule.
Zubereitung: 40 Minuten.

500 g Paprikaschoten, 250 g Tomaten, 500 g kleine Zucchini, 200 g Zwiebeln, 10 grüne Oliven, 500 g Auberginen, 10 EL Pflanzenöl (100 g), 1 TL Zucker, Salz, weißer Pfeffer, $1/5$ l herber Weißwein.

Die Caponata ist eine der beliebtesten sizilianischen Vorspeisen. Man kann sie warm und kalt essen. Auch als Hauptgericht.
Paprikaschoten vierteln, entkernen, waschen und in Stücke schneiden. Tomaten häuten, vierteln und Stielansatz dabei entfernen. Zucchini waschen, Stiele abschneiden und die Früchte in Scheiben schneiden. Zwiebeln schälen, in Ringe schneiden. Oliven halbieren. Zuletzt die Stengelansätze der gewaschenen Auberginen entfernen und die Früchte würfeln.
Pflanzenöl in einer beschichteten tiefen Pfanne erhitzen, Zwiebeln darin goldgelb braten. Paprika-, Auberginen- und Zucchinistücke zugeben und unter Rühren braten, bis die Auberginen weich zu werden beginnen. Das dauert etwa 4 Minuten. Das Gemüse darf nicht braun werden oder ansetzen. Tomatenviertel, Oliven, Gewürze und die Hälfte des Weins zugeben. Das Ganze bei geringer Hitze 15 Minuten ziehen lassen. Nicht kochen! Von Zeit zu Zeit umrühren. Wein zugeben. Abschmecken.

Nachtisch: Quarkcreme aus 360 g Magerquark und $1/8$ l Zitronensaft, 1 Prise Salz und Süßstoff verrührt, mit 6 Blatt Gelatine gebunden, mit 2 zu Schnee geschlagenen Eiweiß locker gemacht. Eine Portion: 105 Kalorien = 439 Joule.

Carolinen-Salat

Eine Portion enthält: 8 g Eiweiß, 8 g Fett, 32 g Kohlenhydrate, 0 mg Cholesterin.
Kalorien: 257 = 1076 Joule.
Zubereitung: 20 Minuten.

1 Kopf Salat, 4 mittelgroße Apfelsinen (850 g), 2 kleine Bananen (300 g), 1 rote Paprikaschote (125 g), 1 grüne Paprikaschote (125 g). – Für die Marinade: 1 Becher Magermilch-Joghurt, 2 EL Magerquark (60 g), 3 EL Keimöl (30 g), Saft einer Zitrone, weißer Pfeffer, Salz.

Salat putzen, waschen und abtropfen lassen.
Apfelsinen und Bananen schälen und in Scheiben schneiden. Paprikaschoten aushöhlen, waschen und in feine Ringe schneiden.
Aus Joghurt, Quark, Öl, Zitronensaft und Gewürzen eine Marinade rühren.
Salatblätter auf Portionstellern auslegen. Darauf die Apfelsinen-, dann die Bananenscheiben anrichten. Darauf die Paprikaringe verteilen. Marinade gesondert servieren.

Beilagen: 120 g Kräcker und 1 l Magermilch. Eine Portion: 219 Kalorien = 917 Joule.

PS: Dieser Salat wird magen- und darmfreundlich, wenn Sie an Stelle der Paprikaringe Streifen von 4 gehäuteten, entkernten Tomaten verwenden und jede Portion mit gehackter Petersilie bestreuen.

Celler Schloßforellen

Eine Portion enthält: 50 g Eiweiß, 10 g Fett, 8 g Kohlenhydrate = 0,6 BE, 206 mg Cholesterin.
Kalorien: 357 = 1495 Joule.
Zubereitung: 35 Minuten.

375 g Champignons, 1 Zwiebel, 20 g Margarine, knapp ⅛ l Weißwein (100 cm³), 1 Dose Brechspargel (270 g), 200 g Krabbenfleisch, 1 EL Mehl (10 g), 6 EL Magermilch, Salz, 1 Bund Dill, 4 Forellen (1500 g), 1 EL Zitronensaft, Essig.

Champignons putzen und halbieren. Zwiebelwürfel in Margarine glasig braten. Champignons zufügen. Gut durchdünsten. Weißwein angießen. 10 Minuten garen. Abgetropften Spargel und Krabbenfleisch dazugeben. Erhitzen. Mehl und Magermilch verrühren. Gemüse damit binden. Mit Salz und gehacktem Dill abschmecken.
Forellen säubern und mit Zitronensaft säuern. Nach Wunsch rundbinden.
Während die Champignons garen, 2 l Wasser mit Salz und Essig

aufkochen. Forellen darin aufkochen, dann etwa 10 Minuten ziehenlassen. Alles auf einer vorgewärmten Platte anrichten.

Beilagen: Petersilienkartoffeln von 500 g Kartoffeln, 10 g Margarine, 1 Bund Petersilie. Eine Portion: 105 Kalorien = 440 Joule. 1,6 BE.

Champignons provenzalische Art

Eine Portion enthält: 4 g Eiweiß, 4 g Fett, 7 g Kohlenhydrate = 0,5 BE, 0 mg Cholesterin.
Kalorien: 84 = 352 Joule.
Zubereitung: 45 Minuten.

> 500 g frische Champignons, 4 Schalotten, 2 Knoblauchzehen, Salz, 20 g Margarine, 4 Tomaten, 1 Prise Rosmarin, weißer Pfeffer, 2 EL Zitronensaft.

Champignons putzen, waschen und in Scheiben schneiden. Schalotten schälen und fein hacken. Knoblauchzehen ebenfalls schälen. Mit Salz zerdrücken. Beides in heißer Margarine braten. Die Champignons dazugeben und gut 10 Minuten dünsten.
Tomaten überbrühen, abziehen (Stengelansätze rausschneiden), würfeln und ebenfalls dazugeben. Mit Rosmarin, Salz und weißem Pfeffer würzen. Noch 5 Minuten dünsten. Mit Zitronensaft beträufeln und abschmecken.

Beilagen: 4 Rinderfiletsteaks von je 100 g, in 2 EL Pflanzenöl gebraten. Eine Portion: 173 Kalorien = 724 Joule. — Körnig gekochter Reis von 125 g Langkornreis. In vier kleine, eingeölte Tassen gedrückt, gestürzt und mit den Champignons und den Steaks auf einer Platte angerichtet. Eine Portion: 115 Kalorien = 481 Joule. 2 BE.

Champignons und Fenchel überbacken

Eine Portion enthält: 15 g Eiweiß, 11 g Fett, 14 g Kohlenhydrate = 0 BE, 270 mg Cholesterin.
Kalorien: 226 = 946 Joule.
Zubereitung: 40 Minuten.

> 400 g Champignons, je 1 Msp Salz und Muskat, 2 Fenchelknollen (500 g), 1 TL Öl (5 g), 4 Eier, 1 Tomate (50 g), 2 EL geriebener Parmesankäse, 10 g Butter, 1 EL gehackte Petersilie.

Champignons putzen, waschen. Große Pilze halbieren, kleine ganz lassen. Mit etwas Wasser und Salz 5 Minuten im geschlossenen Topf dämpfen. Mit Muskat würzen. Abtropfen lassen und dabei die Brühe in einem Topf auffangen.

Geputzte, gewaschene Fenchelknollen senkrecht in ½ cm dicke Scheiben schneiden, 5 Minuten in der restlichen Champignonbrühe dämpfen. Abschmecken und abtropfen lassen.

Flache Auflaufform einölen. Erst die Champignons, dann die Fenchelscheiben einschichten. 4 Lücken lassen. Eier aufschlagen und hineingleiten lassen. Kleine Tomatenwürfel um den Rand streuen und die Oberfläche mit Käse bestreuen. Butterflöckchen darauf verteilen. In den vorgeheizten Ofen auf die mittlere Schiene stellen.

Backzeit: 15 Minuten. Elektroherd: 175—200 Grad. Gasherd: Stufe 2—3.

Aus dem Ofen nehmen und mit Petersilie bestreut in der Form servieren.

Beilage: 4 Scheiben magerer, gekochter Dosenschinken (200 g). Eine Portion: 96 Kalorien = 401 Joule.

Champignon-Geschnetzeltes

Eine Portion enthält: 29 g Eiweiß, 12 g Fett, 4 g Kohlenhydrate = 0 BE, 115 mg Cholesterin.
Kalorien: 259 = 1084 Joule.
Zubereitung: 30 Minuten.

500 g Champignons, 500 g Kalbsteak, 4 EL Pflanzenöl (40 g), Salz, je 1 Prise weißer Pfeffer, Zwiebelpulver, Paprika rosenscharf und Muskat. 1 EL gehackte Petersilie, 2 EL saure Sahne.

Champignons putzen und waschen. In Scheiben schneiden.
Gewaschenes, abgetrocknetes Kalbfleisch in gleichmäßige, ½ cm dicke Scheiben schneiden. Im heißen Öl auf beiden Seiten anbraten, würzen und 10 Minuten weiterbraten.
Pilzscheiben zufügen. Noch 10 Minuten zugedeckt schmoren. Sahne und Petersilie untermischen. Sorgfältig abschmecken.

Beilage: Kartoffelbrei von 500 g Kartoffeln, ⅛ l (150 cm^3) Magermilch und 10 g Margarine. Eine Portion: 116 Kalorien = 486 Joule. 1,7 BE.

PS: Man kann das Champignon-Geschnetzelte sehr hübsch mit gegrillten Tomaten (500 g = 95 Kalorien) und mit Petersiliensträußchen auf einer tiefen Platte anrichten.

TIP Wer einen empfindlichen Magen hat oder Fettkalorien sparen möchte, gibt die vorbereiteten Zutaten ohne Öl und Sahne in Alufolie in den Backofen.
Garzeit: 35 Minuten. Dann mit der Sahne mischen.

Champignonköpfe auf Mangold

Eine Portion enthält: 4 g Eiweiß, 4 g Fett, 5 g Kohlenhydrate = 0 BE, 11 mg Cholesterin.
Kalorien: 69 = 289 Joule.
Zubereitung: 25 Minuten.

> *1 EL Butter (15 g), 500 g Mangold, Salz, Pfeffer, Muskat, 1 kleine Dose Champignons (230 g), 1 TL gehackte Petersilie. – Zum Garnieren: 7 kleine Karotten (runde Möhren) aus der Dose. Petersilie.*

Mangold sorgfältig verlesen und gründlich waschen. Butter im flachen Topf erhitzen. Abgetropften Mangold hineingeben. Gewürze drüberstreuen.
Champignons abtropfen lassen. Die Hälfte der Brühe über den Mangold gießen. Zugedeckt 10 Minuten dünsten. Champignons im eigenen Saft erhitzen. Würzen.
Aus dem abgetropften Mangold schnell mit 2 Eßlöffeln 8 gleichmäßige Päckchen zusammendrücken. Auf vorgewärmter Platte anrichten. Mit den abgetropften Champignons belegen. Platte mit Karotten und Petersilie garnieren.

Wozu reichen? Zu 4 ohne Fett gegrillten, gewürzten Schweinefiletsteaks (400 g). Eine Portion: 176 Kalorien = 736 Joule. — Kartoffelbrei von 500 g Kartoffeln, $1/8$ l (150 cm³) Magermilch und 10 g Margarine. Eine Portion: 116 Kalorien = 486 Joule. 1,7 BE.

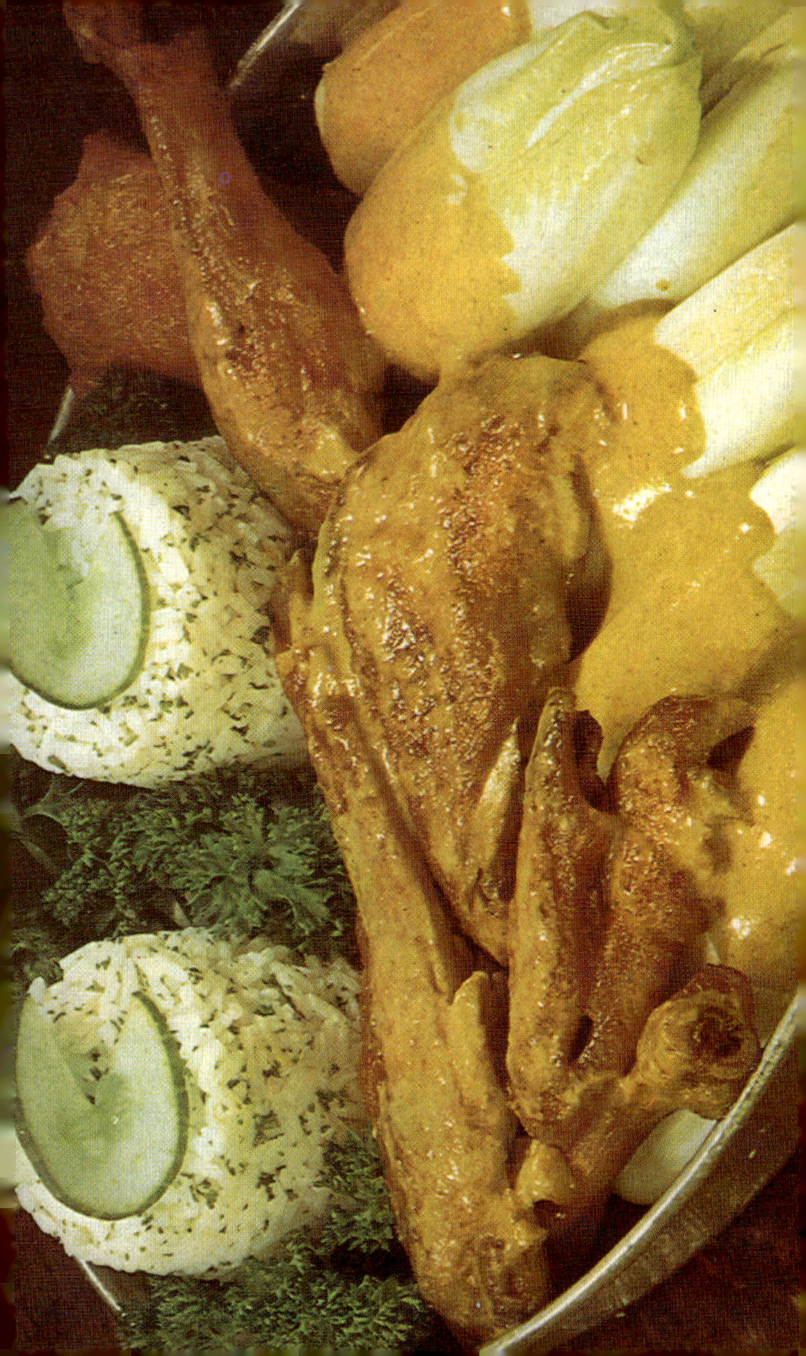

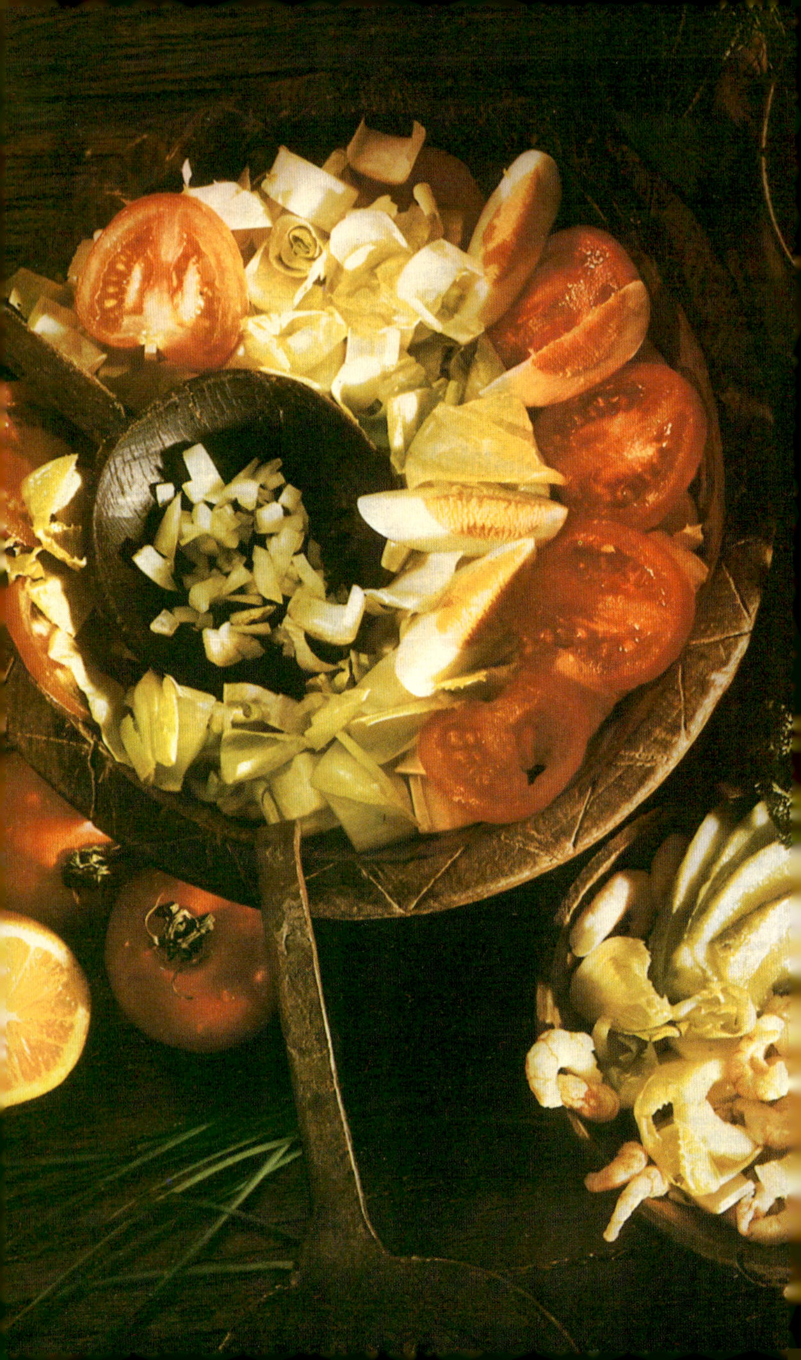

Champignon-Schiffchen

Eine Portion enthält: 3 g Eiweiß, 1 g Fett, 4 g Kohlenhydrate = 0 BE, 3 mg Cholesterin.
Kalorien: 38 = 159 Joule.
Zubereitung: 30 Minuten.

400 g kleine Champignons, 1 Tasse Wasser, Salz, weißer Pfeffer, Zwiebelpulver, 1 kleine Salatgurke (250 g), 2 EL saure Sahne, 1 EL gehackte Petersilie, 1 Tomate (40 g), Dill.

Diese Schiffchen sind sehr dekorativ. Für kalte Platten wie für Platten, die man an den Kindergeburtstagen reichen kann.
Champignons putzen, waschen und ins kochende Wasser geben. Mit Salz, Pfeffer und Zwiebelpulver würzen. 10 Minuten zugedeckt kochen. Auskühlen und abtropfen lassen.
Salatgurke waschen und schälen. Sehr zarte Gurken ungeschält verwenden.
Gurke einmal längs und einmal quer in 4 gleichmäßige Stücke aufschneiden. Jedes Stück mit einem Teelöffel in der Mitte aushöhlen und die stumpfen Enden etwas zuspitzen. Mit Salz und Pfeffer würzen.
Champignons mit Sahne und Petersilie mischen, abschmecken und in die Gurken füllen.
Aus einer halben Papierserviette 4 dreieckige Segel schneiden. Die Spießchen durchstecken und mit der Unterseite in ein Tomatenviertel, dann jedes Segel in ein Schiff stecken. Mit Dill garnieren.

Champignon-Steak

Eine Portion enthält: 30 g Eiweiß, 19 g Fett, 7 g Kohlenhydrate = 0 BE, 88 mg Cholesterin.
Kalorien: 338 = 1415 Joule.
Zubereitung: 45 Minuten.

500 g frische Champignons, 20 g Margarine, Salz, weißer Pfeffer, 4 EL Zitronensaft, 1 Bund Petersilie, 4 magere Schweinesteaks von je 125 g, 2 EL Pflanzenöl (20 g), 4 Tomaten, Currypulver, Petersilie zum Garnieren.

Champignons putzen und waschen. Margarine im Topf erhitzen.

Champignons darin 15 Minuten dünsten. Salzen, pfeffern und mit Zitronensaft abschmecken. Petersilie hacken, untermischen.
Inzwischen Steaks im Pflanzenöl auf beiden Seiten je 5 Minuten braten. Salzen und pfeffern. Sie können die Steaks auch grillen. Jede Seite 5 Minuten. Sie werden während des Grillens mit Öl bestrichen.
Tomaten oben kreuzweise einschneiden. Entweder mit der Oberseite in den Bratfond geben und 5 Minuten darin schmoren oder mit den Steaks grillen. Champignons und Tomaten in einer vorgewärmten Schüssel anrichten. Steaks draufgeben und mit Currypulver bestäuben. Mit Petersilie garnieren.

Beilagen: Pommes frites von einer Packung Tiefkühl Pommes frites (450 g), 35 g Fettaufnahme. Eine Portion: 209 Kalorien = 875 Joule. 2 BE.

PS: Frische Zuchtchampignons werden nicht geschält. Man schneidet nur die Stiele gerade. Sollten Sie aber mal keine beim Kaufmann bekommen, dann nehmen Sie ruhig welche aus der Dose. Sie brauchen dann nur die Hälfte.

Chateaubriand

Eine Portion enthält: 24 g Eiweiß, 12 g Fett, 0 g Kohlenhydrate = 0 BE, 88 mg Cholesterin.
Kalorien: 215 = 900 Joule.
Zubereitung: 30 Minuten.

500 g Rinderfiletstück, 2½ EL Pflanzenöl (25 g), Salz, schwarzer Pfeffer, Petersilie.

Fleisch im heißen Pflanzenöl rundherum anbraten. Bei nicht zu großer Hitze noch 20 Minuten weiterbraten. Dabei mehrmals wenden. Dann in Alufolie eingewickelt 5 Minuten ruhen lassen, damit sich der Fleischsaft sammeln kann und beim Aufschneiden nicht herausläuft. (Ein- oder zweimal umdrehen.) In schräge Scheiben schneiden und auf einer vorgewärmten Platte anrichten. Mit Petersilie garnieren.

Beilagen: Blattspinat (1000 g) mit 1 Zwiebel, 30 g Margarine und Gewürzen. Eine Portion: 119 Kalorien = 498 Joule. 0,5 BE. — Oder 500 g grüne Bohnen, in 30 g Butter und gehackter Petersilie geschwenkt. Eine Portion: 98 Kalorien = 410 Joule. 0,1 BE. — Kartoffelkroketten von 125 g Krokettenpulver, 15 g Fettaufnahme. Eine Portion: 153 Kalorien = 641 Joule. 2 BE.

PS: Das Chateaubriand ist von Haus aus ein Filetstück für zwei, das aus der Mitte des Rinderfilets geschnitten wird und nie weniger als 400 g, aber nur wenig mehr als 500 g wiegen darf. Unser sparsames Chateaubriand ist für 4 Portionen berechnet. Der Kalorien wegen.

Chateaubriand vom Grill
6 Portionen

Eine Portion enthält: 26 g Eiweiß, 12 g Fett, 2 g Kohlenhydrate = 0 BE, 96 mg Cholesterin.
Kalorien: 234 = 976 Joule.
Zubereitung: 30 Minuten.

2 dicke Scheiben Rinderfilet (je 400 g), Pfeffer, Thymian, Zwiebelpulver, 3 EL Öl (30 g), Salz, 4 große Tomaten (400 g), 1 TL Butter (5 g).

Fleisch rasch waschen und trockentupfen. Die Ränder sorgfältig enthäuten. Pfeffer, Thymian und Zwiebelpulver mischen. Fleisch erst mit 1 EL Öl einreiben, dann mit der Würzmischung. Mit den Handballen gut flachdrücken.
Grill vorheizen, Rost einölen. Fleisch drauflegen und über den Grill schieben. Bei geöffneter Tür grillen. Dabei ab und zu wenden und mit heißem Öl bestreichen. Aus dem Ofen nehmen und salzen.
Die oben kreuzweise eingeschnittenen Tomaten salzen, pfeffern, mit Butterflöckchen belegen und in Alufolie packen. Mit dem Chateaubriand grillen.
Fleisch in schräge Scheiben geschnitten auf einer Platte mit den Tomaten und den Gemüsebeilagen anrichten.
Beilagen: Je 200 g Karotten, feine Erbsen, Prinzeßbohnen und Spargel aus der Dose. Außerdem 4 Artischockenböden und 125 g Champignonköpfe aus der Dose. Jede Gemüsesorte mit einem Stich Butter (insgesamt 20 g) und wenig Salz in Alufolie packen und in einem Topf mit kochendem Wasser oder im Backofen erhitzen. Auf der Platte anrichten. Die Artischockenböden mit den Champignons füllen. Eine Portion: 98 Kalorien = 392 Joule. 1 BE. — 750 g gebackene Kartoffeln. Eine Portion: 85 Kalorien = 356 Joule. 1,6 BE.

Cheese Cake

Ein Stück enthält: 6 g Eiweiß, 12 g Fett, 21 g Kohlenhydrate, 45 mg Cholesterin.
Kalorien: 224 = 938 Joule.
Zubereitung: 70 Minuten.

200 g Zwieback, 20 g Zucker, 1 Prise Salz, 40 g Margarine, gut ⅛ l Magermilch (150 cm³). – Für die Füllung: 100 g Margarine, 75 g Zucker, 1 Prise Salz, 2 Eigelb, 1 Päckchen Vanillepuddingpulver, 250 g Quark (10 %), 2 Eiweiß.

Zwiebäcke zwischen Pergamentpapier legen und mit dem Nudelholz fein zerdrücken oder in der Küchenmaschine reiben. Mit Zucker und einer Prise Salz mischen. Margarine und Magermilch zufügen. Zu einem festen Teig kneten.
Eine Springform von 24 cm Durchmesser einfetten. Zwiebackmasse als Boden hineindrücken.
Für die Füllung Margarine mit Zucker, Salz und Eigelb schaumig rühren. Puddingpulver drüberstäuben und unterziehen. Quark, falls nötig, durch ein Sieb streichen und einrühren. Steifgeschlagenes Eiweiß unterheben. Masse auf den Zwiebackboden verteilen. Oberfläche glattstreichen. Form in den vorgeheizten Ofen stellen.

Backzeit: 45 Minuten. Elektroherd: 150—175 Grad. Gasherd: Stufe 1—2.
In der Form auskühlen lassen. Vorm Servieren in 12 Stücke teilen.

Chicorée

In Brüssel entstand er um 1845. In alle Länder wird er heute exportiert, der belgische Chicorée. Von Oktober bis April ist dieses leicht verdauliche, zarte Wintergemüse auf dem Markt. Man kann es dünsten, überbacken und zu Salat verarbeiten. Seine Trümpfe: Mit 16 Kalorien auf 100 g ist er äußerst kalorienarm. Er entwässert, ist magen-, leber- und gallenfreundlich und besonders reich an Karotin und an Kalk und Phosphor.

Chicorée belgische Art

Eine Portion enthält: 39 g Eiweiß, 23 g Fett, 7 g Kohlenhydrate = 0,6 BE, 106 mg Cholesterin.
Kalorien: 414 = 1733 Joule.
Zubereitung: 30 Minuten.

> 4 Chicorée-Stauden von je 125 g, 1 l Wasser, Salz, 2 EL Zitronensaft, 4 Scheiben magerer, gekochter Schinken (400 g), 4 große Scheiben (250 g) Edamer (30%), 4 Tomaten, weißer Pfeffer, 10 g Margarine, Salatblätter.

Chicorée putzen und waschen. Bitteren Kern am Wurzelende keilförmig ausschneiden. Wasser mit Salz und Zitronensaft aufkochen. Chicorée 10 Minuten darin kochen. Abtropfen lassen.
Jede Chicorée-Staude zuerst in Schinken, dann in Käse einwickeln. In eine gefettete, feuerfeste Form legen. Tomaten überbrühen, abziehen und halbieren. Mit Salz und Pfeffer würzen. Um die Chicorée legen. Margarine in Flöckchen darüber verteilen. Im vorgeheizten Ofen überbacken.

Backzeit: 15 Minuten. Elektroherd: 225 Grad. Gasherd: Stufe 4.

Beilage: 4 Scheiben Weißbrot (80 g). Eine Scheibe: 52 Kalorien = 218 Joule. 0,8 BE.

PS: Chicorée muß dunkel gelagert werden, weil sonst die Blattspitzen grün werden. Bester Platz: Das Gemüsefach des Kühlschranks.

Chicorée-Hähnchen

Abb. nach Seite 80.

Eine Portion enthält: 43 g Eiweiß, 17 g Fett, 11 g Kohlenhydrate = 1 BE. 138 mg Cholesterin.
Kalorien: 393 = 1645 Joule.
Zubereitung: 55 Minuten.

> 1 bratfertiges Hähnchen von 1000 g, Salz, weißer Pfeffer, Currypulver, 1 Prise Paprika edelsüß, 2½ El Pflanzenöl (25 g), 4 Chicorée-Stauden von je 125 g, 1 l Wasser, 2 EL Zitronensaft. – Für die Soße: 1 EL Currypulver, ⅜ l Magermilch, 20 g Mehl, 1 Bund Petersilie.

Hähnchen innen und außen waschen, trocknen und in vier Teile zerlegen. Mit Salz, Pfeffer, Curry und Paprika einreiben. In einem

Brattopf Pflanzenöl erhitzen. Hähnchenteile darin rundherum anbraten. In etwa 30 Minuten garbraten. In der Zwischenzeit Chicorée putzen und waschen. Bitteren Kern aus dem Wurzelende keilförmig ausschneiden. Chicorée in kochendes, gesalzenes Wasser geben. Zitronensaft zufügen. 10 Minuten garen. Abtropfen lassen und warm stellen. Hähnchenteile aus dem Topf nehmen und auf dem Chicorée anrichten. Wieder warm stellen.

Für die Soße Curry im Bratfett unter Rühren kurz durchschwitzen lassen. Mit dem größten Teil der Magermilch ablöschen. In der restlichen Milch das Mehl anrühren. Soße damit binden. Abschmecken und über Hähnchen und Chicorée gießen. Mit Petersilie hübsch garnieren.

Beilage: Körnig gekochter Reis von 125 g mit Petersilie. Eine Portion: 115 Kalorien = 481 Joule. 2 BE.

Chicorée-Salat nach Gutsherrenart

Siehe Farbbild zwischen den Seiten 80/81.

Eine Portion enthält: 9 g Eiweiß, 7 g Fett, 11 g Kohlenhydrate = 1 BE, 202 mg Cholesterin.
Kalorien: 151 = 632 Joule.
Zubereitung: 30 Minuten.

4 Chicorée-Stauden, 1 säuerlicher Apfel, 2 Tomaten, 1 kleine Zwiebel, 3 hartgekochte Eier. – Für die Marinade: 8 EL Dosenmilch (7,5 %), 2 TL Senf, Salz, flüssiger Süßstoff, 1 TL Zitronensaft, Paprika rosenscharf.

Chicorée putzen, waschen und gut abtropfen lassen. Den bitteren Kern am Wurzelende keilförmig ausschneiden. 8 schöne Blätter zum Garnieren ablösen. Den restlichen Chicorée in Scheiben schneiden. Den Apfel waschen, halbieren, entkernen und würfeln. Tomaten überbrühen, abziehen und in Scheiben schneiden. Einige Scheiben zum Garnieren beiseite legen. Zwiebeln würfeln. 2 Eier hacken. Alles vorsichtig mischen.

Für die Marinade Dosenmilch mit Senf, Salz, Süßstoff und Zitronensaft verrühren und abschmecken. Über die Salatzutaten gießen. Mischen und 30 Minuten kalt stellen. Noch mal abschmecken. In einer Schale anrichten. Das letzte hartgekochte Ei vierteln. Den Salat mit Chicoréeblättern, Eivierteln und Tomatenscheiben garnieren. Mit Paprika rosenscharf bestäuben.

Chinakohl kalt

Eine Portion enthält: 4 g Eiweiß, 2 g Fett, 7 g Kohlenhydrate = 0,5 BE, 6 mg Cholesterin.
Kalorien: 70 = 293 Joule.
Zubereitung: 30 Minuten.

1000 g Chinakohl, ½ l Wasser, Salz, 1 Becher Joghurt, 1 EL Paprika edelsüß, wenig Muskat, 1 EL gehackte Petersilie, 1 Tomate zum Garnieren.

Chinakohl waschen und putzen. Einmal längs, zweimal quer durchschneiden, so daß es ansehnliche Stücke gibt.
Im kochenden gesalzenen Wasser zugedeckt 15 Minuten garen. In der Brühe auskühlen, dann abtropfen lassen.
Joghurt, Gewürze und Petersilie verrühren. Chinakohlstücke in einer flachen Schüssel anrichten. Joghurtsoße mit einem Löffel darüber verteilen.
Tomate waschen, trocknen und in Scheiben schneiden. Dabei den Stengelansatz entfernen. Den Chinakohl mit den Tomatenscheiben hübsch garnieren.

Beilagen: 200 g Lachsschinken. Eine Portion: 72 Kalorien = 301 Joule. — 4 Scheiben Toastbrot (je 20 g). Eine Scheibe: 52 Kalorien = 218 Joule. 0,8 BE.

Wann reichen? Als sommerliches Mittag- oder Abendessen, auch als Beilage zu Braten.

Chinakohl überbacken

Eine Portion enthält: 8 g Eiweiß, 10 g Fett, 7 g Kohlenhydrate = 0,5 BE, 18 mg Cholesterin.
Kalorien: 155 = 649 Joule.
Zubereitung: 65 Minuten.

1000 g Chinakohl (etwa 2 Stauden), 1 l Würfelbrühe, 1 Zwiebel, 50 g geriebener Edamer (30 %), 20 g Margarine, ⅛ l saure Sahne, ½ Bund Petersilie, Zwiebelpulver, Salz, weißer Pfeffer.

Vom Chinakohl die welken Blätter entfernen. Stauden der Länge nach halbieren. Jeweils längs in 4 Stücke schneiden. Gut waschen. Abtropfen lassen.

Würfelbrühe aufkochen. Geschälte Zwiebel grob hacken. Mit dem Chinakohl in die kochende Brühe geben. 20 Minuten garen.
Gemüse abtropfen lassen. In eine gefettete, feuerfeste Form füllen. Mit 40 g geriebenem Käse überstreuen, Margarineflöckchen darauf verteilen. Saure Sahne mit gehackter Petersilie, Zwiebelpulver, Salz und weißem Pfeffer verrühren und über den Chinakohl gießen. Mit dem restlichen geriebenen Käse bestreuen. In dem vorgeheizten Ofen auf die mittlere Schiene stellen.

Backzeit: 45 Minuten. Elektroherd: 200 Grad. Gasherd: Stufe 3.

Beilagen: 4 Frikadellen von 125 g Tatar (Beefsteakhack), 125 g gemischtem Hack, 1 Brötchen, Salz, Pfeffer, Zwiebelpulver, 1 Ei, 1 EL gehackten Kapern, 20 g Fett. Eine Portion: 234 Kalorien = 980 Joule. 0,5 BE. — Kartoffelschnee von 500 g. Eine Portion: 85 Kalorien = 356 Joule. 1,6 BE.

Chinakohl-Gemüse

Eine Portion enthält: 3 g Eiweiß, 5 g Fett, 5 g Kohlenhydrate = 0,4 BE, 14 mg Cholesterin.
Kalorien: 74 = 310 Joule.
Zubereitung: 30 Minuten.

1000 g Chinakohl, $^3/_8$ l Wasser, etwas Salz, 2 Tomaten (60 g), Oregano oder Majoran, Zwiebelpulver, 20 g Butter oder Margarine, 1 EL gehackte Petersilie.

Chinakohl waschen und putzen. Auf einem Brett in zentimeterdicke Streifen schneiden. Wasser, kleingeschnittene Tomaten und Gewürze aufkochen. Kohl zugeben, umrühren. Topf zudecken und den Kohl in 15 Minuten garen. Tomatenhaut aus dem Topf nehmen. Butter oder Margarine und Petersilie zugeben. Nicht mehr kochen. Abschmecken und servieren.

Beilagen: 4 Wiener Würstchen, die man auf dem Kohl erhitzen kann. Eine Portion: 211 Kalorien = 943 Joule. — Salzkartoffeln von 500 g. Eine Portion: 85 Kalorien = 356 Joule. 1,6 BE.

Chinakohl-Roulade

Eine Portion enthält: 21 g Eiweiß, 20 g Fett, 24 g Kohlenhydrate = 2 BE, 65 mg Cholesterin.
Kalorien: 385 = 1612 Joule.
Zubereitung: 60 Minuten.

> 800 g Chinakohl, 1 l kochendes Wasser, Salz, 300 g magerer gekochter Dosenschinken, 100 g Dosenerbsen, 240 g in Salzwasser gegarter, ungeschälter Reis (80 g Trockenreis), 1 Bund gehackte Petersilie, weißer Pfeffer, 1 Msp Safran, 3 EL Pflanzenöl (30 g), 3 leicht gehäufte EL Tomatenmark (75 g), 150 cm³ saure Sahne.

Geputzten Chinakohl in Blätter teilen. Waschen und im leicht gesalzenen, kochenden Wasser 6 Minuten ziehen lassen.
Blätter abtropfen und abkühlen lassen.
Den Schinken feinwürfelig schneiden. Mit den abgetropften Erbsen und dem Reis mischen. Gehackte Petersilie unterrühren. Abschmecken.
Kohlblätter für 8 Rouladen ausbreiten. Füllung darauf verteilen. Fest zusammendrücken. Rouladen formen. Mit Garn zusammenhalten. Öl erhitzen. Rouladen darin rundherum anbraten. 1 Tasse Kohlwasser angießen. Tomatenmark zufügen und zugedeckt etwa 20 Minuten schmoren. Saure Sahne in den Fond rühren, abschmecken.

Chinakohltopf

Eine Portion enthält: 26 g Eiweiß, 25 g Fett, 12 g Kohlenhydrate = 1 BE, 70 mg Cholesterin.
Kalorien: 395 = 1654 Joule.
Zubereitung: 30 Minuten.

> 1500 g Chinakohl, 500 g Tomaten, 1 Zwiebel (50 g), 6 EL Pflanzenöl (60 g), ½ l Fleischbrühe aus einem Würfel, Salz, weißer Pfeffer, 400 g Schweineschnitzel, 3 EL gehackte Petersilie.

Chinakohl putzen, waschen, vierteln und in grobe Stücke schneiden. Tomaten häuten, halbieren. Dabei die Stengelansätze entfernen. Zwiebel schälen und würfeln. Öl in einem Topf erhitzen, Zwiebelwürfel darin glasig dünsten. Kohl einfüllen. Fleischbrühe zugießen, salzen, mit Pfeffer würzen und alles höchstens 5 Minuten kochen lassen. Dann die Tomatenhälften aufs Gemüse legen. Noch 10 Minuten garen.

Währenddessen das Schnitzelfleisch in Streifen schneiden, in einer kunststoffbeschichteten Pfanne fettfrei braten, mit Salz und Pfeffer würzen und mit der gehackten Petersilie unter das Gemüse heben.

Beilage: 500 g Salzkartoffeln. Eine Portion: 105 Kalorien = 440 Joule. 2 BE.

Chinesische Rühreipfanne

Eine Portion enthält: 31 g Eiweiß, 19 g Fett, 10 g Kohlenhydrate, 611 mg Cholesterin.
Kalorien: 362 = 1515 Joule.
Zubereitung: 30 Minuten.

> 1 Dose Sojabohnenkeime (320 g), 2 Stangen Lauch (500 g), 250 g Nordsee-Krabben, 2 EL Pflanzenöl (20 g), 8 Eier, 1 EL Sojasoße, ¼ TL Aji-no-Moto (Glutamat), 1 Prise Zucker oder ein Tropfen Süßstoff, Salz, 1 EL Sherry, 5 EL Mineralwasser.

Sojabohnenkeime auf einem Sieb abtropfen lassen. Lauch putzen, der Länge nach halbieren, waschen und in 1 cm lange Stücke schneiden. Öl in einer Pfanne erhitzen. Lauchstreifen, Sojabohnenkeime und Krabben nacheinander braten. Herausnehmen. Eier mit Sojasoße, Aji-no-Moto, Zucker oder Süßstoff, Salz, Sherry und Mineralwasser verquirlen. Gemüse und Krabben noch einmal in der Pfanne erhitzen. Eiermasse darübergießen und zu Rührei stocken lassen. Oder das Rührei in der leeren Pfanne zubereiten, zur Seite schieben. Gemüse und Krabben schnell erhitzen.

PS: Frische Sojabohnenkeime müssen Sie mit kochendem Wasser überbrühen. 5 Minuten ziehen lassen, abgießen, kalt überspülen und wie Dosenware weiter verwenden.

Cholesterin

Zwar leiden auch Schlanke manchmal unter erhöhtem Cholesterin(Blutfett-)spiegel. Aber Übergewichtige neigen viel eher dazu.
Der gesunde Körper produziert täglich 1 bis 1,5 g Cholesterin. Es wird u. a. zur Bildung von Hormonen, Gallensalzen und zum Aufbau der Zellwände gebraucht. Bei gesundem Stoffwechsel lagert sich aber noch kein Cholesterin in den Arterien ab. Erst wenn die Nahrung zuviel Kalorien, gesättigtes Fett oder Cholesterin enthält, kommt es zum Anstieg des Blutcholesterins. Mit Fortschreiten der Arterienverkalkung wächst das Herzinfarktrisiko. Cholesterinsenkend sind pflanzliche Nahrungsmittel, Pflanzenmargarine und -öl mit Fettsäuren, die in der Lage sind, Cholesterin im Blut abzubauen. — Cholesterinarme Kost auch beibehalten, wenn der Blutfettspiegel unter der Norm von 250 mg liegt. Die tägliche Zufuhr an Cholesterin soll 300 mg nicht überschreiten.

Chop Suey

Eine Portion enthält: 36 g Eiweiß, 17 g Fett, 25 g Kohlenhydrate, 88 mg Cholesterin.
Kalorien: 437 = 1830 Joule.
Zubereitung: Ohne Marinierzeit 40 Minuten.

500 g mageres Schweinefleisch, 5 EL Reiswein oder Sherry, 5 EL Sojasoße, Salz, weißer Pfeffer, Ingwerpulver, 50 g Glasnudeln, 100 g Bleichsellerie aus der Dose, 5 g getrocknete chinesische Pilze (eingeweicht), 5 EL Pflanzenöl (50 g), 2 Zwiebeln, 1 Dose Bambussprossen (225 g), 1 Dose (170 g) oder frische Sojabohnenkeimlinge, ⅔ Dose Champignons (190 g), flüssiger Süßstoff, 1 Msp Glutamat, 1 EL Speisestärke (10 g).

Schweinefleisch in Streifen schneiden. Mit 2 EL Reiswein oder Sherry, 2 EL Sojasoße, Salz, Pfeffer und Ingwer in einer Schüssel mischen. Fest

hineindrücken und einen Deckel auflegen. Eine Stunde durchziehen lassen.
Inzwischen zerkleinerte Glasnudeln in kochendes, gesalzenes Wasser geben. 5 Minuten garen. Auf einem Sieb abtropfen lassen. Bleichsellerie abtropfen lassen und in Streifen schneiden. Eingeweichte Pilze auch abtropfen lassen und zerkleinern.
Pflanzenöl erhitzen. Mariniertes Fleisch darin 2 Minuten anbraten. Rausnehmen und warm stellen. Geschälte Zwiebeln und die Bambussprossen in Streifen schneiden, die Champignons in Scheiben. Pilze, Champignons, Zwiebeln und Bambussprossen ins heiße Bratfett geben. 3 Minuten dünsten. Fleisch, Selleriestreifen und Glasnudeln vorsichtig unterheben. Mit der restlichen Sojasoße, Süßstoff und Glutamat würzen. Unter leichem Wenden noch 3 Minuten erhitzen. Speisestärke mit dem restlichen Reiswein (oder Sherry) verquirlen. In die Speise rühren und aufkochen. Chop Suey abschmecken und sofort servieren.

Beilage: Kopfsalat mit Südfrüchten, 2 EL Pflanzenöl, je 1 Grapefruit, Orange und Banane, 100 g Ananasstücken und 1 Kopf Salat. Eine Portion: 142 Kalorien = 595 Joule.

Corned-beef-Haschee

Eine Portion enthält: 34 g Eiweiß, 14 g Fett, 7 g Kohlenhydrate = 0,5 BE, 105 mg Cholesterin.
Kalorien: 313 = 1310 Joule.
Zubereitung: 35 Minuten.

500 g Tomaten, 600 g deutsches Corned beef, 100 g Zwiebeln, 2 EL Pflanzenöl (20 g), 1 EL Tomatenmark, Salz, schwarzer Pfeffer, getrockneter Majoran.

Tomaten häuten. Kleinschneiden und dabei die Stengelansätze entfernen. Corned beef würfeln. Zwiebeln schälen und fein würfeln. Im erhitzten Öl in 5 Minuten goldgelb braten. Tomaten, Corned beef und Tomatenmark zugeben. Mit Salz, Pfeffer und etwas zerriebenem Majoran abschmecken. Haschee unter gelegentlichem Rühren bei geringer Hitze in 15 Minuten dicklich kochen.

Beilagen: Kartoffelbrei aus 500 g Kartoffeln, 1 Tasse Milch (1,5 %), Salz und Muskat. Endivien-Salat aus 1 Endivie, 2 Apfelsinen, 20 g 2 EL Öl, Essig oder Zitronensaft, Salz, Zucker oder etwas Süßstoff, 1 Prise Curry. Eine Portion: 195 Kalorien = 816 Joule. 2,4 BE.

PS: Dieses Haschee wird magen- und darmfreundlich, wenn man an Stelle der Zwiebeln 200 g geschälte, entkernte, kleingeschnittene Salatgurke mitschmort oder Zwiebelpulver verwendet.

Corned-beef-Salat

Eine Portion enthält: 18 g Eiweiß, 16 g Fett, 6 g Kohlenhydrate = 0,5 BE, 53 mg Cholesterin.
Kalorien: 244 = 1021 Joule.
Zubereitung: 20 Minuten.

> *300 g deutsches Corned beef, 300 g Rettich, 300 g Tomaten, 4 EL Pflanzenöl (40 g), 2 EL Zitronensaft, Salz, 1 Prise Zucker oder etwas Süßstoff, weißer Pfeffer, Paprika edelsüß, 2 EL Schnittlauchröllchen.*

Corned beef in Streifen schneiden. Rettich putzen, waschen, grob raffeln. Tomaten häuten und in Scheiben schneiden, dabei die Stengelansätze entfernen. Salatzutaten mischen. Aus Öl, Zitronensaft, Salz, Zucker oder Süßstoff, Pfeffer und Paprika eine Marinade rühren. Über den Salat gießen, mischen und gut durchziehen lassen. Den Salat mit Schnittlauchröllchen bestreut anrichten.

Beilage: 12 Scheiben Knäckebrot (120 g). Eine Portion: 115 Kalorien = 481 Joule. 2 BE.

PS: Magen- und Darmempfindliche, die Rettich nicht vertragen, können statt dessen 200 g gekochte Blumenkohlröschen verwenden.

TIP Beim Einkauf bitte ausdrücklich deutsches Corned beef verlangen. Denn 100 g haben nur 153 Kalorien, 100 g amerikanisches aber haben 225 Kalorien.

Corn Mexican Style

Eine Portion enthält: 6 g Eiweiß, 7 g Fett, 31 g Kohlenhydrate = 2,6 BE, 0 mg Cholesterin.
Kalorien: 221 = 925 Joule.
Zubereitung: 20 Minuten.

> 2 Dosen Maiskörner (je 280 g), 250 g Tomaten, 1 grüne Pfefferschote aus dem Glas, 1 rote Paprikaschote, 2 EL Pflanzenöl (20 g), Salz, 1 Prise Cayennepfeffer.

Maiskörner zum Abtropfen auf ein Sieb geben. Tomaten überbrühen, abziehen und würfeln. Pfefferschote und die geputzte Paprikaschote ebenfalls würfelig schneiden.
Pflanzenöl in einer Pfanne erhitzen. Tomaten, Pfeffer- und Paprikaschote darin 5 Minuten andünsten. Mit Salz und Cayennepfeffer würzen. Mais zugeben und erhitzen. Dabei die Pfanne leicht schütteln, damit nichts anbrennt.

Crème Vichyssoise

Eine Portion enthält: 7 g Eiweiß, 18 g Fett, 17 g Kohlenhydrate = 1,4 BE, 47 mg Cholesterin.
Kalorien: 263 = 1101 Joule.
Zubereitung: 60 Minuten.

> 500 g Lauch, 125 g Kartoffeln, 20 g Margarine, Salz, $3/8$ l Hühnerbrühe (Würfel), $1/2$ l Milch, Tabascosoße, $1/8$ l Sahne, 1 kleines Bund Schnittlauch.

Grüne Lauchspitzen entfernen. Lauchstangen halbieren und waschen. In feine Streifen schneiden.
Kartoffeln schälen und würfeln. Lauchstreifen in heißer Margarine durchdünsten, Kartoffelwürfel dazugeben, salzen. Mit Brühe auffüllen und 35 Minuten kochen lassen. Im Mixer pürieren.
Erneut erhitzen. Milch zugeben, aber nicht mehr kochen lassen. Mit wenig Tropfen Tabascosoße abschmecken. Suppe durch ein Sieb streichen und erkalten lassen. Sahne halbsteif schlagen und so unter-

C-Vitamin

Bei reduzierter Kost darf die Zufuhr an Vitamin C (Ascorbinsäure) auf keinen Fall herabgesetzt werden. Also: Besonders Vitamin-C-reiche Nahrungsmittel verwenden oder es zusätzlich einnehmen. Am billigsten ist die reine Ascorbinsäure vom Apotheker. Täglich eine Messerspitze voll in Wasser auflösen und trinken. Das hält gesund.
Denn ein Mangel kann zu Zahnfleischbluten und Sehschwäche, zu Müdigkeit, Herzbeschwerden und Hautschäden führen. Sofortige Gaben von Vitamin C wirken allerdings schnell und nachhaltig. Aber immer nur einen Tag. Denn unser Körper kann Vitamin C weder produzieren noch speichern. Jeder Mensch braucht täglich 75 mg.
Bei starker körperlicher Belastung und bei Rauchern ist der Bedarf an Vitamin C erhöht.
Bei Erkältungen kann man unbesorgt 1 g Ascorbinsäure täglich nehmen. Höhere Gaben bei Krankheiten darf aber nur der Arzt verordnen.
Vitamin-C-reiche Nahrungsmittel: Hagebutten, schwarze Johannisbeeren, Zitronen und Orangen, Paprikaschoten und Kiwifrüchte. Außerdem enthalten alle Früchte und Gemüse Vitamin C.

ziehen, daß sie noch etwas sichtbar bleibt. Mit Schnittlauch bestreut servieren.

PS: Wer sich die Mühe macht und die Hühnerbrühe selbst kocht, bekommt eine feinere Suppe. Die Brühe bitte völlig entfetten.

Curry-Lamm-Ragout

Eine Portion enthält: 26 g Eiweiß, 28 g Fett, 12 g Kohlenhydrate = 1 BE, 81 mg Cholesterin.
Kalorien: 427 = 1788 Joule.
Zubereitung: 70 Minuten.

500 Lammfleisch (Keule), 2 EL Pflanzenöl (20 g), ½ TL Salbei, abgeriebene Schale einer halben Zitrone, 1 Zwiebel, ½ l Würfelbrühe, 2 EL Currypulver, Salz, weißer Pfeffer, 1 grüne Paprikaschote, ½ Dose Mischpilze (250 g), 2 Tomaten, 1 säuerlicher Apfel, 1 EL Mehl (10 g), 2 EL Magermilch.

Lammfleisch grob würfeln. Pflanzenöl im Topf erhitzen. Fleisch mit Salbei und Zitronenschale darin braun anbraten. Zwiebel grob würfeln und kurz mitdünsten. Mit Würfelbrühe ablöschen und 40 Minuten zugedeckt garen. Mit Curry, Salz und Pfeffer würzen.

Geputzte, in Streifen geschnittene Paprikaschote dazugeben. Noch 5 Minuten schmoren. Dann die abgetropften Pilze, die abgezogenen, geviertelten Tomaten und den entkernten, grob gewürfelten Apfel zum Fleisch geben. Weitere 5 Minuten schmoren.

Mehl mit Magermilch verrühren. Ragout damit binden. Abschmecken.

Beilage: Körnig gekochter Reis von 125 g. Eine Portion: 115 Kalorien = 418 Joule. 2 BE.

D

Dänische Fischklößchen

Eine Portion enthält: 30 g Eiweiß, 9 g Fett, 20 g Kohlenhydrate = 1,6 BE, 171 mg Cholesterin.
Kalorien: 296 = 1239 Joule.
Zubereitung: 55 Minuten.

500 g Kabeljaufilet, 2 eingeweichte Brötchen, 1 Zwiebel, 1 Eiweiß, Salz, weißer Pfeffer, 1 l Würfelbrühe, 35 g Mehl, 30 g Margarine, 1 Eigelb, 2 EL Dosenmilch (7,5 %), 50 g Krabbenfleisch, 1 kleine Dose Spargelspitzen (140 g).

Kabeljaufilet würfeln. Brötchen gut ausdrücken. Geschälte Zwiebel grob würfeln. Alles zweimal durch den Fleischwolf (feine Scheibe) drehen. Eiweiß untermischen. Mit Salz und Pfeffer abschmecken. Mit zwei Eßlöffeln Klößchen abstechen. In eine gefettete Auflaufform legen. Mit kochender Würfelbrühe auffüllen. Zugedeckt in den vorgeheizten Backofen (mittlere Schiene) stellen.

Garzeit: 25 Minuten. Elektroherd: 175 Grad. Gasherd: Stufe 2.
Fertige Klöße aus dem Sud nehmen und warm stellen. Für die Soße Mehl in Margarine anschwitzen, mit ½ l Fischsud ablöschen. Aufkochen. Von der Kochstelle nehmen. Mit Eigelb legieren, mit Dosenmilch verfeinern. Mit Salz und Pfeffer würzen. Krabbenfleisch und abgetropfte Spargelspitzen dazugeben. Nochmal bis kurz vorm Siedepunkt erhitzen. Soße über die Fischklößchen gießen. Sofort servieren.

Beilage: Körnig gekochter Reis von 125 g. Eine Portion: 115 Kalorien = 481 Joule. 2 BE.

Dänische Frikadellen

Eine Portion enthält: 31 g Eiweiß, 19 g Fett, 18 g Kohlenhydrate = 1,6 BE, 179 mg Cholesterin.
Kalorien: 388 = 1623 Joule.
Zubereitung: 50 Minuten.

1 Sellerieknolle (700 g), Salz, 4 EL Öl (40 g), Zitronensaft, 250 g mageres Kalbfleisch, 250 g mageres Schweinefleisch, 1 Zwiebel (50 g), 3 EL Mehl (30 g), 1½ Tassen Mineralwasser, 1 Ei, 1 Msp Pfeffer, 20 g Butter, 4 Tomaten (200 g), Petersilie.

Sellerieknolle waschen. In einem großen Topf mit Salz und Wasser 30 Minuten garen. Aus dem Wasser nehmen, abtropfen lassen und schälen. Knolle in 4 Scheiben schneiden. Dünn mit etwas Öl und Zitronensaft bepinseln, beiseite stellen.
Kalb- und Schweinefleisch mit der geschälten Zwiebel zweimal durch den Fleischwolf (feine Scheibe) drehen oder vom Fleischer fein durchdrehen lassen. Die Zwiebel dann sehr fein gehackt ins Fleisch mischen. Hack in eine Schüssel geben, Mehl darüberstäuben. Leicht unterarbeiten, Mineralwasser und Ei unter den Fleischteig kneten, bis er gleichmäßig bindet. Mit Salz und Pfeffer abschmecken.
Mit leicht angefeuchteten Händen 4 Frikadellen formen. Öl in einer Pfanne erhitzen, die Frikadellen darin auf beiden Seiten je 8 Minuten knusprig goldbraun braten. In der letzten Minute die Butter zum Bratfett geben. Selleriescheiben schnell darin wenden. Die fertigen Frikadellen auf den Selleriescheiben anrichten. Mit Tomatenspalten und Petersilie garniert servieren.

Beilage: Kartoffelpüree aus 500 g Kartoffeln, ⅛ l Magermilch und 10 g Butter. Eine Portion: 116 Kalorien = 486 Joule. 1,7 BE.

PS: Die zarten Frikadellen werden magen- und darmfreundlich, wenn man die Zwiebel durch 1 Messerspitze Zwiebelpulver oder Granulat ersetzt, sie mit 1 Eßlöffel Öl bepinselt und dann grillt. Tomaten dafür abziehen, Stielenden entfernen, salzen und wenig pfeffern. Zu den Frikadellen servieren. Mit feingehackter Petersilie bestreuen. Diese Variante enthält nur 7 g Fett, 17 g Kohlenhydrate = 1,4 BE und 275 Kalorien = 1151 Joule.

Diabetiker-Diät

Jede Diät für Diabetiker basiert auf einer bestimmten, vom Arzt festgelegten Menge an Kohlenhydraten. Die meisten berechnen sie noch nach Broteinheiten (BE). Die festgelegte Menge darf nicht überschritten, soll aber auch nicht unterschritten werden.
Zu den Zucker- und Stärkeanteilen der Nahrung (Vollkorn, Obst und Gemüse bevorzugen) müssen hochwertiges mageres Eiweiß und wertvolle Pflanzenfette wie Margarine und Öle im richtigen Verhältnis zueinander stehen.
Etwa ¼ soll aus Eiweiß-, bis zur Hälfte aus Kohlenhydrat- und höchstens ⅓ — besser noch weniger — aus Fettkalorien bestehen.
Wichtig: Diabetiker-Diät muß genau eingehalten, die Zutaten müssen genau abgewogen werden. Sieben kleine Mahlzeiten sind angezeigt. Anstelle von Zucker gibt's Austauschstoffe. Diabetiker-Diät gilt leider meistens lebenslänglich; bei Besserung aber in gemilderter Form.

Delikateß-Schnitte

Eine Portion enthält: 54 g Eiweiß, 22 g Fett, 30 g Kohlenhydrate = 2,5 BE, 603 mg Cholesterin.
Kalorien: 570 = 2403 Joule.
Zubereitung: 30 Minuten.

> 1 kleiner Kopf Salat, 750 g geräucherter Seelachs, 375 g Tomaten, 4 Scheiben Graubrot (200 g), 40 g Pflanzenmargarine, Salz, weißer Pfeffer, 8 Eier, 7 EL Mineralwasser, Schnittlauchröllchen.

Salat putzen, waschen, abtropfen lassen, zerteilen und die harten Blattrispen entfernen. Seelachs von Haut und Gräten befreien. Tomaten waschen und in Scheiben schneiden. Stengelansätze dabei entfernen. Graubrot mit Margarine bestreichen, mit dem Salat belegen, Seelachs darauf verteilen, mit Tomatenscheiben belegen, leicht salzen und mit Pfeffer bestäuben. Eier mit Mineralwasser verquirlen, mit Salz und Pfeffer abschmecken, Schnittlauchröllchen zugeben. In einer kunststoffbeschichteten Pfanne Rührei bereiten. Dieses auf den Tomaten verteilen. Schnitte sofort servieren.

PS: Die Schnitte kann als magen-, darmfreundlich bezeichnet werden, wenn man alle äußeren (braunen) Flächen des Fisches entfernt und an Stelle von Tomatenscheiben gehäutete und entkernte Tomaten verwendet.

Dicke Bohnen in Milchsoße

Eine Portion enthält: 5 g Eiweiß, 5 g Fett, 14 g Kohlenhydrate = 1,1 BE, 0 mg Cholesterin.
Kalorien: 130 = 544 Joule.
Zubereitung: 20 Minuten.

> *1 Dose junge dicke Bohnen (560 g), 20 g Margarine, 20 g Mehl, 1 TL Sojamehl, 1/8 l Bohnenbrühe, 1/8 l Trinkmilch, 1 Stengel Bohnenkraut (oder 1 Msp getrocknetes), 1 EL gehackte Petersilie, 1 EL Schnittlauchröllchen, 1 TL Zwiebelpulver.*

Bohnenkerne abtropfen lassen. Brühe auffangen. Margarine im Topf erhitzen. Bei geringer Hitze Mehl und Sojamehl hineinrühren. Durchschwitzen.
Zuerst das Bohnenwasser, dann die Milch zugeben. Aufkochen. Salzen und Bohnenkraut zufügen. 5 Minuten weiterkochen. Bohnenkerne zuschütten. Erwärmen, aber nicht mehr kochen. Kurz vor dem Anrichten die Kräuter untermischen und das Gericht sorgfältig abschmecken.

Beilagen: 400 g gekochtes mageres Rindfleisch aus der Keule. Eine Portion: 205 Kalorien = 858 Joule. — 500 g Pellkartoffeln. Eine Portion: 85 Kalorien = 356 Joule. 1,6 BE.

Dicke Bohnen mit Paprika

Eine Portion enthält: 5 g Eiweiß, 4 g Fett, 12 g Kohlenhydrate = 1 BE, 0 mg Cholesterin.
Kalorien: 108 = 452 Joule.
Zubereitung: 30 Minuten.

2 Packungen tiefgekühlte dicke Bohnen (je 300 g), Salz, je 1 rote und grüne Paprikaschote (250 g), 1 Zwiebel, 20 g Margarine, weißer Pfeffer, flüssiger Süßstoff.

Wenig Wasser in einem Topf aufkochen. Dicke Bohnen mit etwas Salz hineingeben.
Paprikaschoten putzen, waschen und in Streifen schneiden. Sie kommen in den Topf, wenn die Bohnen aufgetaut sind. Weitere 15 Minuten kochen.
Zwiebel würfeln und in Margarine goldgelb braten. Zu den dicken Bohnen geben. Mit Salz, Pfeffer und Süßstoff kräftig abschmecken. Mit den Beilagen auf Tellern anrichten.

Beilagen: 4 Kasseler Koteletts (500 g) in 1 El Pflanzenöl gebraten. Eine Portion: 363 Kalorien = 1520 Joule. — Salzkartoffeln von 500 g. Eine Portion: 85 Kalorien = 356 Joule. 1,6 BE.

Diplomatenkuchen

Eine Scheibe enthält: 2 g Eiweiß, 5 g Fett, 15 g Kohlenhydrate, 0 mg Cholesterin.
Kalorien: 115 = 481 Joule.
Zubereitung: 65 Minuten.

100 g Margarine, 5 Eiweiß, 150 g Zucker, 1 Prise Salz, 3 Tropfen Bittermandelöl, 10 g geriebener eingelegter Ingwer, 100 g Mehl.

Margarine schmelzen und abkühlen lassen. Eiweiß sehr steif schlagen. Nach und nach Zucker, Salz, Bittermandelöl und Ingwer drunterschlagen. Mehl über die Masse sieben. Vorsichtig unterheben. Zuletzt die noch flüssige Margarine dazugeben. Teig in eine gefettete Kastenform (25 cm) füllen. In den vorgeheizten Ofen auf die mittlere Schiene stellen.

Backzeit: 45—50 Minuten. Elektroherd: 175 Grad. Gasherd: Stufe 2.
Fertigen Kuchen auf dem Draht auskühlen lassen. In 16 Scheiben geschnitten servieren.

Djuveč leichte Art

Eine Portion enthält: 32 g Eiweiß, 10 g Fett, 34 g Kohlenhydrate = 2,8 BE, 88 mg Cholesterin.
Kalorien: 375 = 1570 Joule.
Zubereitung: 110 Minuten.

2 El Pflanzenöl (20 g), 1 Zwiebel, 500 g mageres Schweinefleisch, 500 g grüne Paprikaschoten, 500 g Tomaten, 125 g Langkornreis, Salz, schwarzer Pfeffer, Paprika rosenscharf, ¼ l Würfelbrühe, Fleischextrakt.

Die Jugoslawen und die Bulgaren bezeichnen Djuveč (auch Djuvel oder Dschuvetsch) als ihr Nationalgericht. Aber in Serbien wurde es zum erstenmal gekocht. Zusätzlich mit Schweineschmalz und fettem Hammelfleisch. Wir haben natürlich die leichte Art gewählt. Der schlanken Linie zuliebe.
Pflanzenöl in eine Jenaer Form geben. Geschälte Zwiebel grob würfeln. Das Fleisch auch würfeln. Paprika putzen, waschen und in Streifen schneiden. Tomaten überbrühen, abziehen und vierteln. Alles in die Form geben. Reis, Salz, Pfeffer und Paprika dazugeben. Vorsichtig umrühren. Deckel drauflegen.
Topf in den vorgeheizten Ofen auf die mittlere Schiene stellen.

Garzeit: 80 Minuten. Elektroherd: 200 Grad. Gasherd: Stufe 4.
Wenn sich zuviel Flüssigkeit bildet, wird das Gericht während der letzten 30 Minuten ohne Deckel gegart.

TIP In Bulgarien wird das Djuveč mit einem Deckel aus einfachem Brotteig abgedeckt im Ofen gegart. Das schmeckt sehr gut. Aber nur Schlanke werden das Brot essen. Denn es hat reichlich Kalorien.

D-Vitamin

Aus der Gruppe der D-Vitamine sind für den Menschen nur D_2 und D_3 wichtig. Die Grundsubstanzen dafür sind in pflanzlichen Nahrungsmitteln enthalten, das Vitamin D selbst aber in Lebern von Schlachttieren, in Fischen, in Margarine, Butter und Käse. Spuren auch in Milch und Eiern.
Unser Körper braucht nur geringe Mengen dieser Pro-Vitamine. Durch Sonnen- oder Höhensonnenbestrahlung kann er aus Grundsubstanzen des Vitamins vollwertiges Vitamin D aufbauen. (Das sonst als Heilmittel mit Lebertran geschluckt werden müßte!). Sonnenbäder sind aber für einen ausreichenden Aufbau nicht nötig. Ein Vitamin-D-Mangel führt immer zu Knochenschäden. Bei Säuglingen und Jugendlichen kann es zu Knochenverbiegungen kommen. Mit Calciummangel zusammen entsteht der Knochenschwund.
Man gibt Säuglingen oft Vitamin-D-Präparate zur gesunden Knochenbildung. Dabei muß immer genau nach ärztlicher Anweisung verfahren werden. Zuviel Vitamin D ist giftig.
Vitamin D ist sehr widerstandsfähig, kann lange Lagerung und Kochen vertragen, geht also in der Nahrung nicht verloren.

Dorschröllchen mit Pilzfüllung

Eine Portion enthält: 46 g Eiweiß, 10 g Fett, 7 g Kohlenhydrate = 0,5 BE, 250 mg Cholesterin.
Kalorien: 328 = 1373 Joule.
Zubereitung: 45 Minuten.

4 lange, dünne Dorschfilets (1000 g), Saft einer Zitrone, 250 g Pfifferlinge (aus der Dose), 1 kleine Zwiebel, 20 g Margarine, 1 EL Semmelbrösel, 1 Ei, Salz, 1/8 l saure Sahne, weißer Pfeffer.

Dorschfilets waschen. Mit Zitronensaft beträufeln.
Pfifferlinge abtropfen lassen. Geschälte Zwiebel würfeln. In Margarine andünsten. Semmelbrösel und Eiweiß zugeben. Auf die

gesalzenen Dorschfilets streichen. Aufrollen und mit Holzspießchen feststecken. Bleibt ein Rest Füllung.
Röllchen aufrecht in eine gefettete Auflaufform setzen. Restliche Füllung rundherum geben. Eigelb und Sahne verrühren. Würzen. Über die Dorschröllchen gießen. In den vorgeheizten Ofen stellen.

Garzeit: 30 Minuten. Elektroherd: 200 Grad. Gasherd: Stufe 3.

Beilagen: Kopfsalat mit Schnittlauch in einer Marinade aus 2 EL Zitronensaft, Salz, weißem Pfeffer, 2 EL Schnittlauchröllchen und 2 EL Pflanzenöl. Eine Portion: 55 Kalorien = 230 Joule. 0,1 BE. — Reis von 125 g. Eine Portion: 115 Kalorien = 481 Joule, 2 BE.

E

Eier

Hier geht's ausschließlich um die Hühnereier, die weichgekocht am besten verträglich sind. Ein Ei von 60 g hat 90 Kalorien, 7 g Eiweiß, nur Kohlenhydratspuren und 6 g Fett. Aber 280 mg Cholesterin. Nichts für Menschen mit hohem Cholesterinspiegel. Eier enthalten auch Phosphor, Natrium, Eisen und viel Vitamin A.

Eier in Gelee

Eine Portion enthält: 30 g Eiweiß, 10 g Fett, 6 g Kohlenhydrate = 0,5 BE, 410 mg Cholesterin.
Kalorien: 245 = 1026 Joule.
Zubereitung: 100 Minuten ohne Ruhezeit.

> 4 EL Estragonessig, 8 frische Kükeneier, 1 kleine Dose (40 g) schwarze Trüffel, 250 g Hühnerbrust, 2 Msp Salz. – Für das Gelee: 100 g feste Tomaten, 250 g Lauch, 2 Eiweiß, 2 sehr fein zerdrückte Eierschalen, 2 EL gehackter Estragon (oder 1 EL getrockneter), 1 l kalte entfettete Hühnerbrühe, Salz, 3 Päckchen weiße Gelatine (36 g), Salatblätter, 1 Zitrone.

Dies ist ein Gericht das Sie an besonderen Festtagen servieren sollten. Nicht nur weil es recht viel Zeit in Anspruch nimmt, sondern vor allem, weil es die kostbaren Trüffel enthält, die Ihr gutes Geld kosten. In einen Topf von 25 cm Durchmesser 6 cm hoch Wasser einfüllen. Mit Estragonessig aufkochen. Die Temperatur reduzieren, so daß das Wasser eben köchelt. Eier nacheinander vorsichtig in eine Untertasse aufschlagen. Ein Ei nach dem anderen in die heiße Flüssigkeit gleiten lassen. Eiweiß sofort mit einem Löffel einige Male über das Eigelb heben. Etwa 3 Minuten pochieren. Eier mit einer Schaumkelle aus dem Wasser heben und in kaltem Wasser abkühlen lassen.

Eier aus dem Wasser nehmen. Mit einer Küchenschere in eine halbwegs ovale Form bringen, aber nicht das Eigelb verletzen. Eier 2 Stunden auf einer Lage Küchenpapier abtropfen lassen.
Trüffel, falls nötig, vorher dünn schälen. In Scheiben schneiden und 8 hübsche Formen ausstechen. Beiseite stellen und die restlichen Trüffelstücke kleinwürfeln.
Hühnerbrust in $\frac{1}{2}$ l gesalzenem, kochendem Wasser in etwa 15 Minuten garen. Haut abziehen, Fleisch vom Knochen lösen und in 2 cm lange und $\frac{1}{2}$ cm breite Streifen schneiden. Zugedeckt kühl stellen.
Für das Gelee die Tomaten waschen. Lauch halbieren, waschen. Beides grob hacken. Mit verquirltem Eiweiß, Eierschalen und Estragon in einen Emailletopf geben, Brühe zugießen und bei mittlerer Hitze aufkochen.
Wenn die Flüssigkeit zu schäumen und hochzusteigen beginnt, den Topf vom Herd nehmen und 10 Minuten beiseite stellen. Durch ein feines Sieb mit feuchter Mulleinlage tropfen lassen. Eventuell nachsalzen. Gelatine darin auflösen.
Brühe in einen Topf geben. In eine zur Hälfte mit Eiswürfeln und Wasser gefüllte Schüssel setzen. Gelee so lange mit einem Kunststoff oder Metallöffel rühren, bis es dickflüssig geworden ist.
8 kleine ovale oder runde Förmchen mit einer dünnen Geleeschicht ausgießen. Zum Festwerden kühl stellen.
Trüffelornamente ins Gelee tauchen. Jeweils eins in die Mitte der Förmchen legen und erneut kühlen.
Eine weitere dünne Geleeschicht in die Förmchen gießen und wieder kühl stellen.
Eier in die Förmchen gleiten lassen. So viel Gelee zugießen, daß es jeweils knapp $\frac{1}{2}$ cm hoch um die Eier herum steht. Wieder kühlen. Gleichmäßig mit Hühnerbruststreifen und Trüffelwürfel belegen und mit Gelee übergießen.
Restliches Gelee in eine Schüssel gießen, Förmchen und Schüssel mindestens 5 Stunden zugedeckt in den Kühlschrank stellen.
Zum Servieren mit einem kleinen Messer an den Förmchenrändern entlangfahren. Vorsichtig auf Teller stürzen. Eier in Gelee auf einer gekühlten Platte auf Salatblättern anrichten. Übriges Gelee hacken. Platte damit garnieren und bis zum Servieren in den Kühlschrank stellen. Mit sehr dünnen Zitronenscheiben umlegt anrichten.

Beilagen: 8 Scheiben Toastbrot von je 20 g. Eine Portion: 105 Kalorien = 440 Joule. 1,7 BE.

Eier nach Königin-Art

Eine Portion enthält: 25 g Eiweiß, 16 g Fett, 8 g Kohlenhydrate = 0,6 BE, 329 mg Cholesterin.
Kalorien: 291 = 1218 Joule.
Zubereitung: 30 Minuten.

> Für die Soße: *30 g Butter, 30 g Mehl, knapp ½ l Fleischbrühe aus Würfeln (450 cm³), 1 TL Tomatenmark, 3 EL Dosenmilch (7,5 %), Salz, Muskat, 2 EL Zitronensaft, flüssiger Süßstoff, 250 g gekochtes Hähnchenfleisch.* – Für die Eier: *1 l Wasser, 1 EL Salz, 2 EL Essig, 4 Eier.* – Zum Garnieren: *1 Tomate, Kapern, Salatblätter.*

Für die Soße Butter im Topf erhitzen, Mehl unter Rühren dazugeben. Mit Fleischbrühe auffüllen. Aufkochen. Tomatenmark zufügen. Soße etwas einkochen lassen. Dosenmilch dazugeben. Mit Salz, Muskat, Zitronensaft und Süßstoff abschmecken. Hähnchenfleisch fein würfeln und in die Soße geben.
Zum Pochieren Wasser mit Salz und Essig aufkochen. Eier nacheinander einzeln in eine Kelle schlagen und vorsichtig ins Wasser gleiten lassen. 4 bis 5 Minuten leicht darin kochen (pochieren). Mit dem Schaumlöffel rausnehmen. Abtropfen lassen.
Kleine, gefettete Muschelförmchen zu ⅔ mit Geflügelsoße füllen. Je ein pochiertes Ei draufsetzen. Restliche Soße drübergießen. Tomate abziehen und achteln. Je zwei Achtel an den Förmchenrand legen. Kapern auf der Soße verteilen.
Vier Desertteller mit Salatblättern belegen, Muschelförmchen draufsetzen.

Beilagen: 4 Scheiben Toast. Eine Scheibe: 52 Kalorien = 218 Joule. 0,8 BE. — 20 g Butter. Eine Portion: 38 Kalorien = 159 Joule.

Eierfrikassee

Eine Portion enthält: 12 g Eiweiß, 13 g Fett, 13 g Kohlenhydrate = 1 BE, 259 mg Cholesterin.
Kalorien: 225 = 942 Joule.
Zubereitung: 30 Minuten.

4 Eier, ½ Dose Spargelköpfe (270 g), ½ Dose Champignons (230 g), 1 Zwiebel, 30 g Margarine, 30 g Mehl, ¼ l Spargel-Pilz-Wasser, ¼ l Magermilch, Salz, weißer Pfeffer, 2 EL Zitronensaft, 2 Tomaten (125 g), Petersilie zum Garnieren.

Eier in 10 Minuten hartkochen. Abschrecken, schälen und abkühlen lassen. Mit dem Eierschneider fein würfeln (einmal längs und einmal quer durchschneiden). 3 Eierscheiben zum Garnieren abnehmen. Spargelköpfe und Champignons abtropfen lassen.
Für die Soße die geschälte Zwiebel fein hacken. In Margarine hellgelb werden lassen. Mehl drüberstäuben und durchschwitzen lassen. Unter Rühren Spargel-Pilz-Wasser und Magermilch zugießen. Aufkochen und mit Salz, Pfeffer und Zitronensaft abschmecken.
Von den Spargelköpfen und Champignons ein paar zum Garnieren zurücklassen. Die übrigen mit den Eierwürfeln in der Soße heiß werden lassen. Tomaten überbrühen, abziehen, entkernen und würfeln. Ebenfalls in die Soße geben.
In einer vorgewärmten Schüssel anrichten. Mit Eischeiben, Spargelspitzen, Champignons und Petersilie garniert servieren.

Beilagen: Petersilienreis von 125 g Reis und einem Bund Petersilie.
Eine Portion: 117 Kalorien = 490 Joule. 2 BE.

Eier-Paprika-Pfanne

Eine Portion enthält: 9 g Eiweiß, 12 g Fett, 6 g Kohlenhydrate = 0,5 BE, 262 mg Cholesterin.
Kalorien: 174 = 729 Joule.
Zubereitung: 35 Minuten.

1 Knoblauchzehe, 1 Zwiebel, je eine rote und grüne Paprikaschote (250 g), 20 g Margarine, 250 g Tomaten, 4 Eier, 3 EL saure Sahne, Salz, weißer Pfeffer, Muskat, ½ Bund Petersilie.

Knoblauchzehe schälen und halbieren. Eine tischfeine Pfanne damit ausreiben. Geschälte Zwiebel würfeln. Die Paprikaschoten putzen, waschen und in feine Streifen schneiden.
Margarine in der Pfanne erhitzen. Zwiebeln darin glasig werden lassen. Paprikastreifen dazugeben.

Tomaten überbrühen, abziehen, würfeln (Stengelansätze wegschneiden) und ebenfalls in die Pfanne geben. 10 Minuten dünsten.
Inzwischen Eier mit saurer Sahne verquirlen. Mit Salz, Pfeffer und Muskat abschmecken. Über das Gemüse gießen. Bei schwacher Hitze stocken lassen. Eier-Paprika-Pfanne mit Petersilie garnieren.

Beilagen: 4 Scheiben Schwarzbrot von je 50 g. Eine Scheibe: 120 Kalorien = 502 Joule. 2 BE.

Eierspeise Kardinal

Eine Portion enthält: 8 g Eiweiß, 8 g Fett, 4 g Kohlenhydrate = 0,3 BE, 259 mg Cholesterin.
Kalorien: 130 = 544 Joule.
Zubereitung: 30 Minuten.

> 4 große Tomaten (400 g), Salz, weißer Pfeffer, getrockneter Thymian, 10 g Margarine, 4 Eier, ½ Bund Petersilie.

Tomaten waschen und Deckel abschneiden. Tomaten mit einem Teelöffel aushöhlen. Mit Salz, Pfeffer und zerriebenem Thymian innen kräftig würzen. In jede Tomate ein Margarineflöckchen geben.
4 kleine Formen oder eine große Form einfetten. Tomaten hineinsetzen. Eier einzeln aufschlagen und in die Tomaten gleiten lassen. In den vorgeheizten Ofen stellen.

Garzeit: 20 Minuten. Elektroherd: 225 Grad. Gasherd: Stufe 4.
Aus dem Ofen nehmen und mit gehackter Petersilie bestreut auftragen.

Beilagen: 4 Scheiben Toast. Eine Scheibe: 52 Kalorien = 218 Joule. 0,8 BE.

TIP Falls Ihnen mal gekochte und rohe Eier durcheinandergeraten sollten, gibt's einen einfachen Trick, sie wieder zu trennen. Man dreht sie einfach um die eigene Achse. Merkmal: Gekochte Eier drehen sich schneller als rohe.

Eintopf mit Schalentieren

Eine Portion enthält: 34 g Eiweiß, 17 g Fett, 33 g Kohlenhydrate = 2,7 BE, 187 mg Cholesterin.
Kalorien: 433 = 1813 Joule.
Zubereitung: 45 Minuten.

400 g tiefgekühlte Garnelen, 1 Staude Bleichsellerie (250 g), 500 g Kartoffeln, 2 Zwiebeln, 20 g Margarine, ½ l Wasser, ¾ l Milch, Salz, weißer Pfeffer, 100 g geriebener Käse (30 %), 1 Bund Petersilie, 1 TL Dillspitzen.

Garnelen auftauen lassen. Bleichsellerie putzen, in Stangen teilen und die Blätter abschneiden. Stangen waschen und in 2 cm lange Stückchen schneiden. Falls die Stangen unten zu dick sind, werden sie halbiert. Kartoffeln schälen, waschen und in 2 × 2 cm große Würfel schneiden. Geschälte Zwiebeln hacken. Mit dem Bleichsellerie im Topf in 20 g Margarine andünsten. Kartoffelwürfel und ½ l Wasser dazugeben. Aufkochen und 15 Minuten garen. Die Kartoffeln dürfen nicht zu weich werden! Topf vom Herd nehmen. Milch, Garnelen, Salz, Pfeffer und Käse leicht unterrühren. Noch mal erhitzen, aber nicht kochen. Petersilie einrühren.
Sobald der Käse geschmolzen ist, kann das Gericht serviert werden. Vorher mit Dillspitzen garnieren.

Beilagen: 4 Scheiben Weißbrot (je 20 g). Eine Scheibe: 52 Kalorien = 218 Joule. 0,8 BE.

Eintopf mit Tatarklößchen
Siehe Farbbild zwischen den Seiten 112/113.

Eine Portion enthält: 31 g Eiweiß, 7 g Fett, 37 g Kohlenhydrate = 3 BE, 199 mg Cholesterin.
Kalorien: 352 = 1474 Joule.
Zubereitung: 50 Minuten.

1¾ l Wasser, Salz, 750 g tiefgekühlte Möhrenwürfel mit Erbsen gemischt, 500 g geschälte und gewaschene Kartoffelstücke. – Für die Tatarklößchen: 400 g Beefsteakhack (Tatar), 1 kleine gehackte Zwiebel oder gehackter Lauch, Salz, weißer Pfeffer, Muskat, 2 Eier, 2 EL feine Haferflocken, 1 TL Sojamehl, 6 EL kaltes Wasser. – Zum Überstreuen: 2 EL gehackte Petersilie.

Wasser in einem großen Topf aufkochen. Salz, Gemüse und Kartoffelstücke zugeben. Aufkochen. Bei geringer Hitze in 20 Minuten garen. Wer es möchte, kann die Kartoffeln am Topfrand leicht zerdrücken. Für die Tatarklößchen Hack, gehackte Zwiebel (oder gehackter Lauch), Salz, Pfeffer, Muskat, Eier, Haferflocken, Sojamehl und Wasser in den Fleischteig mischen. Er soll nicht zu fest sein.
Mit nassen Löffeln oder mit den Händen 20 oder 24 gleichmäßig große Klößchen formen.
In der Suppe in 15 Minuten bei geringer Hitze gar ziehen lassen.
Eintopf abschmecken, Petersilie überstreuen und servieren.

Eisbergsalat

Eine Portion enthält: 1 g Eiweiß, 5 g Fett, 2 g Kohlenhydrate = 0,1 BE, 0 mg Cholesterin.
Kalorien: 59 = 247 Joule.
Zubereitung: 10 Minuten.

½ Kopf Eisbergsalat, 2 EL Keimöl (20 g), 3 EL Zitronensaft, 2 EL Wasser, Salz, 1 Prise Zucker oder flüssiger Süßstoff, gehackte Kräuter (Dill, Petersilie, Kresse, Schnittlauch).

Salat putzen, abspülen, abtropfen lassen, in feine Streifen schneiden oder hobeln. Aus Öl, Zitronensaft, Wasser eine Marinade rühren. Mit Salz und Zucker (Süßstoff) abschmecken. Kräuter zugeben. Marinade mit dem Salat mischen.

Beilagen: 600 g Schweineschnitzel, mit 1 EL Zitronensaft, Salz und Pfeffer mariniert, fettfrei gebraten oder gegrillt. 4 Tomaten (200 g). Eine Portion: 262 Kalorien = 1096 Joule. 0,2 BE.

Eisbergsalat mit Pfirsichen und Geflügel

Eine Portion enthält: 15 g Eiweiß, 11 g Fett, 17 g Kohlenhydrate, 47 mg Cholesterin.
Kalorien: 270 = 310 Joule.
Zubereitung: 20 Minuten.

4 El Zitronensaft, 2 EL Pfirsichsaft, 1 EL Weinbrand, gemahlener Zimt, getrockneter Rosmarin, 1 Prise Zucker, 4 EL Keimöl (40 g), ½ Dose

Pfirsichhälften (265 g), 250 g gebratene oder gegrillte Hühnerbrust, ½ Eisbergsalat, ½ Kästchen Kresse.

Aus Zitronen- und Pfirsichsaft, Weinbrand, Zimt, zerriebenem Rosmarin, Zucker und Öl eine Marinade rühren. Pfirsichhälften in dünne Scheiben (ein paar zum Garnieren zurücklassen), Hühnerbrust in schmale Streifen schneiden und in die Marinade geben. 60 Minuten zugedeckt im Kühlschrank ziehen lassen.
Eisbergsalat putzen, waschen, abtropfen lassen, in feine Streifen schneiden oder hobeln. Kurz vor dem Anrichten unter den übrigen Salat heben. Mit Pfirsichscheiben und Kresse garnieren. Sofort servieren.

Beilagen: 8 Scheiben Knäckebrot. Eine Portion: 76 Kalorien = 318 Joule.

TIP Eisbergsalat brauchen Sie nicht auseinanderzupflücken. Da er so sauber wächst, kann man den gewaschenen Kopf in der gewünschten Stärke kleinschneiden.

Eisen

Es klingt ganz nebensächlich, daß der menschliche Körper nur 5,5 g Eisen enthält und sein Tagesbedarf bei 15 mg liegt. Aber das bißchen Eisen ist lebenswichtig. Denn jedes rote Blutkörperchen braucht Eisen, um den Sauerstoff im Blut transportieren zu können. Fehlt Eisen, dann kann der Mensch blutarm, krank und müde werden. Gute Eisenlieferanten sind: Alle Fleisch und Fleischwaren, ganz besonders die Leber, Soja, Lauch, Aprikosen, Bananen, Weizenvollkorn und Kräuter. Spitze beim Gemüse: Der Spinat mit 4,1 mg auf 100 g; bei den Fischen der Seelachs. Fast alle tierischen Nahrungsmittel enthalten Eisen.

Eiweiß

Die vielen Zellen des menschlichen Körpers bestehen aus Eiweiß; Haut und Haare, Muskeln und innere Organe

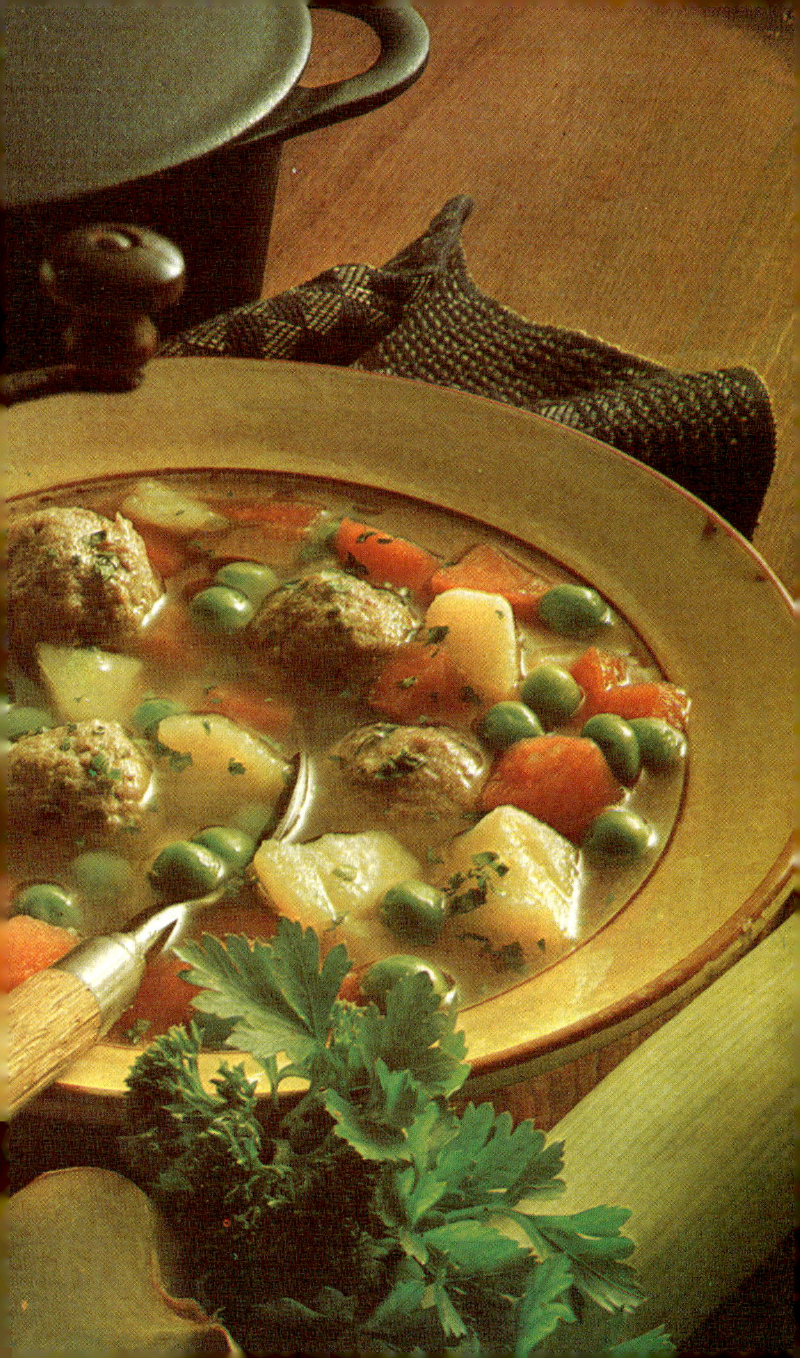

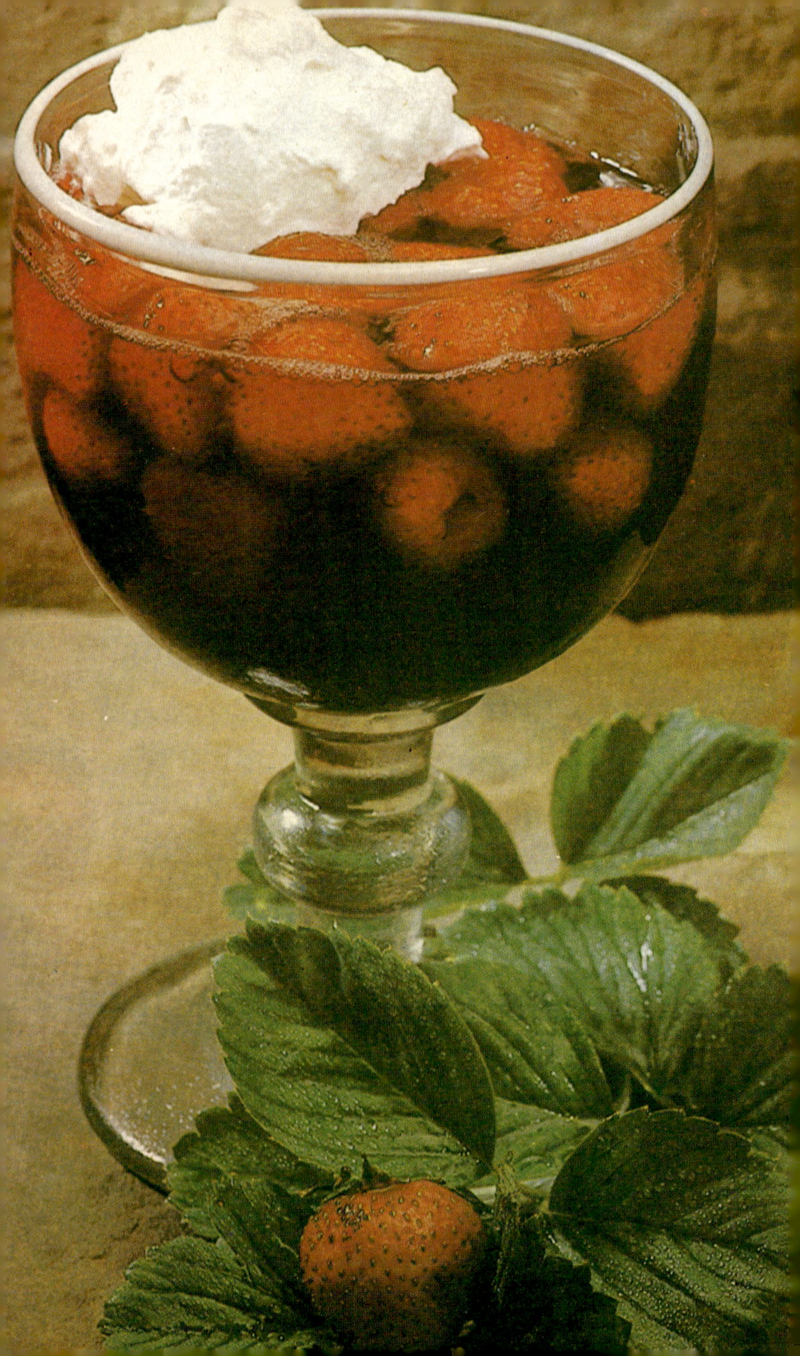

eingeschlossen. Ohne Eiweißzufuhr kann kein Mensch leben, denn Eiweiß ist der wichtigste Grundnährstoff überhaupt.
Die Bausteine der Eiweißstoffe oder Proteine heißen Aminosäuren. Der Mensch ist aber nur in der Lage, 12 von insgesamt 20 dieser lebenswichtigen (= essentiellen) Aminosäuren im Körper aufzubauen. Die fehlenden müssen ihm durch die Nahrung zugeführt werden.
Da der menschliche Organismus unentwegt arteigenes Gewebe verbraucht, braucht er auch Eiweiß, um es wieder neu zu bilden. Täglicher Eiweißbedarf pro kg Körpergewicht bei:

Säuglingen .... 3,5—2,5 g
Kleinkindern .... 1,5—2,5 g
Erwachsenen .... 1 g
alten Menschen .... 1,2 g
werdenden und stillenden Müttern .... 1,2—1,5 g

Nun ist es nicht gleichgültig, ob Sie pflanzliches oder tierisches Eiweiß zu sich nehmen. Denn pflanzliches hat die biologisch geringere Wertigkeit für den Körper. Tierisches hingegen enthält in höherem Maße die essentiellen Aminosäuren. Die richtige Formel: $2/3$ des Eiweißbedarfes durch tierisches, $1/3$ durch pflanzliches Eiweiß decken. Gute Mischung: Pflanzliches und tierisches Eiweiß zugleich zu sich nehmen. Hochwertiges Eiweiß liefern magere Milchprodukte wie Quark, Joghurt, Käse; mageres Fleisch und Wild, mageres Geflügel, Magerfische (Krabben!) und natürlich Hühnereiweiß. Unter den pflanzlichen Eiweißträgern sind noch wertvoll: Sojaerzeugnisse, Edelhefe und Weizenkeime. Auch Nüsse. Aber die haben halt soviel Kalorien, daß sie stark zu Buche schlagen.
Wäre noch zu sagen, daß 1 g Eiweiß, 4,1 Kalorien oder 17 Joule liefert. Aber: Eiweiß wird vom Körper nur dann als Energiespender benützt, wenn ein Überschuß vorhanden ist. Sonst bleibt es Aufbaustoff.
Bitte merken: Je höher der Fettanteil eines Lebensmittels ist, um so niedriger ist sein Eiweißgehalt.
Wer schlank und gesund, jung und leistungsfähig bleiben will, kann das nur mit genügend hochwertigem Eiweiß aus fettarmen Nahrungsmitteln schaffen.

Elfenspeise

Eine Portion enthält: 8 g Eiweiß, 0 g Fett, 8 g Kohlenhydrate = 0,6 BE, 0 mg Cholesterin.
Kalorien: 77 = 322 Joule.
Zubereitung: Ohne Kühlzeit 15 Minuten.

1 Becher Magermilch-Joghurt (175 g), 3 EL Zitronensaft, 5 EL trockener Weißwein, Mark einer halben Vanilleschote, abgeriebene Schale einer halben Zitrone, flüssiger Süßstoff, 5 Blatt rote Gelatine (10 g), 2 Eiweiß, 10 EL Cornflakes (20 g), 4 frische Minzblätter.

Joghurt, Zitronensaft und Wein mit den Gewürzen verquirlen. Süßen. Gelatine in kaltem Wasser einweichen, ausdrücken und in einem Topf bei geringer Hitze auflösen (nicht aufkochen!). Unter die Joghurtmasse rühren, kalt stellen.
Eiweiß zu sehr steifem Schnee schlagen. Unter die Joghurtmasse heben, sobald diese zu stocken beginnt.
Speise in vier hübsche Gläser verteilen und kühl stellen.
Kurz vorm Servieren die Cornflakes draufstreuen. Mit Minzblättern garnieren.

Endiviensalat flämisch

Eine Portion enthält: 16 g Eiweiß, 24 g Fett, 18 g Kohlenhydrate = 1,6 BE, 59 mg Cholesterin.
Kalorien: 370 = 1549 Joule.
Zubereitung: 45 Minuten.

1 Kopf Endiviensalat, 400 g Pellkartoffeln, 4 Matjesfilets, 4 EL Zitronenessig, 1 Zwiebel, weißer Pfeffer, flüssiger Süßstoff, 2 EL Pflanzenöl (20 g), je 1 EL Petersilie, Dill, Schnittlauch (gehackt), 2 EL saure Sahne.

Endiviensalat waschen, putzen und in Streifen schneiden. Gut abtropfen lassen. Kartoffeln abziehen und würfeln. Matjesfilets in gleich große Würfel schneiden.
Für die Marinade Zitronenessig mit der geriebenen Zwiebel, Pfeffer, Süßstoff und Pflanzenöl verrühren. Mit den vorbereiteten Salatzutaten vermischen und etwa 20 Minuten durchziehen lassen. Salat an-

richten. Kräuter mit der sauren Sahne verrühren und über den Salat gießen.

Beilagen: 4 Scheiben Bauernbrot (200 g). Eine Scheibe: 125 Kalorien = 523 Joule. 2,1 BE.

Endiviensalat in Kräutersoße

Eine Portion enthält: 6 g Eiweiß, 9 g Fett, 8 g Kohlenhydrate = 0,6 BE, 129 mg Cholesterin.
Kalorien: 115 = 481 Joule.
Zubereitung: 25 Minuten.

2 Eier, ⅛ l Butter- oder Sauermilch, 2 EL gehackte Petersilie und Schnittlauchröllchen, 1 feingehackte Zwiebel, 2 EL Essig, 2 El Pflanzenöl (20 g), Salz, flüssiger Süßstoff, 1 Kopf Endiviensalat.

Eier hartkochen, schälen und halbieren. Eigelb herauslösen und in einer Schüssel zerdrücken. Mit Buttermilch oder Sauermilch gut verrühren. Gehackte Kräuter und Zwiebel, Essig und Pflanzenöl darunterrühren. Mit Salz und flüssigem Süßstoff herzhaft abschmecken. Gewaschenen, geputzten Endiviensalat in schmale Streifen schneiden, abtropfen lassen. Eiweiß ebenfalls in Streifen schneiden. Mit dem Endiviensalat in die Marinade geben und mischen. Noch mal abschmecken.

Endiviensalatplatte

Eine Portion enthält: 4 g Eiweiß, 9 g Fett, 8 g Kohlenhydrate = 0,6 BE, 65 mg Cholesterin.
Kalorien: 134 = 561 Joule.
Zubereitung: 25 Minuten.

1 Kopf Endiviensalat, 3 EL Keimöl (30 g), 3 EL Kräuteressig, Salz, Zwiebelpulver, 4 EL eingelegte rote Bete, 8 dünne Scheiben Konservensellerie (oder frisch gekocht), ½ Kästchen Kresse, 1 hartgekochtes Ei.

Endiviensalat putzen, waschen, abtropfen lassen. Auf einem Schneidbrett fest zusammenhalten. Am Wurzelende beginnend in

feine ½ bis 1 cm breite Streifen schneiden. Öl mit Essig und Gewürzen verrühren. Salat in die Marinade mischen. 5 Minuten durchziehen lassen. Abschmecken. Endiviensalat in die Mitte einer runden Platte oder flachen Glasschüssel häufen.
Endivienberg mit Rote-Bete-Scheiben und dann mit Selleriescheiben umlegen. Drumherum kommt ein Kresserand. Geschältes Ei in Längsviertel teilen. Platte damit garnieren.

Wann reichen? Als kleines Abendessen. Dazu 8 Scheiben Knäckebrot. — Zwei Scheiben (20 g): 76 Kalorien = 318 Joule. 1,2 BE. 40 g Margarine oder Butter. Eine Portion: 75 Kalorien = 314 Joule.

Entrecôte double mit Grapefruit

Eine Portion enthält: 21 g Eiweiß, 31 g Fett, 5 g Kohlenhydrate = 0,4 BE, 88 mg Cholesterin.
Kalorien: 396 = 1658 Joule.
Zubereitung: 30 Minuten.

1 kleine Grapefruit, 1 Entrecôte double (500 g), schwarzer Pfeffer, 2 EL Pflanzenöl (20 g), Salz, 4 Walnußkerne, ½ Portion Kresse.

Das Entrecôte oder Zwischenrippenstück wird aus der Mitte des flachen Roastbeefs geschnitten. Ein Entrecôte soll bei Normalkost 180 bis 200 g wiegen. Ein doppeltes, also eine Entrecôte double, wiegt 400 g. In unserem sparsamen Rezept verwenden wir 500 g für 4 Portionen.
Grapefruit mit einem scharfen Messer wie einen Apfel schälen. Auch die weiße Haut muß sorgfältig abgezogen werden. Fruchtfleisch in gleichmäßige Scheiben schneiden.
Entrecôte mit der Hand etwas breitdrücken. Sehne an der Oberseite mehrere Male einschneiden. Fleisch pfeffern.
Öl in einer Pfanne erhitzen. Fleisch darin auf beiden Seiten 2 Minuten scharf anbraten. Dann jede Seite noch 10 Minuten braten. Salzen und warm stellen.
Grapefruitscheiben im Bratfond erhitzen. Leicht salzen. Entrecôte schräg in Scheiben schneiden. Auf einer vorgewärmten Platte anrichten. Mit Grapefruitscheiben und Walnußkernen garnieren und servieren.

Beilagen: Kartoffelkroketten von 125 g Krokettenpulver (15 g Fettaufnahme). Eine Portion: 153 Kalorien = 641 Joule. 2 BE.

Erbsen mit Spargel

Eine Portion enthält: 4 g Eiweiß, 3 g Fett, 11 g Kohlenhydrate = 1 BE, 0 mg Cholesterin.
Kalorien: 84 = 352 Joule.
Zubereitung: 5 Minuten.

½ Dose Erbsen (280 g), ¼ Dose Spargelabschnitte (140 g), ¼ Dose Pfifferlinge (125 g), 10 g Margarine, Salz, flüssiger Süßstoff, ½ Bund Petersilie, ½ Bund Schnittlauch.

Erbsen und Spargelabschnitte abtropfen lassen. In einen Topf geben. Dazu die Pfifferlinge mit dem Pilzwasser. Mit Salz und wenig Süßstoff würzen. Erhitzen. Dann abgießen.
Margarine und die gehackten Kräuter dazugeben. Durchschwenken. In einer vorgewärmten Schüssel anrichten.

Beilagen: 500 g Schweinefilet, in 20 g Pflanzenfett gebraten. Eine Portion: 267 Kalorien = 1118 Joule. Salzkartoffeln von 500 g. Eine Portion: 85 Kalorien = 356 Joule. 1,6 BE.

Erbsenplatte gelb-grün

Eine Portion enthält: 28 g Eiweiß, 20 g Fett, 28 g Kohlenhydrate = 2,3 BE, 572 mg Cholesterin.
Kalorien: 430 = 1800 Joule.
Zubereitung: 15 Minuten.

10 g Butter, 750 g Tiefkühlerbsen, ¹⁄₁₀ l Würfelbrühe, Salz, 1 EL gehackte Petersilie, 20 g Margarine, 8 frische große Eier, 6 EL Milch.

Butter in einem Topf erhitzen. Tiefkühlerbsen unaufgetaut hineinschütten. Heiße Brühe zugießen. In 5 Minuten garen. Den geschlossenen Topf dabei ab und zu leicht rütteln. Salzen und etwas gehackte Petersilie zufügen.
Inzwischen Margarine in einer größeren Pfanne schmelzen lassen. Eier, Milch und Salz verquirlen. In die heiße Pfanne gießen. Sobald die

untere Schicht stockt, wird die Eimasse mit einem Löffel in großen Schollen abgehoben.
Bitte nicht rühren, sonst wird das Ei unansehnlich krümelig und schwerer verträglich.
Rührei auf einer vorgewärmten Platte anrichten. Erbsen mit gehackter Petersilie bestreuen.

Beilage: Junge Pellkartoffeln von 500 g. Eine Portion: 85 Kalorien = 356 Joule. 1,6 BE.

TIP Statt Tiefkühlerbsen können Sie für die Erbsenplatte und den Erbsensalat auch Dosenerbsen verwenden. Wählen Sie die mit der Bezeichnung extra fein oder sehr fein. Das sind die zartesten.

Erbsensalat

Eine Portion enthält: 9 g Eiweiß, 6 g Fett, 22 g Kohlenhydrate = 1,8 BE, 0 mg Cholesterin.
Kalorien: 183 = 766 Joule.
Zubereitung: 20 Minuten.

1 Paket Tiefkühlerbsen (450 g), Salz, 1 EL Kräuteressig, weißer Pfeffer, flüssiger Süßstoff, 2 EL Pflanzenöl (20 g), 1 Apfel, 2 Tomaten, 1 kleine Zwiebel, 1 kleine Dose Champignons (115 g), 1 Bund Petersilie.

Erbsen in wenig Wasser mit Salz nach Anweisung garen. Abtropfen und abkühlen lassen.
Kräuteressig mit Salz, Pfeffer, Süßstoff und Pflanzenöl zur Marinade verrühren. Pikant abschmecken.
Apfel waschen und ungeschält fein würfeln. Sofort mit der Salatsoße mischen, damit er nicht braun wird. Tomaten überbrühen, abziehen, entkernen und ebenfalls würfeln.
Zwiebel in feine Ringe schneiden. Champignons abgießen. Alles mit der Marinade mischen. Durchziehen lassen. Nochmal abschmecken.
Petersilie waschen, trocknen und den größten Teil gehackt in den Salat mischen. Salat anrichten und mit Petersilie garniert sofort servieren.

Erdbeeren mit Vanillesoße

Eine Portion enthält: 4 g Eiweiß, 1 g Fett, 29 g Kohlenhydrate, 0 mg Cholesterin.
Kalorien: 135 = 565 Joule.
Zubereitung: 10 Minuten.

500 g Erdbeeren, 25 g Zucker, flüssiger Süßstoff, ¼ l Magermilch, 1 Prise Salz, 1 Beutel Instant-Vanillesoßenpulver (40 g), 1 Eiweiß.

Erdbeeren waschen, erst dann die Stiele entfernen und größere Früchte halbieren. Mit Zucker und nach Bedarf etwas flüssigem Süßstoff mischen. Erdbeeren in vier Glasschalen verteilen. Magermilch mit Salz und Soßenpulver aufschlagen. Eiweiß steif schlagen und unterheben. Vanilleschaumsoße auf die Erdbeeren gleichmäßig verteilen.

Erdbeer-Bananen-Salat

Eine Portion enthält: 2 g Eiweiß, 1 g Fett, 30 g Kohlenhydrate, 0 mg Cholesterin.
Kalorien: 146 = 611 Joule.
Zubereitung: 15 Minuten.

500 g Erdbeeren, 25 g Zucker, flüssiger Süßstoff, 3 Bananen (375 g), 2 EL Zitronensaft, 2 EL Himbeergeist.

Erdbeeren waschen, abtropfen lassen und entstielen. In Scheiben schneiden und mit Zucker bestreuen. Nach Geschmack noch Süßstoff zugeben. Vorsichtig mischen und zugedeckt 15 Minuten gut durchziehen lassen.
Bananen schälen und in schräge Scheiben schneiden. Mit Zitronensaft beträufeln. Zudecken und 5 Minuten stehen lassen.
Erdbeer- und Bananenscheiben zusammengeben. Mit Himbeergeist beträufeln und vorsichtig mischen.

Erdbeercreme

Eine Portion enthält: 7 g Eiweiß, 7 g Fett, 14 g Kohlenhydrate, 73 mg Cholesterin.
Kalorien: 147 = 615 Joule.
Zubereitung: Ohne Kühlzeit 15 Minuten.

250 g Erdbeeren, flüssiger Süßstoff, 4 Blatt rote Gelatine, 1 Eigelb, 15 g Zucker, knapp 1/4 l Milch (200 cm³), 1 Eiweiß, 20 g Instant-Schlagschaumpulver (1/2 Beutel), 5 EL sehr kalte Milch.

Erdbeeren waschen, abtropfen lassen und entstielen. 6 kleine Früchte zum Garnieren zurücklassen. Die übrigen mit einer Gabel oder im Mixer pürieren. Mit flüssigem Süßstoff mischen und 10 bis 15 Minuten zugedeckt durchziehen lassen. Gelatine in kaltem Wasser einweichen.
Für die Creme Eigelb mit Zucker und Milch in einem Topf verrühren. Im Wasserbad bei schwacher Hitze mit dem Schneebesen schaumig schlagen. Gelatine ausdrücken. In die aus dem Wasserbad genommene Creme so lange rühren, bis sie aufgelöst ist. Creme etwas abkühlen lassen.
Die pürierten Erdbeeren unterrühren. Eiweiß zu sehr steifem Schnee schlagen. Unter die halbsteife Masse ziehen. In eine kalt ausgespülte Form geben. Im Kühlschrank in 30 bis 60 Minuten kalt und fest werden lassen.
Vor dem Servieren die Form kurz in heißes Wasser tauchen. Creme auf eine runde Platte stürzen. Mit dem inzwischen nach Anweisung zubereiteten Schlagschaum und zurückbehaltenen Erdbeeren garnieren.

PS: Erdbeeren immer erst waschen, dann die Stiele abzupfen. Macht man's umgekehrt, dann laugen sie aus.

Erdbeergelee
Siehe Farbbild zwischen den Seiten 112/113.

Eine Portion enthält: 6 g Eiweiß, 1 g Fett, 45 g Kohlenhydrate, 0 mg Cholesterin.
Kalorien: 206 = 862 Joule.
Zubereitung: Ohne Kühlzeit 15 Minuten.

9 Blatt weiße Gelatine, kaltes Wasser, 4 EL kochendes Wasser, 1 TL Zucker, knapp ¾ l Sauerkirschsaft, flüssiger Süßstoff, 400 g kleine Erdbeeren.

Gelatine 5 Minuten im kalten Wasser einweichen, dann mit der Hand ausdrücken. In eine Schüssel geben und mit dem kochenden Wasser übergießen. Zucker zufügen. Rühren, bis sich alles völlig gelöst hat. Falls nötig, kann der Gelatinetopf einige Minuten ins heiße Wasserbad gestellt werden.
Unter Rühren nach und nach den Kirschsaft zugießen. Mit Süßstoff abschmecken.
Gewaschene, abgetropfte und abgezupfte Erdbeeren in eine Glasschale legen. Große Früchte teilen. (Ein paar zum Garnieren zurücklassen.)
Gelatinesaft übergießen. Schüssel zudecken.
Gelee in einigen Stunden im Kühlschrank erstarren lassen. Mit Erdbeeren garnieren.

PS: Man kann das Gelee auch in Portionsgläser gießen und darin erstarren lassen. 1 Eßlöffel Schlagsahne obendrauf macht 30 Kalorien mehr. — Diabetiker nehmen nur Süßstoff und Diabetikersaft.

Essig-Kräutersoße

Eine Portion enthält: 2 g Eiweiß, 9 g Fett, 3 g Kohlenhydrate = 0,2 BE, 6 mg Cholesterin.
Kalorien: 107 = 448 Joule.
Zubereitung: 20 Minuten.

1 Becher Joghurt, 3 EL Estragonessig, 3 EL Pflanzenöl (30 g), 1 TL Zwiebelpulver, ½ TL Salz, 1 Prise Zucker, 2 EL gehackte Petersilie, 1 EL Schnittlauchröllchen, je 1 TL frische Dillspitzen und Zitronenmelisse (oder ½ TL abgeriebene Zitronenschale).

Alle Zutaten erst gut verrühren, danach die vorbereiteten Kräuter zufügen. In die fertige Soße nach Belieben auch einige winzige Tomatenwürfel mischen. Die Tomate ist besonders schnittfest, wenn sie direkt aus dem Kühlschrank kommt.

Wann verwenden? Als Marinade für Salate, als Dip für Artischocken, Fleischfondue, Bleichsellerie. Zu kaltem Fisch (1 TL gehackten Borretsch zugeben) und zu kaltem Fleisch (1 Msp geriebenen Majoran hineinmischen).

Estragon-Dip

Eine Portion enthält: 3 g Eiweiß, 14 g Fett, 11 g Kohlenhydrate = 1 BE, 280 mg Cholesterin.
Kalorien: 190 = 795 Joule.
Zubereitung: 20 Minuten.

> 2 hartgekochte und 2 rohe Eigelb, Salz, 1 Msp Senf, 1 Msp abgeriebene Zitronenschale, 4 EL Kräuteressig, 3 EL Pflanzenöl (30 g), 3 EL Weißwein, 2 EL Aspik (erstarrte magere Fleischbrühe), 1 TL frische, gehackte Estragonblätter, ½ TL gehackte Petersilie.

Estragon ist eine ehemals sibirische Beifußart. Ende Mai ist sein Aroma am feinsten. Dann sollten Sie Ihren Estragon-Dip zubereiten. Er paßt vorzüglich zu in Salzwasser gekochtem Heilbutt oder Hummer.
Zutaten, bis auf die Kräuter, im Mixer oder mit einem Mixstab mischen. Dann die Kräuter zufügen. Für das Gelingen ist es wichtig, daß alle Dip-Zutaten etwa die gleiche Temperatur haben.
Fertige Creme sorgfältig abschmecken. Dann in ein Schraubglas füllen und bis zum Gebrauch im Kühlschrank aufbewahren.

Beilagen: 600 g gekochter Heilbutt. Eine Portion: 147 Kalorien = 615 Joule. — 4 Scheiben Weißbrot (200 g). Eine Scheibe: 130 Kalorien = 544 Joule. 2 BE.

Estragon-Hähnchen

Eine Portion enthält: 40 g Eiweiß, 20 g Fett, 6 g Kohlenhydrate = 0,5 BE, 148 mg Cholesterin.
Kalorien: 389 = 1629 Joule.
Zubereitung: 45 Minuten.

> 1 küchenfertiges Hähnchen (1000 g), 2½ EL Pflanzenöl (25 g), Salz, 1 Zwiebel, 1 Möhre, ¼ l Hühnerbrühe (Würfel), 1 Lorbeerblatt, 2 Wacholderbeeren, 1½ TL getrockneter Estragon, 1 Msp schwarzer Pfeffer, ⅛ l saure Sahne, 1 EL Mehl (10 g).

Hähnchen waschen und in 6 Stücke schneiden. Mit Küchenpapier gut trockentupfen. Öl in einem Topf erhitzen.

Hähnchenteile darin scharf anbraten. Dann salzen. Geschälte Zwiebel grob würfeln. Möhre putzen, waschen und vierteln. Zum Fleisch geben. Durchschmoren. Mit Brühe auffüllen. Lorbeerblatt, Wacholderbeeren und Estragon dazugeben. Mit Pfeffer abschmecken. Noch etwa 25 Minuten bei nicht zu starker Hitze schmoren.

Hähnchenteile aus dem Topf nehmen und warm stellen. Schmorfond durchsieben. Wenn nötig, auf $3/8$ l auffüllen. Aufkochen und mit dem in saurer Sahne angerührten Mehl binden. Abschmecken. Geflügelteile in der Soße anrichten.

Beilage: Körnig gekochter Reis von 125 g. Eine Portion: 115 Kalorien = 481 Joule. 2 BE.

PS: Man kann die Hähnchenteile auch auf dem Reis servieren und mit Petersilie garnieren. Dann wird die Soße extra gereicht.

Eugenia-Salat

Eine Portion enthält: 3 g Eiweiß, 7 g Fett, 6 g Kohlenhydrate = 0,5 BE, 65 mg Cholesterin.
Kalorien: 103 = 431 Joule.
Zubereitung: 20 Minuten.

½ Dose Sellerie (275 g), 1 Chicorée-Staude (125 g), 1 Glas Cornichons (110 g), 125 g Feldsalat. – Für die Marinade: 4 EL Kräuteressig, Salz, weißer Pfeffer, flüssiger Süßstoff, 2 EL Keimöl (20 g), 1 hartgekochtes Ei.

Sellerie abtropfen lassen und in Streifen schneiden. Chicorée putzen und waschen. Den bitteren Kern am Wurzelende keilförmig rausschneiden. Chicorée in Ringe schneiden. Cornichons abtropfen lassen, längs halbieren. Feldsalat putzen, waschen und gut abtropfen lassen. Aus Essig, Salz, Pfeffer, Süßstoff und Öl eine Marinade rühren. Vorbereitete Salatzutaten zugeben. Leicht mischen. Zugedeckt 10 Minuten durchziehen lassen. Noch mal abschmecken. In einer Schüssel anrichten und mit Eischeiben garniert servieren.

PS: Eugenia Salat ist eine gute Zwischenmahlzeit.

E-Vitamin

Man bezeichnete es lange als ausgesprochenes Fruchtbarkeits- und Sexvitamin. Aber nachdem es sich erwiesen hatte, daß es damit doch nicht so viel auf sich hatte, wurde das Vitamin E von vielen als unwichtig abgetan.
Das aber ist falsch. Denn es hat wichtige Funktionen.
Am wertvollsten ist das Vitamin E in Verbindung mit dem wichtigen Vitamin A.
Zusammen sorgen sie für eine bessere Durchblutung des Herzmuskels. Ohne Vitamin E als Oxydationsschutz wären Vitamin A und auch D größtenteils zerstört, bevor sie wirksam werden könnten. Und ohne Vitamin E würde der Alterungsprozeß beim Menschen schneller vor sich gehen.
Wer sich gesund ernährt, erhält genügend Vitamin E aus hochwertigen linolsäurereichen Ölen und aus den besten Pflanzenmargarinen.
Auch Nüsse, Sojaprodukte und Getreidekeime enthalten Vitamin E. Kleinere Mengen sind in Butter, Leber, Milch, Käse und in jedem Grüngemüse enthalten. Zum Beispiel in Blattsalaten.
Zusätzliches Vitamin A sollte immer in Verbindung mit Vitamin E genommen werden.

F

Farcierte Gurken

Eine Portion enthält: 16 g Eiweiß, 25 g Fett, 13 g Kohlenhydrate = 1 BE, 108 mg Cholesterin.
Kalorien: 360 = 1507 Joule.
Zubereitung: 45 Minuten.

> 2 junge Salatgurken (750 g), Salz. – Für die Füllung: 1 Zwiebel, ½ Bund Petersilie, 1 altes, eingeweichtes Brötchen, 1 Ei, 250 g gemischtes Hackfleisch, Salz, Majoran, Paprika edelsüß, 30 g Margarine zum Braten. – Für die Tomatensoße: 1 Dose Tomatenmark (70 g), ⅛ l Wasser, 1 EL Zucker (10 g), 10 g Butter.

Gurken waschen, abtrocknen, längs halbieren. Mit einem Teelöffel Kerne entfernen. Dabei etwas aushöhlen. Mit Salz bestreuen. Für die Füllung die geschälte Zwiebel fein würfeln, die gewaschene Petersilie hacken. Brötchen ausdrücken, etwas zerpflücken. Alles in eine Schüssel geben und mit einem Ei aufschlagen. Hackfleisch, Salz, Majoran und Paprika dazugeben. Zu einem Hackteig mischen. Kräftig abschmecken. Gurkenhälften damit füllen. Zusammensetzen und mit einem Faden umwickeln.
Margarine in einem Topf erhitzen. Gurken darin leicht anbraten.
Für die Soße Tomatenmark und Wasser verrühren, leicht salzen und an die Gurken gießen. Zucker mit der Butter in einer Pfanne goldbraun rösten (also karamelisieren). Über die Gurken geben. Topf zudecken. Gurken bei schwacher Hitze 20 Minuten schmoren.
Fertige Gurken (Fäden entfernen) auf einer vorgewärmten Platte anrichten. Mit der Soße übergießen.

Beilage: Curryreis von 125 g Reis und 1 TL Curry. Eine Portion: 115 Kalorien = 481 Joule. 2 BE.

Fasan in Folie

Eine Portion enthält: 89 g Eiweiß, 11 g Fett, 0 g Kohlenhydrate, 247 mg Cholesterin.
Kalorien: 472 = 1976 Joule.
Zubereitung: 70 Minuten.

2 mittelgroße küchenfertige Fasanen (2000 g), frisch oder tiefgekühlt, Salz, 8 Wacholderbeeren, 10 g flüssige Butter oder Margarine, 1 EL Öl für die Folie, 1 Bund Petersilie.

Fasanen sind ausgesprochen magere Diätvögel, solange sie nicht mit Speck umwickelt oder mit viel Fett in der Pfanne gebraten werden. Damit sie saftig bleiben, ist die Zubereitung in Alufolie richtig. Dazu eignen sich frisch gerupfte und ausgenommene Tiere. Tiefkühlware ist, völlig aufgetaut, genauso gut.
Fasanen innen und außen waschen und abtrocknen. Trandrüsen über dem Schwanz rausschneiden.
Wacholderbeeren etwas zerdrücken. Zusammen mit dem Salz in die Außenhaut der Fasanen einreiben. Flüssige Butter oder Margarine mit einem Pinsel dünn aufstreichen, besonders am Brustfleisch. In jeden Vogel etwas Petersilie mit Stielen stecken, die vom Waschen noch feucht sein darf.
Alufolie auf dem Küchentisch ausrollen, einölen. Eine Hälfte davon locker über beide Vögel legen, die drei Ränder fest zusammenkniffen. Folienpäckchen vorsichtig mitten auf den Rost legen. In den vorgeheizten Backofen auf die mittlere Schiene schieben.

Bratzeit: 30 Minuten. Elektroherd: 250 Grad. Gasherd: Stufe 5—6. Hitze auf 175 Grad (Gas Stufe 2) zurückschalten. Noch 20 Minuten braten.
Vor dem Anrichten nachsehen, ob die Haut genügend Farbe hat. Blasse Fasanen mit dem Fleischsaft bestreichen (in der Folie) und bei geöffneter Folie noch einige Minuten im Ofen lassen. (Knusprige Haut verträgt allerdings nicht jeder.)

Beilagen: Sauerkrautsalat aus 300 g Sauerkraut, 1 Zwiebel, 1 EL Keimöl. Eine Portion: 32 Kalorien = 134 Joule. — Kartoffelkroketten von 125 g Krokettenpulver, 15 g Fettaufnahme. Eine Portion: 153 Kalorien = 641 Joule. 2 BE.

Fasan Lothringen

Eine Portion enthält: 50 g Eiweiß, 18 g Fett, 8 g Kohlenhydrate = 0,6 BE, 195 mg Cholesterin.
Kalorien: 407 = 1704 Joule.
Zubereitung: 80 Minuten.

1 Fasan von 1000 g (küchenfertig), Salz, weißer Pfeffer, 125 g Champignons, 1 Zwiebel, 10 g Margarine, 25 g magerer gekochter Schinken, 1 Scheibe Toastbrot, 1 Ei, Rosmarin, Petersilie, 2½ EL Pflanzenöl (25 g), 1 Scheibe fetter Speck, ¼ l Wasser, 1 EL Mehl (10 g), 4 EL Dosenmilch (7,5 %).

Fasan innen und außen waschen, trocknen und mit Salz und Pfeffer einreiben.
Champignons putzen und hacken. Geschälte Zwiebel würfeln und in der erhitzten Margarine anbraten. Champignons zugeben. So lange dünsten, bis die Flüssigkeit verdampft ist. Abkühlen lassen.
Gekochten Schinken würfeln. Toastbrot in Wasser tauchen, gut ausdrücken. Champignons, Schinken, Brot und Ei in einer Schüssel mischen. Mit Salz, Pfeffer, Rosmarin und gehackter Petersilie würzen. Fasan damit füllen. Öffnung mit Zahnstochern schließen. Fasan in einen flachen Topf legen. Öl erhitzen, drübergießen. Die Scheibe fetten Speck auf die Brust legen. Topf in den vorgeheizten Ofen auf die mittlere Schiene stellen.

Bratzeit: 60 Minuten. Elektroherd: 225 Grad. Gasherd: Stufe 4.
Eventuell etwas Wasser angießen. Während des Bratens häufig Fond überschöpfen.
Fertigen Fasan warm stellen. Speckscheibe abnehmen und wegwerfen. Bratfond mit ¼ l Wasser loskochen. Durchseihen, aufkochen. Mehl in Dosenmilch anrühren. Soße damit binden. Mit Salz und Pfeffer abschmecken. Zum Fasan reichen.

Beilagen. Kartoffelschnee von 500 g Kartoffeln. Eine Portion: 85 Kalorien = 356 Joule. 1,6 BE. — Grüne Bohnen von 500 g Bohnen, Bohnenkraut (oder Petersilie) und 10 g Margarine. Eine Portion: 57 Kalorien = 239 Joule. 0,5 BE.

PS: 1 Eßlöffel Preiselbeerkompott pro Portion macht 20 Kalorien mehr.

Feierabend-Schnitten

Eine Portion enthält: 18 g Eiweiß, 13 g Fett, 32 g Kohlenhydrate = 2,6 BE, 80 mg Cholesterin.
Kalorien: 332 = 1390 Joule.
Zubereitung: 25 Minuten.

> 250 g Speisequark (10%), 1 Ei, 1 feingehackte Zwiebel, 50 g feingewürfelte Cervelatwurst, Salz, weißer Pfeffer, 20 g Halbfettmargarine, 4 Scheiben Schwarzbrot, 1 großer Zwieback, 10 g Margarine, Paprika rosenscharf, 100 g Gewürzgurke, 1 großer Rettich (500 g).

Quark mit Ei verrühren. Zwiebel und Cervelatwurst unterrühren. Mit Salz und weißem Pfeffer pikant abschmecken.
Schwarzbrot zuerst mit Halbfettmargarine, dann dick mit der Quarkmasse bestreichen. Nebeneinander auf ein gefettetes Backblech legen. Zwieback drüberreiben. Mit Margarineflöckchen belegen und mit Paprika überstäuben. In den vorgeheizten Ofen schieben.

Backzeit: 15 Minuten. Elektroherd: 250 Grad. Gasherd: Stufe 5—6.
Mit Gewürzgurke garniert auftragen.
Während die Schnitten im Ofen sind, den Rettich waschen, schälen und auf dem Gurkenhobel blättrig schneiden. Mit Salz überstreuen und mischen. Durchziehen lassen. Zu den fertigen Schnitten reichen.

Feinschmeckertopf

Eine Portion enthält: 20 g Eiweiß, 13 g Fett, 10 g Kohlenhydrate = 0,8 BE, 217 mg Cholesterin.
Kalorien: 267 = 1118 Joule.
Zubereitung: 50 Minuten.

> 125 g Kalbsnieren, 125 g Kalbsfilet, 125 g Kalbsleber, 2 EL Pflanzenöl (20 g), 1 Zwiebel, Salz, weißer Pfeffer, 1/8 l Weißwein, 1 EL Zitronensaft, 1 Msp Fleischextrakt, 1/2 Dose Champignons (230 g), 1/2 Dose Artischockenböden (175 g), 20 g Butter, 1 Zitrone zum Garnieren, 1 Kästchen Kresse oder 1/2 Bund Petersilie.

Die Kalbsnieren halbieren, Stränge, Häute und Fettfasern wegschneiden. Unter kaltem Wasser waschen. Trocken tupfen.

Nieren, Filet und Leber in gleichmäßige Scheiben schneiden.
Öl in einem großen Topf erhitzen. Fleisch darin rundherum 10 Minuten anbraten. Zwiebel schälen und hacken. Dazugeben. Weitere 10 Minuten braten. Salzen und pfeffern.
Wein, Zitronensaft und den in 2 EL Wasser aufgelösten Fleischextrakt zugeben. Schmoren. Auf einer Platte warm stellen.
Champignons und Artischockenböden getrennt erhitzen. Abgießen. In je 10 g Butter schwenken.
Champignons in den Artischockenböden anrichten. Mit Kresse oder Petersilie garnieren. Hübsch auf der Platte anrichten. Zitronenschnitzel anlegen.

Beilage: Körnig gekochter Reis von 125 g Langkornreis. Eine Portion: 115 Kalorien = 481 Joule. 2 BE.

Felipes Bananensuppe

Eine Portion enthält: 7 g Eiweiß, 2 g Fett, 30 g Kohlenhydrate, 0 mg Cholesterin.
Kalorien: 167 = 699 Joule.
Zubereitung: 20 Minuten.

1 kleine Zwiebel (25 g), 10 g Margarine, 500 g Bananen, 2 TL Currypulver, 1 EL Mehl (10 g), ¾ l Magermilch, Salz.

Zwiebel fein würfeln, Margarine im Topf erhitzen. Zwiebelwürfel darin anbraten. Bananen schälen und in Scheiben schneiden. Ein paar zum Garnieren zurücklassen. Die übrigen in den Topf geben und dünsten bis die Bananen in etwa 10 Minuten breiig werden. Currypulver und Mehl darüberstreuen und durchschwitzen lassen.
Mit Magermilch ablöschen. Aufkochen. Suppe mit Salz abschmecken. Mit den zurückbehaltenen Bananenscheiben garnieren.

Wann reichen? Diese Bananensuppe kann als Vorsuppe gereicht werden. Sie ist aber auch eine vorzügliche Zwischenmahlzeit oder ersetzt beinahe ein Abendessen, wenn sie zu Brot und magerem Schinken gereicht wird.

Fenchel italienische Art

Eine Portion enthält: 4 g Eiweiß, 5 g Fett, 13 g Kohlenhydrate = 1 BE, 0 mg Cholesterin.
Kalorien: 151 = 632 Joule.
Zubereitung: 40 Minuten.

500 g kleine Fenchelknollen, 20 g Margarine, ¼ l trockener Weißwein, 250 g Tomaten, Salz, weißer Pfeffer, Paprika edelsüß, ½ Bund Petersilie.

Fenchelknollen putzen. Welke Blattschichten und Wurzelansatz wegschneiden. Knollen waschen und längs vierteln.
Margarine im Topf erhitzen. Fenchel zugeben und darin dünsten. Weißwein angießen. Tomaten abziehen und vierteln. Zum Fenchel geben. Mit Salz, Pfeffer und Paprika würzen. 20 Minuten dünsten. Dabei gelegentlich vorsichtig wenden.
Gemüse kräftig abschmecken. In einer vorgewärmten Schüssel anrichten. Mit gewaschener Petersilie garniert servieren.

Fenchel mit Quarkdips

Eine Portion enthält: 18 g Eiweiß, 16 g Fett, 26 g Kohlenhydrate = 2,1 BE, 0 mg Cholesterin.
Kalorien: 240 =1005 Joule.
Zubereitung: 25 Minuten.

4 mittelgroße Fenchelknollen (etwa 1200 g), Salz, 250 g Magerquark, 2 EL Keimöl (20 g), Koriander, geriebene Muskatnuß, frisch gemahlener weißer Pfeffer.

Die Fenchelknollen putzen. Welke Blattschichten und Wurzelansatz wegschneiden. Knollen waschen. Zu lange Stiele und das Grün abschneiden. Fenchelgrün aufbewahren. Knollen von oben nach unten halbieren. In kochendes Wasser geben und 15 Minuten beißfest kochen.
Für den Dip das Fenchelgrün fein hacken. Quark mit Öl in einer Schüssel glattrühren. So lange Wasser zugeben, bis die Masse sahnig ist. Mit Salz, Koriander, Muskat und weißem Pfeffer würzig abschmecken.

Fenchelkraut unterrühren. Fenchelknollen abtropfen lassen. Fenchel und Dip getrennt servieren.

Beilagen: 8 Scheiben Knäckebrot (80 g). Eine Portion: 76 Kalorien = 318 Joule. 1 BE.

PS: Sie können aus der angegebenen Menge Magerquark aber auch vier verschiedene Dips rühren. Hier unsere Vorschläge:
Angerührten Quark in vier Portionen teilen.
1. Portion mit Salz, einem Tropfen Süßstoff und reichlich Paprika edelsüß würzen. Nach Geschmack noch etwas Zwiebelsalz zufügen.
2. Portion auch mit Salz und einem Tropfen Süßstoff verrühren. Mit Currypulver würzen.
3. Portion mit Salz und weißem Pfeffer abschmecken. 3 Tropfen Tabascosoße oder 1 Eßlöffel Sojasoße unterrühren.
Die vierte Portion bekommt eine Würze aus Salz, Knoblauchpulver, schwarzem Pfeffer und 1 bis 2 Eßlöffel Schnittlauchröllchen.
Zum Schluß wird das gehackte Fenchelgrün auf die vier Portionen verteilt. Jeder nimmt sich seinen Teil Dips auf den Teller, taucht die abgetropften, noch lauwarmen Fenchelknollenstücke ein und ißt sie mit Knäckebrot.

Fenchel-Rohkost

Eine Portion enthält: 2 g Eiweiß, 10 g Fett, 15 g Kohlenhydrate = 1,2 BE, 0 mg Cholesterin.
Kalorien: 162 = 678 Joule.
Zubereitung: 40 Minuten.

> *1 kleine Fenchelknolle, 2 große Möhren, 1 Apfel, 4 EL Keimöl (40 g), Saft einer Zitrone, Zucker, Salz, 1 TL gehackte Petersilie, 2 EL Apfelsaft.*

Fenchel und Möhren putzen und waschen. Apfel schälen. Fenchel einmal längs aufspalten. In ganz dünne Querscheiben schneiden. Möhren und Apfel (ungeschält) raspeln. Die übrigen Zutaten in einer Schüssel verrühren. Gemüse darin mischen und fest zugedeckt 15 Minuten durchziehen lassen. Apfelsaft unterrühren und abschmecken.

Fenchel-Steak

Eine Portion enthält: 29 g Eiweiß, 11 g Fett, 22 g Kohlenhydrate = 1,8 BE, 88 mg Cholesterin.
Kalorien: 340 = 1424 Joule.
Zubereitung: 35 Minuten.

2 Fenchelknollen (je 250 g), 1/8 l Weißwein, 1/8 l Wasser, Salz, weißer Pfeffer, 1 Prise Salbei, 1 EL Zitronensaft, 4 Filetsteaks (je 125 g), 2 EL Pflanzenöl (20 g) 4 Scheiben Toastbrot, 20 g Halbfettmargarine, 1 Tomate, 1/2 Kästchen Kresse.

Fenchelknollen putzen. Welke Blattschichten entfernen. Waschen. Halbieren. Weißwein und Wasser in einem Topf aufkochen. Salz, Pfeffer, Salbei und Zitronensaft zugeben. Fenchelknollen hineingeben. 25 Minuten im geschlossenen Topf garen.
10 Minuten vor Ende der Garzeit die Filetsteaks zubereiten. Dazu das Öl in der Pfanne erhitzen. Die Steaks darin auf beiden Seiten je 1/2 Minute scharf anbraten. Dann auf jeder Seite noch 3 Minuten braten. Salzen.
Brot toasten. Mit Halbfettmargarine bestreichen. Auf vier vorgewärmte Teller legen. Darauf die Steaks und die abgetropften Fenchelhälften. Mit Tomate und Kresse garnieren.

PS: Statt Toast mal Vollkornbrot nehmen. Jede Portion: 68 Kalorien mehr.

Filetpfanne

Eine Portion enthält: 36 g Eiweiß, 21 g Fett, 3 g Kohlenhydrate = 0,2 BE, 124 mg Cholesterin.
Kalorien: 365 = 1528 Joule.
Zubereitung: 40 Minuten.

2 Zwiebeln (100 g), 400 g Schweinefilet, 200 g magerer gekochter Schinken, 1 Bund Dill, 3 EL Keimöl (30 g), 1/8 l Würfelbrühe, Salz, weißer Pfeffer, Paprika edelsüß, 4 Scheiben (80 g) Gouda (45 %).

Zwiebeln schälen und fein würfeln. Filet und Schinken grob würfeln, Dill hacken. Öl in einer beschichteten Pfanne erhitzen, Zwiebelwürfel darin anbraten. Herausnehmen, Schweinefleisch 15 Minuten darin

Fett und Fettsäuren

Fett ist lebensnotwendig. Aber wenn Sie bedenken, daß 1 g Fett schon 9,3 Kalorien im Körper produziert und der Bundesbürger durchschnittlich 140 g (statt 50 bis 80 g) zu sich nimmt, dann wundert's niemanden, daß jeder vierte Bundesdeutsche übergewichtig ist. Denn Übergewichtige nehmen damit täglich immerhin 837 bis 558 Kalorien zuviel zu sich. Wer abnehmen will, muß also seinen Fettverbrauch einschränken. Von den Kohlenhydraten ganz zu schweigen.

Nun ist es aber beileibe nicht gleichgültig, welches Fett Sie essen. Denn es sind Anteile an gesättigten und mehrfach ungesättigten Fettsäuren enthalten. Im tierischen wie im pflanzlichen Fett. Nur: Tierische Fette wie Butter und Schmalz enthalten mehr gesättigte, pflanzliche wie gute Pflanzenmargarine und -öle (Soja-, Weizenkeim-, Sonnenblumen-, Distelöl) haben einen weitaus höheren Anteil an mehrfach ungesättigten Fettsäuren. Und gerade sie sind die essentiellen, das heißt lebensnotwendigen. Ihr Hauptvertreter: Die Linolsäure. Da der Körper nicht in der Lage ist, diese gesunden Fettsäuren zu produzieren, müssen sie ihm — genau wie Vitamine — zugeführt werden. Sehr wichtig: Sie halten den Cholesterinspiegel (Blutfettspiegel) in der Waage, können ihn sogar senken und damit Herz- und Gefäßerkrankungen entgegenwirken.

Gehen wir in die Praxis: Wenn Sie eine Reduktionskost von täglich 1600 Kalorien zu sich nehmen, dann sollte diese bis zu 50 bis 60 g aus Fett und dieses mindestens aus 15 g mehrfach ungesättigten Fettsäuren bestehen. Das schaffen Sie mit: 25 g guter Pflanzenmargarine, 10 g (1 EL) Pflanzenöl und 18 g verstecktem Fett (aus Fleisch, Fisch, Milchprodukten, Brot). Gut: Die gesunden Fette nicht mitkochen. Wo das möglich ist.

---

braten. Die Schinkenwürfel zugeben und 5 Minuten mitbraten. Fleischbrühe zugießen. Salzen, Pfeffer frisch drübermahlen und mit Paprika würzen. Dill (1 TL zurücklassen) zugeben.

Käse auf das Fleisch verteilen, Pfanne abdecken. Bei geringer Hitze noch 3 Minuten ziehen lassen, bis der Käse geschmolzen ist. Mit Dill bestreuen.

Beilage: Kopfsalat in Marinade aus 2 EL Zitronensaft, 2 EL Öl, Salz, Pfeffer, 1 Prise Zucker (oder etwas Süßstoff) und Kräutern. Eine Portion: 55 Kalorien = 230 Joule.

Filetsteak California

Eine Portion enthält: 25 g Eiweiß, 14 g Fett, 10 g Kohlenhydrate, 95 mg Cholesterin.
Kalorien: 278 = 1164 Joule.
Zubereitung: 15 Minuten.

4 Filetsteaks vom Rind (je 125 g), 2 EL Pflanzenöl (20 g), Salz, schwarzer Pfeffer, 10 g Butter, 4 halbe Pfirsiche aus der Dose, 10 g blättrige Mandeln, 1 Sträußchen Petersilie.

Filetsteaks mit Haushaltspapier trocken tupfen.
Öl in einer Pfanne erhitzen. Steaks darin auf beiden Seiten je ½ Minute anbraten. Dann auf jeder Seite noch 3 Minuten, so daß sie innen rosa sind. Salzen und pfeffern. Die Steaks auf einer vorgewärmten Platte warm stellen.
Butter im Bratfond erhitzen. Gut abgetropfte Pfirsiche darin unter vorsichtigem Bewegen leicht bräunen. Auf den Steaks anrichten.
Mandelblättchen goldgelb braten. Auf die Steaks verteilen. Mit Petersilie garnieren.

Beilage: Curryreis von 125 g Langkornreis mit 1 TL Currypulver. Eine Portion: 115 Kalorien = 481 Joule.

TIP Steaks für Schlankheitskost wiegen nur 125 g. Bitte auf jeder Seite ½ Minute anbraten und in 3 Minuten fertig braten. Dann sind sie innen rosa oder saignant, wie's auf gut französisch heißt.

Filetsteak gegrillt

Siehe Farbbild zwischen den Seiten 144/145.

Eine Portion enthält: 25 g Eiweiß, 10 g Fett, 2 g Kohlenhydrate = 0,2 BE, 95 mg Cholesterin.
Kalorien: 212 = 887 Joule.
Zubereitung: 15 Minuten.

4 Rinderfiletsteaks von je 125 g, 1 EL Keimöl, 4 Tomaten, Salz, weißer Pfeffer, 10 g Butter, Petersilie.

Filetsteaks mit Haushaltspapier abtupfen. Mit Keimöl auf beiden Seiten bestreichen.
Steaks auf den Grillrost legen. Dazu die gewaschenen, getrockneten und oben kreuzweise eingeschnittenen Tomaten. Würzen. Auf die Tomaten je einen Stich Butter geben.
Unter den vorgeheizten Grill schieben.
Steaks auf jeder Seite 3 Minuten grillen.
Aus dem Ofen nehmen. Steaks würzen. Auf einer vorgewärmten Platte mit den Tomaten anrichten. Mit Petersilie garniert servieren.

Beilagen: Salat aus 1 Kopf Salat, einer halben Salatgurke und 250 g Tomaten. Marinade aus 2 EL Zitronenessig, Salz, weißem Pfeffer, Zwiebelpulver, 2 EL gehackten Kräutern und 2 EL Keimöl. Eine Portion: 75 Kalorien = 314 Joule. 0,4 BE. — Kartoffelkroketten von 125 g Krokettenpulver (15 g Fettaufnahme). Eine Portion: 153 Kalorien = 641 Joule. 2 BE.

PS: Man kann die Steaks auch vorher beizen und sie dadurch noch aromatischer machen. Dazu eine Beize rühren aus: 2 EL Keimöl, 2 TL Estragonessig, 4 EL Tomatensaft, weißem Pfeffer, Salz, Knoblauchpulver und 1 kleinen geschälten, gehackten Zwiebel. Beize kräftig abschmecken.
Die Steaks darin 4 Stunden durchziehen lassen. Zwischendurch immer wieder wenden.
Steaks aus der Beize nehmen. Abtropfen lassen und gut mit Küchenpapier trockentupfen. Wie im Rezept angegeben grillen.
Macht keine Kalorien mehr. Den von der Beize zieht höchstens soviel wie ein Eßlöffel Öl ein.

Filetsteak mit Rosenkohl und Chicorée

Eine Portion enthält: 30 g Eiweiß, 15 g Fett, 12 g Kohlenhydrate, 102 mg Cholesterin.
Kalorien: 332 = 1390 Joule.
Zubereitung: 50 Minuten.

500 g Rosenkohl, Salz, ¼ l Wasser, Muskat, 20 g Butter, 2 Chicorée-Stauden (250 g), weißer Pfeffer, 4 Rinderfiletsteaks (je 125 g), 2 EL Pflanzenöl (20 g).

– Für die Madeirasoße: ¼ l Würfelbrühe, 1 EL Speisestärke (10 g), 1 Südweinglas Madeira, Salz, schwarzer Pfeffer.

Rosenkohl putzen und waschen. Ins kochende, gesalzene Wasser geben. 20 Minuten garen. Abgießen. Mit Muskat würzen und in 10 g Butter schwenken.
In der Zwischenzeit den Chicorée putzen und waschen. Bitteren Kern am Wurzelende keilförmig rausschneiden. Chicorée halbieren. In wenig kochendes Wasser geben. Salzen, pfeffern und 15 Minuten garen. Abgießen und in der restlichen Butter schwenken. Rosenkohl und Chicorée in einer vorgewärmten Schüssel anrichten und warm stellen.
Filetsteaks gut trockentupfen und etwas breitdrücken. Öl in einer Pfanne erhitzen. Steak darin auf beiden Seiten je ½ Minute anbraten. Dann auf jeder Seite noch 2½—3 Minuten braten. Salzen und pfeffern. Bratfond mit Würfelbrühe loskochen. Speisestärke mit kaltem Wasser anrühren. Fond damit binden. Madeira zufügen. Mit Salz und Pfeffer abschmecken. Extra zu Fleisch und Gemüse reichen.

Beilagen: Petersilien-Kartoffeln von 500 g in 10 g Margarine und einem Bund gehackter Petersilie geschwenkt.
Eine Portion: 105 Kalorien = 440 Joule.

PS: Ein Gericht mit Rosenkohl können Sie nach gastronomischer Sitte auch Brüsseler Art nennen. Grund: Der Kohl entstand einmal in der Gegend von Brüssel. Weshalb er heute noch Brüsseler Kohl heißt.

Filetsteakplatte

Eine Portion enthält: 31 g Eiweiß, 17 g Fett, 48 g Kohlenhydrate, 102 mg Cholesterin.
Kalorien: 490 = 2050 Joule.
Zubereitung: 40 Minuten.

Für die Gemüseplatte: 250 g Tiefkühl-Rosenkohl, Salz, 250 g Möhren, 250 g feine junge Erbsen aus der Dose, 250 g Schwarzwurzeln aus der Dose, 200 g Maronen (Kastanien) aus der Dose, 2 EL Butter (20 g), 1 TL Zucker.
– Außerdem: 2 EL Pflanzenöl (20 g), 4 Rinderfiletsteaks von je 125 g, Salz, weißer Pfeffer, Petersilie.

Tiefkühl-Rosenkohl nach Packungsaufschrift zubereiten. Salzen.
Möhren putzen, waschen und in feine Streifen schneiden. In kochendem, gesalzenem Wasser im geschlossenen Topf in gut 15 Minuten gar kochen.
Dosenerbsen, Schwarzwurzeln und Maronen in ihrer Brühe einzeln erhitzen und leicht salzen.
Jede Gemüsesorte abtropfen lassen. Ein bißchen Brühe darf noch dran sein. In einem Topf für jede Gemüsesorte nacheinander jeweils 1 Stich Butter mit 1 Messerspitze Zucker erhitzen und hellgelb werden lassen. Das Gemüse nacheinander darin schwenken, bis es leicht Farbe angenommen hat.
Auf einer vorgewärmten Platte anrichten und warm stellen. Nur die Maronen noch zurücklassen.
Öl in einer Pfanne erhitzen. Die Steaks darin auf jeder Seite ½ Minute anbraten, dann auf jeder Seite in 3 Minuten fertigbraten. Salzen und pfeffern. Entweder auf der Gemüseplatte anrichten oder auf einer zweiten Platte. In beiden Fällen mit den Maronen belegen. Gemüse mit Petersilie garnieren.

Beilagen: Kartoffelkroketten von 125 g Krokettenpulver (15 g Fettaufnahme). Eine Portion: 153 Kalorien = 641 Joule.

PS: Diese Steakplatte können Sie natürlich auch mit Schweinefiletsteaks zubereiten. Allerdings haben sie mehr Kalorien.
Zum Vergleich: 100 g Rinderfilet hat 126 Kalorien, 100 g Schweinefilet 176 Kalorien. Das bedeutet für jede Portion 50 Kalorien = 209 Joule mehr.
Eiserne Kaloriensparer bleiben natürlich beim — leider auch teureren — Rinderfilet. Sie werden außerdem die Steaks grillen und damit noch mal bei jeder Portion 93 Kalorien sparen.

TIP Kein Problem, mehrere Sorten Dosengemüse auf einmal zu erhitzen. Man packt es ohne Brühe in Alufolie und gibt die Päckchen in kochendes Wasser.

Fisch

Immer noch gehören die Bundesrepublikaner zu den Fischmuffeln. Während jeder Norweger pro Kopf und Jahr 40 kg und jeder Spanier zum Beispiel 22 kg Fisch verzehrt, bringen wir es auf magere 11 kg. Und das noch mit fallender Tendenz. Obwohl es der Fisch nicht verdient hat. Denn abgesehen von seinem Wohlgeschmack ist er ein hochwertiges Nahrungsmittel. Gesund für die tägliche Kost, unentbehrlich für alle, die abnehmen möchten. Seine ernährungsphysiologisch großartigen Eigenschaften: Fisch enthält neben biologisch hochwertigem Eiweiß, das wegen des geringen Bindegewebes leicht verdaulich ist, beträchtliche Mengen an Vitamin A, B, D und E und erfreulich wenig Fett. Er ist also kalorienarm. Sein Anteil an mehrfach ungesättigten Fettsäuren ist höher als bei Fleisch und je magerer Fisch ist, um so weniger Cholesterin enthält er. Phosphor kommt reichlich vor, auch Calcium und Eisen sind im Fischfleisch enthalten. — Herzempfindlichen oder -kranken sei geraten, Schellfisch und Fisch in Dosen zu meiden, da sie zuviel Natrium enthalten. Bei Schilddrüsenempfindlichkeit sind — je nach Art der Erkrankung — die jodhaltigen Seefische entweder empfohlen oder ganz verboten. In solchen Fällen greift man halt auf Süßwasserfische zurück, zum Beispiel auf die schmackhaften Forellen. — Magerer, fettarm zubereiteter Fisch ist aber nicht nur Schlankheitskost, er ist ein geradezu ideales Nahrungsmittel bei vielen Diätformen. Die beste und schlankste Art der Zubereitung: Dämpfen, grillen oder mit sehr wenig Fett braten. Auf panierten Fisch sollte man bei Übergewicht verzichten, denn er bringt gleich den doppelten Kalorienwert auf den Teller. — Alle angegebenen Werte beziehen sich auf 100 g reines Fischfleisch. Achtung: Der Hering ist der fetteste unter den Fischen. Essen Sie also nicht zuviel davon. An zweiter Stelle steht dann der Rotbarsch. Aber er hat immerhin über 100 Kalorien weniger.

Fisch gegrillt

Eine Portion enthält: 19 g Eiweiß, 5 g Fett, 2 g Kohlenhydrate = 0,2 BE, 78 mg Cholesterin.
Kalorien: 143 = 598 Joule.
Zubereitung: Ohne Marinierzeit 15 Minuten.

4 Fischkoteletts von je 200 g, Saft einer Zitrone, Salz, 2 EL Pflanzenöl (20 g), etwas Mehl zum Bestäuben, Petersilie zum Garnieren.

Fisch unter fließendem Wasser kurz abspülen. Abtrocknen. Mit dem Zitronensaft beträufelt 15 Minuten durchziehen lassen. Fisch salzen. Alle Seiten mit Öl bestreichen.
Grillrost auch einölen. Fisch mit Mehl bestäuben und auf den Rost unter den vorgeheizten Grill schieben.

Grillzeit: 10—15 Minuten. Fischstücke nach der halben Garzeit wenden.
Auf einer vorgewärmten Platte anrichten. Mit Petersilie garniert servieren.

Beilagen: Kopfsalat in einer Marinade aus 2 EL Zitronensaft, Gewürzen, 2 EL gehackten Kräutern und 2 EL Keimöl. Eine Portion: 55 Kalorien = 230 Joule. 0,1 BE. — Kartoffelpüree aus 500 g Kartoffeln, $1/8$ l (150 cm^3) Magermilch und 10 g Margarine. Eine Portion: 116 Kalorien = 486 Joule. 1,7 BE.

PS: Noch ein paar Anhaltspunkte, wie lange man Fisch grillt:
Schollen und Makrelen auf jeder Seite 4 bis 7 Minuten. Heringe und Barsche bis 7 Minuten pro Seite. Fisch in Folie immer 2 Minuten länger grillen.

Fisch mit Zitrone

Eine Portion enthält: 51 g Eiweiß, 16 g Fett, 1 g Kohlenhydrate = 0,1 BE, 90 mg Cholesterin.
Kalorien: 385 = 1612 Joule.
Zubereitung: Ohne Marinierzeit 55 Minuten.

1 küchenfertiger Kabeljau (1500 g), 6 EL Keimöl (60 g), etwa $1/2$ TL Salz, 1 Msp Knoblauchpulver oder $1/2$ zerdrückte Knoblauchzehe, 1 Msp weißer

Pfeffer, 3 EL Sojasoße, 3 EL herber Sherry, 2 TL Zucker oder einige Tropfen flüssiger Süßstoff, 4 EL Rotweinessig.

Fisch unter fließendem kalten Wasser schuppen. Sorgfältig waschen. Abtrocknen und in eine flache Schüssel mit erhöhtem Rand legen. Öl mit Salz, Knoblauch, Pfeffer und Sojasoße verrühren. Sherry und Zucker oder Süßstoff zugeben, Essig unterrühren. Marinade über den Fisch gießen.
2 Stunden darin ziehen lassen. Gelegentlich wenden und die Innenseiten mit der Marinade bestreichen.
Fisch abtropfen lassen. Marinade aufbewahren. Grillrost leicht einölen, Fisch darauflegen und in den vorgeheizten Ofen (zweite obere Schiene) schieben.

Bratzeit: 40 Minuten. Elektroherd: 220 Grad. Gasherd: Stufe 4—5.
Fisch von Zeit zu Zeit mit Marinade begießen. Der Fisch ist gar, wenn sich die Rückenflosse leicht aus dem Fischfleisch lösen läßt. Er wird auf einer vorgewärmten Platte angerichtet.

Beilagen: Körnig gekochter Reis (von 125 g Langkornreis). Eine Portion: 115 Kalorien = 481 Joule. 2 BE. Kopfsalat (Marinade aus 2 EL Zitronensaft, 2 EL Keimöl, Salz, Pfeffer, Kräuter). Eine Portion: 55 Kalorien = 230 Joule. 0,1 BE.

Fisch süß-sauer

Eine Portion enthält: 44 g Eiweiß, 12 g Fett, 7 g Kohlenhydrate, 399 mg Cholesterin.
Kalorien: 335 = 1405 Joule.
Zubereitung: 30 Minuten.

800 g Fischfilet (Kabeljau, Schellfisch oder Rotbarsch), Saft einer Zitrone, 2 Zwiebeln, 30 g Margarine, Salz, weißer Pfeffer, ¼ l Wasser, 1 TL Sirup von eingelegtem Ingwer, 1 Msp Muskatblüte (Macis), abgeriebene Schale von 2 ungespritzten Zitronen, 6 EL Zitronensaft, 4 Eier, 1 EL Mehl (10 g), 1 Msp Safran, ½ Bund Petersilie.

Fisch unter kaltem Wasser waschen, trocknen und mit Zitronensaft beträufeln. 10 Minuten stehenlassen. Zwiebeln würfeln. Margarine in einem großen Topf erhitzen. Zwiebeln darin anbraten. Fischfilets

salzen und pfeffern. In den Topf geben und rundherum 5 Minuten anbraten.
Wasser, Ingwersirup, Muskatblüte, Zitronenschale und -saft dazugeben. Bei schwacher Hitze in 10 Minuten gar dünsten.
In der Zwischenzeit Eier gut verquirlen, Mehl und Safran einrühren, etwas Fischfond und die gewaschene, gehackte Petersilie dazugeben. Über die Fischfilets geben.
Unter vorsichtigem Rühren bis kurz vorm Kochen erhitzen. Sofort vom Herd nehmen. Abschmecken. In einer flachen, vorgewärmten Schüssel anrichten. Sofort servieren.

Beilagen: Salat von 500 g Tomaten in einer Marinade aus 2 EL Zitronensaft, 2 EL Keimöl, Schnittlauchröllchen und Gewürzen. Eine Portion: 72 Kalorien = 301 Joule. — Körnig gekochter Reis von 125 g Langkornreis. Eine Portion: 115 Kalorien = 481 Joule.

Fischeintopf
Siehe Farbbild zwischen den Seiten 144/145.

Eine Portion enthält: 26 g Eiweiß, 8 g Fett, 25 g Kohlenhydrate = 2 BE, 88 mg Cholesterin.
Kalorien: 286 = 1197 Joule.
Zubereitung: 85 Minuten.

> Für die Brühe: *1 großer Fischkopf, 1 Lorbeerblatt, 1 Zwiebel, Salz, weißer Pfeffer, 1½ l Wasser.* Für den Eintopf: *500 g Kartoffeln, 1 Zwiebel, 1 Knoblauchzehe, 20 g Margarine, 500 g Tomaten, 500 g Fischfilet, 2 EL Zitronensaft, Salz, 1 Glas grüne Oliven (90 g), 1 Röhrchen Kapern, weißer Pfeffer, ½ Bund Petersilie.*

Fischkopf waschen. Mit dem Lorbeerblatt, geschälter Zwiebel, Salz und weißem Pfeffer in 1½ l Wasser aufsetzen. 60 Minuten kochen lassen. Durchsieben. In der Zwischenzeit die Kartoffeln schälen und würfeln. Geschälte Zwiebel auch würfeln, geschälten Knoblauch zerdrücken. Die Margarine in einem Topf erhitzen. Zwiebelwürfel und Knoblauch darin kurz anbraten und dann die abgetropften Kartoffelwürfel dazugeben. Durchbraten. Fischbrühe angießen. 30 Minuten garen.
Inzwischen die Tomaten überbrühen, abziehen und kleinschneiden. Gewaschenes Fischfilet würfeln, mit Zitronensaft beträufeln.

Nach 20 Minuten Kochzeit den Fisch salzen und in den Topf geben. Nach weiteren 5 Minuten auch die Tomaten, die gehackten Oliven und die Kapern. Fischeintopf mit Salz und Pfeffer abschmecken. Mit gewaschener, gehackter Petersilie bestreut servieren.

Beilagen: 4 Roggenbrötchen. Ein Brötchen: 100 Kalorien = 419 Joule. 1,7 BE.

Fischfilet portugiesisch

Eine Portion enthält: 37 g Eiweiß, 6 g Fett, 5 g Kohlenhydrate = 0,4 BE, 140 mg Cholesterin.
Kalorien: 236 = 988 Joule.
Zubereitung: 70 Minuten.

> 4 Fischfilets von je 200 g, Saft einer Zitrone, Butter, 3 Schalotten, 500 g Tomaten, 1 große Knoblauchzehe, Salz, schwarzer Pfeffer, 2 EL Pflanzenöl (20 g), 1 Bund Petersilie.

Fischfilet unter kaltem Wasser abspülen, trockentupfen und mit dem Zitronensaft beträufeln. Eine flache, feuerfeste Form mit etwas Butter fetten. Schalotten schälen und fein würfeln. Auf den Boden der Form verteilen.
Tomaten überbrühen, abziehen, halbieren (Stengelansätze entfernen) und entkernen. In Würfel schneiden. Knoblauch schälen, mit etwas Salz bestreuen und mit der Breitseite des Messers zerdrücken. Tomatenwürfel und Knoblauch mischen. Leicht salzen.
Fischfilet in gleichgroße Würfel schneiden, salzen und pfeffern. In die Form geben. Tomatenwürfel mit dem Saft drübergeben. Öl erhitzen und drübergießen. Form in den vorgeheizten Ofen auf die mittlere Schiene stellen.

Garzeit: 35 Minuten. Elektroherd: 200 Grad. Gasherd: Stufe 3.
Gericht aus dem Ofen nehmen. Mit Petersiliensträußchen oder mit gehackter Petersilie bestreut servieren.

Beilagen: Salat aus 500 g Tomaten in einer Marinade aus 2 EL Zitronensaft, 2 EL Keimöl, Schnittlauchröllchen und Gewürzen. Eine Portion: 72 Kalorien = 301 Joule. 0,3 BE. — Kartoffelbrei aus 500 g Kartoffeln, gut $1/8$ l Magermilch (150 cm^3) und 10 g Butter. Eine Portion: 116 Kalorien = 486 Joule. 1,7 BE.

Fischfrikassee Matrosenart

Eine Portion enthält: 34 g Eiweiß, 10 g Fett, 8 g Kohlenhydrate = 0,6 BE, 201 mg Cholesterin.
Kalorien: 278 = 1164 Joule.
Zubereitung: 20 bis 25 Minuten.

750 g Kabeljaufilet, Essig, 40 g Margarine, 40 g Mehl, Salz, ½ l Wasser, 1 Röhrchen Kapern, 1 Eigelb, 1 Bund Petersilie.

Kabeljaufilet in mundgerechte Würfel schneiden. Mit Essig beträufeln. Margarine in einem Topf erhitzen. Mehl darin anschwitzen. Mit Wasser ablöschen, salzen. Fisch auch leicht salzen. In der Soße 15 bis 20 Minuten gar ziehen lassen. Die Stücke dürfen nicht zerfallen.
Kapern mit der Flüssigkeit dazugeben. Mit Salz und vielleicht noch etwas Essig abschmecken. Mit Eigelb legieren. Gehackte Petersilie unterrühren.

Beilagen: Tomatensalat von 500 g Tomaten in einer Marinade aus 2 EL Zitronensaft, Salz, Gewürzen, 2 EL Pflanzenöl und 1 Bund Schnittlauch. Eine Portion: 72 Kalorien = 301 Joule. 0,3 BE. — Körnig gekochter Reis von 125 g. Eine Portion: 115 Kalorien = 481 Joule. 2 BE.

Fischkotelett mit feiner Soße

Eine Portion enthält: 31 g Eiweiß, 9 g Fett, 5 g Kohlenhydrate = 0,4 BE, 38 mg Cholesterin.
Kalorien: 206 = 862 Joule.
Zubereitung: 60 Minuten.

4 Kabeljaukoteletts (je 250 g), Saft einer Zitrone, Salz, weißer Pfeffer, 1 Zwiebel, 40 g Margarine, 1 Bund Petersilie, ⅛ l trockener Weißwein. – Für die Soße: 125 g frische Champignons, 15 g Mehl, ¼ l Würfelbrühe, 6 EL trockener Weißwein, 100 g Tiefkühl-Scampis, 1 EL Zitronensaft, Salz, 1 Zitrone zum Garnieren.

Kabeljaukoteletts waschen, abtrocknen, mit Zitronensaft beträufeln. Salzen und pfeffern. Geschälte Zwiebel in Scheiben schneiden. Margarine in einer Pfanne erhitzen. Koteletts darin auf jeder Seite je

5 Minuten goldbraun werden lassen. Zwiebelscheiben mit dem Fisch goldgelb braten. Die Hälfte der gewaschenen Petersilie hacken und dann dazugeben.
Weißwein angießen. Koteletts 5 Minuten weiter dünsten. Auf einer vorgewärmten Platte anrichten und warm stellen. Champignons in der Zwischenzeit putzen, waschen und blättrig schneiden. Mehl im Bratfond anschwitzen, mit Würfelbrühe ablöschen. Bei schwacher Hitze kurz durchkochen. Champignons (einige zurücklassen) hineingeben. Weißwein und aufgetaute Scampis zufügen. 10 Minuten darin ziehen lassen.
Soße mit Zitronensaft und Salz abschmecken. Über die Fischkoteletts geben. Mit der übrigen Petersilie, Champignons und Zitronenrädchen garnieren.

Beilagen: Curryreis von 125 g Reis, gewürzt mit Salz und etwa 1 TL Currypulver. Eine Portion: 115 Kalorien = 481 Joule. 2 BE. — Grüner Salat von einem Kopf Salat in einer Marinade aus 2 EL Zitronensaft, 2 EL gehackten Kräutern, 2 EL Keimöl und Gewürzen. Eine Portion: 55 Kalorien = 230 Joule. 0,1 BE.

Fischragout pikant

Eine Portion enthält: 26 g Eiweiß, 3 g Fett, 6 g Kohlenhydrate = 0,5 BE, 159 mg Cholesterin.
Kalorien: 168 = 703 Joule.
Zubereitung: 30 Minuten.

500 g Seelachsfilet, 4 EL Zitronensaft, Salz, 4 Gewürzgurken (300 g), ¼ l Würfelbrühe, 1 EL Essig, 2 EL Mehl (20 g), 1 Eigelb, 1 EL Kondensmilch, 2 EL Kapern, schwarzer Pfeffer.

Fischfilet unter fließendem kaltem Wasser schnell abwaschen, mit Haushaltspapier abtupfen, in grobe Würfel schneiden, in Zitronensaft wenden, leicht salzen. Gewürzgurken in Scheiben schneiden.
Würfelbrühe in einem Topf aufkochen und Essig hineingeben. Bei reduzierter Hitze Fischwürfel in knapp 10 Minuten gar ziehen lassen, nicht kochen. Mit dem Schaumlöffel herausnehmen. Warm stellen.
Fond mit Wasser zu ¼ l auffüllen und aufkochen. Mit in kaltem Wasser

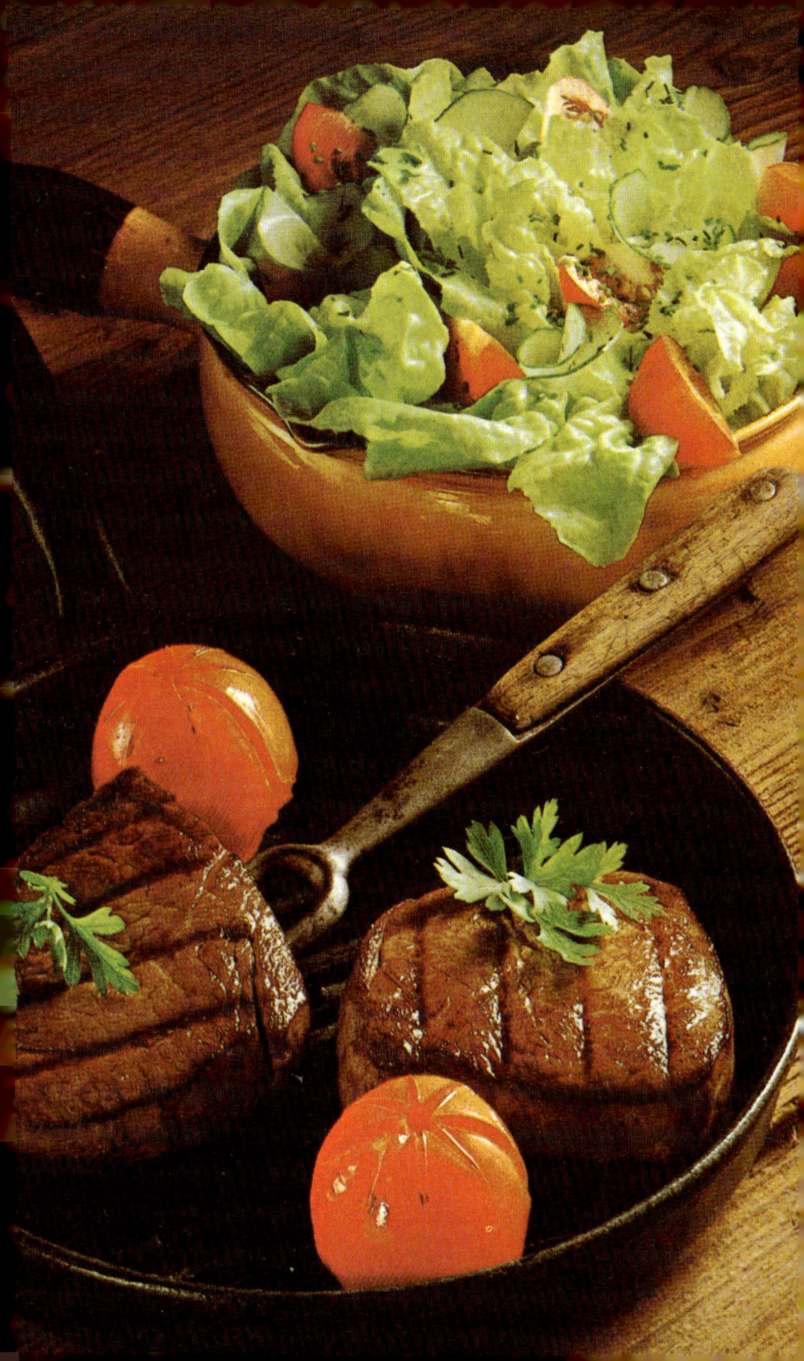

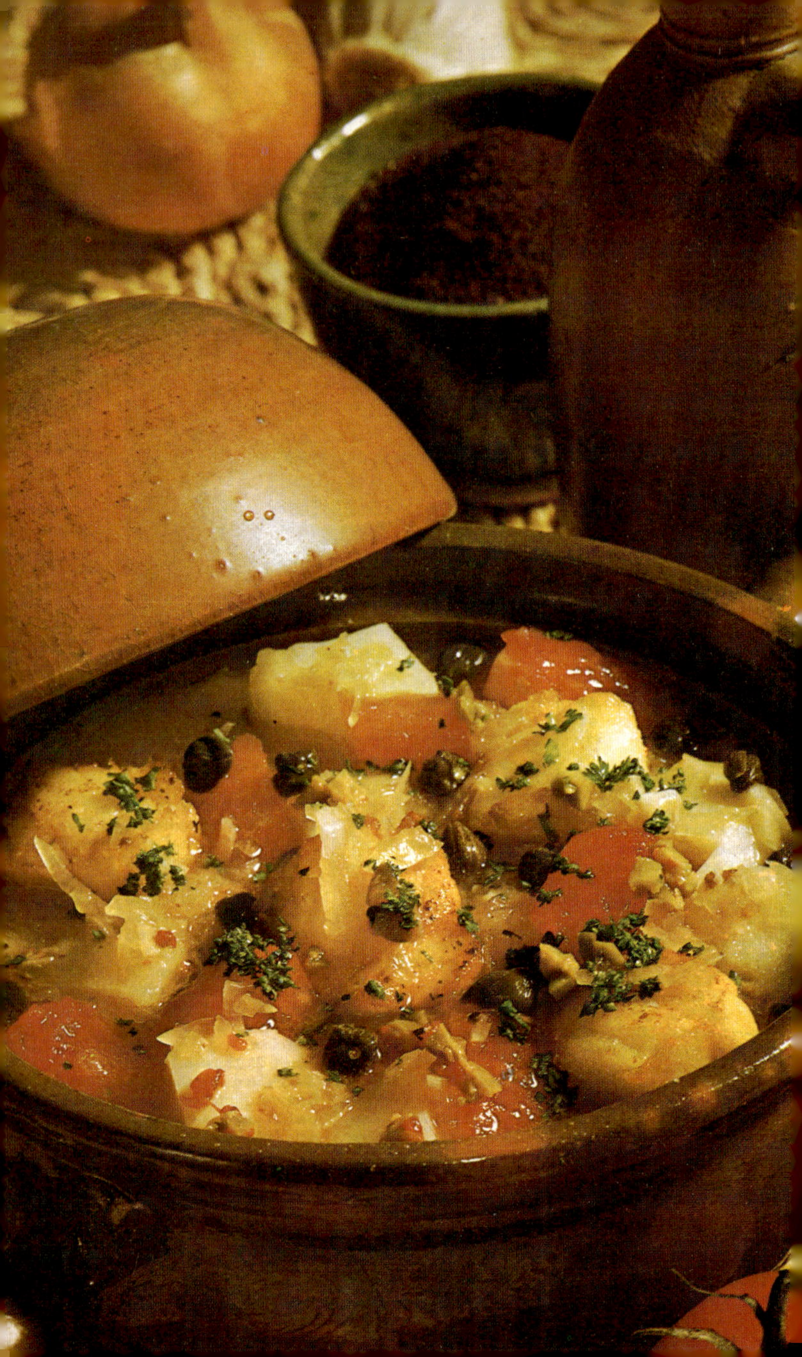

angerührtem Mehl binden. Einmal aufkochen. Eigelb und Kondensmilch miteinander verquirlen. In die Soße rühren, aber nicht mehr kochen. Kapern, Gewürzgurkenscheiben und Fisch in die Soße geben. Abschmecken und servieren.

Beilagen: 500 g Salzkartoffeln. Eine Portion: 85 Kalorien = 356 Joule. 1,6 BE.

Fischsalat grün-weiß

Eine Portion enthält: 25 g Eiweiß, 12 g Fett, 4 g Kohlenhydrate = 0,3 BE, 88 mg Cholesterin.
Kalorien: 231 = 967 Joule.
Zubereitung: Ohne Abkühlzeit 35 Minuten.

500 g Rotbarschfilet, Zitronensaft, ⅛ l Wasser, 1 Lorbeerblatt, 4 Pfefferkörner, 4 El Zitronensaft, Salz, 250 g Lauch, 3 EL Keimöl (30 g), weißer Pfeffer, Paprika edelsüß, ½ TL Senf, Essig, 1 Bund Dill, 1 Bund Petersilie, Salatblätter.

Fischfilet unter fließendem kaltem Wasser abwaschen und mit Haushaltspapier abtrocknen. Würfeln und mit Zitronensaft beträufeln.
Wasser mit Lorbeerblatt, Pfefferkörnern, Zitronensaft und Salz aufkochen. Fisch einlegen und 10 Minuten bei geschlossenem Topf ziehen, aber nicht kochen lassen. Fisch mit einem Schaumlöffel rausnehmen. Abkühlen lassen.
Geputzten, gewaschenen Lauch in Ringe schneiden, 10 Minuten im Fischsud garen. Rausnehmen.
Fischsud durchsieben. Abgekühlt mit Öl verquirlen, mit Pfeffer, Paprika, Senf und Essig abschmecken. Dill und Petersilie fein hacken. Mit dem Fisch in die Marinade mischen.
Salatschüssel mit Salatblättern auslegen. Fischsalat darin anrichten.

Beilage: 8 Scheiben Knäckebrot. Eine Portion: 76 Kalorien = 318 Joule. 1,2 BE.

◁ *Fischeintopf (Rezept S. 141)*

Fisch-Schaschlik

Eine Portion enthält: 35 g Eiweiß, 10 g Fett, 7 g Kohlenhydrate = 0,5 BE, 131 mg Cholesterin.
Kalorien: 276 = 1156 Joule.
Zubereitung: Ohne Marinierzeit 35 Minuten.

750 g Fischfilet, Saft einer Zitrone, 8 kleine Zwiebeln (200 g), 4 Tomaten (250 g), 12 dicke, frische Champignons (80 g). – Für die Marinade: 1 EL Zitronensaft, 2 TL Paprika edelsüß, je 1 Prise Thymian und Estragon, Salz, 4 EL Pflanzenöl (40 g).

Fischfilet waschen, abtropfen lassen und mit Zitronensaft beträufeln. 10 Minuten stehenlassen. Zwiebeln schälen und halbieren oder vierteln. Tomaten waschen und vierteln (dabei Stengelansätze rausschneiden). Champignons putzen und waschen. Fischfilet in gleichmäßig dicke Würfel schneiden. Zutaten abwechselnd auf 8 Schaschlikspieße stecken.
Aus Zitronensaft, Paprika, Thymian, Estragon, Salz und Öl eine Marinade rühren. Fischspieße 30 Minuten darin ziehen lassen. Zwischendurch immer wieder beschöpfen und wenden. Marinade in einer großen Pfanne erhitzen. Schaschlikspieße unter häufigem Wenden 10 Minuten darin garen.

Beilagen: Salat von 500 g Tomaten in einer Marinade aus 2 EL Zitronensaft, Salz, schwarzem Pfeffer, Zwiebelpulver, 2 EL Keimöl und Schnittlauchröllchen. Eine Portion: 72 Kalorien = 301 Joule. 0,3 BE. — Körnig gekochter Reis aus 125 g Langkornreis. Eine Portion: 115 Kalorien = 481 Joule. 2 BE.

Flammeri mit Haselnüssen
Siehe Farbbild zwischen den Seiten 176/177.

Eine Portion enthält: 7 g Eiweiß, 6 g Fett, 8 g Kohlenhydrate = 0,6 BE, 65 mg Cholesterin.
Kalorien: 116 = 486 Joule.
Zubereitung: Ohne Kühlzeit 20 Minuten.

1 Päckchen Vanille-Puddingpulver (40 g), ½ l Magermilch, 1 Prise Salz, 20 g geriebene Haselnüsse, flüssiger Süßstoff, 1 TL Rum, 1 Ei, 1 EL geriebene Vollmilch- oder Diabetikerschokolade (10 g).

Puddingpulver in 4 EL Milch glattrühren. Übrige Milch mit Salz, Haselnüssen und Süßstoff in einem Topf aufkochen. Puddingpulver unter Rühren dazugeben. Kurz aufkochen. Rum zufügen. 2 EL Flammeri abnehmen und mit dem Eigelb verrühren. Wieder in den heißen Flammeri rühren. Eiweiß zu steifem Schnee schlagen. Unter die heiße Masse ziehen.
Runde Form mit kaltem Wasser ausspülen. Flammeri einfüllen und abgedeckt auskühlen lassen. Auf eine Platte stürzen. Mit geriebener Schokolade garnieren.

Flammeri von Grieß

Eine Portion enthält: 7 g Eiweiß, 2 g Fett, 29 g Kohlenhydrate, 65 mg Cholesterin.
Kalorien: 160 = 670 Joule.
Zubereitung: 15 Minuten.

½ l Magermilch, 1 Prise Salz, Schale einer halben ungespritzten Zitrone, 40 g Grieß, flüssiger Süßstoff, 1 Ei, ½ Dose Mandarinen (260 g).

Milch mit Salz, Zitronenschale, Grieß und Süßstoff in einen Topf geben. Unter ständigem Rühren mit dem Schneebesen aufkochen.
Auf schwacher Hitze unter Rühren 5 Minuten quellen lassen.
Vom Herd nehmen. Eigelb mit etwas Flammerimasse verrühren. Unter den Flammeri rühren.
Eiweiß zu steifem Schnee schlagen. Vorsichtig unter den Flammeri ziehen. Flammeriform mit kaltem Wasser ausspülen. Flammeri einfüllen. Mit Folie abdecken und erkalten lassen. Auf eine Platte stürzen. Die abgetropften Mandarinenschnitze rund um den Flammeri anrichten.

PS: Man kann den Flammeri zusätzlich mit 50 g Weinbeeren garnieren. Jede Portion: 9 Kalorien mehr.

Flammeri von Kirschen

Siehe Farbbild zwischen den Seiten 176/177.

Eine Portion enthält: 2 g Eiweiß, 0 g Fett, 19 g Kohlenhydrate, 0 mg Cholesterin.
Kalorien: 87 = 364 Joule.
Zubereitung: Ohne Kühlzeit 20 Minuten.

250 g Sauerkirschen, 1/4 l Wasser, Schale einer halben ungespritzten Zitrone, 1 kleines Stück Stangenzimt, 1 Prise Salz, 15 g Zucker, flüssiger Süßstoff, 40 g Grieß.

Kirschen waschen und entsteinen. Ein paar Kirschen zum Garnieren zurücklassen. Mit Wasser in einem Topf aufsetzen.
Zitronenschale, Zimt, Salz und Zucker zufügen. Die Mischung gut 10 Minuten kochen.
In einen Meßbecher geben und, wenn nötig, mit Wasser auf 1/2 l auffüllen. Wieder in den Topf geben und mit Süßstoff abschmecken. Grieß unterrühren und etwa 4 Minuten sanft kochen lassen. Zimtstange rausnehmen.
Eine Form mit kaltem Wasser ausspülen, Flammeri einfüllen. Flammeri zugedeckt erkalten lassen. Auf eine Platte oder einen Teller stürzen. Mit Schlagschaum und Kirschen hübsch garniert servieren.

Beilage: Schlagschaum von 1/2 Beutel Instantschlagschaumpulver (20 g) und 5 EL sehr kalter Magermilch. Eine Portion: 41 Kalorien = 172 Joule.

Fleisch in Aspik

Eine Portion enthält: 22 g Eiweiß, 5 g Fett, 3 g Kohlenhydrate = 0,2 BE, 112 mg Cholesterin.
Kalorien: 154 = 645 Joule.
Zubereitung: Ohne Kühlzeit 20 Minuten.

1/2 l Fleischbrühe aus Würfeln, Salz, weißer Pfeffer, 1 EL Zitronensaft, flüssiger Süßstoff, 8 Blatt Gelatine, 250 g Fleischreste (auch Geflügelreste), 2 Gewürzgurken (200 g), 3 gefüllte spanische Oliven, 1 hartgekochtes Ei, 1/2 eingelegte Paprikaschote (65 g), 1 Tomate, 1/2 Bund Petersilie.

Fleischbrühe in einem Topf aufkochen. Mit Salz, Pfeffer, Zitronensaft und flüssigem Süßstoff abschmecken. Gelatine in kaltem Wasser einweichen. Fleischreste gleichmäßig würfeln. Gewürzgurken, Oliven und geschältes Ei in Scheiben schneiden (Gurken am besten mit dem Buntmesser). Die Paprikaschoten in Streifen schneiden.
Gelatine ausdrücken und in der nicht mehr kochenden Brühe auflösen. Beim Abkühlen ab und zu umrühren, bis die Masse beginnt, dick zu werden.
Eine glatte Schüssel kalt ausspülen. Einen dünnen Aspikspiegel eingießen. Fest werden lassen. Darauf Gurken-, Ei- und Olivenscheiben und die Paprikastreifen legen. Wieder etwas Aspikflüssigkeit darübergießen. Leicht erstarren lassen. Dann die Fleischwürfel und restliche Zutaten einfüllen. Dann die übrige Aspikflüssigkeit darübergießen.
Etwa 2 Stunden im Kühlschrank erstarren lassen. Auf eine Platte stürzen und mit Tomatenschnitzen und Petersilie garnieren.

Beilagen: 4 dünne Scheiben Schwarzbrot von je 50 g. Eine Scheibe: 120 Kalorien = 502 Joule. 2 BE. — 20 g Halbfettmargarine. Eine Portion: 19 Kalorien = 80 Joule.

Fleisch mit Quarksoßen
6 Portionen

Eine Portion enthält: 44 g Eiweiß, 24 g Fett, 8 g Kohlenhydrate, 198 mg Cholesterin.
Kalorien: 454 = 1900 Joule.
Zubereitung: 25 Minuten.

750 g aufgeschnittener, magerer Schweinebraten, 2 Tomaten, Endiviensalat, Petersilie, 300 g Magerquark, 100 g Mayonnaise (50%), 6 EL Magermilch, Salz, weißer Pfeffer, Saft einer halben Zitrone, flüssiger Süßstoff.

Gelbe Kräutersoße:
1 hartgekochtes Eigelb, 2 TL Senf, 1 EL Schnittlauchröllchen, 1 EL Kerbel, Estragon und Petersilie gehackt.

Tomatensoße:
1 EL geriebener Meerrettich, 1 TL Senf, 2 abgezogene, entkernte, gewürfelte Tomaten, 1 Schuß Weißwein.

Würzsoße:
1 TL geriebene Zitronenschale, 1 EL Sahne, Worcestersoße.

Paprikasoße:
Zwiebelpulver, 4 EL Tomatenmark, 1 EL Tomatenketchup, 1 EL Weißwein.

Senf-Sardellensoße:
1 gekochtes Eigelb, 1 TL scharfer Senf, 2 Sardellenfilets zerdrückt, 1 TL gehackter Dill.

Schweinebraten mit Tomaten, Endiviensalat und Petersilie hübsch anrichten.
Quark, Mayonnaise und Milch glattrühren und würzen. In fünf Portionen teilen. Mit den für die verschiedenen Soßen angegebenen Zutaten mischen.

Fleischbrühe mit Brandteigkrapfen

Eine Portion enthält: 6 g Eiweiß, 9 g Fett, 12 g Kohlenhydrate = 1 BE, 129 mg Cholesterin.
Kalorien: 156 = 653 Joule.
Zubereitung: 45 Minuten.

Für den Brandteig: 1/8 l Wasser, 25 g Margarine, je 1 Prise Salz und Muskat, 60 g Mehl, 2 Eier. – Für die Suppe: 1 l Fleischbrühe aus Würfeln oder selbst gekocht (entfettet), 1 TL gehackte Petersilie.

Für den Brandteig Wasser mit Margarine, Salz und Muskat in einem kleinen Topf aufkochen. Mehl auf einmal hineinschütten und so lange rühren, bis sich ein glatter Kloß und auf dem Topfboden eine weiße Haut bildet. Vom Herd nehmen. Ein Ei unterrühren. Etwas abkühlen lassen. Dann das zweite Ei unterrühren.
Backblech mit Mehl bestäuben. Mit einem Teelöffel daumenkuppendicke Bällchen aufs Blech setzen. Oder Teig in den Spritzbeutel mit glatter Tülle füllen und kleine Krapfen aufs Blech spritzen. In den vorgeheizten Ofen auf die mittlere Schiene schieben.

Backzeit: 20 Minuten. Elektroherd: 225 Grad. Gasherd: Stufe 4.
Inzwischen die Fleischbrühe erhitzen. In Suppentassen anrichten. Mit Petersilie bestreuen. Darauf die Brandteigkrapfen geben und dann sofort servieren.

Wann reichen? Als Vorspeise oder als kleine Zwischenmahlzeit.

Fleischbrühe mit Gemüse

Eine Portion enthält: 2 g Eiweiß, 4 g Fett, 19 g Kohlenhydrate = 1 BE, 0 mg Cholesterin.
Kalorien: 20 = 84 Joule.
Zubereitung: 30 Minuten.

Je 125 g Möhren, Wirsing, Lauch und Sellerie, 1 Zwiebel, Salz, flüssiger Süßstoff, 2 große Wirsingblätter, 1 l Brühe von Fleischknochen, 1 kleiner Kopf Salat (125 g).

Gemüse putzen und waschen. In 3 cm lange, feine Streifen (heißen fachmännisch Julienne) schneiden. Auch die geschälte Zwiebel. In die inzwischen zum Kochen gebrachte Knochenbrühe geben. Salzen und einen Tropfen Süßstoff zugeben. Die 2 gewaschenen Wirsingblätter obendrauf legen. Bei schwacher Hitze 20 Minuten kochen.
Wirsingblätter entfernen. Suppe abschmecken. Den in der Zwischenzeit geputzten, gewaschenen und in feine Streifen geschnittenen Salat in Suppentassen oder -teller verteilen, Fleischbrühe darauf verteilen.

Beilagen: 4 Scheiben Stangenbrot (60 g). Eine Scheibe: 39 Kalorien = 163 Joule. 0,6 BE.

Fleischsalat

Eine Portion enthält: 19 g Eiweiß, 17 g Fett, 10 g Kohlenhydrate = 0,8 BE, 127 mg Cholesterin.
Kalorien: 286 = 1197 Joule.
Zubereitung: Ohne Marinierzeit 25 Minuten.

200 g magerer Braten, 100 g helle Fleischwurst, Jagdwurst oder Leberkäse, 100 g Delikateßgurke, 1 Apfel (100 g), 100 g junge Erbsen aus der Dose, 100 g Blumen- oder Rosenkohl, 1 Becher Joghurt aus Trinkmilch, 1 EL gehackte Petersilie, 1 TL Schnittlauchröllchen, Paprika edelsüß, Muskat, 4 EL Weinessig, Salz. – Zum Garnieren: Salatblätter, 1 hartgekochtes Ei.

Fleisch und Wurst in Stifte schneiden. Gurke und geschälten, entkernten Apfel grob raspeln. Erbsen abtropfen lassen.
Geputzten Kohl in gesalzenem Wasser 15 Minuten dämpfen. Abkühlen lassen. Joghurt und Kräuter verquirlen. Mit Paprika, Muskat,

Essig, nach Wunsch auch mit Salz abschmecken. Zuletzt den Blumenkohl vorsichtig unterheben.
Salat abschmecken. Zugedeckt wenigstens 30 Minuten durchziehen lassen. Noch einmal abschmecken. Eine Glasschüssel mit den abgetropften Salatblättern auslegen. Salat einfüllen, mit Eischeiben garnieren.

Beilagen: 4 Scheiben Knäckebrot. Eine Scheibe: 38 Kalorien = 159 Joule. 0,6 BE.

Fliederbeersuppe mit Grießklößchen

Eine Portion enthält: 11 g Eiweiß, 2 g Fett, 45 g Kohlenhydrate = 3,7 BE, 65 mg Cholesterin.
Kalorien: 243 =1017 Joule.
Zubereitung: 45 Minuten.

1000 g Fliederbeeren (Holunderbeeren), 1 l Wasser, Schale einer halben ungespritzten Zitrone, 1 Stückchen Stangenzimt, 2 säuerliche Äpfel (250 g), 1 Prise Salz, flüssiger Süßstoff, 20 g Speisestärke. – Für die Grießklößchen: $1/8$ l Magermilch, 1 Prise Salz, flüssiger Süßstoff, 50 g Grieß, 1 Ei.

Fliederbeeren waschen. Die Früchte von den Dolden zupfen. Ins kochende Wasser geben. Dazu Zitronenschale und Zimt. Garzeit: 10 Minuten. Durch ein Sieb in einen Topf gießen.
Geputzte Äpfel in Scheiben schneiden. Zum Saft geben. Mit Salz und Süßstoff würzen. Aufkochen. Speisestärke mit kaltem Wasser anrühren. Suppe damit binden. Kurz aufkochen.
Für die Grießklößchen Magermilch mit Salz und Süßstoff unter Rühren aufkochen. Grieß einrieseln lassen. Unter ständigem Weiterrühren zu einem dicken Kloß kochen. Das dauert etwa 5 Minuten. Dann das Ei einrühren.
Mit zwei in kaltes Wasser getauchten Teelöffeln Klößchen formen. In die Suppe gleiten und in etwa 10 Minuten gar ziehen lassen. Sie schwimmen dann oben. Die Suppe darf nicht kochen, sonst zerfallen die Klöße.

Florida Shake
Eine Portion

Enthält: 1 g Eiweiß, 0 g Fett, 16 g Kohlenhydrate, 0 mg Cholesterin.
Kalorien: 67 = 281 Joule.
Zubereitung: 2 Minuten.

2 Eiswürfel, je 1 Südweinglas Orangen-, Zitronen- und Ananassaft, 1 TL Grenadinesirup.

Eiswürfel in ein Trinkglas geben. Dazu Orangen-, Zitronen- und Ananassaft, zum Schluß den Grenadinesirup. Gut umrühren.

PS: Für alle, die ein klein bißchen spritzigen Alkohol drin haben möchten, kommt noch Sekt in den Shake.

Folienkartoffeln

Eine Portion enthält: 2 g Eiweiß, 1 g Fett, 19 g Kohlenhydrate = 1,6 BE, 0 mg Cholesterin.
Kalorien: 97 = 406 Joule.
Zubereitung: 40 Minuten.

500 g (4 größere) Kartoffeln, 1 TL Öl für die Alufolie, Salz.

Kartoffeln in kaltem Wasser gründlich bürsten und trockenreiben. Alufolienstücke einölen. Kartoffeln darin einwickeln. Auf Bratrost oder Backblech legen. In den vorgeheizten Ofen auf die mittlere Schiene schieben.

Backzeit: 40 Minuten. Elektroherd: 200 Grad. Gasherd: Stufe 3.
In der geöffneten Folie, mit Salz bestreut oder Kräuterquark gefüllt servieren.

Fondue chinoise

Eine Portion enthält: 31 g Eiweiß, 0 g Fett, 8 g Kohlenhydrate, 115 mg Cholesterin.
Kalorien: 220 = 921 Joule.
Zubereitung: 15 Minuten.

200 g Rinderfilet, 200 g Kalbsfilet, 200 g Schweinefilet, 1 l Rindfleischbrühe aus Würfeln, 2 EL Weißwein, 3 TL Sojasoße, Salz.

Fett und weiße Häutchen vom Fleisch entfernen. Fleisch in dünne, etwa wurstscheibendicke Scheiben schneiden. Auf Portionsteller verteilen.

Rindfleischbrühe erhitzen, Weißwein und Sojasoße zugeben. Nach Geschmack salzen. Im Fonduetopf aufs Rechaud mitten auf den Tisch setzen.

Jeder spießt eine Fleischscheibe nach der anderen auf seine Fonduegabel, taucht sie in die köchelnde Brühe und hat sein Fleisch in einer Minute gar. Dazu ißt man pikante Beilagen und Dips, in denen man das Fleisch vor dem Essen wendet.

Ist alles Fleisch gegessen, verteilt man die Fleischbrühe in kleine Tassen. Bestimmt haben Sie noch nie eine so gute Fleischbrühe getrunken.

Beilagen: Stangenbrot. Eine Scheibe: 39 Kalorien =163 Joule. 0,6 BE. — Perlzwiebeln, süßsaure Gurken, Senffrüchte, Mixed Pickels. 100 g haben je 34 Kalorien = 142 Joule. — Außerdem noch kalorienarme Soßen, gerührt aus Magerquark und magerer Milch, gewürzt mit Kräutern oder Curry, Paprika oder Fertigsoßen (Barbecue- oder Schaschliksoße). Oder unsere folgenden Fondue-Dips. Sie sind fast alle auf Joghurt-Basis mit pikanten Gewürzen zubereitet.

Fondue-Dips

Natürlich können Sie Ihre eigenen kalorienarmen Fondue-Dips aus Magerquark oder Joghurt mit Gewürzen erfinden. Aber vielleicht fehlen Ihnen die Anregungen dazu. Hier sind einige.

China-Dip:

200 g dünnes, ungesüßtes Apfelmus, 2 EL Sherry, 1 EL Ingwersirup, 1 EL Sojasoße, 1 TL Tomatenketchup, 30 g kandierter Ingwer, Salz, flüssiger Süßstoff, Essig.

Apfelmus mit Sherry, Ingwersirup, Sojasoße und Tomatenketchup verrühren. Ingwer in feine Streifen schneiden. Dazugeben. Mit Salz, Süßstoff und Essig pikant abschmecken.

Kalorien: 93 = 389 Joule.

Joghurt-Kräuter-Dip:

1 Trinkmilch-Joghurt, 1 EL gehackte Kräuter (Petersilie, Dill, Schnittlauch), etwas Zitronensaft, Salz, flüssiger Süßstoff, 2 EL Keimöl.

Alle Zutaten miteinander verrühren. Dip pikant abschmecken.

Kalorien: 82 = 343 Joule. 0,2 BE.

Sambal-Dip:

1 Trinkmilch-Joghurt, 1 TL Sambal manis, 2 EL Mayonnaise (50 %), 2 gehackte schwarze Oliven, 1 TL Sojasoße, Salz, 10 Silberzwiebeln aus dem Glas (20 g).

Joghurt mit Sambal manis, Mayonnaise und schwarzen Oliven, Sojasoße und Salz verrühren und abschmecken. Silberzwiebeln halbieren. Dazugeben. 20 Minuten durchziehen lassen.

Kalorien: 92 = 385 Joule.

Bahama-Dip:

1 kleine Gewürzgurke (50 g), 4 EL Ananasstücke aus der Dose, 1 Trinkmilch-Joghurt, 1 EL Ananassaft, Salz, flüssiger Süßstoff, Paprika rosenscharf, 10 gefüllte Oliven (30 g).

Gewürzgurken und Ananas sehr fein würfeln. Mit Joghurt und Ananassaft verrühren. Mit Salz, flüssigem Süßstoff und Paprika abschmecken. Oliven in Scheiben schneiden und unterrühren. Mit ein paar Olivenscheiben garnieren.

Kalorien: 77 = 322 Joule.

Forelle blau

Eine Portion enthält: 24 g Eiweiß, 3 g Fett, 0 g Kohlenhydrate, 88 g Cholesterin.
Kalorien: 130 = 544 Joule.
Zubereitung: 25 Minuten.

4 frische oder tiefgekühlte Forellen von je 250 g, Salz, 1 Tasse heißer Essig, 1 l Wasser, 1 Schuß herber Weißwein, 1 Lorbeerblatt, 1 geschälte Zwiebel, 1 kleine geputzte Möhre, Senfkörner, 1 Kästchen Kresse, 1 Zitrone, 1 Tomate.

Forellen säubern und nur leicht unter fließendem Wasser abspülen. (Tiefgekühlte Forellen nach Anweisung vorbereiten.) Nur innen leicht salzen. Forellen rund binden, damit sie hübsch aussehen. Dazu mit einer dicken Nadel einen Faden durch Unterkiefer und Schwanzenden ziehen und verknoten. Forellen auf eine große Platte legen. Essig erhitzen und drübergießen. So werden sie blau. Wasser in einem breiten Topf mit 1 TL Salz, Weißwein, Lorbeerblatt, Zwiebel- und Möhrenstücken und Senfkörnern aufkochen.
Fische hineingleiten lassen. Kurz vor dem erneuten Kochen auf schwächste Hitze schalten und die Forellen in 15 Minuten garziehen lassen. Auf einer vorgewärmten Platte anrichten. Mit Kresse, Zitronen- und Tomatenschnitzen garnieren.

Beilagen: Petersilienkartoffeln von 500 g Kartoffeln, 10 g Margarine und 1 Bund Petersilie. Eine Portion: 105 Kalorien = 440 Joule. 1,6 BE.

Forelle in Gelee

Eine Portion enthält: 34 g Eiweiß, 6 g Fett, 3 g Kohlenhydrate = 0,2 BE, 243 mg Cholesterin.
Kalorien: 267 = 1118 Joule.
Zubereitung: 45 Minuten.

4 frische oder tiefgekühlte Forellen von je 250 g, Salz, 1 Tasse heißer Essig, 1 l Wasser, 1 Tasse Weißwein. – Fürs Gelee: 8 Blatt weiße, eingeweichte Gelatine. ³/₈ l Fischsud, ¼ l Weißwein, Salz, weißer Pfeffer, Zwiebelpulver, 4 Gewürzgurken (100 g), 1 Röhrchen Kapern, 2 hartgekochte Eier, 4 halbe, eingelegte rote Paprikaschoten, 1 kleine Dose Krebsfleisch (70 g).

Forellen säubern und nur leicht unter fließendem Wasser abspülen. Tiefgekühlte Forellen auftauen lassen. Innen salzen. Auf eine Platte legen und mit heißem Essig übergießen.
Wasser mit Salz und Weißwein in einem weiten Topf aufkochen. Fische hineingeben. Kurz bevor das Wasser wieder kocht, auf schwächste Hitze schalten. Forellen 15 Minuten garziehen lassen. Mit dem Schaumlöffel rausnehmen. Abtropfen und abkühlen lassen.

Für das Gelee Fischsud und Weißwein in einem Topf erhitzen. Eingeweichte Gelatine ausdrücken und darin auflösen. Mit Salz, Pfeffer und Zwiebelpulver würzen. Kalt werden lassen.
Gewürzgurken der Länge nach in Scheiben schneiden. Kapern abgießen. Eier in Scheiben schneiden. Paprikaschoten streifig schneiden. In eine große, flache Glasschüssel erst eine Schicht Gelee gießen. Dann aus Gurken- und Eischeiben, Kapern, Paprikastreifen und Krebsfleisch ein Muster legen. Darauf kommen die kalten Forellen. Mit den Garnierzutaten um- und belegen. Mit dem übrigen Gelee übergießen. Im Kühlschrank zugedeckt erstarren lassen.

Beilagen: 4 Scheiben Toast. Je Scheibe: 52 Kalorien = 217 Joule. 0,8 BE.

Frikandeau
6 Portionen
Siehe Farbbild zwischen den Seiten 176/177.

Eine Portion enthält: 35 g Eiweiß, 8 g Fett, 4 g Kohlenhydrate = 0,3 BE, 157 mg Cholesterin.
Kalorien: 251 = 1051 Joule.
Zubereitung: 85 Minuten.

1000 g Kalbsfrikandeau, Salz, weißer Pfeffer, 2½ EL Pflanzenöl (25 g), 1 Zwiebel, 1 große Möhre (150 g), ⅛ l saure Sahne, ⅛ l heiße Würfelbrühe, ½ Bund Petersilie, 2 Tomaten.

Fleisch kräftig mit Salz und weißem Pfeffer einreiben. Öl in einem Bräter erhitzen. Fleisch darin rundherum 5 Minuten anbraten.
Zwiebel und Möhre schälen, in Scheiben schneiden und zum Fleisch geben. 5 Minuten mitbräunen. Nach und nach mit der sauren Sahne beträufeln. Nach 15 Minuten den Brattopf in den vorgeheizten Ofen schieben.

Bratzeit: 60 Minuten. Elektroherd: 200—225 Grad, Gasherd: Stufe 3—4.
Während der Bratzeit immer wieder mit dem Bratfond beschöpfen. Sobald die Flüssigkeit verbraten ist, nach und nach die heiße Würfelbrühe angießen. Das fertige Frikandeau aus dem Ofen nehmen und 10 Minuten ruhen lassen, damit sich der Fleischsaft sammeln kann.
Bratfond durchsieben und abschmecken. In einer Sauciere anrichten.

Das Fleisch in Scheiben schneiden. Auf einer vorgewärmten Platte oder auf einem Holzbrett anrichten. Mit Petersilie und Tomaten garnieren.

Beilagen: 750 g Blumenkohl mit 30 g zerlassener Butter oder Margarine. Eine Portion: 59 Kalorien = 247 Joule. 0,2 BE. — Salzkartoffeln von 750 g Kartoffeln. Eine Portion: 85 Kalorien = 356 Joule. 1,6 BE.

PS: Wenn Sie Blumenkohl polnisch dazu geben wollen, braten Sie 2 EL Semmelbrösel in der Butter und geben diese über den Blumenkohl. Darauf ein hartgekochtes, gehacktes Ei und gehackte Petersilie. Macht für jede Portion 28 Kalorien mehr.

Frische Brise

Eine Portion enthält: Eiweiß und Fett nur in Spuren, 16 g Kohlenhydrate = 1,3 BE, 0 mg Cholesterin.
Kalorien: 65 = 272 Joule.
Zubereitung: 5 Minuten.

½ l (Diabetiker-)Apfelsaft, ⅛ l Zitronensaft, flüssiger Süßstoff, Mineralwasser, Zitronenschale.

Apfel- und Zitronensaft miteinander verquirlen. Mit Süßstoff abschmecken. In ein Glas füllen. Mineralwasser aufgießen. Mit einer Spirale aus Zitronenschale am Rand servieren.

PS: Statt Apfelsaft können Sie auch (Diabetiker-)Orangensaft nehmen. Die Kalorienzahl bleibt gleich.

Fruchtgelee
6 Portionen

Eine Portion enthält: 3 g Eiweiß, 2 g Fett, 34 g Kohlenhydrate, 0 mg Cholesterin.
Kalorien: 185 = 775 Joule.
Zubereitung: Ohne Kühlzeit 10 Minuten.

6 Blatt Gelatine, 1 Dose Cocktail-Früchte, 2 EL Zitronensaft, 2 EL Rum, 20 g Instant-Schlagschaumpulver (½ Beutel), 5 EL sehr kalte Milch.

Gelatine in kaltem Wasser einweichen. Cocktail-Früchte abgießen. Den Saft etwas erhitzen, die ausgedrückte Gelatine auf schwacher Hitze darin auflösen. Zitronensaft, Rum und Cocktail-Früchte dazugeben. Ein paar zum Garnieren zurücklassen. In 6 Schälchen verteilen. Zugedeckt im Kühlschrank in etwa 2 Stunden fest werden lassen. Kurz vor dem Servieren Schlagschaum mit der Milch nach Packungsanweisung bereiten. Fruchtgelee mit Cocktail-Früchten und Schlagschaum hübsch garnieren.

Fruchtsalat Garda

Eine Portion enthält: 1 g Eiweiß, 2 g Fett, 21 g Kohlenhydrate, 0 mg Cholesterin.
Kalorien: 122 = 511 Joule.
Zubereitung: Ohne Kühlzeit 20 Minuten.

250 g blaue Weintrauben, 250 g säuerliche Äpfel, 3 eingelegte, grüne Mandeln, 1 Päckchen Vanillinzucker, 4 EL Zitronensaft, 2 EL Weinbrand, flüssiger Süßstoff.

Weintrauben waschen. Beeren von den Stielen zupfen, auf einem Sieb abtropfen lassen und entkernen. Man kann sie auch halbieren und sogar vorher abziehen, wenn man sich die zeitraubende Mühe machen will. Äpfel schälen, vierteln, entkernen und quer in dünne Scheiben schneiden. Grüne Mandeln in feine Streifen schneiden.
Alles in eine Schüssel geben. Vanillinzucker und Weinbrand darübergeben. Vorsichtig mischen. Mit Süßstoff abschmecken und im Kühlschrank 60 Minuten zugedeckt durchziehen lassen. Kalt servieren.

Fruchtsalat mit Nüssen
Siehe Farbbild zwischen den Seiten 208/209.

Eine Portion enthält: 5 g Eiweiß, 5 g Fett, 22 g Kohlenhydrate, 8 mg Cholesterin.
Kalorien: 156 = 653 Joule.
Zubereitung: Ohne Ruhezeit 30 Minuten.

1 kleiner Kopf Salat, 500 g Zuckermelone, 2 Orangen, 125 g blaue Weintrauben, 6 Walnußkerne. – Für die Marinade: 1 Trinkmilch-Joghurt, 1 EL Zitronensaft, 1 EL Orangensaft, 1 EL Tomatenketchup, 2 EL Dosenmilch, Salz, weißer Pfeffer, flüssiger Süßstoff.

Kopfsalat putzen, waschen und abtropfen lassen. Melone schälen. Mit dem Kartoffelausstecher Kugeln daraus formen.
Orangen mit einem scharfen Messer wie einen Apfel abschälen, so daß die weiße Haut auch entfernt wird. In dünne, gleichmäßige Scheiben schneiden.
Weintrauben waschen, Beeren abzupfen, halbieren und entkernen. Feinschmecker ziehen die Haut sogar vorher ab. Walnüsse halbieren.
Eine Schüssel mit den Salatblättern auslegen. Die vorbereiteten Zutaten abwechselnd einschichten.
Marinade-Zutaten miteinander verrühren und pikant abschmecken. Über den Salat gießen. 30 Minuten durchziehen lassen. Bei Tisch mischen.

Fruchtzucker

Kommt in süßen Früchten vor. Zusammen mit Traubenzucker bildet er den Rübenzucker. Fruchtzucker (Fructose) ist leberfreundlich und wichtig für Diabetiker, denen 30 bis 60 g über den Tag verteilt zusätzlich erlaubt werden können. Zwar müssen die Kalorien angerechnet werden (100 g = 394 = 1650 Joule, wie Rübenzucker), aber für die Broteinheiten ist Fruchtzucker anrechnungsfrei.
Er süßt stärker als Rübenzucker.

Frühlingssalat

Eine Portion enthält: 6 g Eiweiß, 4 g Fett, 10 g Kohlenhydrate = 0,8 BE, 70 mg Cholesterin.
Kalorien: 97 = 406 Joule.
Zubereitung: 25 Minuten.

2 Kohlrabi (300 g), 250 g Möhren, ½ Salatgurke (250 g), 1 Bund Radieschen (125 g), 1 Portion Kresse. – Für die Marinade: 1 Trinkmilch-Joghurt, 2 EL Zitronensaft, flüssiger Süßstoff, Salz. – Für die Garnierung: Salatblätter, 1 hartgekochtes Ei.

Kohlrabi und Möhren schälen, waschen und grob raspeln. Oder in feine Streifen schneiden.
Dann Gurke und Radieschen waschen und ungeschält in Scheiben schneiden. Gewaschene Kresse (etwas zum Garnieren zurücklassen) abtropfen lassen, hacken. Alles vorsichtig mischen.
Für die Marinade Joghurt mit Zitronensaft, einem Tropfen Süßstoff und Salz cremig schlagen. Mit den Salatzutaten mischen. Eine Schüssel mit gut abgetropften Salatblättern auslegen. Frühlingssalat darauf anrichten. Das Ei schälen. Den Salat mit den Ei-Achteln und der restlichen Kresse hübsch garnieren.

Beilagen: 4 Scheiben Knäckebrot. Eine Scheibe: 38 Kalorien = 159 Joule. 0,6 BE.

Frühstück excellent

Eine Portion enthält: 18 g Eiweiß, 21 g Fett, 40 g Kohlenhydrate, 304 mg Cholesterin.
Kalorien: 432 = 1809 Joule.
Zubereitung: 20 bis 25 Minuten.

50 g Lachsschinken, 50 g Edamer Käse (30 %), 1 EL Schnittlauchröllchen, weißer Pfeffer, 4 Eier, 4 Salatblätter, 4 Scheiben Toastbrot, 20 g Butter. 4 Scheiben Rosinenbrot (200 g), 20 g Butter.

Lachsschinken sehr fein würfeln. Käse reiben. Beides mit Schnittlauch mischen. Mit Pfeffer würzen. Eier aufschlagen und vorsichtig in 4 gefettete Auflaufförmchen gleiten lassen. Schinkenmasse locker darauf verteilen. Das Eigelb soll nicht zerlaufen. Förmchen abdecken. In leicht kochendem Wasser in 5 bis 10 Minuten stocken lassen. Förmchen mit Salatblättern anrichten. Buttertoast dazu reichen. Hinterher gibt es noch Rosinenbrot mit Butter.

Getränk: Schwarzer Kaffee oder Tee. Wer will, kann Milch dazu nehmen.

PS: Wer am Morgen gern Radieschen, Gurke oder Tomaten ißt, kann das ruhig tun. Das fällt nicht ins Gewicht, ist aber sehr gesund. Vor allem, wenn man auf das Rosinenbrot verzichtet.

Frühstück

Es ist keine neue, aber eine wichtige Erkenntnis: Das Frühstück ist eine Hauptmahlzeit, die den Tagesablauf entscheidend beeinflussen kann.

Ein liebtos gedeckter Frühstückstisch ohne Auswahl und ein in Zeitnot eingenommenes Frühstück erfüllt nicht seinen guten Zweck. Auch während der Nachtruhe verbraucht der Körper Energie. Zur Überwindung der niedrigen Leistungskurve am frühen Morgen aber müssen mit dem Frühstück neue Energiereserven und eine gute Basis für den Arbeitstag geschaffen werden.

Das alles geht mit einem Brötchen und einer Tasse Kaffee nicht. Aber Vollkornbrot und Vollkornmüsli schaffen es. Sie geben die bessere Grundlage. Das wichtige Eiweiß für die erste Leistungsphase liefern Milch, Käse, magere Diätwurst, magerer Schinken. Ausgezeichnet: Frischer Magerquark. Schon 25 g liefern knapp 5 g sättigendes Mager-Eiweiß bei nur 22 Kalorien.

Die Frühstückskalorien sollten ein Viertel der erlaubten Tageskalorien betragen. Nutzen Sie den Morgen also zum ruhigen Frühstück, damit Ihr Motor gut läuft. Und essen Sie frisches Obst dazu. Dann frühstücken Sie wirklich wie ein König — wie ein moderner, der weiß, wie man sich fit hält.

Frühstück für Eßbewußte
Eine Portion

Enthält: 32 g Eiweiß, 15 g Fett, 43 g Kohlenhydrate = 3,5 BE, 53 mg Cholesterin.
Kalorien: 467 =1943 Joule.
Zubereitung: 12 Minuten.

1 Becher Magermilch-Joghurt (175 g), flüssiger Süßstoff, 75 g filierte Orange, 1 Brötchen, 2 TL Halbfettmargarine (10 g), 50 g magerer gekochter Schinken, 30 g milder Tilsiter (30%), 1 Salatblatt, 1 Tomate (50 g).

Joghurt mit Süßstoff abschmecken. Orangenfilets halbieren und unterheben.
Brötchen mit Margarine bestreichen, mit Schinken und Käse belegen, mit Salatblatt und Tomatenspalten auf einem Frühstücksteller anrichten.

Getränk: Tee oder Kaffee, eventuell mit Süßstoff gesüßt. Aber ohne Milch.

G

Garnierter kalter Rehrücken
8 Portionen

Eine Portion enthält: 33 g Eiweiß, 13 g Fett, 12 g Kohlenhydrate, 158 mg Cholesterin.
Kalorien: 332 = 1390 Joule.
Zubereitung: 80 bis 90 Minuten.

1500 g Rehrücken (ungespickt), Salz, schwarzer Pfeffer, 3 EL Pflanzenöl (30 g), 125 g feine Kalbsleberwurst, ½ Dose Ananas, ½ Glas Kaiserkirschen ohne Steine (230 g), ¼ l kalte Knochenbrühe (eventuell Würfelbrühe), Sojasoße, 3 Blatt weiße eingeweichte Gelatine, Petersilie.

Rehrücken waschen, mit Küchenpapier abtrocknen, mit Salz und Pfeffer einreiben. Einen Grillspieß oder eine dicke Stricknadel der Länge des Rehrückens entsprechend durch den Rückenknochen spießen. In die Bratenpfanne legen. Pflanzenöl erhitzen. Über das Fleisch gießen. In den vorgeheizten Ofen schieben.

Bratzeit: 30 bis 40 Minuten. Elektroherd. 250 Grad. Gasherd: Stufe 5—6.
Rehrücken erkalten lassen. Fleisch vom Rückgrat lösen. Schräg in etwa 3 cm dicke Scheiben schneiden. Kalbsleberwurst mit etwas Wasser glattrühren und in einen Spritzbeutel füllen. Abgetropfte Ananasringe in Viertel schneiden, Kaiserkirschen abtropfen lassen.
Kalbsleberwurst am Knochen entlang aufspritzen. Fleisch darauf legen. Mit dem vorbereiteten Obst garnieren. Die Früchte mit Leberwurst befestigen.
Knochenbrühe entfetten. Mit Salz, Pfeffer und Sojasoße abschmecken. Gelatine aus dem Einweichwasser nehmen und im Tropfwasser bei schwacher Hitze auflösen. In die Knochenbrühe rühren. Den Rehrücken damit überziehen, sobald die Brühe zu gelieren beginnt. Mit Petersilie garnieren.

Beilage: Cumberlandsoße aus ½ Glas Johannisbeergelee (225 g), 4 EL Rotwein, 4 EL scharfem Senf, 1 sehr fein gehackten Schalotte, 2 TL Zitronensaft und 1 TL in feinste Streifen geschnittene, ungespritzte Apfelsinenschale, je 1 Prise Salz und weißem Pfeffer. Eine Portion: 85 Kalorien = 365 Joule.

Gazpacho
6 Portionen

Eine Portion enthält: 3 g Eiweiß, 6 g Fett, 12 g Kohlenhydrate = 0,5 BE, 0 mg Cholesterin.
Kalorien: 119 = 498 Joule.
Zubereitung: 20 Minuten.

500 g Tomaten, 1 Salatgurke (375 g), 2 Zwiebeln, 2 Knoblauchzehen, Salz, 1 rote Paprikaschote (125 g), 1 l kalte Hühnerbrühe (Würfel), 1 EL Olivenöl (10 g), 1 TL Zitronensaft, schwarzer Pfeffer, 4 Scheiben Weißbrot (80 g), 20 g Margarine, ½ Bund Petersilie, ½ Bund Schnittlauch, Eiswürfel.

Tomaten überbrühen und abziehen. Gurke waschen. Nur schälen, wenn die Schale hart ist. Ein paar Scheiben zum Garnieren abschneiden.
Übrige Gurke grob würfeln. Zwiebeln schälen und vierteln. Knoblauchzehen mit Salz zerdrücken. Paprikaschote halbieren, putzen, waschen und würfeln. Alles im Mixer sehr fein pürieren. Oder notfalls zweimal durch den Fleischwolf (feinste Scheibe) drehen. Hühner-

---

Gallenschutzkost

Schützen Sie Ihre Galle, bevor sie sich meldet. Durch cholesterinarme Nahrung wie Pflanzenfette mit mehrfach ungesättigten Fettsäuren, die Cholesterin abbauen können. Durch Rettich, zartes Gemüse, Magerfleisch und -fisch, -milch und -quark. Durch zarte Vollkornprodukte. Verboten: Alkohol, Süßes, Kohl, Hülsenfrüchte und Gebratenes.

brühe, Öl und Zitronensaft unterrühren. Mit Pfeffer und Salz abschmecken. 2 Stunden im Kühlschrank zugedeckt kalt stellen.
Weißbrotscheiben würfeln. In der Margarine goldgelb rösten. Schnittlauch und Petersilie waschen und grob hacken. Gazpacho in Suppentassen oder Teller verteilen. Kräuter draufstreuen, Eiswürfel hineingeben, mit Gurkenscheiben garnieren. Weißbrotbröckchen extra reichen.

Gebackene Tomaten

Eine Portion enthält: 6 g Eiweiß, 11 g Fett, 38 g Kohlenhydrate = 3,1 BE, 0 mg Cholesterin.
Kalorien: 280 = 1172 Joule.
Zubereitung: 50 Minuten.

130 g Langkornreis, Salz, 8 feste, reife Tomaten (je 100 g), 2 Zwiebeln (100 g), 4 EL Keimöl (40 g), 1 Tasse Tomatenmark (125 g), 2 EL gehackte Petersilie, 2 EL gehackte frische Minze (oder 1 EL getrocknete), 3 TL gehackter Knoblauch, 1 Msp zerriebener Oregano, schwarzer Pfeffer.

In einem kleinen Topf ⅓ l Wasser aufkochen. Salzen, Reis hineinschütten. Umrühren. Im offenen Topf 8 Minuten kochen. Reis auf ein Sieb schütten und abtropfen lassen.
Von der Stengelseite der gewaschenen Tomaten je eine etwa ½ Zentimeter dicke Scheibe abschneiden. Stengelansätze rausschneiden. Deckel beiseite legen. Tomaten mit einem Löffel aushöhlen. Kerne wegschütten, das Fruchtfleisch fein hacken. Auch beiseite stellen.
Tomaten innen salzen und umgekehrt auf Küchenpapier stellen.
Zwiebeln schälen und fein hacken. Öl in einer Pfanne erhitzen. Zwiebeln darin unter Rühren 5 Minuten weich und glasig werden lassen. Reis, gehacktes Tomatenfleisch, ⅔ Tasse Tomatenmark, Petersilie, Minze, Knoblauch und Oregano zufügen. Mit Salz und frisch gemahlenem Pfeffer abschmecken. Unter ständigem Rühren einkochen lassen. Die Mischung muß so dick sein, daß sie auf einem Löffel eine beinahe feste Form hält.
Tomaten, Öffnung nach oben, in eine feuerfeste Form dicht nebeneinander setzen. Füllung darin verteilen, fest andrücken, Tomatendeckel darauflegen.

Restliches Tomatenmark mit 6 EL Wasser verrühren, mit etwas Salz würzen, um die Tomaten gießen. Offenen Topf in den vorgeheizten Ofen stellen.

Backzeit: 20 Minuten. Elektroherd: 180 Grad. Gasherd: Stufe 3. Tomaten während der Garzeit zweimal mit der Kochflüssigkeit übergießen. Falls sie verdampft, gießt man ½ Tasse Wasser nach. Aus dem Ofen nehmen. Gebackene Tomaten abgekühlt in der Form servieren.

Beilage: 4 Scheiben gekochter Schinken. Eine Scheibe (50 g): 100 Kalorien = 419 Joule.

PS: Dieses Gericht ist ziemlich eiweißarm. Daher zum Frühstück zum Beispiel Magerquark essen.

Gebeiztes Rumpsteak

Eine Portion enthält: 22 g Eiweiß, 32 g Fett, 2 g Kohlenhydrate = 0,1 BE, 88 mg Cholesterin.
Kalorien: 401 = 1679 Joule.
Zubereitung: Ohne Beizzeit 25 Minuten.

> *3 EL Pflanzenöl (30 g), 1 EL Kräuteressig, ⅛ l Tomatensaft aus der Dose, je 1 TL Worcester- und Sojasoße, 1 Prise Pfeffer, flüssiger Süßstoff, 1 Zwiebel, 1 Knoblauchzehe, Salz, 4 Rumpsteaks von je 125 g.*

Aus 2 Eßlöffel Öl, Kräuteressig, Tomatensaft, Worcester- und Sojasoße, Pfeffer und flüssigem Süßstoff eine Beize rühren. Geschälte Zwiebel fein hacken, geschälten Knoblauch mit etwas Salz zerdrücken. In die Beize mischen. Rumpsteaks darin wenden. Mindestens 24 Stunden durchziehen lassen.
Steaks vor dem Grillen mit Küchenpapier abtrocknen. Fettrand vier- bis fünfmal einschneiden. Mit dem restlichen Öl einpinseln. Auf dem Holzkohlegrill auf jeder Seite 5 Minuten grillen. Im Elektrogrill auf jeder Seite 6 Minuten.

Beilagen: Stangenweißbrot. Eine Scheibe: 39 Kalorien = 163 Joule. 0,6 BE.

Gedünstete Makrele

Eine Portion enthält: 32 g Eiweiß, 23 g Fett, 9 g Kohlenhydrate = 0,7 BE, 111 mg Cholesterin.
Kalorien: 399 = 1671 Joule.
Zubereitung: 45 Minuten.

1 bis 2 Salatgurken (750 g), 1 Zwiebel, 20 g Margarine, 1 Röhrchen Kapern, Salz, Essig, flüssiger Süßstoff, 20 g Mehl, 1/8 l Milch, 4 Makrelen (1000 g), 2 Tomaten.

Die Salatgurken waschen, trocknen, längs halbieren, entkernen. Mit einem Kartoffelausstecher Halbkugeln ausstechen. Oder die Gurken schälen und in entsprechend große Würfel schneiden.
Geschälte Zwiebel fein würfeln. In erhitzter Margarine glasig braten. Gurkenkugeln oder -würfel dazugeben. Kurz mitdünsten. Kapern mit Flüssigkeit zufügen. Mit Salz, wenig Essig und Süßstoff pikant abschmecken.
Mehl und Milch verrühren. Gemüse damit binden.
Makrelen säubern, säuern und salzen. Auf das Gurkengemüse legen. Bei schwacher Hitze zugedeckt etwa 15 Minuten garen.
Tomaten überbrühen, abziehen und in Würfel schneiden. Dabei die Stengelansätze wegschneiden und die Tomaten entkernen. Während der letzten 5 Minuten mitdünsten.
Makrelen auf einer vorgewärmten Platte anrichten. Das Gemüse noch mal abschmecken. Auf der Platte oder extra servieren.

Beilagen: Petersilienkartoffeln von 500 g Kartoffeln, 10 g Margarine und 1 Bund gehackte Petersilie. Eine Portion: 105 Kalorien = 440 Joule. 1,6 BE.

Gedünstetes Kalbshirn

Eine Portion enthält: 12 g Eiweiß, 15 g Fett, 2 g Kohlenhydrate = 0,1 BE, 3938 mg Cholesterin.
Kalorien: 202 = 846 Joule.
Zubereitung: 20 Minuten.

500 g Kalbshirn, 1/2 l Wasser, knapp 1/8 l Essig (100 cm³), Salz, flüssiger Süßstoff, 1 Zwiebel, 20 g Margarine, 1 Röhrchen Kapern, 1 Bund Schnittlauch.

Hirn sorgfältig wässern und häuten.
Wasser und Essig kräftig mit Salz und Süßstoff würzen. In einem Topf aufkochen. Hirn 5 Minuten darin ziehen lassen. Geschälte Zwiebel feinhacken. In Margarine goldbraun braten.
Kapernflüssigkeit dazugeben. Hirn gut abtropfen lassen und darin wenden. Mit Schnittlauch bestreut servieren.

Beilagen: Kopfsalat in einer Marinade aus 2 EL Zitronensaft, 2 EL gehackten Kräutern, 2 EL Pflanzenöl und Gewürzen. Eine Portion: 55 Kalorien = 230 Joule. 0,1 BE — 4 Scheiben Toast. Eine Scheibe: 52 Kalorien = 218 Joule. 0,8 BE.

Geflügel

Fein, daß es mageres Geflügel gibt. Denn ohne Huhn und Hähnchen wäre die ganze Schlankheitskost ärmer. Für Enten und Gänse gilt das nicht. Selbst Puter sind nicht so mager, wie mancher annimmt. Dafür hat Puterfleisch aber einen höheren Anteil an biologisch hochwertigem Eiweiß. Am magersten sind in jedem Fall die Brustfilets. Kaloriensparer sind gut beraten, sich darauf zu spezialisieren. Denn 100 g Hühnerfleisch hat 144 Kalorien, 100 g Hühnerbrust aber nur 109. Bitte immer fettarm oder fettlos (im Tontopf) braten. Denn nur 1 Eßlöffel Öl hat schon 93 Kalorien, 1 Eßlöffel Margarine 75!

Geflügelsalat

Eine Portion enthält: 27 g Eiweiß, 11 g Fett, 13 g Kohlenhydrate, 209 mg Cholesterin.
Kalorien: 282 = 1181 Joule.
Zubereitung: 40 Minuten.

¼ *l Wasser, Salz, 2 Hühnerbrüstchen (je 250 g), 1 Kopf Salat.* – Für die Marinade: *50 g Mayonnaise (50%), 2 EL Dosenmilch (7,5%), 1 TL Meerrettich, 1 EL Tomatenketchup, 2 EL Orangensaft, 1 EL Cognac, Salz, weißer Pfeffer.* – Zum Garnieren: *2 hartgekochte Eier, 4 Tomaten (250 g), 2 Scheiben Dosenananas (100 g), 2 Cocktailkirschen.*

Wasser mit Salz im Topf aufkochen. Hühnerbrüstchen hineingeben und etwa 25 Minuten darin garen. Abkühlen lassen.
In der Zwischenzeit den Kopfsalat putzen, waschen. Abtropfen lassen.
Für die Marinade Mayonnaise, Dosenmilch, Meerrettich, Tomatenketchup, Orangensaft und Cognac verrühren und mit Salz und Pfeffer abschmecken. Zugedeckt kalt stellen.
Von den Hühnerbrüstchen Haut und eventuelle Knochen entfernen. Fleisch in sehr feine Scheiben schneiden, den Kopfsalat in feine Streifen. Salat auf 4 Teller verteilen, das Hühnerfleisch obenauf. Marinade darauf verteilen.
Geschälte Eier vierteln. Tomaten überbrühen, abziehen und in Scheiben schneiden. Ananas in Stücke schneiden. Salatteller damit garnieren. Mit je einer halben Cocktailkirsche belegen und servieren.

Beilagen: 4 Scheiben Toast. Eine Scheibe: 52 Kalorien = 218 Joule.

Wann reichen? Als Vorspeise, Abendessen oder auch mal als Bestandteil eines Kalten Büffets.

Geflügelspieße

Eine Portion enthält: 62 g Eiweiß, 12 g Fett, 27 g Kohlenhydrate, 188 mg Cholesterin.
Kalorien: 495 = 2072 Joule.
Zubereitung: 40 Minuten.

1 gebratenes Hähnchen von 1000 g (fertig gekauft), 4 Ananasscheiben aus der Dose (200 g), 2 Äpfel (250 g), 2 kleine Bananen (250 g), Salz, weißer Pfeffer, Currypulver, 1 EL Pflanzenöl (10 g), 8 Maraschinokirschen.

Hähnchen häuten. Fleisch von den Knochen lösen und in walnußgroße, gleichmäßige Stücke schneiden.
Die abgetropften Ananasscheiben in entsprechend große Stücke schneiden. Äpfel schälen, halbieren, entkernen und achteln. Apfelschnitze noch einmal quer durchschneiden. Bananen schälen und in 2 cm dicke Scheiben schneiden.

Geflügelfleisch, Ananas-, Apfel- und Bananenstücke abwechselnd auf 8 Spieße reihen. Rundherum mit Salz, Pfeffer und Currypulver würzen. Mit Pflanzenöl einpinseln.
Die Spieße unter dem vorgeheizten Grill auf jeder Seite 3 Minuten grillen. Vorm Anrichten auf jeden Spieß eine Sauerkirsche stecken und sofort servieren.

Beilagen: Körnig gekochter Reis von 125 g Langkornreis. Eine Portion: 115 Kalorien = 481 Joule. 2 BE.

TIP Für die Geflügelspieße können Sie auch Hühnerbrüstchen verwenden. Ihr Fleisch ist das magerste, was das Federvieh zu bieten hat. Gute Variante: Ein paar Hühnerlebern mit aufspießen. Sie haben nur 3 Kalorien mehr als das Fleisch (bei 100 g), aber leider einen höheren Cholesteringehalt.

Gefüllte Birne

Eine Portion enthält: 7 g Eiweiß, 15 g Fett, 27 g Kohlenhydrate = 2,2 BE, 82 mg Cholesterin.
Kalorien: 295 = 1235 Joule.
Zubereitung: 25 Minuten.

4 große Birnen (600 g), 2 EL Birnengeist, 60 g Gorgonzola, 20 g Mehl, 1 Ei, 20 g Semmelbrösel, 1 l Pflanzenöl zum Ausbacken.

Birnen schälen und halbieren, Kerngehäuse und Stengelansatz vorsichtig entfernen. Schnittflächen mit der Hälfte des Birnengeistes bestreichen.
Dann den Gorgonzola mit dem restlichen Birnengeist cremig rühren. In 4 Birnenhälften verteilen. Die übrigen drauflegen. Gut festdrücken. Birnen zuerst in Mehl, dann in verquirltem Ei und in Semmelbrösel wenden. Die Panade muß kräftig angedrückt werden.
Öl im Fritiertopf auf 180 Grad erhitzen. Birnen darin 6 bis 8 Minuten goldgelb backen. Zuerst auf Küchenkrepp, dann auf einem Kuchendraht abtropfen lassen. Auf 4 Tellern anrichten.

Gefüllte Honigmelone

Eine Portion enthält: 1 g Eiweiß, 0 g Fett, 20 g Kohlenhydrate, 0 mg Cholesterin.
Kalorien: 101 = 423 Joule.
Zubereitung: 15 Minuten.

1 Honigmelone (500 g), ½ Glas Kaiser-Kirschen (230 g), 2 EL Zitronensaft, 2 EL Kirschwasser, flüssiger Süßstoff, 2 Kiwis.

Honigmelone waschen und abtrocknen. Deckel abschneiden und Kerne entfernen. Mit einem Kartoffelausstecher das Fruchtfleisch in Kugeln herausstechen.
Die Kirschen gut abtropfen lassen. Mit den Melonenkugeln in einer Schüssel mischen. Zitronensaft und Kirschwasser darübergießen. Mit flüssigem Süßstoff abschmecken.
Kiwis schälen. In Scheiben schneiden und unter den Salat heben. In der ausgehöhlten Melone anrichten. In den Kühlschrank stellen. Gekühlt servieren.

Gefüllte Paprikaringe

Ein Stück enthält: 12 g Eiweiß, 1 g Fett, 4 g Kohlenhydrate = 0,3 BE, 0 mg Cholesterin.
Kalorien: 76 = 318 Joule.
Zubereitung: Ohne Kühlzeit 20 Minuten.

1 rote und 1 grüne Paprikaschote (zusammen 250 g), 250 g Magerquark, 1 EL feingewürfelten, eingelegten Tomatenpaprika, 1 EL gehackte Petersilie, 1 EL Kresse, 1 EL Schnittlauchröllchen, Salz, weißer Pfeffer, Zitronensaft, 2 Blatt Gelatine (4 g), Salatblätter.

Paprikaringe kann man als Vorspeise, Zwischenmahlzeit oder abends servieren.
In die Paprikaschoten oben eine kreisförmige Öffnung schneiden. Entkernen, waschen und austrocknen.
Quark mit Tomatenpaprika und Kräutern verrühren, mit Salz, Pfeffer und wenig Zitronensaft pikant abschmecken.

Gelatine in kaltem Wasser einweichen, über schwacher Hitze langsam auflösen (nicht kochen!). Unter die Quarkmasse rühren. Diese in die Paprikaschoten füllen. Fest hineindrücken. Schoten 2 Stunden zugedeckt in den Kühlschrank stellen. Jede Schote in 4 Scheiben schneiden. Auf Salatblättern anrichten.

Beilage: Abends oder als Zwischenmahlzeit 4 Scheiben Knäcke. Eine Scheibe: 38 Kalorien = 159 Joule. 0,7 BE.

Gefüllter Blumenkohl

Eine Portion enthält: 22 g Eiweiß, 25 g Fett, 43 g Kohlenhydrate = 3,5 BE, 173 mg Cholesterin.
Kalorien: 516 = 2160 Joule.
Zubereitung: 95 Minuten.

125 g Langkornreis, Wasser, Salz, 1 Blumenkohl (750 g), 1 eingeweichtes Brötchen, 1 Zwiebel, 250 g gemischtes Hackfleisch, 2 Eier, weißer Pfeffer, Muskat, 30 g Margarine, 40 g Mehl, flüssiger Süßstoff.

Reis in ½ l kochendes Wasser geben, Salz zufügen und etwa 20 Minuten quellen lassen. Abgetropft in eine gefettete Auflaufform füllen. Glattstreichen.
Inzwischen Blumenkohl putzen, in kochendes Wasser geben, salzen und etwa 15 Minuten kochen. Brötchen gut ausdrücken. Geschälte Zwiebel fein hacken. Beides mit gemischtem Hack, 1 Ei, Salz, Pfeffer, Muskat zu einem Fleischteig verarbeiten und herzhaft abschmecken. Zwischen die Blumenkohlröschen und in den ausgehöhlten Strunk drücken.
Übrigbleibenden Fleischteig auf den Reis geben. Blumenkohl mit der Unterseite draufsetzen.
Aus Margarine, Mehl, ½ l Blumenkohlwasser eine helle Mehlschwitze bereiten, mit Salz, Muskat, wenig flüssigem Süßstoff abschmecken. Mit Ei legieren. Über den Blumenkohl gießen. Auflauf in den vorgeheizten Ofen auf die mittlere Schiene stellen.

Backzeit: 45 Minuten. Elektroherd: 200 Grad. Gasherd: Stufe 3.

Beilagen: Salat in Marinade aus je 2 EL Zitronensaft, Kräutern, Pflanzenöl und aus Gewürzen. Eine Portion: 55 Kalorien = 230 Joule. 0,1 BE.

Gelee-Orangen

Eine Portion enthält: 4 g Eiweiß, 3 g Fett, 21 g Kohlenhydrate, 0 mg Cholesterin.
Kalorien: 164 = 687 Joule.
Zubereitung: 20 Minuten.

4 Orangen (800 g), ⅛ l Rotwein, 8 EL Zitronensaft, 1 Päckchen Vanillinzucker, flüssiger Süßstoff, 4 Blatt eingeweichte weiße Gelatine, 4 EL heißes Wasser. – Für die Garnierung: ½ Beutel Instant-Schlagschaumpulver (20 g), 5 EL sehr kalte Magermilch, 6 eingemachte Kirschen.

Von jeder Orange einen kleinen Deckel abschneiden, so daß nur eine kleine Öffnung entsteht. Fruchtfleisch vorsichtig mit einem Grapefruitmesser auslösen. Schalen aufbewahren. Fruchtfleisch durch ein Sieb in einen Topf passieren. Rotwein und Zitronensaft zugeben. Falls nötig, mit Wasser auf ⅜ l auffüllen. Mit Vanillinzucker und Süßstoff abschmecken.
Gelatine ausdrücken, im heißen Wasser auflösen und unter Rühren in den Topf geben. Orangen mit der Masse füllen, kalt stellen und erstarren lassen.
Vorm Servieren mit einem scharfen Messer in Sechstel schneiden. Jede Orange auf einem Teller sternförmig anrichten. Instant-Schlagschaumpulver mit kalter Magermilch nach Anweisung aufschlagen. Die Orangenschnitze mit je einer Rosette und mit Kirschenstückchen garnieren.

Gelierte Orangenconsommé
6 Portionen

Eine Portion enthält: 4 g Eiweiß, 1 g Fett, 13 g Kohlenhydrate = 1 BE, 0 mg Cholesterin.
Kalorien: Etwa 80 = 335 Joule.
Zubereitung: Ohne Kühlzeit 30 Minuten.

1 l kalte Hühnerbrühe (selbst gekocht), 2 Päckchen weiße Gelatine, 2 Eiweiß, ¾ l Orangensaft, Salz, 1 ungeschälte Orange.

Die leichte, gelierte Orangenconsommé ist eine ausgezeichnete Vorsuppe, die man vorzugsweise im Sommer serviert.

Mit einem Löffel das Fett von der kalten Hühnerbrühe abschöpfen. In eine tiefe Schüssel gießen, Gelatine einstreuen, 5 Minuten quellen lassen.
Brühe in einen etwa 4 l fassenden Topf geben, Eiweiß schaumig schlagen. In die Brühe mischen. Unter ständigem Rühren mit einem Schneebesen auf starker Hitze aufkochen. Sobald die Brühe zu schäumen und aufzuwallen beginnt, den Topf vom Herd nehmen und 5 Minuten abkühlen lassen.
Ein Sieb mit einem feuchten Küchentuch auslegen. Brühe in eine Schüssel durchlaufen lassen. Nicht rühren oder drücken. Den durchgesiebten Orangensaft in die Brühe rühren. Abschmecken.
Consommé mindestens 5 Stunden zugedeckt in den Kühlschrank stellen. Orange mit heißem Wasser abwaschen und in hauchdünne Scheiben schneiden. Consommé in gekühlten Suppentellern mit Orangenscheiben garniert servieren.

PS: Falls Ihnen die Suppe nicht würzig genug ist, können Sie Pfeffer zugeben.

Gemüsebouillon

Eine Portion enthält: 10 g Eiweiß, 14 g Fett, 10 g Kohlenhydrate = 0,8 BE, 87 mg Cholesterin.
Kalorien: 214 = 896 Joule.
Zubereitung: 45 Minuten.

375 g Gemüse (Lauch, Sellerie, Möhre, Petersilienwurzel), 1 Zwiebel, 20 g Margarine, $\frac{3}{4}$ l Wasser, 2 kleine Brühwürfel, Salz, Muskat, 125 g gemischtes Hack, 1 Ei, 15 g Semmelbrösel, weißer Pfeffer, Petersilie, Schnittlauch.

Geschältes Gemüse putzen, waschen und kleinwürfeln. Geschälte Zwiebel hacken. In erhitzter Margarine im Suppentopf 5 Minuten andünsten. Wasser zugießen. Brühwürfel, Salz und Muskat zufügen und etwa 20 Minuten kochen lassen.
Aus Hack, Ei, Semmelbrösel, Salz und Pfeffer einen Fleischteig mischen. Klößchen daraus formen und während der letzten 10 Minuten in der Bouillon ziehen lassen. Suppe abschmecken, anrichten und mit Petersilie und Schnittlauch bestreut servieren.

Wann reichen? Als Suppe vorweg, wenn's ein leichtes Gericht danach gibt. Aber auch als magenfreundliche Zwischenmahlzeit.

Gemüse

Ein Hoch aufs Gemüse. Denn es gehört zu den gesündesten Nahrungsmitteln. Es liefert — meist sparsam — wertvolle Kohlenhydrate und — meist reichlich — lebensnotwendige Vitamine, Mineralstoffe und Spurenelemente. Als Rohkost sind geeignete Gemüsesorten natürlich supergesund. Weil die Nährstoffe unverfälscht und unverändert dem menschlichen Organismus zugute kommen. Aber um Rohkost geht es hier nur am Rande. Eher ums schonend gegarte Gemüse, das oft die beste Hilfe bietet, wenn der Magen bei Schlankheitskuren oder bei Reduktionskost knurrt. Eine Portion Gemüse — zwischendurch gegessen — macht den Magen wieder zufrieden und ruhig, weil es verhältnismäßig langfristig sättigt und — da kalorienarm — nicht dick macht.

Schonend zubereiten heißt: Das Gemüse in wenig Wasser eben beißfest kochen. Es soll also gar, aber nicht zerkocht sein. Das Gemüsewasser immer mit verwenden, weil es die wertvollen Mineralstoffe enthält, die beim Garen aus dem Gemüse ins Wasser übergehen. Bei Reduktionskost nicht in Margarine oder Butter andünsten, sondern das Fett vorm Servieren auf dem Gemüse zergehen lassen. Man braucht dann weniger Fett, und für Magen- und Gallenempfindliche ist diese Zubereitungsart ohnehin wesentlich verträglicher.

Rezepte für Grünkohl, Rotkohl und Weißkohl werden Sie bei uns nicht finden. Denn diese drei Kohlsorten sind besonders schwer verdaulich. Genauso ist es mit den getrockneten Hülsenfrüchten, also den grünen oder gelben Erbsen und den weißen oder bunten Bohnenkernen. Aber Rezepte finden werden Sie von Blumen- und Rosenkohl, Wirsing, Chinakohl und Linsen. Denn diese Sorten sind leicht verdaulich.

Außer ihnen eignen sich für Diät und Schlankheitskost: Artischocken, Auberginen, grüne Bohnen, Sojabohnenkeime, junge Erbsen, Fenchel, Gurken, Kohlrabi, Lauch, Möhren, Paprikaschoten, Rote Bete, Sellerie, Spargel, Spinat, Tomaten, Schwarzwurzel, Wirsing und Zucchini.

Flammeri von Kirschen / mit Haselnüssen / von Grieß ▷
(Rezept S. 148)

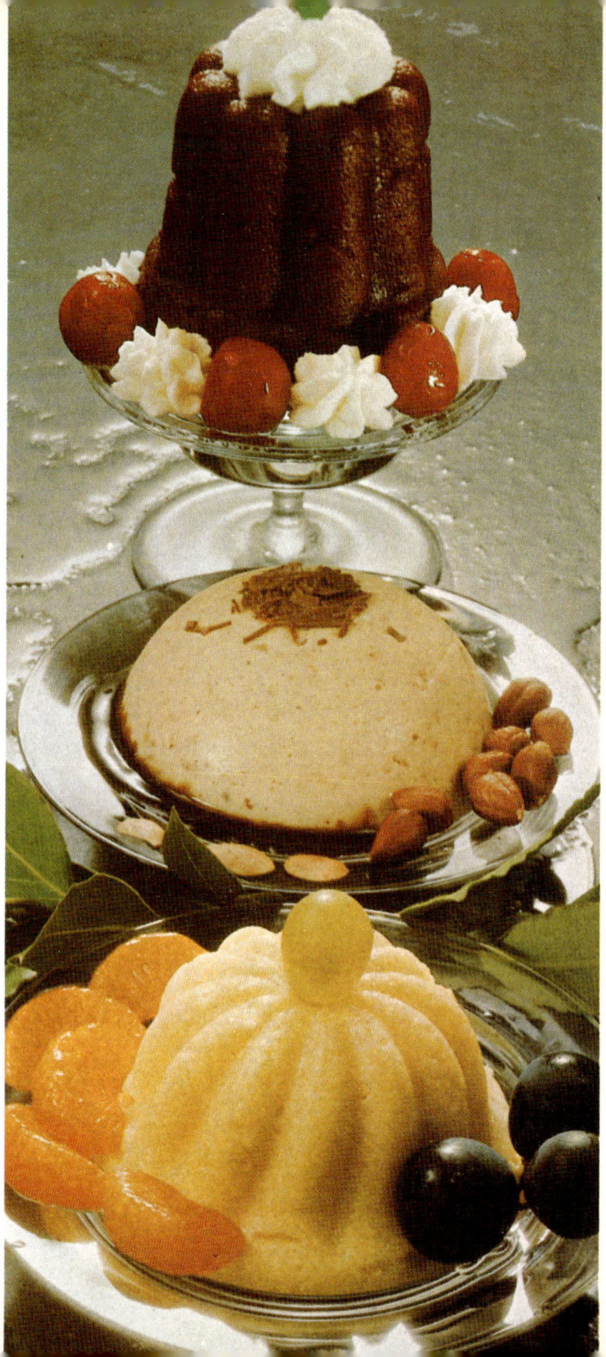

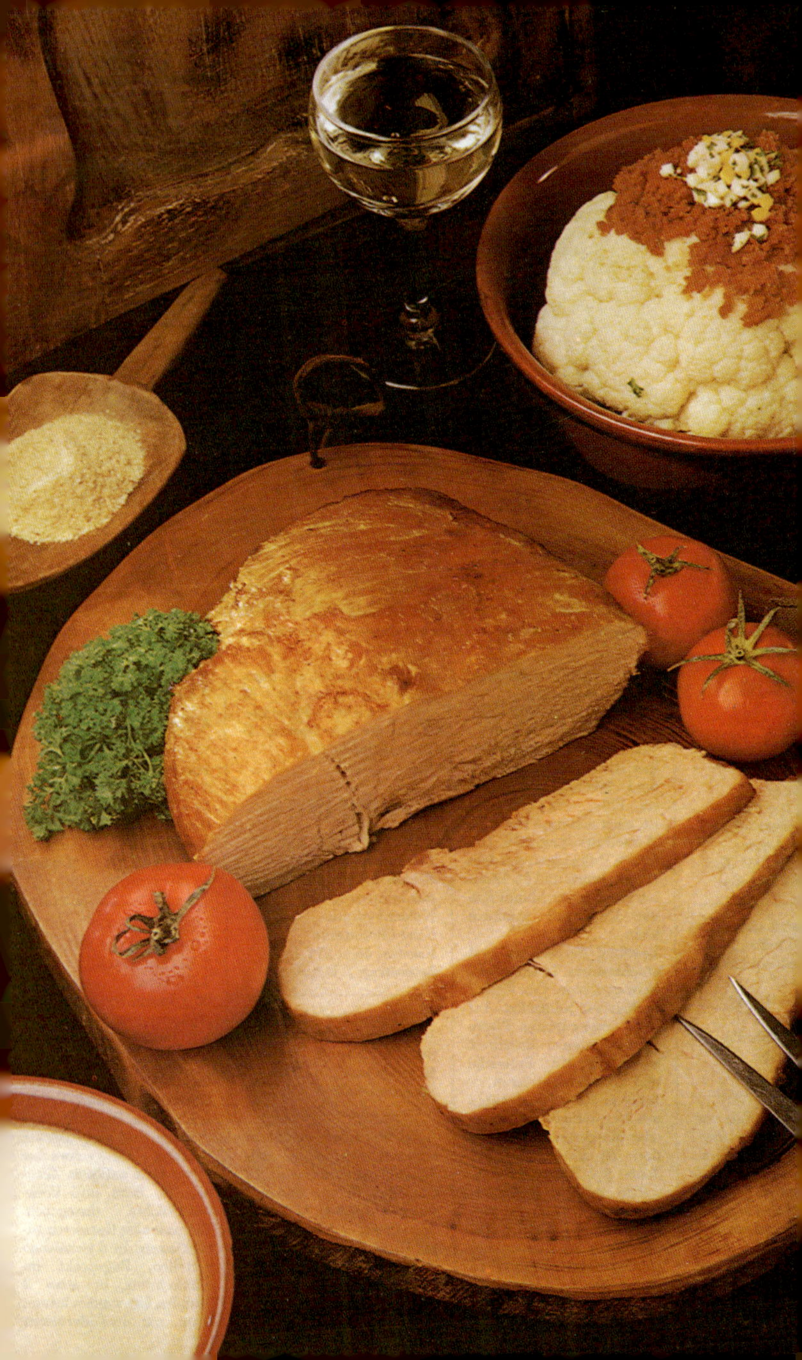

Gemüseeintopf
6 Portionen

Eine Portion enthält: 21 g Eiweiß, 19 g Fett, 20 g Kohlenhydrate = 1,6 BE, 54 mg Cholesterin.
Kalorien: 356 = 1491 Joule.
Zubereitung: 120 Minuten.

500 g Hammelfleisch aus der Keule, 1 Zwiebel, 2 EL Pflanzenöl (20 g), 1 Kopf Wirsing (500 g), 250 g Sellerie, 250 g Möhren, 1 Stange Lauch (125 g), 1½ l heiße Fleischbrühe aus Würfeln, 250 g Kartoffeln, 1 kleiner Blumenkohl (500 g), 1 Paket Tiefkühl-Brechbohnen (300 g), 2 EL Tomatenmark (30 g), Salz, weißer Pfeffer, 1 Bund Petersilie.

Hammelfleisch waschen, trocknen und in mundgerechte Würfel schneiden. Geschälte Zwiebel fein hacken. Öl in einem Topf erhitzen. Fleisch darin 5 Minuten rundherum braun anbraten. Zwiebelwürfel zugeben und goldgelb werden lassen.
Gemüse putzen und waschen. Wirsing hobeln, Sellerie würfeln, Möhren und Lauch in Scheiben schneiden. Zum Fleisch geben. Fleischbrühe angießen. 60 Minuten kochen lassen.
Inzwischen die Kartoffeln schälen, waschen, würfeln. Blumenkohl in Röschen teilen. Kartoffeln, Blumenkohl und Brechbohnen 20 Minuten vor Ende der Garzeit zum Eintopf geben.
Tomatenmark mit etwas Brühe verquirlen. In den Eintopf rühren. Mit Salz und Pfeffer abschmecken. Mit gehackter Petersilie bestreut servieren.

Gemüserisotto

Eine Portion enthält: 11 g Eiweiß, 6 g Fett, 47 g Kohlenhydrate = 3,9 BE, 5 mg Cholesterin.
Kalorien: 301 = 1260 Joule.
Zubereitung: 60 Minuten.

1 Zwiebel, 1 Knoblauchzehe, je 1 rote und grüne Paprikaschote (250 g), 20 g Margarine, 125 g Reis, Salz, Paprika edelsüß, ½ l entfettete Brühe, 1 Dose Erbsen und Möhren (560 g), 1 kleine Dose Champignons (115 g), 250 g Tomaten, 20 g geriebener Parmesankäse.

◁ Frikandeau (Rezept S. 157)

Risottos haben ihren Ursprung in der italienischen Küche, wo man sie als Gang für sich serviert.
Zwiebel und Knoblauchzehe schälen. Fein würfeln. Paprika putzen, waschen und auch fein würfeln.
Margarine in einem Topf erhitzen. Zwiebel-, Knoblauch- und Paprikawürfel darin in 10 Minuten glasig werden lassen. Trockenen Reis einstreuen. Unter Rühren anbraten. Mit Salz und Paprika kräftig würzen. Nach und nach mit der heißen Brühe auffüllen.
Reis etwa 25 Minuten bei geringer Hitze quellen lassen. Er soll körnig bleiben. Darum bitte nicht viel rühren. Am besten gar nicht. Nur ab und zu schütteln.
Dosengemüse auf einem Sieb abtropfen lassen. Möhren und Champignons hacken. Mit den Erbsen zum Reis geben. Heiß werden lassen und servieren.
Tomaten überbrühen, abziehen und würfeln. Auch zum Reis geben. Zum Schluß den Parmesankäse unterrühren.

Beilagen: Kopfsalat in einer Marinade aus Gewürzen, 2 EL Zitronensaft, 2 EL Schnittlauchröllchen und 2 EL Sonnenblumenöl. Eine Portion: 55 Kalorien = 230 Joule. 0,1 BE.

Gemüsesuppe chinesisch

Eine Portion enthält: 18 g Eiweiß, 25 g Fett, 10 g Kohlenhydrate = 0,8 BE, 44 mg Cholesterin.
Kalorien: 363 = 1520 Joule.
Zubereitung: 50 Minuten.

250 g mageres Schweinefleisch, 2 EL Sojasoße, $1/2$ EL Mehl (5 g), Salz, weißer Pfeffer. – Für die Suppe: 125 g Möhren, 125 g Spinat, 1 Dose Bambussprossen (140 g), 50 g Champignons aus der Dose, 2 EL Pflanzenöl (20 g), $1^1/_2$ l heiße Fleischbrühe aus Würfeln, 15 g Glasnudeln, 3 EL Sojasoße, 2 EL Reiswein oder Sherry, Ingwerpulver, Salz.

Schweinefleisch in feine Streifen schneiden. Aus Sojasoße, Mehl, Salz und Pfeffer eine Marinade rühren. Fleischstreifen darin wenden und zugedeckt 15 Minuten marinieren.

Inzwischen Möhren putzen, waschen und in feine Streifen schneiden.
Spinat putzen, waschen und abtropfen lassen. Blätter halbieren.
Abgetropfte Bambussprossen in Streifen, Champignons in Scheiben
schneiden. Öl im Topf erhitzen. Fleisch mit der Marinade hineingeben,
rundherum anbraten. Mit Fleischbrühe auffüllen, Möhrenstreifen
zugeben. Gut 10 Minuten kochen lassen.
Dann kommen Bambussprossen, Champignons und Glasnudeln in
den Topf. Weitere 10 Minuten bei mittlerer Hitze garen.
Nach 5 Minuten die Spinatblätter in die Suppe geben. Mit Sojasoße,
Reiswein oder Sherry, Ingwer und Salz gut abschmecken und servieren.

Gemüsetopf Jochen

Eine Portion enthält: 20 g Eiweiß, 30 g Fett, 27 g Kohlenhydrate = 2,2 BE, 56 mg Cholesterin.
Kalorien: 481 = 2014 Joule.
Zubereitung: 50 Minuten.

375 g Schweinefleisch aus der Keule, 2 EL Pflanzenöl (20 g), 250 g Kartoffeln, 1 Packung tiefgekühlte Brechbohnen (300 g), 1 Packung tiefgekühltes Suppengemüse (450 g), 1 Packung tiefgekühlte Erbsen und Karotten (450 g), Salz, weißer Pfeffer, 250 g Tomaten, 1 Bund Petersilie.

Fleisch in Würfel schneiden. Pflanzenöl in einem Topf erhitzen. Fleisch
darin rundherum 5 Minuten anbraten. Einen Schuß Wasser zufügen.
Im geschlossenen Topf bei geringer Hitze schmoren lassen.
Inzwischen die Kartoffeln schälen und in Scheiben schneiden.
Kartoffeln und Brechbohnen, Suppengemüse, Erbsen und Karotten
nach 15 Minuten Schmorzeit zum Fleisch geben. Bei Bedarf noch
etwas Wasser zufügen. Mit Salz und Pfeffer würzen. Weitere 15 Minuten schmoren.
Tomaten überbrühen, abziehen, vierteln und während der letzten
5 Minuten mitgaren. Gemüsetopf gut abschmecken. Gehackte Petersilie unterrühren und servieren.

Wann reichen? Als Mittagessen oder als stimulierende Zwischenmahlzeit an einem muffligen Tag.

Gewürze

Wer schlank werden will, muß auf so manches verzichten: Auf sehr viel — zugegeben schmackhaftes — Fett, auf die gewohnten Kohlenhydratmengen in Gestalt von Brot und Kartoffeln, auf Süßigkeiten, die ihm lieb sind. Da muß ein appetitlicher Ersatz her. In Form von Gewürzen. Sie helfen, eine kalorienreduzierte Kost länger durchzuhalten. Ihre wichtigste Funktion: Sie regen den Appetit an, sie locken die Magensäfte und machen dadurch die Speisen bekömmlicher. Und sie machen die Speisen interessant (das gilt natürlich auch für Normalkost). Die wichtigsten Gewürze stellen wir hier vor.

Curry. Eine indische Würzmischung, die aus 12 bis 15 Gewürzen bestehen kann. Da Curry Salz enthält, ist es bei kochsalzloser Kost nicht erlaubt.

Ingwer. Gibt's als Wurzeln oder gemahlen. Es macht die Speisen bekömmlicher.

Knoblauch. Frisch, als Granulat oder Salz zu verwenden. Gibt's auch flüssig in Fläschchen. Regt den Blutkreislauf an und entschlackt.

Kümmel. Die Samenkörner der Kümmelpflanze sind gesund für den Stoffwechsel und die Verdauung. Kümmel ist sehr reich an Magnesium und dazu äußerst magenfreundlich.

Lorbeer. Als Blätter zu haben. Sie regen die Tätigkeit der Magensäfte an.

Meerrettich. Frisch als Wurzel, gerieben als Konserve. Eine anregende Würze. Leber- und Gallenempfindliche müssen leider darauf verzichten.

Muskat. Gibt's als ganzen Fruchtkern oder schon gemahlen. Nur die empfindliche Leber mag Muskat nicht. Sonst ist Muskat ein Gewürz, das Magen und Darm guttut.

Nelken. Die Blütenknospen der Pflanze werden ganz oder gemahlen verwendet. Sehr appetitanregend.

Paprika. Das sind gemahlene Gewürzpaprikaschoten. Es gibt Paprika edelsüß. Er ist so mild, daß man Soßen damit binden kann. Auch als Delikateßpaprika und — in der schärfsten Sorte — als Rosenpaprika zu haben. Alle Sorten haben noch einen Anteil an Vitamin C. Paprika regt ganz besonders die Magensäfte zum Arbeiten an.

Pfeffer. Weißer Pfeffer ist der mildeste, schwarzer Pfeffer der schärfere, aber am schärfsten ist der Cayennepfeffer. Ihn gibt's als Körner und gemahlen. Macht zwar die Gerichte verträglicher, ist aber bei ausgesprochener Krankenkost manchmal nicht erlaubt. Im Handel sind auch auf verschiedene Art frisch eingelegte grüne Pfefferkörner zu haben.

Senfkörner. Sie gehören zum Beispiel in den Fischsud, damit er appetitlich und anregend wird. Die meist gelben, manchmal auch schwarzen Körner stammen von verschiedenen Pflanzen.

Vanille. Ein Gewürz für Süßspeisen und Kuchen. Macht ihren Geschmack durch das milde Aroma angenehm. Kommt in der natürlichen Form als Vanilleschote auf den Markt. Man verwendet das Mark. Es gibt aber auch Vanille-Extrakt.

Wacholder. Die Beeren des Wacholderstrauches tun dem Magen und den übrigen Verdauungsorganen besonders gut, weil sie zur besseren Verträglichkeit der Speisen beitragen.

Zimt. Das sind Rindenstücke des Zimtbaumes. Sie kommen — vom Trocknen zusammengerollt — in kleinen Stangen oder gemahlen in den Handel. Zimt wird zum Würzen von Süßspeisen und Gebäck verwendet. Ein aromatisches, angenehmes Gewürz von besonders guter Verträglichkeit.

Also schmecken wir gut und abgewogen ab. In der Schlankheitskost ist jedes Gewürz erlaubt.

Ausnahme: Wer überschüssige Magensäure produziert, muß äußerst sparsam würzen, weil Gewürze den Magen zu einer noch verstärkten Säureproduktion anregen. Das tut dem Magen nicht gut.

Genfer Steak

Eine Portion enthält: 40 g Eiweiß, 32 g Fett, 3 g Kohlenhydrate = 0,2 BE, 142 mg Cholesterin.
Kalorien: 485 = 2031 Joule.
Zubereitung: 15 Minuten.

200 g festfleischige Tomaten, 150 g Emmentaler (45 %), 4 Beefsteaks (Steaks aus der Kluft) von je 150 g, schwarzer Pfeffer, Thymian, Basilikum, 1 TL Pflanzenöl (5 g), Salz.

Tomaten häuten, in Würfel schneiden, dabei die Stengelansätze wegschneiden. Käse würfeln.
Steaks mit Pfeffer, je einer Prise Thymian und Basilikum einreiben. Grillrost dünn mit Öl einpinseln. Steaks drauflegen. Unter dem vorgeheizten Grill (die Fettpfanne darunter schieben) auf jeder Seite in 3 Minuten garen.
Steaks salzen, Käse und Tomatenwürfel darauf verteilen und übergrillen, bis der Käse zu schmelzen beginnt. Mit noch etwas Thymian bestreuen. Abgetropften Fleischsaft, falls notwendig, mit etwas Wasser löschen und über die Steaks geben. Sofort anrichten.

Beilagen: Kopfsalat mit Tomaten aus: 1 Kopf Salat, 250 g Tomaten und Marinade mit 1 EL Keimöl. Eine Portion: 45 Kalorien = 188 Joule. 0,2 BE. — 4 Roggenbrötchen. Ein Stück: 100 Kalorien = 149 Joule. 1,8 BE.

PS: Man kann auch die kalorienärmeren Filetsteaks verwenden.

Genueser Salat

Eine Portion enthält: 29 g Eiweiß, 9 g Fett, 5 g Kohlenhydrate = 0,4 BE, 90 mg Cholesterin.
Kalorien: 233 = 976 Joule.
Zubereitung: 35 Minuten.

100 g Tiefkühl-Scampi, 300 g Tiefkühl-Goldbarschfilet, Saft einer Zitrone, ⅛ l Wasser, Salz, 1 Dose Tintenfisch (150 g), 2 Zwiebeln, 1 Gewürzgurke (100 g), 2 Tomaten (125 g), 100 g grüne Dosenbohnen. – Für die Marinade: 2 EL Essig, 2 TL scharfer Senf, Salz, schwarzer Pfeffer, 2 EL Pflanzenöl (20 g). 2 Stengel Petersilie zum Garnieren.

Aufgetaute Scampi kalt abbrausen und abtropfen lassen. Goldbarschfilet antauen, bis sich die Filets voneinander lösen lassen. Mit Zitronensaft beträufeln. Wasser mit Salz in einem Topf aufkochen, Fischfilet darin zugedeckt 10 Minuten dünsten.
Inzwischen den Tintenfisch auf einem Sieb abtropfen lassen. In mundgerechte Stücke schneiden.
Fischfilet mit Schaumlöffel aus dem Topf nehmen. Abkühlen lassen und zerpflücken. Zwiebeln und Gurke schälen. In dünne Scheiben schneiden. Tomaten überbrühen, abziehen, vierteln und entkernen. Grüne Bohnen abgießen. Alle diese Zutaten vorsichtig vermischen.
Für die Marinade Essig, Senf, Salz, Pfeffer und Pflanzenöl gut verrühren und kräftig abschmecken. Über den Salat geben und 20 Minuten durchziehen lassen. Abschmecken, anrichten und mit Petersilie garnieren.

Beilagen: 4 Scheiben Toast (80 g). Eine Scheibe: 52 Kalorien = 218 Joule. 0,8 BE. — 20 g Halbfettmargarine. Eine Portion: 19 Kalorien = 80 Joule.

Wann reichen? Als Hauptmahlzeit zum Mittag oder Abend, aber auch als herzhaftes Zwischengericht. Sehr geeignet auch für einen kleinen Gästeimbiß. Reichen Sie Bier oder einen herben Weißwein dazu.

Glacierte Kalbsnuß Landvogtei

Eine Portion enthält: 32 g Eiweiß, 12 g Fett, 38 g Kohlenhydrate = 3,1 BE, 113 mg Cholesterin.
Kalorien: 408 = 1708 Joule.
Zubereitung: 80 Minuten.

500 g Kalbsnuß, Salz, weißer Pfeffer, 4 EL Pflanzenöl (40 g), 1 Bund Suppengrün, 3/8 l Wasser, 1 gehäufter EL Mehl (15 g), 500 g Kartoffeln, 1/2 Dose Erbsen und Möhren (280 g), 1 Glas Pfifferlinge (105 g).

Kalbsnuß waschen, mit Küchenpapier abtrocknen und nach Wunsch in Form binden. Mit Salz und Pfeffer einreiben. 2 EL Öl im Schmortopf erhitzen. Kalbsnuß darin rundherum anbraten.
Suppengrün putzen, waschen und grob zerschnitten 5 Minuten mitbraten. Mit Wasser auffüllen. Im geschlossenen Topf unter gelegentlichem Beschöpfen 50 Minuten schmoren lassen. Fertige Kalbsnuß auf einer vorgewärmten Platte anrichten. Bis zum Servieren warm stellen. Schmorfond durchsieben. Einen Teil davon kurz einkochen lassen,

Kalbsnuß damit glacieren. Restlichen Fond mit Wasser auf ⅜ l auffüllen. Aufkochen und mit angerührtem Mehl binden. Soße abschmecken. Während das Fleisch schmort, die Kartoffeln schälen und 2 cm groß würfeln. In kochendes Wasser geben. Salz zufügen und 2 Minuten blanchieren. Abgießen, dämpfen. Restliches Öl in einer Pfanne erhitzen. Kartoffeln hineingeben und von allen Seiten goldbraun braten.
Erbsen, Möhren und Pfifferlinge mit etwas Salz erhitzen. Abgießen und gut miteinander mischen. Mit Salz und Pfeffer abschmecken. Kalbsnuß portionsweise aufschneiden.
Gemüse und Kartoffeln drumherum anrichten. Soße extra reichen.

Dessert: Heidelbeer-Eiskrem (300 g). Eine Portion: 141 Kalorien = 590 Joule. Oder Diabetiker-Eis.

Goldbarsch gedünstet

Eine Portion enthält: 26 g Eiweiß, 12 g Fett, 4 g Kohlenhydrate = 0,3 BE. 95 mg Cholesterin.
Kalorien: 242 = 1013 Joule.
Zubereitung: 40 Minuten.

> *1000 g Goldbarsch (Schwanzstück), 3 EL Kräuteressig, Salz, Dillspitzengewürz, 3 EL Pflanzenöl (30 g), 200 g Lauch, ¹⁄₁₀ l kochendes Wasser. – Zum Garnieren: 1 Mandarine, etwas Petersilie oder Feldsalat.*

Fisch waschen und abtrocknen. Mit Essig einreiben. 10 Minuten ruhen lassen, dann trockentupfen. Dillgewürz einreiben. Den Goldbarsch auch mit Salz kräftig einreiben.
Öl in einer Pfanne erhitzen. Goldbarsch darin auf jeder Seite 2 Minuten anbraten.
Lauch putzen, gründlich waschen und in Scheiben schneiden. Fisch mit dem Gemüse bedecken. Kochendes Wasser angießen. Zugedeckt bei niedriger Hitze in 20 Minuten gar ziehen lassen. Nicht kochen, sonst zerfällt der Fisch.
Fisch auf einer vorgewärmten Platte anrichten. Mandarine waschen und abtrocknen. Die Schale und die Frucht wie eine Seerose öffnen. Platte damit und mit Petersilie oder Feldsalat garnieren.

Beilagen: Pellkartoffeln aus 500 g. Eine Portion: 85 Kalorien = 356 Joule. 1,6 BE. Oder 500 g Folien-Kartoffeln im Backofen garen.

Goldbarschfilet auf Spinat

Siehe Farbbild zwischen den Seiten 208/209.

Eine Portion enthält: 45 g Eiweiß, 16 g Fett, 8 g Kohlenhydrate = 0,6 BE, 143 mg Cholesterin.
Kalorien: 374 = 1566 Joule.
Zubereitung: 55 Minuten.

> 800 g Goldbarschfilet, 1000 g Spinat, Saft einer Zitrone, 1 Zwiebel, 40 g Margarine, Salz, weißer Pfeffer, geriebene Muskatnuß, 250 g Tomaten, 20 g geriebener Edamer Käse (30 %).

Goldbarschfilet kalt abspülen. Auf eine Platte legen. Mit Zitronensaft beträufeln und 10 Minuten ziehen lassen.
Spinat putzen, waschen, auf einem Sieb abtropfen lassen und grob hacken.
Zwiebel fein würfeln. 20 g Butter oder Margarine in einem Topf erhitzen. Zwiebelwürfel darin goldgelb werden lassen. Goldbarschfilet salzen und pfeffern. Im Topf auf jeder Seite 3 Minuten braten.
10 g Butter oder Margarine in einer feuerfesten Form erhitzen. Spinat einschichten und 10 Minuten dünsten. Mit Salz, Pfeffer und Muskat bestreuen. Fisch und Bratfond darauf verteilen. Tomaten überbrühen, abziehen, in Scheiben schneiden (aber die Stengelansätze rausschneiden). Auf den Fisch legen. Restliches Fett in Flöckchen darauf verteilen. In den vorgeheizten Ofen auf die mittlere Schiene stellen.

Backzeit: 15 Minuten. Elektroherd: 225 Grad. Gasherd: Stufe 4.

Beilage: Kartoffelschnee von 500 g Kartoffeln. Eine Portion: 85 Kalorien = 356 Joule. 1,6 BE.

TIP Wer tiefgekühltes Fischfilet verwendet, darf es niemals auftauen lassen, bevor es in Topf oder Pfanne kommt. Geschieht das doch, dann zerfällt es und schmeckt nicht mehr. Gut: Immer die Gebrauchsanweisung auf den Packungen beachten. Dann kann nichts schiefgehen.

Goldbarsch-Rouladen

Eine Portion enthält: 46 g Eiweiß, 13 g Fett, 3 g Kohlenhydrate = 0,2 BE, 200 mg Cholesterin.
Kalorien: 339 = 1419 Joule.
Zubereitung: 50 Minuten.

> 4 dünne, lange Goldbarschfilets (je 200 g), 2 EL Essig, 150 g Krabbenfleisch aus der Dose oder tiefgekühlt, 1 kleine Dose Champignons (115 g), 1 Zwiebel, 25 g Margarine, Salz, weißer Pfeffer, 1 TL Mehl (5 g), 3 EL saure Sahne (60 g), 1 Bund Petersilie.

Fischfilets kurz unter kaltem Wasser abspülen. Mit Essig beträufelt 10 Minuten ziehen lassen.
Für die Füllung abgetropfte Krabben und Champignons grob hacken. Einige Krabben zum Garnieren zurücklassen. Zwiebel fein würfeln. Knapp 20 g Margarine in einem Topf erhitzen. Zwiebel darin glasig werden lassen. Krabben und Champignons zugeben. 5 Minuten dünsten. Mit Salz und Pfeffer würzen. Mehl drüberstreuen. Unter vorsichtigem Rühren 3 Minuten durchschwitzen lassen.
Vom Herd nehmen. Saure Sahne einrühren. Gehackte Petersilie dazugeben.
Fischfilets salzen. Füllung darauf verteilen. Zu Rouladen aufrollen und mit Holzspießchen feststecken. Feuerfeste Form einfetten. Goldbarschfilets hineinlegen. Restliche Margarine darauf in Flöckchen verteilen. In den vorgeheizten Ofen auf die mittlere Schiene stellen.

Garzeit: 20 Minuten. Elektroherd: 200 Grad. Gasherd: Stufe 3.

Beilage: Körnig gekochter Reis von 125 g Langkornreis. Eine Portion: 115 Kalorien = 481 Joule. 2 BE.

Grapefruit Cobbler

Eine Portion enthält: 1 g Eiweiß, 0 g Fett, 19 g Kohlenhydrate, 0 mg Cholesterin.
Kalorien: 108 = 452 Joule.

> 1 EL zerstoßenes Eis, 2 Glas (je 2 cl) Grapefruitsaft, flüssiger Süßstoff, 1 Glas (2 cl) Gin, Sodawasser zum Auffüllen, 1 Scheibe Dosenananas, 1 Scheibe geschälte Grapefruit.

Eis zusammen mit Grapefruitsaft, Süßstoff und Gin im Shaker gut schütteln. In ein Becherglas (Tumbler) gießen. Mit Sodawasser auffüllen.
Grapefruitscheibe und die Hälfte der Ananasscheibe würfeln. Ins Glas geben. Die andere halbe Ananasscheibe auf den Glasrand setzen. Sofort servieren.

Grapefruit pikant gefüllt

Eine Portion enthält: 12 g Eiweiß, 8 g Fett, 41 g Kohlenhydrate, 85 mg Cholesterin.
Kalorien: 271 = 1135 Joule.
Zubereitung: 35 Minuten.

200 g Tiefkühl-Krabben, 4 kleine Grapefruits (1000 g), 2 kleine Stauden Bleichsellerie (500 g), 200 g Ananasstücke aus der Dose, 2 kleine rote Pfefferschoten aus dem Glas (50 g). – Für die Marinade: 50 g Mayonnaise (50 %), 2 EL Tomatenketchup (40 g), 1 Spritzer Weinbrand, einige Spritzer Worcestersoße, Salz, weißer Pfeffer, flüssiger Süßstoff, 2 EL Dosenmilch (7,5 %). – Außerdem: 4 Salatblätter, 6 Cocktailkirschen (25 g).

Krabben auftauen und abtropfen lassen. Grapefruits waschen, trocknen und halbieren. Fruchtfleisch rauslösen. Weiße Haut entfernen. Entkernen und das Fruchtfleisch in kleine Stücke schneiden.
Bleichsellerie gründlich waschen, dann putzen. Die zarten Blättchen in feine Streifen, die Stangen in dünne Stücke schneiden. Die Ananasstücke kleiner schneiden. Von den Pfefferschoten Stengelansätze und Kerne entfernen. Die Pfefferschoten waschen und in feine Ringe schneiden.
Von den Krabben einige zum Garnieren zurücklassen. Die übrigen mit den Salatzutaten mischen und 10 Minuten zugedeckt in den Kühlschrank stellen.
Für die Marinade Mayonnaise mit Tomatenketchup, Weinbrand, Worcestersoße, Salz, Pfeffer und flüssigem Süßstoff in einer Schüssel verrühren. Mit Dosenmilch schlanker machen. Gut abschmecken.
Grapefruitschalen am Rand auszacken. Salatzutaten einfüllen. Marinade darauf verteilen. Mit halbierten Cocktailkirschen und Krabben garnieren. Salatblätter auf Portionsteller verteilen und die Grapefruitschalen daraufsetzen.

Beilagen: 4 Scheiben Knäckebrot. Eine Scheibe: 38 Kalorien = 159 Joule.

Grieß

Ein Grieß-Milchbrei gilt immer noch als Inbegriff leichter Schonkost. Tatsächlich ist er auch leicht verträglich. Aber Grieß hat nur Sättigungskalorien.
Das heißt: 100 g haben 75 g reine Kohlenhydrate und nur 10 g Eiweiß und 1 g Fett. Darum sollten Grießgerichte mit Eiern angereichert werden, um den gesunden Eiweißanteil zu erhöhen. Sehr gut: In die Speisen je Portion 1 Eßlöffel Magermilchpulver oder 1 Teelöffel Sojamehl rühren. Dieser Zusatz vergrößert den Eiweißanteil aller Grießgerichte.

Griechischer Salat

Eine Portion enthält: 5 g Eiweiß, 6 g Fett, 25 g Kohlenhydrate = 2 BE, 0 mg Cholesterin.
Kalorien: 196 = 821 Joule.
Zubereitung: 20 Minuten.

> 2 Dosen Artischockenherzen (je 240 g), 2 EL Pflanzenöl (20 g), $1/8$ l herber Weißwein, Saft einer Zitrone, 1 Fenchelknolle (250 g), 375 g Tomaten, 1 Zwiebel, 1 Knoblauchzehe, Salz, weißer Pfeffer, knapp $1/8$ l Würfelbrühe.

Abgetropfte Artischockenherzen halbieren und in eine Schüssel geben. Öl mit Weißwein und Zitronensaft verrühren. Über die Artischockenherzen gießen.
Fenchel putzen, waschen und in Scheiben schneiden. Tomaten überbrühen, abziehen und in Scheiben schneiden. Geschälte Zwiebel würfeln. Alles zu den Artischockenherzen geben und mischen.
Geschälte Knoblauchzehe mit etwas Salz zerdrücken. Pfeffer und die warme Fleischbrühe damit verrühren. Über die Salatzutaten gießen.
10 Minuten durchziehen lassen.

Beilagen: 4 Scheiben Stangenbrot. Eine Scheibe von 20 g: 39 Kalorien = 163 Joule. 0,6 BE.
Auch Vollkornbrot als Beilage eignet sich. 1 Scheibe (50 g): 120 Kalorien = 503 Joule. 2 BE.

Grießgrütze russisch

Eine Portion enthält: 10 g Eiweiß, 2 g Fett, 57 g Kohlenhydrate, 65 mg Cholesterin.
Kalorien: 291 = 1218 Joule.
Zubereitung: 25 Minuten.

¾ l Magermilch, 1 Prise Salz, abgeriebene Schale einer halben, ungespritzten Zitrone, flüssiger Süßstoff, 80 g Grieß, 1 Eigelb, 1 Eiweiß, 1 Glas Sauerkirschen ohne Steine (460 g), 50 g Johannisbeerkonfitüre, 2 TL Zucker (10 g).

Magermilch mit Salz, Zitronenschale und Süßstoff in einem Topf kochen. Grieß in dünnem Strahl einrühren. In 5 Minuten unter ständigem Rühren garziehen lassen.
Topf vom Herd nehmen. Eigelb verquirlen und in den Grießbrei rühren. Eiweiß zu steifem Schnee schlagen und unterheben. Die Hälfte in eine gefettete, feuerfeste Form füllen.
Abgetropfte Sauerkirschen mit 2 Eßlöffel Saft in einem Topf aufkochen. Johannisbeer-Konfitüre einrühren. Gut 5 Minuten sprudelnd einkochen lassen.
Kirschkompott auf die Grießgrütze verteilen. Restliche Grütze draufgeben. Mit Zucker bestreuen. Unter den vorgeheizten Grill schieben. Etwa 6 Minuten übergrillen, bis der Zucker karamelisiert und goldgelb, aber nicht braun geworden ist.
Sofort servieren, sonst wird die Karamelschicht zu hart.

Grillen

Gegrilltes ist für jede Diätform prima. Es bleibt durch den jähen Hitzeschock saftig, weil das Eiweiß sofort gerinnt und eine Schutzschicht bildet. Die Bräunung bringt dazu das kräftige Aroma. Grilladen schmecken daher besser als Gekochtes.
Ob Sie im Ofen, in der Pfanne oder elektrisch grillen, ist gleich. Hauptsache, sie verwenden gar kein oder wenig Pflanzenöl. Und natürlich sollten alle Grill-Zutaten ganz mager sein.

Grillsteak gebeizt

Eine Portion enthält: 25 g Eiweiß, 11 g Fett, 4 g Kohlenhydrate, 88 mg Cholesterin.
Kalorien: 225 = 942 Joule.
Zubereitung: Ohne Beizzeit 20 Minuten.

> *2 Zwiebeln, 3 EL Rotweinessig, 2 EL Tomatenketchup (40 g), ½ TL Worcestersoße, einige Spritzer Tabascosoße, 1 TL scharfer Senf, ¼ TL Knoblauchsalz, 2 EL Pflanzenöl (20 g), Salz, flüssiger Süßstoff, Oregano, ½ Bund Petersilie, 4 Filetsteaks von je 125 g.*

Zwiebeln schälen und in eine große Schüssel reiben, Rotweinessig, Tomatenmark, Worcestersoße, Tabascosoße, Senf, Knoblauchsalz und Pflanzenöl darin verrühren. Mit Salz, flüssigem Süßstoff und Oregano abschmecken. Gewaschene, gehackte Petersilie unterrühren. Filetsteaks darin 60 Minuten beizen.
Steaks mit Küchenpapier trocken tupfen. Auf den Rost legen und unter dem vorgeheizten Grill 4 Minuten auf jeder Seite grillen.

Beilagen: 250 g mitgegrillte Tomaten. Eine Portion: 12 Kalorien = 50 Joule. 0,1 BE. — Kopfsalat in einer Marinade aus 2 EL Estragonessig, 2 EL Keimöl, Gewürzen und 2 EL gehackten Kräutern. Eine Portion: 55 Kalorien = 230 Joule.

TIP Viele Beizen für Grilladen haben einen Anteil an frischen, gehackten Kräutern. Darum muß das Fleisch immer gut abgetupft werden. Denn Kräuterreste verkohlen unterm Grill und machen das Fleisch bitter.

Grüne Krabbensuppe

Eine Portion enthält: 16 g Eiweiß, 6 g Fett, 20 g Kohlenhydrate = 1,6 BE, 58 mg Cholesterin.
Kalorien: 233 = 976 Joule.
Zubereitung: 35 Minuten.

> *1 Zwiebel, 1 große Möhre (150 g), 20 g Margarine, ¾ l heiße Würfelbrühe, 1 EL zerriebenes Bohnenkraut, 1 TL getrockneter Estragon, 1 Paket Tiefkühl-Erbsen (450 g), 140 g Nordsee-Krabben aus der Dose, ⅛ l Weißwein, 2 EL Dosenmilch (7,5 %), 1 Weinglas Sekt.*

Zwiebel und Möhre schälen und fein würfeln. Margarine in einem Topf erhitzen. Gemüse darin unter Rühren 5 Minuten anbraten. Heiße Würfelbrühe aufgießen. 10 Minuten durchkochen. Das Bohnenkraut, Estragon und die Tiefkühl-Erbsen zugeben. Wieder aufkochen. Noch 8 Minuten garen. Suppe durch ein Sieb streichen. Wieder in den Topf füllen und rund abschmecken.
Abgetropfte Krabben 5 Minuten darin ziehen lassen. Weißwein und Dosenmilch zufügen. Vom Herd nehmen. Noch mal abschrecken. Sekt zugießen und sofort servieren.

Wann reichen? Als festliche Vorsuppe oder als kulinarische Zwischenmahlzeit.

PS: Krabbenfleisch aus Dosen bitte nur erhitzen, niemals kochen. Sonst wird es zäh und verliert seinen feinen Geschmack.

Gulaschsuppe Piroschka

Eine Portion enthält: 14 g Eiweiß, 11 g Fett, 8 g Kohlenhydrate = 0,6 BE, 44 mg Cholesterin.
Kalorien: 192 = 804 Joule.
Zubereitung: 80—90 Minuten.

250 g mageres Rindfleisch, 1 Paprikaschote, 1 Zwiebel, 1 EL Pflanzenöl (10 g), 1 TL Paprika rosenscharf, Kümmel, Salz, ¾ l Wasser, 250 g Tomaten, 125 g Kartoffeln, Petersilie zum Bestreuen.

Rindfleisch und geputzte, gewaschene Paprikaschote in kleine Würfel schneiden. Geschälte Zwiebel hacken. In Pflanzenöl anbraten.
Fleischwürfel zufügen und durchbraten. Paprikawürfel und Rosenpaprika dazugeben. Durchschmoren. Mit Wasser auffüllen und etwa 30 Minuten kochen lassen. Tomaten überbrühen, abziehen und kleinschneiden. Kartoffeln schälen, in kleine Würfel schneiden. Dazugeben und noch weitere 30 bis 40 Minuten mitkochen. Die fertige Gulaschsuppe abschmecken. Mit Petersilie bestreut auftragen.

Beilagen: 4 Scheiben Weißbrot (von je 20 g). Eine Scheibe: 52 Kalorien = 218 Joule. 0,8 BE.

PS: Wenn Sie Paprika besonders gern mögen, können Sie noch 1 EL Paprika edelsüß in die Suppe rühren. Er ist mild-aromatisch.

Gurken-Ananas-Salat

Eine Portion enthält: 2 g Eiweiß, 7 g Fett, 11 g Kohlenhydrate, 10 mg Cholesterin.
Kalorien: 111 = 465 Joule.
Zubereitung: Ohne Gelierzeit 15 Minuten.

150 g Salatgurke, 150 g Ananasstücke aus der Dose, 3 EL Zitronensaft, 2 EL Ananassaft, flüssiger Süßstoff, Salz, 2 Blatt eingeweichte Gelatine, 4 Salatblätter, 50 g Mayonnaise (50 %), 4 Stengel Petersilie.

Salatgurke waschen. Ungeschält in Würfel schneiden. Mit den gut abgetropften Ananasstückchen mischen.
Zitronen- und Ananassaft erhitzen, Süßstoff und eine Prise Salz zufügen. Gelatine auflösen. Über die Salatzutaten gießen und gelieren lassen. Am besten zugedeckt im Kühlschrank. Salatblätter waschen und trockentupfen. Auf eine Platte legen. Salat darauf anrichten. Mit Mayonnaise und Petersilie garnieren.

Gurkenbowle
6 Portionen

Eine Portion enthält: 1 g Eiweiß, 0 g Fett, 14 g Kohlenhydrate, 0 mg Cholesterin.
Kalorien: 305 = 1277 Joule.
Zubereitung: 10 Minuten.

2 kleine Salatgurken (750 g), 50 g Zucker, 4 EL Zitronensaft, 2 Flaschen gekühlter Moselwein, 1 Flasche Sekt.

Gurken waschen und ungeschält in dünne Scheiben hobeln. In ein Bowlengefäß geben. Mit Zucker überstreuen. Zitronensaft und 1 Flasche sehr gut gekühlten Wein drübergießen. Zugedeckt im Kühlschrank mindestens eine Stunde durchziehen lassen.
Vor dem Servieren die zweite, ebenfalls kalt gestellte Flasche Wein und den Sekt dazugießen.

PS: Wer's lieber süßer haben möchte, gibt noch etwas flüssigen Süßstoff hinzu, wenn die zweite Flasche Wein und der Sekt in die Bowle gegossen werden.

Gurken-Kartoffelsuppe

Eine Portion enthält: 9 g Eiweiß, 3 g Fett, 44 g Kohlenhydrate = 3,7 BE, 9 mg Cholesterin.
Kalorien: 245 = 1026 Joule.
Zubereitung: 45 Minuten.

1 Salatgurke (etwa 450 g), 750 g geschälte Kartoffeln, ¾ l kaltes Wasser, Salz, weißer Pfeffer, ½ l Magermilch, 1 EL geriebene Zwiebel (20 g) oder ½ TL Zwiebelpulver, 1 EL gehackter Dill (oder 1 TL getrocknete Dillspitzen).

Gurke dünn schälen, der Länge nach halbieren, mit einem Teelöffel die Kerne aus den Hälften entfernen. Gurkenfleisch ½ cm groß würfeln. Mit dem Wasser aufkochen. Mit Salz und Pfeffer würzen. Im offenen Topf bei geringer Hitze 25 Minuten weiterkochen lassen, bis sich das Gurkenfleisch mühelos am Topfrand zerquetschen läßt.
Kartoffeln und Kochflüssigkeit durch ein Sieb in eine Schüssel passieren; kein elektrisches Rührgerät benutzen, die Suppe wird dann zu sämig. Püreemasse in den Topf zurückgeben. Die Milch, geriebene Zwiebel oder das Zwiebelpulver und Gurkenwürfel zugeben. Gurkenstückchen bei schwacher Hitze 5 Minuten in der Suppe ziehen lassen. Sie sollen zart, aber noch beißfest sein. Dill zugeben, rund abschmecken und heiß servieren.

TIP Gekochte Gurken kann fast jeder vertragen. Nicht aber rohe Gurken. Vor allem Gallenempfindliche sollten sie aus ihrem Speiseplan verbannen. Für sie sind gedünstete Gurken gut und eine leichte, verträgliche Kost.

Gurken-Paprika-Salat

Eine Portion enthält: 2 g Eiweiß, 5 g Fett, 6 g Kohlenhydrate = 0,5 BE, 0 mg Cholesterin.
Kalorien: 81 = 339 Joule.
Zubereitung: 20 Minuten.

3 EL Essig, Salz, schwarzer Pfeffer, Knoblauchsalz, flüssiger Süßstoff, Paprika rosenscharf, 2 EL Pflanzenöl (20 g), 1 Bund Petersilie, 1 Salatgurke (500 g), je 1 rote und grüne Paprikaschote (250 g), 2 Tomaten (125 g), 1 Zwiebel.

Aus Essig, Salz, Pfeffer, Knoblauchsalz, flüssigem Süßstoff, Paprikapulver und Öl eine Marinade rühren. Pikant abschmecken. Petersilie waschen, trockentupfen, hacken und in die Marinade geben.
Salatgurke waschen, schälen und in Scheiben schneiden. Paprikaschoten aushöhlen, waschen, trocknen und in feine Ringe schneiden. Mit der Marinade mischen. 15 Minuten durchziehen lassen. Abschmecken und in einer Schüssel anrichten und servieren.

Beilagen: 200 g Schwarzbrot (4 Scheiben). Eine Scheibe: 120 Kalorien = 502 Joule. 2 BE. — 20 g Halbfettmargarine. Eine Portion: 19 Kalorien = 80 Joule.

PS: Am besten immer junge Salatgurken kaufen und mit der Schale verwenden. Das bringt ein paar mehr Vitamine und Mineralstoffe. Ohne Schale sind Gurken arm daran.

Gurkensuppe eisgekühlt

Eine Portion enthält: 10 g Eiweiß, 5 g Fett, 17 g Kohlenhydrate = 1,4 BE, 17 mg Cholesterin.
Kalorien: 179 = 749 Joule.
Zubereitung: 20 Minuten.

3 Becher Trinkmilch-Joghurt, ½ l Magermilch, ⅛ l Weißwein, 2 EL Zitronensaft, 1 kleine Zwiebel (30 g), 1 kleine Knoblauchzehe, Salz, weißer Pfeffer, flüssiger Süßstoff, 1 Salatgurke (500 g), 1 Kästchen Kresse.

Joghurt und Milch in eine tiefe Schüssel geben. Mit dem Schneebesen schaumig schlagen. Nach und nach Weißwein und Zitronensaft unter ständigem Schlagen einrühren.
Zwiebel schälen und hineinreiben. Den geschälten Knoblauch mit etwas Salz zerdrücken. In die Suppe rühren. Mit Salz, Pfeffer und wenig flüssigem Süßstoff würzen.
Gurke waschen, abtrocknen, aber nicht schälen. Ein paar dünne Scheiben zum Garnieren abschneiden. Den Rest fein raffeln.
In die Suppe rühren. Zugedeckt 60 Minuten im Kühlschrank durchziehen lassen. Kresse kalt abspülen. Blättchen von den Stengeln schneiden. Den größten Teil der Kresse in die Suppe rühren. In vier Suppentassen verteilen. Mit Gurkenscheiben und Kresse garniert servieren. Aber gleich am Zubereitungstag, sonst schmeckt sie nicht mehr.

Guten Morgen

Eine Portion enthält: 9 g Eiweiß, 3 g Fett, 27 g Kohlenhydrate, 0 mg Cholesterin.
Kalorien: 177 = 741 Joule.
Zubereitung: 10 Minuten.

½ l kalte Trinkmilch, 3 EL Sanddornsaft, flüssiger Süßstoff, 4 Scheiben Bauernbrot, 20 g Halbfettmargarine, 1 Bund Radieschen, 125 g Magerquark, Salz, gewürzter Pfeffer, 3 EL gehackte Kräuter.

Milch und Sanddornsaft verrühren. Mit oder ohne Süßstoff-Zusatz — je nach Geschmack — in 4 hohe Gläser verteilen.
Brotscheiben mit Halbfettmargarine bestreichen. Radieschen putzen, waschen und in dicke Scheibchen schneiden. Zwei Schnitten damit belegen.
Quark mit Salz, gewürztem Pfeffer und Kräutern verrühren. Abschmecken. Auf die beiden anderen Brotscheiben verteilen. Mit Kräutern garnieren.
Brote auf einem Brett anrichten. Man kann 4 Tomaten dazu servieren.

H

Haferflocken

Sie sind ein gesundes Vollkornprodukt, am besten in der kernigen Form. 100 g enthalten 14 g Eiweiß, 7 g Fett, 66 g Kohlenhydrate, viel Calcium und Phosphor, auch Eisen und B- und E-Vitamine. Allerdings auch 402 Kalorien.

Haferflocken-Kirsch-Auflauf

Eine Portion enthält: 13 g Eiweiß, 11 g Fett, 68 g Kohlenhydrate, 129 mg Cholesterin.
Kalorien: 435 = 1820 Joule.
Zubereitung: 60 Minuten.

20 g Margarine, 200 g Haferflocken, 1 Prise Salz, 500 g entsteinte Schattenmorellen aus dem Glas, 2 Eier, ¼ l Magermilch, 30 g Zucker.

Margarine in einem Topf erhitzen. Haferflocken und Salz zugeben. Unter Rühren 10 Minuten bei schwacher Hitze leicht rösten. In eine Schüssel schütten, damit die Haferflocken nicht nachbräunen.
Kirschen auf einem Sieb gut abtropfen lassen. Saft auffangen. Die Hälfte der Haferflocken in eine gefettete feuerfeste Form geben. Kirschen darauf verteilen; darüber die restlichen Haferflocken. Eier mit Milch verquirlen. Drübergießen. Mit Zucker bestreuen. Den Auflauf in den vorgeheizten Backofen auf die mittlere Schiene stellen.

Backzeit: 45 Minuten. Elektroherd: 175 Grad. Gasherd: Stufe 2.
Den Auflauf heiß servieren. Dazu den aufgefangenen Kirschsaft, den Sie mit 1 EL Speisestärke andicken können. Aber ohne hat er weniger Kalorien. Wenn nötig, den Kirschsaft mit Süßstoff nachsüßen.

Haferflocken-Makronen

Ein Stück enthält: 1 g Eiweiß, 2 g Fett, 4 g Kohlenhydrate, 6 mg Cholesterin.
Kalorien: 36 = 151 Joule.
Zubereitung: 25 Minuten.

100 g Pflanzenmargarine, 50 g Puderzucker, 1 Prise Salz, 1 Eigelb, 50 g Haferflocken, 150 g Mehl.

Margarine in einer Schüssel schaumig rühren. Nach und nach Puderzucker, Salz, Eigelb zufügen. Zuletzt die Haferflocken und das Mehl unterrühren.
Teig kurz durchkneten. In zwei gleich lange und dicke Rollen formen. Jede Rolle in 25 Stücke schneiden. Zu Kugeln formen. Auf runde Backoblaten drücken und auf ein gefettetes Backblech legen.

Backzeit: 8—10 Minuten. Elektroherd: 175—200 Grad. Gasherd: Stufe 2—3.
Ergibt 50 Haferflockenmakronen.

Haferflocken-Müsli

Eine Portion enthält: 5 g Eiweiß, 4 g Fett, 28 g Kohlenhydrate, 0 mg Cholesterin.
Kalorien: 171 = 716 Joule.
Zubereitung: 10 Minuten.

1 EL zarte Vollkorn-Haferflocken (8 g), 3 EL Wasser, 1 TL Honig, 1 EL Magermilchpulver, 1 saftiger Apfel (100 g) oder 100 g frische Erdbeeren, 1 TL Leinsamenkörner oder -schrot, 1 TL gemahlene Haselnüsse.

Haferflocken mit Wasser, Honig und Magermilchpulver verrühren. Apfel waschen und grob raspeln. Oder Erdbeeren waschen und putzen. Mit einer Gabel zerdrücken oder kleinschneiden. Ein paar ganze Früchte zum Garnieren zurücklassen.
Leinsamenkörner im Mixer oder in der Mühle schroten. Nur notfalls gemahlen kaufen. Obst, Leinsamen und gemahlene Haselnüsse mit den Haferflocken mischen.
Mit Früchten garnieren.

Hähnchen chinesisch

Eine Portion enthält: 38 g Eiweiß, 7 g Fett, 10 g Kohlenhydrate = 0,8 BE, 108 mg Cholesterin.
Kalorien: 280 = 1172 Joule.
Zubereitung: 30 Minuten.

4 Hähnchenbrüste (800 g). – Für die Marinade: 3 EL Reiswein, 1 EL Mehl (10 g), Salz, weißer Pfeffer. – Außerdem: 150 g Champignons, 150 g Tiefkühl-Erbsen (½ Paket), 2 EL Pflanzenöl (20 g), Salz, 1 EL Sojasoße, je 1 Msp Ingwerpulver und Fleischextrakt, 1 TL Speisestärke (3 g).

Hähnchenfleisch von den Knochen lösen und in feine Streifen schneiden.
Für die Marinade 2 EL Reiswein (oder Sherry) mit Mehl, Salz und Pfeffer in einer Tasse verrühren. Über die Fleischstreifen verteilen. Mischen und zugedeckt 10 Minuten durchziehen lassen.
Inzwischen die Champignons putzen, waschen und in Scheiben schneiden. Tiefkühl-Erbsen mit den Champignons in wenig Wasser nach Anweisung garen.
Pflanzenöl in einer Pfanne erhitzen. Hähnchenfleisch mit der Marinade hineingeben und unter Rühren 5 Minuten anbraten. Champignons und Erbsen abgießen und dazugeben. Mit Salz, Sojasoße, Ingwer und mit in wenig heißem Wasser aufgelöstem Fleischextrakt würzen.
Speisestärke mit dem restlichen Reisweis (oder Sherry) verrühren. Gericht damit binden. Aufkochen, abschmecken und servieren.

Beilagen: Körnig gekochter Reis (von 125 g Langkornreis). Eine Portion: 115 Kalorien = 481 Joule. 2 BE.

Hähnchen Hawaii
Siehe Farbbild zwischen den Seiten 240/241.

Eine Portion enthält: 40 g Eiweiß, 20 g Fett, 36 g Kohlenhydrate, 138 mg Cholesterin.
Kalorien: 515 = 2156 Joule.
Zubereitung: 65 Minuten.

> 1 bratfertiges Hähnchen (1000 g), Salz, weißer Pfeffer, Paprika edelsüß, 2½ EL Pflanzenöl (25 g), 2 kleine Bananen (250 g), 2 EL Zitronensaft, 4 Pfirsichhälften aus der Dose, 4 Scheiben Ananas aus der Dose, 100 g Schattenmorellen aus dem Glas, 20 g blättrige Mandeln, 10 g Kokosraspel.

Hähnchen innen und außen waschen, trocknen und mit Salz, Pfeffer und Paprika einreiben. In eine Bratenpfanne legen. Öl erhitzen. Über das Hähnchen gießen. In den vorgeheizten Ofen (untere Schiene) stellen.

Bratzeit: 45 Minuten. Elektroherd: 225 Grad. Gasherd: Stufe 4.
Während des Bratens ab und zu umdrehen und mit Fond begießen. Inzwischen die Bananen schälen und in Scheiben schneiden. Mit Zitronensaft beträufeln. Pfirsichhälften, Ananasscheiben und Schattenmorellen abtropfen lassen. 5 Minuten vor Ende der Garzeit das Obst mit in die Bratenpfanne geben und erhitzen.
Hähnchen auf einer vorgewärmten Platte anrichten. Mit dem Obst garnieren. Mandeln und Kokosraspeln kurz rösten und drüberstreuen.

Beilage: Körnig gekochter Reis von 125 g Langkornreis. Eine Portion: 115 Kalorien = 481 Joule.

Hähnchen Marengo

Eine Portion enthält: 46 g Eiweiß, 21 g Fett, 8 g Kohlenhydrate = 0,6 BE, 232 mg Cholesterin.
Kalorien: 457 = 1913 Joule.
Zubereitung: 65 Minuten.

> 1 küchenfertiges Hähnchen von 1000 g, Salz, weißer Pfeffer, 2½ EL Pflanzenöl (25 g), gut ⅛ l Rotwein, 250 g Tomaten, 1 Knoblauchzehe, ¼ l Würfelbrühe, 1 kleine Dose Champignons (115 g), 2 EL Mehl (20 g). – Für die Garnierung: 1 hartgekochtes Ei, 4 Trüffelscheiben aus der Dose (25 g), 4 Krebsschwänze aus der Dose (80 g), 12 gefüllte spanische Oliven.

Hähnchen außen und innen kalt abspülen. Vierteln und die großen Knochen auslösen. Mit Küchenpapier abtrocknen. Salzen und pfeffern.
Öl in einem Bräter erhitzen. Hähnchenteile darin 10 Minuten rundherum anbraten. Mit Rotwein ablöschen.

Tomaten überbrühen, abziehen (die Stengelansätze entfernen) und grob hacken. Zum Hähnchen geben. Knoblauchzehe schälen und mit Salz zerdrücken. In den Topf geben und die Würfelbrühe angießen. Zugedeckt bei geringer Hitze 30 Minuten schmoren lassen.
Abgetropfte Champignons (Brühe auffangen) zugeben. Weitere 5 Minuten bei geringer Hitze schmoren.
Fleisch aus dem Topf nehmen, warm stellen. Mehl in wenig Champignonwasser anrühren. Soße damit binden. Mit Salz und Pfeffer abschmecken. Mit den Hähnchenstücken in eine vorgewärmte Schüssel oder auf eine tiefe Platte geben. Warm stellen.
Für die Garnierung das Ei vierteln. Trüffelscheiben, Krebsschwänze und Oliven abtropfen lassen. Hähnchen damit garnieren.

Beilagen: Kopfsalat in Marinade aus 2 EL Estragonessig, Gewürzen, 1 EL gehackten Kräutern und 2 EL Pflanzenöl. Eine Portion: 55 Kalorien = 230 Joule. 0,1 BE. — Salzkartoffeln von 500 g Kartoffeln. Eine Portion: 85 Kalorien = 356 Joule. 1,6 BE.

Hähnchen mit Äpfeln

Eine Portion enthält: 43 g Eiweiß, 17 g Fett, 25 g Kohlenhydrate = 2 BE, 151 mg Cholesterin.
Kalorien: 465 = 1947 Joule.
Zubereitung: Ohne Auftauzeit 55 Minuten.

> 1 Tiefkühlhähnchen (etwa 1100 g), Salz, weißer Pfeffer, 1 Msp Thymian, 4 Nadeln Rosmarin, 2 EL Mehl (20 g), 2 EL Keimöl (20 g), 750 g Äpfel, ½ l klare Instant-Fleischbrühe, 1 Glas (2 cl) Calvados.

Hähnchen auftauen lassen. Unter fließendem kaltem Wasser waschen. Mit Küchenpapier abtrocknen. Der Länge nach halbieren und von jeder Hälfte Flügel und Keule abschneiden. Hähnchenteile mit Salz und frisch gemahlenem Pfeffer würzen. Mit den zerriebenen Kräutern einreiben und in Mehl wenden.
Öl in einer beschichteten Pfanne erhitzen. Geflügelstücke darin rundherum braun anbraten. Das dauert etwa 5 Minuten.
Äpfel waschen, achteln und entkernen. Die Hälfte der Apfelstücke in eine feuerfeste Form füllen. Fleischstücke darauf legen, restliche

Apfelstücke darüber verteilen. Fleischbrühe und Calvados drübergießen. Form in den vorgeheizten Ofen auf die mittlere Schiene stellen.

Garzeit: 35 Minuten. Elektroherd: 225 Grad. Gasherd: Stufe 4.

Beilage: Körnig gekochter Reis von 125 g. Eine Portion: 115 Kalorien = 481 Joule. 2 BE.

PS: Wer auf Alkohol verzichten muß, nimmt $3/8$ l Fleischbrühe und dazu $1/8$ l naturtrüben Apfelsaft.

Hähnchen-Geschnetzeltes

Eine Portion enthält: 40 g Eiweiß, 24 g Fett, 8 g Kohlenhydrate, 165 g Cholesterin.
Kalorien: 439 = 1838 Joule.
Zubereitung: 40 Minuten.

1 Hähnchen von 1000 g (küchenfertig), 2 EL Pflanzenöl (20 g), 2 EL Calvados, Salz, 1 Zwiebel, 1/2 gestrichener TL Currypulver, 1 Msp Sambal Oelek, einige Spritzer Tabascosoße, 15 g Mehl, 2 EL Tomatenketchup, 3/8 l Würfelbrühe, knapp 1/8 l Sahne (100 cm³), 2 EL Dosenmilch (7,5 %).

Hähnchenfleisch von den Knochen lösen. Fleisch in Streifen oder Würfel schneiden. Im heißen Pflanzenöl etwa 10 Minuten anbraten. Calvados drübergießen und anzünden. Abbrennen. Geflügel salzen. Warm stellen. Geschälte Zwiebel fein würfeln. Im Bratfond andünsten. Currypulver, Sambal Oelek und Tabasco dazugeben. Mehl drüberstauben und durchdünsten. Das Tomatenketchup zufügen und mit Brühe, Sahne und Dosenmilch löschen. Fleisch darin kurz durchkochen. Abschmecken, servieren.

Beilagen: Kopfsalat in Marinade aus 2 EL Zitronensaft, 2 EL Schnittlauch, 2 EL Pflanzenöl und Gewürzen. Eine Portion: 55 Kalorien = 230 Joule. 0,1 BE. — Pariser Kartoffeln: 500 g mit dem Kartoffelausstecher ausgestochen und in Salzwasser gegart. Eine Portion: 85 Kalorien = 356 Joule.

PS: So können Sie auch Kalbs-Geschnetzeltes zubereiten. Aus dem Bug (Schulter). Dann haben Sie beinahe die gleiche Kalorienmenge. Bei Kalbsfilet sind es weniger.

Hasengulasch ungarisch

Eine Portion enthält: 35 g Eiweiß, 14 g Fett, 8 g Kohlenhydrate = 0,6 BE, 176 mg Cholesterin.
Kalorien: 319 = 1336 Joule.
Zubereitung: 80 Minuten.

750 g Hasenfleisch (Rücken oder Keule), 1 l Buttermilch, 2½ EL Pflanzenöl (25 g), 2 Zwiebeln, Salz, 2 EL Paprika edelsüß, ¼ l Würfelbrühe, je 2 rote und grüne Paprikaschoten (500 g), ⅛ l saure Sahne.

Hasenfleisch häuten, wenn nötig. Buttermilch in eine Schüssel geben. Fleisch darin 24 Stunden einlegen.
Fleisch aus der Buttermilch nehmen. Mit Haushaltspapier abtrocknen, von den Knochen lösen und in 3 cm große Würfel schneiden.
Öl in einem Topf erhitzen. Fleisch und Knochen hineingeben. 5 Minuten rundherum anbraten.
Zwiebeln schälen, würfeln, zum Fleisch geben und weitere 5 Minuten braten. Mit Salz und Paprikapulver würzen. Würfelbrühe angießen. Zugedeckt 50 bis 60 Minuten schmoren.
Paprikaschoten putzen, halbieren, waschen und würfeln. Nach 40 Minuten Garzeit die Knochen aus dem Topf nehmen und die Paprikawürfel hineingeben. Kurz vor Ende der Garzeit den Topf öffnen, damit etwas Flüssigkeit verkochen kann. Saure Sahne einrühren. Sofort servieren.

Beilagen: Kopfsalat in Marinade aus 2 EL Zitronensaft, Gewürzen, 2 EL Schnittlauch und 2 EL Keimöl. Eine Portion: 55 Kalorien = 230 Joule. 0,1 BE. — Nudeln von 125 g. Eine Portion: 122 Kalorien = 511 Joule. 2 BE.

Hasenrücken mit Weißwein

Eine Portion enthält: 34 g Eiweiß, 12 g Fett, 3 g Kohlenhydrate = 0,2 BE, 169 mg Cholesterin.
Kalorien: 292 = 1223 Joule.
Zubereitung: 55 Minuten.

1 Hasenrücken (750 g), Salz, weißer Pfeffer, 2½ EL Pflanzenöl (25 g), 3 Schalotten, ⅛ l trockener Weißwein, 4 EL Dosenmilch (7,5 %), ½ Bund Petersilie.

Hasenrücken häuten. Unter kaltem Wasser abspülen und mit Küchenpapier trockentupfen. Mit Salz und Pfeffer einreiben. In die Fettpfanne legen. Pflanzenöl erhitzen und drübergießen. In den vorgeheizten Ofen auf die mittlere Schiene schieben.

Bratzeit: 20 Minuten. Elektroherd: 205 Grad. Gasherd: Stufe 4.
Fleisch auf einer vorgewärmten Platte bis zum Servieren warm stellen. Für die Soße Schalotten schälen und fein hacken. Im Bratfett 5 Minuten rösten. Weißwein angießen. Aufkochen. In einen Topf umfüllen. 10 Minuten einkochen lassen.
Topf vom Herd nehmen, Dosenmilch einrühren. Sorgfältig abschmecken. Getrennt zum Hasenrücken, der hübsch mit Petersilie garniert wird, reichen.

Beilage: Olivenkartoffeln. Dazu mit dem Kartoffelausstecher Kugeln aus 500 g geschälten Kartoffeln ausstechen. In Salzwasser garen. Abgießen, trockendämpfen und in 10 g Margarine schnell durchbraten. Eine Portion: 104 Kalorien = 435 Joule. 1,6 BE.

Hausmacherkäse mit Erbsen

Eine Portion enthält: 36 g Eiweiß, 12 g Fett, 18 g Kohlenhydrate = 1,5 BE, Spuren an Cholesterin.
Kalorien: 336 = 1407 Joule.
Zubereitung: 30 Minuten, ohne Zeit zum Auspressen und Durchziehen.

750 g Magerquark, 500 g Tomaten, 250 g sehr feine Erbsen aus der Dose, 2 Zwiebeln (100 g). – Für die Marinade: 4 EL Pflanzenöl (40 g), 2 EL Zitronensaft, 2 EL Wasser, Salz, weißer Pfeffer, 1 TL feingehackter Knoblauch, 1½ EL feingehackte Petersilie.

Ein Sieb in eine Schüssel hängen. Mit einem sauberen, feuchten Küchentuch auslegen, den Quark draufgeben. Tuch zusammennehmen. Sehr kräftig auswringen, damit der Quark möglichst viel Flüssigkeit verliert.
Quark im Küchentuch lassen. Auf einen flachen Teller legen, mit einem Brett bedecken, mit einem schweren Gegenstand (etwa 8 kg) beschweren und 5 Stunden bei Zimmertemperatur stehen lassen.
Käse vorsichtig auswickeln und mit einem sehr scharfen Messer in etwa 1 cm große Würfel schneiden.

Tomaten häuten, Stengelansätze wegschneiden, Tomaten achteln. Erbsen abtropfen lassen. Zwiebeln abziehen und in sehr feine Ringe schneiden. Alles über die Käsewürfel geben.
Aus Öl, Zitronensaft und Wasser eine Marinade rühren, mit Salz, Pfeffer und Knoblauch abschmecken. Über das Salatgut geben und alles vorsichtig miteinander mischen. Etwa 3 Stunden durchziehen lassen und vor dem Anrichten noch einmal abschmecken. Mit der Petersilie bestreut servieren.

Beilage: 4 Scheiben Toastbrot (je 20 g). Eine Scheibe enthält: 52 Kalorien = 218 Joule. 0,8 BE.

Hawaii-Salat

Eine Portion enthält: 3 g Eiweiß, 8 g Fett, 21 g Kohlenhydrate, 10 mg Cholesterin.
Kalorien: 182 = 762 Joule.
Zubereitung: 20 Minuten.

Für die Marinade: 50 g Mayonnaise (50 %), 2 EL Zitronensaft, 1 Schuß Calvados, Salz, weißer Pfeffer, flüssiger Süßstoff. – Für den Salat: 1 Glas Selleriewürfel (270 g), 1 mürber Apfel (125 g), 1 Orange (200 g), 2 Scheiben Ananas aus der Dose, 10 g Mandelstifte. – Zum Garnieren: *1 kleiner Kopf Salat, 10 Radieschen.*

Mayonnaise mit Zitronensaft und Calvados in einer Schüssel verrühren. Mit Salz, Pfeffer und Süßstoff abschmecken. Dann läßt man die Selleriewürfel abtropfen. Apfel schälen, entkernen, würfeln und mit der Mayonnaise mischen.
Orange mit scharfem Messer wie einen Apfel schälen, so daß auch die weiße Haut entfernt wird. Orangenspalten rausschneiden. Das Fruchtfleisch würfeln. Ananasscheiben in Stücke schneiden. Alles mit den Mandelstiften in die Marinade mischen. Im Kühlschrank zugedeckt durchziehenlassen.
Kopfsalat putzen, waschen und gut abtropfen lassen. Aus den geputzten, gewaschenen Radieschen Rosetten schneiden. Salatschüssel mit den Salatblättern auslegen. Hawaii-Salat abschmecken und einfüllen. Mit Radieschen garnieren.

Beilagen: 4 Scheiben Knäckebrot (40 g). Eine Scheibe: 38 Kalorien = 159 Joule. — 20 g Halbfettmargarine. Eine Portion: 19 Kalorien = 80 Joule.

PS: Wer Alkohol nicht verträgt, nimmt statt dessen lieber ein paar Tropfen Worcestersauce.

Hefe

Hier geht's um veredelte Hefe aus natürlichen Kultur- oder Fruchthefen. Solche Hefen enthalten Spitzenmengen an magerem Eiweiß und B-Vitaminen. Sie wirken durch ihren hohen Gehalt an Kalium entwässernd, aktivieren den Stoffwechsel, beheben die Verdauungsstörungen, verbessern die Sauerstoffzufuhr der Zellen. Das stärkt die Leistungsfähigkeit und die Abwehrkraft des Körpers. Empfohlene Tagesmenge: 10 g Trockenhefe (Reformhaus).

Hefe-Mandelkranz

Ein Stück enthält: 3 g Eiweiß, 4 g Fett, 24 g Kohlenhydrate, 1 mg Cholesterin.
Kalorien: 142 = 595 Joule.
Zubereitung: Ohne Ruhezeit 40 Minuten.

> Für den Teig: ⅛ l lauwarme Magermilch, 30 g Hefe, 40 g Zucker, 375 g Mehl, 1 Prise Salz, abgeriebene Schale einer halben ungespritzten Zitrone, 30 g leicht zerlassene Margarine. – Für die Füllung: 100 g geriebene Mandeln, 50 g Zucker, Mark einer halben Vanilleschote, 20 g gewürfeltes Zitronat oder Orangeat, 4 EL Dosenmilch, eventuell etwas Wasser. – Für den Guß: 150 g Puderzucker, 3 EL Wasser.

Milch in ein kleines Gefäß geben. Hefe hineinbröckeln. Eine Prise Zucker darin verrühren. Zugedeckt 15 Minuten aufgehen lassen. Zucker, Mehl, Salz und abgeriebene Zitronenschale in eine Schüssel geben. Hefemilch und Margarine zugeben. Mischen und dann kräftig schlagen.

Schüssel mit einem Tuch zudecken. Teig 20 Minuten gehenlassen.
Inzwischen für die Füllung Mandeln, Zucker, Vanillemark, Zitronat oder Orangeat mit der Dosenmilch und eventuell mit noch etwas Wasser in einer Schüssel gut mischen.

Teig auf bemehlter Arbeitsfläche zu einem Rechteck von etwa 50 × 70 cm ausrollen. Füllung darauf verteilen. Dabei einen kleinen Abstand vom Rand halten und diesen mit etwas Wasser bepinseln. Aufrollen. Rolle auf einem gefetteten Blech zu einem Kranz formen. Zugedeckt noch mal 20 Minuten gehen lassen. In den vorgeheizten Backofen auf die mittlere Schiene schieben.

Backzeit: 30 Minuten. Elektroherd: 225 Grad. Gasherd: Stufe 4.
Für den Guß Puderzucker und Wasser verrühren. Warmen Hefekranz damit glasieren. Auf einen Küchendraht gleiten und gut auskühlen lassen.
Ergibt 24 Stücke.

PS: Wer den Zuckerguß wegläßt, spart bei jedem Stück 24 Kalorien. Und hat doch keinen geringeren Genuß, vorausgesetzt, er ißt den Hefekranz frisch. Denn so schmeckt er am besten.

Heidelbeerkuchen vom Blech

Ein Stück enthält: 3 g Eiweiß, 2 g Fett, 20 g Kohlenhydrate, 9 mg Cholesterin.
Kalorien: 116 = 486 Joule.
Zubereitung: Ohne Ruhezeit 55 Minuten.

> *1000 g Heidelbeeren, knapp ⅜ l lauwarme Magermilch (350 cm³), 25 g Hefe, 1 Prise Zucker, 500 g Mehl, 90 g Zucker, 1 Prise Salz, 60 g leicht zerlassene Margarine, 1 Ei.*

Die Heidelbeeren waschen. Blättchen entfernen. Heidelbeeren auf einem Sieb abtropfen lassen.
Milch in ein Gefäß geben. Hefe hineinbröckeln. Eine Prise Zucker darin verrühren. Zugedeckt 15 Minuten aufgehen lassen.
Mehl, 40 g Zucker und Salz in eine Schüssel geben. Hefestück, Margarine und Ei zufügen. Zu einem geschmeidigen Teig schlagen. Zugedeckt 20 Minuten gehen lassen.

Backblech einfetten. Teig darauf ausrollen. Rand an allen Seiten hochziehen. Heidelbeeren auf den Teig verteilen. Noch mal 20 Minuten gehen lassen. In den vorgeheizten Ofen schieben.

Backzeit: 35 Minuten. Elektroherd: 200—225 Grad. Gasherd: Stufe 3—4.
Aus dem Ofen nehmen und mit dem restlichen Zucker bestreuen. Auf einem Küchendraht auskühlen lassen. Vorm Servieren in 30 Stücke schneiden.

Heidelbeer-Törtchen

Ein Törtchen enthält: 2 g Eiweiß, 6 g Fett, 23 g Kohlenhydrate, 35 mg Cholesterin.
Kalorien: 162 = 678 Joule.
Zubereitung: Ohne Ruhezeit 45 Minuten.

125 g Mehl, 25 g Zucker, 1 Prise Salz, 50 g Margarine, 1 Eigelb, 2 EL Weißwein, 250 g Heidelbeeren, 2 EL Zucker (30 g).

Mehl, Zucker, Salz und Margarine auf der Arbeitsfläche mit einem Pfannenmesser durchhacken. In die Mitte eine Mulde drücken. Eigelb mit Weißwein verquirlen und hineingeben. Rasch zu einem Teig kneten. Etwa 60 Minuten zugedeckt im Kühlschrank kalt stellen.
Teig auf der bemehlten Arbeitsfläche ausrollen. Acht eingefettete Törtchenformen von 7 cm Durchmesser damit auskleiden. Teig fest andrücken. Ein paarmal mit der Gabel einstechen, damit sich keine Blasen bilden. Auf dem Rost in den Ofen schieben.

Backzeit: 15—20 Minuten. Elektroherd: 200—225 Grad. Gasherd: Stufe 3—4.
Törtchen auf einen Küchendraht stürzen und auskühlen lassen.
Heidelbeeren mit Zucker mischen. In die Törtchen füllen.

PS: Wer sich Sahne dazu leisten will, kann das natürlich. Nur zur Kenntnis: 1 EL ungezuckerte Schlagsahne hat 36 Kalorien = 151 Joule.

Heidjerbraten
6 Portionen

Eine Portion enthält: 27 g Eiweiß, 32 g Fett, 8 g Kohlenhydrate = 0,6 BE, 99 mg Cholesterin.
Kalorien: 447 = 1872 Joule.
Zubereitung: 115 Minuten.

1000 g Hammelkeule, Senf, Salz, 25 g Pflanzenöl, 1 Bund Suppengrün, $1/4$ l Wasser, $1/8$ l saure Sahne, 2 EL Mehl (20 g).

Hammelkeule waschen und abtrocknen. Mit Senf bestreichen und an einem kühlen Ort drei Tage ruhen lassen. Dann mit Salz einreiben. Öl im Schmortopf erhitzen. Hammelkeule darin rundherum gut anbraten.
Suppengrün putzen, grob zerschneiden und mit anbraten. Nach und nach Wasser zugießen.
Hammelkeule insgesamt 90 bis 105 Minuten zugedeckt schmoren lassen.
Fertigen Braten aus dem Topf nehmen. Bratfond durchsieben. Mit Wasser auf $1/4$ l Flüssigkeit auffüllen. Aufkochen.
Sahne und Mehl verquirlen. In den Topf rühren, wieder aufkochen und würzig abschmecken. Braten und Soße gesondert reichen.

Beilagen: Blumenkohl (750 g). Eine Portion: 21 Kalorien = 88 Joule. 0,2 BE. — Salzkartoffeln (750 g). Eine Portion: 85 Kalorien = 356 Joule. 1,6 BE.

Heilbutt gekocht

Eine Portion enthält: 56 g Eiweiß, 24 g Fett, 2 g Kohlenhydrate = 0,2 BE, 238 mg Cholesterin.
Kalorien: 474 = 1983 Joule.
Zubereitung: 30 Minuten.

1200 g küchenfertiger Heilbutt, Saft einer Zitrone. – Für den Fischsud: 2 l Wasser, $1/4$ l Weißwein, 1 Zwiebel (40 g), 1 Lorbeerblatt, 5 Pfefferkörner, Salz. – Außerdem: 40 g Butter, 1 Bund Petersilie.

Fruchtsalat mit Nüssen (Rezept S. 159) ▷

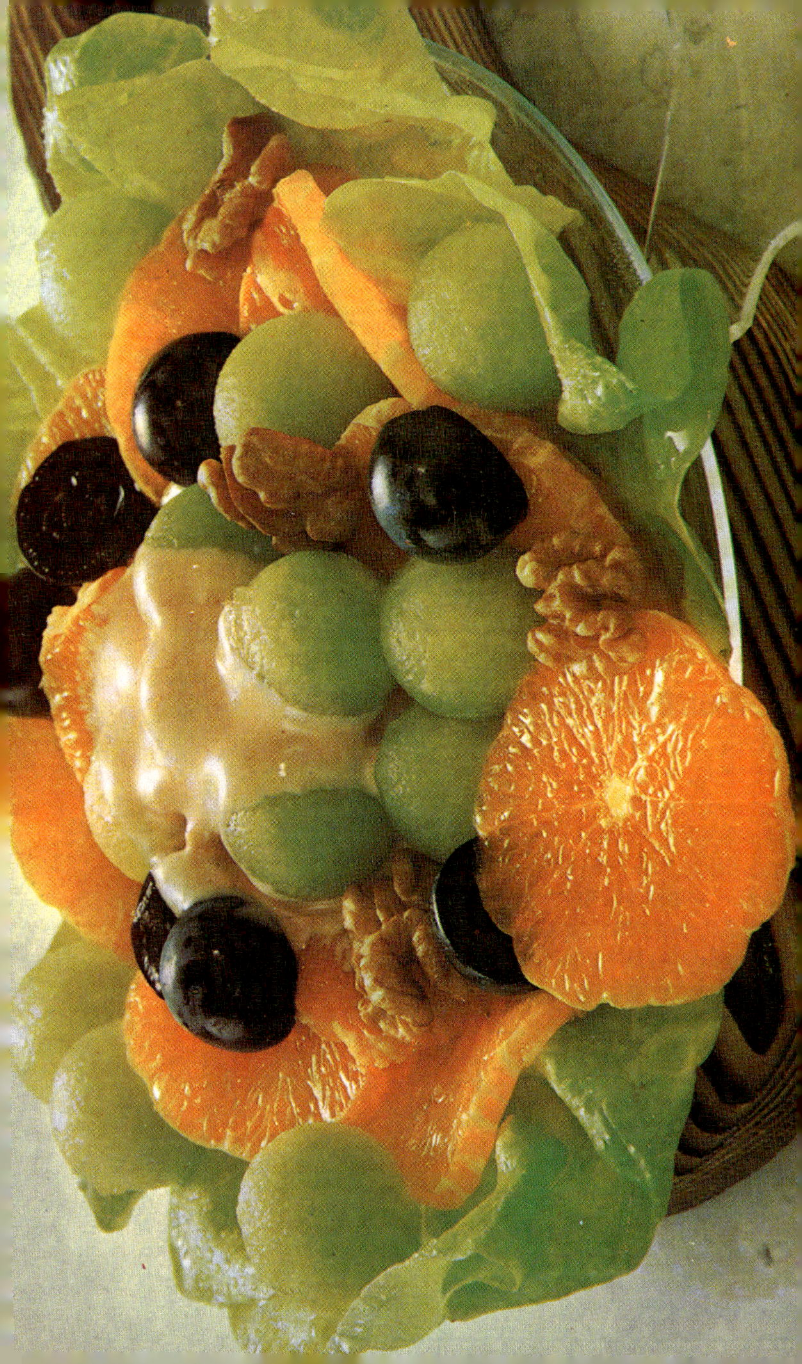

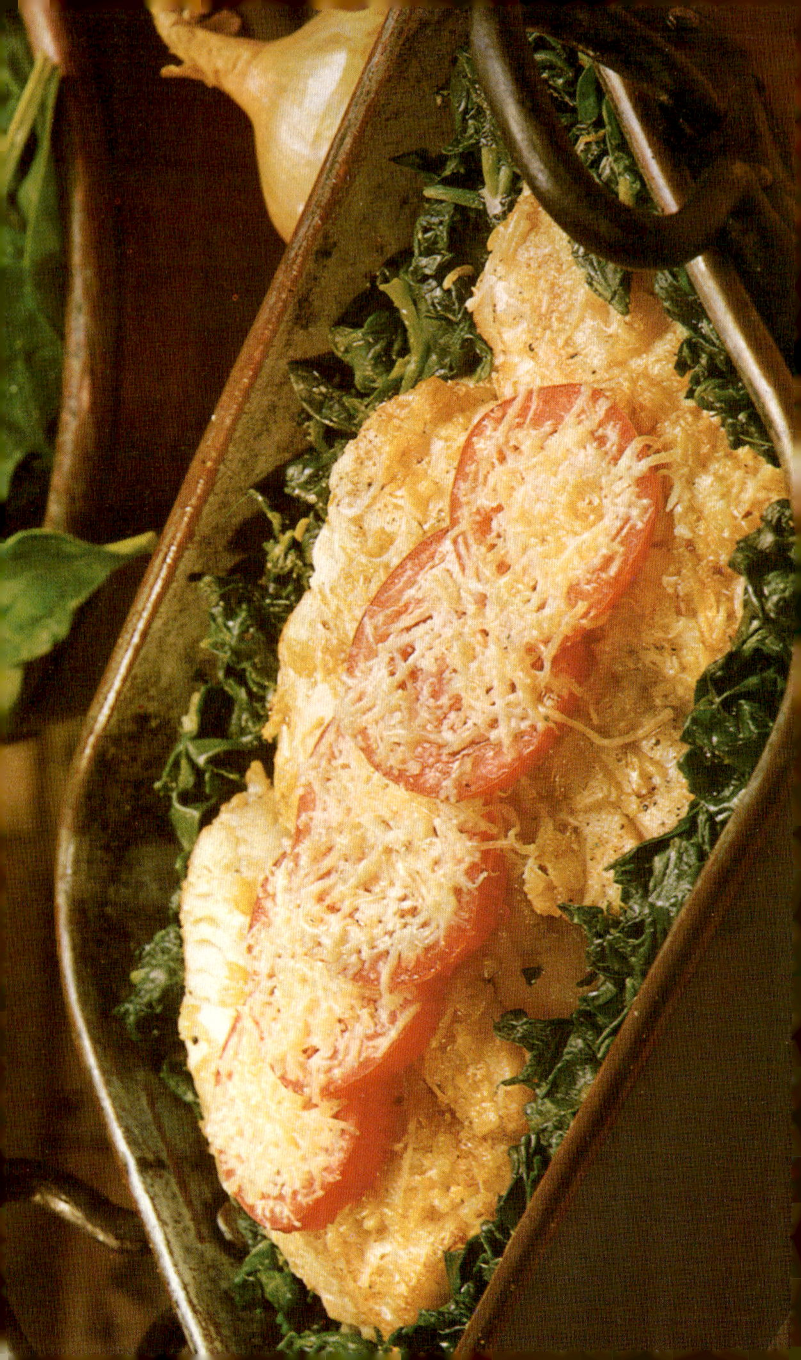

Heilbutt innen und außen unter kaltem Wasser waschen, abtropfen lassen und auf eine Platte legen. Mit Zitronensaft beträufeln und ziehen lassen.

Wasser mit Weißwein, der geschälten Zwiebel und den Gewürzen in einem Topf aufkochen. Heilbutt dazugeben. Hitze sofort reduzieren und den Fisch in 20 Minuten gar ziehen lassen. Fisch aus dem Topf heben. Auf einer vorgewärmten Platte anrichten. Zerlassene Butter und gehackte Petersilie extra reichen.

Beilagen: Kopfsalat in einer Marinade aus 2 EL Zitronensaft, 2 EL gehackten Kräutern, Gewürzen und 2 EL Keimöl. Eine Portion: 55 Kalorien = 230 Joule. 0,1 BE.
Petersilienkartoffeln aus 500 g mit ½ Bund gehackter Petersilie. Eine Portion: 85 Kalorien = 356 Joule. 1,6 BE.

Heilbutt mit Champignons

Eine Portion enthält: 53 g Eiweiß, 19 g Fett, 21 g Kohlenhydrate = 1,8 BE, 304 mg Cholesterin.
Kalorien: 512 = 2142 Joule.
Zubereitung: 60 Minuten.

500 g Kartoffeln, Salz, 4 Scheiben Heilbutt von je 250 g, 2 EL Zitronensaft, weißer Pfeffer, 1 EL Pflanzenöl (10 g), 1 Dose Champignons (115 g), 8 EL Weißwein, 2 hartgekochte Eier, ½ Bund Petersilie.

Geschälte Kartoffeln in mittelgroße Stücke schneiden. In Salzwasser 15 Minuten kochen.
Heilbuttscheiben kalt abspülen. Trocknen und mit Zitronensaft säuern. Mit Salz und Pfeffer würzen.
Vier ausreichend große Alufolienstücke mit Pflanzenöl bepinseln. Fisch drauflegen. Abgetropfte Champignons und Kartoffeln drumherum. Je 2 EL Weißwein über den Fisch geben.
Alupäckchen schließen. Auf den Bratrost legen. In den vorgeheizten Ofen auf die mittlere Schiene schieben.

Garzeit: 30 Minuten. Elektroherd: 250 Grad. Gasherd: Stufe 5.
Fisch und Gemüse auf einer vorgewärmten Platte anrichten. Mit Eischeiben und Petersilie garnieren.

◁ *Goldbarschfilet auf Spinat (Rezept S. 185)*

Heilbutt mit Gemüse

Eine Portion enthält: 39 g Eiweiß, 18 g Fett, 5 g Kohlenhydrate, 132 mg Cholesterin.
Kalorien: 360 = 1507 Joule.
Zubereitung: 30 Minuten.

> 5 EL Weinessig, 2 EL Sojasoße, Salz, Zwiebelpulver, 1 TL gehackte Dillspitzen, 4 Heilbuttscheiben (1000 g), 1½ EL Keimöl (15 g), 4 Tomaten (400 g), 1 EL geriebener Edamer (40%), 200 g Senfgurkenstücke aus dem Glas, ½ Bund Dill.

Essig mit Sojasoße, Salz, Zwiebelpulver und Dillspitzen in einer großen Schüssel zur Marinade rühren. Fischscheiben 15 Minuten darin marinieren. Gelegentlich wenden. Dann trockentupfen. Fisch mit 4 TL Öl bestreichen.
Gewaschene, getrocknete Tomaten oben kreuzweise einritzen. Mit geriebenem Käse bestreuen. Auf eingeölte Alufolie legen. Dazwischen die abgetropften Gurkenstücke. Folie locker über das Gemüse legen. Ränder fest zusammenkneifen.
Grillrost einölen. Fisch und Gemüsepäckchen drauflegen. Unter den vorgeheizten Grill schieben. In 12 Minuten garen. Fisch nach 6 Minuten einmal wenden. Heilbuttscheiben auf einer vorgewärmten Platte anrichten. Mit je einer Tomate belegen. Gurkenstücke neben dem Fisch anrichten. Mit Dill garnieren.

Beilage: Kartoffelschnee von 500 g Kartoffeln. Eine Portion: 85 Kalorien = 356 Joule.

Heilbuttschnitten mit Tomaten

Eine Portion enthält: 37 g Eiweiß, 20 g Fett, 10 g Kohlenhydrate = 0,8 BE, 130 mg Cholesterin.
Kalorien: 391 = 1637 Joule.
Zubereitung: 30 Minuten.

> 4 Heilbuttschnitten (je 250 g), 2 EL Zitronensaft, 500 g Tomaten, 2 Zwiebeln, 50 g Margarine, Salz, weißer Pfeffer, Mehl zum Wenden, Knoblauchpulver, ½ Bund Petersilie.

Heilbuttschnitten säubern und mit Zitronensaft säuern. Durchziehen lassen.

Inzwischen Tomaten überbrühen, abziehen, halbieren (dabei die Stengelansätze rausschneiden) und entkernen. Tomatenfleisch in kleine Würfel schneiden. Zwiebeln schälen und würfeln.

20 g Margarine in einem Topf anbraten. Tomaten- und Zwiebelwürfel zufügen, Salz und Pfeffer drüberstreuen. 5 Minuten dünsten. Die Flüssigkeit muß zum Teil verdampfen.

Die Heilbuttschnitten mit Haushaltspapier leicht abtupfen. Mit Salz und Knoblauchpulver würzen. In Mehl wenden. Restliche Margarine in einer Pfanne erhitzen. Heilbuttschnitten darin 6 Minuten auf jeder Seite braten. Fisch auf einer vorgewärmten Platte anrichten, daneben die geschmorten Tomaten. Mit der gehackten Petersilie garnieren.

Beilagen: Ein Kopf Salat in Marinade aus 2 EL Zitronensaft, Gewürzen, 2 EL gemischten, gehackten Kräutern und 2 EL Pflanzenöl. Eine Portion: 55 Kalorien = 230 Joule. 0,1 BE. — Petersilienkartoffeln von 500 g Kartoffeln, 10 g Butter und einem Bund gehackter Petersilie. Eine Portion: 105 Kalorien = 440 Joule. 1,6 BE.

TIP Gehäutete Tomaten sind schnell entkernt. Einfach halbieren. Immer eine Hälfte in die Hand nehmen und sachte drücken. Schon sind die Kerne raus und das Fruchtfleisch kann nach Wunsch gewürfelt werden.

Herbstliches Frühstück
Eine Portion

Enthält: 27 g Eiweiß, 5 g Fett, 55 g Kohlenhydrate = 4,6 BE, Cholesterinspuren.
Kalorien: Etwa 388 = 1624 Joule.
Zubereitung: 10 Minuten.

125 g Magerquark, Wasser, 1 EL Zitronensaft, flüssiger Süßstoff nach Geschmack, 250 g Äpfel, 1 Prise Salz, 1 Scheibe Schwarzbrot (50 g), 1 TL geriebene Haselnußkerne (5 g).

Quark mit Wasser und Zitronensaft geschmeidig rühren, mit Süßstoff süßen. Äpfel schälen, ¼ Apfel beiseite legen. Die restlichen Äpfel grob

geraspelt unter den Quark rühren. Mit Salz abschmecken. Auf die Brotscheibe streichen.
Das zurückgelegte Apfelstück entkernen und in Scheiben schneiden. Quarkschnitte mit den Apfelscheiben und geriebenen Nüssen garnieren.

Hering gegrillt mit Kräuterbutter

Eine Portion enthält: 28 g Eiweiß, 34 g Fett, 4 g Kohlenhydrate = 0,3 BE, 139 mg Cholesterin.
Kalorien: 459 = 1922 Joule.
Zubereitung: 25 Minuten.

> *20 g Butter, 1 EL gemischte, gehackte Kräuter (Petersilie, Schnittlauch, Kerbel, Estragon, Pimpernelle), Zwiebelpulver, Salz, weißer Pfeffer, 4 grüne Heringe (1000 g), Essig zum Säuern, Mehl zum Wenden, Öl zum Bestreichen, 1 Zitrone, Petersilie.*

Butter mit den gehackten Kräutern gut verrühren. Mit Zwiebelpulver, Salz und Pfeffer abschmecken. In Folie rollen und im Kühlschrank oder Tiefkühlfach 20 Minuten aufbewahren.
Heringe säubern, säuern und salzen. Mit Haushaltspapier abtupfen und leicht in Mehl wenden. Backofenrost mit Öl bestreichen. Heringe drauflegen. Unter den vorgeheizten Grill schieben und sie 5 Minuten auf jeder Seite grillen.
Heringe auf einer vorgewärmten Platte anrichten. Zitrone waschen, halbieren. Die Hälfte in Schnitze teilen, die Hälfte in Scheiben. Platte damit garnieren. Kräuterbutter auf den Zitronenscheiben anrichten. Petersilie anlegen.

Beilagen: Kopfsalat in einer Marinade mit 2 EL Keimöl. Eine Portion: 55 Kalorien = 230 Joule. — Kartoffelschnee von 500 g Kartoffeln. Eine Portion: 85 Kalorien = 356 Joule. 1,6 BE.

TIP Fisch hat so zarte Haut, daß sie beim Grillen leicht am Rost kleben bleibt. Alufolie schafft da Abhilfe. Man bespannt den Grillrost damit, ölt die Folie ein und legt den Fisch drauf. So kommt er unter den Grill. Zusatznutzen: Spülarbeit gespart.

Heringscocktail

Eine Portion enthält: 15 g Eiweiß, 20 g Fett, 18 g Kohlenhydrate, 61 mg Cholesterin.
Kalorien: 332 = 1390 Joule.
Zubereitung: 20 Minuten.

> 4 Matjesfilets (320 g), 1 Zwiebel, 1 Orange (200 g), 2 kleine Gewürzgurken (100 g), 1 Scheibe Dosenananas (50 g). – Für die Soße: 6 EL Tomatenketchup (120 g), 2 Spritzer Tabascosoße, 2 EL Zitronensaft, 2 EL Ananassaft, 1 Kopf Salat, 4 EL saure Sahne.

Matjesfilets 15 Minuten wässern. Wer sie lieber nicht so mild haben möchte, spült sie nur unter kaltem Wasser ab. Filets abtropfen lassen und in etwa 2 cm breite Stücke schneiden. Zwiebel schälen, vierteln und in hauchdünne Scheiben schneiden. Orange mit einem scharfen Messer wie einen Apfel schälen. Auch die weiße Haut entfernen. In Spalten teilen. Gewürzgurken, Ananas und Orangenspalten in etwa 1 cm große Stücke schneiden. Alles in einer Schüssel mischen.
Für die Soße Tomatenketchup, Tabascosoße, Zitronen- und Ananassaft verrühren. 30 Minuten zugedeckt kalt stellen.
Inzwischen den Kopfsalat putzen, waschen und gut tropfen lassen. 4 Salat- oder Sektschalen damit auslegen. Cocktail einfüllen. Soße drübergießen. Vor dem Auftragen je 1 EL saure Sahne draufgeben.

Beilagen: 4 Scheiben Toastbrot (80 g). Eine Scheibe: 52 Kalorien = 218 Joule. — 20 g Halbfettmargarine. Eine Portion: 19 Kalorien = 80 Joule.

Herz

Herzfleisch ist fest, delikat und mager. 100 g haben durchschnittlich 125 Kalorien. Der Eiweißanteil mit 15 g liegt zwar nicht hoch. Dafür steckt Herz aber voller Vitamine der B-Gruppe. Sogar Vitamin A und C sind darin enthalten. Neben wertvollen Mineralstoffen leider auch 140 g Cholesterin. Wer also einen erhöhten Cholesterinspiegel hat, muß auf den Genuß von Herzfleisch unbedingt verzichten.

Herz geschmort

Eine Portion enthält: 20 g Eiweiß, 18 g Fett, 6 g Kohlenhydrate, 212 mg Cholesterin.
Kalorien: 289 = 1210 Joule.
Zubereitung: 65 Minuten.

1 Kalbsherz (750 g), Salz, 2 Zwiebeln, 2½ EL Pflanzenöl (25 g), ⅜ l Würfelbrühe, 15 g Mehl (1 gehäufter EL), 100 g Senfgurke, 1 EL Kapern (20 g), 2 EL Zitronensaft, flüssiger Süßstoff, weißer Pfeffer, ½ Bund Schnittlauch.

Herz auf einer Seite aufschneiden. Röhrchen, Hautreste und eventuell Fett herausschneiden. Schnittflächen gut salzen.
Zwiebeln schälen, halbieren und in Scheiben schneiden. Öl im Topf erhitzen. Herz und Zwiebeln darin 5 Minuten rundherum anbraten. ⅛ l Würfelbrühe angießen. Zugedeckt 40 Minuten schmoren. In einer vorgewärmten Schüssel fertig anrichten und warm stellen. Für die Soße die restliche Würfelbrühe in den Topf gießen. Aufkochen. Mehl mit kaltem Wasser anrühren. Soße damit binden. Die Soße noch mal kurz durchkochen.
Gurken fein würfeln. Mit den Kapern in die Soße geben. Mit Zitronensaft, flüssigem Süßstoff, Pfeffer und Salz abschmecken. Anrichten und mit gehacktem Schnittlauch bestreut zum Fleisch reichen. Oder das Herz in Scheiben schneiden und in der Soße servieren.

Beilagen: Tomatensalat aus 500 g Tomaten in einer Marinade aus 2 EL Zitronensaft, Gewürzen, 2 EL Pflanzenöl und 2 EL Schnittlauchröllchen. Eine Portion: 72 Kalorien = 301 Joule.

Herzogenkragen

Ein Stück enthält: 4 g Eiweiß, 4 g Fett, 18 g Kohlenhydrate, 20 mg Cholesterin.
Kalorien: 130 = 544 Joule.
Zubereitung: Ohne Ruhezeit 30 Minuten.

200 g Mehl, ½ Päckchen Backpulver, 1 Prise Salz, 50 g Zucker, ½ Vanilleschote, 3 EL Magermilch, 4 EL Pflanzenöl (40 g), 1 kleines Ei, 100 g Magerquark, 50 g beliebige Konfitüre.

Mehl mit Backpulver, Salz, Zucker und dem ausgekratzten Mark der Vanilleschote in eine Schüssel geben. 2 EL Magermilch, Öl und Ei miteinander verschlagen. Magerquark dazugeben und mit dem Handrührgerät oder der Hand zu einem glatten Teig kneten. Etwa 60 Minuten zugedeckt im Kühlschrank ruhen lassen.
Teig ausrollen. In 10 × 10 cm große Quadrate schneiden. Auf je eine Teighälfte 1 Eßlöffel Konfitüre geben. Die Teigränder mit etwas Wasser anfeuchten. Dann den Teig aufeinanderklappen und leicht andrücken. Auf ein gefettetes Blech legen. Mit der restlichen Magermilch bepinseln. An der aufeinandergesetzten Längsseite dreimal einschneiden. Etwas rund biegen. In den vorgeheizten Ofen auf die mittlere Schiene schieben.

Backzeit: 8—10 Minuten. Elektroherd: 225 Grad. Gasherd: Stufe 4.
Nach dem Backen auf dem Küchenblech auskühlen lassen. Ergibt 12 Stück.

Herzragout

Eine Portion enthält: 27 g Eiweiß, 15 g Fett, 10 g Kohlenhydrate = 0,8 BE, 208 mg Cholesterin.
Kalorien: 319 = 1336 Joule.
Zubereitung: 105 Minuten.

> 750 g Rinderherz, 2 l Wasser, Salz, weißer Pfeffer, 1 kleines Lorbeerblatt, 1 Bund Suppengrün, 1 Zwiebel, 2½ EL Pflanzenöl (25 g), 35 g Mehl, ½ l Kochbrühe, 1 EL Tomatenmark, ⅛ l Rotwein, 2 Gewürzgurken (100 g), 1 Röhrchen Kapern.

Rinderherz längs halbieren. Röhrchen, Hautreste und eventuell auch Fett rausschneiden. Unter kaltem Wasser abspülen.
Inzwischen Wasser mit Salz, Pfeffer und Lorbeerblatt in einem Topf aufkochen.
Herz hineingeben. Suppengrün putzen, waschen, grob zerschneiden und in den Topf geben. Herz 60 Minuten garen, dann in einer Schüssel warm stellen.
Kochbrühe durchsieben. Zwiebel schälen und fein hacken. In heißem Öl hellgelb braten. Mehl drüberstäuben. Unter Rühren durchschwitzen lassen. Mit ½ l Kochbrühe auffüllen. Aufkochen. Tomatenmark und Rotwein einrühren. Soße abschmecken.

Gurken schälen, fein würfeln. Mit den abgegossenen Kapern in die Soße geben. Rinderherz in etwa 2 cm große Würfel schneiden. In der Soße 10 Minuten durchziehen lassen.

Beilage: Tomatensalat von 500 g Tomaten in Marinade aus 2 EL Zitronensaft, Gewürzen, 2 EL Keimöl und Schnittlauchröllchen. Eine Portion: 72 Kalorien = 301 Joule. 0,3 BE. — 125 g Spätzle (aus dem Paket). Eine Portion: 122 Kalorien = 511 Joule. 2 BE.

Herzschutzkost

Gute Grundsätze für Herzpatienten und alle, die es nicht werden wollen: Ihre Ernährung soll knapp, aber hochwertig, cholesterin- und kochsalzarm sein. Mit Flüssigkeit muß gespart werden. Fünf bis sechs kleine Mahlzeiten am Tag sind gesund und günstiger als zwei bis drei große. Besonders wichtig: Nur magere Fleisch-, Fisch- und Geflügelsorten essen. Sie enthalten biologisch hochwertiges Eiweiß und wenig Kalorien, so daß für das notwendige gesunde Fett noch Platz ist. Dieses Fett muß mehrfach ungesättigte Fettsäuren enthalten. Ihr Anteil ist gewöhnlich auf den Packungen vermerkt. Genau auf die Angaben der Hersteller achten. In Frage kommen nur Pflanzenöle und Pflanzenmargarine. Davon 1 bis 2 Eßlöffel täglich ungekocht verwenden. Solches Fett ist in der Lage, den gefährlichen Cholesterinspiegel im Blut zu senken. Versteckte und tierische Fette meiden. Rohkost, Vollkornprodukte, Sojaerzeugnisse bevorzugen.

Himbeeren mit Vanilleschaum

Eine Portion enthält: 7 g Eiweiß, 2 g Fett, 24 g Kohlenhydrate, 65 mg Cholesterin.
Kalorien: 139 = 582 Joule.
Zubereitung: Ohne Auftau- und Kühlzeit 12 Minuten.

300 g frische Himbeeren (oder Tiefkühl-Himbeeren), ½ l Magermilch, 1 Päckchen Puddingpulver oder 40 g Speisestärke, flüssiger Süßstoff, 1 Eigelb, 2 TL Vanillezucker, 1 steifgeschlagenes Eiweiß.

Wasser 2 mm hoch in einem Topf aufkochen. Magermilch zugießen. Auch aufkochen.
Puddingpulver oder Speisestärke mit 5 Eßlöffel kaltem Wasser und dem Eigelb gründlich verquirlen. In die kochende Milch rühren. Aufkochen lassen, mit Süßstoff abschmecken und sofort den steifen Eischnee unterheben. Den Topf jetzt eine Minute zudecken, damit der Eischnee gar wird. Vanilleschaum in Gläser oder Schälchen füllen. Kalt werden lassen. Mit den gewaschenen, frischen oder mit aufgetauten Tiefkühlhimbeeren belegen.

Himbeer-Soufflé

Eine Portion enthält: 6 g Eiweiß, 5 g Fett, 32 g Kohlenhydrate, 194 mg Cholesterin.
Kalorien: 208 = 871 Joule.
Zubereitung: 40 Minuten.

1 Paket Tiefkühl-Himbeeren (300 g), 1 Glas (2 cl) Himbeergeist, 3 Eigelb, 40 g Zucker, 1 Päckchen Vanillinzucker, 1 Prise Salz, 3 Eiweiß, 1 TL Puderzucker.

Himbeeren nach Anweisung auftauen lassen. Mit Himbeergeist beträufeln. Zudecken.
Eigelb, Zucker, Vanillinzucker und Salz mit dem Handmixer oder dem Schneebesen schaumig rühren. Eiweiß zu steifem Schnee schlagen. Auf die Eigelbmasse geben und unterheben.
Zwei Drittel Eimasse in eine gefettete feuerfeste Form geben. Vorsichtig die Himbeeren hineingleiten lassen. Mit der restlichen Eimasse bedecken. Die Form auf die unterste Schiene in den vorgeheizten Backofen stellen.

Backzeit: 15 bis 20 Minuten. Elektroherd: 200 Grad. Gasherd: Stufe 3. Das fertige Soufflé mit Puderzucker überstäuben und sofort servieren.

Hirn

Kalbs- und Schweinehirn werden häufiger angeboten als Rinderhirn. Aber was Sie auch kaufen, die Zusammensetzung ist gleich.
Hirn ist Magerkost. 100 g haben durchschnittlich 128 Kalorien und 9 g Fett. Aber leider mit 10 g Eiweiß auch nur halb soviel Eiweiß wie anderes Magerfleisch.
Sein Gehalt an Mineralstoffen wie Calcium, Phosphor, Eisen und Natrium ist beachtlich. Vitamine der B-Gruppe sind vorhanden. Aber da diese wasserlöslich sind und Hirn vor der Zubereitung immer gewässert werden muß, profitieren wir nicht viel davon. Eher von dem Anteil an Vitamin C, der mit 18 mg (bei 100 g Hirn) so hoch ist wie bei grünen Bohnen.
Hirn ist leicht verdaulich und daher für Magenschwache eine gute Kost.
Herzgefährdete aber müssen auf Hirn verzichten. Denn außer den Natrium-Anteilen enthalten 100 g auch 3150 mg gefährliches Cholesterin. — Beim Einkauf darauf achten, daß das Hirn immer ganz frisch ist. Hirn nicht liegenlassen, sondern sofort verarbeiten.

Hirn auf Brokkoli

Eine Portion enthält: 22 g Eiweiß, 21 g Fett, 9 g Kohlenhydrate = 0,7 BE, 4725 mg Cholesterin.
Kalorien: 317 = 1327 Joule.
Zubereitung: 30 Minuten, ohne Auftauzeit.

600 g schlachtfrisches Kalbshirn, Salz, ¾ Tasse Essig, ¼ Lorbeerblatt, 3 EL Öl (30 g), weißer Pfeffer, 1000 g Brokkoli, Muskat, 1 TL gehackte Petersilie, 2 kleine Tomaten (100 g) zum Garnieren.

Hirn in 2 l kaltem Wasser mit 1 TL Salz und ½ Tasse Essig 10 Minuten wässern.
1½ l Wasser in einem breiten Topf mit ½ TL Salz, 3 EL Essig und dem Lorbeerblatt aufkochen. Abgetropftes Hirn hineinlegen. 5 Minu-

ten durchkochen (blanchieren). Dann auf einem Sieb abtropfen lassen. Sobald das Hirn etwas abgekühlt ist, lassen sich Häute und Äderchen leicht entfernen.
Öl in einer großen Pfanne erhitzen. Fleisch darin auf jeder Seite etwa 5 Minuten braten. Mit Salz und Pfeffer würzen.
Während das Hirn abkühlt, den Brokkoli putzen. ½ l Wasser mit Salz in einem Topf erhitzen. Brokkoli hineingeben. Etwa 20 Minuten zugedeckt weichdämpfen. Abtropfen lassen. Auf einer vorgewärmten Platte so anrichten, daß alle Stiele nach innen zeigen. Muskat und Petersilie überstreuen.
Gebratenes Hirn darauf anrichten. Mit Tomatenachteln garnieren.

Beilagen: Kartoffelpüree von 500 g Kartoffeln gut ⅛ l Magermilch und 10 g Margarine. Eine Portion: 116 Kalorien = 486 Joule. 1,7 BE.

Hirn mit Ei überbacken

Eine Portion enthält: 22 g Eiweiß, 23 g Fett, 3 g Kohlenhydrate = 0,2 BE, 4984 mg Cholesterin.
Kalorien: 330 = 1382 Joule.
Zubereitung: 70 Minuten.

600 g Kalbshirn, ½ l Wasser, Salz, 2 Zwiebeln, 20 g Margarine, weißer Pfeffer, 4 Eier, ½ Bund Petersilie.

Kalbshirn unter kaltem Wasser gründlich waschen. Häutchen und Äderchen entfernen.
Wasser und Salz in einem Topf aufkochen. Hirn darin 20 Minuten garen. Rausnehmen und mit Küchenpapier trocknen. Klein hacken.
Geschälte, gehackte Zwiebeln in 20 g Margarine bräunen. Dabei hin- und herbewegen. Salzen und Pfeffern.
Masse in 4 kleine, gefettete Auflaufförmchen füllen. Je 1 Ei aufschlagen und in die Förmchen geben. Förmchen aufs Backblech stellen. In den Ofen auf die obere Schiene schieben.

Backzeit: 20 Minuten. Elektroherd: 225 Grad. Gasherd: Stufe 4.

Beilage: 4 Scheiben Bauernbrot (200 g). Eine Scheibe: 125 Kalorien = 523 Joule. 2,1 BE. — 40 g Halbfettmargarine. Eine Portion: 38 Kalorien = 159 Joule.

Hirschsteak Diana

Eine Portion enthält: 27 g Eiweiß, 10 g Fett, 25 g Kohlenhydrate, 138 mg Cholesterin.
Kalorien: 310 = 1298 Joule.
Zubereitung: 30 Minuten.

6 EL Essig, 4 EL Mint Jelly (englische Pfefferminzmarmelade), 2 Zwiebeln, Salz, Nelkenpulver, 4 Hirschsteaks (500 g), 2 grüne Paprikaschoten (250 g), 1 roter Apfel, 2 kleine Bananen (250 g), 2 EL Pflanzenöl, Pfeffer.

Essig, 2 EL Mint Jelly, 1 geschälte, gehackte Zwiebel, Salz und Nelkenpulver in einer Schüssel verrühren. Hirschsteaks 2 Stunden darin durchziehen lassen.
Paprikaschoten putzen, waschen, in Streifen schneiden und in leicht gesalzenem Wasser blanchieren. Abtropfen lassen. Die andere Zwiebel in Ringe schneiden. Gewaschenen Apfel vierteln, entkernen und in Scheiben schneiden. Bananen in Scheiben schneiden.
Steaks aus der Marinade nehmen. Abtrocknen. Öl in der Pfanne erhitzen. Steaks darin auf jeder Seite 3 Minuten braten. Auf einer Platte anrichten.
Zwiebelringe in der Pfanne braten. Paprikastreifen, Apfel- und Bananenscheiben dazugeben. Kurz erhitzen. 3 Eßlöffel Marinade und 2 Eßlöffel Mint Jelly zufügen. Würzen. Auf den Steaks anrichten.

Beilage: Körnig gekochter Reis (von 125 g Langkornreis). Eine Portion: 115 Kalorien = 481 Joule.

Hirschsteak Hubertus

Eine Portion enthält: 27 g Eiweiß, 11 g Fett, 4 g Kohlenhydrate = 0,3 BE, 138 mg Cholesterin.
Kalorien: 248 = 1038 Joule.
Zubereitung: 20 Minuten.

2 Zwiebeln (100 g), 20 g Margarine, 1 Dose Pfifferlinge (125 g), 4 EL Weißwein, 1/8 l Würfelbrühe, 1 EL gehackte Estragonblätter oder 1 TL getrocknete, 1 EL gehackte Petersilie, 4 Hirschsteaks (500 g), 1 EL Pflanzenöl (10 g), Salz, schwarzer Pfeffer.

Geschälte Zwiebeln würfeln. In erhitzter Margarine in einem Topf glasig werden lassen. Abgetropfte Pfifferlinge dazugeben. Wein und Brühe angießen. Estragon und Petersilie dazugeben. Im offenen Topf 15 Minuten köcheln lassen, bis die Flüssigkeit verdampft ist.
Die Hirschsteaks auf beiden Seiten mit Öl bestreichen. Grillrost mit Alufolie bespannen. Steaks drauflegen. Unter den vorgeheizten Grill schieben. Hirschsteaks mit Salz und schwarzem Pfeffer würzen. Auf einer vorgewärmten Platte anrichten. Pfifferlinge mit Salz und Pfeffer abschmecken. Steaks damit und mit Petersilie garnieren.

Beilage: Kartoffelschnee (von 500 g Kartoffeln). Eine Portion: 85 Kalorien = 356 Joule. 1,6 BE.

Hirschsteak mit Kirschen

Eine Portion enthält: 27 g Eiweiß, 15 g Fett, 25 g Kohlenhydrate, 138 mg Cholesterin.
Kalorien: 367 = 1536 Joule.
Zubereitung: 20 Minuten.

500 g Sauerkirschen aus dem Glas, 20 g Margarine, 4 EL Rotwein, 1 Prise Nelkenpfeffer, Salz, 2 EL Pflanzenöl (20 g), 1 kleine Zwiebel, 4 Hirschsteaks (500 g), schwarzer Pfeffer, 10 g blättrige Mandeln.

Sauerkirschen abtropfen lassen. Margarine in einem Topf erhitzen. Kirschen hineingeben. Rotwein angießen, mit Nelkenpfeffer würzen. Im offenen Topf etwa 15 Minuten köcheln lassen, bis die Flüssigkeit fast verdampft ist. Ganz leicht salzen.
In der Zwischenzeit Öl in der Pfanne erhitzen. Zwiebel schälen und in Scheiben schneiden. Ins Öl geben und glasig werden lassen.
Hirschsteaks mit Küchenpapier abtupfen. In die Pfanne geben und auf beiden Seiten 3 Minuten braten. Salzen und pfeffern.
Hirschsteaks auf einer vorgewärmten Platte anrichten, Kirschen drumherum. Mandeln rasch in der trockenen Pfanne goldbraun werden lassen. Über Steaks und Kirschen verteilen.

Beilagen: Kartoffelkroketten von 125 g Krokettenpulver (15 g Fettaufnahme). — Eine Portion: 153 Kalorien = 641 Joule.

Honig

Den normalen Nährwerttabellen nach zu urteilen wäre Honig ein reines Kohlenhydrat, kalorienreich und nicht viel wert.
Das liegt daran: In den Tabellen wird zwischen mehr oder minder gesunden Zuckerarten nicht unterschieden. Aber: Honig besteht nur zu 1 Prozent aus Rohrzucker, im übrigen aber aus Frucht- und Traubenzucker. Und das macht ihn für die menschliche Nahrung wertvoller, da er direkt vom Darm in den Blutkreislauf übergeht. Er ist also ein äußerst spontaner Energiespender.
100 g Bienenhonig haben nur etwa 90 Kalorien weniger als 100 g Zucker, nämlich 305. Aber Honig enthält auch Mineralien wie Natrium, Kalium, Calcium, Eisen und Phosphor in kleinen Mengen, an Vitaminen einige aus der B-Gruppe und auch ein wenig Vitamin C.
Wer mit Honig süßen darf, ist fein heraus. Denn damit süßt man sparsamer. Der Grund: Niemand kann viel davon essen, weil er so intensiv süß ist. Durch die Gewöhnung an Honig läßt — das haben Tests ergeben — der Appetit auf zuckersüße Speisen nach. Und damit kann Honig zu einem richtigen Schlankheitsfaktor werden.

Honigmelone mit Dickmilch

Eine Portion enthält: 13 g Eiweiß, 5 g Fett, 21 g Kohlenhydrate, 15 mg Cholesterin.
Kalorien: 170 = 712 Joule.
Zubereitung: Ohne Kühlzeit 30 Minuten.

1 grünschalige Honigmelone (etwa 1000 g), 150 g Erdbeeren, ½ Banane (50 g), ½ l Dickmilch, 6 EL Zitronensaft, flüssiger Süßstoff, 12 Blatt weiße Gelatine (24 g), 2 Eiweiß (70 g).

Von der Melone der Länge nach einen Deckel und auf der entgegengesetzten Seite einen hauchdünnen Streifen abschneiden, damit man sie hinstellen kann.

Aus Frucht und Deckel das Fruchtfleisch rausschälen. Dabei die Kerne entfernen. Melonenschalen umgedreht auf Küchenpapier abtropfen lassen.

250 g Melonenfleisch abwiegen (Rest anderweitig verwenden). Mit den Erdbeeren (ein paar zum Garnieren zurücklassen) und der geschälten Banane im Mixer pürieren. In einer Schüssel mit Dickmilch und Zitronensaft verquirlen, mit Süßstoff abschmecken.

Gelatine in kaltem Wasser einweichen, ausdrücken. Auf schwacher Hitze in einem kleinen Topf langsam auflösen (nicht aufkochen!) und unter die Fruchtmasse rühren. Die Speise kühl stellen. Eiweiß zu sehr steifem Schnee schlagen und unter die Füllung heben, sobald diese geliert.

Creme bergartig in die ausgehöhlte Melone füllen. Sollte das noch nicht möglich sein, die Füllung im Kühlschrank noch ein wenig kühl stellen, damit sie fester wird. Gefüllte Melone zugedeckt 1½ Stunden in den Kühlschrank stellen. Vorm Servieren die restlichen Erdbeeren an eine Seite der Füllung anlegen, schräg darauf den Deckel.

Wann reichen? Als Dessert, zum Beispiel nach einer Caponata. Oder als leichtes und gutes Abendessen für zwei Personen.

PS: Übriggebliebenes Melonenfleisch zu Obstsalat, einem Getränk (Melone, Zitronensaft, Selterswasser, Süßstoff) oder dergleichen verarbeiten. 100 g Melonenfleisch enthalten 6 g Kohlenhydrate = 0,5 BE und 26 Kalorien = 109 Joule.

Honigmelone gefüllt

Eine Portion enthält: 3 g Eiweiß, 4 g Fett, 26 g Kohlenhydrate, 0 mg Cholesterin.
Kalorien: 173 = 724 Joule.
Zubereitung: 25 Minuten.

1 Honigmelone von 1000 g, 250 g Erdbeeren, 2 Orangen, flüssiger Süßstoff, 1 EL Honig, 2 EL Kirschwasser, ½ Beutel Instant-Schlagschaumpulver (20 g), 5 EL sehr kalte Magermilch, 5 gehackte Pistazien.

Melone waschen, trocknen, einen Deckel abschneiden. Kerne mit einem Eßlöffel entfernen. Mit dem Kartoffelausstecher kleine Kugeln aus dem Melonenfleisch stechen.

Erdbeeren waschen, putzen, abtropfen lassen. Orangen mit einem

scharfen Messer wie einen Apfel abschälen, so daß die weiße Haut mit entfernt wird. Spalten ohne Haut herausschneiden. Mit Erdbeeren und Melonenkugeln in eine Schüssel geben.
Flüssigen Süßstoff, Honig und Kirschwasser verrühren. Vorsichtig unters Obst mischen. In die Melone füllen. Zugedeckt im Kühlschrank 60 Minuten durchziehen lassen.
Inzwischen aus Schlagschaumpulver und Magermilch nach Anweisung Schaum bereiten. Melone damit garnieren. Pistazien darauf streuen.

Hühnerbouillon mit Ei

Eine Portion enthält: 8 g Eiweiß, 8 g Fett, 1 g Kohlenhydrate, 259 mg Cholesterin.
Kalorien: 99 = 414 Joule.
Zubereitung: 15 Minuten.

4 Eier, 2 EL gehackte glattblättrige Petersilie, 1 Prise geriebene Muskatnuß, Salz, ¾ l Hühnerbouillon (Würfel- oder Instantbrühe).

Eier sorgfältig miteinander verquirlen. Gehackte Petersilie und eine Prise geriebene Muskatnuß zufügen. Mit Salz abschmecken.
Hühnerbouillon aufkochen. Die Eimischung eingießen. Langsam, aber fortwährend mit einem Schneebesen umrühren. Etwa 2 Minuten unter Rühren weiterkochen lassen. Abschmecken und in Suppentassen anrichten.

Beilagen: 4 Scheiben (je 50 g) Schwarzbrot. Eine Scheibe: 120 Kalorien = 502 Joule. 2 BE. — 4 Ecken Schmelzkäse (20 %). Eine Ecke: 123 Kalorien = 515 Joule. 0,5 BE.
Brote mit Käse bestreichen, mit Paprika bestäuben, mit Petersilie garnieren.

Hühnerbrust Botschafterin-Art

Eine Portion enthält: 44 g Eiweiß, 11 g Fett, 7 g Kohlenhydrate = 0,5 BE, 258 mg Cholesterin.
Kalorien: 323 = 1352 Joule.
Zubereitung: 55 Minuten.

4 Hühnerbrüstchen (800 g), 200 g Kalbsbries, ½ l Wasser, Salz, 2 EL Essig, 1 Stange Lauch (125 g), 2 Möhren (125 g), 1 Stück Sellerie, 125 g frische Champignons, 3 EL Pflanzenöl (30 g), weißer Pfeffer, 1 kleine Dose Spargelspitzen (200 g).

Hühnerbrustfilets von den Knochen lösen.
Kalbsbries unter fließendem Wasser waschen. Wasser mit Salz und Essig aufkochen. Bries darin 5 Minuten ziehen lassen. Rausnehmen. Haut abziehen. Bries in 1 cm dicke Scheiben schneiden.
Lauch putzen, in Scheiben schneiden und waschen. Möhren und Sellerie ebenfalls putzen und waschen. Fein würfeln. Gewaschene Champignons in Scheiben schneiden.
20 g Öl in einem Schmortopf erhitzen. Hühnerbrustfilets darin auf beiden Seiten 5 Minuten anbraten. Mit Salz und Pfeffer würzen. Gemüse zugeben. Würzen und durchdünsten. Deckel auflegen. 15 Minuten bei geringer Hitze garen. Eventuell einen Schuß Wasser zugießen.
In der Zwischenzeit Spargelspitzen in der Brühe erhitzen. Restliches Öl in einer Pfanne erhitzen. Die Briesscheiben darin 2 Minuten auf jeder Seite braun braten. Leicht salzen und pfeffern.
Gemüse auf einer vorgewärmten Platte anrichten. Darauf Hühnerbrüstchen und Briesscheiben. Mit Spargelspitzen garnieren.

Beilagen: Petersilienkartoffeln von 500 g Kartoffeln, 10 g Butter und 1 Bund gehackter Petersilie. Eine Portion: 105 Kalorien = 440 Joule. 1,6 BE.

TIP Kalbsbries (die Thymusdrüse) oft servieren, weil sie mager und daher leicht verträglich ist.

Hühnerbrust provenzalisch

Eine Portion enthält: 42 g Eiweiß, 8 g Fett, 2 g Kohlenhydrate = 0,1 BE, 135 mg Cholesterin.
Kalorien: 286 = 1197 Joule.
Zubereitung: 45 Minuten.

4 Hühnerbrüstchen (je 250 g), 2 EL Pflanzenöl (20 g), Salz, weißer Pfeffer, 125 g Tomaten, 5 eingelegte schwarze Oliven (25 g), 1 Knoblauchzehe, ⅛ l

Weißwein, 3 EL Wasser, 1 Msp gekörnte Fleischbrühe, 1 gehäufter TL Mehl (5 g), ½ Bund Petersilie.

Hühnerbrustfilets von den Knochen lösen. Öl in Pfanne oder Topf erhitzen. Fleisch darin auf jeder Seite 1 Minute anbraten. In 15 Minuten bei nicht zu starker Hitze goldbraun braten. Mit Salz und Pfeffer würzen. Auf einer vorgewärmten Platte anrichten und warm stellen. Inzwischen die Tomaten überbrühen, abziehen und würfeln. Oliven entsteinen und in Scheiben schneiden. Mit den Tomaten in die Pfanne geben. Auch die geschälte, in Salz zerdrückte Knoblauchzehe.
Weinwein angießen. Außerdem Wasser und gekörnte Brühe. Aufkochen. Mehl mit etwas Wasser anrühren. Soße damit binden. Abschmecken. Soße über die Hühnerbrüstchen verteilen. Mit Petersilie garnieren.

Beilagen: Körnig gekochter Reis von 125 g Langkornreis. Eine Portion: 115 Kalorien = 481 Joule. 2 BE.

Hühnertopf Hongkong

Eine Portion enthält: 49 g Eiweiß, 22 g Fett, 22 g Kohlenhydrate = 1,8 BE, 284 mg Cholesterin.
Kalorien: 509 = 2131 Joule.
Zubereitung: 3 Stunden.

1 küchenfertiges Huhn von 1000 g, 1 Bund Suppengrün, 2 l Wasser, Salz, 20 g eingeweichte, getrocknete chinesische Pilze, 50 g Glasnudeln, Glutamat, 2 Zwiebeln, 2 EL Pflanzenöl (20 g), 2 Eier, 100 g magerer gekochter Schinken, Sambal Oelek, 1 Beutel getrocknete chinesische Fische.

Huhn innen und außen waschen. Wasser mit Salz in einem Topf aufkochen. Huhn hineingeben und köcheln lassen.
Suppengrün putzen, waschen und kleinschneiden. Nach 60 Minuten Garzeit zum Huhn geben. Weitere 60 Minuten bei schwacher Hitze garen.
Pilze abgießen. Während der letzten 15 Minuten mitköcheln.
Glasnudeln beliebig zerkleinern, überbrühen und 3 bis 4 Minuten ziehen lassen. Abschrecken.

Huhn von den Knochen lösen und in mundgerechte Stücke schneiden. Mit den Glasnudeln wieder in die Suppe geben. Mit Salz und Glutamat abschmecken.

Zwiebeln schälen, halbieren und in dünne Scheibchen schneiden. In 1 EL Pflanzenöl in der Pfanne glasig braten. Warm stellen.

Eier mit Wasser und Salz verquirlen. 1 Eßlöffel Pflanzenöl in einer Pfanne erhitzen. Eier darin wie ein Omelett stocken lassen. Aufrollen und in Streifen schneiden. Schinken in feine Streifen schneiden.

Zwiebel, Omelett- und Schinkenstreifen und Sambal Oelek getrennt in Schälchen anrichten. Jeder bekommt seine Suppenportion und ißt dazu von den Beilagen.

PS: Noch origineller ist es, wenn Sie einen Beutel getrocknete chinesische Fische als Beilage reichen. Für Liebhaber dieser Speise ein Genuß.

Hülsenfrüchte

Sie gehören zu den schwerverdaulichen Nahrungsmitteln. Eine Ausnahme bilden nur die Linsen. Sie sind leichter. 100 g haben 354 Kalorien, 24 g Eiweiß, Mineralstoffe und B-Vitamine. Gute Mischkost: Linsen mit Fleisch.

Hummer

Ach ja, gönnen wir uns doch gelegentlich einen Hummer. Es gibt ihn ja tiefgekühlt. Und er schmeckt so gut. Kalorienarm ist er auch. 100 g haben 89 Kalorien, 15 g Eiweiß und 1,8 g Fett. Das hört sich gut an. Weniger gut aber ist, daß 100 g Hummer mit 140 mg einen wesentlich höheren Anteil an Cholesterin haben als alle die Fleischsorten. Übrigens: Langusten haben ähnliche Werte.

Hummer Scheveninger Art

Eine Portion enthält: 24 g Eiweiß, 11 g Fett, 22 g Kohlenhydrate = 1,8 BE.
Kalorien: 297 = 1243 Joule.
Zubereitung: 45 Minuten.

> 500 g kleine neue Kartoffeln, Wasser, Salz, Saft einer Zitrone, 1 Möhre, 1 Stange Lauch (125 g), 2 Tiefkühl-Hummer (je 750 g), 40 g Butter, ½ Bund Petersilie.

Kartoffeln waschen. In gesalzenem Wasser garen. Abgießen, abschrecken und abziehen. Kartoffeln in einer vorgewärmten Schüssel warm stellen.
Während die Kartoffeln kochen, 2 l Wasser mit Salz und Zitronensaft aufsetzen. Möhre und Lauch putzen, waschen, in Stücke schneiden. Mit den Hummern ins kochende Wasser geben. 20 Minuten garen. Hummer abtropfen lassen und der Länge nach mit dem Messer halbieren. Auf einer mit einer Serviette belegten Platte anrichten. Die Butter auf den Kartoffeln zergehen lassen. Auf die Platte verteilen. Dann mit der gehackten Petersilie hübsch garnieren.

Beilage: Kopfsalat in einer Marinade mit 2 EL Keimöl. Eine Portion: 55 Kalorien = 230 Joule. 0,1 BE.

PS: Lebende Hummer werden unter fließendem Wasser gründlich abgebürstet und kommen kopfüber ins kochende Wasser. Garzeit: 20 Minuten.

Hummer-Cocktail

Eine Portion enthält: 10 g Eiweiß, 8 g Fett, 9 g Kohlenhydrate, 67 mg Cholesterin.
Kalorien: 166 = 695 Joule.
Zubereitung: 30 Minuten.

> 100 g Tiefkühl-Erbsen, Salz, 1 kleiner Kopf Salat, 1 Dose Hummerfleisch (140 g), 2 EL Zitronensaft. – Für die Marinade: 50 g Mayonnaise (50 %), 4 EL Dosenmilch (7,5 %), 1 EL Cognac oder Weinbrand, 1 TL Tomatenketchup (20 g), 1 TL geriebener Meerrettich, Salz, weißer Pfeffer, Paprika

edelsüß, 3 Tropfen Tabascosoße, je 1 TL getrockneter Kerbel und Estragon (oder je 6 frische Stengel).

Tiefkühl-Erbsen und etwas Salz in wenig kochendem Wasser 6 Minuten garen. Abtropfen und vollständig abkühlen lassen.
Kopfsalat putzen, waschen und in einem Geschirrtuch trockenschwenken.
Hummerfleisch abtropfen lassen. Chitinstreifen entfernen. Das Fleisch in Stücke schneiden und mit Zitronensaft beträufeln.
Für die Marinade Mayonnaise, Dosenmilch, Cognac oder Weinbrand, Tomatenketchup und Meerrettich verrühren. Mit Salz, Pfeffer, Paprika und Tabascosoße abschmecken. Zerriebene Kräuter (frische Kräuter fein gehackt) und Erbsen unterziehen.
Salatblätter in Streifen schneiden. 4 Cocktailgläser damit auslegen. Hummerfleisch darauf verteilen. Marinade drübergeben. Wer frischen Kerbel hat, garniert die Portionen mit je einem Blättchen.

Beilagen: 4 Scheiben Toast (80 g). Eine Scheibe: 52 Kalorien = 218 Joule. — 20 g Butter. Eine Portion: 38 Kalorien = 159 Joule.

Hummer-Ragout

Eine Portion enthält: 31 g Eiweiß, 12 g Fett, 6 g Kohlenhydrate = 0,5 BE, 270 mg Cholesterin.
Kalorien: 374 = 1566 Joule.
Zubereitung: 50 Minuten.

3 l Wasser, Salz, 2 Hummer von je 1000 g (lebend oder tiefgekühlt), 40 g Margarine, 2 Schalotten, 1 Knoblauchzehe, 1 Glas (2 cl) Cognac oder Weinbrand, ½ l Weißwein, 500 g Tomaten, weißer Pfeffer, flüssiger Süßstoff, 1 Msp Cayennepfeffer, 2 TL Fleischextrakt, ½ Bund Petersilie, 3 Stengel Estragon.

Wasser mit Salz in einem großen Topf aufkochen. Hummer waschen und mit dem Kopf zuerst ins sprudelnde Wasser gleiten lassen. 10 Minuten kochen.
Aus dem Topf nehmen. Schwanz abdrehen, quer in Stücke schneiden. Rand der Scheren abhacken. Fleisch rauslösen. Auch kleinschneiden. Hummerkörper auf den Bauch legen. Mit einem stabilen Messer in der

Mittelnaht halbieren. Hummermagen entfernen. Fleisch und grünes Hummermark herauslösen. Mark mit je 10 g Margarine verrühren. Hummerfleisch in 20 g Margarine 5 Minuten schmoren lassen. Schalotten und Knoblauchzehe schälen. Schalotten fein hacken, Knoblauch mit wenig Salz zerdrücken. Zum Hummerfleisch geben. Cognac oder Weinbrand darübergießen und anzünden. Mit Weißwein ablöschen.

Überbrühte, abgezogene, entkernte und gewürfelte Tomaten dazugeben. Mit Salz, Pfeffer, Süßstoff, Cayennepfeffer würzen. Zugedeckt bei milder Hitze köcheln. Hummerfleisch herausnehmen und in einer vorgewärmten Schüssel warm stellen. Fleischextrakt in die Soße rühren.

Petersilie und Estragon waschen, hacken und mit dem Hummermark in die Soße geben. Abschmecken. Soße in eine Schüssel füllen. Hummerfleisch darauf anrichten.

Beilagen: 4 Scheiben Toast (80 g). Eine Scheibe: 52 Kalorien = 218 Joule. 0,8 BE. — 20 g Butter. Eine Portion: 38 Kalorien = 159 Joule.

I

Ingwerbirnen

Eine Portion enthält: 0 g Eiweiß, 0 g Fett, 24 g Kohlenhydrate, 0 mg Cholesterin.
Kalorien: 96 = 402 Joule.
Zubereitung: 5 Minuten.

4 halbe Birnen aus der Dose (200 g), 2 EL Ingwersirup, 3 EL frisch gepreßter Orangensaft, 1 Msp gemahlener Zimt, 2 eingelegte, gewürfelte Ingwerknollen (40 g).

Birnenhälften gut abtropfen lassen. Auf 4 Dessertgläser verteilen. Ingwersirup mit Orangensaft und Zimt verrühren. Über die Birnen gießen. 2 Stunden zugedeckt im Kühlschrank ziehen lassen. Ingwer drüberstreuen.

Ingwer-Drink
Eine Portion

Enthält: 1 g Eiweiß, 0 g Fett, 15 g Kohlenhydrate, 0 mg Cholesterin.
Kalorien: 138 = 578 Joule.
Zubereitung: 5 Minuten.

1 Stück kandierter Ingwer (5 g), 3 Eiswürfel, 1 EL Zitronensaft, 100 cm³ frisch gepreßter Orangensaft, 2 EL Weinbrand, Ginger Ale zum Auffüllen.

Kandierten Ingwer fein würfeln. Mit den anderen Zutaten in einem Shaker gut durchschütteln. In einen Tumbler gießen. Mit Ginger Ale auffüllen.

Ingwerreis

Eine Portion enthält: 4 g Eiweiß, 4 g Fett, 58 g Kohlenhydrate, 0 mg Cholesterin.
Kalorien: 302 = 1264 Joule.
Zubereitung: 25 Minuten.

2 l Wasser, Salz, 250 g Langkornreis, 20 g Margarine, 2 eingelegte Ingwerknollen (40 g).

Wasser mit Salz in einem flachen Topf aufkochen. Gewaschenen, gut abgetropften Reis hineinschütten, 15 Minuten aufquellen lassen. Kalt abspülen.
Margarine in einer Pfanne erhitzen. Ingwer in feine Streifen schneiden und darin anbraten. Reis zugeben und schwenken.

Ingwer-Sauerkraut

Eine Portion enthält: 2 g Eiweiß, 2 g Fett, 21 g Kohlenhydrate, 4 mg Cholesterin.
Kalorien: 111 = 465 Joule.
Zubereitung: 25 Minuten.

600 g Sauerkraut, 1 Apfel (150 g), 50 g eingelegten Ingwer, 1 kleine Zwiebel (20 g) mit 1 Gewürznelke besteckt, ¼ l kochendes Wasser, Salz, 1 TL Butter.

Sauerkraut kleinschneiden. Apfel schälen, in Scheiben schneiden und dabei entkernen. Ingwerstücke in feine Blätter schneiden.
Alle Zutaten, ohne die Butter, ins kochende Wasser geben. 20 Minuten dünsten. Dabei ab und zu umrühren, aber schnell wieder zudecken.
Vor dem Anrichten die Butter auf dem heißen Kraut zergehen lassen.

Insulinde-Salat

Eine Portion enthält: 9 g Eiweiß, 7 g Fett, 16 g Kohlenhydrate, 56 mg Cholesterin.
Kalorien: 162 = 678 Joule.
Zubereitung: 20 Minuten.

2 EL Essig, Salz, weißer Pfeffer, flüssiger Süßstoff, 3 Tropfen Angostura, 1 Zwiebel, 2 EL Pflanzenöl (20 g), 2 kleine Bananen (250 g), 4 Tomaten (250 g), 2 Mandarinen (200 g), 150 g Nordseekrabben, 1 Stengel Petersilie, 4 gefüllte Oliven.

Aus Essig, Salz, Pfeffer, Süßstoff, Angostura, geschälter, geriebener Zwiebel und Öl eine Marinade rühren. Gut abschmecken.
Bananen schälen. In Scheiben sofort in die Marinade schneiden.
Tomaten überbrühen, abziehen und vierteln. Mandarinen schälen und in Spalten teilen. Beides ebenfalls in die Marinade mischen. Zuletzt die abgetropften Krabben unterheben.
Den Salat in einer Schüssel anrichten.
Mit Petersilie und Olivenscheiben hübsch garnieren.

Beilagen: 4 Scheiben (200 g) Schwarzbrot. Eine Scheibe: 120 Kalorien = 502 Joule. — 40 g Halbfettbutter: 38 Kalorien = 150 Joule.

Insulin

Man braucht es, um den im Körper in Blutzucker umgewandelten Zucker jeder Art und die stärkehaltigen Nahrungsmittel auch wieder abzubauen.
Normal arbeitet die Bauchspeicheldrüse automatisch. Sobald Zucker ins Blut gerät, sondert sie die richtige Menge ihres Sekrets ab, nämlich das Insulin. Funktioniert das nicht, dann muß der Blutzuckerspiegel durch Diät und Abbau von Übergewicht niedrig gehalten werden. Diabetiker haben diese Probleme. Sie brauchen aber zusätzlich zur Diät, die der Arzt ganz genau festlegt, auch noch Insulin.

Italienisches Kalbsröllchen

Eine Portion enthält: 31 g Eiweiß, 14 g Fett, 8 g Kohlenhydrate = 0,6 BE, 132 mg Cholesterin.
Kalorien: 316 = 1323 Joule.
Zubereitung: 40 Minuten.

Für die Füllung: *1 Zwiebel, 10 g Margarine oder Butter, 1 Scheibe magerer gekochter Schinken (50 g), ½ Bund Petersilie, 1 kleine Dose Tomatenmark (70 g), Knoblauchsalz, Salz, Pfeffer, Paprika edelsüß, ½ TL getrockneter Salbei. – Außerdem: 4 dünne Kalbsschnitzel (je 125 g), 2 EL Pflanzenöl (20 g), ⅛ l heißes Wasser, ⅛ l Weißwein, 2 EL Mehl (20 g), ⅛ l saure Sahne.*

Zwiebel schälen und fein würfeln. In Margarine oder Butter hellgelb braten. In eine kleine Schüssel geben. Schinken und gewaschene Petersilie fein hacken. Mit dem Tomatenmark zu den Zwiebelwürfeln geben und mischen.
Mit Knoblauchsalz, Salz, Pfeffer, Paprika und Salbei würzen.
Schnitzel mit der Füllung bestreichen. Zusammenrollen und mit Hölzchen oder Rouladen-Klammern zusammenhalten.
Öl im Bratentopf erhitzen. Rouladen darin rundherum 5 Minuten anbraten. Wasser und Weißwein angießen. 10 Minuten zugedeckt bei mittlerer Hitze schmoren lassen. Kalbsröllchen in einer vorgewärmten Schüssel bis zum Servieren gut warm stellen.
Mehl mit saurer Sahne verrühren. Soße damit binden. Noch einmal abschmecken und dann über die Kalbsröllchen gießen.

Beilagen: Feldsalat (Rapunzel) in Marinade aus 2 EL Zitronensaft, Salz, gewürztem Pfeffer, Zwiebelpulver und 2 EL Sonnenblumenöl. Eine Portion: 55 Kalorien = 230 Joule. 0,1 BE. — Körnig gekochter Reis von 125 g Langkornreis. Eine Portion: 115 Kalorien = 481 Joule.

Italienisches Kalbsschnitzel

Eine Portion enthält: 26 g Eiweiß, 7 g Fett, 3 g Kohlenhydrate = 0,2 BE, 113 mg Cholesterin.
Kalorien: 202 = 846 Joule.
Zubereitung: 20 Minuten.

4 Kalbsschnitzel (je 125 g), Salz, weißer Pfeffer, Mehl zum Wenden (10 g), 2 EL Pflanzenöl (20 g), 1 ungespritzte Zitrone, knapp ¼ l heiße Würfelbrühe, 3 EL Weißwein, 1 EL Zitronensaft, ½ Bund Petersilie.

Kalbsschnitzel mit den Handballen flachdrücken. Mit Salz und Pfeffer einreiben. In Mehl wenden.
Öl in der Pfanne erhitzen. Schnitzel auf jeder Seite in 2 Minuten goldbraun braten. Warm stellen.

Zitrone abwaschen, trocknen und in hauchdünne Scheiben schneiden. Bratfond mit der Würfelbrühe loskochen. Schnitzel wieder in die Pfanne geben, mit je einer Zitronenscheibe belegen und zugedeckt 10 Minuten schmoren.
Schnitzel auf einer Platte anrichten.
Weißwein im Bratfond auf die Hälfte einkochen lassen. Mit Zitronensaft mischen. Durchsieben, abschmecken und gehackte Petersilie unterziehen.
Soße über die Schnitzel verteilen. Zitronenscheiben und Petersilie anlegen.

Beilagen: Kopfsalat in Marinade mit 2 EL Pflanzenöl. Eine Portion: 55 Kalorien = 230 Joule. — Körnig gekochter Reis aus 125 g Langkornreis. Eine Portion: 115 Kalorien = 481 Joule. 2 BE.

Italienische Leber

Eine Portion enthält: 42 g Eiweiß, 14 g Fett, 31 g Kohlenhydrate = 2,6 BE, 443 mg Cholesterin.
Kalorien: 447 = 1872 Joule.
Zubereitung: 35 Minuten.

> *1 kleine Zwiebel, 180 g Champignons aus der Dose, 150 g magerer gekochter Dosenschinken, 120 g grüne Bandnudeln, Salz, 1 EL Pflanzenöl (10 g), 4 Scheiben Kalbsleber (je 150 g), weißer Pfeffer, 2 Msp Salbei, 2 EL Tomatenmark (50 g), 1 Tasse kaltes Wasser.*

Zwiebel abziehen, fein würfeln, Champignons feinblättrig schneiden, Schinken würfeln.
Nudeln in Salzwasser nach Kochanleitung garen. Abgießen. ½ Eßlöffel Öl zugeben, schwenken und in eine Auflaufform geben.
Leber mit frisch gemahlenem Pfeffer und 1 Messerspitze Salbei würzen. Unterm vorgeheizten Grill auf jeder Seite in etwa 4 Minuten goldbraun grillen. Salzen und auf die Nudeln legen. Warm stellen.
Öl in einer beschichteten Pfanne erhitzen, Zwiebelwürfel darin glasig braten. Schinken und Champignons zugeben. Kurz durchbraten, Tomatenmark unterrühren, mit Wasser ablöschen, mit Salz, Pfeffer und 1 Messerspitze zerriebenem Salbei abschmecken. Über die Leberscheiben und die Nudeln verteilt anrichten.

Beilage: Tomatensalat aus 500 g Tomaten. Marinade aus 1 EL Keimöl

(10 g), 4 EL Wasser, 3 EL Zitronensaft, Salz, Zucker bzw. Süßstoff, Pfeffer, 1 feingehackten Zwiebel (50 g), 1 EL feingehackte Petersilie.
Eine Portion: 58 Kalorien = 243 Joule. 0,6 BE.

PS: Das Gericht wird magen-, darm-, leber- und gallenfreundlich, wenn Sie die Zwiebel im Rezept streichen und das Champignon-Schinken-Gemisch mit ½ TL Zwiebelpulver oder -granulat würzen.

Italienische Tomatensuppe

Eine Portion enthält: 5 g Eiweiß, 7 g Fett, 18 g Kohlenhydrate = 1,6 BE, 0 mg Cholesterin.
Kalorien: 156 = 653 Joule.
Zubereitung: 40 Minuten.

2 Zwiebeln, 1 Knoblauchzehe, 1000 g Tomaten, 2 EL Olivenöl (20 g), Salz, weißer Pfeffer, flüssiger Süßstoff, je eine kräftige Prise, zerriebene Pfefferminze, Basilikum und Majoran, 1 l Würfelbrühe. – Für die Einlage: ½ l Wasser, Salz, 40 g Reis, 10 g geriebener Parmesankäse.

Zwiebeln und Knoblauch schälen und fein hacken. Tomaten waschen, putzen, und in kleine Würfel schneiden.
Öl in einem Topf erhitzen. Zwiebeln und Knoblauch darin hellgelb braten. Tomaten zufügen. Mit Salz, Pfeffer, Süßstoff, Pfefferminze, Basilikum und Majoran würzen. Würfelbrühe zugießen. Aufkochen. Zugedeckt 15 Minuten auf kleiner Hitze garen.
Für den Reis das Wasser mit Salz aufkochen. Reis einstreuen und 15 Minuten sprudelnd garen. Auf ein Sieb schütten und kalt abschrecken.
Suppe durch ein Sieb in einen Topf passieren. Reis zufügen. Noch mal erhitzen. Abschmecken und in 4 Suppentassen verteilen. Mit Parmesankäse überstreut servieren.

J

Jagdsteak

Eine Portion enthält: 26 g Eiweiß, 25 g Fett, 3 g Kohlenhydrate = 0,2 BE, 88 mg Cholesterin.
Kalorien: 358 = 1499 Joule.
Zubereitung: 30 Minuten.

> 375 g Pfifferlinge, 1 Zwiebel, 20 g Margarine, 4 Beefsteaks (500 g), Thymian, 20 g Pflanzenöl, Salz, 1 EL gehackte Petersilie.

Pfifferlinge putzen und gründlich waschen. Große Pilze halbieren. Geschälte Zwiebel fein würfeln. Margarine im Topf erhitzen. Zwiebelwürfel darin anbraten. Pilze dazugeben. Im geschlossenen Topf 10 bis 15 Minuten dünsten.
Inzwischen die Beefsteaks mit Thymian einreiben. In der Pfanne im erhitzten Öl auf jeder Seite etwa 3 Minuten braten. Jeweils nach dem Wenden salzen.
Fertige Beefsteaks auf einer vorgewärmten Platte anrichten. Pfifferlinge drübergeben. Mit Petersilie überstreuen.

Beilage: Körnig gekochter Reis von 125 g. Eine Portion: 115 Kalorien = 481 Joule. 2 BE.

Jägertopf

Eine Portion enthält: 47 g Eiweiß, 16 g Fett, 9 g Kohlenhydrate = 0,8 BE, 225 mg Cholesterin.
Kalorien: 390 = 1633 Joule.
Zubereitung: 85 Minuten.

> 2 Hasenkeulen (1000 g), 2 Zwiebeln (80 g), 250 g Möhren, 250 g Pfifferlinge, 250 g Champignons, 20 g durchwachsener Speck, 2½ EL Pflanzenöl (25 g), Salz, schwarzer Pfeffer, ¼ l heiße Würfelbrühe, 1 Bund Petersilie.

Hasenkeule häuten. Unter fließendem Wasser abspülen, mit Küchenpapier abtrocknen.
Zwiebeln und Möhren schälen und würfeln. Pfifferlinge und Champignons putzen und waschen. Größere Pilze halbieren. Speck würfeln. Im Topf in heißem Öl glasig dünsten. Hasenkeule dazugeben und in 10 Minuten rundherum anbraten. Zwiebelwürfel zufügen und 5 Minuten mitbraten. Dann Möhren, Pilze, Salz und Pfeffer zugeben. Würfelbrühe angießen. Im geschlossenen Topf bei milder Hitze in gut 50 Minuten gar schmoren.
Hasenkeule aus dem Topf nehmen. Knochen auslösen. Fleisch würfeln. Wieder in den Topf geben. Erhitzen. In einer vorgewärmten Schüssel anrichten. Mit gehackter Petersilie bestreut servieren.

Beilagen: Petersilienkartoffeln von 500 g Kartoffeln, geschwenkt in 10 g Margarine und 1 Bund gehackter Petersilie. Eine Portion: 105 Kalorien = 440 Joule. 1,6 BE.

Jambalaya

Eine Portion enthält: 35 g Eiweiß, 9 g Fett, 30 g Kohlenhydrate = 2,5 BE, 127 mg Cholesterin.
Kalorien: 371 = 1553 Joule.
Zubereitung: 65 Minuten.

> *2 Hühnerbrüstchen (600 g), ½ l Wasser, Salz, 125 g Langkornreis, 2 Zwiebeln, 1 Knoblauchzehe, 2 EL Pflanzenöl (20 g), je eine rote und grüne Paprikaschote (250 g), 50 g magerer, gekochter Schinken, 100 g frische oder tiefgekühlte Garnelen, 1 EL Tomatenmark (20 g), ½ TL Paprika rosenscharf, Cayennepfeffer, 250 g Tomaten, 5 g Butter.*

Hühnerbrüstchen waschen. Wasser mit Salz in einem großen Topf aufkochen. Hühnerbrüstchen darin 20 Minuten bei schwacher Hitze garen.
Gründlich gewaschenen Reis in einen anderen Topf geben. Nur soviel Wasser aufgießen, daß es etwa daumenbreit über dem Reis steht. Salzen. Sprudelnd aufkochen lassen. Deckel auflegen und 20 Minuten bei ganz schwacher Hitze quellen lassen.
In der Zwischenzeit Zwiebeln und Knoblauch schälen. Die Zwiebeln hacken, Knoblauch mit Salz zerdrücken. Öl in einer Pfanne erhitzen. Zwiebeln und Knoblauch darin in 5 Minuten glasig werden lassen.

Paprikaschoten putzen, waschen und würflig schneiden. Zu den Zwiebeln geben und weitere 5 Minuten unter Rühren mitbraten. Gekochten Schinken würfeln, auch dazugeben und in etwa 3 Minuten glasig werden lassen.
Hühnerbrüstchen abtropfen lassen, enthäuten und von den Knochen lösen. In dünne Scheiben schneiden. Fleisch, Gemüse, Garnelen (tiefgekühlte müssen aufgetaut sein) und Tomatenmark zum Reis geben. Gut mischen. Mit Paprika, Cayennepfeffer und Salz abschmecken.
Tomaten überbrühen, abziehen und in Scheiben schneiden. Eine gefettete Auflaufform damit auslegen. Reismasse einfüllen. Mit Butterflöckchen belegt in den vorgeheizten Ofen stellen.

Backzeit: 10 Minuten. Elektroherd: 200 Grad. Gasherd: Stufe 3.

Beilage: Tomaten-Paprikasalat aus 250 g Tomaten und 250 g Paprikaschoten in einer Marinade mit 1 Zwiebel und 2 EL Pflanzenöl. Eine Portion: 80 Kalorien = 333 Joule. 0,2 BE.

Joghurt mit Gurke und Tomate

Eine Portion enthält: 7 g Eiweiß, 5 g Fett, 13 g Kohlenhydrate = 1 BE, 17 mg Cholesterin.
Kalorien: 134 = 561 Joule.
Zubereitung: 15 Minuten.

> *1 Salatgurke (500 g), 4 Schalotten, Salz, 250 g Tomaten, 1 Bund Petersilie, 3 Becher Trinkmilch-Joghurt, 1 TL gemahlener Kümmel, weißer Pfeffer, 1 Bund Dill.*

Gurke dünn schälen, längs und quer halbieren. Mit einem Teelöffel die Kerne rausschaben. Gurke in ½ cm dicke Streifen und dann in 1 cm dicke Stücke schneiden.
Geschälte Schalotten feinhacken. Dazugeben. Mit Salz bestreuen, mischen und 15 Minuten ziehen lassen.
Joghurt mit dem Schneebesen schaumig schlagen. Gurkenstücke auf ein Haarsieb geben und vorsichtig ausdrücken. Tomaten überbrühen, abziehen, vierteln, entkernen und fein würfeln, Petersilie fein hacken. Alles zum Joghurt geben und vorsichtig vermischen. Mit Salz, Kümmel und Pfeffer abschmecken. 60 Minuten kalt stellen. Anrichten und mit Dillspitzen garnieren.

Beilagen: 4 Scheiben Bauernbrot (200 g). Eine Scheibe: 125 Kalorien = 523 Joule. 2,1 BE. — 40 g Halbfettmargarine. Eine Portion: 38 Kalorien = 159 Joule.

Joghurt

Joghurt ist kein Wundermittel. Niemand kann erwarten, schlank und hundert Jahre alt zu werden, nur weil er täglich einen Becher Joghurt ißt. Vor allem dann nicht, wenn Joghurt keine andere Speise ersetzt, sondern noch zusätzlich und in Mengen gegessen wird.
Die gute Wirkung von Joghurt liegt in der Tatsache, daß er günstige Verhältnisse im Darm schafft, so daß die Darmbakterien in der Lage sind, Vitamin B aufzubauen. Das ist heute ganz besonders wichtig.
Je nachdem, mit welchen Joghurtbazillen die Milch angesetzt wurde, wird nun zwischen Joghurt, Bioghurt und Sanoghurt unterschieden.
Was für die schlanke Linie zuallererst interessant ist: 100 g Joghurt aus Trinkmilch, ohne Fruchtzusatz, hat 78 Kalorien und 5 g Eiweiß (2 g mehr als Milch). Joghurt aus Magermilch — ohne Früchte und Zucker — enthält je 100 g nur 43 Kalorien, aber auch 5 g Eiweiß. Der Gehalt an magerem Eiweiß kann durch eine Zugabe von 1 Eßlöffel Magermilchpulver erhöht werden. Geschmacklich verbessert sich der Joghurt dadurch auch. Übrigens: 1 normaler Becher Joghurt hat einen Inhalt von 150 g. — Wir verwenden in unseren Rezepten natürlich vorzugsweise Magerjoghurt. Man kann ihn pikant — mit Gemüse und Gewürzen — oder süß mit Obst und Süßstoff mischen. Auf fertigen Früchtejoghurt sollten Sie verzichten. Weil die darin enthaltenen Zuckerkalorien Ihnen den gewünschten dauerhaften Sättigungseffekt verpatzen. Sie werden eher wieder hungrig. Und das kann ja der Sinn einer Schlankheitskur nicht sein.

Hähnchen Hawaii (Rezept S. 198) ▷

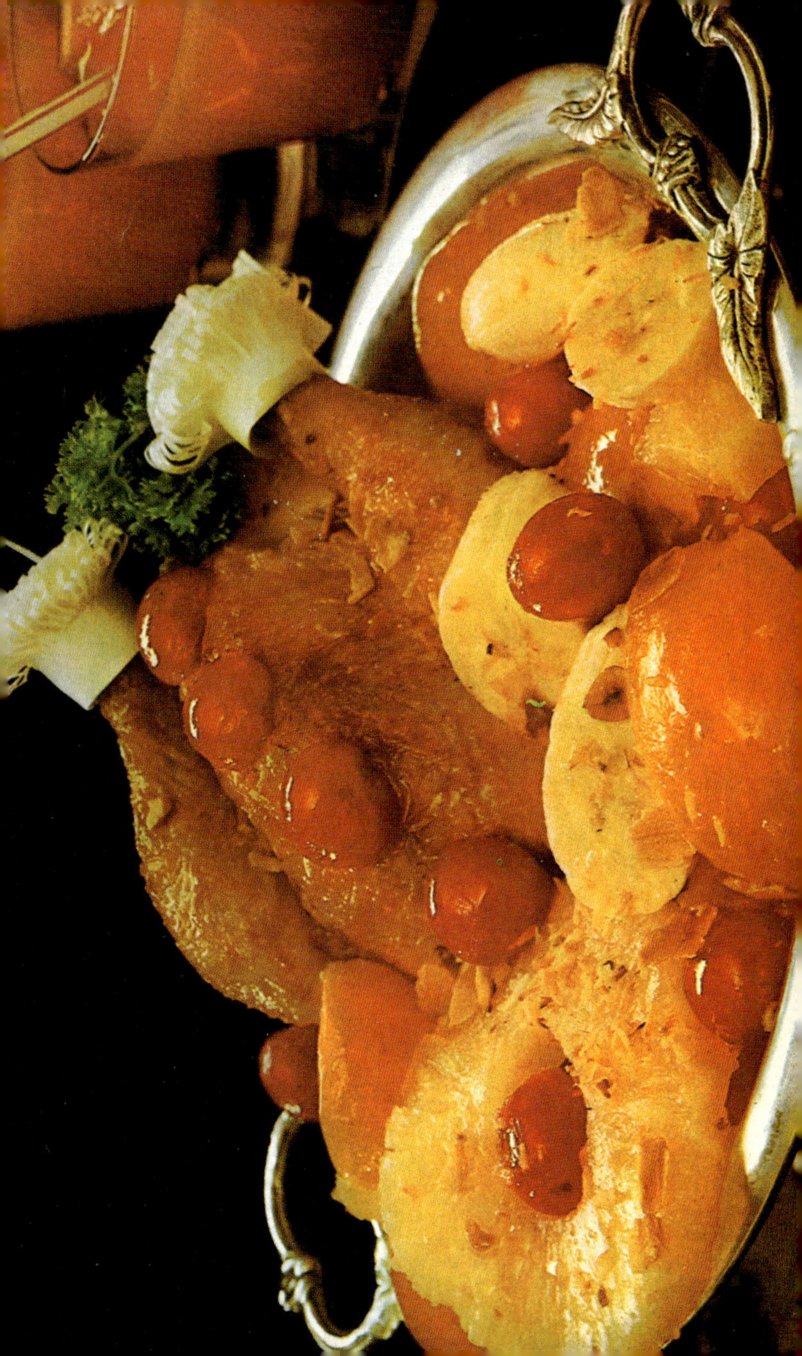

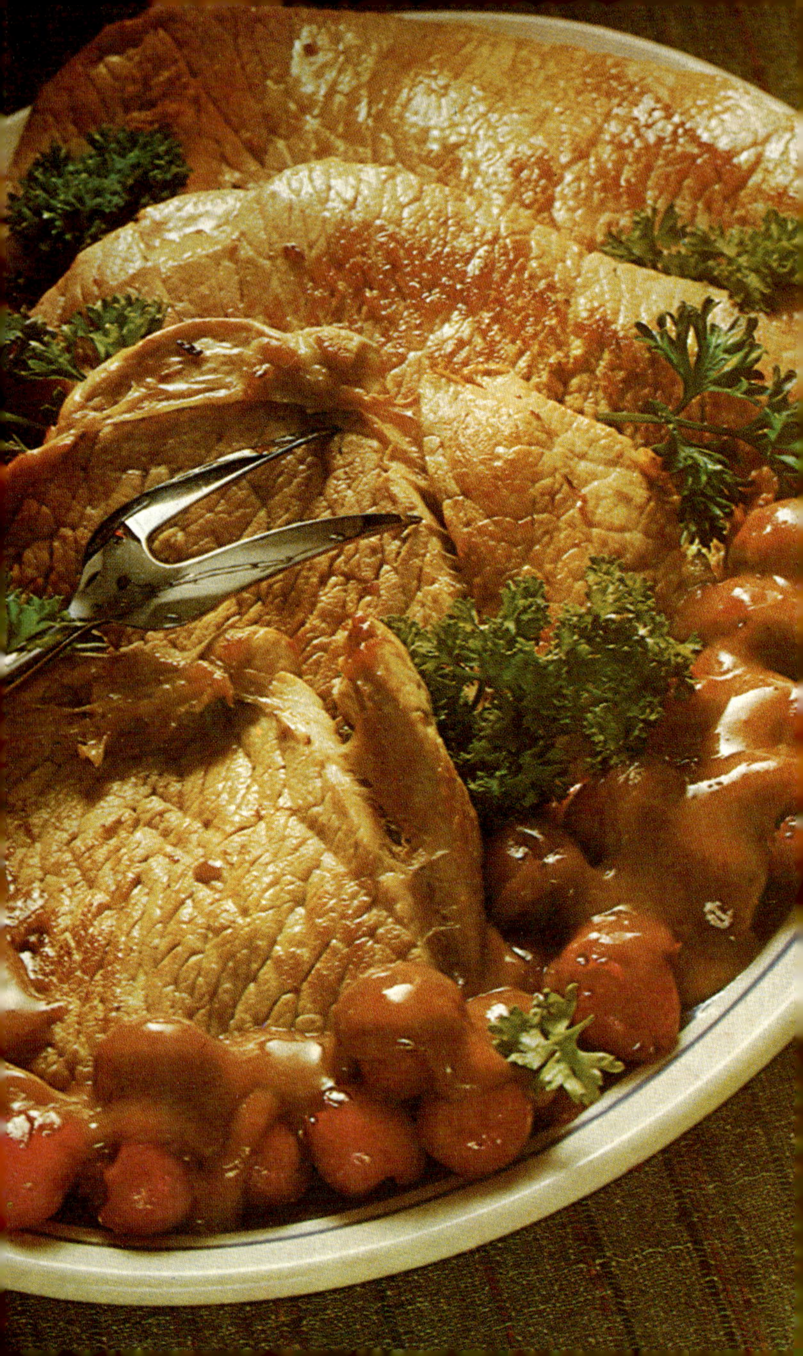

Joghurt mit Paprika

Eine Portion enthält: 7 g Eiweiß, 9 g Fett, 12 g Kohlenhydrate = 1 BE, 30 mg Cholesterin.
Kalorien: 167 = 699 Joule.
Zubereitung: Ohne Kühlzeit 15 Minuten.

250 g grüne Paprikaschoten, 250 g Tomaten, 3 Becher Trinkmilch-Joghurt, Salz, 2 TL Tabascosoße. – Zum Garnieren: ½ Bund Petersilie, 50 g Schlagsahne (30 %), Paprika edelsüß.

Paprikaschoten halbieren, putzen, waschen. Tomaten waschen und vierteln. Beides im Mixer pürieren. Joghurt und Gewürze zufügen. Noch mal mixen. In eine Schüssel geben und zugedeckt 30 Minuten in den Kühlschrank stellen.
Vorm Servieren abschmecken. Mit gehackter Petersilie bestreuen. Sahne steif schlagen. In zwei Tuffs auf die Speise geben. Mit Paprika überstäuben.

Beilage: Grillkartoffeln. 500 g gebürstete, getrocknete Kartoffeln halbieren. Die Schnittfläche mit Salz und Kümmel bestreuen und im Ofen gar grillen. Eine Portion: 85 Kalorien = 356 Joule. 1,6 BE.

Joghurt-Getränk pikant

Eine Portion enthält: 4 g Eiweiß, 3 g Fett, 5 g Kohlenhydrate = 0,4 BE, 11 mg Cholesterin.
Kalorien: 68 = 285 Joule.
Zubereitung: 2 Minuten.

2 Becher Trinkmilch-Joghurt, 1 TL gemahlener Kreuzkümmel, 1 TL Salz, ½ l eisgekühltes Wasser.

Dieses Getränk ist eine köstliche und vor allem durstlöschende Erfrischung an heißen Tagen.
Alle Zutaten in einen Mixer geben und ½ Minute miteinander verschlagen. Einen Eiswürfel mit in den Mixer geben, wenn das Wasser nicht sehr kalt ist. Mixer dann aber etwas länger laufen lassen, damit die Mischung glatt wird.

PS: Magen-Darm-Empfindliche verwenden am besten ungekühltes Wasser.

Joule

Ab 1. Januar 1978 war es vorbei mit der Maßeinheit Kalorie. Denn dann wurde, so haben es Wissenschaftler weltweit bestimmt, nur noch in Joule (sprich dschul oder jul) gerechnet. Joule ist die Maßeinheit für den Energiegehalt der Lebensmittel, den Energiebedarf, die Energiezufuhr. Eine verwirrende Angelegenheit.
Denn 1 Kalorie = 4,184 Joule. Joule-Rechnungen werden also um 4,184mal höher als Kalorienrechnungen.

Jugoslawische Lendenschnitte

Eine Portion enthält: 26 g Eiweiß, 11 g Fett, 10 g Kohlenhydrate = 0,8 BE, 88 mg Cholesterin.
Kalorien: 283 = 1185 Joule.
Zubereitung: 75 Minuten.

Je 1 rote und grüne Paprikaschote (250 g), 1 rote Zwiebel (40 g), 375 g Tomaten, 2 Zucchini (300 g), 2 EL Pflanzenöl (20 g), Salz, weißer Pfeffer, 1 Prise zerriebenes Basilikum, 4 Lendenschnitten (Roastbeef) von je 125 g, 1/8 l Weißwein.

Paprikaschoten halbieren, entkernen, waschen und in feine Streifen schneiden. Zwiebel schälen, halbieren. Auch in Streifen schneiden. Tomaten überbrühen, abziehen und achteln. Dabei die Stengelansätze rausschneiden. Zucchini waschen und in etwa 1 cm dicke Scheiben schneiden. Pflanzenöl in einer großen Pfanne oder in einem Topf erhitzen. Gemüse darin 10 Minuten anbraten. Dabei vorsichtig wenden.
Von den Lendenschnitten eventuell vorhandenes Fett und Häute abschneiden. Flache feuerfeste Form gut einfetten. Etwa 1/3 der Gemüsemischung einfüllen. Lendenschnitten drauflegen. Restliches Gemüse und den Weißwein drübergeben. Deckel auflegen und in den vorgeheizten Ofen auf die mittlere Schiene stellen.

Bratzeit: 40 Minuten. Elektroherd: 225 Grad. Gasherd: Stufe 4.
10 Minuten vor Ende der Garzeit den Deckel abnehmen, damit etwas Flüssigkeit verdampfen kann.

Beilage: Körnig gekochter Reis (von 125 g Langkornreis). Eine Portion: 115 Kalorien = 481 Joule. 2 BE.

TIP Wenn Sie für die Jugoslawischen Lendenschnitten keine Zucchini bekommen, nehmen Sie Salat- oder Gemüsegurken. Die Kalorien bleiben gleich, nur der Geschmack nicht.

Julias Aprikosen-Eis

Eine Portion enthält: 3 g Eiweiß, 6 g Fett, 19 g Kohlenhydrate, 140 mg Cholesterin.
Kalorien: 161 = 674 Joule.
Zubereitung: Ohne Gefrierzeit 15 Minuten.

125 g Aprikosen aus der Dose, 50 g Aprikosensaft, 20 g Zucker, flüssiger Süßstoff, 2 Eigelb, 1 TL Speisestärke, 20 g Schlagschaumpulver ($^1/_2$ Beutel), 5 EL sehr kalte Magermilch, 2 EL Zitronensaft, 2 EL Kirschwasser.

Zwei Aprikosen beiseite legen. Die übrigen waschen, entsteinen und pürieren. In einen Topf geben. Zucker, flüssigen Süßstoff, Eigelb, Speisestärke und Zitronensaft dazugeben und gut miteinander verquirlen.
Im Wasserbad mit dem Schneebesen zu einer Creme schlagen. Zugedeckt vollständig abkühlen lassen. Das Instantschlagschaum-Pulver mit Magermilch zu Schlagschaum schlagen. Mit dem Kirschwasser unter die Aprikosenmasse heben. Im Gefriergerät oder im Eisfach des Kühlschrankes in etwa 2 Stunden halb gefrieren lassen. Dann mit einem Löffel in Schollen abheben (spoonen). In Portionsschalen verteilen. Mit jeweils einer halben Aprikose garnieren.

K

Kabeljau in Krabben-Soße

Eine Portion enthält: 43 g Eiweiß, 7 g Fett, 6 g Kohlenhydrate = 0,5 BE, 204 mg Cholesterin.
Kalorien: 278 = 1164 Joule.
Zubereitung: 55 Minuten.

4 Kabeljaufilets (von je 200 g), Saft einer Zitrone, Salz, 3 EL heißes Wasser. – Für die Soße: ½ Bund Petersilie, 1 Bund Dill oder 1 EL getrockneter Dill, ½ Bund Kerbel (oder 1 EL getrockneter), 20 g Butter, 2 EL Mehl (20 g), ¼ l Fischsud, ⅛ l Milch, Salz, weißer Pfeffer, 1 Dose Krabben (160 g), 1 kleine Gewürzgurke (50 g).

Kabeljaufilets säubern, mit Zitronensaft beträufeln und mit Salz würzen. Das heiße Wasser in eine Auflaufform gießen. Fisch hineinlegen. Zugedeckt in den vorgeheizten Ofen schieben.

Garzeit: 25 Minuten. Elektroherd: 225 Grad. Gasherd: Stufe 4.
In der Zwischenzeit Petersilie, Dill und Kerbel hacken. Getrocknete Kräuter zerreiben. Fischfilets aus der Form nehmen und auf einer vorgewärmten tiefen Platte warm stellen.
Butter in einen Topf geben. Mehl darin unter Rühren durchschwitzen. Mit Fischsud ablöschen. Milch zufügen. Kurz aufkochen. Mit Salz und Pfeffer abschmecken. Kräuter und abgetropfte Krabben darin erhitzen, aber nicht kochen! Soße über den Fisch geben. Mit Gewürzgurkenscheiben garniert servieren.

Beilagen: 4 große gegrillte Tomaten (400 g). Eine Tomate: 19 Kalorien = 80 Joule. 0,2 BE. — Petersilienkartoffeln (500 g, 10 g Butter und ein Bund gehackte Petersilie). Eine Portion: 105 Kalorien = 440 Joule. 1,6 BE.

Kabeljau-Imbiß

Eine Portion enthält: 23 g Eiweiß, 8 g Fett, 6 g Kohlenhydrate, 98 mg Cholesterin.
Kalorien: 192 = 804 Joule.
Zubereitung: 20 Minuten.

500 g Kabeljaufilet, ⅛ l Wasser, Salz, Essig, 1 Zwiebel, 1 kleines Lorbeerblatt, 50 g Mayonnaise (50 %), 50 g Magermilch-Joghurt, 2 EL Tomatenketchup (40 g), 5 gefüllte Oliven (25 g), 30 g Maiskölbchen aus dem Glas, flüssiger Süßstoff, 4 Salatblätter. Petersilie zum Garnieren.

Kabeljaufilets in 4 Portionen teilen. Wasser mit Salz, Essig, der geschälten Zwiebel und dem Lorbeerblatt aufkochen. Fisch in etwa 10 Minuten darin gar ziehen lassen. Herausnehmen und abkühlen lassen.
Mayonnaise mit Magermilchjoghurt und Tomatenketchup verrühren. Oliven und Maiskölbchen in Scheiben schneiden. Ein paar Olivenscheiben zurückbehalten. Die übrigen mit dem Mais unter die Mayonnaise mischen. Mit Salz und flüssigem Süßstoff abschmecken. Salatblätter auf vier Portionsteller legen und den Fisch darauf verteilen. Mayonnaise drübergießen. Mit Olivenscheiben und Petersilie garnieren.

Beilagen: 4 Scheiben Toast. Eine Scheibe: 52 Kalorien = 218 Joule.

Kabeljaukotelett

Eine Portion enthält: 34 g Eiweiß, 9 g Fett, 19 g Kohlenhydrate = 1,6 BE, 140 mg Cholesterin.
Kalorien: 312 = 1306 Joule.
Zubereitung: 45 Minuten.

4 Kabeljaukoteletts (1000 g), Essig, Paprika edelsüß, 1 Bund Petersilie, 35 g Margarine, Salz, 1 Zwiebel, 1 Paket Tiefkühl-Erbsen (300 g), ½ Dose Tomaten, Knoblauchsalz, flüssiger Süßstoff, 25 g Mehl, 50 g Muscheln aus der Dose, 50 g Nordseekrabben.

Kabeljaukoteletts säubern, säuern und mit Paprika würzen. Petersilie hacken und darüberstreuen. Zugedeckt einige Zeit stehen lassen.

Dann 25 g Margarine in einer Pfanne erhitzen. Fisch salzen und hineingeben. Die angesammelte Flüssigkeit vom Fisch drübergießen. 20 Minuten zugedeckt bei schwacher Hitze garen.
Geschälte Zwiebel feinhacken. In einem Topf in der restlichen Margarine anbraten. Tiefkühl-Erbsen dazugeben. Nach Anweisung garen. Zuletzt noch die abgegossenen Tomaten dazugeben und heiß werden lassen. Fertiges Gemüse mit Knoblauchsalz, Salz und etwas Süßstoff würzig abschmecken.
Fisch und Gemüse auf einer vorgewärmten Platte anrichten und warm stellen.
Fischfond mit Wasser auf $3/8$ l auffüllen. Mehl in etwas Wasser verquirlen. Flüssigkeit damit binden. Muscheln pürieren. In die Soße geben und durchkochen. Krabben nur darin erhitzen, nicht kochen.
Rund abschmecken und zum Fisch reichen.

Beilagen: Salzkartoffeln von 500 g Kartoffeln. Eine Portion: 85 Kalorien = 356 Joule. 1,6 BE.

Kaffee

Kaffee hat keine Kalorien. Ist er deshalb für Übergewichtige ganz harmlos? Nicht ganz, wenn man es genau betrachtet. Denn Kaffee regt die Adrenalin-(Nebennierenhormon)produktion an. Dadurch schnellt der Blutzuckerspiegel hoch. Man fühlt sich vorübergehend großartig. Jäh ansteigender Blutzucker aber fällt nach einiger Zeit stets unter die Sollmarke von 70 mg. Dann stellt sich der große Appetit auf Süßes ein.
Aber: Wer immer nur den schwarzen Kaffee trinkt, kann davon nicht zunehmen.
Der säureüberschüssige Kaffee wird mit etwas Sahne oder Milch bekömmlicher. Aber mit Zucker leider stark kalorienreich.
Übrigens: Kaffeetrinker brauchen mehr Vitamin B als andere, weil Kaffee die Nieren beeinflußt, zuviel Vitamin B auszuscheiden. Wer den Mangel nicht ausgleicht, wird an Nervosität aller Abstufungen leiden.
Bei überschüssiger Magensäure und Magenleiden immer auf Kaffee verzichten. Denn die Röststoffe werden nicht vertragen. Das gilt übrigens auch für Malzkaffee.

Kaffeecreme

Eine Portion enthält: 8 g Eiweiß, 9 g Fett, 20 g Kohlenhydrate, 273 mg Cholesterin.
Kalorien: 201 = 841 Joule.
Zubereitung: 30 Minuten.

3/8 l Magermilch, 1 Prise Salz, 1 Vanilleschote, 10 g Instant-Kaffee, 50 g Puderzucker, flüssiger Süßstoff, 2 Eier, 2 Eigelb, Butter zum Einfetten, 20 g Blockschokolade.

Milch, Salz und Mark der Vanilleschote in einem Topf unter Rühren aufkochen. Instantkaffee dazugeben. Puderzucker hineinrühren. Eventuell noch mit Süßstoff abschmecken. Leicht abkühlen lassen.
Eier und Eigelb in einer Schüssel schaumig schlagen. Milchmischung nach und nach mit dem Schneebesen unterrühren.
Vier feuerfeste Auflaufförmchen einfetten. Creme einfüllen. Ins Wasserbad stellen. Zugedeckt in den vorgeheizten Ofen auf die mittlere Schiene stellen.

Garzeit: 40 Minuten. Elektroherd: 200 Grad. Gasherd: Stufe 3.
Aus dem Ofen nehmen. Abkühlen lassen. Bis zum Servieren zugedeckt in den Kühlschrank stellen. Auf Tellerchen stürzen, mit geriebener Schokolade garnieren.

PS: Wenn Sie es sich leisten können, dann garnieren Sie zusätzlich mit Schlagsahne. Aber bitte mit ungezuckerter. 1 Eßlöffel für jede Portion macht 60 Kalorien zusätzlich.

Kaffee-Schaumspeise

Eine Portion enthält: 6 g Eiweiß, 21 g Fett, 23 g Kohlenhydrate, 452 mg Cholesterin.
Kalorien: 309 = 1293 Joule.
Zubereitung: 30 Minuten.

1/4 l Wasser, 15 g gemahlener Kaffee, 6 Eigelb, 75 g Zucker (eventuell flüssiger Süßstoff), 1 Prise Salz, 1/8 l Sahne, 20 g geriebene Bitterschokolade.

Wasser aufkochen. Den Kaffee damit filtern. Dann abkühlen lassen. Eigelb in einem Topf verquirlen. Ins Wasserbad stellen. Mit dem

Schneebesen schaumig schlagen und dabei den Zucker, eventuell noch Süßstoff und die Prise Salz einrieseln lassen. Kalten Kaffee zugießen und schlagen, bis die Masse cremig ist.
Topf aus dem Wasserbad nehmen. Unter ständigem Schlagen abkühlen lassen.
Die Sahne steifschlagen. Unter die Creme heben, in Portionsschalen oder Gläser verteilen und zugedeckt im Kühlschrank kalt werden lassen.
Creme vor dem Servieren mit geriebener Bitterschokolade bestreuen.

PS: Auch Diabetiker können diese Süßspeise essen, wenn sie nur mit Süßstoff zubereitet wird. Selbstverständlich müssen auch hier die — wenn auch geringen — Kohlenhydratwerte angerechnet werden, Schokolade natürlich weglassen.

Kakao

Kakaopulver gibt es schwach und stark entölt. Deshalb schwankt der Kaloriengehalt bei 100 g zwischen 320 und 460. Kakao hat viele gute Eigenschaften: Er regt leicht an durch das coffeinähnliche Theobromin. Ist kaliumreich, hat viel Magnesium, auch Calcium und etwas Vitamin A, B_1 und auch B_2.

Kakao-Frühstück

Eine Portion enthält: 23 g Eiweiß, 15 g Fett, 50 g Kohlenhydrate, 16 mg Cholesterin.
Kalorien: 441 = 1845 Joule.
Zubereitung: 10 Minuten.

¼ l Magermilch, 1 EL Kakao, 1 Prise Salz, 1 Msp Zimt, Süßstoff, 2 Scheiben Grahambrot von je 30 g. 2 TL Pflanzenmargarine (10 g), 50 g Schmelzkäse (20 %), 2 Tomaten (50 g), Pfeffer.

Milch aufkochen. Etwas heiße Milch abnehmen. Kakao damit verrühren und mit Salz und Zimt in die Milch geben. Süßen.
Grahambrot mit der Margarine bestreichen, mit dem Schmelzkäse belegen. Tomaten waschen, in Scheiben schneiden, würzen.

Kalbfleisch

Keule, Filet und Haxe sind die kalorienärmsten Stücke vom Kalb.
Gute Sachen also für schlanke Schlemmer, aber auch für Leute mit schwachem Magen. Denn Kalbfleisch ist leicht verträglich. Aber: Herzpatienten sollten Kalbfleisch nur gelegentlich essen.
Weil es mit 90 mg Cholesterin auf 100 g um 20 mg höher liegt als andere Fleischsorten. Nur bei Innereien sind die Cholesterinwerte gleich.
Der Kaloriengehalt von 100 g Kalbfleisch liegt zwischen 105 und 140, der Eiweißgehalt zwischen 20 und 25 g und der Fettgehalt zwischen 1 und 5 g.
Kenner bevorzugen das rosa Fleisch der einjährigen Weidekälber. Denn rosa Kalbfleisch hat etwa 40 Prozent mehr lebensnotwendiges Eisen als weißes. Das kommt daher, daß man heute Kälber natürlicher, eisenhaltiger und gesünder ernährt.
Das besonders leichte Stück vom Kalb ist das Kalbsbries (Thymusdrüse), das von Feinschmeckern sehr geschätzt wird. Früher wurde es gerne als Krankenkost gereicht. Heute aber weiß man, daß diese Delikatesse große Mengen Harnsäurebildner (Purinstoffe) enthält. Daher ist Vorsicht geboten. Vor allem für Menschen, die gichtanfällig sind oder bereits unter Gicht leiden.

Kalbfleisch Marengo

Eine Portion enthält: 27 g Eiweiß, 7 g Fett, 6 g Kohlenhydrate = 0,5 BE, 113 mg Cholesterin.
Kalorien: 232 = 971 Joule.
Zubereitung: 45 Minuten.

500 g Kalbfleisch aus der Keule, 2 EL Pflanzenöl (20 g), 1 Zwiebel, 125 g Champignons, 1 Möhre, 1 EL Tomatenmark, Salz, weißer Pfeffer, 1 Lorbeerblatt, 1 TL gehackter Thymian, ⅛ l heißes Wasser, ⅛ l Weißwein, 1 EL Mehl (10 g), 1 Bund Petersilie, 1 EL Trüffelscheiben (10 g), 1 Tomate.

Kalbfleisch würfeln. Öl in einem Topf erhitzen. Das Fleisch darin 10 Minuten auf allen Seiten anbraten. Herausnehmen.
Inzwischen die geschälte Zwiebel würfeln. Champignons und Möhre putzen und in dünne Scheiben schneiden. Im Bratfond anschmoren. Tomatenmark unterrühren. Salzen, pfeffern, Lorbeerblatt und Thymian zufügen. Wasser und Wein angießen. Angebratenes Fleisch zugeben. Im geschlossenen Topf 20 Minuten schmoren lassen.
Mehl in wenig Wasser anrühren. Das Gericht damit binden. Kräftig abschmecken. Gewaschene, gehackte Petersilie (ein bißchen zurücklassen) untermischen. Lorbeerblatt entfernen. In einer vorgewärmten Schüssel anrichten. Mit Trüffelscheiben und Tomatenachteln garnieren. Restliche Petersilie drüberstreuen.

Beilagen: Salat aus 500 g Tomaten in einer Marinade aus 2 EL Weinessig, Salz, Pfeffer, Zwiebelpulver, 2 EL Pflanzenöl und einem Bund zerkleinertem frischem Schnittlauch. Eine Portion: 72 Kalorien = 301 Joule. 0,3 BE.
Petersilienkartoffeln von 500 g Kartoffeln, 10 g Margarine und 1 Bund gehackter Petersilie. Eine Portion: 105 Kalorien = 440 Joule. 1,6 BE.

Kalbfleischklößchen in Weißweinsoße

Eine Portion enthält: 25 g Eiweiß, 10 g Fett, 7 g Kohlenhydrate = 0,5 BE, 218 mg Cholesterin.
Kalorien: 255 = 1068 Joule.
Zubereitung: 30 Minuten.

375 g Kalbfleisch, 2 Eier, 1 Zwiebel, ½ Bund Petersilie, 1 Msp Currypulver, Salz, ½ l Würfelbrühe. – Für die Soße: 1 Zwiebel, 1 rote Paprikaschote (125 g), 1 kleine Gewürzgurke (50 g), 20 g Margarine, ⅛ l Weißwein, 1 EL Mehl (10 g), 4 EL Dosenmilch (7,5 %), 1 Röhrchen Kapern, Salz, 1 Bund Petersilie.

Kalbfleisch waschen, trocknen und zweimal durch den Fleischwolf (feine Scheibe) drehen. Oder im Mixer pürieren. Mit den Eiern in eine

Schüssel geben. Geschälte Zwiebel und die Petersilie hacken, Currypulver und Salz zufügen und alles zu einem würzigen Hackteig verarbeiten.
Würfelbrühe aufkochen. Mit 2 Teelöffeln Klößchen aus dem Fleischteig formen. In die Brühe gleiten und 5 Minuten garziehen lassen. Klößchen herausnehmen und warm stellen.
Geschälte Zwiebel, geviertelte, geputzte und gewaschene Paprikaschote und die Gewürzgurke würfeln. Margarine in einem Topf erhitzen. Zwiebel und Gemüse darin anbraten. ⅛ l von der Fleischbrühe dazugießen und das Ganze 5 Minuten garen.
Weißwein zufügen, Mehl in Dosenmilch anrühren und die Flüssigkeit damit binden. Kapern abgießen und zur Soße geben. Kräftig abschmecken und die Fleischklößchen in die Soße geben. In einer vorgewärmten Schüssel anrichten und mit gehackter Petersilie bestreuen.

Beilagen: Erbsengemüse aus 450 g Tiefkühlware in 10 g Margarine und mit 1 Bund gehackter Petersilie geschwenkt. Eine Portion: 125 Kalorien = 528 Joule. 1 BE. — Körnig gekochter Reis von 125 g Langkornreis. Eine Portion: 115 Kalorien = 481 Joule. 2 BE.

Kalbsfilet Sevilla

Eine Portion enthält: 30 g Eiweiß, 9 g Fett, 10 g Kohlenhydrate = 0,8 BE, 120 mg Cholesterin.
Kalorien: 258 = 1080 Joule.
Zubereitung: 30 Minuten.

> *4 Kalbsfiletsteaks von je 125 g, Salz, weißer und schwarzer Pfeffer, Mehl zum Wenden, 2 EL Pflanzenöl (20 g), 1 Kopf Salat, 1 Orange, 8 Sardellenfilets, ⅛ l frisch gepreßter Orangensaft, 1 EL Rotwein, flüssiger Süßstoff, 1 Bund Petersilie.*

Steaks mit der Hand etwas breitdrücken. Mit Salz und Pfeffer würzen. Leicht in Mehl wenden.
Pflanzenöl in einer Pfanne erhitzen. Filets darin auf beiden Seiten in 3 Minuten gar braten. Warm stellen.
Während die Steaks braten, den Salat putzen, waschen und abtropfen lassen. Rand einer Platte damit belegen.
Orange mit einem scharfen Messer wie einen Apfel abschälen, so daß

die weiße Haut mit entfernt wird. In vier Scheiben schneiden und je 2 Sardellenfilets über Kreuz auflegen.
Orangensaft und Rotwein in den Bratfond geben. Etwas einkochen lassen. Soße mit Salz, Pfeffer und etwas Süßstoff abschmecken.
Steaks in der Mitte der Salatplatte anrichten, die Soße darübergießen und mit den Apfelsinen-Sardellen-Scheiben garnieren.
Außerdem mit gewaschener, abgetropfter Petersilie garnieren.

Beilagen: Kartoffelkroketten von 125 g Krokettenpulver (15 g Fettaufnahme). Eine Portion: 153 Kalorien = 641 Joule. 2 BE.

Kalbsfrikassee

Eine Portion enthält: 27 g Eiweiß, 8 g Fett, 7 g Kohlenhydrate = 0,5 BE, 178 mg Cholesterin.
Kalorien: 227 = 950 Joule.
Zubereitung: 50 Minuten.

400 g Kalbfleischstücke, ½ l Wasser, Salz, 1 kleine Zwiebel, 100 g Karotten oder dicke Möhrenscheiben. – Für die Klößchen: 100 g Beefsteakhack (Tatar), 1 Eigelb, 1 TL Haferflocken, 1 EL kaltes Wasser, Salz, weißer Pfeffer, Zwiebelpulver. – Für die Soße: 20 g Margarine, 2 EL Mehl (20 g), 1 TL Sojamehl, ⅜ l Kalbsbrühe, 1 EL Kapern, Salz, weißer Pfeffer. – Zum Garnieren: Petersilie.

Wasser mit Salz und der geschälten Zwiebel aufkochen. Dann die Fleischstücke und die Karotten oder die Möhrenscheiben hineingeben. Zugedeckt bei niedriger Hitze 20 Minuten dünsten.
Inzwischen aus Beefsteakhack mit Eigelb, Haferflocken, Wasser und Gewürzen einen Fleischteig mischen. Pikant abschmecken, 12 Miniklöße daraus formen.
Für die Soße Margarine in einem Topf erhitzen. Mehl und Sojamehl darin hellgelb rösten. ⅜ l heiße Kalbsbrühe nach und nach zugießen. Glattrühren. Durchkochen. Kapern reingeben. Wieder aufkochen. Mit Salz und Pfeffer abschmecken.
Tatarklößchen in der fertigen Soße 10 Minuten gar ziehen lassen. Nicht mehr kochen, nicht umrühren, Topf nur ab und zu rütteln. Klößchen herausnehmen.
Fleisch ohne Brühe in die Soße geben.
Abschmecken und in eine Schüssel füllen. Rand abwechselnd mit

Karotten und Fleischklößchen belegen. Mit gewaschener Petersilie garnieren.

Beilagen: Kopfsalat. Marinade aus 2 EL Zitronensaft, Gewürzen, 1 EL gehackter Petersilie und 2 EL Keimöl. Eine Portion: 55 Kalorien = 230 Joule. 0,1 BE.
Körnig gekochter Reis von 125 g Langkornreis. Eine Portion: 115 Kalorien = 481 Joule. 2 BE.

Kalbshaxe in Zitronensoße

Eine Portion enthält: 28 g Eiweiß, 9 g Fett, 8 g Kohlenhydrate = 0,6 BE, 116 mg Cholesterin.
Kalorien: 258 = 1080 Joule.
Zubereitung: 115 Minuten.

4 Scheiben Kalbshaxe von je 200 g, Salz, schwarzer Pfeffer, Mehl zum Wenden, 2½ EL Pflanzenöl (25 g), 1 Zwiebel, 125 g Möhren, 250 g Tomaten, ½ l heißes Wasser, ⅛ l Weißwein, 1 EL Tomatenmark (20 g), 1 Knoblauchzehe, 1 Lorbeerblatt, ½ Bund Zitronenmelisse, 1 TL gehackter Thymian, Schale und Saft einer ungespritzten Zitrone, flüssiger Süßstoff. – Zum Garnieren: *1 Zitrone, ½ Bund Petersilie.*

Fleischscheiben mit Salz und Pfeffer einreiben. In Mehl wenden. Öl in einem Bräter erhitzen. Fleisch auf beiden Seiten je 10 Minuten braten. In der Zwischenzeit die geschälte Zwiebel in Scheiben schneiden. Auch die geputzten Möhren. Tomaten abziehen, vierteln und entkernen.
Fleisch aus dem Bräter nehmen. Zwiebel und Möhren im Bratfond anbraten. Tomaten zufügen. Wasser und Wein angießen, Tomatenmark hineinrühren. Geschälte Knoblauchzehe, Lorbeerblatt, Zitronenmelisse und Thymian in ein Mullbeutelchen füllen. Zugebunden in den Topf geben. Fleischscheiben drauflegen und zugedeckt 75 Minuten schmoren lassen.
Fleisch herausnehmen und warm stellen. Soße durch ein Sieb gießen. Zitrone hauchdünn (ohne weiße Haut) abschälen. Schale in dünne Streifen schneiden. Mit dem Saft der Zitrone in die Soße geben und 5 Minuten kochen. Wenig Süßstoff zugeben und abschmecken.
Fleisch auf einer vorgewärmten tiefen Platte anrichten.
Fleisch mit der Soße begießen. Mit Zitronenspalten und Petersilie garnieren.

Beilagen: Kopfsalat in einer Marinade aus 2 EL Zitronensaft, Gewürzen, 2 EL Schnittlauchröllchen und 2 EL Sonnenblumenöl. Eine Portion: 55 Kalorien = 230 Joule. 0,1 BE. — Petersilienkartoffeln aus 500 g Kartoffeln, 10 g Butter und 1 Bund gehackter Petersilie. Eine Portion: 105 Kalorien = 440 Joule. 1,6 BE.

Kalbsleber mit Früchten

Eine Portion enthält: 25 g Eiweiß, 13 g Fett, 34 g Kohlenhydrate, 313 mg Cholesterin.
Kalorien: 391 = 1637 Joule.
Zubereitung: 20 Minuten.

> 4 Scheiben Kalbsleber von je 125 g, Cayennepfeffer, Mehl zum Wenden, Salz, 2 EL Pflanzenöl (20 g), 1 kleine Banane (125 g), 2 Scheiben Ananas aus der Dose (200 g), 2 Pfirsichhälften aus der Dose (200 g), 3 EL entsteinte Sauerkirschen aus der Dose (60 g), 10 g Butter, ½ Bund Petersilie, 2 EL (3 cl) weißer Rum.

Leber mit Pfeffer würzen und in Mehl wenden. Öl in der Pfanne erhitzen. Leber darin auf jeder Seite 3 Minuten braten. Salzen. Auf einer vorgewärmten Platte warm stellen.
Inzwischen die geschälte Banane in Scheiben schneiden. Ananasscheiben würfeln. Pfirsichhälften in Spalten schneiden. Mit den abgetropften Kirschen in der Pfanne erhitzen. Butter zufügen. Obst auf die Leber verteilen. Mit Petersilie garnieren.
Rum in einem Pfännchen erwärmen. Bei Tisch anzünden und brennend über die Leber gießen.

Beilagen: 4 Scheiben Toastbrot (80 g). Eine Scheibe: 52 Kalorien = 218 Joule.

Kalbsnierenbraten
6 Portionen

Eine Portion enthält: 36 g Eiweiß, 10 g Fett, 3 g Kohlenhydrate = 0,2 BE, 150 mg Cholesterin.
Kalorien: 294 = 1231 Joule.
Zubereitung: 120 Minuten.

1000 g Kalbsnierenbraten, Salz, schwarzer Pfeffer, 2½ EL Pflanzenöl (25 g), 1 Möhre (75 g), 1 Zwiebel, 1 Tomate, 1 Bund Petersilie, 2 Nelken, 1 Lorbeerblatt, ¼ l Weißwein, 2½ EL Mehl (25 g), ¼ l Würfelbrühe, flüssiger Süßstoff.

Fleisch mit Salz und Pfeffer einreiben. Öl in einem Schmortopf erhitzen.
Fleisch darin rundherum anbraten.
Möhre und Zwiebel putzen und grob zerschneiden. Tomate vierteln. Mit der gewaschenen Petersilie, Nelken und Lorbeerblatt zum Fleisch geben. Topf geschlossen in den vorgeheizten Ofen stellen.

Bratzeit: 110 Minuten. Elektroherd: 225 Grad. Gasherd: Stufe 4.
Fertigen Braten aus dem Topf nehmen, in Alu-Folie wickeln und warm stellen. Bratfond mit Weißwein loskochen. Mehl mit der kalten Würfelbrühe verrühren. Weißwein damit binden, aufkochen und die Soße durch ein Sieb gießen. Mit Salz, Pfeffer und flüssigem Süßstoff abschmecken. Braten aufschneiden. Soße extra reichen.

Beilagen: 500 g Bohnen, 250 g Blumenkohlröschen, 250 g Karotten gekocht, gewürzt und mit jeweils 5 g Butter gemischt. Eine Portion: 109 Kalorien = 456 Joule. 1,1 BE.
Kartoffelschnee von 750 g Kartoffeln. Eine Portion: 85 Kalorien = 356 Joule. 1,6 BE.

TIP Kalbsnierenbraten schmeckt auch kalt als Brotbelag. Eine Scheibe von 50 g hat rund 140 Kalorien.

Kalbsschnitzel Tessiner Art

Eine Portion enthält: 29 g Eiweiß, 14 g Fett, 6 g Kohlenhydrate = 0,5 BE, 117 mg Cholesterin.
Kalorien: 278 = 1164 Joule.
Zubereitung: 20 Minuten.

4 Kalbsschnitzel von je 125 g, 2 EL Zitronensaft, 1 Zwiebel, 1 Knoblauchzehe, 375 g Tomaten, 4 EL Pflanzenöl (40 g), ½ Bund Petersilie, Basilikum und Majoran getrocknet, 30 g geriebener Edamer-Käse (30 %), weißer Pfeffer, Salz, 2 kleine Essiggurken (100 g).

Kalbsschnitzel mit Zitronensaft beträufeln und zugedeckt 15 Minuten durchziehen lassen.

Geschälte Zwiebel und Knoblauchzehe fein hacken. Tomaten überbrühen und abziehen. Halbieren, entkernen und in Würfel schneiden. 2 EL Pflanzenöl in einer Pfanne erhitzen. Zwiebel und Knoblauch darin durchbraten. Tomaten 5 Minuten darin dünsten. Gehackte Petersilie, Basilikum, Majoran und Käse unter Rühren zufügen. Mit Salz und Pfeffer würzen. 5 Minuten zugedeckt leicht köcheln lassen.
Restliches Pflanzenöl in einer Pfanne erhitzen. Kalbsschnitzel mit Küchenpapier abtupfen, mit Pfeffer würzen. Jede Seite 4 Minuten braten. Salzen.
Die Kalbsschnitzel auf einer vorgewärmten Platte anrichten. Danach die Tomatensoße gleichmäßig darüber verteilen.
Die Essiggurken sehr fein würfeln. Als Streifen auf die Kalbsschnitzel Tessiner Art legen und sie sofort servieren.

Beilagen: Kopfsalat in Marinade aus 2 EL Estragonessig, Salz, weißem Pfeffer, 2 EL Schnittlauchröllchen und 2 EL Keimöl. Eine Portion: 55 Kalorien = 230 Joule. 0,1 BE.
Nudeln von 125 g. Eine Portion: 122 Kalorien = 511 Joule. 2 BE.

Kalbssteak auf Reis

Eine Portion enthält: 28 g Eiweiß, 9 g Fett, 27 g Kohlenhydrate = 2,2 BE, 113 mg Cholesterin.
Kalorien: 320 = 1340 Joule.
Zubereitung: 30 Minuten.

1 rote Paprikaschote, 1 Zwiebel, 10 g Margarine, 125 g Langkornreis, ¼ l Wasser, Salz, 1 Msp Safran, 50 g geriebener Edamer (30 %), 4 Kalbssteaks (500 g), 2 EL Pflanzenöl (20 g), Petersilie und Mandarinenspalten zum Garnieren.

Paprika putzen und waschen. Zwiebel schälen. Beides fein würfeln. Margarine in einem Topf erhitzen. Paprika und Zwiebel darin anbraten. Reis, Wasser und Salz zufügen. Aufkochen und 20 Minuten quellen lassen. Fertigen Reis zuerst mit Safran, dann mit geriebenem Käse mischen. Auf einer vorgewärmten Platte anrichten.
Während der Reis gart, die Kalbssteaks im heißen Öl in einer Pfanne auf jeder Seite in etwa 3 Minuten goldbraun braten. Mit Salz würzen

und auf dem Reis anrichten. Mit Petersilie und Mandarinenspalten garnieren.

PS: Servieren Sie dazu Mandarinenkompott (2 kleine Dosen Mandarinen = 380 g) mit Schlagschaum von ½ Beutel Instant-Schlagschaumpulver mit 5 EL Magermilch. (Nicht für Diabetiker!) Eine Portion: 124 Kalorien = 520 Joule.

Kalbssteak California

Eine Portion enthält: 28 g Eiweiß, 14 g Fett, 31 g Kohlenhydrate, 16 mg Cholesterin.
Kalorien: 441 = 1845 Joule.
Zubereitung: 20 Minuten.

4 Scheiben Toastbrot (80 g), 4 Kalbssteaks von je 125 g, Salz, weißer Pfeffer, 2 EL Pflanzenöl (20 g), geriebene Muskatnuß, 8 Pfirsichhälften aus der Dose (560 g), Saft einer halben Zitrone, 8 EL süße Sahne, 1 Glas (2 cl) Kirschwasser, Petersilie.

Toastbrot rösten. Auf eine Platte legen. Steaks salzen und pfeffern. Im erhitzten Öl auf jeder Seite 3 Minuten braten. Mit Muskat bestäuben. Auf dem Toastbrot anrichten. Warm stellen.
Abgetropfte Pfirsiche im Bratfett 5 Minuten erhitzen. Ganz leicht salzen. Auf die Steaks legen.
Zitronensaft und Sahne mit Kirschwasser in den Bratfond rühren. Bis kurz vorm Kochen erhitzen. Würzen. Einseitig über die Steaks gießen. Petersilie anlegen.

Beilagen: Kopfsalat in einer Marinade aus 2 EL Zitronensaft, Gewürzen, 2 EL gehackten Kräutern und 2 EL Keimöl. Eine Portion: 55 Kalorien = 230 Joule.

PS: Toastbrot hat nur die Hälfte der guten Mineralstoffe wie Roggenbrot. Und Roggenbrot enthält noch das wichtige Vitamin B_2 und Ballaststoffe, die für die Verdauung wichtig sind. Empfehlung: Mal Steaks auf Roggenbrot essen.

Kalbssteak mit Schinken und Käse

Eine Portion enthält: 30 g Eiweiß, 13 g Fett, 0 g Kohlenhydrate = 0,0 BE, 123 g Cholesterin.
Kalorien: 256 = 1072 Joule.
Zubereitung: 16 Minuten.

4 Kalbssteaks (400 g), 2 EL Pflanzenöl (20 g), Salz, weißer Pfeffer, 2 Scheiben magerer, gekochter Schinken (100 g), 4 Scheiben (80 g) Schmelzkäse (40 %).

Steaks in heißem Pflanzenöl in einer Pfanne auf jeder Seite 3 Minuten braten. Leicht salzen und pfeffern. Mit je ½ Scheibe Schinken und 1 Scheibe Schmelzkäse belegen.
Die Steaks in der geschlossenen Pfanne noch etwa 10 Minuten auf schwacher Hitze weiterbraten. Auf Tellern angerichtet servieren.

Beilagen: Blattspinat von 1000 g. 1 Zwiebel und 30 g Margarine. Eine Portion: 119 Kalorien = 498 Joule. 0,5 BE. — Salzkartoffeln von 500 g Kartoffeln. Eine Portion: 85 Kalorien = 356 Joule. 1,6 BE.

Kalbszunge in Madeira

Eine Portion enthält: 19 g Eiweiß, 10 g Fett, 15 g Kohlenhydrate, 93 mg Cholesterin.
Kalorien: 274 = 1147 Joule.
Zubereitung: 100 Minuten.

2 Kalbszungen von je 250 g, 1½ l Wasser, Salz, 1 Zwiebel, 1 Lorbeerblatt, 3 Pfefferkörner, 1 Bund Suppengrün. – Für die Madeirasoße: 20 g Margarine, 2 EL Mehl (20 g), ¼ l Zungenbrühe, ⅛ l Madeira, Salz, weißer Pfeffer, flüssiger Süßstoff. 1 Bund Petersilie.

Kalbszungen gründlich unter kaltem Wasser waschen. Wasser und Salz aufkochen. Zwiebel schälen und halbieren. Suppengrün waschen und grob zerkleinern. Mit dem Fleisch ins kochende Wasser geben. 75 Minuten garen.
Zungen noch heiß abziehen und schräg in ½ cm dicke Scheiben schneiden.
Für die Madeira-Soße Margarine in einem Topf erhitzen. Mehl darin unter Rühren durchschwitzen und ¼ l durchgesiebte Zungenbrühe angießen. Madeira zugeben. Mit Salz, Pfeffer und Süßstoff würzen.

Zungenscheiben in der Soße erhitzen, aber nicht mehr kochen. In eine vorgewärmte Schüssel füllen. Mit Petersilie garnieren.

Beilagen: Chicoréesalat in einer Marinade aus 2 EL Estragonessig, Salz, weißem Pfeffer, Curry und 2 EL Keimöl. Eine Portion: 55 Kalorien = 230 Joule. — Körnig gekochter Reis von 125 g Langkornreis. Eine Portion: 115 Kalorien = 481 Joule.

PS: Diabetiker kochen Zunge in Rotwein.

Kalium

Unser Körper braucht Kalium zur Aufrechterhaltung des Drucks in unseren Körperzellen.
Es ist in allen Früchten und im Gemüse reichlich enthalten, wirkt entwässernd und entgiftend.

Kalorie

Nahrung hält die Körperwärme konstant und sorgt dafür, daß körperliche und geistige Leistungen möglich sind. Für diese Wärme- und Kraftleistung gibt es die Maßeinheit Kilokalorie, die wir allgemein Kalorie nennen.
Kalorien, die nicht zur Erwärmung des Körpers gebraucht werden, sind für Arbeitsleistungen frei. Werden sie nicht genutzt, dann bildet der Körper Fettreserven für Notzeiten, die vielleicht nie kommen.
Unsere Grundnährstoffe liefern verschieden viele Kalorien. So hat 1 g Eiweiß 4,1 Kalorien, 1 g Kohlenhydrate 4,1 Kalorien und 1 g Fett 9,3 Kalorien.
Niemand wird aber nach der These schlanker, daß Kalorie ja gleich Kalorie ist. Denn Kalorien aus magerem Eiweiß sind dauerhafte Sättiger, Kalorien aus Kohlenhydraten wie Zucker schaffen nach kurzer Zeit Hungergefühl.
Die Kalorienbedarf eines Menschen richtet sich nach Alter, Größe, Gewicht und Geschlecht. Aber auch nach der Außentemperatur, nach der Dauer und der Schwere seiner Tätigkeit.

Kaninchenschnitzel

Eine Portion enthält: 45 g Eiweiß, 27 g Fett, 16 g Kohlenhydrate = 1,3 BE, 287 mg Cholesterin.
Kalorien: Etwa 525 = 2198 Joule.
Zubereitung: 55 Minuten.

4 Kaninchenkeulen von je 250 g, Salz, weißer Pfeffer, 4 EL Mehl (40 g), 1 Ei, 4 EL Semmelbrösel (40 g), 4 EL Pflanzenöl (40 g), 1 ungespritzte Zitrone, ½ Bund Petersilie.

Kaninchenkeulen abspülen. Mit einem kleinen scharfen Messer die äußeren festen Häute abtrennen, ohne das Fleisch zu verletzen. Das Fleisch in einem Stück von den Knochen lösen. Dickere Flächen flach auf-, aber nicht abschneiden. Fleisch mit den Fingerspitzen flach auseinanderdrücken. Salzen, pfeffern und mit der Hälfte des Mehls bestäuben. Andrücken. Ei verquirlen. Die Fleischstücke darin und in Semmelbröseln wenden.
Öl in einer beschichteten Pfanne erhitzen. Schnitzel darin auf jeder Seite in 8 Minuten bei mittlerer Hitze goldbraun braten.
Mit Zitronenscheiben und Petersiliensträußchen garniert zu Tisch bringen.

Beilage: Kopfsalat mit Tomaten. Aus einem Kopf Salat und 250 g Tomaten. Die Marinade mit 1 EL Keimöl zubereiten. Eine Portion: 46 Kalorien = 193 Joule. 0,2 BE.

Kantalupe-Steak

Eine Portion enthält: 25 g Eiweiß, 13 g Fett, 14 g Kohlenhydrate, 88 mg Cholesterin.
Kalorien: 295 = 1235 Joule.
Zubereitung: 25 Minuten.

Für die Garnierung: 1 kleine Kantalupe (Zuckermelone) von 500 g, 10 g Margarine, 1 EL weißer Rum, 1 Dose Mandarin-Orangen (190 g), ½ Kästchen Kresse. – Für die Steaks: 4 Rinderfiletsteaks von je 125 g, 2 EL Pflanzenöl (20 g), Salz, schwarzer Pfeffer.

Kantalupe-Melone vierteln, entkernen und schälen. Viertel in dicke Scheiben schneiden.

Die Margarine in einer Pfanne erhitzen. Kantalupescheiben und Rum hineingeben. Etwa 3 Minuten bei schwacher Hitze dünsten. Zwischendurch vorsichtig wenden. Abgetropfte Mandarinen-Orangen in die Pfanne geben und heiß werden lassen. Nicht rühren. Die Pfanne jedoch ab und zu rütteln.
Kresse waschen und abtropfen lassen.
Filetsteaks im heißen Pflanzenöl etwa 3 Minuten auf jeder Seite braten. Mit Salz und Pfeffer würzen. Auf einer vorgewärmten Platte anrichten. Melonen- und Mandarinenstücke darauf verteilen. Mit Kresse garnieren.

Beilage: Körnig gekochter Reis von 125 g Langkornreis. Eine Portion: 115 Kalorien = 481 Joule.

Kapern-Schnitzel

Eine Portion enthält: 28 g Eiweiß, 8 g Fett, 8 g Kohlenhydrate = 0,6 BE, 115 mg Cholesterin.
Kalorien: 242 = 1013 Joule.
Zubereitung: 15 Minuten.

4 Kalbsschnitzel (je 125 g), 2 EL Zitronensaft, Salz, weißer Pfeffer, Paprika edelsüß, Mehl zum Wenden (etwa 20 g), 2 EL Pflanzenöl (20 g), 1 Röhrchen Kapern (20 g), 4 EL Weißwein, ¼ Lorbeerblatt, 3 EL Dosenmilch. – Für die Garnierung: 4 Salatblätter, 3 Scheiben Rote Bete aus dem Glas (60 g).

Kalbsschnitzel mit Zitronensaft beträufeln. Salzen, pfeffern und dann mit Paprika überstäuben. In Mehl wenden.
Öl in der Pfanne erhitzen. Kalbsschnitzel darin auf einer Seite 3 Minuten braten. Wenden. Abgetropfte Kapern in die Pfanne geben. Zweite Schnitzelseite auch 3 Minuten braten. Auf einer vorgewärmten Platte anrichten.
Weißwein und Lorbeerblatt im Bratfond durchkochen. Lorbeerblatt rausnehmen. Dosenmilch angießen. Abschmecken und über die Schnitzel verteilen.
Salatblätter und Rote Bete in Streifen schneiden. Die Schnitzel damit garnieren.

Beilagen: Kopfsalat in 2 EL Estragonessig, Pfeffer, Salz, 2 EL Pflanzenöl und Dillspitzen anmachen. Eine Portion enthält: 55 Kalorien = 230 Joule. 0,1 BE. — Petersilienkartoffeln von 500 g Kartoffeln und 1 EL gehackter Petersilie. Eine Portion: 85 Kalorien = 356 Joule, 1,6 BE.

Kardinal

Eine Portion enthält: 1 g Eiweiß, 0 g Fett, 12 g Kohlenhydrate.
Kalorien: 301 = 1260 Joule.
Zubereitung: 10 Minuten.

> 2 ungespritzte Orangen von je 200 g, 2 Scheiben Ananas aus der Dose (100 g), 1 Msp Zimt, 3 Nelken, flüssiger Süßstoff, 1 Flasche Weißwein, 1 Flasche roter Burgunder.

Die Schale einer gewaschenen, getrockneten Orange in einen Krug reiben. Beide Orangen mit einem scharfen Messer wie einen Apfel schälen. Auch die weiße Haut muß weg. Orangenspalten jeweils vor und hinter der weißen Trennhaut herausschneiden.
Ananasscheiben in Stücke schneiden. Orangen, Ananas, Zimt, Nelken und Süßstoff in den Krug geben. ½ Flasche Weißwein aufgießen und zugedeckt 24 Stunden an einem kühlen Ort durchziehen lassen.
Dann das Ganze durch ein Sieb gießen. Restlichen Weißwein und den Burgunder zugeben. Umrühren. Kalt servieren.

PS: Besonders hübsch sieht es aus, wenn Sie in jedes Glas eine geviertelte Orangenscheibe geben. Sie können dieses Getränk übrigens auch mit anderen aromatischen Früchten, wie zum Beispiel Pfirsichen oder Kirschen zubereiten.

Karpfen blau

Eine Portion enthält: 39 g Eiweiß, 23 g Fett, 1 g Kohlenhydrate = 0,1 BE, 174 mg Cholesterin.
Kalorien: 391 = 1637 Joule.
Zubereitung: 35 Minuten.

> 1 Karpfen von 1500 g, Salz, ⅛ l Essig, ⅛ l Weißwein, ⅜ l Wasser, 1 Zwiebel, 1 Lorbeerblatt, 3 Pfefferkörner, eine halbe ungespritzte Zitrone, 40 g Butter. – Zum Garnieren: Salatblätter, 1 Tomate, eine halbe Zitrone, 1 EL Meerrettich aus dem Glas.

Karpfen vom Fischhändler ausnehmen lassen. Vorsichtig unter kaltem Wasser abspülen, damit die Schleimschicht nicht verletzt wird. Nicht Schuppen. Innen mit Salz einreiben. Karpfen auf eine Platte setzen.

Essig bis zum Siedepunkt erhitzen. Über den Fisch gießen. Möglichst in Zugluft 10 Minuten stehen lassen. Essig aufbewahren.
Essig, Wein und Wasser in einem Topf erhitzen. Zwiebel schälen und halbieren. Mit Salz, Lorbeerblatt, Pfefferkörnern und dem Zitronenstück in den Sud geben. Karpfen hineinlegen und 20 Minuten bei schwacher Hitze ziehen lassen.
Inzwischen die Salatblätter waschen und abtropfen lassen. Tomate in Scheiben schneiden. Butter schmelzen. Eine Zitronenhälfte mit Meerrettich füllen.
Karpfen vorsichtig aus dem Wasser heben und auf einer vorgewärmten Platte anrichten. Mit Salatblättern, Tomatenscheiben und der gefüllten Zitrone garnieren. Butter extra reichen.

Beilagen: Meerrettich-Schlagschaum von ½ Beutel Schlagschaumpulver (20°g) (Diabetiker: 1 EL geschlagene Sahne!), 5 EL sehr kalte Magermilch, 1 Päckchen geriebenen Meerrettich (35 g). Eine Portion: 48 Kalorien = 201 Joule. — Salzkartoffeln von 500 g Kartoffeln. Eine Portion: 85 Kalorien = 356 Joule. 1,6 BE.

Kartoffeln Columbine

Eine Portion enthält: 4 g Eiweiß, 10 g Fett, 33 g Kohlenhydrate = 2,7 BE, 0 mg Cholesterin.
Kalorien: 246 = 1030 Joule.
Zubereitung: 35 Minuten.

750 g Kartoffeln, je 2 rote und grüne Paprikaschoten (400 g), 50 g Margarine, Salz, 2 Bund Dill.

Kartoffeln schälen und waschen. In sehr dünne Scheiben schneiden. Paprika halbieren, putzen, waschen und in feine Streifen schneiden. Margarine in einem Topf erhitzen. Kartoffeln hineingeben, salzen und in 20 Minuten bei niedriger Hitze gar braten.
10 Minuten vor Ende der Garzeit die Paprikastreifen dazugeben.
Dill hacken und entweder vor dem Anrichten untermischen oder nur ganz kurz mitbraten.

Beilagen: Herzhaftes Rührei aus 4 Eiern, Salz, 1 EL gehackten Kräutern und 20 g Margarine.
Eine Portion: 111 Kalorien = 465 Joule.

Kartoffeln

Kartoffeln gehören auf den Teller, nicht in den Keller. Weil sie gesund und leicht verdaulich sind. Aber allzu viele dürfen es nicht sein, sonst stimmt die Kalorienrechnung nicht mehr.
125 Gramm frische Kartoffeln haben nach dem Schälen 85 Kalorien = 356 Joule. Das ist wenig. Aber für Leute, die gerne Kartoffeln essen, sind 100 g (3 Stück) halt auch wenig. Mehr aber bedeutet mehr Kalorien.
Schauen wir uns auch einmal an, wie es mit Pommes frites steht. Davon bringen 100 g schon 220 Kalorien = 921 Joule.
Selbstverständlich können die Kartoffeln während einer Schlankheitskur einige Wochen lang durch kalorienärmeres Gemüse ersetzt werden, das man zudem als Rohkost essen kann. Aber auf die Dauer gibt es keinen Grund, auf die Kartoffeln zu verzichten. Denn ihr überaus vielseitiges Mineral- und Vitaminangebot macht sie durchaus wertvoll. Und auch leicht bekömmlich. Solange Kartoffeln nicht in Fett schwimmen, sind sie eben nicht die Dickmacher, die man meiden muß.
Vorsicht vor unreifen oder hellen Kartoffeln mit grünen Stellen. Sie müssen dick geschält werden, weil das Grüne giftiges Solanin enthält.
Übrigens: Kartoffelprodukte sind durchaus vollwertig. Man kann sie immer, sollte sie aber vor allem im Spätfrühjahr verwenden, wenn die alten Kartoffeln keimen.

Kartoffeln mit Käse überbacken

Eine Portion enthält: 6 g Eiweiß, 7 g Fett, 29 g Kohlenhydrate = 2,4 BE, 21 mg Cholesterin.
Kalorien: 210 = 879 Joule.
Zubereitung: 35 Minuten.

750 g Pellkartoffeln, 5 g Margarine zum Einfetten, Salz, 25 g Kräuterbutter (Fertigprodukt), 50 g geriebener Edamer oder Tilsiter (30 %).

Kartoffeln abziehen. In ½ cm dicke Scheiben schneiden. Eine flache, feuerfeste Form einfetten. Kartoffeln einfüllen. Dabei salzen. 20 g

Kräuterbutter in Flöckchen darauf verteilen. Mit dem Käse bestreuen. Restliche Butter als Flöckchen draufgeben. In den vorgeheizten Ofen auf die mittlere Schiene stellen.

Backzeit: 20 Minuten. Elektroherd: 225 Grad. Gasherd: Stufe 4.

Beilagen: Salat aus 250 g Tomaten und 500 g Salatgurke. Marinade: 2 EL Zitronensaft, Salz, weißer Pfeffer, je 1 EL gehackte Petersilie und Schnittlauchröllchen, 2 EL Sonnenblumenöl.
Eine Portion: 75 Kalorien = 314 Joule. 0,4 BE.

Käse

Im Gegensatz zu teurem Magerfleisch ist beim Käse der magerste am billigsten.
Je weniger Fett ein Käse hat, um so mehr hochwertiges, schlankmachendes Eiweiß enthält er. Er ist also absolut empfehlenswert für jede Art von Reduktionskost.
Unser Vergleich: 100 g Doppelrahm-Frischkäse, mit 60 % Fett in der Trockenmasse, hat real 31 g Fett und nur 15 g Eiweiß. Und weil er auch 354 Kalorien mitbringt, ist er tabu für alle, die abnehmen möchten. Allenfalls dürfte man Miniportionen davon essen.
Daß 100 g Harzer Käse nur 140 Kalorien, aber dafür 29 g bestes Eiweiß enthält, läßt jeden kalt, der Harzer nicht mag. Für ihn ist vielleicht Weichkäse mit 20 % Fett i. d. Tr. günstiger. 100 g haben 195 bis 199 Kalorien und 24 bis 26 g Eiweiß. Bitte zugreifen.
Empfehlenswert sind auch die mageren Schnittkäsesorten mit 30 % i. d. Trockenmasse. Davon enthalten: 100 g Edamer 280 Kalorien und 26 g Eiweiß; Tilsiter 297 Kalorien und 29 g Eiweiß. Camembert hat 225 Kalorien und 22 g Eiweiß.
Käse mit 40 % Fett i. d. Tr. sind mit 290 bis 340 Kalorien und 22 bis 26 g Eiweiß auch noch tragbar. Neben dem Eiweiß liefern die mageren Sorten erheblich mehr Calcium als die fetten. Ihr Vitamin-A-Gehalt ist ziemlich hoch, auch wichtige B-Vitamine sind vorhanden.

Käsecremeschnitten

Eine Portion enthält: 25 g Eiweiß, 9 g Fett, 31 g Kohlenhydrate = 2,6 BE, 28 mg Cholesterin.
Kalorien: 322 = 1348 Joule.
Zubereitung: 10 Minuten.

250 g Schmelzkäse (30 %), 250 g Magerquark, Salz, weißer Pfeffer, 4 Scheiben Schwarzbrot (je 50 g), 4 Tomaten (200 g), 4 Salatblätter.

Schmelzkäse mit einer Gabel fein zerdrücken. Mit Quark zu einer glatten Creme verrühren. Falls nötig, etwas Wasser unterschlagen. Mit Salz und weißem Pfeffer abschmecken. Die Käsecreme in einen Spritzbeutel füllen. Auf die Brotscheiben spritzen. Schnitten auf einem Salatblatt mit Tomatenscheiben garniert anrichten.

PS: Je nach Geschmack und Verträglichkeit kann die Käsecreme noch ohne weiteres mit Paprika edelsüß, Currypulver, feingehackten Kümmelkörnern oder auch mit Schnittlauchröllchen abgeschmeckt werden.
Zur geschmacklichen Verfeinerung können auch 2 Eßlöffel Weinbrand unter die Creme gerührt werden. Dann hat eine Portion 330 Kalorien = 1382 Joule.
Besonders schmackhaft wird die Creme mit einer feingehackten Zwiebel. Macht 5 Kalorien = 21 Joule mehr. Oder einer kleingehackten Paprikaschote. Auch hierbei 5 Kalorien oder 21 Joule hinzurechnen.

Käse-Kartoffeln

Eine Portion enthält: 29 g Eiweiß, 23 g Fett, 25 g Kohlenhydrate = 2,1 BE, 212 mg Cholesterin.
Kalorien: 442 = 1849 Joule.
Zubereitung: 80 Minuten.

500 g Kartoffeln, 1 TL Kümmel, 1 Zwiebel (30 g), 3 Gewürzgurken (150 g), 100 g eingelegte Tomatenpaprika, 200 g Edamer (30 %) in Scheiben, 200 g gekochter Dosenschinken in Scheiben. – Für die Soße: 100 g saure Sahne, 2 Eigelb, Salz, weißer Pfeffer, 1 Msp gemahlener Kümmel, 1 Msp gemahlene Muskatnuß. – Außerdem: 20 g Pflanzenmargarine.

Kartoffeln waschen. Ungeschält mit Kümmel 30 Minuten garkochen. Abkühlen lassen und abziehen.
Zwiebel schälen und hacken. Gurken und abgetropfte Tomatenpaprika in Streifen schneiden. Kartoffeln in Scheiben schneiden.
Feuerfeste Form einfetten. Eine Lage Kartoffeln hineingeben. Dann abwechselnd Zwiebeln, Käse, Schinken, Gurken- und Paprikastreifen und wieder Kartoffeln. Letzte Schicht: Käse.
Zutaten für die Soße miteinander verquirlen. Über den Käse gießen. Darauf die Margarine in Flöckchen verteilen. In den vorgeheizten Ofen auf die mittlere Schiene stellen.

Backzeit: 30 Minuten. Elektroherd: 200 Grad. Gasherd: Stufe 3.

Beilage: 1 Kopf Salat in Marinade mit 2 EL Pflanzenöl zubereitet. Eine Portion: 55 Kalorien = 230 Joule, 0,1 BE.

Käsesalat

Eine Portion enthält: 17 g Eiweiß, 16 g Fett, 27 g Kohlenhydrate, 42 mg Cholesterin.
Kalorien: 322 = 1348 Joule.
Zubereitung: 20 Minuten.

> Für die Marinade: ½ *Becher Trinkmilch-Joghurt, 50 g Mayonnaise (50 %), 3 EL Zitronensaft, 1 TL Senf, Salz, weißer Pfeffer.* – Für den Salat: *200 g Edamer (30 %), 2 kleine, feste Bananen (250 g), 1 Apfel (125 g), 1 Gewürzgurke (100 g), 1 kleines Glas Tomaten-Paprika (270 g), je ½ Bund Petersilie, Dill und Schnittlauch, 100 g Dosen-Mandarinen zum Garnieren.*

Joghurt mit Mayonnaise und Zitronensaft in einer Schüssel verrühren. Mit Senf, Salz und Pfeffer zu einer herzhaften Marinade abschmecken.
Für den Salat den Käse in Streifen schneiden. Bananen und Äpfel schälen. Apfel entkernen. Beides und die Gewürzgurke in Streifen schneiden. In die Marinade mischen.
Tomatenpaprika abtropfen lassen und in Streifen schneiden.
Gewaschene Kräuter hacken. Beides vorsichtig unter den Salat mischen. 30 Minuten zugedeckt im Kühlschrank durchziehen lassen. Salat noch mal abschmecken. Danach in eine Salatschüssel füllen und mit den Mandarinen hübsch garniert servieren.

Beilagen: 4 Scheiben Kümmelbrot (200 g). Eine Scheibe: 125 Kalorien = 523 Joule.

Käsetoast ungarische Art

Eine Portion enthält: 13 g Eiweiß, 21 g Fett, 25 g Kohlenhydrate = 2 BE, 17 mg Cholesterin.
Kalorien: 309 = 1294 Joule.
Zubereitung: 30 Minuten.

> 1 Zwiebel (50 g), je ½ rote und grüne Paprikaschote (insgesamt 200 g), 1 EL Pflanzenöl (10 g), Salz, Pfeffer, 1 EL Tomatenmark (30 g), Paprika edelsüß, 1 Scheibe Toastbrot (20 g), 1 Scheibe (30 g) Edamer Käse (40 %), 1 Tomate zum Garnieren. Petersilie.

Zwiebel schälen, halbieren. Paprikaschote halbieren, putzen und abspülen.
Zwiebel in dünne Scheiben, Paprikaschoten in feine Streifen schneiden.
Öl in einer beschichteten Pfanne erhitzen. Zwiebel und Paprika darin unter Rühren anbraten. Salzen, pfeffern. Tomatenmark unterrühren, mit Paprikapulver abschmecken. Eine Tasse kaltes Wasser zugeben. Aufkochen und wieder eindampfen lassen. Gemüse abschmecken.
Toastbrot auf einen feuerfesten Teller legen, Gemüse darauf häufen. Mit der Käsescheibe abdecken.
Aschließend unter dem vorgeheizten Grill 5 Minuten überbacken.
Mit Tomatenviertel und Petersilie garnieren und dann servieren.

PS: Dieser Toast wird sogar zu einer sättigenden Mittagsmahlzeit, wenn Sie noch ein fettfrei gebackenes Spiegelei obendrauf packen. Eine Portion: 400 Kalorien = 1675 Joule. 2,1 BE.

Käsetomaten

Eine Portion enthält: 5 g Eiweiß, 5 g Fett, 6 g Kohlenhydrate = 0,5 BE, 16 mg Cholesterin.
Kalorien: 90 = 377 Joule.
Zubereitung: 10 Minuten.

4 große, feste Tomaten (400 g), 50 g Edelpilzkäse, 2 EL Dosenmilch (7,5 %), 125 g Sellerie, Salz, Paprika edelsüß, 1 Bund Schnittlauch, 4 Salatblätter.

Die Tomaten waschen. Deckel abschneiden, aushöhlen. Den Käse mit der Milch glattrühren. Sellerie schälen und in die Mischung reiben. Verrühren, mit Salz und Paprika abschmecken. Tomaten mit dieser Masse füllen. Schnittlauch hacken und darüberstreuen. Tomatendeckel draufsetzen. Die gefüllten Tomaten auf Salatblättern anrichten.

PS: Statt Edelpilzkäse 50 g Magerquark verwenden. Sie sparen für jede Portion 41 Kalorien = 172 Joule.

Kasseler mit Quark-Apfel-Soße

Eine Portion enthält: 23 g Eiweiß, 26 g Fett, 22 g Kohlenhydrate = 1,8 BE, 56 mg Cholesterin.
Kalorien: 436 = 1825 Joule.
Zubereitung: 15 Minuten.

125 g Magerquark, 1 TL geriebenen Meerrettich, Salz, 1 Prise Zucker oder ein Tropfen flüssiger Süßstoff, 1 Apfel (150 g), 20 g Margarine, Kopfsalatblätter, 320 g gekochtes Kasseler in Scheiben, ohne Fettrand, Petersilie, 4 kleine Scheiben Schwarzbrot (je 35 g).

Quark mit Wasser cremig rühren. Meerrettich zufügen, mit Salz und Zucker oder Süßstoff abschmecken. Apfel dünn schälen und raspeln. Unter die Quarkmasse rühren und abschmecken.
Salatblätter waschen, abtropfen lassen und vier Teller damit auslegen. Kasseler in Röllchen darauf anrichten, daneben die Quarkremoulade geben. Jeweils ein Sträußchen Petersilie anlegen. Dazu das mit Margarine bestrichene Schwarzbrot reichen.

TIP Auch pikant: Quark-Apfel-Soße wie beschrieben rühren, aber statt Meerrettich zum Beispiel 2 Teelöffel Currypulver oder etwas Zwiebelpulver mit 3 Teelöffel Paprika edelsüß einrühren. Apfel zugeben.

Kaviar-Krapfen

Ein Stück enthält: 1 g Eiweiß, 3 g Fett, 3 g Kohlenhydrate = 0,2 BE, 26 mg Cholesterin.
Kalorien: 44 = 184 Joule.
Zubereitung: 45 Minuten.

*Für den Brandteig: 1/8 l Wasser, Salz, 25 g Margarine, 75 g Mehl, 2 Eier.
Für die Füllung: 125 g Schlagsahne (1/8 l), 50 g deutscher Kaviar aus dem Glas, 1 TL Zitronensaft.*

Wasser mit Salz und Margarine in einem Topf aufkochen. Vom Herd nehmen. Mehl auf einmal hineinschütten und verrühren. Topf wieder auf den Herd stellen. So lange rühren, bis sich die Masse als Kloß vom Topfboden löst. Leicht abkühlen lassen. Eier nacheinander unterrühren.
Teig in einen Spritzbeutel füllen. Backblech einfetten, mit Mehl bestäuben. Darauf Teigröschen von 3 cm Durchmesser mit genügend Abstand spritzen. (Aus diesem Brandteig können Sie 25 Krapfen zubereiten.) In den vorgeheizten Ofen schieben.

Backzeit: 30 Minuten. Elektroherd: 225 Grad. Gasherd: Stufe 4.
Krapfen aus dem Ofen nehmen. Auf ein Kuchengitter legen und sofort mit der Haushaltsschere Deckel abschneiden. Dann vollkommen auskühlen lassen.
Unter die steifgeschlagene Sahne Kaviar und Zitronensaft heben. Abschmecken. Kurz vorm Servieren in die Krapfen füllen. Deckel wieder drauflegen.

PS: Kaviar-Krapfen bitte am Backtag servieren. Brandteig schmeckt immer nur frisch.

Kirschspeise

Eine Portion enthält: 3 g Eiweiß, 0 g Fett, 11 g Kohlenhydrate, 0 mg Cholesterin.
Kalorien: 76 = 318 Joule.
Zubereitung: Ohne Ruhezeit 8 Minuten.

½ Glas Sauerkirschen ohne Stein (230 g), ⅛ l Weißwein, abgeriebene Schale einer halben, ungespritzten Zitrone, flüssiger Süßstoff, 6 Blatt eingeweichte, weiße Gelatine.

Sauerkirschen und Weißwein in einen Meßbecher geben. Wenn nötig, mit Wasser auf ½ l auffüllen. Mit abgeriebener Zitronenschale und Süßstoff abschmecken.
Eingeweichte Gelatine im Tropfwasser bei schwacher Hitze auflösen. Unter die Kirschen rühren. In 4 Glasschalen füllen und erstarren lassen.

Beilagen: Vanillesoße von einem Beutel Instant-Soßenpulver und ¼ l Magermilch. Eine Portion: 60 Kalorien = 251 Joule.

TIP Speisen mit Gelatine kann man schon am Vortag zubereiten. Sie bleiben bis zum nächsten Tag zugedeckt im Kühlschrank. Ein Eßlöffel blättrige Mandeln auf jede Portion verteilt macht gut 16 Kalorien für jeden mehr.

Kirsch-Schnitzel
Siehe Farbbild zwischen den Seiten 240/241.

Eine Portion enthält: 29 g Eiweiß, 10 g Fett, 16 g Kohlenhydrate, 121 mg Cholesterin.
Kalorien: 300 = 1256 Joule.
Zubereitung: 20 Minuten.

4 Kalbsschnitzel von je 125 g, 2 EL Pflanzenöl (20 g), Salz, weißer Pfeffer, 1 EL Mehl (10 g), ⅛ l Rotwein, ⅛ l Dosenmilch (7,5 %), ½ Dose Sauerkirschen ohne Stein (230 g), 1 Bund Petersilie.

Kalbsschnitzel mit Haushaltspapier trocken tupfen. Öl in der Pfanne erhitzen. Schnitzel darin auf jeder Seite ½ Minute anbraten. Dann auf beiden Seiten weitere 3 Minuten braten. Mit Salz und Pfeffer würzen. Die Kalbsschnitzel dann aus der Pfanne nehmen und warm stellen.
Mehl im Bratfond unter Rühren durchschwitzen, mit Rotwein und Dosenmilch ablöschen.
Abgetropfte Kirschen hineingeben. Kurz erhitzen und mit Salz und Pfeffer abschmecken. Schnitzel noch einmal darin erhitzen, aber nicht kochen.

Mit der Soße auf einer vorgewärmten Platte anrichten. Mit Petersiliensträußchen garnieren.

Beilagen: Körnig gekochter Reis von 125 g Langkornreis. Eine Portion: 115 Kalorien = 481 Joule.

Kiwi-Becher

Eine Portion enthält: 4 g Eiweiß, 8 g Fett, 27 g Kohlenhydrate, 0 mg Cholesterin.
Kalorien: 199 = 833 Joule.
Zubereitung: 10 Minuten.

> *2 EL Zitronensaft, flüssiger Süßstoff, 2 Bananen (125 g), 4 Kiwis, 10 Walnußkerne, 20 g Instant-Schlagschaumpulver (½ Beutel), 5 EL kalte Magermilch, 4 kandierte Herzkirschen, 10 g gehackte Pistazien.*

Zitronensaft und Süßstoff in einer Schüssel mischen. Bananen schälen, in Scheiben hineinschneiden. Mischen und zugedeckt 10 Minuten ziehen lassen. Kiwis aus der Haut lösen und in Scheiben schneiden. Walnußkerne hacken. Beides mit den Bananen mischen. Salat in 4 hohe Gläser geben. Schlagschaumpulver und Milch zu steifem Schaum schlagen. In einen Spritzbeutel füllen. Fruchtsalat damit und mit Kirschen und Pistazien garnieren. Kalt servieren.

PS: Kiwis sollten Sie häufiger essen. Weil 100 g (etwa eine Frucht) 120 bis 300 mg Vitamin C, viel Vitamin A und D, Eisen und Kalium enthalten.

Knoblauch

Er ist leider nicht jedermanns Sache. Aber Knoblauch ist gesund und schmeckt auch gut. Seine ätherischen Schwefelöle helfen, den Körper zu entgiften. Stoffwechsel und Kreislauf bleiben besser intakt. Die bessere Durchblutung verhindert erhöhten Blutdruck.

Knusperfrühstück

Enthält: 11 g Eiweiß, 10 g Fett, 70 g Kohlenhydrate, 30 mg Cholesterin.
Kalorien: 334 = 1524 Joule.
Zubereitung: 15 Minuten.

¼ l Dickmilch, 2 EL Zitronensaft, flüssiger Süßstoff nach Geschmack, ½ Grapefruit (220 g mit Schale), 1 Orange (220 g mit Schale), 1 Apfel (150 g), 5 EL Cornflakes (10 g).

Dickmilch mit Zitronensaft und Süßstoff abschmecken. Grapefruit und Apfelsine filieren. Filets in die Dickmilch mischen. Apfel — je nach Verträglichkeit geschält oder ungeschält — grob raffeln. Auch unterrühren. Mit Cornflakes bestreut anrichten.

Kohlenhydrate

Kohlenhydrate sind die Zucker- und Mehlanteile in unserer Nahrung, 12 g sind 1 Broteinheit. Eine Berechnung, die für Diabetiker wichtig ist. Diese Menge entspricht einer Scheibe Vollkornbrot von 25 g.
Unsere Kost sollte täglich zur Hälfte aus Kohlenhydraten bestehen. Wer aber abnehmen will, beschränkt sich bei 1500 Kalorien auf 30 % Kohlenhydrate (25 % Eiweiß und 45 % Fettkalorien). Zucker, Kuchen und Süßigkeiten, Weißbrot und polierten Reis, helles Mehl und Grieß meiden. Nützliche Kohlenhydratlieferanten: Vollkornprodukte, Obst, Gemüse und Kartoffeln.
PS: Niemand kann auf die Dauer ohne Kohlenhydrate leben. Denn der Stoffwechsel würde entgleisen und die Hirntätigkeit geradezu unmöglich.

Kollath-Frühstück

Eine Portion enthält: 8 g Eiweiß, 7 g Fett, 39 g Kohlenhydrate = 3,2 BE, 0 mg Cholesterin.
Kalorien: 253 = 1059 Joule.
Zubereitung: Ohne Einweichzeit 10 Minuten.

> *2 EL Weizenkörner (oder Kollathflocken), 5 EL Wasser, 125 g Erdbeeren, Kirschen, Pfirsiche, Apfel, Birne oder Tiefkühlfrüchte (ungezuckert), 1 EL gehackte Haselnüsse, 1 EL Zitronensaft, 100 g (¹/₁₀ l) Magerjoghurt.*

Gemahlene Weizenkörner oder Kollathflocken über Nacht einweichen.
Obst pürieren oder reiben. Haselnüsse, Zitronensaft und Süßstoff in den Brei geben. Joghurt einmischen oder dazu reichen.

Königsberger Klopse
Siehe Farbbild zwischen den Seiten 288/289.

Eine Portion enthält: 17 g Eiweiß, 17 g Fett, 14 g Kohlenhydrate, 112 mg Cholesterin.
Kalorien: 297 = 1243 Joule.
Zubereitung: 30 Minuten.

> *1 Brötchen, ¼ l Wasser zum Einweichen, 125 g gemischtes Hack, 125 g Beefsteakhack, 1 Zwiebel, 4 Sardellenfilets aus dem Glas, 1 Ei, Salz, weißer Pfeffer, 1 l Wasser, 1 Lorbeerblatt, 1 kleine Zwiebel, je 3 Pfeffer- und Gewürzkörner. – Für die Soße: 30 g Margarine, 35 g Mehl, ½ l Brühe, 1 Röhrchen Kapern, 2 EL Zitronensaft, ½ TL Senf, Salz, weißer Pfeffer.*

Brötchen 10 Minuten in kaltem Wasser einweichen. Ausdrücken, zerpflücken und mit dem Hackfleisch in eine Schüssel geben. Zwiebel und Sardellenfilets fein hacken und zugeben. Mit Ei, Salz und Pfeffer zu einem Hackteig verarbeiten. Wasser, Salz, Lorbeerblatt, geschälte und halbierte Zwiebel, Pfeffer- und Gewürzkörner aufkochen. Aus dem Hackteig Klöpse von 4 cm Durchmesser formen. Ins Wasser gleiten und darin gar ziehen lassen. Mit der Schaumkelle herausnehmen und in einer vorgewärmten Schüssel warm stellen, Brühe durch ein Sieb gießen.
Für die Soße Margarine in einem Topf erhitzen. Mehl unter Rühren darin durchschwitzen und mit ½ l Brühe ablöschen.
Die Soße mit Kapern, Zitronensaft, Senf, Salz und Pfeffer abschmecken. Klöpse darin kurz erhitzen und servieren.

Beilagen: 250 g eingelegte Rote Bete. Eine Portion: 36 Kalorien = 151 Joule. Petersilienkartoffeln von 500 g Kartoffeln, 10 g Butter und 1 Bund gehackter Petersilie. Eine Portion: 105 Kalorien = 440 Joule.

Kopfsalat Elisabeth

Eine Portion enthält: 7 g Eiweiß, 6 g Fett, 6 g Kohlenhydrate = 0,5 BE, 24 mg Cholesterin.
Kalorien: 111 = 465 Joule.
Zubereitung: 15 Minuten.

1 Kopf Salat, 4 Tomaten (250 g), 1 grüne Paprikaschote, 1 Zwiebel, 75 g gekochte Pökelzunge. – Für die Marinade: 1/8 l saure Sahne, 1 EL Estragonessig, Salz, schwarzer Pfeffer, flüssiger Süßstoff, Kerbel, frisch oder getrocknet.

Salatblätter ablösen, waschen, putzen, abtropfen lassen. Tomaten überbrühen, abziehen, entkernen und in Streifen schneiden. Paprikaschote vierteln, waschen, entkernen und würfeln. Geschälte Zwiebel fein hacken. Pökelzunge in Streifen schneiden. Für die Marinade Sahne und Essig verrühren. Mit Salz, Pfeffer und flüssigem Süßstoff abschmecken. Kerbel untermischen.
Salatblätter auf eine Platte verteilen. Salatzutaten darauf anrichten. Marinade draufgießen.

Kopfsalat mit Früchten

Eine Portion enthält: 3 g Eiweiß, 1 g Fett, 20 g Kohlenhydrate, 3 mg Cholesterin.
Kalorien: 103 = 431 Joule.
Zubereitung: 15 Minuten.

1 Kopf Salat, 100 g Mandarinen aus der Dose, 2 Pfirsichhälften aus der Dose, 125 g blaue Weintrauben. – Für die Marinade: 1/2 Becher Trinkmilch-Joghurt, 3 EL Mandarinensaft, 2 EL Zitronensaft, Salz, weißer Pfeffer, flüssiger Süßstoff.

Salatblätter ablösen, putzen, waschen und gut abtropfen lassen. Mandarinen zum Abtropfen auf ein Sieb geben. Pfirsichhälften in Stücke schneiden. Weintrauben waschen, Beeren abzupfen, halbieren und entkernen.
Für die Marinade Joghurt, Mandarinen- und Zitronensaft verrühren. Mit Salz, Pfeffer und Süßstoff kräftig abschmecken.
Alle Salatzutaten mit der Marinade vorsichtig mischen.

Kopfsalat Pyrmonter Art
6 Portionen

Eine Portion enthält: 2 g Eiweiß, 12 g Fett, 15 g Kohlenhydrate, 0 mg Cholesterin.
Kalorien: 175 = 733 Joule.
Zubereitung: 20 Minuten.

> Für den Salat: 1 Kopfsalat, 1 Stück Salatgurke (125 g), 2 kleine Tomaten, 1 grüne Paprikaschote (100 g), ½ Avocado (125 g), 1 Bund Radieschen, 2 Pfirsichhälften, 1 Scheibe Ananas und 100 g Mandarinen (Dose), 125 g frische Erdbeeren. – Für die Marinade: 1 Zwiebel, ½ TL Senf, 6 EL Zitronensaft, Salz, weißer Pfeffer, 3 EL Pflanzenöl (30 g), je ½ Bund Petersilie und Schnittlauch, 1 Bund Dill, je 1 Msp Estragon, Basilikum und Zitronenmelisse (alles getrocknet).

Salatblätter ablösen, waschen und zerpflücken. Gurke waschen und trocknen. Ungeschält hobeln. Tomaten abziehen und in Scheiben schneiden. Avocadohälfte schälen. Radieschen putzen, waschen und trocknen. Beides in Scheiben schneiden. Pfirsiche und Ananas würfeln. Mandarinenspalten abtropfen lassen und die Erdbeeren waschen, putzen, abtropfen lassen und halbieren.
Alle Zutaten in eine große Schüssel geben.
Für die Marinade die geschälte Zwiebel sehr fein hacken. Mit Senf, Zitronensaft, Salz, Pfeffer und Pflanzenöl gut verrühren. Die frischen Kräuter hacken und mit den getrockneten Kräutern in die Marinade rühren. Gut abschmecken und mit den Salatzutaten mischen. Zugedeckt 10 Minuten durchziehen lassen.
Salat in einer Schüssel oder auf einer Platte anrichten.

Krabben Balkan-Art

Eine Portion enthält: 11 g Eiweiß, 5 g Fett, 6 g Kohlenhydrate = 0,5 BE, 75 mg Cholesterin.
Kalorien: 142 = 595 Joule.
Zubereitung: 25 Minuten.

> 200 g Nordsee-Krabben aus der Dose, 1 Zwiebel, 1 Knoblauchzehe, 2 grüne Paprikaschoten (250 g), 250 g Tomaten, 20 g Margarine, Salz, weißer Pfeffer, ⅛ l Weißwein, 1 Prise Safran, 1 EL Zitronensaft.

Krabbenfleisch abtropfen lassen. Zwiebel und Knoblauchzehe — beides geschält — fein würfeln. Paprikaschoten halbieren, entkernen, waschen, in Streifen schneiden. Dann die Tomaten überbrühen, abziehen und achteln.

Margarine in einer Pfanne erhitzen. Zwiebel- und Knoblauchwürfel darin glasig werden lassen. Paprikastreifen und Tomatenachtel zufügen. Salzen, pfeffern und 10 Minuten dünsten.

Weißwein zufügen und bei schwacher Hitze weitere 3 Minuten garen. Krabben darin 2 Minuten erwärmen. Safran mit Zitronensaft verrühren und dazugeben.

Beilagen: 4 Scheiben Knäckebrot. Eine Scheibe Knäckebrot: 38 Kalorien = 159 Joule. 0,6 BE.

Krabben

Eigentlich heißen sie Garnelen oder Granat. Aber hierzulande sagt man Krabben.

Für unsere Ernährung, vor allem für die Schlankheitskost, sind Krabben etwa so wertvoll wie Magerquark, und in ihren Nährstoffwerten durchaus vergleichbar.

100 g Krabben enthalten 18 g hochwertiges Eiweiß, 1 g Fett (mit 0,15 mg Cholesterin), 0,8 g Kohlenhydrate und haben 84 Kalorien. Was sie auch wertvoll macht: Ihr Gehalt an Calcium, Magnesium, Vitaminen A, B_1, B_2 und Nikotinsäure. Schade, daß Krabben ganz schön teuer sind.

Übrigens: Krabben mit Mayonnaise schmecken gut. Aber: Mayonnaise hat viel Fett. Die Kombination ist also nicht sehr ideal.

Krabben chinesisch

Eine Portion enthält: 16 g Eiweiß, 6 g Fett, 13 g Kohlenhydrate = 1 BE, 75 mg Cholesterin.
Kalorien: 178 = 745 Joule.
Zubereitung: 20 Minuten.

200 g Tiefkühl-Krabben, 1 EL Reiswein, 1 EL Sojasoße, 1 TL Speisestärke (3 g), ½ TL Ingwerpulver, Knoblauchsalz, 1 Stange Lauch (125 g), 20 g Margarine, 1 Paket Tiefkühl-Erbsen, Salz.

Krabbenfleisch in einer Schüssel antauen lassen. Dann den Reiswein mit Sojasoße, Speisestärke, Ingwerpulver und Knoblauchsalz verrühren. Über die Krabben gießen. Zugedeckt 10 Minuten ziehen lassen. Lauch putzen, waschen und in feine Ringe schneiden. Margarine in einer großen Pfanne erhitzen. Lauch darin 1 Minute anbraten. Erbsen dazugeben, weitere 3 Minuten garen.
Krabben mit der Marinade zufügen. 3 Minuten durchdünsten. Mit Salz abschmecken und in einer vorgewärmten Schüssel anrichten.

Beilagen: Körnig gekochter Reis von 125 g Langkornreis. Eine Portion: 115 Kalorien = 481 Joule. 2 BE.

Krabben in Dillsoße

Eine Portion enthält: 12 g Eiweiß, 8 g Fett, 5 g Kohlenhydrate = 0,4 BE, 147 mg Cholesterin.
Kalorien: 165 = 691 Joule.
Zubereitung: 15 Minuten.

240 g Nordsee-Krabben (Dose). – Für die Soße: 20 g Margarine, 2 EL Mehl (20 g), ¼ l Würfelbrühe, ⅛ l Weißwein, 1 Eigelb, 2 EL Dosenmilch (7,5 %), Salz, weißer Pfeffer, 2 Bund Dill.

Krabben auf einem Sieb abtropfen lassen. Margarine im Topf erhitzen, Mehl darin unter Rühren anschwitzen. Mit Würfelbrühe und Weißwein ablöschen. Unter Rühren nur kurz aufkochen lassen.
Eigelb und Dosenmilch miteinander verrühren. Soße damit legieren. Salzen und pfeffern.
Krabben in der Soße erhitzen. Gewaschenen Dill hacken und untermischen. Das Ganze abschmecken und servieren.

Beilagen: Reiskugeln von 125 g Langkornreis in gefettete Tassen gedrückt und gestürzt. Eine Portion: 115 Kalorien = 481 Joule. 2 BE.

Kräuter

Bei reduzierter Nahrungsmenge sind manche der gewohnten Gewürze nicht mehr so sehr bekömmlich. Der Kochsalzverbrauch wird auch geringer. Aber ein Ausgleich muß her. Den bieten die frischen Küchenkräuter. Schon ihres hohen Gehaltes an Vitamin- und Mineralstoffen wegen sind sie gerade bei Reduktionskost von großer Bedeutung.

Wir stellen Ihnen vor: Bohnenkraut und Rosmarin, Thymian und Borretsch, Dill, Schnittlauch und Estragon. Sie alle sind edle Gemüse mit besonders ausgeprägtem Aroma. Von den Kalorien her fallen sie nicht ins Gewicht und können deshalb reichlich gebraucht werden. Wichtig hingegen ist ihr hoher gesundheitlicher Wert. Sie sind wirklich wahre Vitaminbomben.

Um die Wertstoffe (vor allen Dingen Vitamin C) zu erhalten, dürfen Küchenkräuter nicht im Wasserglas ans Fensterbrett gestellt werden. Fest verpackt im Kühlschrank aufbewahren. Beim Waschen nicht im Wasser liegen lassen und zerkleinert auch nicht offen stehen lassen.

Kräuter-Bouillon
6 Portionen

Eine Portion enthält: 11 g Eiweiß, 15 g Fett, 0 g Kohlenhydrate, 46 mg Cholesterin.
Kalorien: 196 = 821 Joule.
Zubereitung: 2 Stunden, 10 Minuten.

> *500 g Ochsenbein, 1½ l Wasser, 1 Zwiebel, Salz, weißer Pfeffer, 1 Bund Suppengrün. – Für die Kräutereinlage: je ½ Bund Petersilie, Schnittlauch und Dill, ½ Kästchen Kresse.*

Gewaschenes Fleisch in einem Topf mit kaltem Wasser aufsetzen. Aufkochen. Geschälte Zwiebel, Salz und Pfeffer dazugeben. Das Ganze 2 Stunden leicht köcheln lassen.

Dann Suppengrün putzen, aber nicht zerteilen. In den letzten 45 Minuten mitgaren lassen. Fleisch und Gemüse aus der Brühe nehmen. Brühe durchsieben.
Für die Kräutereinlage Petersilie, Schnittlauch und Dill waschen und hacken. Kresse abbrausen, Blätter mit der Schere abschneiden. Brühe nochmal erhitzen. Eventuell mit Salz nachwürzen. In Suppentassen füllen, Kräuter darauf verteilen und sofort servieren.

PS: Fleisch und Gemüse lassen sich auch für einen Salat verwenden.

Kräuter-Eier

Eine Portion enthält: 10 g Eiweiß, 11 g Fett, 3 g Kohlenhydrate = 0,2 BE, 404 mg Cholesterin.
Kalorien: 162 = 678 Joule.
Zubereitung: 20 Minuten.

Je ½ Bund Petersilie und Schnittlauch, 2 Eigelb, 6 EL Dosenmilch (7,5 %), Salz, 4 Eier.

Petersilie und Schnittlauch waschen, mit Küchenpapier trockentupfen und hacken und mit Eigelb und Dosenmilch in einer Schüssel verrühren. Kräftig salzen. Kräutermasse in 4 eingefettete Ragoût-fin-Förmchen oder in Tassen füllen. Eier aufschlagen und jeweils 1 Ei in ein Förmchen gleiten lassen. Förmchen ins Wasserbad stellen und 10 Minuten leicht kochen lassen.

Beilagen: 4 Scheiben Toastbrot (80 g). Eine Scheibe: 52 Kalorien = 218 Joule. 0,8 BE.

PS: Man kann die Kräuter-Eier auch stürzen und auf einer Platte anrichten.

TIP Wer auf Cholesterin achten muß, läßt das Eigelb weg und gart die mit den übrigen Zutaten verquirlten Eier im Wasserbad.

Kräuter-Fisch

Eine Portion enthält: 40 g Eiweiß, 11 g Fett, 9 g Kohlenhydrate = 0,7 BE, 150 mg Cholesterin.
Kalorien: 310 = 1298 Joule.
Zubereitung: 40 Minuten.

4 Seelachsfilets (800 g), Saft einer Zitrone, 500 g Tomaten, Salz, weißer Pfeffer, je 1 Bund Petersilie, Schnittlauch und Dill, ½ Kästchen Kresse, je ½ TL getrockneter Kerbel und Estragon, ⅛ l saure Sahne, 10 g durchwachsener Speck, 1 Zwiebel, 20 g Margarine, 1 EL Semmelmehl.

Seelachsfilets kalt abspülen, mit Zitronensaft säuern und ziehen lassen. Tomaten überbrühen, abziehen und in Scheiben schneiden. Dabei Stengelansätze entfernen.
Eine feuerfeste Form einfetten, Tomatenscheiben hineingeben. Mit Salz und Pfeffer würzen.
Petersilie, Schnittlauch und Dill waschen und fein hacken. Kresse abspülen und die Blättchen mit der Schere abschneiden. Kräuter mit saurer Sahne mischen. Mit Salz und Pfeffer abschmecken. Speck und geschälte Zwiebel würfeln, in Margarine hellgelb braten.
Fischfilets salzen. Auf die Tomatenscheiben legen. Kräutersahne drübergießen. Speck und Zwiebeln darauf verteilen. Mit Semmelbrösel bestreuen. Form zugedeckt in den vorgeheizten Ofen stellen.

Backzeit: 20 Minuten. Elektroherd: 200 Grad. Gasherd: Stufe 3.
Kräuter-Fisch sofort in der Form servieren.

Beilagen: Gurken-Kopfsalat in einer Marinade aus 2 EL Zitronensaft, Gewürzen, 2 EL Schnittlauchröllchen, 2 EL Pflanzenöl. Eine Portion: 55 Kalorien = 230 Joule. 0,1 BE.
Körnig gekochter Reis aus 125 g Langkornreis. Eine Portion: 115 Kalorien = 481 Joule. 2 BE.

Kräuterhähnchen

Eine Portion enthält: 47 g Eiweiß, 20 g Fett, 15 g Kohlenhydrate = 1,2 BE, 162 mg Cholesterin.
Kalorien: 455 = 1905 Joule.
Zubereitung: Ohne Auftauzeit 50 Minuten.

> 1 tiefgekühltes Hähnchen (1100 g), 6 EL Zitronensaft, Salz, schwarzer Pfeffer, ½ TL Basilikum, ½ TL Estragon, 1 Msp Thymian, 4 Nadeln Rosmarin (alles getrocknet), 4 EL Mehl (40 g), 2 EL Keimöl (20 g), ⅛ l saure Sahne, 1 Dose Champignons (530 g), gehackte Petersilie.

Aufgetautes Hähnchen unter fließendem kaltem Wasssser waschen. Der Länge nach halbieren. Keulen und Flügel abschneiden. Hähnchenteile mit Zitronensaft beträufeln, salzen, pfeffern. Mit den gemischten, zerriebenen Kräutern einreiben. In Mehl wenden.
Öl in einer beschichteten Pfanne erhitzen, Hähnchenteile darin rundherum 10 Minuten braun anbraten. 1 Tasse Wasser und die saure Sahne zugeben, 20 Minuten zugedeckt schmoren lassen. Abgetropfte Champignons zu den Hähnchenteilen geben und noch 10 Minuten mitgaren. Mit Salz und Pfeffer abschmecken. In einer Schüssel anrichten. Mit gehackter Petersilie reichlich bestreut servieren.

Beilage: Körnig gekochter Reis von 125 g. Eine Portion 115 Kalorien = 481 Joule. 2 BE.

Kräuterkarpfen gegrillt

Eine Portion enthält: 39 g Eiweiß, 25 g Fett, 3 g Kohlenhydrate = 0,2 BE, unter 181 mg Cholesterin.
Kalorien: 415 = 1738 Joule.
Zubereitung: 60 Minuten.

> 1 küchenfertiger Spiegelkarpfen (etwa 1500 g), Saft von 2 Zitronen, Salz, 2 EL gehackte Petersilie, 1 EL gehackter Estragon, je 1 TL Basilikum, Oregano und Salbei, gehackt (oder jeweils die Hälfte getrocknete Kräuter), 50 g Butter, 1 Zitrone, 1 Bund Petersilie.

Karpfen unter fließendem W sser waschen, abtropfen lassen. Innen und außen mit dem Zitronensaft beträufeln und diesen einmassieren. Fisch salzen. Mit den gemischten Kräutern (getrocknete zerreiben) füllen. Mit einem Zahnstocher verschließen.
Butter in einer feuerfesten, ovalen Form zerlassen. Eine alte Tasse umgekehrt hineinsetzen. Den Karpfen mit dem Rücken nach oben draufstülpen. Fisch mit zerlassener Butter beträufeln. Unter den vorgeheizten Grill auf den Rost stellen.

Garzeit: 40 Minuten.

Damit der Karpfen gleichmäßig bräunt, wird er von Zeit zu Zeit mit dem Bratfond begossen.
Gewaschene Zitrone in dünne Scheiben schneiden, Petersilie waschen, abtropfen lassen, von den Stielen zupfen. Karpfen in der Grillpfanne mit Zitronenscheiben und Petersilie garniert anrichten.

Beilagen: 500 g Salzkartoffeln. Eine Portion: 85 Kalorien = 356 Joule. 1,6 BE. — Kopfsalat in einer Marinade aus 3 EL Zitronensaft oder Weinessig, 4 EL Wasser, 1 EL Keimöl, Salz, Zucker oder Süßstoff und gehackten Kräutern. Eine Portion: 140 Kalorien = 586 Joule. 0,3 BE.

Kräuter-Kartoffeln

Eine Portion enthält: 10 g Eiweiß, 7 g Fett, 48 g Kohlenhydrate = 4 BE, 13 mg Cholesterin.
Kalorien: 300 = 1256 Joule.
Zubereitung: 30 Minuten.

> *1000 g Pellkartoffeln, 50 g magerer, gekochter Schinken, 1 Zwiebel, 1 Stange Lauch (125 g), 20 g Margarine, 30 g Mehl, ½ l heiße Würfelbrühe, Salz, weißer Pfeffer, 2 EL Zitronensaft, ⅛ l Milch, 1 Bund Petersilie, ½ Bund Dill, 1 Bund Schnittlauch, 1 Kästchen Kresse, Thymian und Estragon (getrocknet).*

Kartoffeln abziehen und in Scheiben schneiden. Schinken würfeln. Geschälte Zwiebel hacken. Den Lauch putzen und gründlich waschen. Dann in feine Ringe schneiden.
Margarine in einem Topf erhitzen. Schinken, Zwiebel und Lauch hineingeben. Unter Rühren 10 Minuten braten. Mehl darüberstäuben. Heiße Würfelbrühe angießen. Mit Salz, Pfeffer und Zitronensaft kräftig würzen. Milch einrühren und aufkochen lassen. Kartoffelscheiben hineingeben und bei schwacher Hitze in 10 Minuten erhitzen. Petersilie, Dill und Schnittlauch waschen und hacken. Kresse abspülen. Mit der Schere abschneiden. Den größten Teil der Kräuter unter die Kartoffeln mischen. Nochmal abschmecken und in eine vorgewärmte Schüssel geben. Mit den restlichen Kräutern bestreut servieren.

Beilagen: Kopfsalat in einer Marinade aus 2 EL Zitronensaft, 2 EL Schnittlauchröllchen, Gewürzen und 2 EL Pflanzenöl. Eine Portion: 55 Kalorien = 230 Joule. 0,1 BE.

Kräuterquark

Eine Portion enthält: 23 g Eiweiß, 1 g Fett, 6 g Kohlenhydrate = 0,5 BE, 0 mg Cholesterin.
Kalorien: 132 = 553 Joule.
Zubereitung: 10 Minuten.

> *500 g frischer Magerquark, knapp ¼ l Magermilch, 1 EL Schnittlauchröllchen, 2 EL gehackte Petersilie, je 1 TL Borretsch, Dillspitzen und Kresse (gehackt), 1 Tomate, Salz, weißer Pfeffer.*

Quark mit Milch in einer Schüssel mit dem Schneebesen oder dem elektrischen Rührgerät schaumig schlagen. Die gewaschenen und fein zerkleinerten Kräuter untermischen.
Tomate waschen, fein würfeln und unterheben. Nach Wunsch mit Salz und Pfeffer würzen. Sofort servieren.

Beilage: 500 g einzeln in Alufolie gepackte Kartoffeln, im Backofen 40 Minuten gegart. Eine Portion: 85 Kalorien = 356 Joule. 1,6 BE.

Kräuterschollen

Eine Portion enthält: 48 g Eiweiß, 18 g Fett, 5 g Kohlenhydrate = 0,4 BE, 308 mg Cholesterin.
Kalorien: 395 = 1654 Joule.
Zubereitung: 40 Minuten.

> *4 küchenfertige Schollen von je 250 g, Salz, weißer Pfeffer, Saft einer Zitrone, 1 EL geriebene Mandeln (10 g), 1 EL Semmelbrösel, 40 g Margarine, je ½ Bund Petersilie und Dill, 1 Stengel Zitronenmelisse, 2 Stengel Estragon, 2 Eier, ⅛ l Milch, 10 g Margarine.*

Schollen säubern und mit Zitronensaft beträufeln. Zugedeckt im Topf 15 Minuten ziehen lassen.
Fische auf beiden Seiten salzen und pfeffern. Mandeln und Semmelbrösel mischen, Fische darin wenden. Margarine in einer großen Pfanne erhitzen. Schollen darin 3 Minuten auf beiden Seiten anbraten. Dann rausnehmen und in eine flache, feuerfeste Form legen.
Petersilie, Dill, Zitronenmelisse und Estragon waschen und hacken. Eier und Milch miteinander verquirlen. Kräuter und Salz zufügen.

Eiermilch über die Schollen gießen. Margarineflöckchen darauf verteilen. Auflaufform in den vorgeheizten Ofen auf die mittlere Schiene stellen.

Backzeit: 15 Minuten. Elektroherd: 200 Grad. Gasherd: Stufe 3.

Beilagen: Endiviensalat in einer Marinade aus 2 EL Zitronenessig, 2 EL Schnittlauchröllchen, Gewürzen und 2 EL Pflanzenöl. Eine Portion: 55 Kalorien = 230 Joule. 0,1 BE. — Salzkartoffeln von 500 g Kartoffeln. Eine Portion: 85 Kalorien = 356 Joule. 1,6 BE.

TIP Wer Schollen ohne Haut lieber mag, der läßt sie gleich beim Einkauf vom Fischhändler fachmännisch abziehen.

L

Lachs Göteborg

Eine Portion enthält: 28 g Eiweiß, 26 g Fett, 7 g Kohlenhydrate = 0,5 BE, 90 mg Cholesterin.
Kalorien: 438 = 1834 Joule.
Zubereitung: 30 Minuten.

> 250 g Champignons, 40 g Margarine, 1 Dose Pfifferlinge (250 g), 4 Scheiben frischer Lachs (800 g), 4 EL Zitronensaft, Salz, $1/4$ l trockener Weißwein, 2 Bund Dill.

Champignons putzen, waschen und halbieren. 20 g Margarine im Topf erhitzen. Champignons darin 10 Minuten dünsten. Abgegossene Pfifferlinge 3 Minuten mit erhitzen.
Inzwischen den Lachs säubern. Mit 3 EL Zitronensaft säuern und salzen.
In einem weiten Topf den Weißwein aufkochen. Lachs hineingeben, Hitze reduzieren. Lachs 5 Minuten zugedeckt gar ziehen lassen.
Restliche Margarine in einem kleinen Topf zerlassen. Mit 1 EL Zitronensaft und Salz abschmecken. Gehackten Dill dazugeben.
Fisch und Gemüse anrichten. Dillsoße über den Lachs gießen.

Beilagen: Kartoffelbrei von 500 g Kartoffeln, $1/8$ l Magermilch und 10 g Margarine oder Butter. Eine Portion: 116 Kalorien = 486 Joule. 1,8 BE.

Lachs in Weinsoße

Eine Portion enthält: 31 g Eiweiß, 20 g Fett, 1 g Kohlenhydrate, 198 mg Cholesterin.
Kalorien: 373 = 1562 Joule.
Zubereitung: 35 Minuten.

100 g Tiefkühl-Garnelen, ¼ l Wasser, ½ l trockener Weißwein, Salz, weißer Pfeffer, 1 Bund Suppengrün, 4 Scheiben Lachs von je 200 g. – Für die Soße: ⅜ l Fischsud, Salz, weißer Pfeffer, 1 Eigelb, 1 EL Tomatenmark (20 g), 1 TL Speisestärke (3 g). – Zum Garnieren: ½ Dose Trüffel (20 g).

Garnelen nach Anweisung auftauen lassen. Für den Sud Wasser und Wein mit Salz, Pfeffer und dem geputzten, gewaschenen Suppengrün in einem Topf aufkochen und 15 Minuten leicht sieden lassen.
Lachsfilets kalt abspülen, im Topf bei schwacher Hitze in 5 Minuten gar ziehen lassen. Mit einem Schaumlöffel rausnehmen und auf einer vorgewärmten Platte warm stellen.
Sud durchsieben. ⅜ l abmessen. In einen Topf geben, mit Salz und Pfeffer abschmecken. Erhitzen. Kurz vorm Kochen mit angerührter Speisestärke binden. Eigelb und Tomatenmark in einer Tasse mit etwas Soße verrühren und dann in die übrige Soße rühren. Nicht mehr kochen lassen! Restlichen Fischsud erhitzen und die Garnelen darin heiß werden lassen.
Abgetropfte Trüffel grob hacken. Lachsfilets mit den abgetropften Garnelen umlegen. Soße über den Lachs gießen. Mit den gehackten Trüffeln servieren. Sofort auftragen.

Beilagen: Körnig gekochter Reis von 125 g Langkornreis. Eine Portion: 115 Kalorien = 481 Joule. 2 BE. — Wer will, kann zusätzlich Kopfsalat reichen. Bei Verwendung von 2 EL Keimöl rechnet man 55 Kalorien = 230 Joule für jede Portion.

Lachs vom Rost

Eine Portion enthält: 26 g Eiweiß, 27 g Fett, 1 g Kohlenhydrate = 0,1 BE, 104 mg Cholesterin.
Kalorien: 365 = 1528 Joule.
Zubereitung: 15 Minuten.

4 Scheiben Lachs (je 200 g), Salz, weißer Pfeffer, 1 Zwiebel, 4 EL Pflanzenöl, 2 EL Zitronensaft, 1 Zitrone, 1 Kästchen Kresse oder 1 Bund Dill, 20 g gut gekühlte Kräuterbutter (Fertigprodukt).

Lachs unter Wasser kalt abspülen. Mit Salz und Pfeffer würzen. Zwiebel schälen und in dünne Scheiben schneiden. Eine Schüssel mit einigen Zwiebelscheiben auslegen. Lachs draufgeben und mit den übrigen Zwiebelscheiben belegen. Pflanzenöl und Zitronensaft mischen und drübergießen. Zugedeckt 30 Minuten im Kühlschrank durchziehen lassen.

Abgetropfte Lachsscheiben auf den Grillrost legen. Mit der Fettpfanne unter den vorgeheizten Grill schieben. Fisch nach 5 Minuten wenden. Weitere 5 Minuten grillen.

Auf einer vorgewärmten Platte anrichten. Mit Zitronenschnitzen und Kresse oder Dill garnieren. Auf jede Lachsscheibe ein Stückchen Kräuterbutter geben. Sofort servieren.

Beilagen: Kopfsalat in einer Marinade aus 2 EL gehackter Zitronenmelisse und Petersilie, Salz, weißem Pfeffer und 2 EL Keimöl. Eine Portion: 55 Kalorien = 230 Joule. — Im Backofen gegrillte Kartoffeln in Alufolie (von 500 g Kartoffeln in der Schale). Eine Portion: 85 Kalorien = 356 Joule.

Lammfleisch

Schade, daß es das delikate Lamm- und Hammelfleisch nur so selten in der mageren Form gibt. Darum kommt es auch nur gelegentlich als Schlankheitskost in Frage. Denn 100 g Keule enthalten 250 Kalorien = 1047 Joule und je 18 g Eiweiß und Fett. Günstiger ist das Lendenstück. 100 g haben bei 207 Kalorien (867 Joule) immerhin 19 g Eiweiß und nur 13 g Fett. Aber gewarnt wird vor Lammkoteletts, weil 100 g 370 Kalorien und sogar 32 g Fett haben.

Lammfleisch arabisch

Eine Portion enthält: 27 g Eiweiß, 29 g Fett, 11 g Kohlenhydrate, 83 mg Cholesterin.
Kalorien: 437 = 1830 Joule.
Zubereitung: 80 Minuten.

500 g Lammfleisch aus der Schulter, 2 Zwiebeln, 2 EL Pflanzenöl (20 g), 500 g grüne Bohnen, Salz, schwarzer Pfeffer, 1 Msp Safran, 1/8 l Würfelbrühe, 1 Glas Tomatenpaprika (225 g), 3 EL Trinkmilch-Joghurt (60 g), 1 Bund Petersilie.

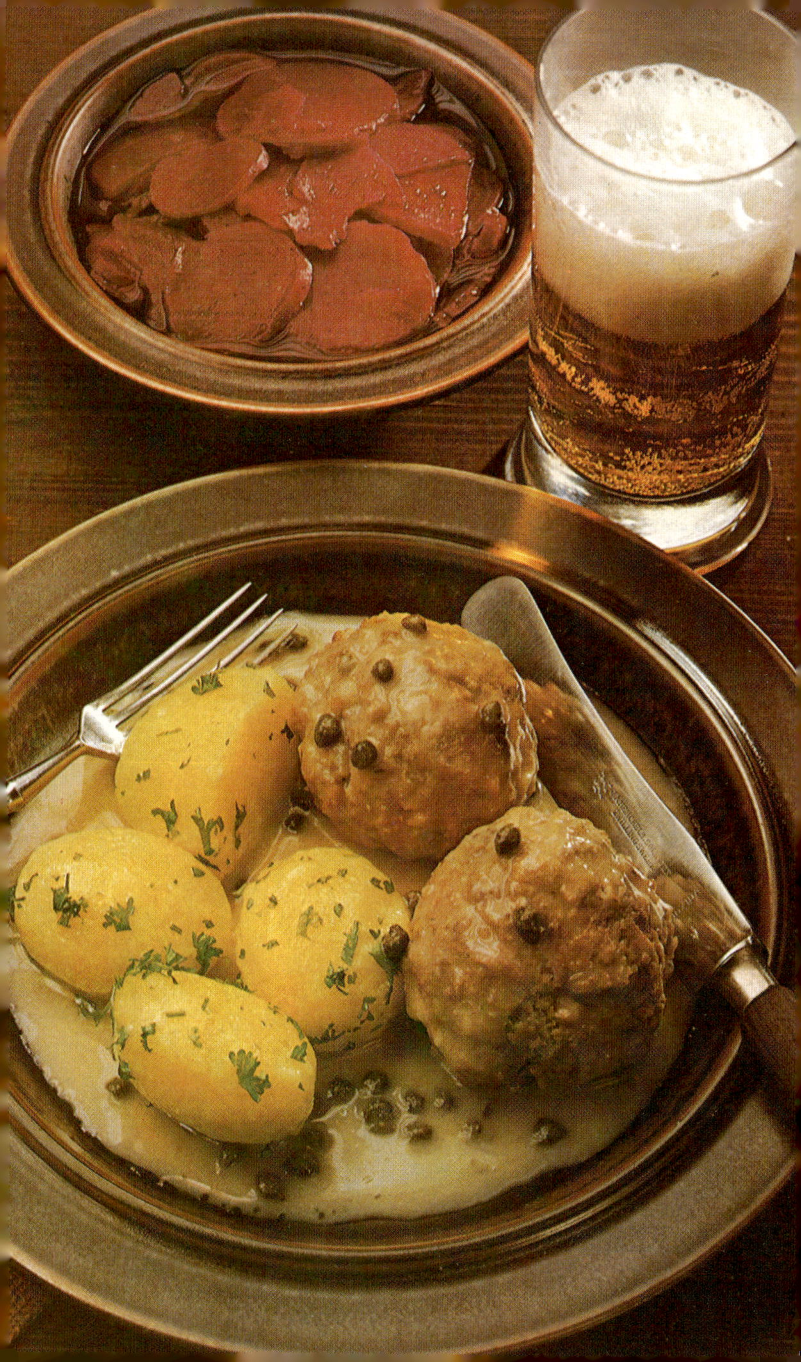

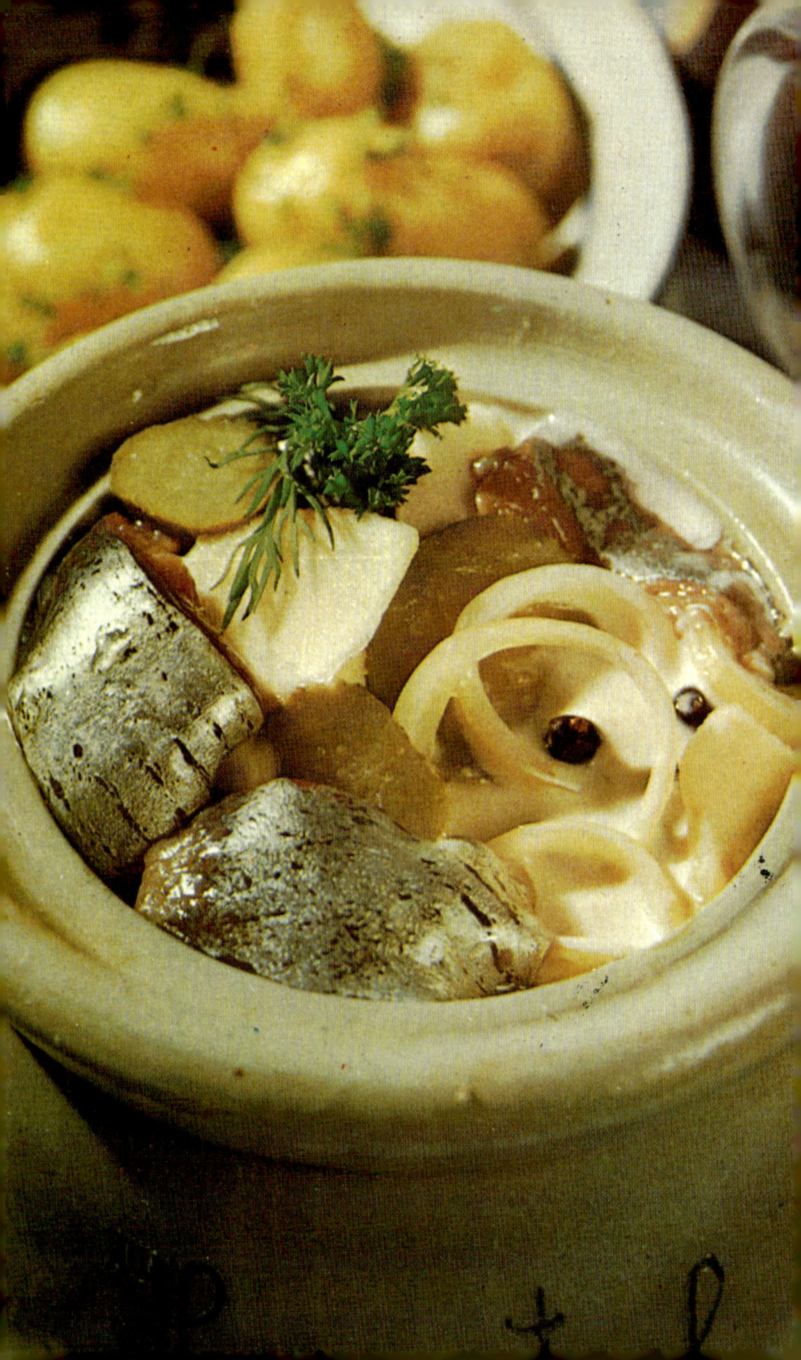

Lammfleisch in 2 cm große Würfel schneiden. Zwiebeln schälen und fein würfeln. Öl im Bräter erhitzen. Fleischwürfel zugeben und 10 Minuten rundherum braun braten. Zwiebelwürfel zugeben.
Inzwischen Bohnen abziehen, waschen und brechen. Zum Fleisch geben. Mit Salz, Pfeffer und Safran würzen. Würfelbrühe zugießen. Zugedeckt 45 Minuten schmoren lassen.
Abgetropften Tomatenpaprika in schmale Streifen schneiden. Zusammen mit dem Joghurt unter das Bohnenfleisch rühren. Erhitzen, aber nicht mehr kochen lassen. Abschmecken und in einer vorgewärmten Schüssel anrichten. Mit Petersilie garnieren.

Beilagen: Körnig gekochter Reis von 125 g Langkornreis. Eine Portion: 115 Kalorien = 481 Joule.

Lammfleisch im Tontopf

Eine Portion enthält: 36 g Eiweiß, 28 g Fett, 50 g Kohlenhydrate = 4,1 BE, 109 mg Cholesterin.
Kalorien: 630 = 2638 Joule.
Zubereitung: 120 Minuten.

50 g durchwachsener Speck, 250 g Zwiebeln, 100 g Schinken, 400 g mageres Lammfleisch, 750 g Tomaten, 250 g grüne Paprikaschoten, 180 g Langkornreis, $^3/_8$ l entfettete Fleischbrühe (Würfel), Salz, weißer Pfeffer, Paprika edelsüß und rosenscharf, Knoblauchpulver, 60 g Parmesankäse.

Tontopf wässern. Speck fein würfeln. Zwiebeln schälen und in feine Scheiben schneiden. Beides in einer Pfanne unter Rühren goldgelb anbraten. Dann beiseitestellen.
Schinken in feine Streifen, Lammfleisch in kleine Würfel schneiden. Tomaten abziehen und vierteln. Paprikaschoten vierteln, entkernen, waschen und in feine Streifen schneiden. Reis waschen.
Vorbereitete Zutaten mit der Fleischbrühe in einer Schüssel mischen. Mit Salz, Pfeffer, Paprika und Knoblauchpulver abschmecken.
Tontopf abtropfen lassen. Zutaten einfüllen. Alufolie drüberlegen. Deckel aufsetzen. Topf auf die mittlere Schiene in den kalten Ofen stellen. Backofen einschalten.

Garzeit: 90 Minuten. Elektroherd: 250 Grad. Gasherd: Stufe 5 bis 6.

Nach 75 Minuten den Deckel abnehmen, Topfinhalt umrühren, Reis probieren. Sollte er noch nicht gar sein und noch Flüssigkeit fehlen, gießt man etwas heiße Fleischbrühe nach und gart weitere 10 Minuten. Dann mit Käse bestreuen. Gericht im offenen Topf noch 10 Minuten überbacken.

Lammfleisch mit Gemüse

Eine Portion enthält: 28 g Eiweiß, 32 g Fett, 14 g Kohlenhydrate, 95 mg Cholesterin.
Kalorien: 485 = 2031 Joule.
Zubereitung: 60 Minuten.

> 500 g Lammfleisch aus der Keule, 2 EL Pflanzenöl (20 g), Salz, weißer Pfeffer, 1 Stange Lauch (125 g), 2 Möhren (125 g), $\frac{1}{8}$ l Würfelbrühe, 1 Paket Tiefkühl-Erbsen (300 g), 2 EL Pflanzenöl (20 g), Kräuterbutter (Fertigprodukt), 1 Kästchen Kresse.

Lammfleisch in 4 Stücke schneiden. Öl im Bräter erhitzen. Fleisch darin 15 Minuten auf beiden Seiten braun braten. Das Lammfleisch salzen und pfeffern.
Während das Fleisch brät, Lauch und Möhren putzen, waschen und in dünne Scheiben schneiden. Mit Würfelbrühe in einem Topf aufkochen und 5 Minuten garen. Erbsen dazugeben. Weitere 6 Minuten kochen. Vier große Stücke Alufolie auf der Arbeitsplatte ausbreiten. Je ein Stück Fleisch draufgeben. Abgetropftes Gemüse darauf verteilen. Je ein Stückchen Kräuterbutter dazugeben. Alufolie locker zusammenfalten und gut schließen. Nebeneinander in einen Bratentopf setzen und in den vorgeheizten Ofen auf die mittlere Schiene stellen.

Garzeit: 35 Minuten. Elektroherd: 225 Grad. Gasherd: Stufe 4.
Die fertigen Päckchen auf eine vorgewärmte Platte setzen und öffnen. Mit Kresse garnieren und in der Folie auftragen.

Beilagen: Salzkartoffeln von 500 g Kartoffeln. Eine Portion: 85 Kalorien = 356 Joule.

Lammspieße

Eine Portion enthält: 22 g Eiweiß, 28 g Fett, 2 g Kohlenhydrate = 0,1 BE, 82 mg Cholesterin.
Kalorien: 365 = 1553 Joule.
Zubereitung: Ohne Marinierzeit 30 Minuten.

1 kleine Zwiebel (30 g), 4 EL Zitronensaft, 2 EL Keimöl (20 g), Salz, 1 Msp schwarzer Pfeffer, 500 g Lammkeule ohne Knochen, ohne sichtbares Fett, 20 Lorbeerblätter.

Zwiebel schälen, in dünne Scheiben schneiden, in Ringe teilen. 2 EL Zitronensaft, 1 EL Öl, Salz und frisch gemahlenen Pfeffer in einer Schüssel mischen.
Fleisch in 4 cm große Würfel schneiden. In die Marinade geben. Wenden. 4 Stunden zugedeckt im Kühlschrank ziehen lassen. Gelegentlich wenden.
Lorbeer in einer Schüssel mit 2 Tassen kochendem Wasser übergießen, etwa 1 Stunde weichen lassen.
Lorbeerblätter und Fleisch, beides abgetropft, abwechselnd auf 4 Spieße stecken. Restlichen Zitronensaft und restliches Öl miteinander verrühren. Fleisch damit bestreichen.
Spieße nebeneinander über die Längsseiten eines Bräters legen. 8 cm vom vorgeheizten Grill entfernt oder auf die mittlere Schiene des Ofens setzen. 20 Minuten grillen.

Beilagen: Tomatenreis aus 250 g Tomaten, Salz, schwarzem Pfeffer, Würfelbrühe, 2 TL Tomatenmark, 120 g Langkornreis und 1 EL gehackter Petersilie.
Eine Portion: 130 Kalorien = 544 Joule. 2,2 BE.

Lauch gedünstet

Eine Portion enthält: 4 g Eiweiß, 10 g Fett, 11 g Kohlenhydrate = 1 BE, 19 mg Cholesterin.
Kalorien: 155 = 649 Joule.
Zubereitung: 40 Minuten.

750 g Lauch, 20 g Margarine, $1/8$ l Würfelbrühe, Salz, weißer Pfeffer, geriebene Muskatnuß, flüssiger Süßstoff, 1 EL Speisestärke (10 g), $1/8$ l Trinkmilch, 4 EL Sahne.

Lauch putzen, sorgfältig waschen und in etwa 5 cm lange Stücke schneiden. Dann die Margarine im Topf erhitzen. Lauch darin 5 Minuten andünsten.
Würfelbrühe angießen. Mit Salz, Pfeffer, Muskat und flüssigem Süßstoff würzen. Noch 15 Minuten weiterdünsten. Lauch mit dem Schaumlöffel aus dem Topf nehmen. In einer vorgewärmten Schüssel warm stellen.
Speisestärke in 4 EL Milch anrühren. Restliche Milch mit der Gemüsebrühe aufkochen. Mit der angerührten Speisestärke binden. Wieder aufkochen lassen, abschmecken und über den Lauch gießen.

Lauchsalat

Eine Portion enthält: 10 g Eiweiß, 9 g Fett, 10 g Kohlenhydrate = 0,8 BE, 153 mg Cholesterin.
Kalorien: 162 = 678 Joule.
Zubereitung: 30 Minuten.

1 Becher Trinkmilch-Joghurt, 4 EL Zitronensaft, 1 EL Pflanzenöl (10 g), ½ TL Senf, Salz, weißer Pfeffer, flüssiger Süßstoff, ½ Bund Petersilie, 2 Stangen Lauch (400 g), 250 g Tomaten, 2 hartgekochte Eier, 50 g Räucherlachs.

Joghurt, Zitronensaft, Öl und Senf verrühren. Mit Salz, Pfeffer und flüssigem Süßstoff abschmecken. Petersilie hacken, waschen und unterrühren. Lauch putzen, gründlich waschen und in hauchdünne Ringe schneiden. Tomaten überbrühen, abziehen und würflig schneiden. Eier klein hacken. Räucherlachs würfeln. Alle Zutaten mit der Salatsoße mischen.
Zugedeckt 30 Minuten im Kühlschrank durchziehen lassen. Noch mal abschmecken. In einer frischen Schüssel anrichten. Mit etwas Petersilie bestreuen.
Beilagen: 4 Scheiben Toast (80 g). Eine Scheibe: 52 Kalorien = 218 Joule. 0,8 BE. 20 g Halbfettmargarine. Eine Portion: 19 Kalorien = 80 Joule.

Lebenswecker

Eine Portion enthält: 0 g Eiweiß, 0 g Fett, 3 g Kohlenhydrate, 1 mg Cholesterin.
Kalorien: 89 = 372 Joule.
Zubereitung: 5 Minuten.

⅛ l starker, kalter Kaffee, 2 cl Weinbrand, 2 cl Portwein, 1 TL Dosenmilch (7,5 %), flüssiger Süßstoff, 2 Eiswürfel.

Alle Zutaten in einen Mixbecher geben und gut durchschütteln. Ohne Eiswürfel in ein Longdrink-Glas gießen. Mit Strohhalm sofort servieren.

Leber

Nur diese drei Unterschiede gibt es zwischen Kalbs-, Rinder- und Schweineleber: Sie schmecken anders, die Zartheit und der Preis variieren. Ihr gesundheitlicher Wert ist jedoch gleich. Denn 100 g Leber liefern durchschnittlich 144 Kalorien = 603 Joule, 22 g Eiweiß, 5 g Fett und 3 g Kohlenhydrate.
Im Gegensatz zum Muskelfleisch, das nur Eiweiß liefert, enthält Leber, besonders die vom Rind, Vitamin A in großen Mengen, das beim fettarmen Braten weitgehend erhalten bleibt. Außerdem ist Leber eine reiche Quelle für die sonst selten vorkommenden B-Vitamine, enthält auch etwas Vitamin C und E und wichtige Spurenelemente wie Phosphor und Eisen. Allerdings enthält Leber leider auch 250 mg Cholesterin auf 100 g.

Leber in Sojasoße

Eine Portion enthält: 27 g Eiweiß, 12 g Fett, 8 g Kohlenhydrate = 0,6 BE, 313 mg Cholesterin.
Kalorien: 260 = 1089 Joule.
Zubereitung: 20 Minuten.

4 Scheiben Kalbsleber, je 125 g, 1 Zwiebel, 2 EL Pflanzenöl (20 g), Salz, 1 Knoblauchzehe, 1 EL Sesamsamen (10 g), 1 EL Mehl (10 g), ¼ l Wasser, 2 EL Sojasoße (30 g), weißer Pfeffer, flüssiger Süßstoff.

Leber in etwa 2 cm breite und 5 cm lange Streifen schneiden. Geschälte Zwiebel würfeln. In einer Pfanne in Pflanzenöl hellbraun werden lassen. Geschälte, mit Salz zerdrückte Knoblauchzehe und den Sesamsamen dazugeben. Weitere 5 Minuten braten.

Mehl darüberstäuben und durchschwitzen lassen. Mit Wasser ablöschen und mit Sojasoße, Salz, Pfeffer und flüssigem Süßstoff würzen. Pikant abschmecken. In einer vorgewärmten Schüssel anrichten.

Beilagen: Körnig gekochter Reis von 125 g Langkornreis. Eine Portion: 115 Kalorien = 484 Joule. 2 BE. — Tomatensalat von 500 g in einer Marinade aus Essig, Gewürzen, gehackter Zwiebel, 2 EL Pflanzenöl und 1 Bund Schnittlauchröllchen. Eine Portion: 72 Kalorien = 301 Joule.

Leber mit Birnen

Eine Portion enthält: 25 g Eiweiß, 9 g Fett, 14 g Kohlenhydrate, 313 mg Cholesterin.
Kalorien: 252 = 1055 Joule.
Zubereitung: 15 Minuten.

20 g Margarine, 4 Scheiben Kalbsleber (500 g), Salz, weißer Pfeffer, Ingwerpulver, 4 Birnenhälften aus der Dose, 4 Stengel Petersilie.

Margarine in der Pfanne erhitzen. Leber darin auf jeder Seite etwa 3 Minuten braten. Mit Salz, Pfeffer und Ingwerpulver würzen. Auf einer vorgewärmten Platte anrichten.
Birnen in Spalten schneiden. Im Bratfett erhitzen. Leber mit den Birnen und mit Petersiliensträußchen garnieren.

Beilagen: Tomaten-Gurken-Salat aus 250 g Tomaten, 500 g Salatgurke in einer Marinade aus 2 EL Zitronensaft, je 1 EL Petersilie und Schnittlauch, 1 gehackten Zwiebel, 2 EL Keimöl und Gewürzen. Eine Portion: 75 Kalorien = 314 Joule. — Kartoffelbrei aus 500 g Kartoffeln, gut $\frac{1}{8}$ l Magermilch (150 cm^3) und 10 g Butter. Eine Portion: 116 Kalorien = 486 Joule.

Lebercocktail

Eine Portion enthält: 20 g Eiweiß, 15 g Fett, 15 g Kohlenhydrate, 246 mg Cholesterin.
Kalorien: 284 = 1189 Joule.
Zubereitung: 20 Minuten.

20 g Margarine, 375 g Kalbsleber, Salz, weißer Pfeffer, 50 g Mayonnaise (50%), 50 g Trinkmilch-Joghurt, 2 EL Zitronensaft, flüssiger Süßstoff, 2 Äpfel (250 g), 1 Stange Lauch (125 g), 1 Bund Petersilie.

Margarine in der Pfanne erhitzen. Leber je Seite 3 Minuten braten. Abkühlen lassen. Mit Salz und Pfeffer bestreuen. Mayonnaise, Joghurt und Zitronensaft gut miteinander verrühren. Mit Salz, Pfeffer und Süßstoff abschmecken.
Äpfel und Lauch waschen. In Würfel schneiden (Lauch sehr fein!). Leber auch. Mit der gehackten Petersilie unter die Mayonnaisesoße mischen. Abschmecken. In Gläsern anrichten. Mit Petersilie garnieren.

Beilagen: Tomatensalat von 500 g Tomaten in einer Marinade aus 2 EL Zitronensaft, 2 EL Keimöl, Knoblauchsalz, weißem Pfeffer und 1 Bund gehacktem Schnittlauch. Eine Portion: 72 Kalorien = 301 Joule. 4 Scheiben Toast mit 20 g Halbfettmargarine. Eine Scheibe: 71 Kalorien = 298 Joule.

TIP Wer bei jeder Portion noch 36 Kalorien sparen will, brät die Leber einfach in der beschichteten Pfanne ohne Margarine.

Leberschutzkost

Die Leber ist unser zentrales Stoffwechselorgan. Sie muß nicht nur den Körper entgiften, sie muß außerdem Nährstoffe und Vitamine speichern, Gallensalze, Cholesterin und Lezithin, Aminosäuren und Eiweiß herstellen. Gründe genug, sie immer bei guter Laune zu halten und auf Schonkost umzuschalten, sobald sie unbehaglich wird.
Generell gilt: Fünf bis sechs kleine Mahlzeiten täglich nehmen, die letzte nicht so spät.
Übergewicht abbauen, Anstrengungen und Ärger meiden. Langsam und sorgfältig, nichts Heißes oder Eiskaltes essen. Alkohol, Kaffee, starken Tee und Nikotin meiden.
Erlaubt: Magerquark und jeder Magerkäse, Fisch, Fleisch (mager), Rohkost, zartes Gemüse, Kartoffeln, Weizenflockenbrot, Sauermilch, reife Früchte, alle Kräutertees.
Verboten: Gebratenes, alle Fette, außer wenig Pflanzenöl, Pflanzenmargarine und Butter.

Leichter Auflauf

Eine Portion enthält: 16 g Eiweiß, 11 g Fett, 18 g Kohlenhydrate = 1,5 BE, 104 mg Cholesterin.
Kalorien: 241 = 1009 Joule.
Zubereitung: 50 Minuten.

> 4 Äpfel, 100 g Tatar, 125 g gemischtes Hack, 1 Zwiebel, 2 EL Wasser, Salz, weißer Pfeffer, 1 Bund Petersilie, 1 Becher Magermilch-Joghurt, 1 Ei, 1 EL geriebener Meerrettich (15 g), flüssiger Süßstoff.

Äpfel schälen. Jeweils einen Deckel abschneiden und die Äpfel mit einem Teelöffel aushöhlen. In eine gefettete Auflaufform setzen.
Apfeldeckel reiben. Hackfleisch, geschälte, gewaschene und feingewürfelte Zwiebel, Wasser, Salz, Pfeffer und die Hälfte der gewaschenen, feingehackten Petersilie dazugeben. Zu einem Fleischteig mischen. Herzhaft abschmecken und in die Äpfel füllen.
Magermilch-Joghurt mit Ei und Meerrettich verquirlen. Mit Salz und flüssigem Süßstoff pikant abschmecken. Über die Äpfel gießen. Form im vorgeheizten Ofen auf die mittlere Schiene stellen.

Backzeit: 35 Minuten. Elektroherd: 175 Grad. Gasherd: Stufe 2.
Fertigen Auflauf mit der restlichen Petersilie überstreuen und servieren.

Beilagen: 4 Scheiben Toast (80 g). Eine Scheibe: 52 Kalorien = 218 Joule. 0,8 BE. — 20 g Halbfettmargarine. Eine Portion: 19 Kalorien = 80 Joule.

Leichter Kartoffelsalat

Eine Portion enthält: 7 g Eiweiß, 4 g Fett, 28 g Kohlenhydrate = 2,3 BE, 137 mg Cholesterin.
Kalorien: 183 = 766 Joule.
Zubereitung: 25 Minuten.

> 500 g Salzkartoffeln, 3 Gewürzgurken (300 g), 1 hartgekochtes Ei, 2 Bund Petersilie, ¼ l Würfelhühnerbrühe, 1 TL Maisstärke, 1 Eigelb, 2 EL Kondensmilch, Salz, weißer Pfeffer, Zwiebelpulver oder -granulat, Petersilie zum Garnieren.

Kartoffeln in Scheiben schneiden. Gewürzgurken dünn schälen, der Länge nach halbieren, mit einem kleinen Löffel entkernen, in kleine Würfel schneiden. Ei schälen, Petersilie waschen und abtropfen lassen. Beides fein hacken und mit den Gurkenwürfeln zu den Kartoffeln geben.
Hühnerbrühe aufkochen. Maisstärke mit 1 EL Wasser glattrühren. Brühe vom Herd nehmen, Stärkelösung unterrühren, noch mal aufkochen lassen.
Eigelb und Kondensmilch miteinander verquirlen. Die leicht gebundene Soße noch mal vom Herd nehmen. Verquirltes Eigelb unterziehen, Soße mit Salz, Pfeffer und Zwiebelpulver oder -granulat abschmecken und über das Salatgut geben. Vorsichtig mischen und abschmecken. Der Salat kann warm oder aber auch — gut durchgezogen — kalt serviert werden. Dann vor dem Anrichten noch einmal abschmecken und mit Petersilie garnieren.

Beilagen: 4 Scheiben fettfrei gegrillter Leberkäse (je 80 g). Eine Scheibe: 217 Kalorien = 909 Joule. — 4 Tomaten (200 g) und 4 Blätter Kopfsalat zur Garnierung. Eine Portion: 13 Kalorien = 54 Joule. 0,2 BE.

TIP Wenn Sie in den Kartoffelsalat zusätzlich 250 g gewürfeltes deutsches Corned beef und 200 g gewürfelte Tomaten geben, dann haben Sie ein komplettes Essen und können die Beilagen sparen. Macht für jede Portion 150 Kalorien = 440 Joule mehr.

Leichtes Hors d'œuvre

Eine Portion enthält: 8 g Eiweiß, 9 g Fett, 4 g Kohlenhydrate = 0,3 BE, 153 mg Cholesterin.
Kalorien: 131 = 548 Joule.
Zubereitung: 25 Minuten.

> 2 Eier, 3 EL Zitronensaft, 2 EL Wasser, Salz, flüssiger Süßstoff, 2 EL Pflanzenöl (20 g), je 1 TL Petersilie, Dill, Schnittlauch (gehackt), 125 g Champignons, 1 Tomate, ¼ Dose Brechspargel, 1 Dose Nordsee-Krabben (70 g), Salatblätter, Dillspitzen.

Eier hart kochen und abkühlen lassen.
Zitronensaft, Wasser, Salz, Süßstoff und Pflanzenöl zu einer Marinade verrühren. Abschmecken und die gehackten Kräuter einrühren. 2 EL

Marinade in eine Schüssel geben. Champignons putzen, waschen und blättrig in die Marinade schneiden. Sofort umrühren, damit sie nicht braun werden.
Tomate in dünne Spalten schneiden, Eier in Scheiben. Brechspargel abtropfen lassen. Vorbereitete Zutaten und abgetropfte Krabben gruppenweise auf einer mit Salatblättern belegten Platte anrichten. Mit der restlichen Marinade beträufeln. Mit Dill garnieren.

Beilagen: 4 Scheiben Toast. Eine Scheibe: 52 Kalorien = 218 Joule. 0,9 BE. — 20 g Halbfettmargarine. Eine Portion: 38 Kalorien = 159 Joule.

TIP Noch ein Hors d'œuvre: 2 hartgekochte Eier in Scheiben auf Salatblätter verteilen. 125 g Dosenpfifferlinge, 100 g gekochten Kabeljau und 100 g gewürfelte Tomaten in der Marinade wenden. Dazulegen. Macht 124 Kalorien = 519 Joule.

Lendenschnitten gefüllt
6 Portionen

Eine Portion enthält: 35 g Eiweiß, 15 g Fett, 3 g Kohlenhydrate = 0,2 BE, 126 mg Cholesterin.
Kalorien: 302 = 1264 Joule.
Zubereitung: 45 Minuten.

1000 g Rinderfilet, Salz, schwarzer Pfeffer, 100 g Champignons aus der Dose, 50 g magerer, gekochter Schinken, 1 Zwiebel, 10 g Margarine, 2½ EL Pflanzenöl (25 g), ⅛ l Wasser, 4 EL saure Sahne, 1 EL Speisestärke (10 g).

Rinderfilet sechs- bis achtmal so einschneiden, daß die Scheiben an der Unterseite noch fest zusammenhängen. Mit Salz und Pfeffer einreiben.
Champignons abtropfen lassen und in Scheiben schneiden. Schinken fein würfeln. Geschälte Zwiebel hacken und in 10 g Margarine anbraten. Champignons und Schinken zufügen, mit Salz und Pfeffer würzen und einige Minuten durchbraten.
Diese Mischung so zwischen die Fleischscheiben geben, daß möglichst wenig herausquillt. Den Braten mit Bindfaden längs und quer zusammenbinden und in eine Bratpfanne legen. Das Pflanzenöl erhitzen, über das Fleisch gießen. In den vorgeheizten Ofen (mittlere Schiene) schieben.

Bratzeit: 25 Minuten. Elektroherd: 250 Grad. Gasherd: Stufe 5 bis 6.
Braten gelegentlich mit dem Fond begießen.
Fertigen Lendenbraten auf einer vorgewärmten Platte warm stellen.
Bratensaft mit Wasser loskochen. In einen Topf geben. Saure Sahne
und Speisestärke verrühren. Soße damit binden. Mit Salz und Pfeffer
abschmecken. Den Bindfaden vom Fleisch lösen. Das Fleisch portionsweise aufschneiden.

Beilagen: Kartoffelkroketten von 175 g Krokettenpulver (etwa 23 g
Fettaufnahme). Eine Portion: 153 Kalorien = 641 Joule. 2 BE.

PS: Oder nur Kopfsalat mit 2 EL Keimöl in der Marinade dazu essen.
Macht 55 Kalorien pro Portion.

Linsen mit Thymian

Eine Portion enthält: 16 g Eiweiß, 9 g Fett, 38 g Kohlenhydrate = 3,1 BE,
13 mg Cholesterin.
Kalorien: 318 = 1331 Joule.
Zubereitung: 60 Minuten.

*250 g Linsen, ¾ l Wasser, Salz, 1 Zwiebel, 1 Lorbeerblatt, 1 Möhre (125 g),
½ TL getrockneter Thymian, 50 g magerer durchwachsener Speck, 1 Knoblauchzehe, 1 TL scharfer Senf, schwarzer Pfeffer, 1 Bund Petersilie.*

Linsen am Vorabend waschen und mit der angegebenen Wassermenge
in einem großen Topf quellen lassen.
Am nächsten Tag mit dem Einweichwasser aufsetzen. Salzen. Zwiebel
schälen, halbieren und jede Hälfte mit einem Lorbeerblatt spicken.
Möhre putzen und waschen. Mit den Zwiebelhälften zu den Linsen
geben. Mit Thymian würzen. Zugedeckt 45 Minuten bei schwacher
Hitze kochen.
Speck fein würfeln und in einer Pfanne knusprig braun braten.
Zusammen mit der geschälten, in Salz zerdrückten Knoblauchzehe
und dem Senf zugeben. Noch einmal 5 Minuten kochen.
Zwiebel und Möhre rausnehmen. Möhre fein würfeln und wieder zu
den Linsen geben. Mit Salz und Pfeffer kräftig abschmecken. In einer
Schüssel anrichten und mit gehackter Petersilie überstreuen.

Beilagen: Salzkartoffeln von 500 g Kartoffeln. Eine Portion: 85 Kalorien = 356 Joule. 1,6 BE.

PS: Wer keinen durchwachsenen Speck verträgt, der verwendet stattdessen 100 g Kasseler. Es wird — grob gewürfelt — mit den Linsen gargekocht.

Linsen-Gabeleintopf

Eine Portion enthält: 29 g Eiweiß, 3 g Fett, 38 g Kohlenhydrate = 3,1 BE, 44 mg Cholesterin.
Kalorien: 315 = 1319 Joule.
Zubereitung: 70—90 Minuten.

> *200 g Linsen, 1 l Wasser, 250 g mageres Schweinefleisch, Salz, je 1 Prise 1000 g Lauch, Pfeffer und Muskat. – Zum Garnieren: 1 EL gehackte Petersilie, 2 Tomaten (100 g).*

Linsen auf einem Sieb kalt abspülen, mit dem kalten Wasser in einem Topf aufkochen. Fleisch und Gewürze zufügen. Hitze reduzieren.
Lauch putzen, sehr gründlich waschen und in 5 cm lange Stücke schneiden. Nach 30 Minuten Kochzeit den Lauch in den Topf geben. In 70—90 Minuten, je nach Qualität der Linsen, garkochen. In einer Schüssel anrichten. Mit der gehackten Petersilie überstreuen. Mit den während der Garzeit abgezogenen und feingewürfelten Tomaten garniert servieren.

PS: Dieses schmackhafte Gericht hat relativ wenig Kalorien, so daß Sie noch 500 g Kartoffelstücke (Kartoffeln ungeschält gewogen) 20 Minuten vor Ende der Garzeit zu den Linsen geben können. Eventuell noch kochendes Wasser zugießen. Für eine Portion rechnen Sie dann bitte dazu: 85 Kalorien = 356 Joule, 1,6 BE.

Lorenzo-Salat

Eine Portion enthält: 8 g Eiweiß, 9 g Fett, 18 g Kohlenhydrate, 129 mg Cholesterin.
Kalorien: 187 = 783 Joule.
Zubereitung: Ohne Kühlzeit 80 Minuten.

500 g Rote Rüben (Rote Bete), 2 hartgekochte Eier, 1 Kopf Salat, 125 g Rapunzel (Feldsalat), 2 Birnen (250 g). – Für die Marinade: 1 EL Chilisoße, 2 EL Tomatenmark (40 g), 4 EL Wasser, 8 EL Kräuteressig, 1 TL scharfer Senf, Salz, flüssiger Süßstoff, 2 EL Pflanzenöl.

Rote Rüben unter fließendem kalten Wasser gut abbürsten. Wurzeln und Stiele nicht abschneiden, damit der Saft nicht rausläuft.

Wasser in einem Topf aufkochen. Rote Rüben 60 Minuten darin garen. Abkühlen lassen. Schälen und die Roten Rüben in dünne Scheiben schneiden.

Eier schälen. Kopfsalat und Rapunzel putzen, waschen, abtropfen lassen. Birnen schälen, der Länge nach achteln, entkernen.

Für die Marinade Chilisoße mit Tomatenmark, Wasser, Kräuteressig, scharfem Senf, Salz, Süßstoff und Pflanzenöl verrühren. Pikant abschmecken.

Eine Glasschüssel (oder vier Salatteller) mit Kopfsalatblättern auslegen. Mit Roten Rüben und Eischeiben belegen. Darauf Birnenachtel und Rapunzel geben. Mit der Marinade übergießen und zugedeckt 30 Minuten in den Kühlschrank stellen.

TIP Der Lorenzo-Salat kann auch für Diabetiker zubereitet werden. In diesem Fall läßt man die Chilisoße weg und würzt mit etwas Chili-Pulver. Eine Portion enthält so 1,5 BE.

M

Magenschutzkost

Ein gereizter oder kranker Magen braucht zunächst Ruhe, vor und nach dem Essen. Und er braucht vollwertige Nahrung wie Vollkornflocken, magere Milchprodukte (mit viel Eiweiß!), fettarmes Fleisch, mageren Fisch, weichgekochte Eier, Weizenvollkornbrot und zartes Gemüse. Nur dünsten oder grillen, niemals braten. Fett sparen, Alkohol meiden, wenig würzen, auf Süßes verzichten.

Mailänder Reis

Eine Portion enthält: 7 g Eiweiß, 6 g Fett, 43 g Kohlenhydrate = 3,5 BE, 2 mg Cholesterin.
Kalorien: 261 = 1093 Joule.
Zubereitung: 35 Minuten.

> 200 g ungeschälter Reis, 1 Zwiebel, 20 g Margarine, knapp ¼ l Würfelbrühe, 125 g Tomaten, 1 Dose Champignons (230 g), weißer Pfeffer, Salz, 10 g geriebener Parmesankäse, 1 Bund Petersilie.

Reis waschen und abtropfen lassen. Geschälte Zwiebel würfeln. In einem Topf in heißer Margarine glasig werden lassen. Reis dazugeben und unter Rühren 3 Minuten braten. Mit heißer Würfelbrühe auffüllen. Aufkochen. Zugedeckt 20 Minuten quellen lassen.
Tomaten abziehen, vierteln, entkernen. Champignons blättrig schneiden. Ein paar zum Garnieren ganz lassen. Tomaten und Champignons unter den Reis heben. Käse untermischen.

Reis in eine glatte, runde Schüssel oder Bombenform drücken und auf eine vorgewärmte Platte stürzen. Mit Champignons und Petersilie garnieren.

Beilagen: Tomatensoße aus 400 g Tomaten, 30 g Margarine, 35 g Mehl, 1 Zwiebel und Basilikum. Eine Portion: 109 Kalorien = 456 Joule. 0,7 BE.

Maiskolben gegrillt

Eine Portion enthält: 5 g Eiweiß, 10 g Fett, 29 g Kohlenhydrate = 2,4 BE, 0 mg Cholesterin.
Kalorien: 235 = 984 Joule.
Zubereitung: 30 Minuten.

8 frische Maiskolben von je 200 g, 40 g Margarine, Salz, weißer Pfeffer.

Schutzblätter und grüne Fäden von den Maiskolben entfernen. Kolben rundherum mit zerlassener Margarine bestreichen. Auf dem Grillrost unter den kalten Grill schieben. Bei langsam zunehmender Hitze 20 Minuten grillen. Dabei mehrmals wenden. Mit Salz und Pfeffer bestreut servieren.

Wann reichen? Als Beilage zu kurz gebratenem oder gegrilltem Fleisch.

PS: Wer statt Margarine lieber Butter verwendet, muß zusätzlich 28 mg Cholesterin in seine Nährwertberechnung einkalkulieren.

Magnesium

Wer täglich Gemüse oder Vollkornprodukte ißt, nimmt genügend Magnesium zu sich. Ein Mangel aber kann zu Stoffwechselstörungen führen.

Maissalat

Eine Portion enthält: 6 g Eiweiß, 11 g Fett, 17 g Kohlenhydrate, 26 mg Cholesterin.
Kalorien: 209 = 875 Joule.
Zubereitung: 15 Minuten.

1 Dose Maiskörner (280 g), 2 EL Zitronensaft, 250 g Tomaten, 75 g Rauchfleisch. – Für die Marinade: 50 g Mayonnaise (50 %), 1 EL Whisky, 1 TL geriebener Meerrettich, Salz, weißer Pfeffer, flüssiger Süßstoff. – Zum Garnieren: Salatblätter, 2 Tomaten, ½ Bund Petersilie.

Maiskörner abtropfen lassen. In eine Schüssel geben. Mit Zitronensaft beträufeln. Tomaten überbrühen, abziehen, halbieren, entkernen und würfeln. Rauchfleisch auch würfeln. Mit den Tomaten zum Mais in die Schüssel geben.
Für die Marinade Mayonnaise, Whisky und Meerrettich verrühren. Mit Salz, Pfeffer und flüssigem Süßstoff abschmecken. Über den Salat gießen. Mischen. 20 Minuten zugedeckt im Kühlschrank durchziehen lassen. Vor dem Anrichten noch einmal abschmecken.
Eine Schüssel mit abgetropften Salatblättern auslegen. Maissalat darin anrichten. Mit Tomaten und Petersilie garnieren.

Beilagen: 4 Scheiben (200 g) Schwarzbrot. Eine Scheibe: 120 Kalorien = 502 Joule.
40 g Halbfettmargarine oder halbfette Butter. Eine Portion: 38 Kalorien = 159 Joule.

Wann reichen? Als Abendessen oder zwischendurch.

Makrele Frühlingsart

Eine Portion enthält: 28 g Eiweiß, 21 g Fett, 16 g Kohlenhydrate = 1,3 BE, 93 mg Cholesterin.
Kalorien: 387 = 1620 Joule.
Zubereitung: 40 Minuten.

4 küchenfertige Makrelen von je 200 g. Saft einer Zitrone, 1 l Wasser, Salz. – Für die Soße: 20 g Margarine, 30 g Mehl, ⅜ l Fleischbrühe aus Würfeln, Salz, weißer Pfeffer, 1 Prise Cayennepfeffer, 1 TL Zitronensaft. – Außer-

dem: *1 Dose (560 g) Leipziger Allerlei, Salz, weißer Pfeffer, flüssiger Süßstoff, 10 g Butter, ½ Bund Petersilie.*

Makrelen waschen und filieren. (Das macht auf Wunsch Ihr Fischhändler.) Mit Zitronensaft beträufeln, 10 Minuten durchziehen lassen. Wasser mit Salz in einem großen Topf aufkochen. Makrelenfilets in 10 Minuten darin garziehen, aber nicht kochen lassen.
Für die Soße Margarine im Topf erhitzen, Mehl darin anschwitzen lassen. Brühe unter Rühren angießen und aufkochen. Mit Salz, Pfeffer, Cayennepfeffer und Zitronensaft würzen.
Leipziger Allerlei im Gemüsewasser erhitzen. Mit Salz, Pfeffer und flüssigem Süßstoff abschmecken. Abgießen. Die Butter darin zergehen lassen und durchschwenken.
Makrelenfilets auf vorgewärmter Platte anrichten. Soße darübergießen.
Das Gemüse rundherum anrichten. Mit gewaschener, gehackter Petersilie bestreut servieren.

Beilagen: Kartoffelpüree (von 500 g) gut ⅛ l Magermilch und 10 g Margarine. Eine Portion: 116 Kalorien = 486 Joule. 1,7 BE.

TIP Von Oktober bis April sind die Makrelen am besten. Aber leider auch am fettesten. Essen Sie sie also besser in den übrigen Monaten. 100 g enthalten 193 Kalorien = 808 Joule, 12 g Fett und 19 g Eiweiß. Außerdem 36 mg Cholesterin.

Makrele mit Champignons

Eine Portion enthält: 26 g Eiweiß, 21 g Fett, 9 g Kohlenhydrate = 0,7 BE, 86 mg Cholesterin.
Kalorien: 366 = 1532 Joule.
Zubereitung: 40 Minuten.

4 Makrelen von je 200 g, Essig, Salz, weißer Pfeffer, 30 g Mehl, 30 g Margarine. – Außerdem: 250 g Champignons, 1 Zwiebel, 1 Knoblauchzehe, knapp ⅛ l trockener Weißwein, 4 kleine Tomaten (125 g), Salz, Cayennepfeffer, Oregano, 1 Zitrone, ½ Bund Petersilie.

Makrelen säubern, säuern, innen und außen salzen und pfeffern. In Mehl wenden. Margarine in einer Pfanne erhitzen. Makrelen darin pro

Seite 5 Minuten braten. Auf einer vorgewärmten Platte anrichten und warm stellen.

Champignons putzen, waschen und blättrig schneiden. Zwiebel und Knoblauch schälen und fein hacken. Im restlichen Bratfett 2 Minuten durchbraten. Die Champignons zugeben, den Wein angießen und 5 Minuten dünsten.

Tomaten überbrühen, abziehen, vierteln und in der Pfanne weitere 5 Minuten dünsten. Mit Salz, Cayennepfeffer und Oregano abschmecken.

Makrelen mit dem Gemüse umlegen. Mit Zitronenscheiben und Petersilie garnieren.

Beilagen: Kopfsalat in einer Marinade aus 2 EL Zitronensaft, 2 EL gehackten Kräutern, 2 EL Pflanzenöl und Gewürzen. Eine Portion: 55 Kalorien = 230 Joule. — Kartoffelschnee von 500 g Kartoffeln. Eine Portion: 85 Kalorien = 356 Joule. 1,6 BE.

Makronen

Ein Stück enthält: 1 g Eiweiß, 1 g Fett, 8 g Kohlenhydrate, 13 mg Cholesterin.
Kalorien: 49 = 205 Joule.
Zubereitung: 30 Minuten.

2 Eigelb, 150 g Zucker, flüssiger Süßstoff, 1 Prise Salz, 30 g geriebene Mandeln, 200 g zarte Haferflocken, 50 g Speisestärke, 2 Eiweiß.

Eigelb mit Zucker, Süßstoff und Salz in einer Schüssel schaumig rühren. Mandeln, Haferflocken und Speisestärke hineingeben. Eiweiß steifschlagen und unter den Teig heben. Mit 2 Teelöffeln Makronen auf ein gefettetes Backblech setzen. In den vorgeheizten Ofen auf die mittlere Schiene schieben.

Backzeit: 10 bis 15 Minuten. Elektroherd: 200 Grad. Gasherd: Stufe 3. Ergibt 40 Makronen.

PS: Mit diesem Rezept kommen wir allen Süßschnäbeln entgegen. Aber bitte sparsam Makronen essen. Denn Süßes macht hungrig.

Mandarinen-Hähnchen

Eine Portion enthält: 40 g Eiweiß, 21 g Fett, 15 g Kohlenhydrate, 148 mg Cholesterin.
Kalorien: 439 = 1838 Joule.
Zubereitung: 60 Minuten.

10 g kernlose Rosinen, 1 EL Madeira, 1 küchenfertiges Hähnchen (1000 g), Salz, 1 TL Paprika edelsüß, weißer Pfeffer, 2½ EL Pflanzenöl (25 g), 1 Dose Mandarinen (190 g), 1 Knoblauchzehe, ⅛ l Fleischbrühe aus Würfeln, 1 EL Speisestärke (10 g), 1 EL Sojasoße, ½ TL Ingwerpulver, 2 gehäufte EL Schlagsahne (40 g), 10 g blättrige Mandeln.

Rosinen mit Madeira beträufeln und zugedeckt durchziehen lassen.
Hähnchen waschen, in 4 Portionen teilen. Salz, Paprikapulver und Pfeffer mischen. Hähnchenstücke damit einreiben.
Öl im Topf erhitzen. Hähnchenteile darin 10 Minuten anbraten.
Mandarinen abtropfen lassen. Würfelbrühe mit dem Saft und eventuell noch etwas Wasser auf ¼ l auffüllen. Auf die Hähnchenteile gießen. Geschälten Knoblauch mit etwas Salz zerdrücken und dazugeben.
Hähnchen 30 Minuten zugedeckt schmoren. Rosinen dazugeben. Noch 5 Minuten mitschmoren.
Hähnchenteile in einer vorgewärmten Schüssel anrichten und warm stellen.
Schmorfond mit angerührter Speisestärke binden, einmal aufkochen. Mit Sojasoße, Ingwer und Salz abschmecken.
Mandarinen dazugeben, kurz erhitzen, aber nicht mehr kochen lassen.
Zuletzt die geschlagene Sahne leicht unterrühren.
Soße über die Hähnchenteile gießen. Mandeln in der trockenen Pfanne rösten und darauf verteilen.

Beilagen: Chicorée-Salat in einer Marinade aus 2 EL Essig, Salz, Gewürzen, Pfeffer und 2 EL Pflanzenöl. Eine Portion: 55 Kalorien = 230 Joule. — Körnig gekochter Reis aus 125 g Langkornreis. Eine Portion: 115 Kalorien = 481 Joule.

TIP Wenn Sie mal wieder Abwechslung in Ihr Hähnchen-Rezeptrepertoire bringen wollen, dann verwenden Sie statt Mandarinen eine kleine Dose Pfirsichhälften. Und besser Korinthen, statt Rosinen. Die sind etwas säuerlicher. Und schon haben Sie ein anderes Gericht, mit dem Sie auch noch ein paar Kalorien sparen können.

Mandarinenquark

Eine Portion enthält: 11 g Eiweiß, 1 g Fett, 18 g Kohlenhydrate, 0 mg Cholesterin.
Kalorien: 125 = 523 Joule.
Zubereitung: 10 Minuten.

> *1 kleine Dose Mandarinen (190 g), 250 g Magerquark, 1 Päckchen Vanillinzucker, 2 EL Zitronensaft, flüssiger Süßstoff, 3 bis 4 EL Milch, 4 Cocktailkirschen (20 g).*

Mandarinen abtropfen lassen. Saft auffangen. Magerquark mit Vanillinzucker, Zitronensaft, Süßstoff und Mandarinensaft glattrühren. 8 Mandarinenspalten zurückbehalten. Die übrigen mit dem Quark mischen. 20 Minuten zugedeckt kalt stellen. Eventuell noch 3 bis 4 EL Milch unterrühren.
In 4 Schälchen oder eine Schüssel füllen. Mit Mandarinenspalten und Cocktailkirschen garnieren.

PS: Wer will, ißt eine Scheibe Knäckebrot dazu. Macht 38 Kalorien = 159 Joule.

Marine-Cocktail

Eine Portion enthält: 18 g Eiweiß, 5 g Fett, 7 g Kohlenhydrate = 1,6 BE, 78 mg Cholesterin.
Kalorien: 150 = 628 Joule.
Zubereitung: 15 Minuten.

> *200 g geräucherter Rotbarsch, 1 Dose Muscheln (140 g), 4 Salatblätter, 125 g Speisequark (20 %), 2 EL Dosenmilch (7,5 %), 2 EL Zitronensaft, 2 EL gehackte Kräuter, 1 roter Apfel (125 g), Salz, schwarzer Pfeffer, flüssiger Süßstoff, Kresse zum Garnieren (5 g).*

Rotbarsch enthäuten, entgräten und in Stücke teilen. Muscheln abtropfen lassen. Gewaschene, abgetropfte Salatblätter auf Schälchen verteilen. Abwechselnd Rotbarsch und Muscheln draufschichten. Muschelbrühe draufgießen.
Speisequark, Dosenmilch, Zitronensaft und gehackte Kräuter cremig verrühren. Apfel waschen und ungeschält grob dazu raspeln. Unter-

rühren. Mit Salz, Pfeffer und flüssigem Süßstoff herzhaft abschmecken. Über den Fisch verteilen. Mit Kresse überstreut servieren. Oder die Kresse als Sträußchen anlegen.

Beilagen: 4 Scheiben Knäckebrot. Eine Scheibe: 38 Kalorien = 158 Joule. 0,6 BE. — 20 g Halbfettmargarine. Eine Portion: 19 Kalorien = 80 Joule.

Margarine

100 g enthalten 750 Kalorien. Aber: Margarine ist nicht gleich Margarine. Denn es gibt Einfach- und Tafelmargarine, die mit gehärteten Fetten und Rindertalg hergestellt sein kann. Da diese wenig mehrfach ungesättigte Fettsäuren enthalten, wenden wir uns lieber den hochwertigen Margarinesorten zu. Das ist Pflanzenmargarine, die aus Sonnenblumen-, Soja-, Mais- und Baumwollsaatöl hergestellt wird. Sie enthält die genannten Fettsäuren (Linolsäure, auch Vitamin F genannt, ist die bekannteste) in reichem Maße. Spitzensorten haben einen Anteil bis zu 50 Prozent. Da der menschliche Körper sie nicht produzieren kann, sie aber lebensnotwendig sind, müssen sie ihm zugeführt werden. Bei guten Produkten können Sie die Zusammensetzung auf der Packung lesen.
Die meisten Sorten sind mit den Vitaminen A und D, manche auch mit B_6 und E angereichert.
Wer auf seine Linie achtet, wird zur Halbfettmargarine greifen, die nur 40 Prozent Fett enthält und damit immerhin auch nur die Hälfte der Kalorien.

Marinierte Heringe
8 Portionen

Eine Portion enthält: 17 g Eiweiß, 13 g Fett, 1 g Kohlenhydrate = 0,1 BE, 88 mg Cholesterin.
Kalorien: 206 = 862 Joule.
Zubereitung: Ohne Wässern und Marinierzeit 30 Minuten.

8 küchenfertige Salzheringe (je 200 g), 2 Zwiebeln, 1 kleine Gewürzgurke (50 g), 1 Sträußchen Dill, 1 EL Kapern. – Für die Marinade: ⅛ l Weinessig, ⅛ l Wasser, 2 Lorbeerblätter, 10 Pfefferkörner, 3 Nelken, flüssiger Süßstoff. – Zum Garnieren: 2 Stengel Petersilie.

Rogen und Milch (falls vorhanden) mit verwenden. Mit den Heringen kalt abspülen. Über Nacht in kaltes Wasser legen, damit das überschüssige Salz ausziehen kann.
Am nächsten Tag Heringe häuten und entgräten. Schwanz und Flossen entfernen. Wieder kalt abspülen und mit Küchenpapier abtrocknen.
Geschälte Zwiebeln und Gewürzgurke in Scheiben schneiden. Heringsfilets, Zwiebeln, gewaschenen Dill und Kapern in ein großes Glas, eine Porzellanschüssel oder einen Steinguttopf schichten. Heringsrogen auch abspülen und einschichten.
Für die Marinade Essig, Wasser, Lorbeerblätter, Pfefferkörner, Nelken, flüssigen Süßstoff aufkochen und erkalten lassen.
Heringsmilch hacken und durch ein feines Sieb streichen. In die kalte Marinade rühren. Über die eingeschichteten Heringe gießen. Gefäß mit Deckel oder Klarsichtfolie verschließen. Kalt stellen. Mindestens 24 Stunden durchziehen lassen. Noch besser: Drei Tage lang.
Heringfilets mit Petersilie garniert in der Marinade anrichten.

Beilagen: 8 Roggenbrötchen (je 40 g). Eine Portion: 100 Kalorien = 419 Joule. 1,7 BE.

TIP Wer rohe Zwiebeln nicht verträgt, legt sie beiseite. Hauptsache, die Heringe haben das Aroma mitbekommen.

Marinierte Radieschenfächer

Eine Portion enthält: 3 g Eiweiß, 6 g Fett, 6 g Kohlenhydrate, 21 mg Cholesterin.
Kalorien: 102 = 427 Joule.
Zubereitung: Ohne Marinierzeit 20 Minuten.

24 große Radieschen, Salz, 2 EL Zucker (20 g), 1 kleiner Kopf Salat, 1 EL roter Weinessig, 1 Prise Salz, gemahlener schwarzer Pfeffer, ¼ l saure Sahne, Petersilie.

Radieschen putzen und unter kaltem fließenden Wasser waschen. Jedes Radieschen in Abständen von 1½ mm in Fächer schneiden. Salz und 15 g Zucker in ein Gefäß geben. Radieschen hineinlegen. Gefäß zudecken. Kräftig schütteln, so daß jedes Radieschen von der Salz-Zucker-Mischung überzogen ist. Bei Zimmertemperatur über Nacht marinieren lassen.
Kopfsalat zerpflücken, dabei grobe Blattrippen entfernen, unter fließendem kalten Wasser waschen, abtropfen lassen.
Essig, Salz, den restlichen Zucker und eine kräftige Prise Pfeffer in einer Salatschüssel miteinander verrühren. Die saure Sahne eßlöffelweise unterschlagen. Radieschen mit Küchenpapier abtupfen. Unter die Sahnemarinade heben. Vor dem Servieren mindestens 60 Minuten zugedeckt im Kühlschrank kühlen. Noch mal abschmecken und kurz vor dem Servieren den vorbereiteten Kopfsalat untermischen. Mit Petersilie garniert anrichten.

Beilagen: 4 Deutsche Beefsteaks aus 600 g Beefsteakhack, Salz, Pfeffer, Zwiebelpulver, 2 Eiern, mit 2 EL Keimöl bestrichen, gegrillt. Ein Stück: 284 Kalorien = 1189 Joule. Salzkartoffeln von 500 g. Eine Portion: 85 Kalorien = 356 Joule.

PS: Die Radieschenfächer eignen sich vorzüglich zum Garnieren von kalten Gerichten oder Salaten.

Marsala-Huhn

Eine Portion enthält: 39 g Eiweiß, 17 g Fett, 5 g Kohlenhydrate, 138 mg Cholesterin.
Kalorien: 378 = 1582 Joule.
Zubereitung: 60 Minuten.

> *1 küchenfertiges Brathuhn von 1000 g, 1 Zwiebel, 1 Knoblauchzehe, Salz, ½ TL Kümmel, 1 EL Senf, 2 TL Currypulver, 2½ EL Pflanzenöl (25 g), ½ l heißes Wasser, 250 g Tomaten, 1 TL Speisestärke (3 g), 2 EL Marsala, 1 Bund Petersilie.*

Dem sehr aromatischen Dessertwein aus Sizilien, dem Marsala, verdankt dieses Gericht seinen Namen.
Huhn innen und außen waschen und in 8 Portionsstücke schneiden. Mit Küchenpapier trockentupfen. Geschälte Zwiebel feinwürfeln. Geschälten Knoblauch mit Salz zerdrücken.

In einer Schüssel Zwiebel, Knoblauch, etwas Salz, Kümmel, Senf und Currypulver miteinander verrühren. Die Geflügelstücke damit gut einreiben.

Das Öl in einem großen flachen Topf erhitzen. Das Fleisch darin in 10 Minuten rundherum goldbraun anbraten. Mit heißem Wasser ablöschen.

Während das Fleisch anbrät, Tomaten überbrühen, abziehen und in kleine Würfel schneiden. Zum Huhn geben und alles zugedeckt 30 Minuten schmoren lassen.

Geflügelstücke auf einer vorgewärmten Platte anrichten und warm stellen.

Speisestärke mit wenig Wasser anrühren, Schmorfond damit binden. Aufkochen und mit dem Marsala abschmecken. Zu den mit Petersilie garnierten Geflügelstücken servieren.

Beilagen: 1 Kopf Endiviensalat in Marinade aus 2 EL Zitronenessig, Salz, weißem Pfeffer, 2 EL gehackten Kräutern und 2 EL Keimöl. Eine Portion: 55 Kalorien = 230 Joule. — Körnig gekochter Reis von 125 g Langkornreis. Eine Portion: 115 Kalorien = 481 Joule.

Matjes Hausfrauenart
Siehe Farbbild zwischen den Seiten 288/289.

Eine Portion enthält: 16 g Eiweiß, 20 g Fett, 13 g Kohlenhydrate = 1 BE, 62 mg Cholesterin.
Kalorien: 309 = 1294 Joule.
Zubereitung: 20 Minuten.

> 4 Matjesfilets (je 80 g), ¼ l Milch, 2 Zwiebeln, 2 säuerliche Äpfel (250 g), 2 kleine Gewürzgurken (100 g), 1 TL Wacholderbeeren, 1 Becher Trinkmilch-Joghurt, 2 EL Zitronensaft, Salz, weißer Pfeffer, flüssiger Süßstoff, je ein Bund Petersilie und Dill.

Matjesfilets mit der Milch in eine Schüssel geben. 60 Minuten ziehen lassen. Auf Haushaltspapier abtropfen lassen und in mundgerechte Stücke schneiden.

Zwiebeln und Äpfel schälen. Zwiebeln in Ringe schneiden. Äpfel vierteln, entkernen und quer in dünne Scheiben schneiden. Gurken auch in Scheiben schneiden.

Alles abwechselnd mit den Matjesstücken in einen glasierten Heringstopf oder in eine Porzellanschüssel schichten. Wacholderbeeren dazugeben.
Joghurt mit Zitronensaft, Salz, Pfeffer und flüssigem Süßstoff abschmecken. Die Kräuter fein hacken und dazugeben. Über die Matjesfilets gießen. Mit Deckel oder Klarsichtfolie schließen und mindestens 3 bis 4 Stunden, besser mindestens 2 Tage im Kühlschrank durchziehen lassen.

Beilagen: Pellkartoffeln (von 500 g ungeschälten Kartoffeln). Eine Portion: 85 Kalorien = 356 Joule. 1,6 BE.

Matjesröllchen

Eine Portion enthält: 14 g Eiweiß, 16 g Fett, 9 g Kohlenhydrate = 0,7 BE, 136 mg Cholesterin.
Kalorien: 252 = 1055 Joule.
Zubereitung: 25 Minuten.

2 Äpfel (250 g), Saft einer Zitrone, 1 Doppelrahm-Frischkäse (62,5 g), 20 g geriebener Meerrettich, 1 EL Milch, Salz, weißer Pfeffer, 2 Matjesfilets (je 80 g), 1 hartgekochtes Ei, 1 Tomate, 1 kleine Dose Nordseekrabben (70 g), 2 Stengel Petersilie.

Äpfel schälen. Aus der Mitte je zwei 1½ cm dicke Scheiben schneiden. Kerngehäuse vorsichtig ausstechen. Apfelringe auf 4 Teller verteilen und mit Zitronensaft beträufeln.
Apfelreste reiben. Mit Frischkäse, Meerrettich und Milch glattrühren. Mit Salz und Pfeffer würzen. In einen Spritzbeutel füllen. Im Gefrierfach des Kühlschrankes 20 Minuten durchkühlen lassen. Dann kegelförmig auf die Apfelscheiben spritzen.
Matjesfilets abspülen. Auf Küchenpapier abtropfen lassen. Der Länge nach halbieren und je eine Hälfte um die Käsemischung legen. Mit Ei- und Tomatenscheiben garnieren. Abgetropfte Krabben abwechselnd mit Petersilie drumherumlegen.

Beilagen: 4 Scheiben (200 g) Schwarzbrot. Eine Scheibe: 120 Kalorien = 502 Joule. 2 BE. — 40 g Halbfettmargarine oder Butterhalbfett. Eine Portion: 38 Kalorien = 159 Joule.

Matjesteller Hafenbar

Eine Portion enthält: 19 g Eiweiß, 27 g Fett, 7 g Kohlenhydrate, 185 mg Cholesterin.
Kalorien: 363 = 1520 Joule.
Zubereitung: 35 Minuten.

> 1 Paket Tiefkühl-Brechbohnen (300 g), Bohnenkraut, Salz, 2 EL Essig, 1 Zwiebel, flüssiger Süßstoff, Suppenwürze, 2 EL Pflanzenöl (20 g), 250 g Tomaten, 2 hartgekochte Eier, 4 Matjesfilets (nach Bedarf gewässert), 1 Bund Schnittlauch.

Tiefkühl-Brechbohnen mit Bohnenkraut und Salz in wenig Wasser nach Anweisung garen.
Inzwischen aus Essig, geschälter und feingehackter Zwiebel, Süßstoff, Suppenwürze und Öl eine Marinade rühren. Alles herzhaft abschmecken.
Gegarte Bohnen abgießen. Noch heiß in der Hälfte der Marinade gut durchziehen lassen.
Gewaschene, abgetrocknete Tomaten und die Eier in Scheiben, die Matjesfilets in mundgerechte Stücke schneiden. Den Bohnensalat, Tomaten, Eischeiben und Matjesstücke nebeneinander im Halbrund auf einer Platte anrichten. Die übrige Marinade über die Tomatenscheiben träufeln. Schnittlauch hacken. Über Tomaten- und Eischeiben verteilen.

Beilagen: 4 Scheiben (200 g) Schwarzbrot. Eine Scheibe: 120 Kalorien = 502 Joule.

Melone mit Schinken

Eine Portion enthält: 5 g Eiweiß, 8 g Fett, 4 g Kohlenhydrate = 0,3 BE. 18 mg Cholesterin.
Kalorien: 115 = 481 Joule.
Zubereitung: 10 Minuten ohne Kühlzeit.

> 1 kleine Honigmelone (500 g), 100 g magerer Schinken in hauchdünnen Scheiben, schwarzer Pfeffer.

Melone waschen, abtrocknen und halbieren. Kerne mit einem Eßlöffel rausschaben. Melone in etwa 3 cm breite Schiffchen schneiden. Mit Klarsichtfolie umwickeln und etwa 20 Minuten ins Gefrierfach des Kühlschranks legen.
Schinkenscheiben ausbreiten. Pfeffer drübermahlen. Zu Röllchen drehen.
Melonenfleisch in Abständen von 2 cm bis zur Schale einschneiden. Sternförmig auf einer Platte anrichten. Mit den Schinkenröllchen belegen. Sofort servieren.

Wann reichen? Als Vorspeise zum Beispiel. Schinken mit Melone ist auch eine willkommene kleine Zwischenmahlzeit.

TIP Sehr zu empfehlen: Melone mit Bündner Fleisch. Das gesalzene, luftgetrocknete Ochsenfleisch aus der Schweiz ist besonders eiweißreich. 100 g haben 264 Kalorien, aber 38 g Eiweiß und nur 9 g Fett.

Mayonnaise

Sie paßt nicht sonderlich gut in Diät-Speisepläne, diese leckere Mischung aus Eigelb und Öl. Denn 100 g mit 80 Prozent Fettanteil haben 758 Kalorien, die mit 50 Prozent Fettanteil immer noch 502 Kalorien. Dabei wiegt Mayonnaise sehr schwer. 100 g sind also eine kleine Menge, die schnell im Salat verschwunden ist. Der Ausweg: Fettärmere Mayonnaisemischungen verwenden, die es auf dem Markt schon gibt. Oder Mayonnaise unter Joghurt oder Quark mischen. Auch nach dieser Kalorienentschärfung schmeckt die Mayonnaise immer noch durch, ist aber erheblich vorteilhafter für die schlanke Linie. Bei Leber-, Magen- oder Herzschutzkost sollte Mayonnaise ganz gemieden werden. Und Diabetiker essen nur selbstgemachte. Denn bei Fettmayonnaise weiß man oft nicht genau, ob sie Quellmittel und Zucker enthält. Gute Mayonnaisesorten enthalten übrigens viel gesunde, mehrfach ungesättigte Fettsäuren. Und zwar 61 Prozent bei 100 g. Das spricht eben für gute Mayonnaise. Der Cholesteringehalt liegt zwischen 81 und 142 mg.

Melonenkaltschale

Eine Portion enthält: 1 g Eiweiß, 0 g Fett, 17 g Kohlenhydrate = 1,4 BE, 0 mg Cholesterin.
Kalorien: 70 = 293 Joule.
Zubereitung: 20 Minuten ohne Zeit zum Auskühlen.

³/₄ l Wasser, 1 Prise Salz, 3 Gewürznelken, 1 kleines Stück Stangenzimt, 3 EL oder 3 Teebeutel schwarzer Tee, 5 TL Speisestärke (25 g), ⅛ l Zitronensaft, flüssiger Süßstoff, 1 grüne Honigmelone (1200 g Gesamtgewicht).

Wasser in einem Topf mit Salz, Nelken und Stangenzimt aufkochen. Tee zugeben oder Teebeutel hineinhängen. 4 Minuten ziehen lassen. Durch ein Sieb in einen anderen Topf gießen.
Speisestärke im Zitronensaft anrühren. Unter ständigem Rühren zum heißen Tee geben und aufkochen. Mit Süßstoff abschmecken und gut auskühlen lassen.
Melone halbieren, Kerne entfernen, mit einem Ausstecher Melonenkugeln aus dem Fleisch schneiden und in Portionsschalen verteilen. Kaltschale noch einmal abschmecken und auf die Melonenkugeln verteilen.

PS: Wer keinen Ausstecher hat, kann die Melone vierteln, das Fleisch herausschälen und in Würfel geschnitten weiter verwenden.
Übrigens: Diese Kaltschale können auch Leute mit empfindlichem Magen oder Gallenbeschwerden sehr gut vertragen.

Mexikanische Pfanne

Eine Portion enthält: 28 g Eiweiß, 10 g Fett, 25 g Kohlenhydrate, 88 mg Cholesterin.
Kalorien: 323 = 1352 Joule.
Zubereitung: 45 Minuten.

500 g Rotbarschfilet, Essig, 1 Zwiebel, 2 grüne Paprikaschoten (250 g), 1 rote Paprikaschote (125 g), 1 Peperoni (20 g), 1 Knoblauchzehe, Salz, 2 EL Pflanzenöl (20 g), 500 g Tomaten, 1 kleine Dose Mais (280 g), 2 EL Tomatenketchup (40 g), Chilipulver, je ½ Bund Dill und Petersilie.

Rotbarschfilet gut säubern. In mundgerechte Stücke schneiden. In einer Schüssel mit Essig säuern.

Geschälte Zwiebel in dünne Ringe schneiden. Paprikaschoten und Peperoni halbieren, putzen und waschen. Paprika in 2 cm große Würfel schneiden, Peperoni in feine Streifen. Geschälte Knoblauchzehe mit etwas Salz zerdrücken.

Zwiebel und Knoblauch in einer tiefen, feuerfesten Pfanne in Pflanzenöl glasig braten. Paprika und Peperoni zugeben. Weitere 3 Minuten braten.

Die überbrühten, abgezogenen Tomaten in Scheiben schneiden, die Hälfte auf die Zwiebel-Paprika-Masse geben. Darauf nacheinander die gesalzenen Fischstücke, die abgetropften Maiskörner und die restlichen Tomaten schichten.

Tomatenketchup mit Salz und reichlich Chilipulver verrühren, über die Tomaten streichen. Pfanne mit Deckel oder Alufolie schließen. In den vorgeheizten Ofen auf die mittlere Schiene stellen.

Garzeit: 25 Minuten. Elektroherd: 225 Grad. Gasherd: Stufe 4.

Beilagen: Körnig gekochter Reis von 125 g Langkornreis. Eine Portion: 115 Kalorien = 481 Joule.

Oder Knäckebrot dazu essen. Eine Scheibe hat 38 Kalorien = 159 Joule.

Miesmuscheln französische Art

Eine Portion enthält: 10 g Eiweiß, 3 g Fett, 3 g Kohlenhydrate = 0,2 BE, 135 mg Cholesterin.
Kalorien: 115 = 481 Joule.
Zubereitung: 60 Minuten.

2000 g Miesmuscheln. – Für den Sud: 1 Zwiebel, 1 Stange Lauch (125 g), ½ l Wasser, 1 EL Weinessig, 1 Lorbeerblatt, 2 Nelken, Salz, ½ TL Kümmel. – Für die Soße: 1 Zwiebel, 1 Knoblauchzehe, Salz, 10 g Margarine, 1 EL Mehl (10 g), schwarzer Pfeffer, flüssiger Süßstoff, ½ Glas roter Bordeaux (100 cm³), je ½ Bund Petersilie und Schnittlauch (gehackt).

Miesmuscheln unter kaltem Wasser gründlich abbürsten. Fäden entfernen.

Für den Sud die geschälte Zwiebel hacken. Lauch putzen, waschen, in 1 cm breite Ringe schneiden. Beides in einen großen Topf geben und Weinessig zugießen. Gewürze zufügen. Aufkochen. Miesmuscheln in

den sprudelnden Sud geben. Im geschlossenen Topf unter gelegentlichem Schütteln 15 Minuten kochen lassen.
Die fertigen Muscheln mit dem Schaumlöffel aus dem Sud nehmen. Aus den Schalen lösen und entbarten. In einer vorgewärmten Schüssel warm stellen. Sud im offenen Topf in 15 Minuten etwa auf gut die Hälfte einkochen.
Für die Soße die geschälte Zwiebel klein hacken. Geschälte Knoblauchzehe mit Salz zerdrücken. In Margarine hellgelb braten. Mehl darüberstäuben und hellbraun werden lassen.
Mit dem durchgesiebten Sud ablöschen. Unter Rühren aufkochen lassen. Mit viel frisch gemahlenem Pfeffer, Salz und wenig flüssigem Süßstoff abschmecken. Wein zufügen. Soße erhitzen, aber nicht mehr kochen lassen. Über die Muscheln gießen. Mit Petersilie und Schnittlauch bestreuen.

Beilagen: 4 Scheiben Weißbrot (80 g). Eine Scheibe: 52 Kalorien = 218 Joule. 0,8 BE. — 20 g Halbfettbutter. Eine Portion: 19 Kalorien = 80 Joule.

TIP Sud für die Muscheln aus ¼ l Wasser und ¼ l Wein kochen. Ganze Muscheln nur mit Sud servieren. Das spart Kalorien.

Milchreis für Helmuth

Eine Portion enthält: 7 g Eiweiß, 13 g Fett, 41 g Kohlenhydrate, 43 mg Cholesterin.
Kalorien: 313 = 1310 Joule.
Zubereitung: 35 Minuten.

150 g Rundkorn-(Milch)reis, ½ l Wasser, ½ l Milch, flüssiger Süßstoff, Mark einer halben Vanilleschote, 1 Prise Salz, 40 g Butter, 20 g Zucker, Zimt nach Geschmack.

Reis auf einem Sieb gründlich unter kaltem Wasser abspülen. Wasser und Milch mit flüssigem Süßstoff, Vanillemark und Salz in einem größeren Topf aufkochen. Reis zugeben. Wieder aufkochen. Dann bei schwächster Hitze 30 Minuten ausquellen lassen.
Butter in einem Pfännchen hellbraun werden lassen. Zucker und Zimt mischen. Reis auf 4 Teller verteilen. Butter und Zimtzucker drübergeben.

Milch

Mit Trinkmilch haben wir's leider nicht so sehr. Denn der Verbrauch in der Bundesrepublik ist in den letzten Jahren immer weiter zurückgegangen. Das sollte wieder anders werden. Denn Milch, auch die fettarme, ist eines unserer wertvollsten und kalorienarmen Nahrungsmittel.
Sie können wählen zwischen Vorzugsmilch, Trinkmilch, teilentrahmter Milch, Magermilch, Butter- und Sauermilch. 100 g (weniger als $\frac{1}{8}$ l) enthalten zwischen 4 g und 3,5 g Eiweiß (je magerer, um so mehr Eiweiß), zwischen 0,5 und 4 g Fett, etwa 5 g Kohlenhydrate und zwischen 35 und 70 Kalorien.
Besonders Magermilch und Buttermilch sind wertvolle Eiweißquellen. Ein Glas davon ist zum Beispiel eine ideale, kalorienarme Zwischenmahlzeit. Besser noch ist die eiweißangereicherte Milch. Man kann sie kaufen oder selbst zubereiten. Das geht einfach, indem man etwas Magermilchpulver instant in teilentrahmter Milch auflöst. Das ergibt ein gutes Eiweiß-Fett-Verhältnis. Ein Glas davon (200 g) enthält 8 g Eiweiß und 7 g Fett.
Jede Milchsorte enthält einige Vitamine, vor allem B_1 und B_2. Fetthaltige Milch enthält auch Vitamin A. Besonders wichtig aber sind die Mineralstoffe in der Milch. Calcium, Phosphor und Magnesium stehen hier in besonders günstigem Verhältnis zueinander. Und Milch ist das calziumreichste unserer Nahrungsmittel.

Mineralstoffe

Schlankheitskuren haben den Nachteil: Man läuft Gefahr, zu wenig Mineralstoffe aufzunehmen. Diese hauptsächlich in Gemüse, Vollkorn und Milch enthaltenen Stoffe sind aber absolut lebensnotwendig.
Tagesbedarf etwa: Je 2—3 g Natrium und Kalium, 0,8 g Calzium, 0,25 g Magnesium, 0,8 g Phosphor, 15 mg Eisen.
Empfehlenswert: Zusätzlich eine Mineralsalzmischung zu sich nehmen. Aber vom Arzt verschreiben lassen!

Mint-Quark-Creme

Eine Portion enthält: 22 g Eiweiß, 2 g Fett, 10 g Kohlenhydrate, Spuren an Cholesterin.
Kalorien: 160 = 670 Joule.
Zubereitung: 20 Minuten.

> 500 g Magerquark, Wasser nach Bedarf, 2 EL feingehackte frische Pfefferminze (Hausminze), Süßstoff, 4 EL Schokoladenstreusel (20 g), 4 Pfefferminzstengel, 1 EL Zucker (20 g).

Quark mit Wasser cremig schlagen, Minze unterrühren, mit Süßstoff nach Geschmack süßen. Kühl stellen. In Portionsschälchen mit Schokoladenstreusel bestreut anrichten.
Pfefferminzstengel in Wasser, dann in Zucker tauchen. Die Schälchen damit garnieren.

Beilagen: 8 Zwieback (80 g). Eine Portion: 80 Kalorien = 335 Joule.

Minutenfleisch vom Hirsch

Eine Portion enthält: 34 g Eiweiß, 15 g Fett, 8 g Kohlenhydrate = 0,6 BE, 165 mg Cholesterin.
Kalorien: 347 = 1453 Joule.
Zubereitung: Ohne Auftauzeit 45 Minuten.

> 600 g tiefgekühltes Hirschgulasch, 375 g frische Champignons, 2 Zwiebeln (100 g), 4 EL Pflanzenöl (40 g), 3 EL Mehl (20 g), ½ Tasse heißes Wasser, ⅛ l Rotwein, Salz, schwarzer Pfeffer.

Wildfleisch antauen. Mit einem scharfen Messer in feine Streifen schneiden.
Champignons putzen, waschen und feinblättrig schneiden. Zwiebeln schälen und fein würfeln.
Öl in einer beschichteten Pfanne erhitzen. Zwiebelwürfel darin glasig braten. Champignons zugeben. Zusammen noch einmal 10 Minuten dünsten. Mit Salz und Pfeffer abschmecken, in einer Schüssel warm stellen. Hirschfleisch mit Mehl bestäuben. Restliches Öl in der Pfanne erhitzen, Fleisch darin 6 Minuten kräftig anbraten, Wasser und Rotwein zufügen. Mit Salz und Pfeffer abschmecken. Die Champignons

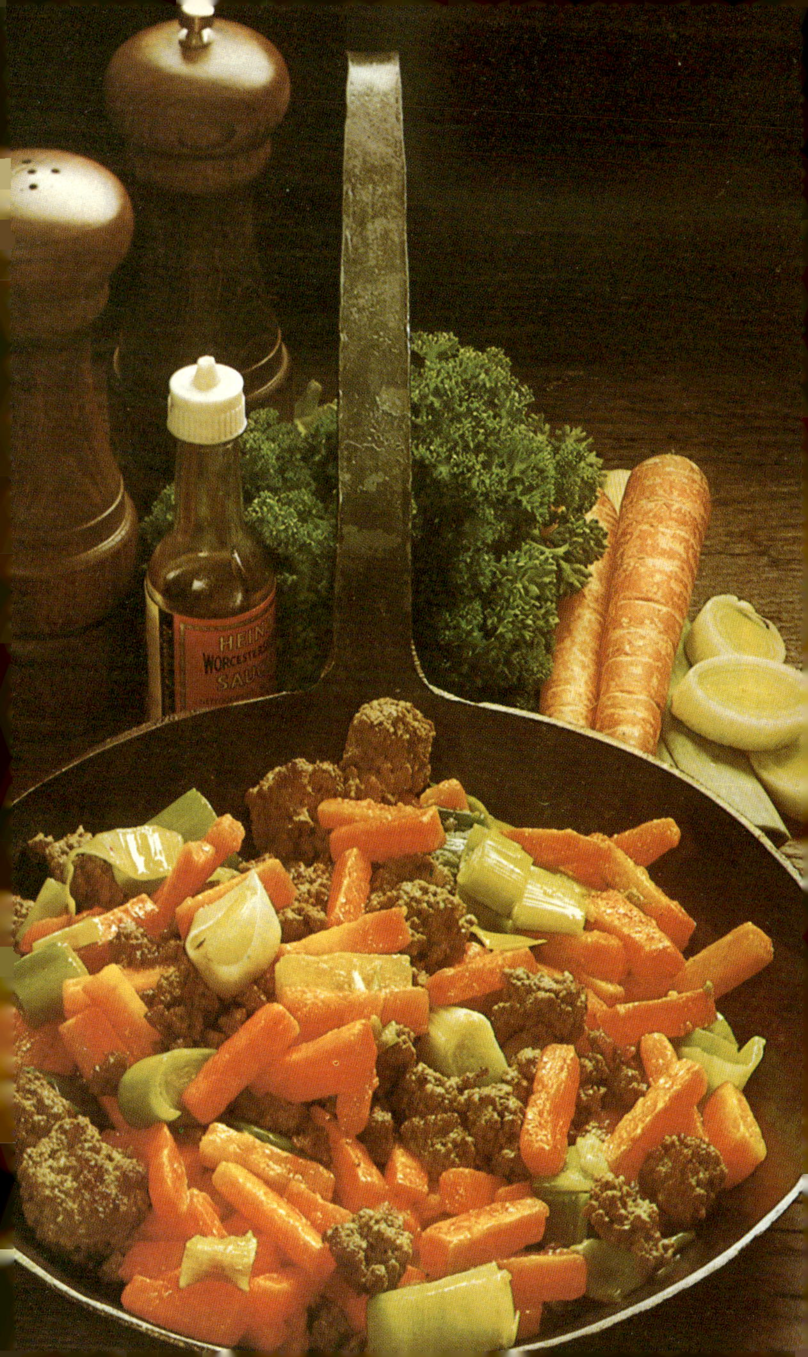

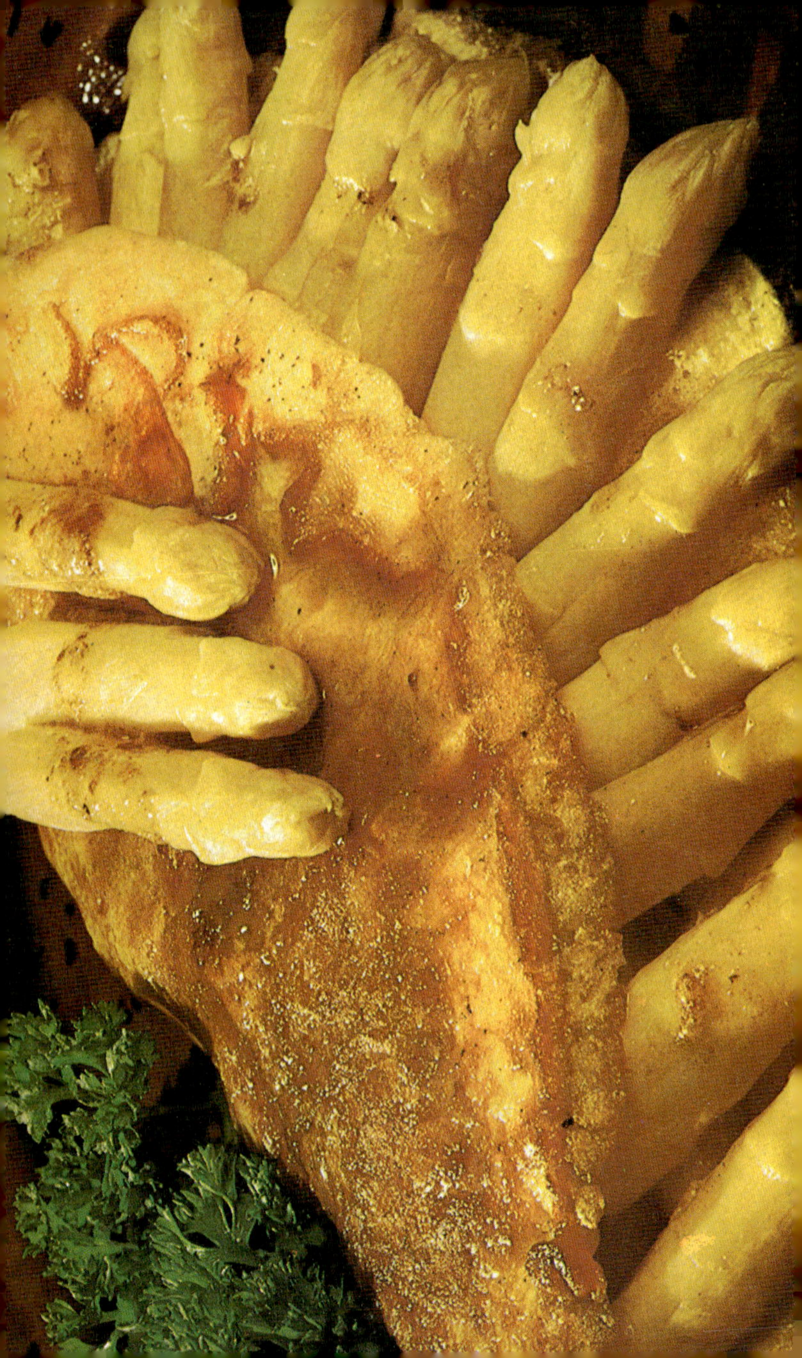

zugeben. Zugedeckt weitere 5 Minuten bei schwacher Hitze gut durchschmoren lassen. Anrichten.

Beilagen: Endivien-Salat mit Orangen. 1 Endivie, 2 mittelgroße, geschälte, filierte Orangen und eine Marinade mit 2 EL Keimöl. Zusätzlich mit Curry würzen. Eine Portion: 112 Kalorien = 469 Joule. 0,8 BE. Kartoffelpüree von 500 g Kartoffeln, gut ⅛ l Magermilch, 10 g Margarine. Eine Portion: 116 Kalorien = 486 Joule. 1,7 BE.

Möhren mit Schweinefleisch

Eine Portion enthält: 18 g Eiweiß, 35 g Fett, 31 g Kohlenhydrate, 66 mg Cholesterin.
Kalorien: 530 = 2219 Joule.
Zubereitung: 95 Minuten.

375 g Schweinefleisch aus der Keule, 2 EL Pflanzenöl (20 g), 1 Zwiebel, Salz, weißer Pfeffer, ½ l Wasser, 250 g Sellerie, 500 g Möhren, 500 g Kartoffeln, 1 Bund Petersilie.

Schweinefleisch im heißen Pflanzenöl in einem Topf rundherum anbraten. Geschälte Zwiebel würfeln. Dazugeben und mitbräunen. Fleisch mit Salz und Pfeffer würzen. Wasser zugießen. Etwa 30 Minuten lang zugedeckt schmoren lassen.
Sellerie, Möhren und Kartoffeln schälen. In Würfel oder Scheiben schneiden. Zum Fleisch geben und weitere 30 Minuten zugedeckt garen. Fleisch aus dem Topf nehmen, in Würfel schneiden und wieder in den Topf geben. Eintopf mit Salz und Pfeffer abschmecken. Petersilie hacken, drüberstreuen. In Suppentassen servieren.

Möhren-Gurken-Rohkost

Eine Portion enthält: 1 g Eiweiß, 5 g Fett, 6 g Kohlenhydrate = 0,5 BE, 0 mg Cholesterin.
Kalorien: 74 = 310 Joule.
Zubereitung: 15 Minuten.

250 g Möhren, 1 junge Salatgurke (300 g), 2 EL Keimöl (20 g), 2 EL Wasser, 3 EL Zitronensaft, Salz, 1 Tropfen Süßstoff, weißer Pfeffer, 4 sauber ausgehöhlte Grapefruitschalen.

◁ Omelett mit Spargel (Rezept S. 337)

Möhren waschen, schaben und fein raffeln. Salatgurke waschen. Mit der Schale in sehr feine Scheiben schneiden oder hobeln.
Aus Öl, Wasser und Zitronensaft eine Marinade rühren. Mit Salz, etwas Süßstoff und Pfeffer abschmecken. Über die Rohkost geben und leicht miteinander mischen. Gut durchziehen lassen.
Rand der Grapefruitschalen zackenförmig einschneiden. Den Salat als Vorspeise darin anrichten.

PS: Wer das Fruchtfleisch der mittelgroßen Grapefruits mitverwenden will, muß für eine Portion 50 Kalorien mehr rechnen.

Möhrenkuchen

Ein Stück enthält: 4 g Eiweiß, 9 g Fett, 27 g Kohlenhydrate, 65 mg Cholesterin.
Kalorien: 221 = 925 Joule.
Zubereitung: 90 Minuten.

> Für den Teig: *300 g Möhren, 5 Eigelb, 4 EL heißes Wasser, 200 g Zucker, 1 Päckchen Vanillinzucker, 5 Eiweiß, 1 Prise Salz, 250 g gemahlene Haselnüsse, 80 g Semmelbrösel, ½ TL Backpulver, ½ TL gemahlener Zimt, 1 EL Rum, abgeriebene Schale einer ungespritzten Zitrone.* – Für den Guß: *200 g Puderzucker, 1 EL Kakao (6 g), 2 EL Rum, 4 EL heißes Wasser.* – Zum Garnieren: *Schale einer ungespritzten halben Orange.*

Möhren putzen, waschen und auf einer feinen Reibe reiben. Eigelb in der Rührschüssel mit Wasser schaumig schlagen. Nach und nach ⅔ des Zuckers und den Vanillinzucker einrühren, bis eine cremige Masse entsteht.
Eiweiß mit Salz zu steifem Schnee schlagen. Restlichen Zucker einrieseln lassen. Eischnee auf die Eigelbmasse geben. Darüber geriebene Möhren, Nüsse, Semmelbrösel, Backpulver, Zimt, Rum und Zitronenschale. Vorsichtig untereinanderheben. In eine gefettete Springform von 24 cm Durchmesser füllen. In den vorgeheizten Ofen, mittlere Schiene, stellen.

Backzeit: 60 Minuten. Elektroherd: 175 Grad. Gasherd: Stufe 2.
Für den Guß Puderzucker mit Kakao, Rum und Wasser glattrühren. Fertigen Kuchen aus der Form lösen, auf einen Kuchendraht setzen. Rand und Oberseite dick mit Guß bestreichen.

Hauchdünn abgeschälte Orangenschale in 1 mm breite und 2 cm lange Streifen schneiden. In die Mitte des Kuchens streuen.
Den Möhrenkuchen auf einer Kuchenplatte zugedeckt mindestens 2 Tage an einem kühlen Ort stehen lassen. In 20 schmale Tortenstücke schneiden und servieren.

PS: Klar, daß der saftige Möhrenkuchen auch ohne Zuckerguß schmeckt. Wer ihn wegläßt, spart pro Stück 45 Kalorien.

Möhrenpfanne
Siehe Farbbild zwischen den Seiten 320/321.

Eine Portion enthält: 15 g Eiweiß, 7 g Fett, 10 g Kohlenhydrate = 0,8 BE, 44 mg Cholesterin.
Kalorien: 213 = 892 Joule.
Zubereitung: 55 Minuten.

500 g Möhren, 250 g Lauch, 20 g Margarine, ¼ l trockener Weißwein, Salz, weißer Pfeffer, 250 g Rinderhack, ½ TL Worcestersoße, ½ Bund Petersilie.

Möhren putzen, waschen und in 2 cm lange Stifte schneiden. Lauch putzen, gründlich unter fließendem Wasser waschen und in 1 cm breite Ringe schneiden.
10 g Margarine in einem Topf erhitzen. Möhren darin 3 Minuten anbraten. Weißwein zugießen. Zugedeckt 15 Minuten köcheln lassen. Lauch zugeben. Mit Salz und Pfeffer würzen.
Weitere 15 Minuten köcheln lassen.
Inzwischen Rinderhack auf einen Teller geben. Mit Salz und Pfeffer würzen und mit einer Gabel zerdrücken. Die restlichen 10 g Margarine erhitzen. Rinderhack darin rundherum 5 Minuten anbraten. Zum Gemüse geben. Mit Worcestersoße abschmecken. In einer vorgewärmten Schüssel anrichten. Mit gehackter Petersilie überstreuen.

Beilagen: Kartoffelbrei von 500 g Kartoffeln, gut ⅛ l Magermilch und 10 g Margarine. Eine Portion: 116 Kalorien = 486 Joule. 1,7 BE.

PS: Wenn Sie ganz junge, zarte Möhren bekommen, brauchen Sie sie nicht zu schälen. Sie werden nur unter kaltem Wasser gebürstet. Dann kann man sie weiter verarbeiten.

Mokkacreme Brandy

Eine Portion enthält: 6 g Eiweiß, 6 g Fett, 8 g Kohlenhydrate, 129 mg Cholesterin.
Kalorien: 134 = 561 Joule.
Zubereitung: Ohne Ruhezeit 10 Minuten.

> 2 Eigelb, 1 EL Zucker (10 g), 1 Päckchen Vanillinzucker, 1 Prise Salz, ½ TL Kakao, 3 TL Pulverkaffee, flüssiger Süßstoff, knapp ⅛ l Wasser (100 cm³), 2 EL Weinbrand, 3 Blatt weiße eingeweichte Gelatine, ½ Beutel Instant-Schlagschaumpulver (20 g), 5 EL sehr kalte Magermilch, 2 Eiweiß.

Eigelb mit Zucker, Vanillinzucker, Salz und Kakao schaumig rühren. Pulverkaffee und Süßstoff in warmem Wasser auflösen. Den Weinbrand dazugeben. Unter den Eischaum rühren.
Gelatine im Tropfwasser bei milder Hitze auflösen. Auch in den Eischaum rühren. Masse halbsteif werden lassen.
Inzwischen das Schlagschaumpulver mit der Magermilch zu Schlagschaum schlagen. Eiweiß zu steifem Schnee schlagen. Mit der Hälfte des Schlagschaums unter die halbsteife Masse geben.
Creme in 4 Gläser füllen. Kalt stellen. Vor dem Auftragen mit dem restlichen Schlagschaum garnieren.

Mokkagelee

Eine Portion enthält: 3 g Eiweiß, 3 g Fett, 3 g Kohlenhydrate, 0 mg Cholesterin.
Kalorien: 61 = 255 Joule.
Zubereitung: Ohne Kühlzeit 10 Minuten.

> ½ l Wasser, flüssiger Süßstoff, 1 Stück (etwa 2 cm) Stangenzimt, 2 Nelken, Schale einer viertel Orange und Zitrone (ungespritzt), 2 EL Pulverkaffee (6 g), 6 Blatt eingeweichte weiße Gelatine, 1 Glas (2 cl) Mokkalikör, 20 g Instant-Schlagschaumpulver (½ Beutel), 5 bis 7 EL sehr kalte Magermilch.

Wasser mit flüssigem Süßstoff, Zimt, Nelken, Orangen- und Zitronenschale aufkochen. Gewürze entfernen. Dann den Pulverkaffee einrühren.
Eingeweichte Gelatine ausdrücken. In den Kaffeesud geben und

rühren, bis sie aufgelöst ist. Dann Mokkalikör zufügen. Abkühlen lassen. Anderthalb Stunden im Kühlschrank erstarren lassen.

Vor dem Anrichten Förmchen kurz in heißes Wasser tauchen. Auf 4 Glasteller stürzen.

Aus Schlagschaumpulver und Magermilch nach Anweisung Schlagschaum zubereiten. Über das Mokkagelee geben. Eventuell 2 Eßlöffel Magermilch mehr als angegeben nehmen, damit der Schlagschaum nicht ganz so fest wird.

PS: Auf ähnliche Weise können Sie auch ein feines Teegelee zubereiten. Gießen Sie auf 4 Teelöffel aromatischen Tee nach und nach ½ l kochendes Wasser. Tee 8 Minuten ziehen lassen, dann durchsieben. Gelee wie im Rezept angegeben zubereiten. Natürlich ohne Kaffee.

Mokkakuchen

Eine Scheibe enthält: 3 g Eiweiß, 6 g Fett, 15 g Kohlenhydrate, 52 mg Cholesterin.
Kalorien: 133 = 557 Joule.
Zubereitung: 65 Minuten.

125 g Margarine, 150 g Zucker, 1 Prise Salz, 4 Eigelb, ½ Vanilleschote, 2 EL Instantkaffeepulver, 4 EL Magermilch, 200 g Mehl, 2 TL Backpulver, 4 Eiweiß.

Margarine in der Backschüssel schaumig rühren. Nach und nach Zucker, Salz, Eigelb und das aus der Vanilleschote gekratzte Mark unterrühren.

Kaffepulver in Magermilch auflösen. In die Eigelbmasse rühren. Mehl mit Backpulver mischen. Auch unterrühren oder Flüssigkeit und Mehl abwechselnd einrühren.

Eiweiß zu steifem Schnee schlagen. Vorsichtig unter den Teig heben. In eine gefettete Kastenform von 30 cm Länge füllen. In den vorgeheizten Ofen auf die mittlere Schiene stellen.

Backzeit: 40 bis 50 Minuten. Elektroherd: 175 Grad. Gasherd: Stufe 2. Form aus dem Ofen nehmen. Kuchen auf einen Kuchendraht stürzen und auskühlen lassen. Vor dem Servieren in 20 Scheiben schneiden.

TIP Wenn Sie den Kuchen mit einem Eßlöffel Puderzucker bestäuben, macht das die Kalorienrechnung auch nicht fett. Macht pro Stück etwa 10 Kalorien mehr.

Müsli mit Früchten
Eine Portion

Enthält: 15 g Eiweiß, 2 g Fett, 48 g Kohlenhydrate, 0 mg Cholesterin.
Kalorien: 329 = 1377 Joule.
Kalorien: 10 Minuten.

> 150 g Johannisbeeren, 50 g Banane, 1 EL Zitronensaft, ½ Scheibe Dosen-Ananas (25 g), 4 EL Haferflocken (20 g), ½ Becher Magermilch-Joghurt (88 g), 1 EL Magerquark (30 g), 1 EL Rum, 1 Msp gemahlenen Ingwer, flüssiger Süßstoff.

Johannisbeeren waschen, von den Stielen zupfen. Eine Traube zum Garnieren zurücklassen. Bananenfleisch in Scheiben schneiden. Mit Zitronensaft beträufeln. Ananas in schmale Streifen schneiden. Ein paar Streifen zurücklassen. Obst mit den Haferflocken mischen.
Aus Joghurt, Quark und Rum eine Soße rühren. Mit Ingwer und Süßstoff abschmecken. Eventuell mit etwas Wasser cremig rühren. Über das Müsli geben. Mit der Johannisbeertraube und den Ananasstreifen garniert servieren.

PS: Sehr fein, aber ein bißchen kostspielig: Müsli mit Kiwi-Früchten, die einen extrem hohen Anteil an Vitamin C haben.

TIP Sie können dieses Müsli auch ausschließlich mit ungezuckerten Dosenfrüchten zubereiten. So können es auch Diabetiker völlig unbesorgt essen.

N

Nasi-Goreng
8 Portionen

Eine Portion enthält: 35 g Eiweiß, 12 g Fett, 41 g Kohlenhydrate = 3,4 BE, 190 mg Cholesterin.
Kalorien: 435 = 1821 Joule.
Zubereitung: 60 Minuten.

> *1 gekochtes Huhn aus der Dose (600 g), knapp 1 l Wasser, Salz, 400 g Langkornreis, 2 Zwiebeln, 2 Knoblauchzehen, 1 rote Paprikaschote (125 g), 2 EL Pflanzenöl (20 g), 1 Dose indisches Krabbenfleisch (140 g), 1 Dose Crab Meat (170 g), 125 g magerer gekochter Schinken, 20 g Margarine, 2 Eier, 1 TL Sambal Oelek, weißer Pfeffer, Curry- und Ingwerpulver, gemahlener Kümmel, Koriander, geriebene Muskatnuß, Safran, 1 Bund Petersilie.*

Huhn häuten, Fleisch von den Knochen lösen und kleinschneiden.
Jus und Fett aus der Dose in einen Topf geben. Wasser und Salz zufügen und zum Kochen bringen. Gewaschenen Reis in die kochende Brühe geben. Bei schwacher Hitze 12 Minuten quellen lassen. Auf einem Sieb mit lauwarmem Wasser abschrecken und gut abtropfen lassen.
Zwiebeln und Knoblauch schälen und feinhacken. Paprika vierteln, entkernen, waschen und in etwa ½ cm breite und 3 cm lange Streifen schneiden. Öl in einem Topf erhitzen. Zwiebeln, Knoblauch und Paprika darin 5 Minuten braten. Reis dazugeben. 10 Minuten dünsten. Ab und zu alles vorsichtig umrühren. Krabben abtropfen lassen. Aus dem Crab Meat die Chitinstreifen entfernen. Schinken in Streifen schneiden. Alles unter den Reis mischen. Auch das Hühnerfleisch.
Eier mit etwas Salz verquirlen. Margarine in einer Pfanne erhitzen. Eier darin unter Rühren stocken lassen.
Alle Gewürze in eine Tasse geben, mit 1 EL Wasser verrühren. Mit dem Rührei zum Reis geben. 10 Minuten ziehen lassen.

Reismischung auf einer vorgewärmten Platte als kleinen Hügel anrichten. Mit gehackter Petersilie überstreuen.

Beilagen: 2 Köpfe Salat in einer Marinade aus 4 EL Zitronensaft, Gewürze, 4 EL Schnittlauchröllchen, 4 EL Pflanzenöl. Eine Portion: 55 Kalorien = 230 Joule. 0,1 BE. — Außerdem (oder statt dessen) kann man feinsaures Gemüse nehmen. Zum Beispiel: Eingelegte Sellerie, Gurken oder rote Bete. In der genannten Reihenfolge haben je 100 g: 38, 10—30, 35 Kalorien = 42—159 Joule.

Natrium

Es wird vorwiegend mit Kochsalz (Natriumchlorid) aufgenommen. Der normale tägliche Bedarf von 2 bis 3 g wird dabei meist überschritten. Der Natriumbestand des Körpers wird durch die Nieren reguliert.
Natrium ist lebensnotwendig. Seine wichtigsten Funktionen: Es bindet Wasser im Körper und aktiviert stärkespaltende Verdauungssäfte.

Navarra-Hähnchen

Eine Portion enthält: 43 g Eiweiß, 17 g Fett, 18 g Kohlenhydrate = 1,5 BE, 138 mg Cholesterin.
Kalorien: 461 = 1930 Joule.
Zubereitung: 60 Minuten.

1 küchenfertiges Hähnchen (1000 g), Salz, Knoblauchpulver, 2½ EL Pflanzenöl (25 g), knapp ¼ l Weißwein (200 g), 4 kleine Fenchelknollen (500 g), 250 g Möhren, 1 Paket Tiefkühl-Brechbohnen (300 g), 1 EL Mehl (10 g).

Hähnchen innen und außen waschen und in 4 Portionen teilen. Abtrocknen. Rundherum mit Salz und Knoblauchpulver einreiben. Das Pflanzenöl in einem großen, flachen Topf erhitzen. Hähnchenteile darin in etwa 10 Minuten goldbraun anbraten. Weißwein angießen. Inzwischen den Fenchel putzen, waschen und halbieren. (Fenchelkraut waschen, hacken und zum Garnieren beiseite legen.) Geschälte oder

geschabte Möhren stifteln. Zum Hähnchen geben. Nach 15 Minuten Garzeit kommen die Tiefkühlbohnen in den Topf. Weitere 15 Minuten garen.
Fertiges Gericht mit Salz abschmecken. Auf einer vorgewärmten Platte anrichten. Hähnchenviertel darauflegen. Mit gehacktem Fenchelkraut überstreuen. Soße mit in kaltem Wasser angerührtem Mehl binden und getrennt dazu reichen.

Beilagen: Salzkartoffeln von 500 g Kartoffeln. Eine Portion: 85 Kalorien = 356 Joule. 1,6 BE.

Nieren

Wer Nieren ißt, hat's gut. Denn 100 g haben nur 132 Kalorien = 553 Joule. Enthalten sind außerdem 15 bis 17 g Eiweiß, 1 g Kohlenhydrate, 6 bis 8 g Fett und reichlich Vitamin A. Auch B-Vitamine. Aber die gehen beim Wässern verloren. — Leute mit hohem Blutfettgehalt verzichten auf Nieren. Weil 100 g Nieren 300 mg Cholesterin enthalten.

Nieren mit Pfifferlingen

Eine Portion enthält: 20 g Eiweiß, 13 g Fett, 7 g Kohlenhydrate = 0,5 BE, 391 mg Cholesterin.
Kalorien: 238 = 996 Joule.
Zubereitung: 40 Minuten.

4 Schweinenieren (500 g), 1 Zwiebel, 20 g Margarine, Salz, weißer Pfeffer, ½ Dose Pfifferlinge (250 g), ½ Bund Petersilie, ⅛ l saure Sahne.

Nieren, wenn nötig, häuten. Längs halbieren und Röhrchen, Sehnen und Fett entfernen. 60 Minuten in kaltes Wasser legen. Wasser ab und zu erneuern. Dann die Nieren mit Küchenpapier abtrocknen.
Die Nieren in ½ cm dicke und 2½ cm lange Streifen schneiden. Geschälte Zwiebel fein würfeln.
Margarine im Topf erhitzen. Zwiebelwürfel darin glasig braten.

Nieren zugeben. Zugedeckt 10 Minuten schmoren lassen. Mit Salz und Pfeffer würzen.

Abgetropfte Pfifferlinge zu den Nieren geben. 5 Minuten bei schwächster Hitze weiterschmoren lassen.

Petersilie waschen und hacken. Mit der Sahne unter die Nieren rühren. Heiß werden lassen, aber nicht mehr kochen. In einer vorgewärmten Schüssel servieren.

Beilagen: Salat aus 500 g Tomaten in einer Marinade aus 2 EL Zitronenessig, Salz, schwarzem Pfeffer, Schnittlauchröllchen und 2 EL Sonnenblumenöl. Eine Portion: 72 Kalorien = 301 Joule. 0,3 BE. Körnig gekochter Reis von 125 g Langkornreis. Eine Portion: 115 Kalorien = 481 Joule. 2 BE.

PS: Nieren können Sie auch mit Champignons oder Mischpilzen aus der Dose zubereiten. Denn Nieren und Pilze ergänzen sich gut.

Nierenschutzkost

Vitalstoffreich und salzarm essen, wenig Alkohol, aber täglich mindestens 2 Liter Flüssigkeit trinken, das ist der einfachste Schutz gegen viele Nierenerkrankungen.

Kompliziert wird es, wenn die Nieren krank werden. Da kann nur noch der Arzt helfen. Und Diät, die der Arzt verordnet. Dazu noch ein paar Ratschläge: Alkohol, Nikotin, schwarzer Tee und Kaffee sind tabu. Die Nahrung muß kochsalzarm sein und darf nur wenig Eiweiß und Gewürze enthalten. Kräuter sind erlaubt. Empfehlenswert: Kaliumreiche Nahrung.

Norwegischer Fischpudding

Eine Portion enthält: 46 g Eiweiß, 11 g Fett, 15 g Kohlenhydrate = 1,2 BE, 211 mg Cholesterin.
Kalorien: 365 = 1528 Joule.
Zubereitung: 90 Minuten.

500 g Schellfischfilet, 500 g Kabeljaufilet, 4 EL Zitronensaft, 1 Bund Dill, $1/8$ l Milch, $1/8$ l Sahne, Salz, weißer Pfeffer, 30 g Speisestärke, 20 g Semmelbrösel.

Fischfilets kalt abspülen, mit Küchenpapier abtrocknen und mit Zitronensaft beträufeln. 15 Minuten durchziehen lassen.

Inzwischen Dill waschen und feinschneiden. Fisch durch den Fleischwolf (feinste Scheibe) drehen. In einer Schüssel mit Milch, Sahne, Salz, Pfeffer und Speisestärke zu einem glatten Teig verarbeiten. Dill untermischen.

Eine 30 cm lange, gefettete Kastenform mit Semmelbröseln ausstreuen. Fischteig einfüllen. Mit einem nassen Messer glattstreichen. Mit Alufolie abdecken. Form in die Bratenpfanne stellen. Bis zu ¾ ihrer Höhe Wasser hineingießen. In den vorgeheizten Ofen auf die unterste Schiene schieben.

Backzeit: 60 Minuten. Elektroherd: 175 Grad. Gasherd: Stufe 2.

Den fertigen Fischpudding auf eine vorgewärmte Platte stürzen. In Scheiben schneiden. Heiß oder kalt servieren.

Beilagen: Zerlassene Butter von 20 g. Eine Portion: 38 Kalorien = 159 Joule. — Salzkartoffeln von 500 g. Eine Portion: 85 Kalorien = 356 Joule. 1,6 BE.

Nüsse

Nüsse sind ein ideales Nahrungsmittel. Mit frischen Nüssen (und Wasser) allein könnte man notfalls lange Zeit überleben. Zugegeben, Nüsse haben auch reichlich Kalorien. 100 g Haselnüsse zum Beispiel 690, 100 g Erdnüsse 630, 100 g Walnüsse gar 705. 50 g würden also schon eine gute Mahlzeit sein. Nur — Nüsse werden hierzulande leider zusätzlich gegessen. Zum Beispiel beim Fernsehen. Und das macht unweigerlich dick. Ohne Ausnahme. Gesund sind Nüsse allemal. Denn sie enthalten 14 bis 25 Prozent hochwertiges Eiweiß, das dem Fleischeiweiß in seiner Vollständigkeit vergleichbar ist. Auch das Verhältnis von gesättigten zu mehrfach ungesättigten Fettsäuren ist ausgewogen. Schließlich enthalten Nüsse alle Vitamine, wenn auch in kleinen Mengen.

Eine Einschränkung bei aller Nußbegeisterung: Ranzige Nüsse sind schädlich. Vor allem verdorbene Paranüsse. Sie enthalten das giftige, krebserregende Aflatoxin.

Nuß-Tatar

Eine Portion enthält: 25 g Eiweiß, 13 g Fett, 2 g Kohlenhydrate = 0,1 BE, 350 mg Cholesterin.
Kalorien: 260 = 1089 Joule.
Zubereitung: 15 Minuten.

> 20 g gemahlene Haselnüsse, 1 Zwiebel, 1 EL Kapern, 400 g Schabefleisch (Beefhacksteak), je 1 Msp scharfer Senf und abgeriebene Schale einer ungespritzten Zitrone, Salz, weißer Pfeffer, Paprika rosenscharf, 2 EL Weinbrand, 4 Zwiebelringe, 4 Eigelb.

Gemahlene Haselnüsse in einer Pfanne 3 Minuten trocken rösten. Geschälte Zwiebel fein würfeln, Kapern hacken. Schabefleisch mit Haselnüssen, Zwiebel und Kapern mischen. Mit Senf, Zitronenschale, Salz, Pfeffer, Paprika und Weinbrand abschmecken.
Nuß-Tatar portionsweise auf vier Holzbrettchen anrichten. Je einen Zwiebelring drauflegen und vorsichtig ein Eigelb hineingleiten lassen.

Beilagen: 4 Scheiben Schwarzbrot (200 g). Eine Scheibe: 120 Kalorien = 502 Joule. 2 BE. 40 g Halbfettmargarine. Eine Portion: 38 Kalorien = 159 Joule.

O

Obst

Wissenschaftler sagen: Kluge Menschen essen mehr Früchte. Weil ihnen der hohe Wert des Obstes klar ist. Danach gibt's bei uns fast nur kluge Menschen. Denn jeder statistische Deutsche verzehrt pro Jahr etwa 95 kg Frischobst. Das ist beachtlich. Und beweist, wieviel wir schon vom gesunden Essen verstehen.

Alle Obstsorten sind unter anderem wichtige Vitaminlieferanten. Sie enthalten Vitamin C in Werten von 4 mg (Weintrauben) bis 133 mg (schwarze Johannisbeeren), jeweils auf 100 g berechnet, Brombeeren haben 13 mg, Erdbeeren sogar 56 mg, Apfelsinen 37 mg und Grapefruits 32 mg, um nur einige zu nennen. Sie liefern auch das augenfreundliche Vitamin A in großen Mengen. Ganz zu schweigen von den wertvollen Mineralstoffen Natrium, Calcium, Phosphor und Eisen, über deren Bedeutung Sie sich jeweils unter den einzelnen Stichworten genau unterrichten können.

Nun wäre es aber falsch, vor allem bei einer Schlankheitskost Obst zusätzlich oder als Dessert zu essen. Besser, man nimmt Obst statt Suppe oder als ganze Zwischenmahlzeit. Denn Obst hat nun mal Kalorien, die anzurechnen sind.

Regelmäßige Obsttage — ein Tag pro Woche oder Monat — sind eine gute Idee, um Stoffwechselschlacken auszuschwemmen und das Gewicht zu reduzieren oder zu halten. Am günstigsten ist dafür ein besonders ruhiger Tag ohne zu große Anstrengungen. Um an rohem Obst zwischen 64 und 120 Kalorien aufzunehmen, haben Sie die Wahl zwischen je 200 g Ananas, Aprikosen, Äpfeln, Birnen, Brombeeren, Erdbeeren, Heidelbeeren, Himbeeren, Johannisbeeren, Kirschen, Mandarinen, Orangen, Grapefruits, Pfirsichen oder Stachelbeeren. 200 g Grapefruits haben mit 64 Kalorien die wenigsten, 200 g Erdbeeren mit 120 die meisten. Alle Sorten sind vorzügliche Zwischenmahlzeiten. Auch Melonen und Rhabarber kann man zum Obst zählen, obwohl das botanisch falsch ist. Darin kann man geradezu schwelgen. Denn 500 g Rhabarber liefern 100 Kalorien. Und die gleiche Menge liefern 400 g Melone.

Obstsalat chinesisch

Eine Portion enthält: 1 g Eiweiß, 0 g Fett, 34 g Kohlenhydrate, 0 mg Cholesterin.
Kalorien: 143 = 599 Joule.
Zubereitung: Ohne Kühlzeit 10 Minuten.

½ Dose Lychees (240 g), ½ Dose Aprikosen (240 g), 10 Maraschino-Kirschen, 2 EL Zitronensaft, flüssiger Süßstoff.

Lychees und Aprikosen abtropfen lassen. Mit Maraschino-Kirschen und Zitronensaft mischen. Nach Wunsch Obstsaft zugeben. Wenn nötig, mit flüssigem Süßstoff abschmecken. 30 Minuten in den Kühlschrank stellen, servieren.

Obsttorte

Ein Stück enthält: 4 g Eiweiß, 7 g Fett, 25 g Kohlenhydrate, 22 mg Cholesterin.
Kalorien: 190 = 795 Joule.
Zubereitung: Ohne Kühlzeit 50 Minuten.

Für den Teig: 200 g Mehl, 1 Prise Salz, 1 Ei, 2 EL Zitronensaft, 50 g Zucker, 75 g Margarine. – Für den Belag: 250 g Pfirsiche, 250 g Reineclauden, 1 Scheibe Dosen-Ananas, 3 Kirschen, flüssiger Süßstoff. – Für den Guß: ⅛ l Weißwein, ⅛ l Apfelsaft, 1 Päckchen weißer Tortenguß. – Zum

Garnieren: *20 g Instant-Schlagschaumpulver (½ Beutel), 5 EL sehr kalte Magermilch.*

Mehl in eine Schüssel geben. In die Mitte eine Mulde drücken. Salz, Ei und Zitronensaft hineingeben.
Zucker drüberstreuen. Gut gekühlte Margarine in Flocken auf den Mehlrand verteilen. Ei mit den Zutaten verrühren. Von außen nach innen schnell zu glattem Teig verkneten. 30 Minuten zugedeckt im Kühlschrank ruhen lassen.
Teig auf bemehlter Arbeitsfläche ausrollen. Obsttorten- oder Springform (nicht einfetten) damit auslegen. Mehrmals mit der Gabel in den Teig stechen. Form in den vorgeheizten Ofen auf die mittlere Schiene stellen.

Backzeit: 20 Minuten. Elektroherd: 200 Grad. Gasherd: Stufe 3.
Tortenboden auf Kuchendraht auskühlen lassen.
Pfirsiche und Reineclauden waschen, halbieren, Pfirsiche häuten. Beide Obstsorten entsteinen. Mit dem flüssigen Süßstoff und eventuell etwas Wasser etwa 3 Minuten bei schwacher Hitze kochen. Abkühlen und abtropfen lassen. Tortenbodenmitte mit Ananas und Kirschen belegen, rundherum die Reineclauden und dann die Pfirsiche, in Schnitze geschnitten.
Aus Weißwein, Apfelsaft und Tortenguß einen Guß bereiten, über die Früchte gießen. Erkalten lassen. Schlagschaumpulver und Magermilch steif schlagen. Obsttorte damit garnieren. In 12 Stücke schneiden.

Okraschoten überbacken

Eine Portion enthält: 13 g Eiweiß, 5 g Fett, 21 g Kohlenhydrate = 1,8 BE, 16 mg Cholesterin.
Kalorien: 175 = 733 Joule.
Zubereitung: 50 Minuten.

600 g frische Okraschoten oder 500 g aus der Dose, ⅜ l Milch (1,5 %), 1 Ecke (62,5 g) Schmelzkäse (30 %), 1½ EL Mehl (15 g), ¼ TL Knoblauchsaft, Salz, schwarzer Pfeffer, 3 EL Parmesankäse (30 g), 2 Eiweiß.

Okraschoten waschen. Stiele nicht entfernen. Wasser und Salz aufkochen. Schoten darin 20 Minuten garen. Abtropfen lassen. (Konservengemüse nur abtropfen lassen.)

Öl

Es ist ein uraltes Nahrungsfett, das Öl. Und nach neuesten Erkenntnissen wieder ein hochaktuelles.

Daß es viel Kalorien enthält, ist Ihnen sicher bekannt. 100 g Öl haben 930 Kalorien = 3894 Joule. Für einen Eßlöffel voll (10 g) müssen Sie also schon 93 Kalorien einsetzen. Also: Sparsam damit umgehen.

Für Einkauf und Gesundheit müssen Sie wissen, daß die meisten Pflanzenöle die für uns lebenswichtigen, mehrfach ungesättigten Fettsäuren enthalten.

Das aus Samenfrüchten gewonnene Öl ist besonders wertvoll. Vor allem das aus Weizenkeimen, Lein-, Sonnenblumen-, Soja-, Mais- und Baumwollsaat. Es rangiert vor Öl aus Raps (Rübsen), Erdnuß und Oliven. Sämtliche Ölsorten sind luft-, licht- und hitzeempfindlich. Deshalb das Öl immer in lichtundurchlässige Verpackungen aufbewahren. Öl soll nicht lange lagern. Lieber häufig kleinere Mengen kaufen. In der Pfanne nur so heiß werden lassen, wie unbedingt nötig.

¼ Liter Milch aufkochen. Käseecke in kleine Flöckchen zerteilen. In der heißen Milch auflösen.

Mehl und restliche Milch miteinander verquirlen. Zur Soße geben. Unter ständigem Rühren ganz kurz aufwallen lassen. Soße mit Knoblauchsaft, Salz und Pfeffer abschmecken. Parmesankäse unterrühren. Eiweiß zu sehr steifem Schnee schlagen, mit einem Eßlöffel kleine Flocken auf die Soße setzen und zugedeckt 10 Minuten ziehen lassen. Das gestockte Eiweiß vorsichtig unter die Soße heben, so daß eine schaumige Creme entsteht.

Okraschoten in eine feuerfeste, flache Form geben. Käseschaum drübergießen. Die Schoten sollen gut bedeckt sein. Die Form in den vorgeheizten Ofen auf die mittlere Schiene stellen.

Backzeit: 5 Minuten. Elektroherd: 275 Grad. Gasherd: Stufe 7.

Beilagen: Salzkartoffeln von 500 g. Eine Portion: 85 Kalorien = 356 Joule. 1,6 BE.

PS: Dieses Gericht ist eiweißarm. Daher sollte eine der übrigen Hauptmahlzeiten eiweißreich sein.

PS: Okraschoten, aus Afrika, Amerika oder vom Balkan, haben viel Vitamin A, C, und Calcium.

Oliven-Schnitzel

Eine Portion enthält: 27 g Eiweiß, 11 g Fett, 4 g Kohlenhydrate = 0,3 BE.
Kalorien: 244 = 1022 Joule.
Zubereitung: 20 Minuten.

> *1 Glas gefüllte spanische Oliven (90 g), 4 Kalbsschnitzel (je 125 g), Salz, schwarzer Pfeffer, Mehl zum Wenden, 2 EL Pflanzenöl (20 g), 6 EL Rotwein, 4 EL Wasser, 4 kleine Tomaten (125 g).*

Oliven in Scheiben schneiden. Kalbsschnitzel mit Salz und Pfeffer einreiben. Leicht in Mehl wenden. Öl in einer Pfanne erhitzen. Schnitzel darin auf jeder Seite 3 Minuten braten. Auf vorgewärmter Platte anrichten und warm stellen.
Oliven, Rotwein und Wasser im Bratfond aufkochen. Soße mit Salz und Pfeffer würzen. Über die Schnitzel verteilen. Mit abgezogenen, geviertelten Tomaten garnieren.

Beilagen: Endivien- oder Kopfsalat in einer Marinade aus 2 EL Estragonessig, Gewürzen, 2 EL gehackten, gemischten Kräutern und 2 EL Keimöl. Eine Portion: 55 Kalorien = 730 Joule. — Körnig gekochter Reis (von 125 g Langkornreis). Eine Portion: 115 Kalorien = 481 Joule. 2 BE.

Omelett mit Spargel
Abb. zwischen den Seiten 320/321.

Eine Portion enthält: 12 g Eiweiß, 20 g Fett, 0 g Kohlenhydrate, 423 mg Cholesterin.
Kalorien: 242 = 1013 Joule.
Zubereitung: 20 Minuten.

> *1 Dose Spargelspitzen (220 g), 50 g Butter, Salz, 6 Eier.*

Spargelspitzen im Dosenwasser kurz erhitzen. Salzen, abgießen. In 10 g erhitzter Butter schwenken. Warm stellen. Eier mit Salz verquirlen. Jeweils 10 g Butter in einer Pfanne erhitzen. ¼ der Eimasse hineingeben. Pfanne während des Stockens mehrmals rütteln. Gestockte Masse mit Gabel vorsichtig zum Rand schieben. Der Pfannenboden muß aber vollständig bedeckt bleiben.

Die Hälfte des Omeletts vorsichtig auf eine vorgewärmte Platte gleiten lassen. ¼ der Spargelspitzen draufgeben. Andere Omeletthälfte mit Hilfe der Pfanne drüberklappen.

Restliche 3 Omeletts genauso braten.

Weitere Möglichkeiten, Omeletts zu füllen:

Mit 250 g grünen Dosenerbsen. Macht für jede Portion 31 Kalorien mehr. Diabetiker müssen keine BE anrechnen, weil 100 g Erbsen anrechnungsfrei sind.

Mit 250 g grünen Bohnen — frischen oder aus der Dose. Sie werden in etwas gehackter Petersilie geschwenkt. Jede Portion hat 4 Kalorien mehr. Auch Diabetiker können mitessen. Denn Bohnen sind BE-anrechnungsfrei.

Mit 250 g in Wasser gedünsteten roten und grünen Paprikaschoten, gewürzt mit Salz, Pfeffer und Paprika edelsüß. Für jede Portion bitte 7 Kalorien mehr berechnen. Auch Diabetiker können mithalten, denn bis zu 200 g sind Paprikaschoten in Broteinheiten nicht anzurechnen.

Wer gerne ein süßes Omelett ißt, kann das tun. Am besten wird es mit Kompott gefüllt, das mit Süßstoff gesüßt ist. Gebunden wird es mit 2 Teelöffeln Speisestärke (10 g). Dafür muß man gut 9 Kalorien für jede Portion hinzurechnen. Außerdem natürlich den Kalorienanteil der Früchte. Rechnen Sie 250 g. Bei Äpfeln macht das für jede Portion 22 Kalorien mehr. Bei Birnen rechnen Sie bitte 25 Kalorien mehr. Sie können auch Aprikosen verwenden, für die Sie pro Portion 23 Kalorien mehr berechnen müssen.

Diabetiker dürfen — außer Bananen — 150 g Früchte anrechnungsfrei pro Mahlzeit essen. Aber das Kompott muß immer mit Süßstoff gesüßt sein.

Fehlen noch die pikanten Füllungen. Verwenden Sie auch mal 200 g gekochten Dosenschinken. Er wird in Streifen oder Würfel geschnitten, leicht angebraten und als Füllung ins Omelett gepackt. Macht 85 Kalorien für jede Portion mehr.

Wenn Sie zwei abgezogene Wiener Würstchen verwenden, ist die Sache noch günstiger. Das sind 25 Kalorien für jede Portion mehr. Und auch Diabetiker dürfen diese beiden Varianten ohne Anrechnung essen.

Und dann Corned beef: 200 g hineingeben. Macht 66 Kalorien mehr.

Orangen mit Oliven

Eine Portion enthält: 4 g Eiweiß, 10 g Fett, 13 g Kohlenhydrate = 1 BE, 11 g Cholesterin.
Kalorien: 164 = 687 Joule.
Zubereitung: 15 Minuten.

> 1 Kopf Salat, 2 Orangen, 1 große rote Paprikaschote (150 g). – Für die Marinade: ½ Becher Trinkmilch-Joghurt, 2 EL Mayonnaise (50 %), 3 EL Orangensaft, Salz, Tabascosoße. – Zum Garnieren: 1 Glas mit Mandeln, gefüllte Oliven (95 g).

Salat zerpflücken, putzen und waschen. Gut abgetropft in Streifen schneiden. In vier Cocktailgläser verteilen. Orangen mit einem scharfen Messer wie einen Apfel so abschälen, daß die weiße Haut mit entfernt wird. Filets ohne Haut herausschneiden. Auf den Salat verteilen. Und dann die Paprikaschote vierteln, entkernen, waschen und in feine Streifen schneiden. Die Streifen über die Orangenfilets geben. Joghurt, Mayonnaise und Orangensaft miteinander verrühren. Mit Salz und Tabascosoße abschmecken. Über den Salat gießen. Zugedeckt im Kühlschrank durchziehen lassen.
Oliven in Scheiben schneiden. Vor dem Servieren auf den Salat verteilen.

Beilagen: 4 Scheiben Toast (80 g). 1 Scheibe: 52 Kalorien = 218 Joule. 0,8 BE.

Orangendessert

Eine Portion enthält: 8 g Eiweiß, 3 g Fett, 18 g Kohlenhydrate = 1,6 BE, 0 mg Cholesterin.
Kalorien: 148 = 620 Joule.
Zubereitung: Ohne Kühlzeit 15 Minuten.

> 4 mittelgroße Orangen (etwa 800 g), 1 Zitrone, 6 Blatt weiße Gelatine (12 g), 1 Becher Magermilch-Joghurt (175 g), flüssiger Süßstoff, 1 Eiweiß, 2 EL gehackte Pistazienkerne.

Von den Orangen einen Deckel abschneiden. So vorsichtig wie möglich auspressen. Innen ausschaben. Zitrone halbieren. Auch

auspressen. Saft mischen und — falls nötig — mit Wasser auf ¼ l auffüllen.
Gelatine in kaltem Wasser einweichen. Joghurt mit dem Saft verquirlen.
Gelatine ausdrücken. Bei schwacher Hitze in einem kleinen Topf auflösen, aber nicht aufkochen. Tropfenweise in die Saft-Joghurt-Mischung rühren. Mit Süßstoff süßen. Kühl stellen.
Eiweiß zu steifem Schnee schlagen und unter die leicht gestockte Joghurtmasse heben. Hoch in die Orangen füllen. Einseitig mit den gehackten Pistazienkernen bestreuen. Etwa 2 Stunden im Kühlschrank zugedeckt fest werden lassen. Vor dem Anrichten den Deckel aufsetzen. — Bei Zubereitung mit Grapefruits sparen Sie 44 Kalorien.

Orangen-Früchte-Gelee

Eine Portion enthält: 7 g Eiweiß, 5 g Fett, 32 g Kohlenhydrate, 0 mg Cholesterin.
Kalorien: 265 = 1110 Joule.
Zubereitung: Ohne Kühlzeit 15 Minuten.

> 10 Blatt weiße Gelatine, ⅜ l frischer Orangensaft, 2 EL Zitronensaft, ⅛ l Weißwein, flüssiger Süßstoff, 2 Orangen, 2 Birnen (250 g), 125 g blaue Trauben, 10 g Mandelstifte, 4 EL Orange-Schokoladen-Likör, 20 g Instant-Schlagschaumpulver (½ Beutel), 5 EL sehr kalte Magermilch.

Gelatine in Wasser einweichen. Orangen- und Zitronensaft mit Weißwein verrühren. Mit Süßstoff abschmecken.
Gelatine im Tropfwasser auf schwacher Hitze auflösen und in die Flüssigkeit rühren. Geleemasse in einen Eiswürfelbehälter füllen. Zugedeckt im Kühlschrank in 60 Minuten erstarren lassen.
In der Zwischenzeit Orangen mit einem scharfen Messer wie einen Apfel so abschälen, daß die weiße Haut mit entfernt wird. Spalten ohne Haut raustrennen. Einmal durchschneiden und in eine Schüssel geben. Birnen schälen, entkernen und in Würfel schneiden. Unter die Orangen mischen. Weinbeeren halbieren und entkernen. Mit den Mandelstiften unter das Obst mischen. Orange-Schokoladen-Likör drüberträufeln. Zugedeckt 15 Minuten im Kühlschrank durchziehen lassen.
Das steife Orangengelee aus der Form stürzen und in mundgerechte

Würfel schneiden. Mit dem Obst mischen und in 4 Sektschalen anrichten.
Schlagschaumpulver mit Magermilch steifschlagen. In den Spritzbeutel füllen. Speise damit garnieren.

Orangenhuhn Jürgen

Eine Portion enthält: 33 g Eiweiß, 8 g Fett, 19 g Kohlenhydrate, 110 mg Cholesterin.
Kalorien: 309 = 1294 Joule.
Zubereitung: Ohne Kühlzeit 20 Minuten.

> 1 gegrilltes Hähnchen von 800 g (fertig gekauft), 4 Blatt weiße Gelatine, ⅛ l frischer Orangensaft, 2 EL Sherry, 1 EL Zitronensaft, 1 Msp Fleischextrakt, Cayennepfeffer, Salz. – Zum Garnieren: 1 kleiner Kopf Salat, 2 Scheiben Dosenananas, 8 Cocktailkirschen.

Hähnchen in 4 Portionen teilen. Gelatine in Wasser einweichen. Orangensaft, Sherry und Zitronensaft erwärmen. Ausgedrückte Gelatine darin auflösen. Mit Fleischextrakt, Cayennepfeffer und eventuell Salz abschmecken. Abkühlen lassen, bis die Masse anfängt, dick zu werden. Man muß sie aber noch gießen können.
Hähnchenstücke auf ein Kuchengitter legen. Orangengelee drübergießen und erstarren lassen.
Kopfsalat putzen, waschen und abtropfen lassen. Glasplatte damit auslegen. Hähnchenteile darauf anrichten. Mit gewürfelten Ananasscheiben und Kirschen garnieren.

Orangen-Kalbsbraten

Eine Portion enthält: 27 g Eiweiß, 7 g Fett, 11 g Kohlenhydrate = 1 BE, 117 mg Cholesterin.
Kalorien: 259 = 1084 Joule.
Zubereitung: 85 Minuten.

> 750 g Kalbfleisch aus der Keule, Salz, weißer Pfeffer, Muskat, 2½ EL Pflanzenöl (25 g), 1 Bund Suppengrün, ⅛ l Fleischbrühe aus Würfeln, 1 EL Cognac oder Weinbrand, abgeriebene Schale einer halben Orange (ungespritzt), ⅛ l Orangensaft, ⅛ l Weißwein (herb), 2 Orangen, 10 g Butter.

Kalbfleisch mit Salz, Pfeffer und Muskat einreiben. In einen Schmortopf legen. Pflanzenöl erhitzen. Über das Fleisch gießen. Suppengrün putzen, grob zerschneiden. Zusammen mit der Fleischbrühe in den Topf geben. Zugedeckt in den kalten Ofen auf die mittlere Schiene stellen. Backofen anheizen.

Bratzeit: 75 Minuten. Elektroherd: 250 Grad. Gasherd: Stufe 5 bis 6. Nach 60 Minuten Cognac oder Weinbrand über das Fleisch gießen. Topf aus dem Ofen nehmen, Fleisch warm stellen.
Orangenschale in den Bratfond geben. Mit Orangensaft und Weißwein loskochen. Soße durch ein Sieb geben. Mit Salz und Pfeffer pikant abschmecken. Orangen schälen und in Spalten teilen. Weiße Haut dabei entfernen. Butter im Topf erwärmen und die Orangenspalten kurz darin erhitzen. Mit wenig Salz bestreuen.
Fleisch in Scheiben auf einer vorgewärmten Platte anrichten. Orangenspalten rundherum legen. Soße extra reichen.

Beilagen: Kopfsalat in einer Marinade aus 2 EL Zitronensaft, Gewürzen, 2 EL Schnittlauch und 2 EL Pflanzenöl. Eine Portion: 55 Kalorien = 230 Joule. — Kartoffelkroketten von 175 g Krokettenpulver (etwa 23 g Fettaufnahme). Eine Portion: 153 Kalorien = 641 Joule. 2 BE.

TIP Auch ein Hähnchen mal wie Orangen-Kalbsbraten zubereiten. 800 g brauchen 45 Minuten Garzeit. 95 Kalorien je Portion mehr berechnen.

Orangensalat Badhotel

Eine Portion enthält: 2 g Eiweiß, 0 g Fett, 19 g Kohlenhydrate, 0 mg Cholesterin.
Kalorien: 116 = 486 Joule.
Zubereitung: Ohne Kühlzeit 20 Minuten.

5 ungespritzte Orangen (1000 g), flüssiger Süßstoff, 2 EL Cointreau, 4 Blättchen Minze.

Eine Orange waschen und abtrocknen. Die Hälfte der Schale in eine Schüssel reiben. Alle Orangen mit einem scharfen Messer wie einen

Apfel abschälen. Auch die weiße Haut muß weg. Spalten auch ohne Haut rausschneiden. Dazu bei jeder Orangenspalte vor und hinter der Trennwand einschneiden.
Orangenspalten in der Schüssel mit Cointreau und Süßstoff mischen. Zugedeckt 30 Minuten in den Kühlschrank stellen. Auf Desserttellern anrichten. Mit den Minzblättchen garniert servieren.

Orangen-Sauerkraut

Eine Portion enthält: 3 g Eiweiß, 6 g Fett, 12 g Kohlenhydrate = 0,7 BE, 0 mg Cholesterin.
Kalorien: 117 = 490 Joule.
Zubereitung: 25 Minuten.

1 Zwiebel (40 g), 2 EL Pflanzenöl (20 g), 500 g Sauerkraut, $1/8$ l Orangensaft, $1/8$ l Wasser, Salz, flüssiger Süßstoff, 1 Orange (200 g).

Geschälte Zwiebel würfeln und im Öl in einem Topf anbraten. Sauerkraut zerpflücken, zugeben und durchdünsten. Orangensaft und Wasser zugießen. Salzen. 20 Minuten im geschlossenen Topf garen. Mit Salz und mit Süßstoff abschmecken.
Orange mit einem scharfen Messer wie einen Apfel schälen, so daß die weiße Haut entfernt ist. Die Spalten zwischen den Trennwänden rausschneiden. Das Fruchtfleisch in größere Stücke schneiden. Unters Sauerkraut mischen und erwärmen, aber nicht kochen. In eine vorgewärmte Schüssel füllen.

Beilagen: 4 Kasseler Koteletts von je 125 g, gebraten in 1 EL Öl. 1 Kotelett: 363 Kalorien = 1520 Joule. — Salzkartoffeln von 500 g. Eine Portion: 85 Kalorien = 356 Joule. 1,6 BE.

Orientalische Lammschnitzel

Eine Portion enthält: 22 g Eiweiß, 24 g Fett, 1 g Kohlenhydrate, 69 mg Cholesterin.
Kalorien: 324 = 1357 Joule.
Zubereitung: 20 Minuten.

4 Lammschnitzel von je 100 g, Knoblauchpulver, Salz, schwarzer Pfeffer, 100 g Speisequark (20 %), frische oder getrocknete Pfefferminze, 2 EL Pflanzenöl (20 g).

Alles sichtbare Fett von den Lammschnitzeln schneiden. Die Schnitzel mit Knoblauchpulver, Salz und Pfeffer kräftig einreiben.
Speisequark mit Pfefferminze verrühren (frische Blätter waschen und hacken) und auf die Schnitzel streichen. Schnitzel zusammenrollen und mit Rouladennadeln oder Zahnstochern zusammenhalten.
Öl in einer Pfanne erhitzen. Rouladen darin in 10 Minuten rundherum braun braten. Auf vorgewärmter Platte anrichten.

Beilagen: 500 g gekochte grüne Bohnen mit 10 g Margarine. Eine Portion: 57 Kalorien = 239 Joule. — Kartoffelschnee von 500 g Kartoffeln. Eine Portion: 85 Kalorien = 356 Joule.

Otto-Salat

Eine Portion enthält: 3 g Eiweiß, 7 g Fett, 33 g Kohlenhydrate, 11 mg Cholesterin.
Kalorien: 212 = 888 Joule.
Zubereitung: Ohne Marinierzeit 25 Minuten.

2 Scheiben Dosen-Ananas (100 g), 2 Orangen (400 g), 2 Äpfel (250 g), ¼ Melone (125 g), 250 g Weintrauben. – Für die Marinade: ½ Becher Trinkmilch-Joghurt, 2 EL Mayonnaise (50 %), 2 EL Zitronensaft, Salz, weißer Pfeffer, flüssiger Süßstoff.

Abgetropfte Ananasscheiben in 1 cm große Stücke schneiden. In eine Salatschüssel geben. Orangenfilets fein würfeln. Äpfel und Melone schälen, entkernen und gleichmäßig würfeln. In der Schüssel miteinander mischen. Die Weintrauben waschen, halbieren und untermischen.
Für die Marinade Joghurt, Mayonnaise und Zitronensaft verquirlen. Mit Salz, Pfeffer und Süßstoff abschmecken. Über die Salatzutaten gießen. Mischen und zugedeckt 10 Minuten im Kühlschrank durchziehen lassen.

PS: Man kann die Salatsoße auch extra reichen.

Oxford-Frühstück

Eine Portion enthält: 16 g Eiweiß, 9 g Fett, 50 g Kohlenhydrate, 39 mg Cholesterin.
Kalorien: 363 = 1520 Joule.
Zubereitung: 35 Minuten.

¾ l Wasser, 60 g Roggenmehl, ½ gestrichener TL Salz, 100 g Preiselbeerkompott, ⅛ l Trinkmilch, 4 Scheiben Bauernbrot, 20 g Halbfettmargarine, 200 g magerer, gekochter Schinken, Kaffee oder Tee, Süßstoff.

Wasser mit Roggenmehl und Salz aufkochen. 15 bis 20 Minuten bei geringer Hitze ausquellen lassen. Dabei ab und zu umrühren. In 4 Schälchen verteilen. Auch das Preiselbeerkompott und die Milch. Dazu Bauernschnitten mit gekochtem Schinken und Kaffee oder Tee mit Süßstoff servieren.

P

Paëlla la Mancha

Eine Portion enthält: 51 g Eiweiß, 17 g Fett, 38 g Kohlenhydrate = 3,1 BE, 175 mg Cholesterin.
Kalorien: 540 = 2261 Joule.
Zubereitung: 85 Minuten.

> 1 Hähnchen von 1000 g (frisch oder tiefgekühlt), Salz, schwarzer Pfeffer, 2 EL Pflanzenöl (20 g), 1 Zwiebel (40 g), 1 Knoblauchzehe, 2 getrocknete Pfefferschoten, 250 g Tomaten, 1 Paket Tiefkühlerbsen (300 g), 125 g Langkornreis, ½ l Wasser oder Brühe, 100 g Krabben.

Hähnchen (tiefgekühltes auftauen lassen) innen und außen waschen. Hähnchen halbieren und mit Salz einreiben. Pflanzenöl in einem flachen Topf oder in der Paëllapfanne erhitzen. Hähnchen darin rundherum anbraten. Zugedeckt 20 Minuten schmoren lassen.
Fleisch von den Knochen lösen und in gleichmäßige Stücke schneiden. Geschälte Zwiebel hacken, geschälte Knoblauchzehe mit Salz zerdrükken. Mit den Pfefferschoten im Schmorfett anbraten. Schoten entfernen. Tomaten überbrühen, abziehen und vierteln.
Mit dem Fleisch, den Erbsen und dem Reis in den Topf geben. Wasser oder Brühe angießen. Mit Salz und Pfeffer würzen.
20 bis 30 Minuten schmoren. Zum Schluß Krabben zugeben. Paëlla würzig abschmecken. In einer vorgewärmten Schüssel oder in der Paëlla-Pfanne (gibt's zu kaufen) servieren.

Pamelas Frühstück

Eine Portion enthält: 11 g Eiweiß, 15 g Fett, 45 g Kohlenhydrate, 31 mg Cholesterin.
Kalorien: 366 = 1532 Joule.
Zubereitung: 20 Minuten.

¾ l Trinkmilch, 1 gehäufter EL Kakao (10 g), flüssiger Süßstoff, 200 g Birnen aus der Dose, 100 g Reis-Crispies, 4 Scheiben Knäckebrot, 20 g Halbfettmargarine, 40 g dünne Salamischeiben, 30 g Cornichons, Kaffee oder Tee.

Trinkmilch mit Kakao und Süßstoff in einen Topf geben und unter Rühren erhitzen. Abgetropfte Birnen in Stückchen schneiden.
In 4 Suppenteller oder -tassen verteilen. Kakaomilch darübergießen. Reis-Crispies darüberstreuen. Sofort servieren. Hinterher Knäckebrot mit magerer Salami und Cornichons reichen. Dazu Kaffee oder Tee.

Paprikagemüse römisch

Eine Portion enthält: 2 g Eiweiß, 5 g Fett, 10 g Kohlenhydrate = 0,6 BE, 0 mg Cholesterin.
Kalorien: 92 = 385 Joule.
Zubereitung: 40 Minuten.

2 Zwiebeln (80 g), 1 Knoblauchzehe, Salz, 500 g Paprikaschoten, 375 g Tomaten, 20 g Margarine, 1 TL getrocknetes oder 1 EL frisches, gehacktes Basilikum, schwarzer Pfeffer, ½ Bund Petersilie.

Zwiebeln schälen und hacken. Knoblauchzehe schälen. Mit Salz zerdrücken. Paprikaschoten vierteln, entkernen, waschen und in Streifen schneiden. Tomaten überbrühen, abziehen und vierteln.
Margarine in einem Topf erhitzen. Zwiebeln und Knoblauch darin anbraten. Paprika zufügen. 10 Minuten zugedeckt dünsten. Wenn nötig, einen Schuß Wasser zufügen.
Tomaten, Basilikum und Pfeffer hineingeben. Salzen. Weitere 5 Minuten dünsten.
Gemüse abschmecken. In einer vorgewärmten Schüssel mit gehackter Petersilie anrichten.

Beilagen: Hammelbraten von 500 g Hammelfilet in 2 EL Öl gebraten. Kalorien: 306 = 1281 Joule. — Körnig gekochter Reis von 125 g Langkornreis. Eine Portion: 115 Kalorien = 481 Joule. 2 BE.

Paprikakäse

Eine Portion enthält: 42 g Eiweiß, 21 g Fett, 6 g Kohlenhydrate = 0,5 BE, 71 mg Cholesterin.
Kalorien: 398 = 1666 Joule.
Zubereitung: 20 Minuten.

500 g Edamer (30 %) am Stück (ohne Rinde), 200 g Magerquark, 1 EL gehackte Petersilie, 1 EL gehackter Dill, 1 EL Schnittlauchröllchen, Salz, weißer Pfeffer, ½ Eiweiß, Paprika edelsüß.

Aus dem Käse Würfel schneiden. Die Käsestücke von der längeren Seite her halbieren und mit einem Kartoffelausstecher vorsichtig aus jeder Hälfte eine Käsekugel stechen. Kugeln für Käsesalat verwenden. Quark mit den Kräutern verrühren, mit Salz und Pfeffer abschmecken. In die Höhlungen füllen und die Käsewürfel wieder zusammensetzen. Mit Zahnstochern zusammenhalten. Eiweiß gut verschlagen. Käsespieße dünn damit einpinseln und anschließend in Paprika edelsüß wenden.

Beilagen: 4 Scheiben Pumpernickel (je 25 g). Eine Scheibe: 62 Kalorien = 260 Joule. 1 BE. — Kopfsalat mit einer Marinade aus 2 EL Öl, 2 EL Wasser, 2 EL Weinessig, Salz, Pfeffer und je 1 EL gehackter Petersilie und Dill. Eine Portion: 50 Kalorien = 209 Joule. 0,1 BE.

TIP Ausgestochene Käsekugeln zu einem Salat mit 100 g gekochtem Dosenschinken in Essig-Marinade mit 2 EL Keimöl verarbeiten. 2 Portionen = 284 Kalorien. Käsekalorien dazurechnen. 100 g haben 280.

Paprikaschnitzel

Eine Portion enthält: 27 g Eiweiß, 10 g Fett, 3 g Kohlenhydrate = 0,2 BE, 123 mg Cholesterin.
Kalorien: 226 = 946 Joule.
Zubereitung: 20 Minuten.

4 Kalbsschnitzel von je 125 g, Salz, 2 EL Pflanzenöl (20 g), Paprika rosenscharf. – Für die Soße: 6 EL Wasser, 1 kleine Zwiebel, ⅛ l saure Sahne, Saft einer Zitrone, 2 TL Paprika edelsüß, 1 TL Speisestärke, Salz. – Zum Garnieren: 4 Zitronenscheiben, ½ Bund Petersilie, Paprika edelsüß.

Kalbsschnitzel salzen. Öl in der Pfanne erhitzen. Fleisch darin auf jeder Seite 3 Minuten braten. Mit Paprika würzen. Auf einer Platte anrichten, warm stellen.
Bratfond mit Wasser loskochen. Geschälte, gehackte Zwiebel darin 3 Minuten köcheln lassen. Saure Sahne, Zitronensaft, Paprikapulver und Speisestärke verquirlen. In den Bratfond rühren und aufkochen lassen. Salzen. Über die Kalbsschnitzel geben.
Zitronenscheiben halb mit gehackter Petersilie, halb mit Paprika bestreuen. Die Schnitzel damit garnieren.

Beilagen: Tomatensalat von 500 g. Marinade aus 2 EL Zitronensaft, Gewürzen, 2 EL Pflanzenöl, 2 EL Schnittlauchröllchen. Eine Portion: 72 Kalorien = 301 Joule. 0,3 BE. — Bandnudeln von 125 g. Eine Portion: 122 Kalorien = 511 Joule. 2 BE.

Paprikaschoten überbacken

Eine Portion enthält: 10 g Eiweiß, 11 g Fett, 18 g Kohlenhydrate = 1,6 BE, 81 mg Cholesterin.
Kalorien: 220 = 921 Joule.
Zubereitung: 40 Minuten.

8 kleine Paprikaschoten (800 g), Salz, 2 Zwiebeln, 30 g Margarine, 30 g Mehl, $\frac{1}{4}$ l Würfelbrühe, $\frac{1}{4}$ l Magermilch, 30 g geriebener Käse (30%), 1 Eigelb, 25 g magerer, gekochter Schinken, weißer Pfeffer, 10 g geriebener Parmesankäse.

Paprikaschoten halbieren, entkernen und waschen. Wasser mit Salz aufkochen. Paprikahälften darin blanchieren (etwa 3 Minuten kochen). Abtropfen lassen. Geschälte Zwiebeln hacken. Margarine in einem Topf erhitzen. Zwiebeln darin anbraten. Mehl darin durchschwitzen. Würfelbrühe und Milch unter Rühren angießen. Aufkochen. Geriebenen Käse hineingeben. Unter Rühren schmelzen lassen.
Eigelb mit etwas Soße verquirlen. In die Soße rühren (legieren), aber nicht mehr kochen.
Gekochten Schinken in kleine Würfel schneiden. Unterrühren. Mit Salz und Pfeffer abschmecken.
Boden einer gefetteten Auflaufform mit etwas Soße bedecken. Paprikaschoten hineingeben und mit der restlichen Soße übergießen.

Mit Parmesankäse bestreuen. In den vorgeheizten Ofen auf die mittlere Schiene stellen.

Backzeit: 20 Minuten. Elektroherd: 225 Grad. Gasherd: Stufe 5.

Beilagen: 500 g Schweinefilet in 2 EL Öl gebraten. Eine Portion: 267 Kalorien = 1118 Joule. — Kartoffelschnee von 500 g. Eine Portion: 85 Kalorien = 356 Joule. 1,6 BE.

Paradiesplatte

Eine Portion enthält: 56 g Eiweiß, 19 g Fett, 6 g Kohlenhydrate = 0,5 BE, 181 mg Cholesterin.
Kalorien: 451 = 1888 Joule.
Zubereitung: Ohne Ruhezeit 45 Minuten.

1 Hähnchen (1000 g), 3 Scheiben magerer, gekochter Schinken (250 g), 350 g Blumenkohl, 350 g Rosenkohl, Salz, 1 Schalotte mit grünen Spitzen, 1½ l Würfelhühnerbrühe, 3 Scheiben geschälte, frische Ingwerwurzel, 1 TL Speisestärke, 1 EL Wasser.

Hähnchen innen und außen waschen. Mit Küchenpapier abtrocknen.
Schinken in feine Streifen schneiden.
Blumenkohl und Rosenkohl gründlich waschen. Beides putzen. Den Blumenkohl in Röschen zerlegen. In leicht gesalzenem Wasser in zwei Töpfen 10 Minuten kochen. Getrennt auf dem Sieb abtropfen lassen.
Schalotte abziehen und vierteln.
Brühe in einem Topf aufkochen. Schalotte und Ingwer zugeben. Hähnchen hineinlegen. Es soll mit Flüssigkeit bedeckt sein. Aufkochen. Deckel auflegen und bei geringer Hitze 15 Minuten köcheln. Temperatur abschalten. Topf 2 Stunden stehenlassen. Dann ist das Hähnchen gar.
Aus der Brühe nehmen. Abtropfen lassen. Flügel und Keule abschneiden, Rumpf der Länge nach halbieren, Haut entfernen. Fleisch von den Knochen lösen. In 5 cm lange, 2½ cm breite und 1 cm dicke Stücke schneiden.
Hähnchenfleisch und den Schinken abwechselnd übereinander auf einer vorgewärmten Platte anrichten. Mit Alufolie abdecken.
Hühnerbrühe aufkochen, Blumenkohl und Rosenkohl zugeben. Erneut aufkochen. Temperatur zurückschalten. Im offenen Topf

15 Minuten ziehen lassen. Mit einer Schaumkelle herausheben und auf einem Sieb sehr gründlich abtropfen lassen.
Hühnerfleisch und Schinken auf der vorgewärmten Platte dekorativ mit Blumen- und Rosenkohl umlegen.
½ Tasse Hühnerbrühe in einem kleinen Topf aufkochen. Speisestärke mit Wasser verrühren, Brühe damit binden. Eventuell nachsalzen und über das Hühnerfleisch und den Schinken gießen. Sofort servieren.

Beilage: 120 g Mittelkornreis (360 g gekocht). Mit gehackter Petersilie garnieren. Eine Portion: 113 Kalorien = 473 Joule. 2 BE.

PS: Wenn Sie die Platte zusätzlich mit 500 g Grilltomaten garnieren, rechnen Sie bitte 24 Kalorien für jede Portion mehr. Aber ohne Fett grillen.

Pellkartoffeln mit Quark

Abb. zwischen den Seiten 352/353.

Eine Portion enthält: 34 g Eiweiß, 10 g Fett, 43 g Kohlenhydrate = 3,5 BE, 267 mg Cholesterin.
Kalorien: 407 = 1704 Joule.
Zubereitung: 50 Minuten.

1000 g Kartoffeln, Salz, 500 g Magerquark, knapp ⅛ l saure Sahne (100 cm³), 1 Zwiebel (40 g), 4 hartgekochte Eier, 1 TL Zitronensaft, schwarzer oder gewürzter Pfeffer, 1 Bund Schnittlauch.

Kartoffeln waschen und bürsten. Mit der Schale in Wasser aufsetzen, Salz zufügen und vom Kochen an in 30 Minuten garen.
Quark in einer Schüssel mit der sauren Sahne verrühren. Geschälte, gehackte Zwiebel dazugeben.
Eier schälen. Eigelb durch ein Sieb in den Quark rühren. Mit Zitronensaft, Salz und Pfeffer kräftig abschmecken. Feingehacktes Eiweiß unterrühren. Durchziehen lassen. Vor dem Auftragen mit Schnittlauchröllchen mischen — Kartoffeln abziehen und dazu reichen.

PS: Wenn Sie den Quark dünner mögen, rühren Sie noch etwas Wasser ein. Man kann ihn auch zusätzlich mit Paprika edelsüß würzen oder ihn damit bestäuben.

Pfifferlinge gebraten

Eine Portion enthält: 2 g Eiweiß, 4 g Fett, 3 g Kohlenhydrate, 0 mg Cholesterin.
Kalorien: 61 = 255 Joule.
Zubereitung: 35 Minuten.

> *500 g frische Pfifferlinge, 1 Zwiebel (40 g), 20 g Margarine, Salz, weißer Pfeffer, 1 Bund Petersilie.*

Pfifferlinge putzen, gründlich waschen und abtropfen lassen. Große Pilze einmal durchschneiden.
Geschälte Zwiebel hacken. Margarine in einer Pfanne erhitzen. Zwiebel darin anbraten. Pfifferlinge zufügen. 15 Minuten unter häufigem Wenden braten. Mit Salz und Pfeffer abschmecken.
Petersilie waschen, abtropfen lassen und hacken. ¾ unter die Pfifferlinge mischen. In einer vorgewärmten Schüssel anrichten. Mit der restlichen Petersilie überstreut servieren.

Wozu reichen: Zu allen feinen Wildgerichten, aber ebenso auch zu Steaks und Schnitzeln.

Pfifferlingroulade

Eine Portion enthält: 26 g Eiweiß, 27 g Fett, 5 g Kohlenhydrate = 0,4 BE, 98 mg Cholesterin.
Kalorien: 397 = 1662 Joule.
Zubereitung: 85 Minuten.

> *1 Zwiebel (40 g), 1 kleine Dose Pfifferlinge (125 g), 500 g Rouladenfleisch (vier Scheiben), Salz, schwarzer Pfeffer, 4 Scheiben durchwachsener Speck (40 g), 2 EL Pflanzenöl (20 g), ¼ l Wasser, 1 gehäufter EL Mehl (15 g).*

Zwiebel schälen und in Scheiben schneiden. Pfifferlinge abtropfen lassen. Die Fleischscheiben mit Salz und Pfeffer würzen. Speckscheiben, Zwiebelscheiben und Pfifferlinge darauf verteilen. Fest aufwickeln. Mit Rouladenklammern, Hölzchen oder Fäden befestigen.

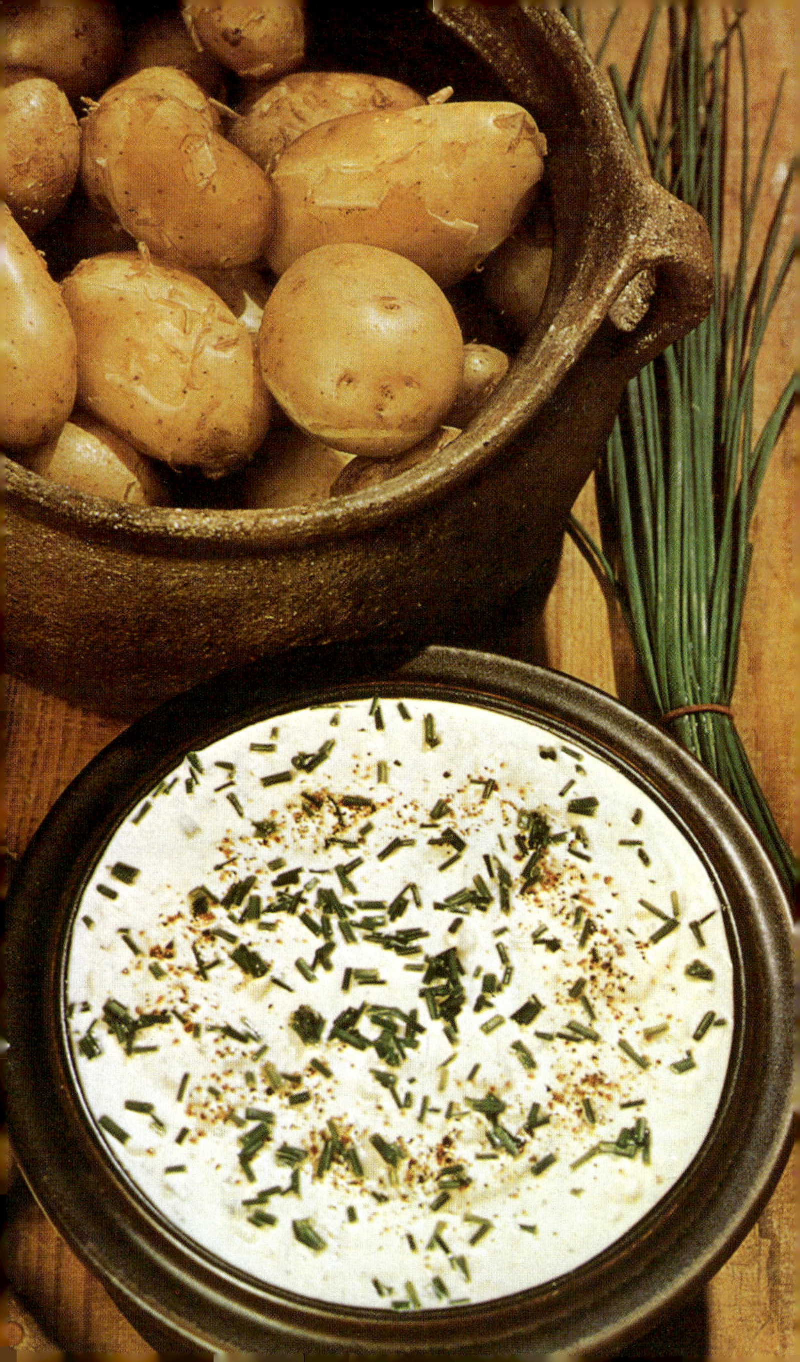

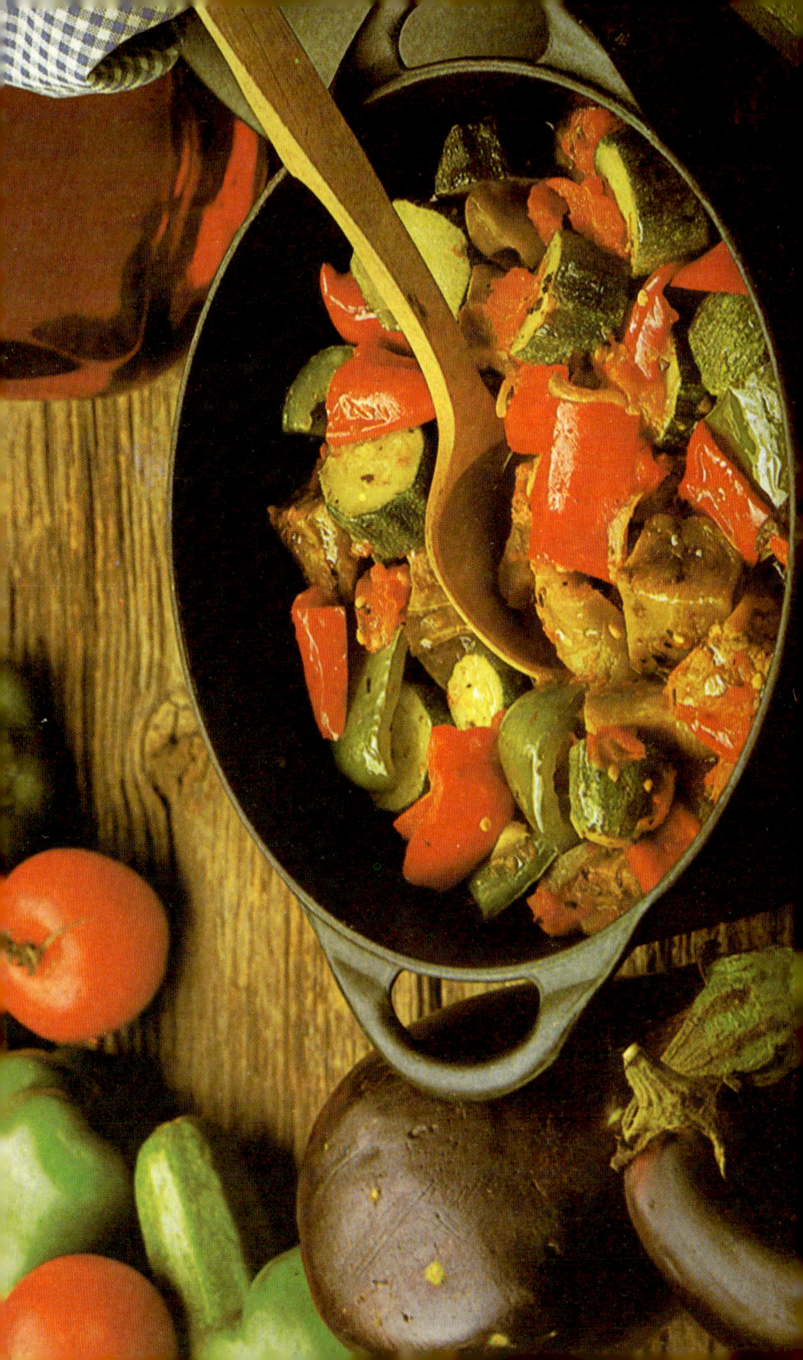

Öl in einem Topf erhitzen. Rouladen darin rundherum gut anbräunen. Wasser zugießen. Rouladen im geschlossenen Topf 50 bis 60 Minuten schmoren. Rausnehmen und in einer vorgewärmten Schüssel anrichten.
Schmorfond mit Wasser auf $3/8$ l auffüllen und aufkochen. Mehl in etwas Wasser anrühren. Soße damit binden. Mit Salz und Pfeffer abschmecken. Soße über die Rouladen gießen und servieren.

Beilagen: Grüne Bohnen (500 g in 10 g Margarine und gehackter Petersilie geschwenkt). Eine Portion: 57 Kalorien = 239 Joule. 0,5 BE. Nudeln von 125 g. Eine Portion: 122 Kalorien = 511 Joule. 2 BE.

Pfirsich-Heilbutt

Eine Portion enthält: 14 g Eiweiß, 6 g Fett, 14 g Kohlenhydrate, 59 mg Cholesterin.
Kalorien: 172 = 720 Joule.
Zubereitung: 30 Minuten.

> $1/4$ *l Wasser, Salz, 1 Lorbeerblatt, 3 Pfefferkörner, 2 Pimentkörner, 1 Zwiebel (40 g), 1 EL Essig, 2 Packungen tiefgekühlte Heilbuttschnitten (400 g), 10 g Butter, 4 Pfirsichhälften aus der Dose, 2 EL entsteinte Schattenmorellen. – Zum Garnieren: Salatblätter, Petersilie.*

Wasser mit Salz, Gewürzen, geschälter Zwiebel und Essig in einem Topf aufkochen. Heilbutt hineingeben. In 15 Minuten garziehen lassen. Nicht kochen. Butter in einem Töpfchen erhitzen. Abgetropfte Pfirsichhälften darin erwärmen. Kirschen mit etwas Saft in einem zweiten Töpfchen erhitzen. Beides ganz leicht salzen.
Heilbutt mit der Schaumkelle aus dem Topf nehmen. Auf einer vorgewärmten Platte anrichten. Pfirsichhälften mit Kirschen füllen. Platte mit Salat, Pfirsichhälften und Petersilie garnieren.

Beilagen: Körnig gekochter Reis von 125 g Langkornreis in 20 g Butter und 1 EL gehackter Petersilie geschwenkt. Eine Portion: 153 Kalorien = 640 Joule. 2 BE.

◁ *Ratatouille (Rezept S. 378)*

Pflanzenfett

100 g Pflanzenfett — als Plattenfett im Handel — enthalten 925 Kalorien = 3873 Joule. Das hundertprozentig reine Pflanzenfett hält sich Monate, ohne ranzig zu werden. Es ist hitzestabil und spritzt nicht (sehr gut als Fritierfett). Wir lassen es aber aus unserer Schlankheitskost heraus, weil es leider nur einen geringen Anteil an den gesunden, mehrfach ungesättigten Fettsäuren hat.

Pflaumenpudding

Eine Portion enthält: 6 g Eiweiß, 3 g Fett, 32 g Kohlenhydrate = 2,6 BE, 65 mg Cholesterin.
Kalorien: 200 = 837 Joule.
Zubereitung: Ohne Kühlzeit 40 Minuten.

500 g Pflaumen, ½ Stange Zimt, 3 Nelken, Schale einer ungespritzten Zitrone, ⅜ l Wasser, flüssiger Süßstoff, 1 Prise Salz, 40 g Speisestärke, ⅛ l herber Weißwein. – Für die Mandelsoße: 1 EL Speisestärke (10 g), ⅜ l Magermilch, 1 Eigelb, 10 g gemahlene Mandeln, 1 Prise Salz, flüssiger Süßstoff, 1 Eiweiß.

Pflaumen waschen und entsteinen. Mit Zimt, Nelken, Zitronenschale, Wasser, Süßstoff und Salz in einen Topf geben. 10 Minuten kochen. Durch ein Haarsieb streichen oder mit dem Mixer pürieren. Wieder in den Topf geben.
Speisestärke mit Weißwein verrühren. Das kochende Pflaumenpüree damit binden. In vier kalt ausgespülte Puddingförmchen verteilen.
Für die Soße Speisestärke mit etwas Magermilch und dem Eigelb verrühren. Die restliche Magermilch mit Mandeln, Salz und Süßstoff aufkochen. Die angerührte Stärke einrühren und die Soße aufkochen lassen. Eischnee unterheben. Pflaumenpudding aus den Förmchen stürzen.

Pflümli-Wähe

Ein Stück enthält: 4 g Eiweiß, 3 g Fett, 21 g Kohlenhydrate, 46 mg Cholesterin.
Kalorien: 134 = 561 Joule.
Zubereitung: Ohne Ruhezeit 65 Minuten.

5 g Hefe, ⅛ l lauwarme Magermilch, 55 g Zucker, 150 g Mehl, 1 Prise Salz, 20 g Margarine, 500 g Pflaumen, 1 EL Semmelbrösel, 2 Eier, Zimt, 8 EL Dosenmilch (7,5 %).

Hefe in die lauwarme Magermilch bröckeln. 20 g Zucker zufügen. Dann alles gehen lassen.
Mehl, Salz und zerlassene Margarine in eine Schüssel geben. Hefemilch zufügen. Zu einem Teig kneten und kräftig schlagen. Zugedeckt an einem warmen Ort aufgehen lassen.
Inzwischen die Pflaumen waschen und entsteinen. Den bis zur doppelten Größe aufgegangenen Teig in eine gefettete Springform von 30 cm Durchmesser geben. Boden und Rand sollen bedeckt sein. Boden mit Semmelbrösel bestreuen.
Pflaumen darauf verteilen. Mit 20 g Zucker bestreuen. In den vorgeheizten Ofen auf die mittlere Schiene stellen.

Backzeit: 35—40 Minuten. Elektroherd: 225 Grad. Gasherd: Stufe 4.
Eier, restlichen Zucker, Zimt und Dosenmilch miteinander verquirlen. Nach 20 Minuten Backzeit über die Pflaumen gießen.
Aus dem Ofen nehmen. Wähe auf einem Kuchendraht auskühlen lassen. In 12 Stücke schneiden.

Piccadilly-Kotelett

Eine Portion enthält: 16 g Eiweiß, 39 g Fett, 17 g Kohlenhydrate, 70 mg Cholesterin.
Kalorien: 503 = 2106 Joule.
Zubereitung: 35 Minuten.

125 g Zwiebeln, 4 rote Äpfel (500 g), 20 g Margarine, Salz, 4 kleine Schweinekoteletts (500 g), getrocknete Minze, 1½ EL Pflanzenöl (15 g), weißer Pfeffer.

Zwiebeln schälen und in Ringe schneiden. Äpfel waschen, Kerngehäuse ausstechen. Äpfel in 1 cm dicke Scheiben schneiden. In Margarine halbweich braten. Warm stellen. Zwiebelringe im Bratfett goldbraun werden lassen. Leicht mit Salz bestreuen.
Inzwischen Koteletts mit der zerriebenen Minze einreiben.
In heißem Pflanzenfett auf jeder Seite in etwa 6 Minuten goldbraun braten. Mit Salz und Pfeffer würzen.
Auf einer vorgewärmten Platte anrichten. Mit den Apfelscheiben und Zwiebelringen garnieren.

Beilagen: Salzkartoffeln von 500 g Kartoffeln. Eine Portion: 85 Kalorien = 356 Joule. 1,6 BE.

TIP Schweinefilet ist zwar teurer als Kotelett, aber es ist auch kalorienärmer. Für Kaloriensparer kann sich die Mehrausgabe lohnen. Wenn Sie Filet verwenden, können Sie bei jeder Portion immerhin 227 Kalorien weniger notieren.

Phosphor

0,75 g Phosphor braucht der Mensch täglich. Ohne ihn bliebe sein Stoffwechsel in lauter Pannen stecken.
Mangel gibt's nicht. Denn der Mensch von heute nimmt durch die eiweißreicheren Nahrungsmittel mehr Phosphor als nötig auf. Lieferanten sind Fleisch, Fisch, Leber, Milch, Käse, Eier und naturbelassene Nahrungsmittel wie Weizenkeime. Alle enthalten reichlich Phosphor.
Doch keine Sorge: Vom Überschuß des aufgenommenen Phosphor wird normalerweise der größte Teil wieder ausgeschieden.

Pikante Joghurtspeise
Eine Portion

Enthält: 13 g Eiweiß, 1 g Fett, 38 g Kohlenhydrate = 3,2 BE, 0 mg Cholesterin.
Kalorien: 215 = 900 Joule.
Zubereitung: 15 Minuten.

2 Scheiben Pumpernickel je 25 g, 1 Becher Magermilch-Joghurt, Salz, weißer Pfeffer, flüssiger Süßstoff, 1 Bund Radieschen (50 g), 1 EL gehackte Petersilie, 1 EL feingeschnittenen Schnittlauch.

Pumpernickel zerbröseln, mit Joghurt verrühren, mit Salz, 1 Prise Pfeffer und wenig flüssigem Süßstoff abschmecken.
Radieschen putzen und waschen. In feine Scheiben und die Hälfte der Scheiben wiederum in dünne Streifen schneiden. Radieschenstreifen, je 1 EL Petersilie und Schnittlauch unter den Joghurt rühren.
Joghurtspeise auf einem Portionsteller, mit Radieschenscheiben garniert, anrichten.

Beilage: 10 Salzstangen (8 g). Enthalten: 30 Kalorien = 126 Joule. 0,5 BE.

PS: Wer Pumpernickel nicht gut verträgt, nimmt statt dessen ein helleres Schwarzbrot. Auch können an Stelle der Pumpernickelscheiben 2 Scheiben Knäckebrot verwendet werden. Sie haben 76 Kalorien = 318 Joule. 1,2 BE.
In diesem Fall die Brotstückchen aber erst kurz vor dem Anrichten und Servieren unter den abgeschmeckten Joghurt rühren, sonst weichen sie durch.

TIP Die pikante Joghurtspeise wird meistens auch von Magen-, Galle- und Leberempfindlichen vertragen. Bei entsprechender BE-Verordnung können auch Diabetiker mitessen.

Pikante Käseplätzchen

Eine Portion enthält: 28 g Eiweiß, 18 g Fett, 45 g Kohlenhydrate = 3,8 BE, 86 mg Cholesterin.
Kalorien: 475 = 1989 Joule.
Zubereitung: 25 Minuten.

500 g gekochte Kartoffeln vom Vortag, 150 g Edamer (30%), 250 g Magerquark, 1 Ei, 100 g Mehl, 1 EL gehackte Petersilie, Salz, weißer Pfeffer, geriebene Muskatnuß, 4 EL Pflanzenöl (40 g).

Kartoffeln mit dem Käse durch einen Fleischwolf geben. Oder: Kartoffeln durchpressen und Käse grob raffeln.
Kartoffeln, Käse, Quark und Ei mit Mehl und Petersilie zu einem Teig kneten. Mit Salz, Pfeffer und einer Prise geriebener Muskatnuß abschmecken. Mit leicht angefeuchteten Händen 8 flache Plätzchen formen.
Öl in einer beschichteten Pfanne erhitzen, Plätzchen etwa 3 Minuten auf jeder Seite goldbraun braten.

Beilage: Kopfsalat mit Tomaten. Aus 1 Kopf Salat, 250 g abgezogenen, geachtelten Tomaten, 1 EL Keimöl, 3 EL Wasser, 2 EL Weinessig, Salz, Pfeffer, etwas flüssigem Süßstoff, Paprika edelsüß und Knoblauchpulver und 1 EL gehackter Petersilie. Eine Portion: 45 Kalorien = 188 Joule. 0,3 BE. Statt Kopfsalat können Sie auch sehr gut Feldsalat verwenden.
Wenn Sie Plätzchen aus Käsekartoffelteig backen, achten Sie bitte darauf, daß die erste Seite schön goldbraun gebacken ist. Sie halten dann besser zusammen, weil sich eine Kruste gebildet hat.

Pilaw mit Hühnerleber

Eine Portion enthält: 18 g Eiweiß, 9 g Fett, 34 g Kohlenhydrate, 116 mg Cholesterin.
Kalorien: 334 = 1398 Joule.
Zubereitung: 40 Minuten.

> Gut ½ l Wasser (550 cm³), Salz, 150 g Patna-Reis, 1 Zwiebel (40 g), 1 rote Paprikaschote (125 g), 1 kleine Dose Champignons (115 g), 30 g Margarine, 250 g Hühnerleber, 3 EL Rotwein, 4 EL Madeira, 1 TL Fleischextrakt, weißer Pfeffer.

Wasser mit Salz aufkochen. Reis darin 20 Minuten quellen lassen. Geschälte Zwiebel hacken. Paprikaschote halbieren, entkernen, waschen und in Streifen schneiden. Champignons abgießen und in nicht zu dünne Scheiben schneiden. Sonst werden sie zu weich.
20 g Margarine in der Pfanne erhitzen. In Stücke geschnittene Hühnerleber unter Wenden in 3 Minuten rundherum braten. Leber rausnehmen und warm stellen.

Restliche Margarine in der Pfanne erhitzen. Zwiebel und Paprikaschote hineingeben. 5 Minuten durchdünsten. Champignons zufügen. Erhitzen. Rotwein, Madeira und Fleischextrakt zufügen. Mit Salz und Pfeffer würzen. Zugedeckt 5 Minuten köcheln lassen. Reis und Leber locker unterheben. Abschmecken und in einer vorgewärmten Schüssel servieren.

Beilage: Tomaten-Gurken-Salat. 250 g Tomaten, 500 g Salatgurke. Marinade: 2 EL Zitronenessig, Gewürze, je 1 EL gehackte Petersilie und Schnittlauchröllchen, 1 gehackte Zwiebel, 2 EL Keimöl. Eine Portion: 75 Kalorien = 314 Joule.

Pilaw mit Rosinen

Eine Portion enthält: 5 g Eiweiß, 5 g Fett, 41 g Kohlenhydrate, 0 mg Cholesterin.
Kalorien: 235 = 984 Joule.
Zubereitung: 50 Minuten.

> 1 Zwiebel, 1 Knoblauchzehe, 100 g Champignons, 20 g Margarine, 150 g Patna-Reis, knapp ⅜ l Hühnerbrühe aus Würfeln, 50 g kernlose Rosinen, 1 kleine Dose Tomatenmark (70 g), 25 g Peperoni aus dem Glas, Salz, Cayennepfeffer.

Zwiebel und Knoblauch schälen und fein würfeln. Champignons putzen und in Scheiben schneiden. Margarine in einem Topf erhitzen. Zwiebel und Knoblauch darin anbraten. Reis darin unter Rühren 3 Minuten braten.
Champignons zugeben, erhitzen. Umrühren. Rosinen, Tomatenmark, feingewürfelte Peperoni und Salz zufügen. 20 Minuten bei schwacher Hitze zugedeckt garen lassen. Mit Salz und Cayennepfeffer abschmecken und in einer vorgewärmten Schüssel anrichten. Sofort servieren.

Beilagen: 4 Rinderfiletsteaks von je 125 g, in 2 EL Öl gebraten. Eine Portion: 205 Kalorien = 858 Joule.

PS: Sie können auch Salat dazu reichen. Wie bei Pilaw mit Hühnerleber.

Pilze

Sie sind zwar auch Pflanzen, gehören aber botanisch nicht zum Gemüse, weil ihnen Wurzeln und Blattgrün fehlen. Ein Glück, daß man Pilze trotzdem essen kann. Denn sie schmecken so gut: Die Champignons und Pfifferlinge, der Parasolpilz mit dem Spitzhut, der dicke Steinpilz, der Butterpilz mit dem Runddach. Sie alle sind auf unserem Bild. Diese wurden im Wald gesammelt. Während das, was wir an Champignons kaufen, zumeist aus Kulturen stammt. Denn es gibt ja gemeinhin nur Champignons frisch zu kaufen. Wer Glück hat, bekommt auch mal Freilandpilze.

Was Pilze außer ihrem Geschmack so reizvoll macht, ist ihr niedriger Kaloriengehalt (100 g haben 25 bis 34 Kalorien). Sie sind gute Eiweißlieferanten. Nur schade, daß unser Körper die Proteine kaum zur Hälfte ausnutzen kann. Trost: Ihr beachtlicher Gehalt an Vitamin A und D bleibt auch in Konserven erhalten.

Beim Einkauf auf frische Pilze achten: Sie haben trockene Haut, helle Bruchflächen und sind schnittfest. Pilze sollten rasch verbraucht werden und höchstens zwei Tage im Kühlschrank lagern. Denn durch ihren hohen Eiweiß- und Wassergehalt können sie sich leicht zersetzen.

Pilzauflauf Waldschänke

Eine Portion enthält: 11 g Eiweiß, 16 g Fett, 42 g Kohlenhydrate, 21 mg Cholesterin.
Kalorien: 362 = 1516 Joule.
Zubereitung: 65 Minuten.

750 g Pellkartoffeln vom Tag vorher, 3 EL Pflanzenöl (30 g), Salz, schwarzer Pfeffer, 125 g Zwiebeln, 20 g durchwachsener Speck, 1 große Dose Mischpilze, Rosmarin, Thymian, 1 TL Mehl, knapp ⅛ l saure Sahne (100 cm³), 1 Bund Petersilie, 2 Scheiben (40 g) Schmelzkäse, 2 Tomaten.

Kartoffeln abziehen und in Scheiben schneiden. 2 EL Öl in einer Pfanne erhitzen. Kartoffeln darin goldbraun backen. Mit Salz und Pfeffer würzen.

Inzwischen die Zwiebeln schälen und in Ringe schneiden. Speck würfeln. Beides in einem Topf mit dem restlichen Öl kräftig durchbraten.

Mischpilze mit dem Pilzwasser dazugeben. Mit Salz, Pfeffer, Rosmarin und Thymian würzen. So lange schmoren, bis die Flüssigkeit fast verdampft ist. Mehl mit saurer Sahne verquirlen. Pilze damit binden. Petersilie hacken, unterrühren, abschmecken.

Auflaufform einfetten. Die Bratkartoffeln und die Pilze schichtweise einfüllen. Käsescheiben und Tomaten (Stengelansätze wegschneiden) halbieren. Auflauf damit belegen.

In den vorgeheizten Ofen auf die mittlere Schiene stellen.

Backzeit: 20 Minuten. Elektroherd: 225 Grad. Gasherd: Stufe 4.

Beilage: Salat aus einem Kopf Salat in einer Marinade aus 2 EL Zitronensaft, Gewürzen, 2 EL gehackten Kräutern und 2 EL Keimöl. Eine Portion: 55 Kalorien = 230 Joule.

TIP Frische Pilze kommen meistens geputzt in den Handel. Bei anderen braucht man nur die Erde zu entfernen. Gewaschen werden müssen sie immer.

Pilz-Curry-Pfanne

Eine Portion enthält: 15 g Eiweiß, 14 g Fett, 4 g Kohlenhydrate = 0,3 BE, 273 mg Cholesterin.
Kalorien: 215 = 900 Joule.
Zubereitung: 30 Minuten.

125 g Champignons, 20 g Margarine, 1 TL Currypulver, Knoblauchpulver, 4 Eier, 3 EL Wasser, Salz, Muskat, 100 g Edamer Käse (30%), 1 EL Schnittlauchröllchen, 125 g Salatgurke, 125 g Tomaten.

Champignons sorgfältig waschen, dann halbieren. Margarine in einer Pfanne erhitzen. Champignons darin anbraten. Mit Curry- und Knoblauchpulver würzen. 5 Minuten schmoren.

Inzwischen Eier, Wasser, Salz und Muskat verquirlen. Über die Pilze geben.

Käse in Scheibchen schneiden und darauf verteilen. Zugedeckt bei schwacher Hitze in 10 Minuten stocken lassen. Dann ist auch der Käse geschmolzen.
Gurke und Tomate waschen, trocknen und in Scheiben schneiden. Pilzgericht mit Schnittlauch bestreuen. Auf einer vorgewärmten Platte mit Gurken und Tomaten hübsch anrichten.

Beilagen: Vier Scheiben Schwarzbrot (200 g). Eine Scheibe: 120 Kalorien = 502 Joule. 2 BE. — 40 g Halbfettmargarine. Eine Portion: 38 Kalorien = 159 Joule. — 4 Glas Tomatensaft (½ l). Ein Glas: 27 Kalorien = 113 Joule. 0,4 BE.

Portugiesischer Imbiß
Eine Portion

Enthält: 24 g Eiweiß, 14 g Fett, 33 g Kohlenhydrate = 2,7 BE, 294 mg Cholesterin.
Kalorien: 371 = 1553 Joule.
Zubereitung: 15 Minuten.

> 2 Blatt Kopfsalat, 2 Ölsardinen (50 g), 1 kleine Zwiebel (30 g), 1 Tomate (50 g), 1 hartgekochtes Ei, 1 Scheibe Graubrot (50 g), 1 EL Zitronensaft, Salz, weißer Pfeffer, 1 EL Schnittlauchröllchen.

Salatblätter waschen, abtropfen lassen. Ölsardinen auf Küchenpapier legen, damit das Öl aufgesaugt wird.
Zwiebel abziehen. In sehr feine Ringe schneiden. Tomate waschen. In Scheiben schneiden. Das Ei schälen und in Scheiben schneiden.
Brotscheibe mit Salatblättern belegen. In der Mitte die Ölsardinen anrichten. Daneben schuppenförmig die Ei- und Tomatenscheiben. Zwiebelringe darauf verteilen.
Schnitte mit Zitronensaft beträufeln und mit Salz und Pfeffer würzen. Mit Schnittlauch bestreut anrichten.

TIP Ölsardinen immer abgetropft verwenden. Dann haben 50 g nur 120 Kalorien. Mit einer Schnitte Graubrot (50 g) von 125 Kalorien haben Sie ein mageres, aber sättigendes Abendessen. Dazu passen Gewürzgurken.

Provenzalischer Topf

Eine Portion enthält: 7 g Eiweiß, 8 g Fett, 19 g Kohlenhydrate = 1,6 BE, 6 mg Cholesterin.
Kalorien: 184 = 770 Joule.
Zubereitung: 70 Minuten.

2 Zucchini (250 g), 2 Auberginen (500 g), 1 große, grüne Paprikaschote (150 g), ¼ l Wasser, Salz, 750 g Tomaten, 1 Zwiebel, 2 Knoblauchzehen, 2 EL Pflanzenöl (20 g), schwarzer Pfeffer, 1 TL getrockneter Thymian, 25 g geriebener Parmesankäse, 1 EL Semmelbrösel (10 g), 5 g Margarine.

Zucchini und Auberginen waschen und in 1 cm dicke Scheiben schneiden. Von den Auberginen die Stengel abschneiden.
Paprikaschote halbieren, entkernen, waschen und in Streifen schneiden.
Wasser mit Salz in einem Topf aufkochen. Gemüse hineingeben. 5 Minuten garen. Abtropfen lassen.
Tomaten überbrühen, abziehen (Stengelansätze entfernen) und in Scheiben schneiden.
Geschälte Zwiebel hacken. Knoblauchzehen schälen und mit Salz zerdrücken. In heißem Öl in einer Pfanne braten. In eine feuerfeste Form geben. Darauf schichtweise das Gemüse und die Tomatenscheiben. Jede Schicht mit Salz, Pfeffer und Thymian bestreuen. Parmesankäse und Semmelbrösel mischen. Übers Gemüse streuen. Margarine in Flöckchen darauf verteilen. In den vorgeheizten Ofen auf die mittlere Schiene stellen.

Backzeit: 40 Minuten. Elektroherd: 175 Grad. Gasherd: Stufe 2.

Beilagen: 4 Hammelkoteletts von je 100 g mit 1 TL Pflanzenöl eingepinselt und gegrillt. Ein Kotelett: 312 Kalorien = 1306 Joule. — Körnig gekochter Reis von 125 g Langkornreis. Eine Portion: 115 Kalorien = 481 Joule. 2 BE.

TIP Provenzalisch kochen heißt immer, auch Knoblauch dazugeben, der von gesundheitlich gutem Wert ist. Denn er wirkt der Verengung der Blutgefäße entgegen und damit der gefährlichen Arteriosklerose.

Puterkeule mit Orangensoße

Eine Portion enthält: 31 g Eiweiß, 32 g Fett, 12 g Kohlenhydrate = 1 BE, 112 mg Cholesterin.
Kalorien: 507 = 2123 Joule.
Zubereitung: Ohne Marinierzeit 50 Minuten.

> 1 Puteroberkeule (750 g), 2 EL Weinbrand, Salz, weißer Pfeffer, 1 EL gehackte Pistazien (10 g), 50 g magerer, roher Schinken, 2½ EL Pflanzenöl (25 g), 1 Zwiebel. – Für die Soße: ¼ l Orangensaft, 2 TL Meerrettich aus dem Glas, 1 EL Essig, 1 Apfel (125 g), flüssiger Süßstoff, Salz.

Puterkeule bis zum Knochen einmal längs einschneiden. Knochen herauslösen. Fleisch in eine Schüssel legen. Mit dem Weinbrand beträufeln. 60 Minuten durchziehen lassen.
Fleisch innen und außen mit Salz und Pfeffer einreiben. Mit Pistazien und gewürfeltem Schinken füllen, mit Rouladennadeln zusammenhalten.
Öl in einem Bräter erhitzen. Fleisch darin 5 Minuten rundherum anbraten. Geschälte, halbierte Zwiebel zugeben. Bräter zugedeckt in den vorgeheizten Ofen auf die mittlere Schiene stellen.

Bratzeit: 30 Minuten. Elektroherd: 225 Grad. Gasherd: Stufe 4.
Inzwischen für die Soße Orangensaft mit Meerrettich und Essig verrühren. Apfel schälen und in die Soße reiben. Mit Süßstoff und Salz abschmecken. Die Puterkeule aufschneiden.
Das Fleisch auf einer vorgewärmten Platte anrichten und die Soße extra reichen.

Beilagen: Salzkartoffeln von 500 g. Eine Portion: 85 Kalorien = 356 Joule. 1,6 BE.

Puterleber mit Obst

Eine Portion enthält: 28 g Eiweiß, 12 g Fett, 31 g Kohlenhydrate, 231 mg Cholesterin.
Kalorien: 362 = 1516 Joule.
Zubereitung: 20 Minuten.

> 500 g Puterleber (frisch oder tiefgekühlt), ¼ l lauwarme Milch, 30 g Margarine, Salz, Currypulver, ⅔ Dose Ananas in Scheiben (340 g), 1 kleine Dose Mandarinen (190 g).

Die Puterleber (tiefgekühlte auftauen lassen) in Scheiben schneiden. Mit lauwarmer Milch begießen und 30 Minuten ziehen lassen.
Leber mit Küchenpapier abtrocknen. 25 g Margarine in der Pfanne erhitzen. Leber darin auf jeder Seite 2 Minuten braten. Mit Salz und Curry würzen, anrichten.
Restliche Margarine in die Pfanne geben. Abgetropfte Ananasscheiben und Mandarinen kurz darin erhitzen. Puterleber damit garnieren.

Beilage: Körnig gekochter Reis von 125 g Langkornreis. Eine Portion: 115 Kalorien = 481 Joule.

Puter-Rollbraten
6 Portionen

Eine Portion enthält: 36 g Eiweiß, 31 g Fett, 11 g Kohlenhydrate, 126 mg Cholesterin.
Kalorien: 497 = 2081 Joule.
Zubereitung: 90 Minuten.

> 1000 g Puterrollbraten, Salz, weißer Pfeffer, Zimt, Nelkenpulver, 2 EL Mango-Chutney-Sirup, 2½ EL Pflanzenöl (25 g), 2 kleine Zwiebeln, 6 Artischockenböden aus der Dose, 6 kleine Tomaten, 6 grüne Mandeln aus dem Glas, 15 g geriebener Edamer (30%), 20 g Mehl (2 EL), 10 g Mango-Chutney, Streuwürze.

Puterrollbraten kräftig mit Salz, Pfeffer, Zimt und Nelkenpulver einreiben. Mit Mango-Chutney-Sirup bestreichen. In die Fettpfanne legen. Pflanzenöl erhitzen und drübergießen. In den vorgeheizten Ofen auf die mittlere Schiene schieben.

Bratzeit: 60 Minuten. Elektroherd: 225 Grad. Gasherd: Stufe 4—5.
Zwiebeln schälen und nach 15 Minuten zum Fleisch geben. Wasser angießen.
Den fertigen Braten mit der Pfanne aus dem Ofen nehmen.
Artischockenböden abtropfen lassen. Auf ein gefettetes Backblech legen. Tomaten oben kreuzweise einschneiden, salzen und pfeffern.

Auf die Artischockenböden setzen. Die grünen Mandeln danebenlegen. Mit Käse überstreuen. Im vorgeheizten Ofen (mittlere Schiene) 6 Minuten grillen. Inzwischen das Fleisch und die Zwiebeln aus der Fettpfanne nehmen. Bratfond in einen Topf gießen und mit Wasser auf ½ l auffüllen. Mit angerührtem Mehl binden. Mango-Chutney feinhacken und dazugeben. Soße mit Streuwürze und Salz abschmecken. Puterrollbraten aufschneiden. Mit den Beilagen anrichten.

Beilagen: Kopfsalat mit je einer Grapefruit, Orange und Banane und 100 g Ananasstücken aus der Dose. In einer Marinade aus 2 EL Zitronensaft, Gewürzen und 2 EL Keimöl. Eine Portion: 142 Kalorien = 595 Joule. — Kartoffelkroketten von 175 g Krokettenpulver mit etwa 23 g Fettaufnahme. Eine Portion: 153 Kalorien = 641 Joule.

Puter-Sauerbraten

Eine Portion enthält: 29 g Eiweiß, 27 g Fett, 4 g Kohlenhydrate = 0,3 BE, 108 mg Cholesterin.
Kalorien: 443 = 1855 Joule.
Zubereitung: Ohne Marinierzeit 90 Minuten.

> Für die Marinade: *1 Zwiebel, 1 Knoblauchzehe, ⅛ l Wasser, ¼ l herber Rotwein, 3 Pimentkörner, 1 Lorbeerblatt, 2 Nelken.* – Zum Braten: *1 große Puterkeule (750 g), 10 g durchwachsener Speck, 1 Zwiebel (40 g), 2 EL Pflanzenöl (20 g), Salz, 1 EL Mehl (10 g), knapp ¼ l Wasser (200 cm³), Paprika edelsüß, 2 EL Dosenmilch (7,5 %).*

Zwiebel und Knoblauchzehe schälen und in Scheiben schneiden. In eine Schüssel geben. Dazu Wasser, Rotwein und die Gewürze.
Puterkeulenfleisch von den Knochen lösen. Die Sehnen am besten mit einer Kneifzange rausziehen. Zu einer Rolle zusammenbinden. Mindestens zwei Tage in der Marinade durchziehen lassen. Einmal wenden.
Speck und geschälte Zwiebel würfeln. Öl in einem Bräter erhitzen. Speck dazugeben. Puterkeule abtrocknen, salzen und rundherum darin goldbraun anbraten. Zwiebel kurz mitbräunen. Nach und nach die gesiebte Marinade angießen. Fleisch noch etwa 60 Minuten im geschlossenen Bräter schmoren. Herausnehmen. Auf vorgewärmter Platte anrichten.
Fond einkochen lassen. Das Mehl darüberstäuben und anbräunen. Mit

Wasser ablöschen, durchsieben und mit Salz und Paprika abschmecken. Mit Dosenmilch verfeinern. Gesondert zur Putenkeule reichen.

Beilagen: Bandnudeln von 125 g. Eine Portion: 122 Kalorien = 511 Joule. 2 BE.

PS: Wer Speck nicht verträgt, nimmt ihn nach dem Anbraten aus dem Topf.

Puterschnitzel auf Gemüse

Eine Portion enthält: 43 g Eiweiß, 13 g Fett, 26 g Kohlenhydrate = 2,1 BE, 123 mg Cholesterin.
Kalorien: 416 = 1742 Joule.
Zubereitung: 30 Minuten.

800 g (1 Dose) Markerbsen fein, 200 g Champignons, 4 kleine Tomaten (200 g), 1 EL Butter, Salz, 2 EL gehackte Petersilie, 3 EL Pflanzenöl (30 g), 4 Puterschnitzel von je 150 g.

Erbsen abtropfen lassen. Champignons kurz in kaltem, mit einem Eßlöffel Mehl gemischtem Wasser schwenken. (Das Mehl hält die Pilze weiß, weil sie sich nicht voll Wasser saugen.) Champignons auf einem Sieb noch mal mit kaltem Wasser überbrausen.
Tomaten mit kochendem Wasser übergießen, häuten und halbieren. Butter in einem Topf zerlassen. Tomatenhälften darin kurz erhitzen und salzen.
Champignons (kleine zum Garnieren zurücklassen) zugeben. Aufkochen und noch 5 Minuten zugedeckt bei geringer Hitze weitergaren. Danach die Erbsen reingeben und erhitzen. Nicht mehr kochen. Vorsichtig umrühren. Petersilie dazugeben und abschmecken.
Sobald die Erbsen im Topf sind, Öl in einer Pfanne erhitzen. Trockengetupfte Puterschnitzel auf jeder Seite 3 Minuten goldbraun braten. Salzen.
Gemüse in einer vorgewärmten flachen Schüssel anrichten. (Das Gemüse mit dem Schaumlöffel aus dem Topf nehmen, falls sich zuviel Flüssigkeit gebildet hat.) Steaks auf dem Gemüse anrichten, Gericht mit Champignons garnieren.

Beilagen: Salzkartoffeln mit Petersilie (von 500 g Kartoffeln). Eine Portion: 85 Kalorien = 356 Joule. 1,6 BE.

Putersteak Hubertus

Eine Portion enthält: 29 g Eiweiß, 30 g Fett, 4 g Kohlenhydrate = 0,3 BE, 226 mg Cholesterin.
Kalorien: 422 = 1767 Joule.
Zubereitung: 40 Minuten.

10 g durchwachsener Speck, 1 TL Pflanzenöl (5 g), 50 g sehr kleine Pfifferlinge aus dem Glas, 1 EL ungezuckertes Preiselbeerkompott, Salz, 1 Ei, 4 Putersteaks aus 500 g Puterfilet, Zwiebelpulver, 2 EL Pflanzenöl (20 g), 1 hartgekochtes Ei, Currypulver.

Speck würfeln. In einer Pfanne mit dem Öl anbraten. Abgetropfte Pfifferlinge dazugeben und erhitzen. Preiselbeerkompott einrühren. Mit Salz würzen. Ei verquirlen, wenig salzen, drübergießen und stocken lassen.
In jedes Putersteak eine Tasche schneiden. Pilzmasse einfüllen. Mit Hölzchen zustecken. Mit Salz und Zwiebelpulver würzen. Die Putersteaks in die Fettpfanne legen. Pflanzenöl erhitzen und drübergießen. In den vorgeheizten Ofen auf die mittlere Schiene schieben.

Bratzeit: 20—25 Minuten. Elektroherd: 250—275 Grad. Gasherd: Stufe 6—7.
Während des Bratens einmal wenden. Eventuell einen Schuß Wasser zufügen.
Das hartgekochte Ei schälen und mit dem Eischneider würfeln (einmal längs und einmal quer durchschneiden). Mit Salz und Currypulver würzen. Putersteaks auf einer vorgewärmten Platte anrichten und mit dem gewürfelten Ei garnieren.

Beilagen: Salat von 1 Kopf Salat in Marinade aus 2 EL Zitronensaft, Gewürzen, 2 EL Schnittlauch und 2 EL Keimöl. Eine Portion: 55 Kalorien = 230 Joule. — Körnig gekochter Reis von 125 g. Eine Portion: 115 Kalorien = 481 Joule. 2 BE.

Q

Quark

Kaum ein Lebensmittel, das so viel hochwertiges Eiweiß fettfrei liefert wie Magerquark. 100 g haben 88 Kalorien und 17 g Eiweiß, aber nur 0,5 g Fett. Anders bei Speisequark mit 10 Prozent Fett in der Trockenmasse. Da haben 100 g 97 Kalorien, 14 g Eiweiß und 2 g Fett. Der 20-Prozentige hat schon 124 Kalorien, auch 14 g Eiweiß, aber 5 g Fett. Und 100 g 40prozentiger Quark ist mit 179 Kalorien und 12 g Fett bei nur 12 g Eiweiß das Schwergewicht. Es gibt keinen Zweifel, Magerquark ist für Reduktionskost geradezu ideal. Und wer die leichte Säure nicht verträgt, dem kann geholfen werden: Einfach einen Löffel eiweißreiches, basenüberschüssiges Magermilchpulver hineinrühren. Das hilft bestimmt.

Bei Quarkmischungen mit Früchten und Zucker rechnen Sie bitte pro 100 g 14 Kalorien mehr. Bei fetten Sorten macht das schon etwas aus.

Bitte denken Sie bei der Berechnung daran, daß eine Packung Quark immer 250 oder 500 g enthält.

Quark läßt sich fabelhaft zubereiten mit frischem Obst und Obstsäften. Klar, daß Sie mit Süßstoff süßen. Wer ihn lieber pikant mag, hat die Wahl zwischen Gewürzen, Kräutern oder auch Gemüse wie Paprika und Gurken. So ist Quark ein guter Begleiter von Pellkartoffeln oder Brot.

Hochwertige Eiweißkalorien liefert auch der quarkähnliche Hüttenkäse (Cottage Cheese, Jocca). Er ist körnig, aber sahnig und sehr aromatisch. 100 g haben etwa 110 Kalorien und enthalten 13 g Eiweiß.

Quark-Apfel-Torte
6 Stücke

Ein Stück enthält: 8 g Eiweiß, 2 g Fett, 10 g Kohlenhydrate = 0,8 BE, 43 mg Cholesterin.
Kalorien: 95 = 398 Joule.
Zubereitung: 50 Minuten.

200 g Magerquark, 1 Eigelb, 35 g feiner Grieß, gut 1 EL Zitronensaft, etwas abgeriebene Zitronenschale, 1 Prise Salz, flüssiger Süßstoff, 250 g mürbe Äpfel (Cox Orange oder Boskop), 1 Msp Backpulver, 1 Eiweiß, 1 TL Öl (5 g).

Quark, Eigelb und Grieß gut miteinander verrühren. Zitronensaft und -schale und Salz zufügen. Mit Süßstoff abschmecken.
Äpfel schälen, entkernen und in kleine Würfel schneiden. Unter den Quark mischen. Backpulver durch ein Teesieb darübergeben und gleichmäßig unterrühren. Eiweiß zu sehr steifem Schnee schlagen. Mit einem Schneebesen unter die Quarkmasse heben. Boden einer kleinen Springform dünn mit Öl einpinseln, Teig einfüllen und in den vorgeheizten Ofen auf die mittlere Schiene stellen.

Backzeit: 35 Minuten. Elektroherd: 200 Grad. Gasherd: Stufe 3—4.
Die Oberfläche des Kuchens muß leicht aufgebrochen sein. Ist sie das nicht, dann wird die Hitze etwa 10 Minuten vor Ende der Backzeit etwas erhöht. Die Oberfläche soll außerdem goldbraun sein.
Kuchen aus dem Ofen nehmen und in der Form auskühlen lassen. Dann mit einem kleinen scharfen Messer am Rand entlang fahren und aus der Form nehmen. In sechs Stücke schneiden.

PS: Kuchen am besten am Tag vorm Verzehr backen. Frisch zerfällt er leicht. Man kann ihn übrigens auch einfrieren.

Quarkbecher

Eine Portion enthält: 10 g Eiweiß, 1 g Fett, 21 g Kohlenhydrate, 4 mg Cholesterin.
Kalorien: 133 = 557 Joule.
Zubereitung: Ohne Kühlzeit 10 Minuten.

150 g Tiefkühl-Erdbeeren, 250 g Speisequark (10 %), 15 g Zucker, 2 EL Zitronensaft, 2 EL Magermilch, flüssiger Süßstoff, 1 kleine Banane (100 g).

Tiefkühl-Erdbeeren antauen lassen und dann pürieren.(Ein paar kleine
Erdbeeren zum Garnieren zurücklassen.) Speisequark und Zucker
zugeben. Cremig schlagen. Nacheinander Zitronensaft und Magermilch zufügen. Mit Süßstoff abschmecken. Banane in Scheiben schneiden. Unterheben.
Quarkspeise in Glasbecher füllen. 30 Minuten zugedeckt in den
Kühlschrank stellen. Vorm Servieren mit den Erdbeeren garnieren.

Quark-Birnen

Eine Portion enthält: 6 g Eiweiß, 5 g Fett, 20 g Kohlenhydrate, 4 mg
Cholesterin.
Kalorien: 166 = 695 Joule.
Zubereitung: 15 Minuten.

*8 halbe Birnen aus der Dose (400 g), 4 EL Zitronensaft, 125 g Magerquark,
1 EL Mayonnaise (50 %), 1 EL Weinbrand, 1 TL Senf, Salz, weißer Pfeffer,
8 kleine Salatblätter, 8 halbe Walnußkerne.*

Die abgetropften Birnenhälften mit Zitronensaft beträufeln.
Quark mit Mayonnaise, Weinbrand, Senf, Salz und Pfeffer in einer
Schüssel verrühren und abschmecken. In einen Spritzbeutel füllen. In
die Birnenhälfte spritzen.
Salatblätter waschen, gut abtropfen lassen und 4 Dessertteller damit
auslegen. Je 2 Birnenhälften daraufsetzen. Jede Birne mit einem
Walnußkern garnieren. Bis zum Servieren zugedeckt in den Kühl-
schrank stellen.

Quark-Fruchttorte

Ein Stück enthält: 13 g Eiweiß, 7 g Fett, 31 g Kohlenhydrate, 129 mg
Cholesterin.
Kalorien: 249 = 1043 Joule.
Zubereitung: 70 Minuten.

*4 Eigelb, 4 EL heißes Wasser, 100 g Zucker, 4 Eiweiß, 1 Päckchen Vanillin-
zucker, 75 g Mehl, 50 g Speisestärke, 1 TL Backpulver. – Für die Füllung:
375 g Magerquark, 4 EL Zitronensaft, 1 Päckchen Vanillinzucker, flüssiger
Süßstoff, 2 Eigelb, $\frac{1}{4}$ l Magermilch, 8 Blatt eingeweichte, weiße Gelatine, 4 EL
heißes Wasser, 2 Eiweiß, 2 kleine Bananen (250 g), 100 g Mandarinen aus*

der Dose, 250 g Kaiserkirschen aus dem Glas. – Zum Garnieren: *1 Beutel blättrige Mandeln (40 g), 1 Beutel Instant-Schlagschaumpulver (40 g), ⅛ l sehr kalte Magermilch.*

Für den Teig Eigelb mit Wasser in einer Schüssel schaumig schlagen. Nach und nach den Zucker zugeben.
Eiweiß mit Vanillinzucker steif schlagen. Auf die Eigelbmasse gleiten lassen. Mehl mit Speisestärke und Backpulver mischen. Drübergeben und locker unterheben. Springform (24 cm Durchmesser) mit Pergamentpapier auslegen und einfetten. Teig einfüllen. Glattstreichen und in den vorgeheizten Ofen auf die mittlere Schiene stellen.

Backzeit: 30 Minuten. Elektroherd: 175 Grad. Gasherd: Stufe 2.
Fertigen Tortenboden auf einem Kuchendraht auskühlen lassen.
In der Zwischenzeit Quark mit Zitronensaft, Vanillinzucker, Süßstoff, Eigelb und Milch in einer Schüssel schaumig rühren. Gelatine ausdrücken, in 4 EL heißem Wasser auflösen und in die Quarkmasse rühren. Zugedeckt in den Kühlschrank stellen. Eiweiß steif schlagen. Unter die gelierende Quarkmasse heben. Den Tortenboden so durchschneiden, daß eine dünne und eine dicke Scheibe entstehen. Dicke Scheibe auf einer Tortenplatte in den Springformrand legen. Ein Drittel der Quarkmasse draufgeben. Bananenscheiben, abgetropfte Mandarinenspalten und Kirschen (14 zurücklassen) darauf verteilen. Restche Quarkmasse draufgeben. Mit der zweiten Tortenscheibe belegen. Für 2 bis 3 Stunden in den Kühlschrank stellen. Mandeln in einer trockenen Pfanne goldgelb rösten. Aus Schlagschaumpulver und Magermilch nach Anweisung Schaum zubereiten. Eine Drittel davon in einen Spritzbeutel füllen.
Springformrand von der Torte abnehmen. Tortenrand und Oberfläche mit Schlagschaum bestreichen und mit Mandeln bestreuen. 14 Stücke markieren. Mit dem Spritzbeutel dicke Rosetten auf die Stücke setzen. Zum Schluß die Tortenstücke mit je einer Kirsche garnieren.

Quarkklößchen mit Erdbeermark

Eine Portion enthält: 28 g Eiweiß, 3 g Fett, 48 g Kohlenhydrate, 65 mg Cholesterin.
Kalorien: 350 = 1465 Joule.
Zubereitung: 40 Minuten.

750 g Erdbeeren oder Tiefkühlerdbeeren ohne Zuckerzusatz, flüssiger Süßstoff, 500 g Magerquark, Mark einer Vanilleschote, 1 Prise Salz, 1 Ei, 75 g Mehl, 50 g Speisestärke, 1 gestrichener TL Backpulver, 4 El Semmelmehl (30 g).

Erdbeeren waschen, abtropfen lassen und putzen (Tiefkühlerdbeeren auftauen lassen). Im Mixer mit geringster Wasserzugabe pürieren oder durch ein Sieb streichen. Mit Süßstoff abschmecken.
Magerquark in einer Schüssel mit Vanillemark, Salz und Ei gut verrühren. Mehl und Speisestärke mit dem Backpulver mischen. Unterrühren. Mit Süßstoff abschmecken. Leicht gesalzenes Wasser aufkochen. Mit einem in Wasser getauchten Eßlöffel Quarkklöße abstechen. In Semmelmehl wenden und im schwach kochenden Wasser 25 Minuten gar ziehen lassen. Auf keinen Fall sprudelnd kochen.
Klöße mit einer Schaumkelle aus dem Wasser heben und dabei abtropfen lassen. Auf einer vorgewärmten Platte anrichten. Erdbeermark dazu reichen.

PS: Wer rohe Erdbeeren nicht verträgt, dünstet die Früchte 10 Minuten mit ¼ Tasse Wasser, gibt Süßstoff dazu und reicht sie als Kompott zu den Quarkklößchen.

TIP Eine Erdbeerkur wirkt entschlackend und ist sehr gesund. Einfach 1250 g Erdbeeren über den Tag verteilt essen. Macht 411 Kalorien. Das ist etwas für Leute mit sehr viel Durchhaltevermögen.

Quarkkuchen

Ein Stück enthält: 17 g Eiweiß, 3 g Fett, 3 g Kohlenhydrate = 0,2 BE, 86 mg Cholesterin.
Kalorien: 109 = 456 Joule.
Zubereitung: 70 Minuten.

500 g Magerquark, 2 Eier, 1 Prise Salz, 8 EL Zitronensaft, flüssiger Süßstoff.

Sieb mit einem Küchentuch auslegen. Quark darin über Nacht abtropfen lassen.
Quark mit Eiern, Salz und Zitronensaft glattrühren.
Mit Süßstoff abschmecken. Eine Kastenform (30 cm lang) mit Pergamentpapier auslegen. Quarkmasse einfüllen, in den vorgeheizten Ofen auf die mittlere Schiene stellen.

Backzeit: 60 Minuten. Elektroherd: 175 Grad. Gasherd: Stufe 2.
Fertigen Kuchen erst am nächsten Tag servieren. Ergibt 6 Stücke.

PS: Anstelle von Zitronensaft kann man als Geschmackszutat auch gemahlenen Zimt oder Vanillemark verwenden. Dann sparen Sie sogar noch ein paar Kalorien.
Der Kuchen ist ausgesprochen sättigend. In Pergamentpapier eingeschlagen, hält er sich im Kühlschrank einige Tage. Gibt er dabei zuviel Feuchtigkeit ab, dann wickeln Sie ihn in Alufolie ein.

Quark-Tatar

Eine Portion enthält: 27 g Eiweiß, 2 g Fett, 5 g Kohlenhydrate = 0,4 BE, 40 mg Cholesterin.
Kalorien: 159 = 666 Joule.
Zubereitung: 15 Minuten.

> 500 g Magerquark, 5 EL Milch, Salz, weißer Pfeffer, 1 TL Senf, 1 Röhrchen Kapern (20 g), 2 Tomaten (125 g), ½ Bund Schnittlauch, 1 Zwiebel (40 g), 100 g Nordsee-Krabben, Paprika edelsüß und Kümmel.

Quark mit Milch, Salz, Pfeffer und Senf cremig rühren. Abschmecken. Auf einer Platte anrichten.
Kapern abtropfen lassen. Tomaten überbrühen, abziehen und achteln. Schnittlauch in Röllchen schneiden. Zwiebel reiben oder fein hacken. Das Krabbenfleisch abtropfen lassen.
Alle Zutaten, auch Paprika und Kümmel um den Quark herum anrichten. Jeder kann sich seine Portion bei Tisch beliebig mischen.

Beilagen: 4 Scheiben (200 g) Schwarzbrot. Eine Scheibe: 120 Kalorien = 502 Joule. 2 BE. 40 g Halbfettmargarine oder Milchhalbfett. Eine Portion: 38 Kalorien = 159 Joule.

Quark-Törtchen

Eine Portion enthält: 17 g Eiweiß, 2 g Fett, 25 g Kohlenhydrate, 40 mg Cholesterin.
Kalorien: 185 = 775 Joule.
Zubereitung: 15 Minuten.

250 g Magerquark, 4 TL Zitronensaft, flüssiger Süßstoff, 4 Pfirsichhälften aus der Dose (200 g), 6 Blatt weiße Gelatine, 2 Eiweiß, 4 Biskuittörtchen (je 20 g).

Quark mit Zitronensaft und Süßstoff verrühren und abschmecken. Pfirsiche würfeln. Unter den Quark heben.
Gelatine in kaltem Wasser einweichen, ausdrücken, in einem kleinen Topf auf schwacher Hitze auflösen. Nicht aufkochen! Tropfenweise unter die Quarkmasse rühren.
Eiweiß zu steifem Schnee schlagen. Unter den Pfirsichquark heben. Quarkcreme in vier mit kaltem Wasser ausgespülte Tassen füllen. Kalt stellen. Wenn die Masse gestockt ist, stürzt man sie auf die Biskuittörtchen.

Quark-Vanillecreme Hannelore
6 Portionen

Eine Portion enthält: 12 g Eiweiß, 2 g Fett, 16 g Kohlenhydrate, 43 mg Cholesterin.
Kalorien: 139 = 582 Joule.
Zubereitung: Ohne Kühlzeit 30 Minuten.

40 g Speisestärke, ½ l Magermilch, 1 Päckchen Vanillinzucker, flüssiger Süßstoff, 1 Prise Salz, abgeriebene Schale einer halben Zitrone, 1 Ei, 250 g Magerquark, 4 EL Orangensaft, 1 Orange, 10 g Pistazien.

Speisestärke mit 5 Eßlöffel Magermilch anrühren. Übrige Milch mit Vanillinzucker, Süßstoff, Salz und abgeriebener Zitronenschale in einem Topf aufkochen. Speisestärke unter Rühren dazugeben. Noch mal aufkochen.
Von der Creme 2 Eßlöffel abnehmen und in einer Tasse mit dem Eigelb verrühren. In den Topf rühren. Eiweiß steif schlagen. Unter die heiße Creme heben. Etwas abkühlen lassen. Inzwischen den Quark mit Orangensaft verrühren. Eßlöffelweise die Vanillecreme einrühren. Etwa 60 Minuten kalt stellen.
In 6 Gläser oder Teller verteilen. Orange schälen, in Filets teilen. Speise damit und mit gehackten Pistazien garnieren.

R

Radieschen-Salat

Eine Portion enthält: 9 g Eiweiß, 11 g Fett, 3 g Kohlenhydrate = 0,2 BE, 140 mg Cholesterin.
Kalorien: 158 = 662 Joule.
Zubereitung: Ohne Kühlzeit 30 Minuten.

> *2 Bund Radieschen, Salz, 75 g Edamer Käse (30 %), 2 hartgekochte Eier, 1 Bund Schnittlauch. – Für die Marinade: 2 EL Essig, 1 TL scharfer Senf, Salz, weißer Pfeffer, flüssiger Süßstoff, 2 EL Keimöl (20 g), ½ Kopf Salat.*

Die Radieschen putzen, waschen und in sehr dünne Scheiben schneiden. In eine Schüssel füllen. Salzen. Käse in dünne, 2 cm lange Streifen schneiden. Eier schälen. In Scheiben schneiden. (Mit dem Eischneider, wenn Sie einen haben.) Schnittlauch waschen und in Röllchen schneiden. Alles mit den Radieschen mischen.
Essig, Senf, Salz, Pfeffer und flüssigen Süßstoff in einer Schüssel verrühren. Pikant abschmecken. Zuletzt das Öl gut unterrühren. Marinade über den Salat gießen. 15 Minuten durchziehen lassen.
Inzwischen den Salat putzen, waschen und gut abtropfen lassen. Eine Schüssel damit auslegen. Radieschensalat einfüllen.

TIP Radieschen sind immer gut. Sie enthalten lebenswichtige Mineralstoffe wie Calcium (37 mg) und Phosphor (30 mg), auch Vitamin A und C. 100 g haben 20 Kalorien.

Rahm-Gurken-Salat

Eine Portion enthält: 3 g Eiweiß, 6 g Fett, 6 g Kohlenhydrate = 0,5 BE, 21 mg Cholesterin.
Kalorien: 94 = 394 Joule.
Zubereitung: Ohne Marinierzeit 25 Minuten.

> 1 Salatgurke (300 g), 1 kleine grüne Paprikaschote (80 g), 2 gehackte Schalotten einschließlich 5 cm grüne Spitzen, 2 EL gehackter frischer Estragon (oder 2 TL getrockneter), 1 EL gehackter Dill oder 1 TL getrocknete Dillspitzen), Salz, ¼ l saure Sahne, 1 Tomate (50 g), 1 TL gehackter frischer Dill.

Gurke dünn schälen, in der Längsrichtung halbieren und Kerne rausschaben. Gurkenfleisch fein hacken.
Paprikaschote halbieren, putzen, abtropfen lassen und fein hacken. Gurke, Paprikaschote, Schalotten, Estragon und Dill in einer Schüssel mischen und leicht salzen. Saure Sahne untermischen, Schüssel mit Aluminiumfolie gut verschließen. Vor dem Servieren 60 Minuten in den Kühlschrank stellen.
Tomate häuten, halbieren, entkernen, Tomatenfleisch fein hacken. Gurkensalat damit und mit gehackter Tomate und Dill garniert anrichten.

Beilage: 600 g Schweineleber, mit 2 EL Keimöl gegrillt oder in einer beschichteten Pfanne gebraten. Eine Portion: 265 Kalorien = 1109 Joule. 0,1 BE. — Salzkartoffeln von 500 g. Eine Portion: 85 Kalorien = 356 Joule. 1,6 BE.

Rahmschnitzel

Eine Portion enthält: 28 g Eiweiß, 11 g Fett, 7 g Kohlenhydrate = 0,5 BE, 123 mg Cholesterin.
Kalorien: 249 = 1043 Joule.
Zubereitung: 20 Minuten.

> 4 Kalbsschnitzel von je 125 g, Salz, weißer Pfeffer, 30 g Mehl, 2 EL Pflanzenöl (20 g), ⅛ l Fleischbrühe aus einem Würfel, ⅛ l saure Sahne (Rahm), Saft einer halben Zitrone.

Das Kalbsschnitzel mit Küchenpapier abtupfen. Salzen, pfeffern und ihn Mehl wenden. Öl in der Pfanne erhitzen. Schnitzel darin auf jeder Seite 3 Minuten braten. Auf einer vorgewärmten Platte anrichten. Warm stellen.
Restliches Mehl ins Bratfett rühren. Brühe und saure Sahne angießen. Unter Rühren erhitzen. Aufkochen. Mit Zitronensaft, Salz und Pfeffer abschmecken. Über die Schnitzel gießen. Sofort servieren.

Beilagen: 1 Paket Tiefkühlerbsen (450 g) in 10 g Margarine und 2 EL Schnittlauchröllchen geschwenkt. Eine Portion: 126 Kalorien = 528 Joule. 0,1 BE. — Bandnudeln von 125 g. Eine Portion: 122 Kalorien = 511 Joule. 2 BE.

Ratatouille
6 Portionen
Abb. zwischen den Seiten 352/353.

Eine Portion enthält: 4 g Eiweiß, 7 g Fett, 16 g Kohlenhydrate = 1,3 BE, 0 mg Cholesterin.
Kalorien: 151 = 632 Joule.
Zubereitung: 80 Minuten.

> *750 g Zucchini, 2 Auberginen (500 g), je 2 rote und grüne Paprikaschoten (500 g), 500 g Tomaten, 1 Zwiebel, 1 Knoblauchzehe, 4 EL Pflanzenöl (40 g), Salz, weißer Pfeffer, je ½ TL Rosmarin und Basilikum, getrocknet.*

Gemüse waschen. Zucchini in etwa 2 cm dicke Scheiben schneiden. Auberginen und nach dem Putzen gewaschene Paprikaschoten grob würfeln. Tomaten überbrühen, abziehen. Auch grob würfeln. Zwiebel und Knoblauchzehe schälen und fein hacken.
Öl in einem Bräter erhitzen. Zwiebel und Knoblauch darin glasig werden lassen. Gemüse dazugeben. Mit Salz, Pfeffer, Rosmarin und Basilikum würzen. Im geschlossenen Topf in den vorgeheizten Ofen auf die mittlere Schiene stellen.

Garzeit: 45 Minuten. Elektroherd: 250 Grad. Gasherd: Stufe 4.

Beilagen: 12 Scheiben (240 g) Weißbrot. 2 Scheiben: 104 Kalorien = 436 Joule. 1,6 BE.

Räucherfisch-Salat

Eine Portion enthält: 17 g Eiweiß, 4 g Fett, 11 g Kohlenhydrate = 1 BE, 29 mg Cholesterin.
Kalorien: 158 = 662 Joule.
Zubereitung: Ohne Marinierzeit 20 Minuten.

250 g geräucherter Seelachs, ½ Becher Magermilch-Joghurt, 2 EL Magerquark (60 g), Zitronensaft, Senf, Salz, weißer Pfeffer, 1 Apfel (200 g), 1 Stück Sellerie (200 g), 1 kleiner Kopf Salat, 4 TL gemahlene Walnußkerne (20 g).

Fisch entgräten, häuten und in mundgerechte Stücke zerpflücken. Joghurt und Quark miteinander verrühren. Die Mischung soll cremig sein. Mit Zitronensaft, Senf, Salz und Pfeffer pikant abschmecken. Apfel waschen, schälen, vierteln, entkernen und in feine Streifen schneiden. Oder auch grob raffeln. Sofort mit der Marinade mischen. Sellerie gründlich waschen, schälen, grob raffeln. Auch in die Marinade geben. Zum Schluß den Fisch unterheben. Abschmecken und zugedeckt im Kühlschrank etwa 2 Stunden durchziehen lassen. Dann den Räucherfischsalat noch einmal abschmecken.
Kopfsalat waschen, abtropfen lassen und in Blätter zerpflücken. Harte Blattrippen entfernen. Vier Glasteller damit auslegen. Den Salat darauf anrichten. Mit gemahlenen Nüssen bestreut servieren.

Beilage: 4 Scheiben Schwarzbrot (je 50 g). Eine Scheibe: 120 Kalorien = 502 Joule. 1,9 BE. — 40 g Pflanzenmargarine zum Bestreichen. Eine Portion: 75 Kalorien = 314 Joule.

TIP Den Räucherfischsalat können Sie auch einmal ohne Sellerie zubereiten. Und anstelle von Seelachs schmeckt auch mal geräucherter Rotbarsch. Er ist genauso kalorienarm.

Rebhühner Hennegau

Eine Portion enthält: 24 g Eiweiß, 24 g Fett, 21 g Kohlenhydrate, 111 mg Cholesterin.
Kalorien: 416 = 1742 Joule.
Zubereitung: 80 Minuten.

4 küchenfertige Rebhühner (800 g), Salz, schwarzer Pfeffer, 1 Scheibe Toastbrot, 10 g Margarine, 50 g magerer, gekochter Schinken, 375 g blaue und helle Weintrauben, 2 EL Sherry, 4 Scheiben fetter Speck (40 g), 2½ EL Pflanzenöl (25 g), 1 gehäufter EL Mehl (15 g), ⅜ l Wasser.

Die Rebhühner innen und außen waschen, abtrocknen, mit Salz und Pfeffer einreiben.

Toastbrot würfeln. In Margarine hellbraun rösten. Gekochten Schinken in Streifen schneiden.
Gewaschene, getrocknete Weinbeeren halbieren und entkernen. Toastwürfel, die Schinkenstreifen und ein Drittel der Weinbeeren mischen. Mit Salz, Pfeffer und Sherry abschmecken. Rebhühner damit füllen. Zunähen. Mit je einer Scheibe fettem Speck umwickeln.
Pflanzenöl in einen flachen Topf geben, die Rebhühner hineinlegen und in den vorgeheizten Ofen (mittlere Schiene) stellen. Einen Schuß Wasser zugeben.

Bratzeit: 45 Minuten. Elektroherd: 225—250 Grad. Gasherd: Stufe 4—5.

Während des Bratens häufig beschöpfen. 10 Minuten vor Ende der Garzeit den fetten Speck abnehmen.
Fertige Rebhühner auf einer Platte warm stellen.
Die restlichen Weintrauben, die Schinkenstreifen und den in Streifen geschnittenen fetten Speck im Bratfond durchschmoren. (Ganz überzeugte Kaloriensparer lassen den fetten Speck ganz weg.) Über die Rebhühner verteilen.
Mehl im Bratfond anschwitzen. Mit Wasser ablöschen und kurz durchkochen. Die Soße sorgfältig mit Salz, Pfeffer und Sherry abschmecken. Getrennt zu den Rehhühnern reichen.

Beilagen: Gedünstete Champignons (500 g) in 20 g Margarine mit Gewürzen und 2 EL Zitronensaft. Eine Portion: 67 Kalorien = 281 Joule. — Kartoffelschnee von 500 g Kartoffeln. Eine Portion: 85 Kalorien = 356 Joule.

Reh-Geschnetzeltes

Eine Portion enthält: 29 g Eiweiß, 9 g Fett, 9 g Kohlenhydrate = 0,7 BE, 143 mg Cholesterin.
Kalorien: 243 = 1017 Joule.
Zubereitung: 90 Minuten.

500 g Rehfleisch aus der Keule, 1 Zwiebel, 1 kleine Dose Pfifferlinge (250 g), 2 EL Pflanzenöl (20 g), 10 g Mehl (1 EL), 1/8 l Fleischbrühe (Würfel), 4 EL saure Sahne, Salz, schwarzer Pfeffer, 2 Gewürzgurken (125 g), 50 g Perlzwiebeln aus dem Glas.

Fleisch abspülen und mit Küchenpapier abtrocknen. Gegen die Faser in hauchdünne Scheiben schneiden. Geschälte Zwiebel fein hacken. Pfifferlinge abtropfen lassen.
Öl in einem Topf erhitzen. Fleisch darin 3 Minuten unter Wenden braten. Zwiebel zugeben, weitere 3 Minuten mitbraten. Pfifferlinge dazugeben. Mehl drüberstäuben. Unter Rühren 2 Minuten weiterbraten. Mit Würfelbrühe ablöschen. Zugedeckt 15 Minuten schmoren lassen.
Saure Sahne unterrühren. Mit Salz und Pfeffer abschmecken. Gewürzgurken in feine Streifen schneiden. Mit den abgetropften Perlzwiebeln zum Fleisch geben. Erhitzen. In einer vorgewärmten Schüssel anrichten.

Beilagen: Tomatensalat von 500 g. Marinade aus 2 EL Würzessig, Gewürzen, 2 EL Sonnenblumenöl, 2 EL Schnittlauchröllchen. Eine Portion: 72 Kalorien = 301 Joule. 0,3 BE. — Spätzle von 125 g Rohware. Eine Portion: 122 Kalorien = 511 Joule. 2 BE.

Rehmedaillon mit Sauerkirschen

Eine Portion enthält: 20 g Eiweiß, 10 g Fett, 24 g Kohlenhydrate, 91 mg Cholesterin.
Kalorien: 285 = 1193 Joule.
Zubereitung: 35 Minuten.

4 Rehmedaillons von je 80 g (wahlweise abgehangenes Fleisch aus der Keule), Salz, weißer Pfeffer, 2 EL Pflanzenöl (20 g), 10 g Margarine, 1 kleine Dose Pfifferlinge (250 g), 2 EL Rotwein, 4 EL saure Sahne, 1 EL Johannisbeergelee, 150 g entsteinte Sauerkirschen aus dem Glas, 4 Scheiben Weißbrot (80 g).

Medaillons mit Küchenpapier abtupfen. Salzen, pfeffern. Öl in der Pfanne erhitzen. Medaillons darin auf jeder Seite 4 Minuten braten. Warm stellen.
Margarine in der Pfanne erhitzen. Pfifferlinge und Rotwein zugeben. Kurz durchkochen. Topf vom Herd nehmen, saure Sahne einrühren. Mit Salz, Pfeffer und Johannisbeergelee würzen. Warm stellen.
Für die Garnierung Kirschen im eigenen Saft erhitzen, abgießen.
Weißbrot goldbraun toasten. Auf eine vorgewärmte Platte legen, darauf die Rehmedaillons. Mit Sauerkirschen — diese ganz leicht salzen — garnieren. Pfifferlinge extra reichen.

Beilage: Kopfsalat in einer Marinade aus 2 EL Zitronensaft, Gewürzen, 2 EL gehackten Kräutern, 2 EL Sonnenblumenöl. Eine Portion: 55 Kalorien = 230 Joule.

PS: Da die Rehmedaillons teuer und auch schwer zu haben sind, können Sie auch Rehsteakfleisch verwenden. Oder Sie schneiden die Steaks genau wie zarte Medaillons zu.

Rehragout

Eine Portion enthält: 29 g Eiweiß, 8 g Fett, 4 g Kohlenhydrate = 0,3 BE, 143 mg Cholesterin.
Kalorien: 242 = 1013 Joule.
Zubereitung: 85 Minuten.

500 g Rehfleisch ohne Knochen, 1 Zwiebel, 1 Knoblauchzehe, 2 EL Pflanzenöl (20 g), Salz, schwarzer Pfeffer, 200 g frische Champignons, 1 Dose Tomatenmark (70 g), ⅛ l Fleischbrühe (Würfel), ⅛ l Rotwein, 1 TL Essig, flüssiger Süßstoff, ½ TL getrocknetes Basilikum, 4 EL saure Sahne.

Fleisch kalt abspülen. Mit Küchenpapier abtrocknen und in 2 cm große Würfel schneiden. Zwiebel und Knoblauchzehe schälen und fein hacken. Öl in einem breiten Topf erhitzen. Das Fleisch darin rundherum in 10 Minuten anbraten. Zwiebel und Knoblauch zugeben. Mit Salz und Pfeffer würzen.

Champignons putzen, waschen und blättrig schneiden. Mit dem Tomatenmark zum Fleisch geben. Brühe und Rotwein angießen. Umrühren. Zugedeckt 60 Minuten bei mittlerer Hitze schmoren lassen.

Ragout mit Salz, Essig, Süßstoff und Basilikum abschrecken. Vom Herd nehmen. Saure Sahne verquirlen und einrühren. In einer vorgewärmten Schüssel anrichten und sofort servieren.

Beilagen: Ungesüßtes Apfelkompott (350 g). Eine Portion: 69 Kalorien = 289 Joule. — Kartoffelpüree aus 500 g Kartoffeln, gut ⅛ l Magermilch und 10 g Margarine. Eine Portion: 116 Kalorien = 486 Joule. 2 BE.

Rehrücken mit Birne
6 Portionen

Eine Portion enthält: 26 g Eiweiß, 6 g Fett, 13 g Kohlenhydrate, 128 mg Cholesterin.
Kalorien: 223 = 934 Joule.
Zubereitung: 90 Minuten.

1000 g ungespickter Rehrücken (frisch oder tiefgekühlt), Salz, ½ TL Zwiebelpulver, 4 zerdrückte Wacholderbeeren, 1 EL Pflanzenöl (10 g). – Zum Garnieren: 6 halbe Kompottbirnen (300 g), 6 TL Preiselbeerkompott.

Rehrücken waschen und trocken tupfen. Tiefgekühlten vorher auftauen lassen. Rehrücken kräftig mit Salz, Zwiebelpulver und zerdrückten Wacholderbeeren einreiben.
Ein ausreichend großes Stück Alufolie einölen und das Fleisch in die Mitte legen. Seiten locker überschlagen. Alle Ränder fest zusammenfalzen.
Auf den Backrost legen. In den vorgeheizten Ofen auf die mittlere Schiene schieben.

Bratzeit: 70 Minuten. Elektroherd: 200 Grad. Gasherd: Stufe 3.
Aus dem Ofen nehmen, aus der Folie wickeln und 5 Minuten ruhen lassen, damit sich der Saft sammeln kann. Aufschneiden und auf einer vorgewärmten Platte anrichten. Mit den kurz erhitzten Kompottbirnen garnieren, die mit Preiselbeerkompott gefüllt werden.

Beilagen: Pfifferlinggemüse mit gehackter Petersilie (375 g Pfifferlinge, 10 g Margarine). Eine Portion: 22 Kalorien = 92 Joule. — Die Pfifferlinge auch auf der Platte anrichten.
Kartoffelschnee (von 750 g Kartoffeln). Eine Portion: 85 Kalorien = 356 Joule.

Reiskuppel
6 Portionen

Eine Portion enthält: 10 g Eiweiß, 3 g Fett, 59 g Kohlenhydrate, 28 mg Cholesterin.
Kalorien: 313 = 1310 Joule.
Zubereitung: 45 Minuten.

2 l Wasser, Salz, 250 g Langkornreis, 4 feste Tomaten (250 g), 2 kleine Bananen (250 g), Saft einer Zitrone, 1 Dose Mandarinen (190 g), 1 Dose Maiskörner (280 g), 100 g Langustenschwänze aus Glas oder Dose. – Für die Marinade: 1 Becher Magermilch-Joghurt, 1 EL Mayonnaise (50 %), 1 EL Mandarinensaft, Salz, weißer Pfeffer, flüssiger Süßstoff. – Zum Garnieren: ½ TL getrocknete Minze.

Wasser mit Salz in einem Topf aufkochen. Reis auf einem Sieb kalt abspülen. Ins kochende Wasser geben. 15 Minuten sprudelnd garen. Wieder aufs Sieb geben und kalt abschrecken. Abtropfen lassen. Auf eine vorgewärmte Platte (damit der Reis noch etwas nachtrocknet) oder in eine vorgewärmte flache Schüssel häufen und abkühlen lassen. Tomaten überbrühen, abziehen und achteln. Bananen schälen, längs halbieren und in 1 cm dicke Stücke schneiden. Mit Zitronensaft beträufeln. Mandarinen, Mais und die Langustenschwänze abtropfen lassen. Tomatenachtel, Bananenstückchen, Mandarinen, Maiskörner und halbierte Langustenschwänze sternförmig auf dem Reis anrichten.

Für die Marinade Joghurt und Mayonnaise mit dem Schneebesen schaumig rühren. Mandarinensaft zufügen. Mit Salz, Pfeffer und Süßstoff pikant abschmecken. Über den Reis gießen. Minze zerreiben und den Reis damit bestreuen.

TIP Langustenschwänze, wie sie zur Reiskuppel gehören, sind nicht billig. Nehmen Sie statt dessen doch mal Krabben. Sie kosten etwas weniger.

Reissalat Tante Kitty

Eine Portion enthält: 3 g Eiweiß, 6 g Fett, 32 g Kohlenhydrate, 0 mg Cholesterin.
Kalorien: 199 = 833 Joule.
Zubereitung: Ohne Zeit zum Abkühlen und Marinieren 40 Minuten.

125 g Brühreis, ¼ l Wasser, Salz, 1 TL Currypulver, 2 EL Zitronensaft, weißer Pfeffer, flüssiger Süßstoff, 2 EL Keimöl (20 g), 1 kleine Dose Pfifferlinge (115 g), 100 g Kirschen ohne Steine (Konserve), ½ Salatgurke (250 g), Zwiebelpulver, Dill und Petersilie.

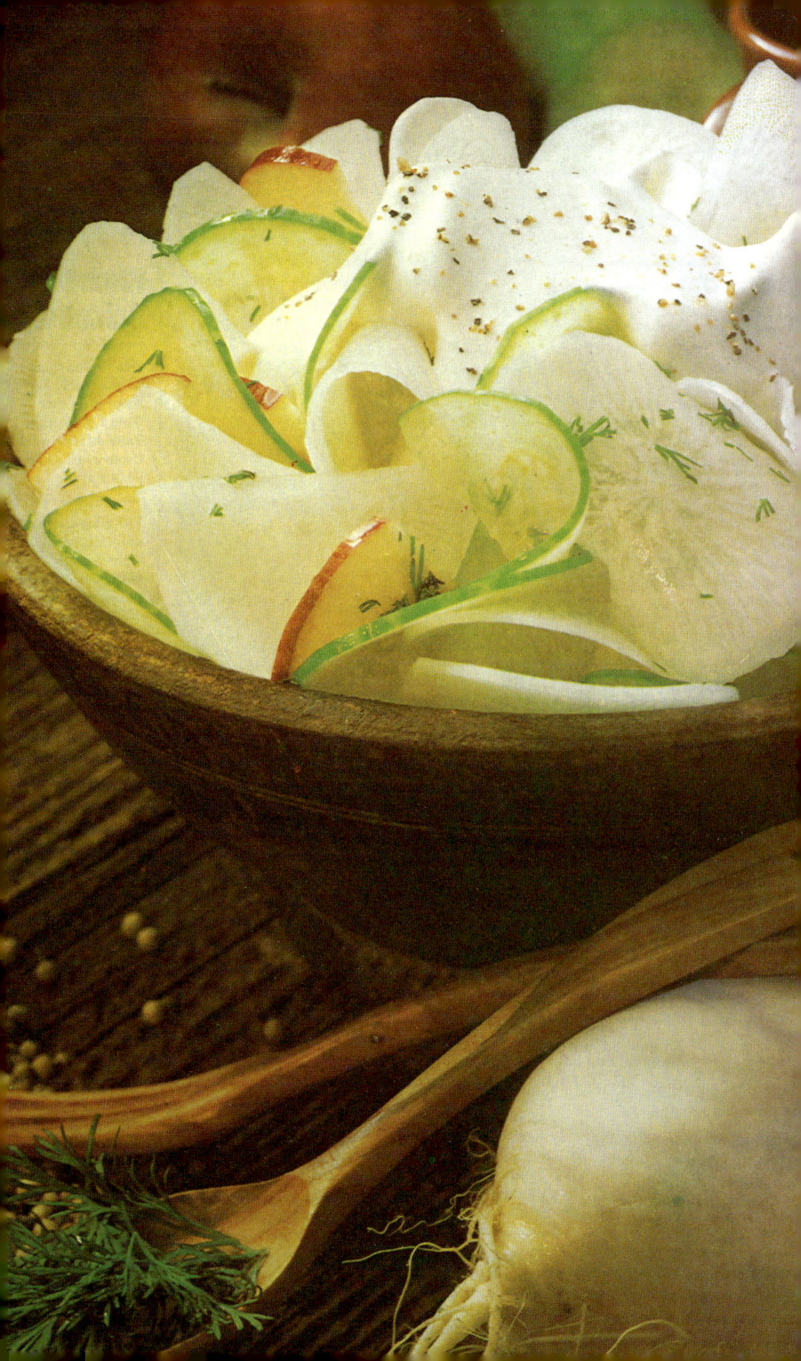

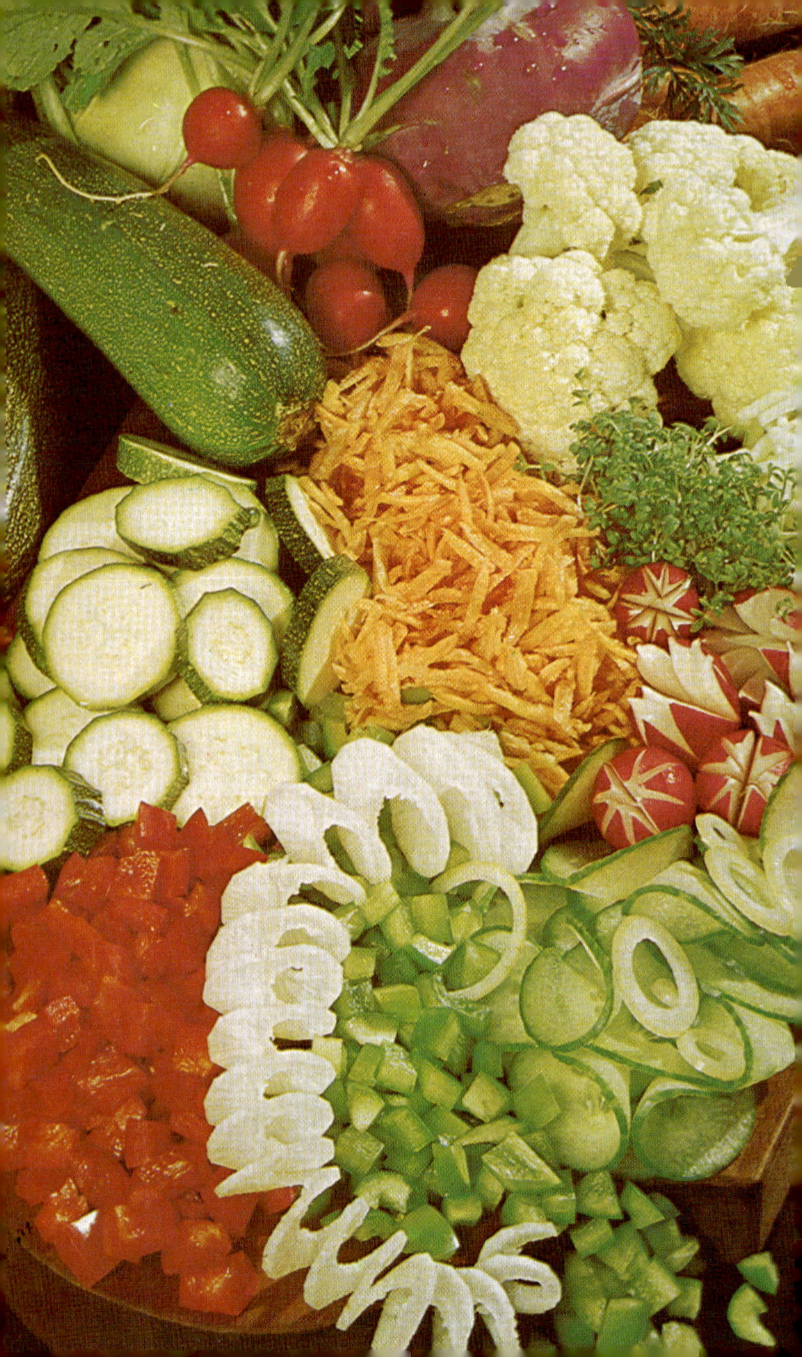

Reis

Ja, wenn wir Vollkornreis essen würden, dann wären wir hochwertig ernährt. Denn 100 g enthalten neben 75 g Kohlenhydraten 2 g Fett in Form von gesundem Keimöl, 7 g hochwertiges Eiweiß und viele B-Vitamine. Zwar haben 100 g auch 371 Kalorien. Aber man ißt bei der Reduktionskost ja nur 30 g, und da halten sich die Kalorien in durchaus erträglichen Grenzen.
Vollreis gibt's im Reformhaus. Er enthält noch das vitaminreiche Silberhäutchen und vor allem den Keim mit dem hochwertigen Eiweiß.
Nur, er hat auch einen Nachteil: Durch seinen Gehalt an mehrfach ungesättigten Fettsäuren wird er leicht ranzig. Vollreis muß also schnell verbraucht werden.
Was wir gemeinhin an Reis konsumieren, ist der weiße, polierte Reis. Man sagt richtig von ihm, daß er leicht verdaulich ist. Und fälschlich, daß er auch im Krankheitsfall noch gesund ist. Falsch deshalb, weil er nur als Sattmacher nützt. Erwähnenswert ist allerdings sein Kaliumgehalt. Nur: Vitalstoffe bietet dieser Reis überhaupt nicht.
Anders der Parboiled-Reis. Er enthält Vitamine und Mineralstoffe, die durch ein Spezialverfahren aus Hülse und Silberhaut (die später entfernt werden) ins Korn verlagert werden. Ein altes Verfahren, durch das wichtige Nährstoffe erhalten bleiben. Parboiled-Reis ist besonders kochfest. Er ist zunächst einmal gelb und wird erst später beim Kochen weiß.

Brühreis in kochendes Wasser geben, Salz und Curry zufügen. In 20 Minuten quellen, dann abtropfen und abkühlen lassen.
Aus Zitronensaft, Salz, Pfeffer, flüssigem Süßstoff und Öl eine Marinade rühren und abschmecken.
Pfifferlinge abtropfen lassen. Kirschen halbieren. Gurke schälen und fein stifteln. Mit der Marinade mischen. Mit Zwiebelpulver würzen. Zuletzt den abgekühlten Reis unterheben. 20 Minuten durchziehen lassen.

◁ *Rohkost*

Salat noch mal abschmecken. Dill und Petersilie hacken und unterheben. In einer Schüssel anrichten.

Beilagen: 4 Scheiben Vollkornbrot (je 50 g) und 40 g Halbfettmargarine. Eine Portion: 163 Kalorien = 682 Joule.

Reissuppe

Eine Portion enthält: 15 g Eiweiß, 4 g Fett, 18 g Kohlenhydrate = 1,5 BE, 38 mg Cholesterin.
Kalorien: 182 = 761 Joule.
Zubereitung: 2 Stunden, 15 Minuten.

Dies ist eine besonders leicht verdauliche Suppe, die bei Magen-, Leber- und Gallebeschwerden wieder auf die Beine hilft. Sie ist aber auch für Diabetiker gut geeignet.

1½ l Hühnerbrühe aus Würfeln, ½ l Wasser, 1 Kohlrabiknolle (150 g), 4 EL Langkornreis (60 g), 2 EL Rundkornreis (30 g), 200 g mageres gekochtes Hühnerfleisch, Salz, 4 zarte Kopfsalatblätter.

Hühnerbrühe mit dem Wasser in einem Topf aufkochen.
Kohlrabiknolle schälen und fein reiben. Mit dem in kaltem Wasser gewaschenen Reis in den Topf geben. Im halb geöffneten Topf etwa 2 Stunden bei schwacher Hitze kochen.
Hühnerfleisch fein hacken oder durch den Fleischwolf geben. Nach zwei Stunden in die Suppe rühren. Mit Wasser verdünnen, falls die Suppe zu stark eingekocht ist. Salzen.
Salat waschen, abtropfen lassen und mit einem scharfen Messer in 2 mm breite Streifen (Julienne) schneiden. Suppe mit Salatstreifen garnieren und sofort servieren.

Beilage: 8 Scheiben getoastetes Weißbrot (je 20 g). Eine Portion: 104 Kalorien = 436 Joule. 1,7 BE.

PS: Die Suppe muß so lange kochen, damit die Schlackenstoffe der Lebensmittel leichter verdaulich sind.

Reisteller

Eine Portion enthält: 14 g Eiweiß, 1 g Fett, 73 g Kohlenhydrate, 0 mg Cholesterin.
Kalorien: 380 = 1591 Joule.
Zubereitung: 30 Minuten.

200 g ungeschälter Reis, 750 g Kochäpfel, abgeriebene Schale einer halben Zitrone, etwas Zitronensaft, Süßstoff nach Geschmack, 1 l Magermilch.

Reis in reichlich ungesalzenem Wasser etwa 20 Minuten sprudelnd kochen lassen. Auf einem Sieb mit kaltem Wasser kurz überbrausen. Abtropfen lassen.
Äpfel schälen, vierteln, entkernen. Mit abgeriebener Zitronenschale und ½ Tasse Wasser im geschlossenen Topf 15 Minuten bei mittlerer Hitze kochen. Topf vom Herd nehmen und das Apfelmus mit einem Schneebesen kräftig durchschlagen. Mit Süßstoff und noch etwas Zitronensaft abschmecken.
Apfelmus und Reis mischen. Entweder warm oder aber gut gekühlt mit kalter Milch servieren.

Rettich mit Roquefortsoße

Eine Portion enthält: 5 g Eiweiß, 7 g Fett, 5 g Kohlenhydrate = 0,4 BE, 25 mg Cholesterin.
Kalorien: 106 = 444 Joule.
Zubereitung: 25 Minuten.

2 große Rettiche (je 250 g), Salz, weißer Pfeffer, 50 g Roquefortkäse, ⅛ l saure Sahne, 1 TL Zitronensaft, je ½ Bund Schnittlauch und Petersilie.

Rettiche unter kaltem Wasser abbürsten, dünn schälen und in hauchdünne Scheiben schneiden. Mit Salz und Pfeffer bestreuen. In einer Schüssel zugedeckt beiseite stellen.
Roquefort in einer Schüssel mit der Gabel zerdrücken. Mit Sahne und Zitronensaft glattrühren. Schnittlauch und Petersilie waschen, fein hacken und dazugeben.
Rettichscheiben umrühren. Eventuell etwas Flüssigkeit abgießen. Roquefortsoße darübergießen und leicht unterheben. In einer frischen Schüssel anrichten und servieren.

Beilagen: 4 Scheiben (200 g) Schwarzbrot. Eine Scheibe: 120 Kalorien = 502 Joule. 2 BE. — 40 g Halbfettmargarine oder Milchhalbfett. Eine Portion: 38 Kalorien = 159 Joule.

PS: Diesen herzhaften Salat können Sie auch als Beilage zu gegrillten Steaks, Koteletts oder kurzgebratenem Fleisch reichen. Er paßt auch aufs Kalte Büfett und eignet sich als Partysalat.

Rettichsalat
Abb. zwischen den Seiten 384/385.

Eine Portion enthält: 3 g Eiweiß, 7 g Fett, 9 g Kohlenhydrate = 0,8 BE, 21 mg Cholesterin.
Kalorien: 106 = 444 Joule.
Zubereitung: 35 Minuten.

2 große weiße Rettiche (400 g), Salz, 1 roter, säuerlicher Apfel (120 g), ¼ Salatgurke (200 g), ¼ l saure Sahne, weißer Pfeffer, 1 TL getrocknete Dillspitzen oder gehackter, frischer Dill.

Rettiche unter kaltem Wasser gründlich waschen.
Schälen und in hauchdünne Scheiben schneiden. Oder auf dem Gurkenhobel hobeln. In eine Schüssel geben. Reichlich mit Salz bestreuen. Gut mischen und zugedeckt ziehen lassen.
Apfel waschen, abtrocknen, vierteln, Kerngehäuse entfernen. Viertel in dünne Scheiben schneiden.
Gurke abspülen und abtrocknen. Auch in dünne Scheiben hobeln.
Von den Rettichscheiben das Wasser abgießen. Apfel- und Gurkenscheiben untermischen.
Saure Sahne in einer Schüssel schaumig schlagen und mit Pfeffer würzen. Über die Salatzutaten gießen. Dill drüberstreuen. Eventuell mit Salz nachwürzen. Sofort servieren.

Beilagen: Bratkartoffeln aus 500 g in 1 EL Öl (10 g) gebraten. Eine Portion: 108 Kalorien = 452 Joule. 1,6 BE. — Oder 4 Scheiben Vollkornbrot (200 g). Eine Scheibe: 120 Kalorien = 502 Joule. 2 BE.

Rhabarber-Schichtspeise

Eine Portion enthält: 28 g Eiweiß, 3 g Fett, 31 g Kohlenhydrate = 2,6 BE, 0 mg Cholesterin.
Kalorien: 260 = 1126 Joule.
Zubereitung: Ohne Kühlzeit 30 Minuten.

> *750 g Rhabarber, dünn abgeschälte Schale einer Zitrone, Mark einer Vanilleschote, flüssiger Süßstoff, 4 Blatt rote Gelatine (8 g), 500 g Magerquark, 4 EL Zitronensaft, 120 g Zwieback (ohne Eier).*

Den Rhabarber putzen, waschen und in 3 cm lange Stücke schneiden. Mit ¼ Tasse Wasser, Zitronenschale und Vanillemark im Topf aufkochen. 20 Minuten zugedeckt bei schwacher Hitze zu Mus kochen. Zitronenschale entfernen. Rhabarber mit Süßstoff abschmekken.
Gelatine 5 Minuten in kaltem Wasser einweichen. Gut ausdrücken und langsam in den Rhabarber rühren. Abkühlen lassen.
Quark mit Zitronensaft und — falls nötig — mit etwas Wasser zu einer geschmeidigen Creme rühren. Mit Süßstoff abschmecken. Den Zwieback zerstoßen. Rhabarber, Quark und Zwiebackbrösel lagenweise in ein Glasgefäß schichten. Oberste Schicht: Zwiebackbrösel.

TIP So wird Zwieback schnell gebröselt: In ein Küchentuch einschlagen oder in eine Plastiktüte füllen. Mit einem Nudelholz darüberrollen.

Rheinischer Sauerbraten
6 Portionen

Eine Portion enthält: 25 g Eiweiß, 20 g Fett, 6 g Kohlenhydrate, 89 mg Cholesterin.
Kalorien: 333 = 1394 Joule.
Zubereitung: Ohne Marinierzeit 2 Stunden, 10 Minuten.

> *750 g Rindfleisch aus der Keule. – Für die Marinade: ¼ l Essig, ¼ l Wasser, 1 Lorbeerblatt, 6 Pfefferkörner, ½ TL Senfkörner, 1 Zwiebel. – Außerdem: 2½ EL Pflanzenöl (25 g), ¼ l Fleischbrühe (Würfel), 2 EL Rotwein, 20 g Honigkuchen, 1 EL Mehl (10 g), 2 EL Dosenmilch (7,5 %), 20 g Rosinen, Salz.*

Rindfleisch abspülen. Für die Marinade Essig und Wasser in einen Steinguttopf gießen. Gewürze und die geschälte, in Scheiben geschnittene Zwiebel dazugeben. Fleisch einlegen und zugedeckt an einem kühlen Ort 3 Tage durchziehen lassen. Ab und zu wenden.

Fleisch mit Küchenpapier abtrocknen. Die Marinade durchsieben. Öl in einem Bräter erhitzen. Das Fleisch darin rundherum 15 Minuten anbraten. Fleischbrühe, Rotwein und 3 EL Marinade angießen. Zugedeckt 90 Minuten schmoren. Honigkuchen fein zerbröckeln und 10 Minuten vor Ende der Garzeit zum Fleisch geben.

Den Sauerbraten auf einem Holzbrett etwas abkühlen lassen. Quer zur Faser aufschneiden. Fleischscheiben auf einer vorgewärmten Platte anrichten und mit Alufolie zugedeckt warm stellen.

Für die Soße den Schmorfond durchsieben. Wenn nötig, mit Wasser auf $1/2$ l auffüllen und aufkochen. Mehl und Dosenmilch verrühren. Soße damit binden. Aufkochen.

Rosinen heiß waschen und abgetropft in die Soße geben. 3 Minuten darin ziehen lassen. Die Soße mit Salz abschmecken.

Etwas Soße über den Sauerbraten verteilen. Rest extra reichen.

Beilagen: Rotkohl (1 Glas = 600 g). Eine Portion: 26 Kalorien = 109 Joule. — Kartoffelklöße von 300 g Kartoffelpulver. Eine Portion: 178 Kalorien = 745 Joule.

Rinderbraten bayrische Art
6 Portionen

Eine Portion enthält: 33 g Eiweiß, 25 g Fett, 4 g Kohlenhydrate = 0,3 BE, 117 mg Cholesterin.
Kalorien: 413 = 1729 Joule.
Zubereitung: 135 Minuten.

1000 g Rindfleisch aus der Keule, Salz, weißer Pfeffer, 2½ EL Pflanzenöl (25 g), 1 Bund Suppengrün, 2 Zwiebeln, ¼ l helles Bier, ¼ l Wasser, 2 EL Mehl (20 g).

Rindfleisch mit Salz und Pfeffer einreiben. Pflanzenöl im Schmortopf erhitzen. Fleisch darin rundherum anbraten.

Suppengrün putzen, waschen und in grobe Stücke schneiden. Zum Fleisch geben und kurz durchbraten. Nach 10 Minuten mit Bier ablöschen. Nach und nach das Wasser auffüllen. Das Fleisch insgesamt

1½ bis 2 Stunden im geschlossenen Topf schmoren lassen. Dann herausnehmen und warm stellen. Am besten noch mit Alufolie abdecken.
Schmorfond durchsieben. Mit Wasser auf ½ l auffüllen. Mit in kaltem Wasser angerührtem Mehl binden. Abschmecken. Fleisch aufschneiden, auf einer vorgewärmten Platte anrichten. Mit etwas Soße begießen. Die übrige Soße extra reichen.

Beilagen: Salat aus einem Kopf Salat in einer Marinade aus 2 EL Zitronensaft, Gewürzen, 2 EL gehackten Kräutern und 2 EL Keimöl. Eine Portion: 55 Kalorien = 230 Joule. — Kartoffelschnee von 750 g Kartoffeln. Eine Portion: 85 Kalorien = 356 Joule. 1,6 BE.

Rinderschmorbraten

Eine Portion enthält: 26 g Eiweiß, 23 g Fett, 9 g Kohlenhydrate = 0,7 BE, 90 mg Cholesterin.
Kalorien: 368 = 1541 Joule.
Zubereitung: 105 Minuten.

> *500 g Rindfleisch aus der Keule, schwarzer Pfeffer, Salz, 1 Scheibe fetter Speck (10 g), 2 EL Pflanzenöl (20 g), 1 Zwiebel, 125 g Sellerie, 2 Möhren (125 g), 1 Petersilienwurzel (50 g), ⅜ l heißes Wasser, 2 EL Mehl (20 g).*

Rindfleisch kalt abspülen und mit Küchenpapier abtrocknen. Mit Pfeffer und Salz einreiben. Speck würfeln. Öl im Topf erhitzen. Speck darin glasig werden lassen. Rindfleisch im Topf in 15 Minuten rundherum braun anbraten.
Zwiebel schälen. Sellerie, Möhren und Petersilienwurzel putzen und waschen. Alles in Scheiben schneiden. Zum angebratenen Fleisch geben und kurz mitbraten. Heißes Wasser angießen. Im geschlossenen Topf 75 Minuten bei mittlerer Hitze schmoren. Gelegentlich mit dem Schmorfond begießen.
Den Braten auf einer gut vorgewärmten Platte warm stellen.
Mehl mit etwas Wasser verquirlen. Schmorfond durchsieben. Wenn nötig, mit Wasser auf ⅜ l auffüllen. Aufkochen und mit Mehl binden. Kurz aufkochen lassen. Mit Pfeffer und Salz abschmecken. Braten aufschneiden und anrichten. Soße extra reichen.

Beilagen: Grüne Bohnen (500 g) in 10 g Margarine und 1 Eßlöffel

gehackter Petersilie geschwenkt. Eine Portion: 57 Kalorien = 239 Joule.
— Salzkartoffeln (500 g). Eine Portion: 85 Kalorien = 356 Joule. 1,6 BE.

TIP Wer auf Mehl verzichten will, serviert den Schmorfond, ohne ihn zu binden. Einfach durchsieben. Für Diabetiker ist diese Zubereitungsart ohnehin empfehlenswert. Für alle anderen ist es eine der einfachsten Möglichkeiten, Kalorien zu sparen.

Rindfleisch

Mager muß es sein, dann ist Rindfleisch ein guter Eiweißlieferant für alle Schlankheitsfans. Das bedeutet: Rindfleisch sättigt relativ kalorienarm. Für längere Zeit als es zum Beispiel Süßigkeiten mit gleicher Kalorienzahl können. Das eben liegt an seinen Nährstoffen. Die Werte in 100 g: Filet: 126 Kalorien und 19 g Eiweiß. Keule: 205 Kalorien und 19 g Eiweiß. Fleisch in Dosen: 210 Kalorien und 14 g Eiweiß. Blume/Rose: 253 Kalorien und 17 g Eiweiß. Roastbeef: 254 Kalorien und 16 g Eiweiß. Tatar: 128 Kalorien und 21 g Eiweiß. Zunge: 223 Kalorien und 16 g Eiweiß. Der Fettgehalt schwankt von 4 g bei Filet bis 19 g bei Blume und Roastbeef.
Rindfleisch liefert neben Calcium auch 140 mg Phosphor, 2,1 mg Eisen und Vitamine der B-Gruppe, darunter vor allem Niacin. Alles bezogen auf 100 g.
Diese Werte sind allerdings bei Innereien wesentlich höher. Aber die enthalten oft auch die doppelte oder manche sogar die vielfache Menge an Cholesterin.
Auf unserem Bild sehen Sie Beefsteakfleisch (Kluft) und Ochsenschwanz auf dem Holzteller, Filet und Roastbeef davor.

Rindfleisch-Imbiß
6 Portionen

Eine Portion enthält: 20 g Eiweiß, 17 g Fett, 13 g Kohlenhydrate, 72 mg Cholesterin.
Kalorien: 298 = 1248 Joule.
Zubereitung: Ohne Kühlzeit 2 Stunden.

1 tiefgekühlte Hühnerbrust (250 g), 500 g Rindfleisch (Hoch- oder Querrippe), 1½ l Wasser, Salz, 1 Lorbeerblatt, 3 Pfefferkörner, 1 Zwiebel, ½ Bund Suppengrün (250 g), 1 säuerlicher Apfel (125 g), 2 EL Zitronensaft, ½ Kopf Salat. – Für die Marinade: 1 Becher Trinkmilch-Joghurt, 2 EL Preiselbeeren aus der Dose (40 g), 1 EL Grapefruitsaft, Salz, weißer Pfeffer. – Zum Garnieren: 2 EL Mandarinen aus der Dose (50 g).

Die Hühnerbrust in einer Schüssel zugedeckt auftauen lassen. Dann abspülen. Auch das Rindfleisch.
Wasser in einem Topf aufkochen. Salzen. Das Rindfleisch, Lorbeerblatt, Pfefferkörner und die geschälte Zwiebel hineingeben. Bei schwacher Hitze 60 Minuten köcheln lassen.
Inzwischen das Suppengrün putzen und waschen. Mit der Hühnerbrust zum Rindfleisch geben und weitere 30 Minuten garen. Topf vom Herd nehmen. Fleisch in der Brühe erkalten lassen. Rindfleisch und Hühnerbrust von den Knochen lösen. Hühnerbrust häuten. Fleisch in gleichmäßige Würfel schneiden. Bouillon am nächsten Tag servieren. Apfel schälen, vierteln, entkernen und würfeln. Mit Zitronensaft beträufeln. Fleisch- und Apfelwürfel in einer Schüssel mischen. Kopfsalat putzen, waschen, trockenschwenken. Vier Gläser oder eine Schale damit auslegen. Fleisch-Apfel-Mischung darin verteilen. Joghurt und Preiselbeeren schaumig schlagen. Mit Grapefruitsaft, Salz und Pfeffer abschmecken. Auf die Imbißportionen verteilen. Mit Mandarinen garnieren.

Rindfleischsalat

Eine Portion enthält: 22 g Eiweiß, 17 g Fett, 17 g Kohlenhydrate = 1,4 BE, 117 mg Cholesterin.
Kalorien: 336 = 1407 Joule.
Zubereitung: Ohne Marinierzeit 35 Minuten.

300 g gebratenes, kaltes Roastbeef in 1½ cm dicken Scheiben, 1 grüne Paprikaschote (125 g), 1 Dose Maiskörner (280 g), 2 kleine Gewürzgurken (100 g), 2 Zwiebeln. – Für die Marinade: 2 EL Essig, 2 EL Chilisoße, Salz, 2 EL Pflanzenöl (20 g). – Für die Garnierung: 1 hartgekochtes Ei, ½ Bund Petersilie.

Roastbeef in 1½ cm große Würfel schneiden. Paprikaschote halbieren, putzen, waschen und in 1½ cm breite Würfel schneiden.

Maiskörner abtropfen lassen. Gewürzgurken würfeln. Zwiebeln schälen und hacken. Das Gemüse zum Fleisch geben und locker mischen. Aus Essig, Chilisoße, Salz und Pflanzenöl eine Marinade rühren. Über den Salat gießen und unterheben. Zugedeckt 2 Stunden im Kühlschrank durchziehen lassen.
Salat abschmecken. In einer Schüssel oder auf einer Platte anrichten. Mit Eischeiben oder -achteln und Petersiliensträußchen garnieren.

Beilagen: 4 Scheiben Toast (80 g). Eine Scheibe: 52 Kalorien = 218 Joule. 0,8 BE. — 20 g Halbfettmargarine oder halbfette Butter. Eine Portion: 19 Kalorien = 80 Joule.

PS: Diabetiker tun gut daran, Chilipulver statt -soße zu verwenden. Weil man nicht weiß, ob die Soße Zucker enthält.

Rindfleischspieße Rodeo

Eine Portion enthält: 21 g Eiweiß, 20 g Fett, 7 g Kohlenhydrate = 0,5 BE, 70 mg Cholesterin.
Kalorien: 336 = 1407 Joule.
Zubereitung: 45 Minuten.

> 400 g Rindfleisch (Keule), Salz, schwarzer Pfeffer, 1 rote Paprikaschote, 4 kleine Zwiebeln (80 g), 8 Nelken, 8 gefüllte, spanische Oliven, 2½ EL Pflanzenöl (25 g), 2 EL Mehl (20 g), gut ¼ l halb Rotwein, halb Wasser (300 cm³), flüssiger Süßstoff, gemahlener Zimt.

Das Rindfleisch in Würfel schneiden. Etwas salzen und pfeffern. Paprikaschote putzen. In den Fleischwürfeln entsprechende Stücke schneiden. Zwiebeln schälen, halbieren und mit je einer Nelke spicken. Oliven abtropfen lassen. Abwechselnd auf vier lange oder acht kurze Spieße reihen. Öl in einer Pfanne erhitzen, Spieße darin 10 Minuten rundherum braun braten. Auf einer Platte anrichten und warm stellen.
Mehl im Bratfond durchschwitzen lassen. Mit Rotwein-Wasser ablöschen. Mit Salz, flüssigem Süßstoff und Zimt abschmecken. Etwas Soße über die Spieße geben. Restsoße extra reichen.

Beilage: Tomatensalat aus 500 g zu einer Marinade aus 2 EL Zitronensaft, Gewürzen, 2 EL Keimöl und 1 Bund Schnittlauch. Eine Portion: 72 Kalorien = 301 Joule. 0,3 BE. — Körnig gekochter Reis von 125 g. Eine Portion: 115 Kalorien = 481 Joule. 2 BE.

Ringelzopf

Ein Stück enthält: 4 g Eiweiß, 5 g Fett, 22 g Kohlenhydrate, 15 mg Cholesterin.
Kalorien: 149 = 624 Joule.
Zubereitung: 60 Minuten.

25 g Hefe, knapp ⅜ l lauwarme Milch (350 cm³), 40 g Zucker, 500 g Mehl, 1 Prise Salz, 80 g Margarine, 1 Ei, 2 EL Mohn (10 g).

Hefe in 300 cm³ lauwarme Milch bröckeln. Eine Prise Zucker zufügen. Aufgehen lassen.
Übrigen Zucker, Mehl und Salz mischen. Hefemilch und 60 g zerlaufene Margarine zufügen. Durchkneten. Teig kräftig schlagen. Zur doppelten Höhe aufgehen lassen.
Aus der Hälfte drei Rollen von etwa 50 cm Länge formen. Zopf daraus flechten. Als Kranz auf ein gefettetes Backblech legen. Etwas flachdrücken und mit dem verquirlten Eiweiß bestreichen.
Aus dem übrigen Teig 3 Rollen von 40 cm Länge formen. Auch daraus einen Zopf flechten und als Kranz auf den ersten Zopf legen. Mit der restlichen, zerlassenen Margarine bestreichen. In den vorgeheizten Ofen auf die mittlere Schiene schieben.

Backzeit: 40 Minuten. Elektroherd: 200 Grad. Gasherd: Stufe 3.
Die restlichen 50 cm³ Milch mit dem Eigelb verrühren. Kranz nach 20 Minuten damit bestreichen. Mit dem Mohn bestreuen.
Kuchen aus dem Ofen nehmen und auf einem Kuchendraht auskühlen lassen. Ergibt 20 Stücke.

TIP Hefeteig kann man auch am Vortag zubereiten und über Nacht zugedeckt im Kühlschrank gehen lassen. Am nächsten Tag gelingt er genausogut.

Risi-Bisi

Eine Portion enthält: 13 g Eiweiß, 8 g Fett, 61 g Kohlenhydrate, 7 mg Cholesterin.
Kalorien: 382 = 1599 Joule.
Zubereitung: 40 Minuten.

● *1 Zwiebel (40 g), 20 g Margarine, 250 g Rundkornreis, ½ l heiße Hühnerbrühe aus Extrakt, 1 Packung Tiefkühl-Erbsen (300 g), weißer Pfeffer, Salz, 10 g geriebener Parmesankäse, 30 g geriebener Edamer (30 %).*

Zwiebel schälen und fein hacken. In einem Topf in Margarine glasig braten. Reis in einem Geschirrtuch gut abreiben und in den Topf geben. 5 Minuten unter Rühren mitbraten.
Heiße Hühnerbrühe angießen. Erbsen unaufgetaut dazugeben. Mit Pfeffer und Salz würzen. Aufkochen. Bei schwacher Hitze zugedeckt 20 Minuten garen.
Mit einer Gabel lockern und den Käse unterheben. In einer vorgewärmten Schüssel servieren.

PS: Risi-Bisi ist eine gute Beilage zu Fleischgerichten. Sie können es aber zum Hauptgericht machen, wenn Sie noch 200 g gewürfelten, gekochten Schinken unterheben. Rechnen Sie bitte zusätzlich für jede Portion 96 Kalorien mehr = 401 Joule.

TIP Sie können Risi-Bisi auch mit Dosenerbsen zubereiten. Nach 15 Minuten Garzeit abgetropft zum Reis geben. Jede Portion hat 13 Kalorien weniger.

Roastbeef
8 Portionen

Eine Portion enthält: 21 g Eiweiß, 28 g Fett, 0 g Kohlenhydrate, 80 mg Cholesterin.
Kalorien: 352 = 1474 Joule.
Zubereitung: 50 Minuten.

1000 g Roastbeef, Salz, frisch gemahlener, schwarzer Pfeffer, 3 EL Pflanzenöl (30 g).

Fettschicht am Fleisch mit einem scharfen Messer abschneiden. Fleisch mit Küchenpapier trockentupfen und rundherum mit Salz und Pfeffer einreiben. In die Bratenpfanne legen. Pflanzenöl erhitzen und über das Fleisch verteilen. Bratenpfanne in den vorgeheizten Ofen auf die mittlere Schiene schieben.

Bratzeit: 35 Minuten. Elektroherd: 250 Grad. Gasherd: Stufe 5—6. Ein normal dickes Stück Roastbeef ist dann englisch gebraten, also innen rosa, wie Roastbeef sein soll. Braten in Alufolie wickeln und mindestens 10 Minuten ruhen lassen. Dabei mehrmals wenden, damit sich der Fleischsaft schön gleichmäßig verteilen kann. Dann aufschneiden und auf einer vorgewärmten Platte anrichten.

Beilagen: Gemüseplatte aus je 1 großen Dose Karotten und Spargel und 1 Paket (300 g) Tiefkühlerbsen, geschwenkt in 30 g Butter und 1 Eßlöffel gehackter Petersilie. Eine Portion: 101 Kalorien = 423 Joule. — Kartoffelschnee (von 1000 g Kartoffeln). Eine Portion: 85 Kalorien = 356 Joule. 1,6 BE.

TIP Nicht jeder mag Roastbeef, wenn es innen rosa ist. Wer es durchbraten will, muß es etwa 70 Minuten im Backofen lassen. Dann ist es zwar zart, aber nicht saftig.

Roher Champignonsalat

Eine Portion enthält: 3 g Eiweiß, 8 g Fett, 5 g Kohlenhydrate, 0 mg Cholesterin.
Kalorien: 104 = 435 Joule.
Zubereitung: 25 Minuten.

250 g Champignons, 125 g Möhren, 2 EL Weinessig, 3 EL Keimöl (30 g), Salz, weißer Pfeffer, 1 Tropfen Süßstoff, 1 Kopf Salat, 1 EL Schnittlauchröllchen, 1 EL feingeschnittene Kresse.

Champignons putzen und unter fließendem, kaltem Wasser waschen. Abtropfen lassen. Möhren abschaben und waschen.
Essig und Öl verrühren. Mit Salz, Pfeffer und Süßstoff abschmecken. Champignons feinblättrig schneiden. Möhren fein raffeln. In die Marinade mischen. Durchziehen lassen.
Kopfsalat putzen und in Blätter teilen. Waschen und in mundgerechte Stücke zerpflücken. Dabei harte Blattrippen entfernen. Gut abtropfen lassen. Salatschüssel damit auslegen.
Schnittlauch und Kresse unter den Champignonsalat heben. Auf dem Kopfsalat anrichten.

PS: Wer Champignons roh servieren möchte, muß besonders frische Ware kaufen. Wegen des hohen Wasser- und Eiweißgehaltes verderben die Pilze nämlich sehr viel leichter.

Rohkost

Halten Sie sich gesund. Beleben Sie Ihren Stoffwechsel. Rohkost macht's möglich. Täglich eine Portion Obst oder Gemüse sollten Sie immer in Ihren Speisezettel einplanen. Damit tanken Sie genügend frische Vitamine, Mineralsalze und Spurenelemente, die beim Garen häufig zerstört oder auch verändert werden.

Es gibt wenig Gemüsesorten, die Sie nicht als Rohkost verwenden können. Vorzüglich eignen sich Kohlrabi und Sellerie, Möhren, Gurken und Zucchini, Paprikaschoten und Tomaten, Blumenkohl (geraspelt) und Chinakohl. Sogar die Kohlsorten kann man als Rohkost zubereiten. Nur sollte man sie bei Reduktionskost, vor allem aber bei Leber-, Galle- und Magendiät meiden. Weil sie zu schwer verdaulich sind.

Gemüse für Rohkost will besonders pfleglich behandelt werden. Da sich das wichtige Vitamin C zum Beispiel durch den Sauerstoff in der Luft zersetzt und andere Wertstoffe, zum Beispiel das Vitamin B_2, durch Licht zerstört werden, gibt es einige Regeln, die Sie beachten sollten.

- Rohkost immer erst unmittelbar vor der Mahlzeit zubereiten.
- Gemüse nur kurz waschen, niemals für eine längere Zeit im Wasser liegenlassen.
- Erst nach dem Waschen das Gemüse zerkleinern, sonst laugt es aus und wird wertlos.
- Wenn Rohkost kleingeschnitten, gerieben oder geraspelt ist, wird sie bis zum Servieren sorgfältig zugedeckt.
- Viel Kräuter und auch ein paar Tropfen Zitronensaft in jede Rohkost hineinmischen. Der Vitamine wegen.
- Rohkost vor der Mahlzeit reichen. Mit einem Teelöffel Pflanzenöl mischen. Es hilft, das Vitamin A voll auszunutzen.

Roquefort-Bleichsellerie

Eine Portion enthält: 9 g Eiweiß, 10 g Fett, 7 g Kohlenhydrate = 0,6 BE, 35 mg Cholesterin.
Kalorien: 156 = 693 Joule.
Zubereitung: 10 Minuten.

1 Staude Bleichsellerie (500 g), 100 g Roquefort (Edelpilzkäse), 6 EL Dosenmilch (7,5 %), 2 Tomaten.

Bleichsellerie putzen. Holzige Teile entfernen. Die Stiele in etwa 3 cm lange Stücke schneiden. Mit ein paar der kleinen grünen Blätter auf einer Platte anrichten.
Roquefort und Dosenmilch glatt rühren. Auch auf der Platte anrichten. Gewaschene Tomaten trocknen, Stengelansätze rausschneiden. Tomaten vierteln oder würfeln und entkernen. Die Platte damit garnieren.

Rosenkohl mit Bananen

Eine Portion enthält: 6 g Eiweiß, 7 g Fett, 26 g Kohlenhydrate, 0 mg Cholesterin.
Kalorien: 187 = 783 Joule.
Zubereitung: 45 Minuten.

500 g Rosenkohl, ⅜ l Wasser, Salz, 4 kleine Bananen (500 g), Saft einer halben Zitrone, 30 g Margarine, 1 Prise Zimt, Muskat.

Rosenkohl putzen und waschen. Wasser mit Salz in einem Topf aufkochen. Rosenkohl 20 Minuten darin garen. Auf einem Sieb abtropfen lassen. Warm stellen.
Bananen schälen, längs halbieren und mit Zitronensaft beträufeln, damit sie nicht braun werden. 15 g Margarine in einer Pfanne erhitzen. Bananen hineingeben. Mit einer Spur Salz bestreuen und mit Zimt leicht bestäuben. Auf beiden Seiten je 2 Minuten braten.
Den abgetropften Rosenkohl in der restlichen Margarine schwenken. Mit Salz und Muskat würzen. Auf einer Platte anrichten. Mit den Bananenhälften umlegt servieren.

Wann reichen? Als Beilage zu Schmorbraten oder Filetsteaks. Auf Kartoffeln kann man dann gut verzichten.

TIP Probieren Sie mal Rosenkohl mit Walnüssen. 500 g gekochten Kohl in 10 g Butter schwenken und mit 50 g gehackten Walnußkernen mischen. Macht für jede Portion auch nur 175 Kalorien.

Rosenkohl mit Eßkastanien

Eine Portion enthält: 6 g Eiweiß, 7 g Fett, 21 g Kohlenhydrate, 0 mg Cholesterin.
Kalorien: 173 = 724 Joule.
Zubereitung: 65 Minuten.

125 g Eßkastanien (Maronen), ¼ l Wasser, 10 g Zucker, 30 g Margarine, ¼ l heiße Fleischbrühe (Würfel), 500 g Rosenkohl, ¼ l Wasser, Salz, Muskat.

Kastanien kreuzweise einschneiden. In Wasser 15 Minuten kochen. Abgießen und schälen. Auch die dünne braune Haut abziehen.
Zucker mit 15 g Margarine im Topf unter Rühren goldgelb werden lassen. Kastanien dazugeben. Die heiße Fleischbrühe angießen. In 15 Minuten gar ziehen lassen. Dann warm stellen.
Brühe stark einkochen. Maronen wieder hineingeben und braun und glänzend werden lassen.
Während die Kastanien kochen, den Rosenkohl putzen und waschen. In einen Topf mit kochendem Wasser geben. Salzen. 20 Minuten garen. Gut abtropfen und mit Muskat würzen. Mit den Maronen mischen. Restliche Margarine darin zergehen lassen. In einer vorgewärmten Schüssel anrichten.

Wann reichen? Zu Fasan, Rebhuhn, Hammel- oder Puterrollbraten. Auch zu Steaks und Filetbraten. Zu Hirsch-, Reh- und Wildschweingerichten.

Rotbarsch überbacken

Eine Portion enthält: 48 g Eiweiß, 19 g Fett, 11 g Kohlenhydrate = 1 BE, 200 mg Cholesterin.
Kalorien: 459 = 1922 Joule.
Zubereitung: 55 Minuten.

2 Auberginen (500 g), je 1 rote und grüne Paprikaschote (250 g), 250 g Tomaten, 1 Zwiebel (40 g), 4 EL Pflanzenöl (40 g), Salz, weißer Pfeffer, Cayennepfeffer, 1 Msp Knoblauchsalz, 4 Rotbarschfilets (je 200 g), Saft einer Zitrone, ⅛ l herber Weißwein, 10 g Butter, 1 Dose Krabben (160 g), ½ Bund Petersilie.

Auberginen waschen, Stengelansätze wegschneiden. Auberginen grob würfeln. Paprikaschoten halbieren, entkernen, waschen und würfeln. Tomaten überbrühen, abziehen, achteln und entkernen. Geschälte Zwiebel fein hacken. Öl in einer Pfanne erhitzen. Gemüse 5 Minuten darin braten. Mit Salz, Pfeffer, Cayennepfeffer und Knoblauchsalz gut abschmecken.
Die Rotbarschfilets säubern, mit Zitronensaft säuern, salzen und pfeffern. In eine gefettete Form geben. Mit Weißwein übergießen. Gemüse darauf verteilen. Form in den vorgeheizten Ofen auf die mittlere Schiene stellen.

Garzeit: 25 Minuten. Elektroherd: 225 Grad. Gasherd: Stufe 4.
Inzwischen die Butter in einer Pfanne erhitzen. Abgetropftes Krabbenfleisch 3 Minuten darin braten. Form aus dem Ofen nehmen. Gericht mit den Krabben und feingehackter Petersilie garniert servieren.

Beilage: Safranreis von 125 g Langkornreis und 1 TL Safranpulver.
Eine Portion: 115 Kalorien = 481 Joule. 2 BE.

Rotbarsch-Suppe
6 Portionen

Eine Portion enthält: 32 g Eiweiß, 8 g Fett, 4 g Kohlenhydrate = 0,3 BE, 138 mg Cholesterin.
Kalorien: 237 = 992 Joule.
Zubereitung: 90 Minuten.

> *1 Rotbarsch (1500 g), 1 Zwiebel, ½ Lorbeerblatt, 3 Gewürznelken, 1½ l Wasser, 25 g Margarine, 1 EL Mehl (10 g), 1 Petersilienwurzel, Salz, weißer Pfeffer, 1 Msp Macisblüte, abgeriebene Schale einer halben, ungespritzten Zitrone, flüssiger Süßstoff, 1 kleine Dose Langustenschwänze (170 g), 60 g Tiefkühl-Erbsen, 125 g Tomaten.*

Rotbarsch unter fließendem Wasser waschen. Kopf abtrennen. Haut abziehen, Filets von den Gräten lösen. Das macht auf Wunsch auch Ihr Fischhändler.
Zwiebel schälen. Mit Lorbeerblatt und Nelken spicken. Kopf, Gräten und Zwiebel mit Wasser in einen Topof geben. 60 Minuten kochen lassen. Durchsieben.
Fischfilets zerkleinern. In einem Topf in heißer Margarine 5 Minuten

anbräunen. Mit Mehl bestäuben. Fischbrühe zugießen. Geputzte, gehackte Petersilienwurzel und die übrigen Gewürze dazugeben. Aufkochen und noch 5 Minuten köcheln lassen.
Tomaten überbrühen, abziehen, entkernen und kleinschneiden. Mit den abgetropften Langustenschwänzen und den unaufgetauten Erbsen in die Suppe geben. Weitere 5 Minuten köcheln. Abschmecken, anrichten.

Beilagen: 6 Scheiben Knäckebrot (60 g). Eine Scheibe: 38 Kalorien = 159 Joule. 0,6 BE.

PS: Wenn Sie sich zusätzlich Schlagsahne leisten wollen, dann geben Sie auf eine Portion einen Eßlöffel voll. Macht 36 Kalorien mehr und dazu 12 mg Cholesterin.

Rote-Bete-Gemüse

Eine Portion enthält: 3 g Eiweiß, 4 g Fett, 15 g Kohlenhydrate = 0,3 BE, 3 mg Cholesterin.
Kalorien: 110 = 461 Joule.
Zubereitung: 100 Minuten.

> 750 g Rote Beete, 1½ l Wasser, Salz, 15 g Margarine, 1 gehäufter EL Mehl (15 g), ¼ l heißes Wasser, 1 kleine Zwiebel (25 g), 5 Nelken, ½ TL Zimt, Salz, weißer Pfeffer, flüssiger Süßstoff, Saft einer halben Zitrone, 2 EL saure Sahne (30 g).

Rote Beete unter fließendem Wasser gründlich bürsten. Wasser in einem Topf aufkochen und salzen. Rote Beete hineingeben. Sie müssen von Wasser bedeckt sein. In etwa 80 Minuten gar kochen. Kalt abschrecken, abkühlen lassen, schälen, in Scheiben schneiden.
Margarine in einem Topf erhitzen. Mehl darin hellgelb werden lassen. Nach und nach unter Rühren mit Wasser auffüllen. Zwiebel schälen. Hineinreiben. Nelken und Zimt zufügen und die Soße mit Salz, Pfeffer und flüssigem Süßstoff abschmecken. Ein paar Minuten durchkochen. Rote Bete zugeben. Aufkochen.
Topf vom Herd nehmen. Zitronensaft, saure Sahne einrühren. Abschmecken.

Rote-Bete-Salat

Eine Portion enthält: 2 g Eiweiß, 5 g Fett, 15 g Kohlenhydrate = 0,7 BE, 0 mg Cholesterin.
Kalorien: 117 = 490 Joule.
Zubereitung: Ohne Marinierzeit 100 Minuten.

500 g Rote Bete, 1½ l Wasser, Salz, 2 EL Weinessig, 1 TL Senf, Salz, weißer Pfeffer, flüssiger Süßstoff, 2 EL Pflanzenöl (20 g), 250 g Äpfel, 1 Zwiebel (40 g).

Rote Bete unter fließendem Wasser gründlich bürsten. Wasser in einem Topf aufkochen. Salzen. Rote Bete hineingeben. Sie müssen vom Wasser bedeckt sein. Etwa 80 Minuten garen. Mit kaltem Wasser abschrecken und abkühlen lassen. Rote Bete abziehen. Aus Weinessig, Senf, Salz, Pfeffer, flüssigem Süßstoff und Pflanzenöl in einer Schüssel eine Marinade rühren. Pikant abschmecken. Äpfel schälen, achteln, entkernen und quer in nicht zu dünnen Scheiben direkt in die Soße schneiden. Umrühren, damit sie nicht braun werden.
Rote Bete mit einem Buntmesser in Scheiben schneiden. Geschälte Zwiebel würfeln. Beides in die Marinade mischen. Zugedeckt an einem kühlen Ort 12 Stunden durchziehen lassen. Am besten im Kühlschrank.
Vorm Servieren noch mal abschmecken.

Rote Grütze

Eine Portion enthält: 5 g Eiweiß, 0 g Fett, 24 g Kohlenhydrate, 0 mg Cholesterin.
Kalorien: 122 = 511 Joule.
Zubereitung: 20 Minuten.

½ l Wasser, 1 Stückchen ungespritzte Zitronenschale, 1 Prise Zimt, 1 TL Vanillinzucker oder Vanillemark, 100 entsteinte Schattenmorellen, 100 g Himbeeren, 150 g Erdbeeren, 40 g Speisestärke, flüssiger Süßstoff, ½ l Magermilch.

Wasser mit den Gewürzen in einem Topf aufkochen. Die gewaschenen, geputzten Früchte hineingeben. Wieder aufkochen. Zugedeckt 5 Minuten bei geringster Hitze garen.

Speisestärke mit kaltem Wasser anrühren. Früchte damit binden. Unter Rühren aufkochen lassen. Vom Herd nehmen. Mit flüssigem Süßstoff abschmecken. In eine Glasschüssel oder in mehrere Portionsschälchen fülllen. Mit der frischen Magermilch servieren.

PS: Diabetiker verwenden etwas Mark einer Vanilleschote statt Vanillinzucker.

Rotweingelee

Eine Portion enthält: 2 g Eiweiß, 0 g Fett, 0 g Kohlenhydrate, 0 mg Cholesterin.
Kalorien: 70 = 293 Joule.
Zubereitung: Ohne Ruhezeit 10 Minuten.

$3/8$ l Rotwein, $1/8$ l Wasser, Zimt, Nelken, ungespritzte Zitronenschale, flüssiger Süßstoff, 6 Blatt eingeweichte rote Gelatine.

Rotwein und Wasser mit Zimt, Nelken und einem Stück Zitronenschale in einem Topf aufkochen. Einige Zeit durchziehen lassen. Dann durchsieben. Mit Süßstoff abschmecken.
Eingeweichte Gelatine ausdrücken. Im heißen Rotwein-Wasser auflösen. Abkühlen lassen, sobald die Masse zu gelieren beginnt. In Gläser füllen. Erstarren lassen.

Beilage: Schlagschaum von ½ Beutel Instant-Schlagschaum-Pulver und 5 EL sehr kalter Magermilch. Eine Portion: 41 Kalorien = 172 Joule.

PS: Wer lieber Schlagsahne (100 g) dazu ißt, muß für eine Portion 75 Kalorien = 313 Joule rechnen. — Garniert mit sieben Mandarinenschnitzen, macht für jede Portion noch mal 8 Kalorien mehr.

Rotweingelee mit Banane

Eine Portion enthält: 3 g Eiweiß, Fett, 6 g Kohlenhydrate, 0 mg Cholesterin.
Kalorien: 77 = 322 Joule.
Zubereitung: 10 Minuten.

$1/5$ l Wasser (200 cm³), 6 Blatt rote Gelatine (12 g), $1/4$ l Rotwein (250 cm³), 3 EL Zitronensaft, Süßstoff, 1 Banane (150 g mit Schale).

Wasser aufkochen. Gelatine in kaltem Wasser einweichen, ausdrücken, unter Rühren im heißen Wasser auflösen. Rotwein und Zitronensaft zugeben. Mit Süßstoff abschmecken.
Banane schälen. In dünne Scheiben schneiden. Scheiben in 4 Portionsgläser verteilen. Flüssigkeit drübergießen. Im Kühlschrank erstarren lassen. Auf Teller gestürzt servieren.

Rotzungenfilet delikat

Eine Portion enthält: 35 g Eiweiß, 5 g Fett, 20 g Kohlenhydrate, 131 mg Cholesterin.
Kalorien: 279 = 1168 Joule.
Zubereitung: 45 Minuten.

15 g getrocknete chinesische Pilze, 2 grüne Paprikaschoten (250 g), 1 Zwiebel, 10 g Margarine, 1 Knoblauchzehe, Salz, weißer Pfeffer, 750 g Rotzungenfilets, Essig, ½ Dose Aprikosen.

Pilze 10 Minuten in lauwarmem Wasser einweichen. Paprikaschoten putzen, waschen und in Streifen schneiden. Geschälte Zwiebel fein würfeln.
Margarine in einem breiten, flachen Topf erhitzen. Zwiebel darin anbraten. Paprikastreifen, geschälten, mit Salz zerdrückten Knoblauch und die abgegossenen, nach Wunsch etwas zerkleinerten Pilze dazugeben. Mit Salz und Pfeffer würzen. 10 Minuten weiterdünsten.
Rotzungenfilets säubern, säuern, salzen und auf das Gemüse geben. 2 Eßlöffel Aprikosensaft angießen. Im geschlossenen Topf 20 Minuten gar dünsten. Während der letzten 5 Minuten die abgetropften Aprikosen hineingeben. Abschmecken. Rotzungenfilets auf einer Platte anrichten. Gemüse und Obst drumherum.

Beilagen: Kartoffelkroketten von 125 g Krokettenpulver (15 g Fettaufnahme). Eine Portion: 153 Kalorien = 641 Joule.

Rührei holländische Art

Eine Portion enthält: 22 g Eiweiß, 17 g Fett, 6 g Kohlenhydrate = 0,5 BE, 531 mg Cholesterin.
Kalorien: 276 = 1156 Joule.
Zubereitung: 20 Minuten.

8 Eier, 2 EL Magerquark (60 g), 4 EL Mineralwasser, Salz, weißer Pfeffer, 2 EL Schnittlauchröllchen, 2 Ecken (je 62,5 g) Schmelzkäse (30%), 1 Bund Petersilie, 4 Tomaten (200 g).

Eier mit Quark und Mineralwasser gut verquirlen. Am besten im Mixer. Mit Salz und Peffer abschmecken. Schnittlauch zufügen. Auch den in kleine Würfel geschnittenen Schmelzkäse.
Eine beschichtete Pfanne erhitzen. Masse hineingeben. Ohne Fett bei mittlerer Hitze Rührei bereiten.
Gelegentlich die Masse vom Pfannenrand schollenartig in die Mitte schieben. Auf einer vorgewärmten Platte mit Petersilie und Tomatenscheiben garniert anrichten.

Beilagen: Vier Scheiben (je 50 g) Schwarzbrot. Eine Scheibe: 120 Kalorien = 502 Joule. 1,9 BE.

TIP Eine pikante Abwandlung von Rührei holländische Art: Paprika edelsüß und eine Prise Cayennepfeffer hineingeben. Oder auch drei Tropfen Tabascosoße. Aber nicht mehr. Sonst wird's zu scharf.

Rührei mit Schinken

Eine Portion enthält: 12 g Eiweiß, 13 g Fett, 1 g Kohlenhydrate = 0,1 BE, 276 mg Cholesterin.
Kalorien: 178 = 745 Joule.
Zubereitung: 20 Minuten.

½ Bund Schnittlauch, 100 g magerer gekochter Schinken, 20 g Margarine, 4 Eier, 8 EL Wasser, Salz, weißer Pfeffer, Paprika edelsüß.

Schnittlauch waschen, abtropfen lassen und in Röllchen schneiden. Gekochten Schinken würfeln oder in feine Streifen schneiden. Margarine in einer Pfanne erhitzen. Den Schinken darin 2 Minuten anbraten.
Eier mit Wasser, Salz, Pfeffer und Paprika verquirlen. Über den angebratenen Schinken gießen. Unter leichtem Rühren etwa 5 Minuten stocken lassen.
In einer vorgewärmten Schüssel anrichten. Mit dem Schnittlauch bestreut servieren.

Beilagen: Kopfsalat. Marinade aus 2 EL Estragonessig, Gewürzen und

2 EL Keimöl. Eine Portion: 55 Kalorien = 230 Joule = 0,1 BE. — 4 Scheiben Bauernbrot (200 g). Eine Scheibe: 125 Kalorien = 523 Joule. 2,1 BE. — 40 g Milchhalbfett oder Halbfettmargarine.
Eine Portion: 38 Kalorien = 159 Joule.

PS: Wer sich mal was Besonderes leisten will, nimmt Lachs- statt gekochtem Schinken. Er ist zwar teurer, aber kalorienärmer.

Rumpsteak Chez Pierre

Eine Portion enthält: 21 g Eiweiß, 29 g Fett, 10 g Kohlenhydrate, 88 mg Cholesterin.
Kalorien: 432 = 1809 Joule.
Zubereitung: 30 Minuten.

125 g blaue und grüne Weintrauben, 1 Apfelsine, 4 Rumpsteaks (500 g), 2 EL Pflanzenöl (20 g), Salz, schwarzer Pfeffer, 1 Zwiebel, 1/8 l Rotwein, 1 EL Zitronensaft.

Gewaschene Weinbeeren abziehen und entkernen. Apfelsine mit einem scharfen Messer wie einen Apfel schälen, so daß die weiße Haut mit entfernt wird. In 4 Scheiben schneiden und entkernen.
Rumpsteaks in heißem Pflanzenöl auf jeder Seite 3 bis 4 Minuten braten. Mit Salz und Pfeffer würzen und auf einer Platte angerichtet warm stellen.
Geschälte Zwiebel würfeln und im Bratöl andünsten. Den Rotwein zugießen und rasch auf die Hälfte einkochen lassen. Mit Salz, Pfeffer und Zitronensaft würzig abschmecken. Über die Steaks geben.
Apfelsinenscheiben kurz in der Pfanne erhitzen. Ganz wenig salzen. Auf das Fleisch legen. Weinbeeren darüber verteilen.

Beilagen: Grüner Salat mit Kräutern aus einem Kopf Salat in Marinade aus 2 EL Zitronensaft, 2 EL gehackten Kräutern, 2 EL Keimöl und Gewürzen. Eine Portion: 55 Kalorien = 230 Joule. — Kartoffelschnee von 500 g Kartoffeln. Eine Portion: 85 Kalorien = 356 Joule.

PS: Weinbeeren abziehen und entkernen ist mühsam. Kaufen Sie fast kernlose Trauben mit zarter Haut. Die kann man waschen und so verwenden.

Rumpsteak nach Art von Bordeaux

Eine Portion enthält: 21 g Eiweiß, 31 g Fett, 1 g Kohlenhydrate = 0,1 BE, 88 mg Cholesterin.
Kalorien: 410 = 1717 Joule.
Zubereitung: 40 Minuten.

> Für die Soße: *1 kleine Zwiebel, 10 g Margarine, 1 Lorbeerblatt, ½ TL getrockneter Thymian, weißer Pfeffer, ⅛ l Rotwein (Bordeaux), ⅛ l heiße Fleischbrühe (Würfel).* – Für die Rumpsteaks: *4 Rumpsteaks (je 125 g), Salz, schwarzer Pfeffer, 2 EL Pflanzenöl (20 g), 1 Bund Petersilie, ½ Portion Kresse.*

Zwiebel schälen und hacken. Margarine in einem Topf erhitzen. Zwiebel darin hellgelb braten. Lorbeerblatt darüber zerkrümeln. Thymian und reichlich Pfeffer zugeben. Rotwein aufgießen. Zugedeckt 10 Minuten köcheln lassen.

Fleischbrühe zugeben. Soße im offenen Topf noch etwa 10 Minuten kochen, bis die Flüssigkeit um ein Drittel reduziert ist.

Den Fettrand der Rumpsteaks in Abständen von 1 cm einschneiden. Öl in einer Pfanne erhitzen. Die Steaks darin auf jeder Seite 2 bis 3 Minuten braten. Salzen, pfeffern und auf einer vorgewärmten Platte anrichten.

Mit gehackter Petersilie bestreuen. Kressesträußchen drumherum legen. Die Soße durchsieben, mit Salz abschmecken und extra reichen.

Beilagen: Tomatensalat von 500 g in Marinade aus 2 EL Zitronenessig, Salz, gewürztem Pfeffer, 2 EL Keimöl und 2 EL Schnittlauchröllchen. Eine Portion: 72 Kalorien = 301 Joule. 0,3 BE. — Kartoffelschnee von 500 g. Eine Portion: 85 Kalorien = 356 Joule. 1,6 BE.

PS: Die Tomaten für den Salat bitte häuten. Das macht sie verträglicher. Nur Früchte mit zarter Haut nicht abziehen.

TIP Rumpsteaks haben immer einen Fettrand. Er wird vorm Braten eingeschnitten. Und wer streng Kalorien spart, ißt das Fett nicht mit.

S

Sagoflammeri mit Himbeeren

Eine Portion enthält: 6 g Eiweiß, 2 g Fett, 26 g Kohlenhydrate, 65 mg Cholesterin.
Kalorien: 146 = 611 Joule.
Zubereitung: 20 Minuten.

½ l Magermilch, 1 Prise Salz, ¼ Vanilleschote, 25 g Sago, 2 EL Zucker (20 g), 1 Ei, 150 g Tiefkühl-Himbeeren (½ Paket).

Magermilch mit Salz, aufgeschnittener Vanilleschote, Sago und Zucker in einen Topf geben. Unter Rühren aufkochen. Bei schwacher Hitze etwa 15 Minuten ausquellen lassen.
Eigelb mit etwas Flammeri verquirlen. In den Topf rühren. Bis kurz vorm Siedepunkt erhitzen.
Eiweiß zu steifem Schnee schlagen und unterheben.
Tiefkühl-Himbeeren in 4 Portionsschälchen verteilen. Heißen Flammeri darauf verteilen. Wenn die Speise erkaltet ist, sind die Himbeeren gerade aufgetaut. Und so schmecken sie am allerbesten.

Sahne

Sie ist ein Genuß. Aber ein fetter. Denn 100 g enthalten 30 g Fett, bei 3 g Kohlenhydraten und 2 g Eiweiß. Macht 302 Kalorien! Aber Sahne ist leicht verdaulich. Nur Leber-Galle-Patienten müssen verzichten. Auch Leute mit zu hohem Blutfettgehalt. Des Cholesterins (102 mg) wegen. Saure Sahne hat nur 121 Kalorien bei 10 g Fett. Der Schlagschaum (Sahne-Ersatz) ist noch magerer, hat dafür aber mehr Kohlenhydrate.

Sahnematjes

Eine Portion enthält: 17 g Eiweiß, 22 g Fett, 9 g Kohlenhydrate = 0,7 BE, 67 mg Cholesterin.
Kalorien: 314 = 1315 Joule.
Zubereitung: Ohne Zeit zum Wässern 10 Minuten.

4 Matjesfilets (320 g), 1 grüne Paprikaschote (125 g), 4 Tomaten (250 g), 1 kleines Glas Maiskölbchen (190 g), 1/8 l saure Sahne, 1/2 Becher Magermilch-Joghurt, 1 kleine Gewürzgurke (50 g), 1 TL scharfer Senf, Salz, weißer Pfeffer, flüssiger Süßstoff, 1/2 Bund Dill.

Die Matjesfilets nach Geschmack wässern. Mit Küchenpapier trockentupfen. Auf einer Platte anrichten.
Paprikaschote waschen, Kerngehäuse aushöhlen. Frucht in Ringe schneiden. Tomaten waschen und vierteln. Maiskölbchen abtropfen lassen. Gemüse abwechselnd um die angerichteten Matjesfilets legen. Saure Sahne, Joghurt, feingewürfelte Gurke, Senf, Salz, Pfeffer und Süßstoff verrühren. Abschmecken. In einem breiten Streifen über die Matjes geben. Mit Dillspitzen bestreuen.

Beilagen: Pellkartoffeln von 500 g. Eine Portion: 85 Kalorien = 356 Joule. 1,6 BE.

TIP Manchmal ist Matjes so zart gesalzen, daß man ihn wie gekauft servieren und essen kann. Bitte vorher probieren. Erst wässern, wenn er wirklich zu salzig ist.

Salat Aida

Eine Portion enthält: 7 g Eiweß, 9 g Fett, 11 g Kohlenhydrate = 1 BE, 129 mg Cholesterin.
Kalorien: 155 = 649 Joule.
Zubereitung: Ohne Marinierzeit 25 Minuten.

1/2 Kopf Endiviensalat, 2 grüne Paprikaschoten (250 g), 4 Tomaten (250 g), 1 Dose Artischockenböden (175 g), 2 hartgekochte Eier. – Für die Marinade: 1 Zwiebel, 1 Knoblauchzehe, 4 EL Estragonessig, 1 TL scharfer Senf, Salz, schwarzer Pfeffer, flüssiger Süßstoff, 2 EL Pflanzenöl (20 g).

Endiviensalat putzen, waschen. Blätter halbieren. Abtropfen lassen. Paprikaschoten vierteln, entkernen, waschen und in Streifen schneiden. Artischockenböden abtropfen lassen und vierteln.
Eier schälen. In Scheiben schneiden.
Zuerst den Endiviensalat auf einer tiefen Platte anrichten. Hierauf Paprikastreifen, Tomatenscheiben und die Artischockenböden verteilen.
Für die Marinade Zwiebel und Knoblauch schälen und fein hacken. Mit Essig, Senf, Salz, Pfeffer und Pflanzenöl in einer Schüssel verrühren. Pikant abschmecken.
Marinade über den Salat verteilen. Zugedeckt im Kühlschrank 10 Minuten durchziehen lassen. Mit Eischeiben garniert servieren.

Salatgemüse

Es gibt kaum ein Gemüse, aus dem Sie keinen rohen Salat zubereiten könnten. Aber es gibt den zarten grünen Salat, der vor allem dazu prädestiniert ist, ungekocht verarbeitet und gegessen zu werden. Sie können ganze Berge davon essen, so kalorienarm sind die Sorten. Kalorienreich werden sie erst durch zu üppige Marinaden.
Die Kalorienunterschiede der Blattsalate entstehen hauptsächlich durch ihren unterschiedlichen Wassergehalt. So haben je 100 g zwischen 16 (Chicorée, Kopfsalat) und 42 (Eisbergsalat) Kalorien. Dazwischen liegen Rapunzel, Endivien, Eskariol (glatte Endivie), Löwenzahn, Pflücksalat, Radicchio, Sojasprossen und Sauerampfer. Leider sind Löwenzahn und Sauerampfer aber selten zu haben. Außerdem können Sie rohe Salate zubereiten aus Champignons und Radieschen, Paprikaschoten und Tomaten, Bleichsellerie und Blumenkohl, Möhren und natürlich Salatgurken. Auch aus Kohlrabi, Lauch und Blattspinat. Alles Grünzeug ist für die Ernährung unersetzlich. Wegen seiner Vitamine (A, B und C), Mineralstoffe und Spurenelemente wird roher Salat immer schnell gewaschen und erst kurz vorm Anrichten zerkleinert.

Salat Globus

Eine Portion enthält: 2 g Eiweiß, 7 g Fett, 36 g Kohlenhydrate, 0 mg Cholesterin.
Kalorien: 211 = 883 Joule.
Zubereitung: Ohne Marinierzeit 20 Minuten.

> 1 Grapefruit (375 g), 4 Scheiben Ananas aus der Dose, 1 kleine Dose Mandarinen (190 g), 2 Äpfel (250 g). – Für die Marinade: 2 EL Zitronensaft, 1 EL Mandarinensaft, Salz, weißer Pfeffer, flüssiger Süßstoff, 2 EL Pflanzenöl (20 g), 50 g gefüllte grüne Oliven, ½ Bund Petersilie.

Grapefruit mit einem scharfen Messer wie einen Apfel schälen. Die Filets auslösen und gleichmäßig würfeln.
Ananas in gleichmäßige Stücke schneiden. Mandarinen abtropfen lassen. Äpfel schälen, achteln, entkernen und in Scheibchen schneiden. Alle Zutaten in einer Schüssel mischen.
Für die Marinade Zitronen- und Mandarinensaft mit Salz, Pfeffer, Süßstoff und Pflanzenöl verrühren und abschmecken. Mit den Salatzutaten mischen. Zugedeckt im Kühlschrank durchziehen lassen.
Salat vorm Servieren noch mal abschmecken. In einer Schüssel anrichten. Mit halbierten Oliven und Petersilie garnieren.

TIP Wenn Sie 100 g Magerjoghurt in die Marinade rühren (schaumig geschlagen), haben Sie 10 Kalorien mehr, aber auch mehr gesundes Eiweiß.

Salat Montblanc

Eine Portion enthält: 3 g Eiweiß, 9 g Fett, 31 g Kohlenhydrate, 0 mg Cholesterin.
Kalorien: 208 = 871 Joule.
Zubereitung: Ohne Marinierzeit 20 Minuten.

> 1 Grapefruit (375 g), 2 grüne Paprikaschoten (250 g), ½ Dose Ananas in Scheiben (250 g), 250 g kleine Erdbeeren. – Für die Marinade: 2 EL Zitronensaft, Salz, weißer Pfeffer, flüssiger Süßstoff, 2 EL Pflanzenöl (20 g). – Außerdem: ½ Beutel Instant-Schlagschaumpulver (20 g), 5 EL kalte Magermilch, 1 Stengel Petersilie.

Grapefruit mit einem scharfen Messer wie einen Apfel schälen. Auch die weiße Haut muß weg. Filets auch ohne die weiße Haut raustrennen und halbieren.
Paprikaschoten vierteln, entkernen, waschen und in Streifen schneiden. Abgetropfte Ananas in Stücke schneiden. Erdbeeren waschen und entstielen.
Für die Marinade Zitronensaft mit Salz, Pfeffer, Süßstoff und Pflanzenöl in einer Schüssel verrühren. Mit den übrigen Salatzutaten mischen. Zugedeckt 10 Minuten im Kühlschank durchziehen lassen. Abschmecken. Salat in 4 Portionen verteilen.
Schlagschaumpulver mit Magermilch steif schlagen. Salat damit und mit Petersilie garnieren.

Salat Rapunzel

Eine Portion enthält: 1 g Eiweiß, 5 g Fett, 2 g Kohlenhydrate = 0,1 BE, 0 mg Cholesterin.
Kalorien: 76 = 318 Joule.
Zubereitung: 15 Minuten.

250 g Rapunzel (Feldsalat), 4 EL Kräuteressig, 2 EL Whisky, Rauchsalz, Salz, flüssiger Süßstoff, Zwiebelpulver, Kümmel, gewürzter Pfeffer, 2 EL Pflanzenöl (20 g).

Salat putzen, waschen und gut abtropfen lassen. In einer Schüssel aus Kräuteressig, Whisky, allen Gewürzen und Pflanzenöl eine Marinade rühren. Pikant abschmecken. Abgetropften Feldsalat hineingeben und mischen. In einer Salatschüssel servieren.

PS: Es schmeckt vorzüglich, wenn Sie noch 30 g gehackte Walnußkerne in den Salat geben. Macht für eine Portion 52 Kalorien und 217 Joule mehr.

TIP Verwenden Sie Feldsalat — der auch noch Rapunzel und Mausohr, in der Schweiz Nüsslisalat und in Österreich Vogerlsalat heißt — so häufig wie möglich. Seine Saison: Im November und von Januar bis März. Feldsalat ist ein gesunder Mineralstoff- und Vitaminspender. 100 g haben 3,9 mg Karotin und mit 35 mg viel Vitamin C, mehr als Kopf- und Endiviensalat. Hier noch die Mineralstoffwerte von 100 g: 421 mg Kalium, 13 mg Magnesium, 35 mg Calcium, 49 mg Phosphor.

Salbei-Leber

Eine Portion enthält: 32 g Eiweiß, 19 g Fett, 4 g Kohlenhydrate = 0,3 BE, 392 mg Cholesterin.
Kalorien: 328 = 1373 Joule.
Zubereitung: 20 Minuten.

600 g Schweineleber, schwarzer Pfeffer, 2 EL Pflanzenöl (20 g), Salz, ½ TL getrockneter Salbei (in der Saison frische Blätter), ⅕ l saure Sahne (200 cm³), 1 EL gehackte Petersilie.

Leber in Streifen schneiden, mit Pfeffer würzen. Öl in einer beschichteten Pfanne erhitzen. Leber darin rundherum anbraten. Salzen, Salbei (zerrieben oder gehackt) hinzufügen. Saure Sahne angießen. 10 Minuten schmoren. Mit der gehackten Petersilie bestreut servieren.

Beilagen: Kopfsalat mit einer Marinade aus 3 EL Zitronensaft, 1 EL Öl, 3 EL Wasser, Salz, Pfeffer, 1 Prise Zucker oder Süßstoff, gehackten Kräutern. Eine Portion: 39 Kalorien = 163 Joule. 0,3 BE. — Kartoffelbrei aus 500 g Salzkartoffeln und ⅛ l Milch (1,5 %). Eine Portion: 95 Kalorien = 398 Joule. 1,8 BE.

TIP Leber hat von den Innereien den größten Eiweißanteil, nämlich durchschnittlich 22 g auf 100 g. Außerdem ist sie kalorienarm, also empfehlenswert. Nur wer erhöhte Blutfettwerte hat, verzichtet darauf. Denn 100 g Leber enthalten bis zu 372 mg Cholesterin. Und das ist zuviel.

Salz

Wer nur Salz sagt, meint Kochsalz, eine Mischung aus Natrium und Chlor. 3 g täglich würden in der Ernährung genügen. Für einen gesunden, körperlich arbeitenden Menschen von 70 kg Gewicht sind bis zu 15 g Salz täglich vertretbar. Aber der derzeitige Pro-Kopf-Verbrauch liegt bei über 20 g täglich! Das muß nicht sein. Denn zuviel Salz ist ungesund.

Sanddorn-Quark

Eine Portion enthält: 11 g Eiweiß, 1 g Fett, 6 g Kohlenhydrate, 0 mg Cholesterin.
Kalorien: 78 = 327 Joule.
Zubereitung: 5 Minuten.

250 g Magerquark, 1 EL Honig, Mark einer halben Vanillestange, 3 EL Sanddornsirup (Fertigprodukt), Saft einer halben Zitrone, 2 EL Magermilch, flüssiger Süßstoff.

Quark mit Honig, Vanillemark, Sanddornsirup, Zitronensaft und Magermilch in einer Schüssel glattrühren. Mit Süßstoff abschmecken. In einer Glasschüssel oder in 4 Glasschälchen anrichten. Zugedeckt im Kühlschrank durchziehen lassen.

PS: Wenn Sie 20 g in der trockenen Pfanne geröstete Mandelblättchen auf den Quark geben wollen — was prima schmeckt —, dann rechnen Sie bitte für jede Portion 38 Kalorien mehr. Das sind 159 Joule.

Sanddornspeise
Eine Portion

Enthält: 13 g Eiweiß, 2 g Fett, 13 g Kohlenhydrate = 1,1 BE, Spuren von Cholesterin.
Kalorien: 122 = 511 Joule.
Zubereitung: 5 Minuten.

1 Becher Magermilch-Joghurt (175 g), flüssiger Süßstoff, 1½ EL ungesüßter Sanddornsaft, 2 EL Weizenkeime (10 g).

Joghurt mit Süßstoff nach Geschmack verrühren. Die Hälfte mit dem Sanddornsaft verrühren. Eventuell nachsüßen.
Den Joghurt schichtweise in ein Weinglas füllen. Mit Weizenkeimen bestreut servieren.

Beilage: Eine Scheibe (50 g) Schwarzbrot: 120 Kalorien = 502 Joule. 1,9 BE. — 2 TL Pflanzenmargarine (10 g): 75 Kalorien = 314 Joule.

Sangria

Eine Portion enthält: 1 g Eiweiß, 0 g Fett, 12 g Kohlenhydrate = 1 BE, 0 mg Cholesterin.
Kalorien: 291 = 1218 Joule.
Zubereitung: Ohne Kühlzeit 10 Minuten.

¼ l Orangensaft (von 4 Orangen), 2 kleine ungespritzte Orangen, 2 EL Zitronensaft, 2 Flaschen spanischer Rotwein (Rioja), flüssiger Süßstoff.

Orangensaft in ein Bowlengefäß geben. Orangen waschen und in dünne Scheiben schneiden. Zum Orangensaft geben. Zitronensaft und Rotwein zugießen. Mit Süßstoff abschmecken.
Zugedeckt im Kühlschrank mindestens 120 Minuten durchkühlen lassen.

Sauerkraut

80 bis 90 Prozent der bundesdeutschen Weißkohlernte wird zu Sauerkraut verarbeitet. Aus gutem Grund. Denn bei uns wird Sauerkraut immer gerne gegessen. Mit 20 mg Vitamin C bei 100 g liegt Sauerkraut im Vergleich zu anderen Gemüsesorten günstig. Sein Gehalt an Kalium ist hoch, an Calcium und Phosphor beachtlich. Die Milchsäure, die durch die spezielle Gärung entsteht, gibt dem Sauerkraut seinen typischen Geschmack. 100 g haben 26 Kalorien, 2 g Eiweiß und 4 g Kohlenhydrate.
Sauerkraut entschlackt vorzüglich. Deshalb sollte es häufig roh gegessen werden. Es gibt in Reformhäusern auch Sauerkrautsaft.

Sauerkraut-Salat

Eine Portion enthält: 3 g Eiweiß, 7 g Fett, 22 g Kohlenhydrate, 13 mg Cholesterin.
Kalorien: 167 = 699 Joule.
Zubereitung: Ohne Kühlzeit 15 Minuten.

Spargel mit Eiercreme (Rezept S. 450) ▷

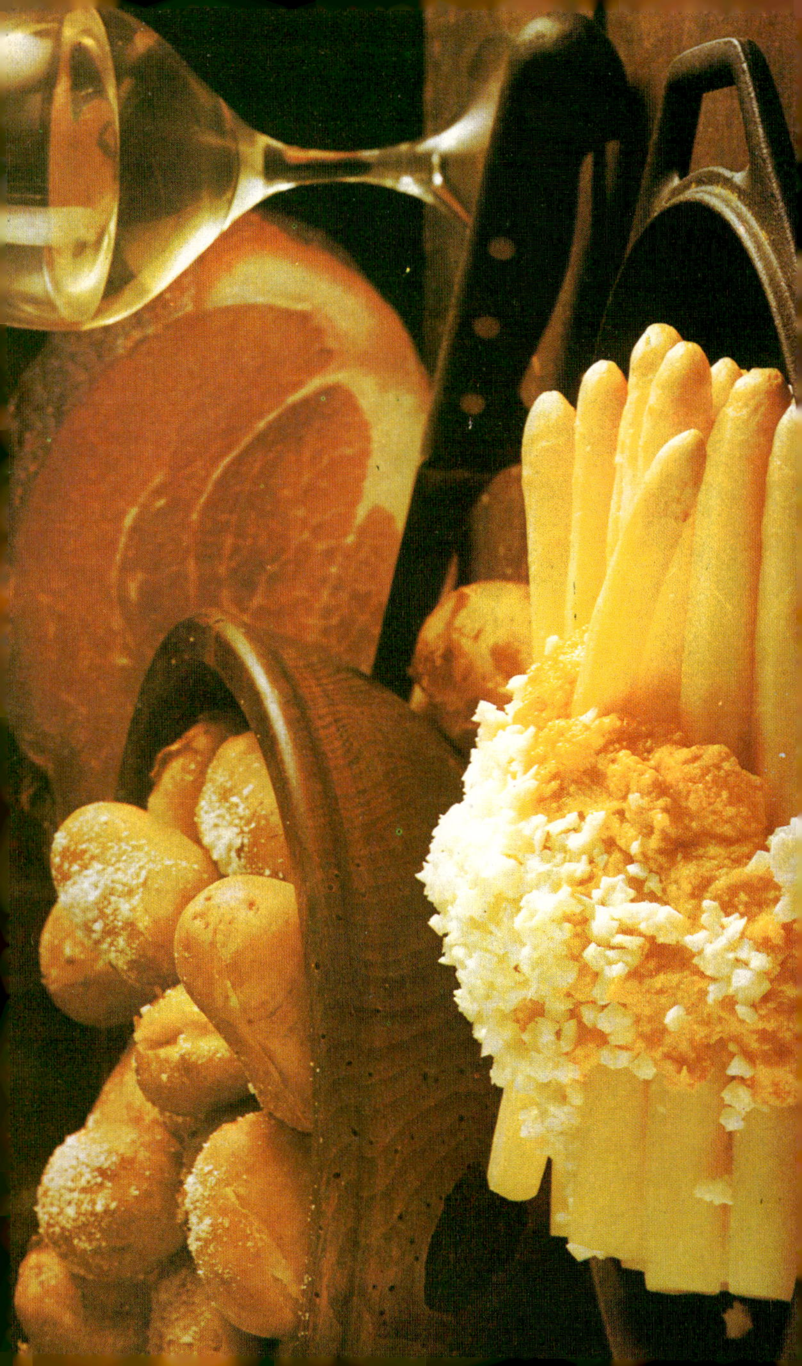

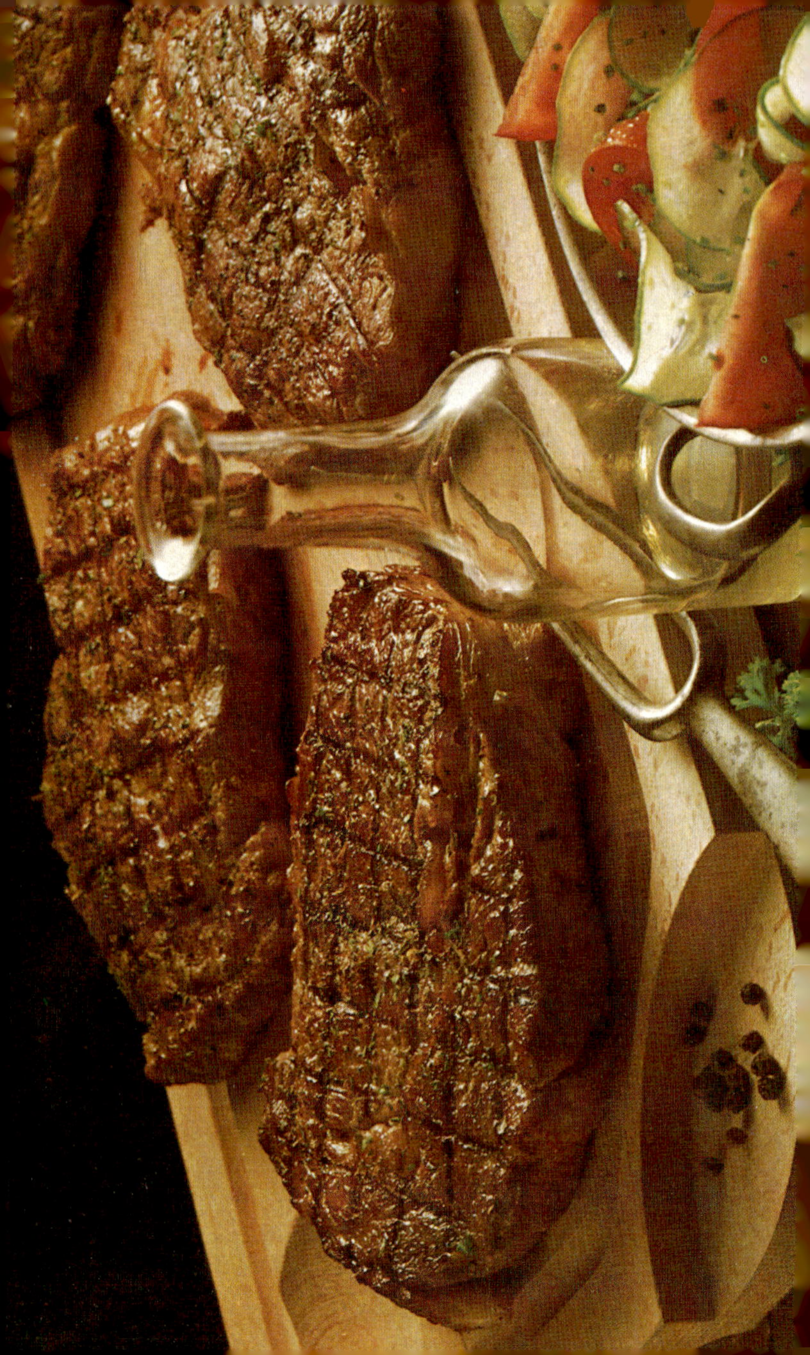

1 Dose Sauerkraut (560 g), 250 g Äpfel, 2 Scheiben Ananas aus der Dose (100 g), 4 EL saure Sahne, 2 EL Mayonnaise (50 %), 2 EL Ananassaft, 2 EL Zitronensaft, Salz, weißer Pfeffer, flüssiger Süßstoff.

Sauerkraut grob zerschneiden und in eine Schüssel geben. Äpfel schälen, entkernen und in gleichmäßige Würfel schneiden. Ananas in schmale Stifte schneiden. Zum Sauerkraut geben und mischen.
Für die Marinade Sahne, Mayonnaise, Ananas- und Zitronensaft verrühren. Mit Salz, Pfeffer und Süßstoff kräftig abschmecken. Unter die Salatzutaten mischen. 20 Minuten zugedeckt im Kühlschrank durchziehen lassen. Vor dem Servieren noch mal abschmecken.

Beilagen: 4 Scheiben Vollkornbrot (200 g). Eine Scheibe: 120 Kalorien = 502 Joule. — 40 g Milchhalbfett. Eine Portion: 38 Kalorien = 160 Joule.

TIP Manche vertragen rohes Sauerkraut nicht so gut. In diesem Fall mit kochendheißem Wasser blanchieren. Das macht Sauerkraut noch leichter verdaulich.

Sauerkraut-Salat mit Schinken

Eine Portion enthält: 10 g Eiweiß, 8 g Fett, 14 g Kohlenhydrate, 37 mg Cholesterin.
Kalorien: 174 = 729 Joule.
Zubereitung: 20 Minuten.

1 kleine Dose Sauerkraut (290 g), 150 g gekochter Schinken, 250 g blaue Weintrauben. – Für die Marinade: 1/8 l saure Sahne, Salz, weißer Pfeffer, flüssiger Süßstoff.

Sauerkraut grob zerschneiden. Schinken in Streifen schneiden.
Weintrauben waschen und abtropfen lassen. Weinbeeren von den Stielen zupfen, halbieren und entkernen. In einer Schüssel mischen.
Saure Sahne leicht schlagen. Mit Salz, Pfeffer und Süßstoff abschmekken. Unter die Salatzutaten mischen. 10 Minuten durchziehen lassen und vor dem Servieren noch mal abschmecken.

Beilagen: 4 Scheiben Vollkornbrot (200 g). Eine Scheibe: 120 Kalorien = 502 Joule. — 40 g Halbfettmargarine oder -butter. Eine Portion: 38 Kalorien = 160 Joule.

◁ *Steak vom Grill (Rezept S. 461)*

Sauermilchkaltschale

Eine Portion enthält: 32 g Eiweiß, 2 g Fett, 49 g Kohlenhydrate = 4,1 BE, 0 mg Cholesterin.
Kalorien: 368 = 1541 Joule.
Zubereitung: 10 Minuten.

¾ l Buttermilch, 500 g Magerquark, ⅛ l Zitronensaft (125 cm³), ½ TL abgeriebene Zitronenschale, flüssiger Süßstoff, 300 g Pumpernickel oder Schwarzbrot.

Buttermilch, Quark, Zitronensaft, und -schale verquirlen. Mit Süßstoff nach Geschmack süßen. In einer Schüssel anrichten. Das Brot extra reichen. Es wird beim Essen in die Speise gebröckelt.

PS: Man kann die Kaltschale auch mit 200 g Knäckebrot reichen. Eine Portion: 375 Kalorien = 1570 Joule. 4,3 BE.

PS: Nehmen Sie mal eiweißangereicherte, fettarme Milch zur Kaltschale. Ist lieblicher. Bringt 2 g Eiweiß, aber 28 Kalorien mehr.

Schellfisch mit Kräutern

Eine Portion enthält: 40 g Eiweiß, 6 g Fett, 7 g Kohlenhydrate = 0,5 BE, 140 mg Cholesterin.
Kalorien: 285 = 1193 Joule.
Zubereitung: Ohne Marinierzeit 50 Minuten.

800 g Schellfischfilet, Saft einer Zitrone, 1 Zwiebel, 500 g frische Champignons, 20 g Margarine, Salz, weißer Pfeffer, je ½ Bund Petersilie, Dill, Schnittlauch. – Außerdem: ⅛ l Weißwein. 1 EL Semmelbrösel (10 g), 10 g Margarine, 1 Tomate, 2 Stengel Petersilie.

Schellfischfilet mit Küchenpapier abtrocknen. Mit Zitronensaft beträufeln und zugedeckt 10 Minuten durchziehen lassen. In 4 Portionen teilen.
Geschälte Zwiebel würfeln. Champignons putzen, waschen und in Scheiben schneiden (kleine Pilze ganz lassen). Margarine in einem Topf erhitzen. Zwiebel und Champignons darin 5 Minuten dünsten.
Mit Salz und Pfeffer pikant abschmecken.
Kräuter waschen, hacken und unter die Pilze mischen. Die Hälfte der

Pilzmischung in eine gefettete feuerfeste Form füllen. Fischfilet leicht salzen. Auf die Pilze legen und mit der restlichen Pilzmischung bedecken. Weißwein drübergießen. Mit Semmelbröseln bestreuen. Margarineflöckchen darauf verteilen.
Form offen in den vorgeheizten Backofen auf die mittlere Schiene stellen.

Backzeit: 25 Minuten. Elektroherd: 225 Grad. Gasherd: Stufe 4.
Gericht mit Tomatenvierteln und Petersilie garniert in der Form servieren.

Beilagen: Kopfsalat. Marinade aus 2 EL Zitronensaft, 2 EL gehackten Kräutern, Gewürzen und 2 EL Pflanzenöl. Eine Portion: 55 Kalorien = 230 Joule. 0,1 BE. — Petersilienkartoffeln von 500 g Salzkartoffeln, 10 g Margarine und 1 Bund gehackter Petersilie. Eine Portion: 105 Kalorien = 440 Joule. 1,6 BE.

PS: Wer sich gesundheitsbewußt ernährt, läßt Semmelbrösel und Margarine weg und spart Kalorien.

Schellfisch mit Paprika

Eine Portion enthält: 38 g Eiweiß, 6 g Fett, 8 g Kohlenhydrate = 0,6 BE, 144 mg Cholesterin.
Kalorien: 267 = 1118 Joule.
Zubereitung: 45 Minuten.

> 800 g Schellfischfilet, Essig, Salz, 1 Zwiebel, je 1 rote und grüne Paprikaschote (250 g), 2 Tomaten (125 g), 20 g Margarine, $1/8$ l Fleischbrühe (Würfel), 5 EL herber Weißwein, Salz, 1 EL Dosenmilch (7,5 %), 1 EL Mehl (10 g), 1 TL Paprika rosenscharf, weißer Pfeffer, 1 Bund Dill.

Schellfischfilet mit Küchenpapier abtrocknen. Mit Essig beträufeln und zugedeckt 10 Minuten durchziehen lassen. In 4 Portionen teilen. Geschälte Zwiebel würfeln. Paprika halbieren, entkernen und waschen. In Streifen schneiden. Tomaten überbrühen, abziehen, in Scheiben schneiden.
Margarine in einem breiten Topf erhitzen. Zwiebel darin goldgelb braten. Paprikastreifen zugeben. Unter gelegentlichem Rühren 5 Minuten dünsten. Tomaten, Brühe und Wein dazugeben. Fischfilets

salzen und drauflegen. Zugedeckt 15 Minuten gar ziehen lassen. Filets auf einer vorgewärmten Platte warm stellen.
Sud aufkochen. Mehl mit Dosenmilch, Paprikapulver, Salz und Pfeffer verrühren. Sud damit binden. 3 Minuten kochen lassen. Über die Fischfilets gießen. Mit gehacktem Dill bestreut servieren. Oder die Soße in eine Schüssel geben, darauf die Filets anrichten und mit Dill garnieren.

Beilagen: Tomatensalat von 250 g Tomaten in einer Marinade aus 2 EL Estragonessig, Gewürzen, 2 EL Pflanzenöl und 2 EL Schnittlauchröllchen. Eine Portion: 72 Kalorien = 301 Joule. 0,3 BE. — Körnig gekochter Reis von 125 g Langkornreis. Eine Portion: 115 Kalorien = 481 Joule. 2 BE.

TIP Ganze Fische mal mit Paprikastreifen spicken, mit Öl einpinseln und grillen. Das schmeckt und ist gesund. Denn Paprikaschoten sind mit 108 mg auf 100 g Gemüse die größten Vitamin-C-Lieferanten, die es unter den Gemüsesorten gibt. Außerdem geben sie dem Fisch einen großartigen Geschmack.

Schellfisch mit Spinatfüllung

Eine Portion enthält: 36 g Eiweiß, 11 g Fett, 19 g Kohlenhydrate = 1,6 BE, 138 mg Cholesterin.
Kalorien: 364 = 1524 Joule.
Zubereitung: Ohne Auftauzeit 80 Minuten.

> Für die Füllung: *300 g gehackter Tiefkühlspinat, 20 g Butter, 3 EL gehackte Schalotten oder Frühlingszwiebeln (60 g), 125 g frisches, feingekrümeltes Weißbrot, 3 EL saure Sahne (50 g), Salz, schwarzer Pfeffer, Zitronensaft.* – Für den Fisch: *1 küchenfertiger Schellfisch mit Kopf (1200 g), 2 EL Pflanzenöl (20 g), Salz, weißer Pfeffer, 1 Tasse herber Weißwein ($1/8$ l), Kresse, Petersilie, 3 Zitronen.*

Spinat auftauen und abtropfen lassen. Butter in einer Pfanne zerlassen. Gehackte Schalotten (oder Frühlingszwiebeln) 2 Minuten darin gelb braten. Spinat zugeben. Unter Rühren bei voller Hitze eindampfen lassen und in eine Schüssel geben. Mit Weißbrotbrösel und Sahne verrühren. Mit Salz und etwas frisch gemahlenem Pfeffer abschmecken. Dann nach Geschmack mit Zitronensaft würzen.

Backofen auf 200 Grad vorheizen. Rückengräte des Fisches entfernen, aber Kopf und Schwanz dranlassen. (Sicher macht Ihnen das auch der Fischhändler.) Fisch waschen.

Mit Küchenpapier abtrocknen und füllen. Nicht zu fest stopfen, da die Füllung beim Backen aufgeht. Öffnung mit Zahnstochern schließen. Zusätzlich kreuzweise mit einem Baumwollfaden verschnüren.

Ein großes Stück Alufolie auf beiden Seiten mit Öl bestreichen. Flachen, feuerfesten Topf damit auskleiden, so daß die Enden an den längeren Seiten etwas überstehen.

Fisch auf die Folie legen, mit dem restlichen Öl bestreichen, salzen und pfeffern. Den Wein um den Fisch gießen. Auf dem Herd aufkochen. Dann den Topf in den vorgeheizten Ofen auf die mittlere Schiene stellen.

Backzeit: 50 Minuten. Elektroherd: 200 Grad. Gasherd: Stufe 3—4.
Fisch während der Bratzeit alle 6 Minuten mit dem Saft begießen. Sollte der Wein verdunsten, kann man bis zu einer Tasse Wasser angießen.

Fisch zum Servieren vorsichtig mit der Folie aus dem Topf heben und auf eine Platte gleiten lassen. Faden entfernen, Spieße herausziehen. Ein Beet aus Kresse und Petersilie oder aus zarten, frischen Spinatblättern drumherum legen. Mit hübsch geschnittenen Zitronen garnieren. Den Fisch sofort servieren.

Beilagen: 500 g Salzkartoffeln in gehackter Petersilie geschwenkt. Eine Portion: 85 Kalorien = 356 Joule. 1,6 BE.

Schildkrötensuppe Lady Curzon

Eine Portion enthält: 1 g Eiweiß, 3 g Fett, 2 g Kohlenhydrate, 10 mg Cholesterin.
Kalorien: 61 = 255 Joule.
Zubereitung: 10 Minuten.

1 Dose Schildkrötensuppe (200 g), 4 EL Sherry, 2 EL Schlagsahne (40 g), 1 gestrichener TL Currypulver.

Schildkrötensuppe in einem kleinen Topf erhitzen, aber nicht kochen lassen. Sherry einrühren. Steif geschlagene Sahne mit Curry würzen. Suppe in 4 vorgewärmte Spezialtassen füllen. Mit einer Sahnehaube bedecken. Unterm vorgeheizten Grill 3 Minuten gratinieren. Sofort servieren.

Schinken in Gelee

Eine Portion enthält: 30 g Eiweiß, 13 g Fett, 3 g Kohlenhydrate = 0,1 BE, 195 mg Cholesterin.
Kalorien: 309 = 1293 Joule.
Zubereitung: Ohne Kühlzeit 50 Minuten.

> Für das Gelee: *16 Blatt weiße Gelatine, ¾ l Würfelbrühe, ¼ l herber Weißwein, Saft einer halben Zitrone, Salz, Cayennepfeffer.* – Außerdem: *375 g gekochter Dosenschinken, je 1 Bund Petersilie, Dill und Schnittlauch, ½ Kästchen Kresse.* – Für die Garnierung: *2 hartgekochte Eier, 1 Bund Radieschen.*

Gelatine in kaltem Wasser einweichen. Würfelbrühe in einem Topf aufkochen. Gelatine ausdrücken und dazugeben. Umrühren, bis sie sich ganz gelöst hat. Wein und Zitronensaft dazugeben. Mit Salz und Cayennepfeffer pikant würzen.
Eine Puddingform oder eine Schüssel mit kaltem Wasser ausspülen. Die Hälfte der Geleeflüssigkeit hineingießen. Gefäß drehen, so daß auch an den Wänden Flüssigkeit hängen bleibt. 30 Minuten im Kühlschrank erstarren lassen.
Schinken gleichmäßig würfeln. Kräuter abspülen, trockentupfen und hacken. Kresse abspülen, Blättchen abschneiden. Alles mischen und in die Form oder die Schüssel mit dem erstarrten Gelee füllen. Darauf die restliche Geleeflüssigkeit gießen.
(Falls die Geleeflüssigkeit schon etwas fest geworden sein sollte, wird sie leicht erwärmt.)
Schinken in Gelee 60 Minuten im Kühlschrank erstarren lassen.
Zum Stürzen die Form kurz in heißes Wasser tauchen.
Schinken in Gelee auf eine Platte stürzen. Mit Ei-Achteln und Radieschen hübsch garniert servieren.

Beilagen: Kopfsalat in einer Marinade aus 2 EL Zitronenessig, 2 EL gehackten Kräutern und 2 EL Pflanzenöl. Eine Portion: 55 Kalorien = 230 Joule. 0,1 BE. — Kartoffelpüree aus 500 g Kartoffeln, gut ⅛ l Magermilch. Eine Portion: 97 Kalorien = 406 Joule. 1,7 BE.

PS: Man kann die Eier auch weglassen und damit Kalorien sparen.

Schinkencocktail

Eine Portion enthält: 8 g Eiweiß, 11 g Fett, 16 g Kohlenhydrate, 35 mg Cholesterin.
Kalorien: 212 = 888 Joule.
Zubereitung: 15 Minuten.

> *125 g magerer gekochter Schinken, 1 Scheibe Pumpernickel (35 g), 1 Dose Mandarinen (190 g), 50 g Mayonnaise (50 %), 50 g Trinkmilch-Joghurt, 1 EL Cognac, 1 EL Weißwein, 1 EL Dosenmilch, Salz, weißer Pfeffer, flüssiger Süßstoff, etwas Kresse.*

Gekochten Schinken und Pumpernickel in gleichmäßige Würfel schneiden. Mandarinen abgießen. Ein paar Spalten zum Garnieren zurücklassen, die anderen halbieren.
Mayonnaise mit Joghurt, Cognac, Weißwein und Dosenmilch in einer Schüssel verrühren. Mit Salz, Pfeffer und flüssigem Süßstoff abschmecken. Die vorbereiteten Salatzutaten untermischen. In Cocktailgläsern anrichten. Mit den restlichen Mandarinenspalten und mit Kresse garniert servieren.

Beilagen: 4 Scheiben Knäckebrot. Eine Scheibe: 38 Kalorien = 159 Joule.

TIP Wenn Sie mal keinen flüssigen Süßstoff haben, lösen Sie einfach Tabletten in warmem Wasser auf. Zur leichteren Dosierung.

Schinken-Honig-Steak

Eine Portion enthält: 31 g Eiweiß, 21 g Fett, 4 g Kohlenhydrate, 105 mg Cholesterin.
Kalorien: 351 = 1470 Joule.
Zubereitung: Ohne Ruhezeit 30 Minuten.

> *1 EL englisches Senfpulver, 2 EL Zitronensaft, 4 Scheiben magerer gekochter Dosenschinken (je 150 g), 2 EL Öl, 1 EL Honig (15 g), 1 EL Senf. 1 Zitrone und Kresse zum Garnieren.*

Senfpulver und Zitronensaft miteinander verrühren, Schinkenscheiben damit kräftig einreiben. Etwa 2 Stunden zugedeckt durchziehen lassen.

Steaks mit Küchenpapier abtupfen. Öl in einer beschichteten Pfanne erhitzen. Steaks darin auf beiden Seiten goldbraun braten.
Honig und Senf verrühren. Steaks damit bestreichen und unterm vorgeheizten Grill etwa 5 Minuten überkrusten. Anrichten. Mit Zitronenscheiben oder -achteln und mit Kresse garnieren.

Beilagen: Reichlich Kopfsalat (Marinade aus Gewürzen, je 2 EL Zitronensaft, gehackten Kräutern und Keimöl). Eine Portion: 55 Kalorien = 230 Joule. — Kartoffelbrei aus 500 g Kartoffeln und $1/8$ l Magermilch. Eine Portion: 95 Kalorien = 398 Joule.

Schleie mit Eiersoße

Eine Portion enthält: 23 g Eiweiß, 19 g Fett, 1 g Kohlenhydrate, 224 mg Cholesterin.
Kalorien: 282 = 762 Joule.
Zubereitung: 30 Minuten.

4 Schleien (1200 g) rund gebunden, Wasser, Essig, Salz, flüssiger Süßstoff, 2 Zwiebeln, 1 Lorbeerblatt, Zitronenessig. – Für die Soße: 2 Eigelb, 2 EL lauwarmes Wasser, 75 g Margarine, Salz, 1 EL Zitronensaft, 1 EL Dill und Petersilie, gehackt.

Schleien vorsichtig waschen. Die Schleimschicht darf nicht zerstört werden, denn sie verursacht die Blaufärbung. Wasser, Essig, Salz, Süßstoff, geschälte, gewürfelte Zwiebeln und Lorbeerblatt in einem Topf zum Sud kochen.
Schleien innen mit Essig säuern, dann salzen. In den kochenden Sud geben, Hitze reduzieren und 20 Minuten darin ziehen lassen. Für die Soße Eigelb und lauwarmes Wasser im Stieltopf mit dem Schneebesen bei ganz schwacher Hitze aufschlagen. Margarine zerlassen und abgekühlt in dünnem Strahl unterrühren. Mit Salz und Zitronensaft abschmecken. Gehackte Kräuter (etwas Dill zurücklassen) unterheben. Schleien auf einer vorgewärmten Platte anrichten. Mit Dillspitzen garnieren. Soße extra reichen.

Beilagen: Salat mit Kräutern aus einem Kopfsalat in einer Marinade aus 2 EL Zitronensaft, Gewürzen, 2 EL gemischten, gehackten Kräutern und 2 EL Keimöl. Eine Portion: 55 Kalorien = 230 Joule. Salzkartoffeln von 500 g. Eine Portion: 85 Kalorien = 356 Joule. 1,6 BE.

Schneeberg geeist

Eine Portion enthält: 4 g Eiweiß, 1 g Fett, 15 g Kohlenhydrate = 1,2 BE, 0 mg Cholesterin.
Kalorien: 82 = 343 Joule.
Zubereitung: Ohne Gefrierzeit 25 Minuten.

500 g Kochäpfel, ¼ Tasse Wasser, 3 EL Zitronensaft, flüssiger Süßstoff nach Geschmack, 4 Eiweiß, 1 Zitrone.

Äpfel schälen und raspeln. In einen Topf geben. Wasser und Zitronensaft zufügen. Im geschlossenen Topf 10 Minuten kochen lassen. Gelegentlich umrühren.
Mit dem Schneebesen schaumig schlagen. Nach Geschmack süßen. Eventuell mit etwas Zitronensaft nachwürzen. Apfelschaum gut auskühlen lassen. Eiweiß zu sehr steifem Schnee schlagen und unterheben. Apfelschnee in einer Schale mindestens 4 Stunden einfrieren. Mit einem Eßlöffel das Eis zu Schnee abschaben und in Portionsschälchen mit sehr dünn geschnittenen Zitronenscheiben garniert anrichten.

PS: Auch Magen-Darm-Empfindliche können unbesorgt Eis genießen, wenn sie es vor dem Schlucken im Mund zergehen lassen.

Schnelles Abendbrot

Eine Portion enthält: 29 g Eiweiß, 14 g Fett, 4 g Kohlenhydrate = 0,3 BE, 364 mg Cholesterin.
Kalorien: 281 = 1176 Joule.
Zubereitung: 15 Minuten.

400 g Beefsteakhack (Tatar), 4 EL Wasser, Salz, weißer Pfeffer, 2 Ecken Schmelzkäse (30%), 1 EL Weißwein, 4 Eigelb, 2 Zwiebeln, 1 EL Kapern.

Gehacktes mit Wasser geschmeidig rühren. Mit Salz und Pfeffer pikant abschmecken. In 4 Portionen teilen. Wie Frikadellen formen. Auf Tellern anrichten. Schmelzkäse mit dem Weißwein glattrühren. In einen Spritzbeutel füllen. Auf jede Hackportion einen Ring spritzen. Vorsichtig je ein Eigelb hineingleiten lassen. Geschälte Zwiebeln fein hacken. Auf die Teller verteilen. Mit Kapern garnieren.

Beilagen: Kopfsalat. Marinade aus 2 EL Zitronensaft, Gewürzen, 2 EL gehackten Kräutern und 2 EL Pflanzenöl. Eine Portion: 55 Kalorien =

230 Joule. 0,1 BE. — 40 g Halbfettmargarine. Eine Portion: 38 Kalorien = 159 Joule. — 4 Scheiben Bauernbrot (200 g). Eine Scheibe: 125 Kalorien = 523 Joule. 2,1 BE.

Schnitzel mit Schinken

Eine Portion enthält: 34 g Eiweiß, 18 g Fett, 5 g Kohlenhydrate = 0,4 BE, 105 mg Cholesterin.
Kalorien: 336 = 1407 Joule.
Zubereitung: 20 Minuten.

> 4 Scheiben Schweineschnitzel (500 g), 2 EL Zitronensaft, Salz, weißer Pfeffer, 100 g magerer gekochter Dosenschinken, 2 mittelgroße Gewürzgurken (200 g), 2 EL Pflanzenöl (20 g), 1 Becher Magermilch-Joghurt (175 g), 1 EL Kapern, 1 Bund Petersilie.

Schnitzel mit Zitronensaft einreiben, salzen, pfeffern und beiseite stellen.
Den Dosenschinken in feine Streifen schneiden. Gewürzgurken schälen. Der Länge nach halbieren. Mit einem Teelöffel entkernen und fein würfeln.
Öl in der Pfanne erhitzen. Schnitzel mit Küchenpapier leicht abtupfen. Auf beiden Seiten braun anbraten, Schinken und Gurke 5 Minuten mitbraten.
Joghurt und Kapern dazugeben. Mit Salz und Pfeffer würzen. Weitere 5 Minuten zugedeckt schmoren lassen. Schnitzel auf einer vorgewärmten Platte mit Schinkenstreifen und Gurkenwürfel anrichten. Mit Soße übergießen und mit Petersilie garniert servieren.

Beilage: Kartoffelbrei aus 500 g Salzkartoffeln und ⅛ l Magermilch. Eine Portion: 95 Kalorien = 398 Joule. 1,8 BE.

Schokolade

100 g Schokolade liefern im Durchschnitt 540 bis 585 Kalorien, 7 g Eiweiß, 30 g Fett und 47 g Kohlenhydrate. Dazu ein paar Mineralstoffe, Spurenelemente und den Genuß. Schon ein Stückchen wirkt anregend durch das Theobromin.

Schoko-Quarkcreme

Eine Portion enthält: 12 g Eiweiß, 2 g Fett, 9 g Kohlenhydrate, 0 mg Cholesterin.
Kalorien: 104 =435 Joule.
Zubereitung: 15 Minuten.

250 g Magerquark, 1 Banane (150 g mit Schale), ein paar Tropfen flüssiger Süßstoff, 1 gehäufter EL Kakao (10 g), 2 EL Schokoladenstreusel (10 g).

Den Quark mit Wasser geschmeidig rühren. Geschälte Banane mit einer Gabel pürieren und mit dem Quark cremig rühren. Falls nötig, noch etwas Wasser hinzufügen. Mit Süßstoff abschmecken.
Die Hälfte des Quarks mit dem Kakao verrühren.
Braune Creme auf die weiße geben. Mit einer Gabel zweimal vorsichtig durch die beiden Schichten ziehen. Marmorierte Creme in einer Glasschale mit Schokoladenstreuseln bestreut anrichten.

PS: Für Diabetiker ist diese Speise geeignet, wenn man die Portion mit ½ EL geraspelter Diabetiker-Schokolade bestreut.

Scholle Blankeneser Art

Eine Portion enthält: 30 g Eiweiß, 10 g Fett, 6 g Kohlenhydrate = 0,5 BE, 135 mg Cholesterin.
Kalorien: 249 = 1043 Joule.
Zubereitung: 30 Minuten.

4 küchenfertige Schollen (je 250 g), Essig, Salz, 20 g Mehl, 40 g Margarine, 100 g Steinpilze aus der Dose, 100 g Nordsee-Krabbenfleisch, 2 EL Zitronensaft, 1 Bund Petersilie.

Schollen kurz unter fließendem Wasser waschen. Mit Küchenpapier abtrocknen. Mit Eis beträufeln, salzen und in Mehl wenden. Panade etwas andrücken.
Margarine in zwei Pfannen erhitzen. Schollen darin bei mittlerer Hitze auf jeder Seite 6 Minuten braten.
Inzwischen die abgetropften Steinpilze in Scheiben schneiden. Schollen auf einer vorgewärmten Platte anrichten. Warm stellen.
Steinpilze und Krabben in der Pfanne 5 Minuten erhitzen. Über die

Schollen verteilen. Mit Zitronensaft beträufeln und mit gehackter Petersilie bestreuen. Sofort servieren.

Beilagen: Salat aus 100 g gekochten, in Streifen geschnittenen Selleriescheiben und 125 g Feldsalat. Marinade aus 2 EL Zitronenessig, Gewürzen, 1 EL gehackter Petersilie und 2 EL Keimöl. Eine Portion: 55 Kalorien = 230 Joule. 0,1 BE. — Petersilienkartoffeln (500 g) in 10 g Margarine und 2 EL gehackter Petersilie geschwenkt. Eine Portion: 105 Kalorien = 440 Joule. 1,6 BE.
Zum Salat können Sie auch frischen Sellerie verwenden. Geputzte Knollen waschen, fein raffeln und sofort mit Zitronensaft beträufeln.

Schollenfilet auf Paprika und Tomaten

Eine Portion enthält: 28 g Eiweiß, 10 g Fett, 6 g Kohlenhydrate = 0,5 BE, 105 mg Cholesterin.
Kalorien: 265 = 1110 Joule.
Zubereitung: 40 Minuten.

> *2 Packungen tiefgekühlte Schollenfilets (600 g), Essig, Salz, 2 Paprikaschoten (250 g), ½ Knoblauchzehe, 20 g Margarine, gut ⅛ l Weißwein (150 cm³), 4 Tomaten (250 g), 10 paprikagefüllte spanische Oliven, 20 g Mandelstifte.*

Schollenfilets unaufgetaut mit Essig säuern und salzen. Paprika putzen, waschen und in Streifen schneiden. Geschälten Knoblauch zerdrücken. Mit den Paprikastreifen in einem Topf in der erhitzten Margarine andünsten. Weißwein zugeben. Salzen. Schollenfilets drauflegen. 10 Minuten garen. Aus dem Topf nehmen. Auf einer Platte anrichten und warm stellen.
Die Tomaten in Streifen und die Oliven in Scheibchen schneiden. Zum Paprika geben. Mandeln drüberstreuen. Erhitzen. Auf den Schollenfilets anrichten. Sofort servieren.

Beilagen: Tomaten-Gurken-Salat von 250 g Tomaten und 500 g Salatgurke in einer Marinade aus 2 EL Zitronensaft, je 1 EL gehackter Petersilie und Schnittlauchröllchen, 1 gehacken Zwiebel (oder Zwiebelpulver), 2 EL Pflanzenöl und Gewürzen. Eine Portion enthält: 75 Kalorien = 314 Joule. 0,4 BE. — Petersilienkartoffeln von 500 g Kartoffeln, 10 g Margarine und 1 Bund gehackter Petersilie. Eine Portion: 105 Kalorien = 440 Joule. 1,6 BE.

Schonkost

Leichte, gut verträgliche Kost entlastet die Verdauungsorgane. Sie tut jedem gut. Aber sie läßt vor allem Streßzeiten besser überstehen und macht Kranke viel schneller gesund.
Denn heute versteht man unter Schonkost nicht mehr Zwieback und Grießbrei, sondern leichte und gemischte Kost. Und zwar solche, die ausreichend mit allen wichtigen Nährstoffen versorgt.
Fünf bis sechs Kleinmahlzeiten gründlich zerkleinern und genießen, das ist eine Grundvoraussetzung. Eiskalte oder brühheiße Speisen werden gemieden. Ist vorübergehend nur Brei erlaubt, dann kann er aus Vollkornflocken zubereitet werden und mit Sojamehl, Weizenkeimen oder Edelhefe angereichert werden.
Gut ist helles Knäcke- oder Waffelbrot, auch Flockenbrot. Schlecht sind Mehlschwitzen (bedauerlich, daß sich das noch nicht bis in die Küchen aller Krankenhäuser und Sanatorien herumgesprochen hat!).
Bekömmlich ist zartes, fettlos gedünstetes oder roh geriebenes Gemüse.
Viele vertragen auch mildes, kurzgeschnittenes rohes Sauerkraut und zarte Salatblätter.
Mageres Fleisch und Magerfisch gibt's zunächst gekocht, später gegrillt. Schabefleisch, Diätwurst und milder Magerkäse sind erlaubt. Ab und zu ist ein weich gekochtes Ei gut.
Klar, daß Magerquark, Joghurt, Dickmilch und Magermilch gegeben werden können. Außerdem weiche, zerdrückte Beerenfrüchte, Bananen, geriebene Äpfel oder Birnen und kaum gezuckertes Kompott.
Eine fett- und zuckerarme Kost, die auch der schlanken Linie guttut.

Schwarzbrot-Auflauf

Eine Portion enthält: 11 g Eiweiß, 10 g Fett, 49 g Kohlenhydrate, 194 mg Cholesterin.
Kalorien: 395 = 1654 Joule.
Zubereitung: 70 Minuten.

250 g altbackenes Schwarzbrot, 4 EL Rum, 3 Eigelb, 4 EL heißes Wasser, 40 g Zucker, flüssiger Süßstoff, 1 Päckchen Vanillinzucker, 50 g Halbbitter-Schokolade, 3 Eiweiß, 1 Prise Salz, ½ TL Zimt.

Schwarzbrot auf einer mittelfeinen Reibe in eine Schüssel reiben. Mit Rum tränken und zugedeckt durchziehen lassen.
Eigelb mit Wasser, Zucker, flüssigem Süßstoff und Vanillinzucker schaumig rühren. Schokolade fein reiben. Eiweiß mit einer Prise Salz zu steifem Schnee schlagen. Auf die Eigelbmasse gleiten lassen. Darüber Schokolade und Schwarzbrot geben. Mit Zimt bestäuben. Unterheben.
Teig in eine gefettete, feuerfeste Form geben. Mit nassem Löffel glattstreichen. In den vorgeheizten Ofen auf die mittlere Schiene stellen.

Backzeit: 25 Minuten. Elektroherd: 175—200 Grad. Gasherd: Stufe 2—3.
Backofen ausschalten. Auflauf noch 10 Minuten drinlassen. In der Form servieren.

Beilage: Vanillesoße von 1 Beutel Instant-Soßenpulver und ¼ l Magermilch. Eine Portion: 60 Kalorien = 251 Joule.

Schwarzwurzeln in Schinkensoße

Eine Portion enthält: 7 g Eiweiß, 10 g Fett, 26 g Kohlenhydrate = 2,1 BE, 16 mg Cholesterin.
Kalorien: 226 = 946 Joule.
Zubereitung: 70 Minuten.

750 g Schwarzwurzeln, 2 EL Essig, ½ l Wasser, Salz, 2 EL Zitronensaft, 50 g magerer gekochter Dosen-Schinken, 30 g Margarine, 30 g Mehl, ¼ l Gemüsewasser, ¼ l Milch, Muskat.

Schwarzwurzeln unter kaltem Wasser gründlich abbürsten. Schaben und sofort in eine Schüssel mit Essigwasser legen, damit sie weiß bleiben. Dann in 5 cm lange Stücke schneiden. Wasser mit Salz und Zitronensaft aufkochen. Die Schwarzwurzeln darin 30 Minuten garen. Rausnehmen und abtropfen lassen. ¼ l Brühe abmessen.
Für die Soße den Schinken in feine Streifen schneiden. Margarine in einem Topf erhitzen. Mehl darin unter Rühren durchschwitzen lassen. Nach und nach Gemüsewasser und Milch angießen. Unter Rühren 2 Minuten kochen lassen.
Schinkenstreifen dazugeben. Mit Salz und Muskat abschmecken. Schwarzwurzeln darin erhitzen, aber nicht kochen lassen. In einer vorgewärmten Schüssel servieren.

Beilagen: Kartoffelpüree von 500 g Kartoffeln, gut ⅛ l Magermilch und 10 g Margarine. Eine Portion: 116 Kalorien = 486 Joule. 1,7 BE.

Schwarzwurzeln überbacken

Eine Portion enthält: 23 g Eiweiß, 11 g Fett, 33 g Kohlenhydrate = 2,7 BE, 183 mg Cholesterin.
Kalorien: 341 = 1428 Joule.
Zubereitung: 95 Minuten.

1000 g Schwarzwurzeln, Salz, Zitronenessig, 4 große Tomaten (400 g), ⅛ l saure Sahne, 5 EL Milch, 50 g geriebener Parmesankäse, 1 Ei, 2 EL Mehl (20 g), flüssiger Süßstoff, Muskat, Curry- und Knoblauchpulver, 1 Bund Dill, 250 g Nordsee-Krabben.

Schwarzwurzeln putzen, ganz lassen oder halbieren. Sofort in Salz-Essig-Wasser legen, damit sie nicht braun werden.
Frisches Wasser mit Salz und Essig in einem Topf aufkochen. Schwarzwurzeln hineingeben und 40 Minuten darin garen.
Tomaten überbrühen, abziehen und die Stengelansätze rausschneiden.
Saure Sahne, Milch, Parmesankäse, Ei, Mehl, Salz, Süßstoff, Muskat, Curry- und Knoblauchpulver in einer Schüssel gut durchschlagen und kräftig abschmecken. Gewaschenen Dill feinhacken. Dazugeben.
Schwarzwurzeln mit dem Schaumlöffel aus dem Topf nehmen. Die Hälfte davon in eine gefettete, feuerfeste Glasform geben. Krabbenfleisch darauf verteilen. Die übrigen Schwarzwurzeln drüberlegen.

Tomaten an die Seiten setzen. Mit der Soße überziehen. In den vorgeheizten Ofen auf die mittlere Schiene stellen.

Garzeit: 25 Minuten. Elektroherd: 225 Grad. Gasherd: Stufe 4.

Beilagen: 4 Scheiben Toast. Eine Scheibe: 52 Kalorien = 218 Joule. 0,9 BE.

Schwedenhappen

Eine Portion enthält: 13 g Eiweiß, 18 g Fett, 0 g Kohlenhydrate, 56 mg Cholesterin.
Kalorien: 232 = 971 Joule.
Zubereitung: 10 Minuten.

> *4 Kräutermatjesfilets, ¼ l Weinessig, flüssiger Süßstoff, je 8 Gewürz- und Pfefferkörner, 2 gestrichene TL Senfkörner, 2 Lorbeerblätter, 2 Tomaten (100 g), ½ Bund Petersilie.*

Kräutermatjesfilets unter fließendem Wasser gut abspülen. In eine Schüssel geben. Weinessig mit flüssigem Süßstoff abschmecken. Aufkochen. Gewürz-, Pfeffer- und Senfkörner und die Lorbeerblätter über die Matjesfilets verteilen. Abgekühlten Essig drübergießen. 3 Tage durchziehen lassen.
Vor dem Anrichten in kleine Happen schneiden. In Portionsschalen verteilen.
Tomaten waschen, trocknen, Stengelansätze rausschneiden. Tomaten achteln. Portionen damit fächerartig garnieren. Gewaschene, trockengetupfte Petersilie anlegen.

Beilagen: Schwarzbrot (4 Scheiben). Eine Scheibe: 120 Kalorien = 502 Joule. 2 BE.

Schweinefilet mit Lauch

Eine Portion enthält: 27 g Eiweiß, 22 g Fett, 12 g Kohlenhydrate, 95 mg Cholesterin.
Kalorien: 377 = 1578 Joule.
Zubereitung: 60 Minuten.

500 g Schweinefilet, Salz, weißer Pfeffer, Currypulver, 2 EL Pflanzenöl (20 g), 8 kleine Tomaten (375 g), 500 g Lauch, 10 g Margarine, ¼ l Wasser, 6 EL saure Sahne, 1 gehäufter EL Mehl (15 g), 1 EL Sherry, 1 EL Tomatenketchup.

Schweinefilet mit Salz, Pfeffer und Currypulver einreiben. In einer Pfanne im heißen Öl rundherum anbraten. Deckel auflegen und noch 25 bis 30 Minuten weiterbraten. Eventuell einen Schuß Wasser zugeben. Inzwischen die Tomaten überbrühen, abziehen und mit Salz würzen. Während der letzten 5 Minuten mitgaren.
Während das Fleisch brät, den Lauch in Ringe schneiden, gründlich waschen und in Margarine anbraten. Nach Bedarf einen Schuß Wasser angießen. Insgesamt 10 bis 15 Minuten dünsten. Leicht salzen.
Filet und Tomaten warm stellen.
Bratsatz mit ¼ l Wasser auffüllen. Saure Sahne und Mehl verrühren. Kochende Soße damit binden. Sherry und Tomatenketchup zufügen. Mit Salz und Pfeffer abschmecken.
Filet in Scheiben schneiden. In der Mitte einer vorgewärmten Platte anrichten. Lauch drumherum geben. Tomaten aufs Fleisch legen. Soße extra reichen.

Beilagen: Salzkartoffeln von 500 g Kartoffeln. Eine Portion: 85 Kalorien = 356 Joule.

Schweinefilet Posthof

Eine Portion enthält: 25 g Eiweiß, 22 g Fett, 21 g Kohlenhydrate = 1,7 BE, 88 mg Cholesterin.
Kalorien: 396 = 1658 Joule.
Zubereitung: 45 Minuten.

250 g Zwiebeln, 500 g Boskop-Äpfel, 20 g Margarine, Salz, schwarzer Pfeffer, 1 rote Paprikaschote, etwas ungespritzte Zitronenschale, 500 g Schweinefilet, weißer Pfeffer, Muskat, 2 EL Pflanzenöl (20 g).

Zwiebeln schälen und in Ringe schneiden. Die Äpfel schälen, in Spalten schneiden und entkernen.
Zwiebelringe in der in einem Topf erhitzten Margarine hellgelb braten. Apfelspalten zugeben. Mit Salz und Pfeffer würzen.
Paprika putzen, waschen und fein würfeln. Zitronenschale fein

stifteln. Zum Apfel-Zwiebel-Gemüse geben und zugedeckt 25 Minuten schmoren lassen.
Schweinefilet ringsum mit Salz, weißem Pfeffer und Muskat einreiben. Öl in einem Bräter erhitzen. Das Fleisch darin rundherum braun anbraten. Im geschlossenen Bräter bei mittlerer Hitze etwa 20 Minuten weiterbraten.
Fleisch rausnehmen. Gemüse kurz in den Bratfond geben. Fleisch aufschneiden und auf einer vorgewärmten Platte anrichten. Mit dem Gemüse garniert auftragen.

Beilagen: 4 Scheiben (200 g) Ananas aus der Dose. Eine Scheibe: 48 Kalorien = 201 Joule. — Kartoffelbrei von 500 g Kartoffeln, gut $\frac{1}{8}$ l Magermilch (150 cm^3) und 10 g Margarine. Eine Portion: 116 Kalorien = 486 Joule. 1,7 BE.

Schweinefilet Roulette

Eine Portion enthält: 26 g Eiweiß, 21 g Fett, 13 g Kohlenhydrate = 1 BE, 98 mg Cholesterin.
Kalorien: 362 = 1516 Joule.
Zubereitung: 55 Minuten.

500 g Möhren, Salz, 500 g Schweinefilet, grob gemahlener schwarzer Pfeffer, 2 EL Pflanzenöl (20 g), 3 EL Perlzwiebeln aus dem Glas (60 g), $\frac{1}{2}$ l Wasser, 1 kleine Gewürzgurke (50 g), 15 g Mehl (1 gehäufter EL), $\frac{1}{8}$ l saure Sahne, Streuwürze, Petersilie.

Möhren putzen und waschen. Wasser mit etwas Salz in einem Topf aufkochen. Möhren darin 5 Minuten blanchieren. Abgießen, Möhren mit einem Buntmesser in gleichmäßig dünne Rädchen schneiden.
Schweinefilet mit Salz und Pfeffer einreiben. Öl im Bräter erhitzen. Fleisch darin rundherum anbraten. Möhrenscheiben und Perlzwiebeln dazugeben. Zugedeckt 20 Minuten schmoren. Nach und nach $\frac{1}{4}$ l Wasser zugießen und wieder verkochen lassen.
Fleisch aus dem Fond nehmen und warm stellen.
Gewürzgurke auch mit dem Buntmesser in Scheiben schneiden. Zum Gemüse geben. Kurz erwärmen. Gemüse aus dem Schmorfond nehmen und zugedeckt warm stellen.
Fond mit dem restlichen Wasser loskochen. Mehl mit saurer Sahne

verrühren. Fond damit binden. Mit Streuwürze und Salz pikant abschmecken.
Fleisch aufschneiden. Auf einer Platte anrichten. Gemüse drumherum anlegen. Mit Petersilie garnieren. Soße getrennt dazu reichen.

Beilagen: Kartoffelkroketten von 125 g Krokettenpulver (15 g Fettaufnahme). Eine Portion: 153 Kalorien = 641 Joule. 2 BE.

Schweinefleisch

Hätten Sie gedacht, daß 100 g Eisbein nur 207 Kalorien haben? So mager kann Schweinefleisch sein. Und mager ist es ein guter, wenn auch nicht billiger Eiweißlieferant. So enthalten 100 g Schnitzel 21 g Eiweiß, Filet 19 g, Keule, Kotelett und Kamm 15 g, Schulter 14 g und Eisbein 12 g. Ihr Kaloriengehalt liegt zwischen 168 (Schnitzel) und 395 (Schulter) je 100 g. Das alles sind Durchschnittswerte.
Um sicherzugehen, verzichten Sie bitte bei einer Schlankheitskur auf jedes sichtbare Fett. Wenn Innereien erlaubt sind, dann sollten Sie nicht nur mageres Muskelfleisch essen. Denn Leber und Herz sind auch mager. Außerdem sind die Innereien vom Schwein fast immer preiswerter als die anderer Schlachttiere. Vorsicht noch vor gemischtem Hackfleisch. 100 g haben 316 Kalorien. Und Mett liegt mit 362 Kalorien noch höher. Ganz zu schweigen von Schweinefleisch in Dosen. 100 g haben 535 Kalorien!
Nebenbei: Schweinefleisch hat durchweg mehr vom raren Vitamin B_6 als andere Fleischsorten.
Zum Schweinefleisch gehört natürlich auch der Schinken. Die magerste Sorte: Lachsschinken. 100 g haben 144 Kalorien und 18 g Eiweiß, 100 g geräucherter Schinken aber durchschnittlich 395 Kalorien und 18 g Eiweiß. Kalorien sparen können Sie mit gekochtem Schinken. 100 g = 282 Kalorien. 100 g gekochter Dosenschinken aber bringt nur 191 Kalorien. Beide Sorten liefern 20 g Eiweiß pro 100 g. Alle unsere Rezepte, in denen gekochter Schinken verwendet wird, sind auf der Kaloriengrundlage von Dosenschinken berechnet.

Schweinekotelett mit Biersoße

Eine Portion enthält: 17 g Eiweiß, 36 g Fett, 8 g Kohlenhydrate = 0,6 BE, 70 mg Cholesterin.
Kalorien: 451 = 1888 Joule.
Zubereitung: 25 Minuten.

> *4 Schweinekoteletts von je 125 g, Salz, weißer Pfeffer, 2 EL Mehl (20 g), 2 EL Pflanzenöl (20 g), 2 Zwiebeln, ⅛ l Bier, ⅛ l Fleischbrühe aus Extrakt, 1 gehäufter TL Speisestärke (5 g).*

Schweinekoteletts salzen, pfeffern und leicht mit Mehl bestäuben. Öl in einer tiefen Pfanne erhitzen. Koteletts darin auf jeder Seite 2 Minuten anbraten.
Zwiebeln schälen und in dünne Scheiben schneiden. Zu den Koteletts geben. Weitere 3 Minuten braten. Koteletts einmal wenden. Bier und Fleischbrühe angießen. Zugedeckt 10 Minuten schmoren lassen. Mit Salz und Pfeffer kräftig abschmecken.
Koteletts auf einer vorgewärmten Platte anrichten. Fond mit angerührter Speisestärke binden. Aufkochen. Soße über die Koteletts gießen. Servieren.

Beilagen: 500 g gekochter Rosenkohl in 20 g Margarine geschwenkt. Eine Portion: 90 Kalorien = 377 Joule. 0,5 BE. — Salzkartoffeln von 500 g. Eine Portion: 85 Kalorien = 356 Joule. 1,6 BE.

Schweinesteak flambiert

Eine Portion enthält: 20 g Eiweiß, 43 g Fett, 10 g Kohlenhydrate, 88 mg Cholesterin.
Kalorien: 540 = 2259 Joule.
Zubereitung: 35 Minuten.

> *4 Schweinesteaks von je 125 g, weißer Pfeffer, 2 EL Margarine (20 g), Salz, 1 Zwiebel, 2 kleine Bananen, ½ Bund Petersilie, 2 Glas (je 2 cl) Wodka, ¼ l heiße Würfelbrühe.*

Schweinesteaks mit dem Handballen etwas flachdrücken. Pfeffern. Margarine in einer Pfanne erhitzen. Steaks darin auf jeder Seite 3 Minuten braten. Rausnehmen, salzen, auf einer vorgewärmten Platte warm stellen.

Geschälte Zwiebel in Ringe schneiden. Im Bratfett 5 Minuten glasig braten. An den Pfannenrand schieben. Geschälte, längs halbierte Bananen darin goldbraun braten. Leicht salzen.
Gewaschene Petersilie trockentupfen und hacken.
Steaks in eine erwärmte Flambierpfanne legen. Die Zwiebel darauf verteilen. Jedes Steak mit einer Bananenhälfte belegen. Mit Petersilie bestreuen. Auf dem Rechaud erhitzen. Den Wodka erwärmen. Anzünden und über die Steaks gießen.
Mit Würfelbrühe ablöschen. Aufkochen, abschmecken, servieren.

Beilagen: Je 1 Dose Erbsen und Karotten (je 280 g), erhitzt, abgegossen und in je 1 TL Butter geschwenkt. Eine Portion: 90 Kalorien = 377 Joule. — Kartoffelkroketten von 125 g Krokettenpulver (15 g Fettaufnahme). Eine Portion: 153 Kalorien = 641 Joule.

Schweizer Rindsroulade

Eine Portion enthält: 29 g Eiweiß, 29 g Fett, 6 g Kohlenhydrate = 0,5 BE, 104 mg Cholesterin.
Kalorien: 424 = 1775 Joule.
Zubereitung: 85 Minuten.

> 4 Scheiben Rouladenfleisch (500 g), Salz, schwarzer Pfeffer, 4 dünne Scheiben durchwachsener Speck (40 g), 1 Gewürzgurke (100 g), 1 Zwiebel, 1 Ecke Schmelzkäse (30 %), 2 EL Pflanzenöl (20 g), $\frac{1}{4}$ l Wasser, 1 gehäufter EL Mehl (15 g).

Rouladenfleisch salzen und pfeffern. Mit je einer Scheibe Speck belegen.
Gurke der Länge nach in Streifen, Zwiebel in Ringe schneiden.
Schmelzkäse mit einem in heißes Wasser getauchten Messer in 4 Dreiecksscheiben schneiden.
Gleichmäßig auf das Fleisch verteilen. Fest aufwickeln. Mit Rouladen-Klammern, Hölzchen oder Fäden zusammenhalten.
Öl im Schmortopf erhitzen. Rouladen darin rundherum anbraten.
Wasser zugießen. Im geschlossenen Topf in 60 Minuten gar schmoren.
Rouladen aus dem Topf nehmen. Hölzchen oder Fäden abnehmen. In einer Schüssel anrichten.
Schmorfond mit Wasser auf $\frac{3}{8}$ l auffüllen. Aufkochen. Mehl in etwas

Wasser anrühren. Fond damit binden. Mit Salz und Pfeffer abschmecken. Über die Rouladen gießen und servieren.

Beilagen: Kopfsalat in einer Marinade aus Gewürzen, je 2 EL Zitronensaft, gehackten Kräutern und Pflanzenöl. Eine Portion: 55 Kalorien = 230 Joule. — Kartoffelbrei aus 500 g Kartoffeln, gut $\frac{1}{8}$ l (150 cm^3) Magermilch und 10 g Margarine. Eine Portion: 116 Kalorien = 486 Joule. 1,7 BE.

Seelachs garniert

Eine Portion enthält: 38 g Eiweiß, 15 g Fett, 7 g Kohlenhydrate = 0,5 BE, 255 mg Cholesterin.
Kalorien: 335 = 1403 Joule.
Zubereitung: 35 Minuten.

4 Seelachskoteletts (je 250 g), Saft einer Zitrone, 250 g Tomaten, 2 hartgekochte Eier, 12 Sardellenfilets aus dem Glas (60 g), 10 mit Paprika gefüllte Oliven aus dem Glas, ½ Bund Petersilie, 1 kleiner Kopf Salat, ½ Dose Prinzeßbohnen (240 g), Salz, 10 g Margarine, weißer Pfeffer, 2 EL Pflanzenöl (20 g), Mehl zum Wenden (10 g).

Seelachskoteletts mit Zitronensaft beträufeln und durchziehen lassen. Tomaten waschen, trocknen und in Scheiben schneiden. Eier schälen und achteln. Sardellenfilets abtropfen lassen. Abgetropfte Oliven in Scheiben schneiden. Gewaschene Petersilie hacken. Kopfsalat putzen. Die Blätter waschen und sehr gut abtropfen lassen.
Bohnen in einen Topf geben. Salzen, aufkochen und abgießen. In Margarine schwenken und im Topf warm stellen.
Seelachskoteletts mit Küchenpapier abtupfen. Mit Salz und Pfeffer würzen. Mit Pflanzenöl bepinseln und leicht mehlen. Alufolie auf den Backofenrost legen. Fischkoteletts drauflegen. Unter den vorgeheizten Grill schieben. Jede Seite 4 Minuten grillen.
Vorgewärmte Platte an den Seiten mit Salatblättern auslegen. Bohnen auf die Mitte verteilen. Fischkoteletts darauf anrichten. Mit Tomatenscheiben, Eiachteln und Olivenscheiben umlegen. Sardellenfilets kreuzweise über die Koteletts legen. Mit Petersilie bestreuen. Den garnierten Seelachs sofort servieren.

Beilagen: Petersilienkartoffeln von 500 g Kartoffeln, geschwenkt in 10 g Margarine und 2 EL gehackter Petersilie. Eine Portion: 105 Kalorien = 440 Joule. 1,6 BE.

Seelachs überbacken

Eine Portion enthält: 37 g Eiweiß, 7 g Fett, 3 g Kohlenhydrate = 0,2 BE, 140 mg Cholesterin.
Kalorien: 261 = 1093 Joule.
Zubereitung: 35 Minuten.

800 g Seelachsfilet, Saft einer Zitrone, 1 Zwiebel, 25 g Margarine, Salz, weißer Pfeffer, 1 EL Mehl (10 g), $1/8$ l Würfelbrühe, $3/8$ l trockener Weißwein, 1 Bund Petersilie, 1 Bund Dill.

Seelachsfilet kalt abspülen. Mit Küchenpapier abtrocknen und in 3 cm große Würfel schneiden. Mit Zitronensaft beträufeln. 10 Minuten durchziehen lassen.
Zwiebel schälen und würfeln. Margarine in einer feuerfesten Form erhitzen. Zwiebelwürfel darin glasig braten.
Fisch mit Salz und Pfeffer würzen. Auf die Zwiebeln geben. Mit Mehl bestäuben. Brühe und Weißwein daraufgießen.
Petersilie und Dill waschen, trockentupfen und hacken. Die Hälfte auf dem Fisch verteilen. Form in den vorgeheizten Ofen auf die mittlere Schiene stellen.

Garzeit: 20 Minuten. Elektroherd: 225 Grad. Gasherd: Stufe 4.
Form aus dem Ofen nehmen, Gericht mit den restlichen Kräutern bestreuen und in der Form servieren.

Beilagen: Salat aus 500 g Tomaten. Marinade aus 2 EL Würzessig, Salz, schwarzem Pfeffer, 2 EL Pflanzenöl und 2 EL Schnittlauchröllchen. — Salzkartoffeln (500 g). Eine Portion: 85 Kalorien = 356 Joule. 1,6 BE.

Seezunge Altonaer Art

Eine Portion enthält: 35 g Eiweiß, 13 g Fett, 5 g Kohlenhydrate = 0,4 BE, 180 mg Cholesterin.
Kalorien: 299 = 1252 Joule.
Zubereitung: 35 Minuten.

100 g tiefgekühlte Scampi, 8 Seezungenfilets (je 75 g), Saft einer Zitrone, 250 g frische Champignons, 50 g Margarine, 100 g Miesmuscheln aus dem Glas, 1 EL Zitronensaft, Salz, Cayennepfeffer, Mehl zum Wenden (10 g), ½ Bund Petersilie.

Die Scampi auftauen lassen. Seezungenfilets mit Zitronensaft beträufeln und durchziehen lassen. In der Zwischenzeit Champignons putzen und halbieren.
20 g Margarine erhitzen. Champignons darin 8 Minuten bei schwacher Hitze dünsten. Abgetropfte Miesmuscheln und Scampi zugeben. Erhitzen. Mit Zitronensaft, Salz und Cayennepfeffer abschmecken. Die Seezungenfilets salzen und in Mehl wenden. Restliche Margarine in der Pfanne erhitzen. Filets darin auf jeder Seite in etwa 3 Minuten goldgelb braten.
Auf einer vorgewärmten Platte anrichten. Mit der Champignonmischung überziehen und mit gehackter Petersilie überstreuen.

Beilagen: Feldsalat in einer Marinade mit 2 EL Essig, Gewürzen und 2 EL Keimöl. Eine Portion: 55 Kalorien = 230 Joule. 1 BE. — 500 g gekochte Salzkartoffeln in 10 g Butter und 2 EL gehackter Petersilie geschwenkt. Eine Portion: 105 Kalorien = 440 Joule. 1,6 BE.

Seezunge mit Gemüsesoße

Eine Portion enthält: 33 g Eiweiß, 8 g Fett, 8 g Kohlenhydrate = 0,6 BE, 125 mg Cholesterin.
Kalorien: 274 = 1147 Joule.
Zubereitung: 25 Minuten.

4 küchenfertige Seezungen (je 250 g), 8 EL Zitronensaft, Salz, weißer Pfeffer, ½ l Wasser. – Für die Soße: 2 Tomaten (125 g), ½ Paprikaschote (75 g), 100 g frische Champignons, 20 g Margarine, 15 g Mehl (1½ EL), ⅛ l trockener Weißwein, Salz, weißer Pfeffer, 50 g paprikagefüllte Oliven.

Seezungen waschen. Auf eine Platte legen. Mit 4 EL Zitronensaft beträufeln.
Zugedeckt 10 Minuten durchziehen lassen. Mit Salz und Pfeffer würzen.
Wasser in einem Topf aufkochen. Salzen. Seezungen und den rest-

lichen Zitronensaft hineingeben. 10 Minuten bei schwacher Hitze gar ziehen lassen.

Tomaten überbrühen, abziehen, entkernen und würfeln. Paprikaschote vierteln, entkernen, waschen und in besonders feine Streifen schneiden.

Champignons putzen und in Scheiben schneiden.

Seezungen auf einer vorgewärmten Platte anrichten und zugedeckt warm stellen. Fischsud durch ein Sieb gießen. $\frac{1}{8}$ l davon abnehmen. Margarine in einem Topf erhitzen. Vorbereitetes Gemüse darin unter Rühren durchbraten. Mit Mehl überstäuben. Fischsud und Weißwein aufgießen. Aufkochen.

Die in Scheiben geschnittenen Oliven darin erhitzen, aber nicht kochen. Soße abschmecken. Über die Seezungen geben und servieren.

Beilagen: Petersilienkartoffeln aus 500 g Kartoffeln in 10 g Butter und 2 EL gehackter Petersilie geschwenkt. Eine Portion: 105 Kalorien = 440 Joule. 1,6 BE.

Sellerie in Zitronensoße

Eine Portion enthält: 3 g Eiweiß, 7 g Fett, 7 g Kohlenhydrate = 0,5 BE, 140 mg Cholesterin.
Kalorien: 115 = 481 Joule.
Zubereitung: 35 Minuten.

1 Sellerieknolle (500 g), 20 g Margarine, Salz, weißer Pfeffer, $\frac{3}{8}$ l Fleischbrühe aus Würfeln, 2 Eigelb, 2 EL Zitronensaft.

Sellerieknolle schälen, waschen und in gleichmäßige Scheiben schneiden.

Margarine in einem Topf erhitzen. Selleriescheiben darin auf jeder Seite 2 Minuten anbraten. Mit Salz und Pfeffer würzen. Fleischbrühe angießen. 20 Minuten bei schwacher Hitze gar kochen.

Eigelb mit Zitronensaft und 2 EL Fleischbrühe verquirlen. In die Brühe rühren. Bis kurz vorm Kochen erhitzen. Topf vom Herd nehmen. Soße mit Salz und Pfeffer abschmecken. In einer vorgewärmten Schüssel servieren.

Beilagen: 4 Kasseler Koteletts von je 125 g, gebraten in 1 EL Pflanzenöl. Eine Portion: 363 Kalorien = 1520 Joule. — Kartoffelschnee von 500 g Kartoffeln. Eine Portion: 85 Kalorien = 356 Joule. 1,6 BE.

TIP Sie können zum Sellerie-Cocktail auch rohen Sellerie verwenden. Schälen, raffeln und dabei mit Zitronensaft beträufeln. Das ist noch gesünder und schmeckt genauso gut.

Sellerie-Cocktail

Eine Portion enthält: 4 g Eiweiß, 1 g Fett, 19 g Kohlenhydrate, 0 mg Cholesterin.
Kalorien: 94 = 394 Joule.
Zubereitung: 15 Minuten.

> *1 Glas marinierte Selleriewürfel (275 g), 1 Tomate, 1 Gewürzgurke (100 g), 1 kleine Banane (125 g), 1 Apfel (125 g).* – Für die Marinade: *1 Becher Magermilch-Joghurt, Saft einer Zitrone, Salz, Cayennepfeffer, flüssiger Süßstoff.* – Für die Garnierung: *4 Salatblätter, Saft einer halben Zitrone, Petersilie.*

Sellerie zum Abtropfen auf ein Sieb geben. Tomate abziehen, vierteln, entkernen und würfeln. Gewürzgurke, geschälte Banane und geschälten, entkernten Apfel auch in Würfel schneiden. In einer Salatschüssel miteinander mischen.
Für die Marinade Joghurt mit Zitronensaft verrühren. Mit Salz, Cayennepfeffer und Süßstoff abschmecken. Mit den Cocktailzutaten mischen. Durchziehen lassen.
Vier Cocktailschalen mit den Salatblättern auslegen. Cocktail abschmecken und darauf anrichten. Mit Petersilie garniert servieren.

Selleriesalat mit Schinken

Eine Portion enthält: 18 g Eiweiß, 19 g Fett, 14 g Kohlenhydrate = 1,1 BE, 108 mg Cholesterin.
Kalorien: 311 = 1302 Joule.
Zubereitung: Ohne Ruhezeit 70 Minuten.

> *1000 g Sellerieknollen, Salz, 4 EL Keimöl (40 g), 2 EL Weinessig, weißer Pfeffer, 3 EL feingehackte Petersilie, 250 g magerer gekochter Dosenschinken (in 1/2 cm dicken Scheiben), 1 hartgekochtes Ei, 1/4 Kopf Endiviensalat.*

Sellerieknollen waschen und schälen. In reichlich Wasser mit Salz in 45 Minuten gar kochen. In ½ cm dicke Scheiben, dann in 2 × 3 cm große Stücke schneiden. Öl und Essig verrühren, mit Salz und Pfeffer abschmecken und die Petersilie hinzufügen.
Selleriestücke in der Marinade wenden. Mit einem Teller zugedeckt 2 Stunden im Kühlschrank durchziehen lassen.
In der Zwischenzeit den Schinken in Streifen schneiden, das geschälte Ei hacken, den Salat waschen, gut abtropfen lassen und mit einem scharfen Messer in feine Streifen schneiden.
Sellerie und Schinkenstreifen mischen. In einer Schüssel anrichten. Mit gehacktem Ei bestreuen. Rundherum mit Salat garnieren.

Beilagen: 4 Roggenbrötchen. Ein Stück 100 Kalorien = 419 Joule. 1,8 BE.

Senfbraten gegrillt
8 Portionen

Eine Portion enthält: 19 g Eiweiß, 40 g Fett, 1 g Kohlenhydrate = 0,1 BE, 88 mg Cholesterin.
Kalorien: 464 = 1943 Joule.
Zubereitung: 110 Minuten.

1000 g ausgelöstes Kotelettstück, Salz, 1 EL grüner Pfeffer aus dem Glas, 2 Zwiebeln, 1 Bund Petersilie, 3 EL scharfer Senf, je ½ TL Basilikum, Salbei und Majoran, getrocknet, 1 EL Pflanzenöl (10 g).

Kotelettstück längs bis zur Mitte einschneiden. Innen und außen salzen. Pfeffer in einem Schälchen zerdrücken. Geschälte Zwiebeln und die gewaschene Petersilie fein hacken, mit Senf und den zerriebenen Kräutern zum grünen Pfeffer geben. Gut mischen. In das eingeschnittene Fleisch geben. Fleisch wieder zusammenklappen und mit Rouladengarn umwickeln. Auf den Grillspieß stecken, mit Pflanzenöl einpinseln.
Braten unter den vorgeheizten Grill stecken und unter ständigem Drehen schön knusprig braun grillen. Das dauert etwa 100 Minuten. Fertigen Braten in 1 cm dicke Scheiben schneiden.
Auf einer Platte anrichten.

Beilagen: Gebackene Kartoffeln. Dazu 1000 g in Alufolie gewickelte Kartoffeln 40 Minuten im Backofen garen. Eine Portion: 85 Kalorien =

356 Joule. 1,6 BE. — Oder 8 Scheiben Bauernbrot. Eine Scheibe: 125 Kalorien = 523 Joule. 2,1 BE.

PS: Reichen Sie dazu einen Salat aus frischen Paprikaschoten und Tomaten. Aber die Marinade sollte nur mit 2 EL Öl zubereitet werden.

TIP Gebackene Kartoffeln mal mit Quark füllen. Dazu Magerquark — für jede Portion 1 EL — sämig rühren und mit Knoblauchsalz und gewürztem Pfeffer abschmecken. Das sind für jeden 26 Kalorien mehr.

Serbisches Reisfleisch

Eine Portion enthält: 31 g Eiweiß, 10 g Fett, 45 g Kohlenhydrate = 3,7 BE, 115 mg Cholesterin.
Kalorien: 423 = 1771 Joule.
Zubereitung: 85 Minuten.

> *500 g Kalbfleisch aus der Keule, 10 g durchwachsener Speck, 1 große Zwiebel, 1 Knoblauchzehe, 250 g Paprikaschoten, 250 g Möhren, 375 g Tomaten, 2½ EL Pflanzenöl (25 g), Salz, ⅜ l Fleischbrühe (Würfel), Paprika rosenscharf, schwarzer Pfeffer, 175 g Langkornreis, 1 Bund Petersilie.*

Kalbfleisch in 2 cm dicke Würfel schneiden. Speck fein würfeln. Zwiebel schälen und grob hacken. Geschälten Knoblauch fein hacken. Paprikaschoten vierteln, entkernen, waschen und in Streifen schneiden. Möhren schälen, waschen und in Scheiben schneiden. Tomaten überbrühen, abziehen, vierteln und entkernen.
Öl in der Pfanne erhitzen. Fleisch- und Speckwürfel darin in 10 Minuten braun anbraten. Salzen, warm stellen.
Zwiebel, Knoblauch und Paprikastreifen im Bratfond kurz anbraten. Fleischbrühe erhitzen, Möhren darin 10 Minuten garen. Tomaten, Reis und angebratenes Gemüse mischen. Mit Salz, Paprika und Pfeffer würzen. In eine feuerfeste Form füllen. Fleisch- und Speckwürfel draufgeben. Form schließen und in den vorgeheizten Ofen auf die mittlere Schiene stellen.

Garzeit: 50 Minuten. Elektroherd: 200 Grad. Gasherd: Stufe 3.
Serbisches Reisfleisch vor dem Servieren mit gehackter Petersilie bestreuen.

Sherry-Schnitzel

Eine Portion enthält: 27 g Eiweiß, 8 g Fett, 7 g Kohlenhydrate = 0,5 BE, 113 mg Cholesterin.
Kalorien: 254 = 1063 Joule.
Zubereitung: 20 Minuten.

> 4 Kalbsschnitzel (je 125 g), 1 EL Mehl (10 g), Salz, weißer Pfeffer, Paprika rosenscharf, 1 Zwiebel, 2 EL Pflanzenöl (20 g), Knoblauchpulver, 250 g Tomaten, knapp ⅛ l Fleischbrühe aus Würfeln (100 cm³), ⅛ l trockener Sherry, ½ TL getrockneter Thymian, 1 EL Tomatenmark, flüssiger Süßstoff.

Kalbsschnitzel mit den Handballen flachdrücken. Mehl, Salz, Pfeffer und Paprika auf einem Teller mischen. Schnitzel darin wenden. Zwiebel schälen und hacken. Öl in der Pfanne erhitzen. Schnitzel darin auf jeder Seite 2 Minuten braten. Zwiebel und Knoblauchpulver dazugeben. Durchbraten.
Tomaten überbrühen, abziehen, vierteln, entkernen und würfeln. Zu den Schnitzeln in die Pfanne geben. Brühe und Sherry aufgießen. Mit Thymian und Salz würzen. Zugedeckt 10 Minuten schmoren lassen. Die Schnitzel rausnehmen und auf einer vorgewärmten Platte anrichten.
Soße durch ein Sieb in einen Topf geben. Tomatenmark einrühren. Mit Salz, Pfeffer und Süßstoff abschmecken. Über die Schnitzel gießen und sofort servieren.

Beilage: Körnig gekochter Reis (von 125 g Langkornreis). Eine Portion: 115 Kalorien = 481 Joule. 2 BE.

Sirloin-Steak
6 Portionen

Eine Portion enthält: 21 g Eiweiß, 24 g Fett, 0 g Kohlenhydrate, 88 mg Cholesterin.
Kalorien: 318 = 1331 Joule.
Zubereitung: 40 Minuten.

> 750 g Roastbeef, Pfeffer oder Rosmarin oder Senf, Salz.

Sirloin-Steak ist die amerikanische Bezeichnung für Roastbeef.

Vornehmlich in den USA bereitet man's oft mit Knochen zu. Wenn Sie das auch möchten, rechnen Sie bitte ruhig 1000 g für 6 Portionen. Fleisch abspülen und trocknen. Fettschicht mit einem scharfen Messer einschneiden. Fleisch mit Pfeffer oder Rosmarin oder Senf einreiben. Mit der Fettseite nach unten auf einen Bratrost legen. In den vorgeheizten Ofen schieben. Darunter die Fettpfanne.

Bratzeit: 35—45 Minuten. Elektroherd: 250 Grad. Gasherd: Stufe 5—6.

Aus dem Ofen nehmen, salzen und kurze Zeit in Alufolie eingewickelt ruhen lassen. Dann erst aufschneiden und auf einer Platte anrichten.

Beilagen: Grilltomaten. 6 Früchte auf dem Rost etwa 5 Minuten mitgrillen. Eine Tomate: 19 Kalorien = 80 Joule. 0,2 BE. — Grillkartoffeln. 6 Kartoffeln (750 g) mit Schale einzeln in Alufolie packen und 40 Minuten grillen. Eine Kartoffel: 85 Kalorien = 356 Joule. 1,6 BE.

Slim-Cake

Eine Scheibe enthält: 2 g Eiweiß, 4 g Fett, 14 g Kohlenhydrate, 32 mg Cholesterin.
Kalorien: 103 = 431 Joule.
Zubereitung: 70 Minuten.

> *50 g Margarine, 125 g Zucker, 1 Prise Salz, 2 Eier, abgeriebene Schale einer ungespritzten Zitrone, 20 g geriebene Mandeln, 1 kleiner Apfel (100 g), 1 Pellkartoffel (60 g), 100 g Mehl, 2 TL Backpulver.*

Margarine, Zucker, Salz und Eier in einer Schüssel schaumig rühren. Zitronenschale und geriebene Mandeln zufügen. Apfel schälen. Kartoffel und Apfel grob raspeln und unterheben. Mehl und Backpulver mischen. Auch unterrühren. Eine Kastenform von 20 cm Länge einfetten, Teig einfüllen und in den vorgeheizten Ofen auf die mittlere Schiene stellen.

Backzeit: 50 Minuten. Elektroherd: 175 Grad. Gasherd: Stufe 2—3. Kuchen in 16 Scheiben schneiden.

Soja

Die Sojabohne ist eine Hülsenfrucht; im Aussehen und Anbau unserer Buschbohne ähnlich. Aber vom ernährungsphysiologischen Wert her gesehen sind beide nicht vergleichbar. Denn Sojabohnen haben wenig Kohlenhydrate und bis zu 50 % Eiweiß. Und damit ein Protein, das — im Gegensatz zu jedem anderen pflanzlichen Protein — dem Fleischeiweiß in Qualität und Menge vergleichbar ist. Sojaeiweiß kann tierisches jeder Art ersetzen.

Sojabohnen enthalten außerdem das Sojaöl, das im Haushalt und zur Herstellung wertvoller Margarinesorten verwendet wird.

Schließlich sind Sojabohnen reich an Calcium, Phosphor, Magnesium, Eisen, Vitamin B_1 und B_2. Aus Soja wird Lecithin hergestellt, das für Nerven-, Leber-, Galle- und Herzschutzkost wichtig ist. Und Sojabohnen enthalten hundertmal mehr Kalium als Natrium, wodurch sie entwässernd wirken. Unter sämtlichen Nahrungsmitteln der Erde ist die Sojabohne vermutlich das wertvollste.

Hier die Sojaprodukte: Bohnen in Dosen, Sojamehl, Vollsojamehl, Sojamilch, Säuglingssoja und Sojanahrung wie Käse, Würstchen, Pasten.

Sojaeiweiß entwickelt keine Harnsäure im Blut und ist daher auch bei Diät erlaubt, bei der Fleisch verboten ist.

Sojakeimsalat mit Mandarinen

Eine Portion enthält: 4 g Eiweiß, 3 g Fett, 19 g Kohlenhydrate, 0 mg Cholesterin.
Kalorien: 116 = 486 Joule.
Zubereitung: 10 Minuten.

> 1 kleine Dose Sojakeime (285 g), 1 kleine Dose Mandarinen (190 g), 1 Scheibe Ananas aus der Dose, 10 g Ingwer in Sirup, 1 Bund Schnittlauch. – Für die Marinade: 1 EL Sojasoße, 1 EL Essig, Salz, weißer Pfeffer, flüssiger Süßstoff, 1 EL Pflanzenöl (10 g).

Sojakeime unter fließendem Wasser abspülen. Abtropfen lassen. Auch die Mandarinen. Ananasscheibe in kleine Stücke schneiden. Ingwer und gewaschenen Schnittlauch hacken. Alles in einer Schüssel gut miteinander mischen.
Sojasoße, Essig, Salz, Pfeffer, Süßstoff und Öl zu einer pikanten Marinade verrühren. Mit den Salatzutaten mischen.
Zugedeckt im Kühlschrank durchziehen lassen. Abschmecken und in einer Salatschüssel anrichten.

Sommersalat

Eine Portion enthält: 7 g Eiweiß, 9 g Fett, 8 g Kohlenhydrate = 0,6 BE, 140 mg Cholesterin.
Kalorien: 141 = 590 Joule.
Zubereitung: Ohne Marinierzeit 45 Minuten.

> *250 g grüne Bohnen, Wasser, Salz, 1 kleiner Blumenkohl (250 g), 250 g Tomaten, 2 hartgekochte Eier, 1 Zwiebel, 1 Bund Petersilie. – Für die Marinade: 2 EL Kräuteressig, 1 EL Senf, Salz, weißer Pfeffer, 2 EL Sonnenblumenöl. – Zum Garnieren: 1 Bund Petersilie.*

Bohnen putzen, waschen und brechen. Wasser mit Salz in einem Topf aufkochen. Bohnen 25 Minuten darin garen. Abtropfen und abkühlen lassen.
Inzwischen den Blumenkohl putzen und in Röschen teilen. In kochendem Salzwasser 10 Minuten garen. Abtropfen und abkühlen lassen. Tomaten waschen. Eier schälen. Beides in Scheiben schneiden. Geschälte Zwiebel und Petersilie hacken.
Essig, Senf, Salz, Pfeffer und Öl zu einer Marinade verrühren. Mit den Salatzutaten in einer Schüssel mischen. Abschmecken, anrichten und mit Petersiliensträußchen garnieren.

Beilagen: 4 Scheiben Toastbrot (80 g). Eine Scheibe: 52 Kalorien = 218 Joule.

Sonntagsfrühstück

Eine Portion enthält: 20 g Eiweiß, 19 g Fett, 26 g Kohlenhydrate = 2,1 BE, 291 mg Cholesterin.
Kalorien: 366 = 1532 Joule.
Zubereitung: 15 Minuten.

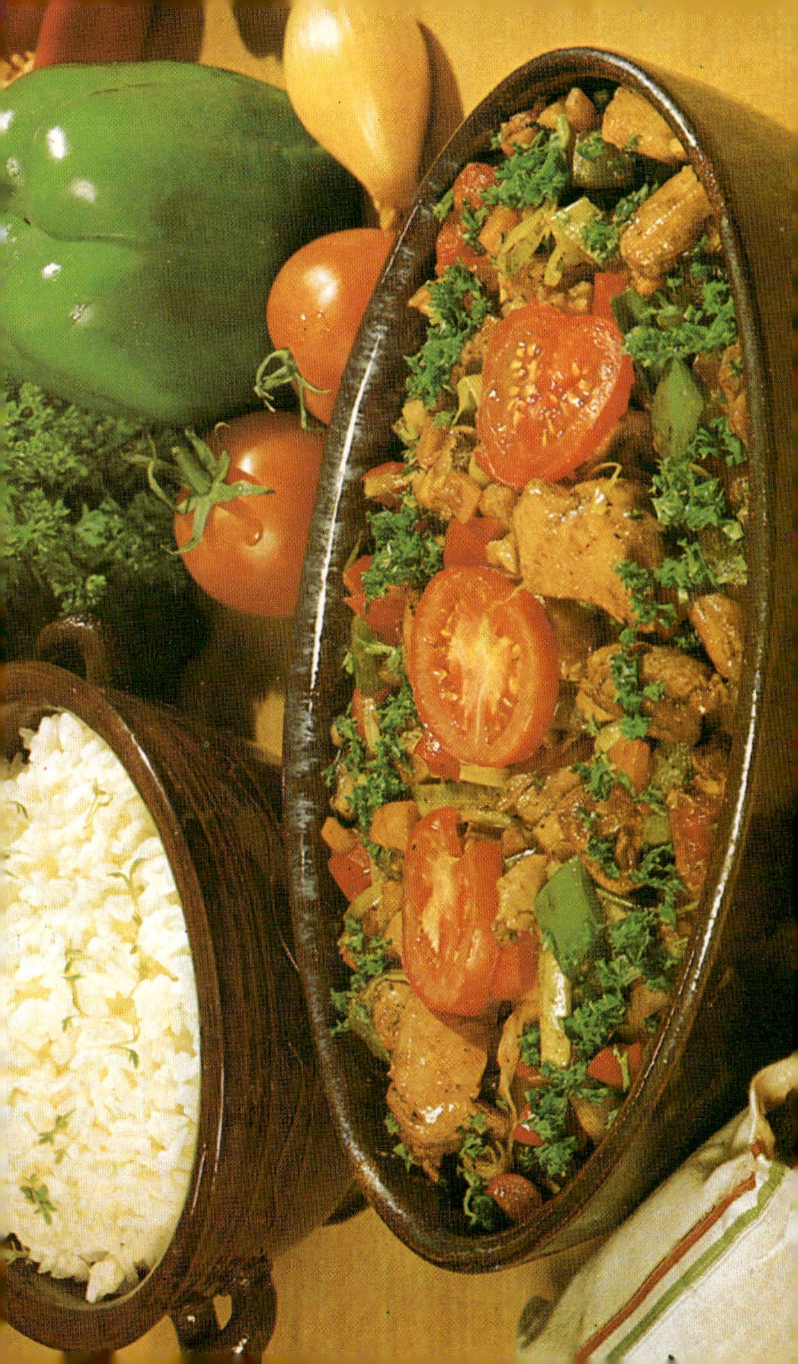

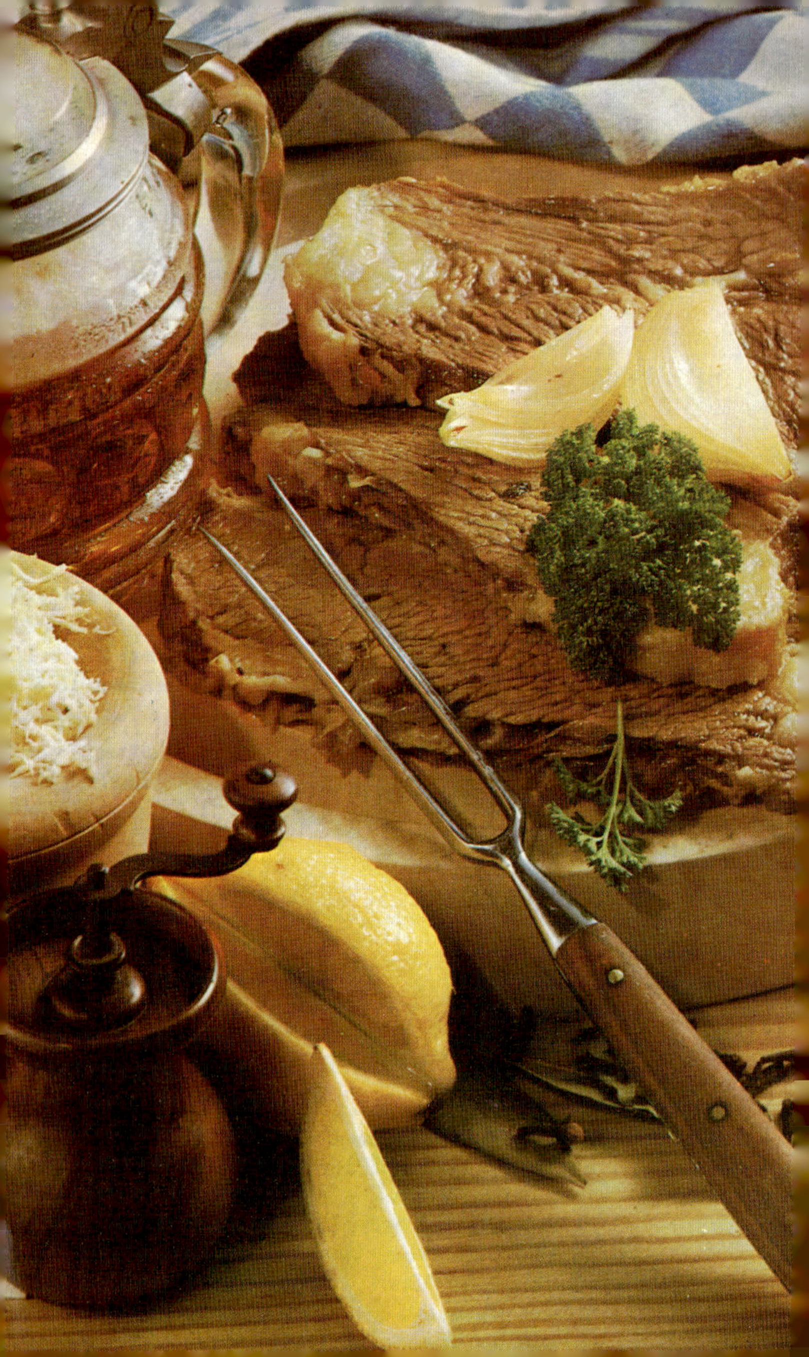

> 4 Eier, ¼ l frisch ausgepreßter Apfelsinensaft, 4 EL Zitronensaft, Salz, flüssiger Süßstoff, 4 Scheiben Leinsamen-Knäckebrot, 80 g kalorienreduzierte Leberwurst, 2 Tomaten (125 g), Schnittlauchröllchen, 4 Scheiben Roggen-Knäckebrot, 20 g Halbfettmargarine, 100 g Schnittkäse (30 %), Paprika edelsüß, Kaffee oder Tee.

Eier kräftig verquirlen, am besten mit dem Handrührgerät. Apfelsinen- und Zitronensaft drunterschlagen. Mit Salz und Süßstoff abschmecken. In 4 hohe Gläser verteilen.
Leinsamen-Knäckebrot mit Leberwurst bestreichen, mit gewaschenen, in Scheiben geschnittenen Tomaten belegen. Mit Schnittlauchröllchen bestreuen.
Roggen-Knäckebrot mit Margarine bestreichen und mit Schnittkäse belegen. Mit Paprika bestäuben.
Kaffee oder Tee mit Süßstoff süßen.

PS: Wer Kaffee oder Tee mit Milch trinken möchte, muß für einen Teelöffel Kaffeesahne (10 %) 5 Kalorien mehr rechnen.

Soufflé de volaille
Geflügelauflauf

Eine Portion enthält: 23 g Eiweiß, 19 g Fett, 8 g Kohlenhydrate = 0,6 BE, 225 mg Cholesterin.
Kalorien: 333 = 1394 Joule.
Zubereitung: 115 Minuten.

> 1 Hähnchenbrust (250 g), Wasser, Salz, 4 Scheiben Toastbrot, knapp ⅛ l Weißwein, ½ Bund Petersilie, ½ Dose Trüffeln (15 g), 1 Dose Krebsfleisch (165 g), 75 g Margarine, 2 Eigelb, Salz, weißer Pfeffer, Muskat, 2 Eiweiß.

Hähnchenbrust waschen, Wasser mit Salz in einem Topf aufkochen. Fleisch darin in 30 Minuten garen. Häuten und von den Knochen lösen. Fleisch in sehr feine Würfel schneiden.
Vom Toastbrot die Rinde abschneiden. Im Weißwein einweichen. Ausdrücken und mit einer Gabel sehr fein zerdrücken. Petersilie hacken. Trüffeln in sehr feine Scheibchen schneiden. Abgetropftes Krebsfleisch zerpflücken. Dabei die Chitinstreifen entfernen. Marga-

◁ Tellerfleisch (Rezept S. 470)

rine in einer Schüssel schaumig rühren. Nacheinander Eigelb, Toastbrot und Hühnerfleisch, dann Petersilie und zwei Drittel der Trüffelscheiben unterrühren. Masse mit Salz, Pfeffer und Muskat kräftig abschmecken. Eiweiß steif schlagen und vorsichtig unterheben.
Die Hälfte der Soufflémasse in eine gefettete Auflaufform füllen. Zwei Drittel Krebsfleisch darauf verteilen. Restliche Soufflémasse, Krebsfleisch und Trüffelscheiben daraufschichten. Form in dem vorgeheizten Ofen auf die mittlere Schiene stellen.

Backzeit: 45 Minuten. Elektroherd: 175 Grad. Gasherd: Stufe 2.

Spargel mit Eiercreme
Abb. zwischen den Seiten 416/417.

Eine Portion enthält: 7 g Eiweiß, 7 g Fett, 6 g Kohlenhydrate = 0,5 BE, 140 mg Cholesterin.
Kalorien: 121 = 507 Joule.
Zubereitung: 45 Minuten.

1000 g Spargel, Salz, flüssiger Süßstoff, Wasser, 2 hartgekochte Eier, 20 g Margarine, weißer Pfeffer, Muskat, 1 Msp Senfpulver.

Spargel vom Kopf her dünn schälen, waschen. Holzige Stielenden abschneiden. In einem länglichen Topf Wasser mit Salz und Süßstoff aufkochen. Spargel einschichten und zugedeckt 20 Minuten köcheln lassen.
Eier schälen, halbieren. Eigelb auslösen und durch ein Sieb streichen. Die Margarine in einer kleinen Pfanne erhitzen. Eigelb reinrühren. Mit Salz, Pfeffer, einem Hauch Muskat und Senfpulver würzen. Warm halten. Das Eiweiß fein hacken.
Fertigen Spargel abtropfen lassen, auf einer vorgewärmten Platte anrichten. Eigelbcreme darauf verteilen. Das gehackte Eiweiß drüberstreuen und sofort servieren.

Beilagen: 4 Scheiben magerer gekochter Schinken oder geräucherter Schinken völlig ohne Fettrand (400 g). Eine Scheibe: 191 Kalorien = 800 Joule. — Gebackene Kartoffeln. Dazu 500 g ungeschälte Kartoffeln einzeln in Alufolie packen und 40 Minuten im Backofen garen. Eine Portion: 85 Kalorien = 356 Joule. 1,6 BE.

Spargel Mornay

Eine Portion enthält: 9 g Eiweiß, 12 g Fett, 13 g Kohlenhydrate = 1 BE, 82 mg Cholesterin.
Kalorien: 195 = 816 Joule.
Zubereitung: 50 Minuten.

> 1000 g Spargel, Wasser, Salz. – Für die Soße: 30 g Margarine, 20 g Mehl, ¼ l Milch, Salz, weißer Pfeffer, 30 g geriebener Edamer Käse (30 %), 1 Eigelb. – Zum Garnieren: 1 Tomate, Dill.

Spargelstangen vom Kopf her dünn schälen. Waschen. In einem großen, flachen Topf Wasser mit Salz aufkochen. Spargel 20 Minuten bei schwacher Hitze darin garen.
In der Zwischenzeit für die Mornay-Soße 20 g Margarine im Topf erhitzen. Mehl darin 2 Minuten durchschwitzen. Unter Rühren mit Milch auffüllen, aufkochen. Mit Salz und Pfeffer abschmecken, 20 g geriebenen Käse unterrühren. Etwas Soße mit dem Eigelb verquirlen. In die Soße rühren. Erhitzen, aber nicht mehr kochen.
Spargel gut abtropfen lassen. In eine gefettete, feuerfeste Form legen. Spargelköpfe mit der Soße überziehen. Spargelstangen mit dem restlichen Käse überstreuen. Restliche Margarine in Flöckchen darauf verteilen. Unter dem vorgeheizten Grill 5 Minuten gratinieren (überbacken). Mit den Tomatenscheiben und dem Dill garnieren.

Beilagen: Kopfsalat in Marinade aus 2 EL Zitronensaft, Salz, weißem Pfeffer, 1 EL gehackter Petersilie, 2 EL Keimöl. Eine Portion: 55 Kalorien = 230 Joule. 0,1 BE. — Salzkartoffeln aus 500 g neuen Kartoffeln. Eine Portion: 85 Kalorien = 356 Joule. 1,6 BE.

Spargel überbacken

Eine Portion enthält: 6 g Eiweiß, 9 g Fett, 9 g Kohlenhydrate = 0,7 BE, 4 mg Cholesterin.
Kalorien: 145 = 607 Joule.
Zubereitung: 50 Minuten.

> 1000 g Spargel, Wasser, Salz, 1 Zwiebel, 40 g Margarine, weißer Pfeffer, Salz, 25 g geriebener Käse (30 %), 1 EL Semmelbrösel.

Spargel vom Kopfende her schälen, waschen. Wasser mit Salz in einem länglichen Topf aufkochen. Den Spargel vorsichtig hineinlegen und in 15 Minuten fast gar kochen. Aus dem Wasser nehmen und abtropfen lassen. Geschälte Zwiebel hacken. In heißer Margarine gut durchbraten. Mit Salz und Pfeffer rund abschmecken.
Spargel in eine gefettete feuerfeste Form legen. Mit dem geriebenen Käse bestreuen. Zwiebelwürfel darauf verteilen und mit Semmelbröseln bestreuen.
In den vorgeheizten Ofen (mittlere Schiene) stellen.

Backzeit: 10 Minuten. Elektroherd: 250 Grad. Gasherd: Stufe 5—6.

Beilagen: 4 Scheiben magerer gekochter Schinken (400 g). Eine Scheibe: 191 Kalorien = 800 Joule. — Petersilienkartoffeln. Dazu 500 g gekochte Salzkartoffeln in 10 g Margarine und 2 EL gehackter Petersilie schwenken. Eine Portion: 105 Kalorien = 440 Joule. 1,6 BE.

Spargel-Champignon-Salat

Eine Portion enthält: 3 g Eiweiß, 5 g Fett, 4 g Kohlenhydrate = 0,3 BE, 0 mg Cholesterin.
Kalorien: 72 = 301 Joule.
Zubereitung: 20 Minuten.

250 g Spargel (frisch gekocht oder aus der Dose), 250 g kleine frische Champignons, 2 EL Zitronensaft, Salz, weißer Pfeffer, flüssiger Süßstoff, 2 EL Pflanzenöl (20 g), ½ Kästchen Kresse.

Spargel abtropfen lassen. In 3 cm lange Stücke schneiden. In eine Schüssel geben. Champignons putzen und waschen. Die größeren Pilze halbieren und dann mit dem Spargel in einer Schüssel mischen.
Für die Marinade Zitronensaft mit Salz, Pfeffer, Süßstoff und Öl verrühren. Abschmecken. Über den Salat gießen, mischen. In einer Schüssel anrichten. Mit Kresse garnieren.

Spargel-Eier-Gemüse

Eine Portion enthält: 11 g Eiweiß, 13 g Fett, 7 g Kohlenhydrate = 0,5 BE, 331 mg Cholesterin.
Kalorien: 197 = 825 Joule.
Zubereitung: 50 Minuten.

500 g Spargel, Wasser, Salz, 4 Eier. – Für die Soße: 20 g Margarine, 1½ EL Mehl (15 g), ⅜ l Milch, flüssiger Süßstoff, Muskat, 1 Eigelb, 3 EL Dosenmilch (7,5 %), 2 Stengel Petersilie zum Garnieren.

Spargel vom Kopf her schälen. Waschen und in 3 cm lange Stücke schneiden. Wasser mit Salz in einem Topf aufkochen. Spargel darin bei schwacher Hitze in 20 Minuten garen.
Inzwischen die Eier in 10 Minuten hartkochen. Abschrecken und schälen.
Für die Soße Margarine in einem Topf erhitzen. Mehl zugeben und goldgelb anschwitzen. Unter Rühren die Milch zugießen. Aufkochen lassen.
Mit Salz, Süßstoff und Muskat abschmecken. Etwas Soße mit dem Eigelb verquirlen. In die Soße rühren (legieren).
Spargel gut abtropfen lassen. Eier achteln. Beides in die Soße geben. 5 Minuten ziehen lassen. Abschmecken. Mit Petersilie garniert auftragen.

Beilagen: Salzkartoffeln oder Kartoffelschnee von 500 g. Eine Portion: 85 Kalorien = 356 Joule. 1,6 BE.

TIP Eine Prise Zucker im Kochwasser intensiviert das zarte Spargelaroma. Um Zucker — auch die kleinste Menge — zu sparen, nehmen Sie einfach Süßstoff. Er hat den gleichen Effekt und keine Kalorien.

Spargeltoast
Eine Portion

Enthält: 17 g Eiweiß, 19 g Fett, 15 g Kohlenhydrate = 1,2 BE, 294 mg Cholesterin.
Kalorien: 317 = 1327 Joule.
Zubereitung: 15 Minuten.

1 Scheibe Toastbrot (20 g), 1 Scheibe magerer gekochter Dosenschinken (30 g), 75 g Dosenspargel, Salz, 1 TL Butter (5 g), 1 TL Keimöl (5 g), 1 Ei, 1 EL Kresse, weißer Pfeffer, 1 Tomate, 1 Salatblatt.

Toastbrot rösten und mit Schinken belegen, Spargel mit etwas Spargelwasser und Salz erhitzen. Gut abtropfen lassen. Auf den Schinken verteilen. Butter darauf zergehen lassen.

Inzwischen eine beschichtete Pfanne mit Öl ausreiben, darin bei schwacher Hitze ein Spiegelei zubereiten. Leicht salzen. Es darf nicht knusprig werden! Spargeltoast mit Kresse bestreuen und das Spiegelei darauf gleiten lassen. Mit Tomatenscheiben garniert sofort auf einem Salatblatt servieren.

Spezial-Gulasch

Eine Portion enthält: 28 g Eiweiß, 11 g Fett, 26 g Kohlenhydrate = 2,1 BE, 88 mg Cholesterin.
Kalorien: 328 = 1373 Joule.
Zubereitung: 70 Minuten.

500 g Kartoffeln, 1 Zwiebel, 500 g Rinderfilet, 1 grüne Paprikaschote (125 g), 2 Tomaten (125 g), 2 EL Pflanzenöl (20 g), 1 Knoblauchzehe, ½ TL Kümmel, 1 Stück ungespritzte Zitronenschale, Salz, 1 TL Paprika rosenscharf, ½ l Fleischbrühe (Würfel), 2 EL Mehl (20 g), ½ Tasse kaltes Wasser.

Kartoffeln schälen, waschen und würfeln. Zwiebel schälen und würfeln. Rinderfilet abspülen, abtrocknen und in 1 cm breite, 3 cm lange Streifen schneiden. Paprikaschote vierteln, putzen, waschen und in ½ cm breite Streifen schneiden. Tomaten überbrühen, abziehen, halbieren und entkernen.
Öl in einem großen Topf erhitzen. Zwiebel und das Fleisch darin etwa 5 Minuten anbraten. Kartoffelwürfel zugeben. Weitere 5 Minuten braten. Paprika und Tomaten zugeben.
Geschälte Knoblauchzehe, Kümmel und Zitronenschale ganz fein hacken. Mit Salz und Paprika in den Topf geben. Fleischbrühe angießen. Zugedeckt bei schwacher Hitze 30 Minuten schmoren.
Mehl mit Wasser anrühren. Gulasch damit binden. 2 Minuten durchkochen. Abschmecken und servieren.

Beilagen: Tomaten-Gurken-Salat von 250 g Tomaten und 500 g Salatgurke. Marinade aus 2 EL Zitronensaft, je 1 EL gehackter Petersilie und Schnittlauchröllchen, Gewürzen und 2 EL Pflanzenöl.
Eine Portion: 75 Kalorien = 314 Joule. 0,4 BE. — Spätzle von 125 g. Eine Portion: 122 Kalorien = 511 Joule. 2 BE.

Spiegelei Jägerart

Eine Portion enthält: 22 g Eiweiß, 20 g Fett, 5 g Kohlenhydrate = 0,4 BE, 374 mg Cholesterin.
Kalorien: 299 = 1252 Joule.
Zubereitung: 20 Minuten.

250 g Geflügelleber, 50 g Margarine, Salz, weißer Pfeffer, ½ Dose kleine Pfifferlinge (250 g), 4 Eier, ½ Bund Petersilie.

Geflügelleber kalt abspülen, mit Küchenpapier abtrocknen. Sehnen und Röhren rausschneiden. Leber in 1 cm große Würfel schneiden. 15 g Margarine in einem Topf erhitzen. Leberwürfel darin 3 Minuten unter häufigem Wenden braten. Mit Salz und Pfeffer abschmecken und zugedeckt warm stellen.
Pfifferlinge in der Pilzbrühe erhitzen, abgießen, salzen und pfeffern. 15 g Margarine draufgeben und durchschwenken. Die Pfifferlinge warm stellen.
Restliche Margarine in einer großen Pfanne erhitzen. Bei mittlerer Hitze 4 Spiegeleier darin 4 Minuten braten. Nach 2 Minuten Bratzeit einen Deckel auf die Pfanne legen.
Leber und Pfifferlinge auf einer Platte anrichten; darauf die Spiegeleier. Eiweiß salzen. Mit Petersiliensträußchen garnieren.

Beilagen: Kopfsalat. Marinade aus 2 EL Zitronenessig, Gewürzen, 2 EL gehackten Kräutern und 2 EL Keimöl. Eine Portion: 55 Kalorien = 230 Joule. — 4 Scheiben Stangenweißbrot (60 g). Eine Scheibe: 39 Kalorien = 163 Joule. 0,6 BE.

Spießchen mit Kalbsbratwurst

Eine Portion enthält: 8 g Eiweiß, 25 g Fett, 10 g Kohlenhydrate = 0,8 BE, 63 mg Cholesterin.
Kalorien: 313 = 1310 Joule.
Zubereitung: 40 Minuten.

200 g Möhren, Wasser, Salz, 2 Kalbsbratwürste (250 g), 1 Gewürzgurke (100 g), 3 kleine Zwiebeln (75 g), 2 Scheiben Toastbrot, 2 EL Pflanzenöl (20 g), Paprika edelsüß, Cayennepfeffer, getrockneter Majoran.

Möhren putzen und waschen. In kochendes Wasser geben. Salzen und 15 Minuten garen. Nach 10 Minuten Kochzeit die Kalbsbratwürste dazugeben und bei ganz schwacher Hitze während der letzten 5 Minuten darin ziehen lassen.

Würste rausnehmen, mit Küchenpapier abtrocknen, 1 cm dicke Scheiben daraus schneiden.

Gewürzgurke und Möhren mit dem Buntmesser in ½ cm dicke Scheiben schneiden. Geschälte Zwiebeln in feine Scheiben schneiden.

Aus dem Toastbrot Taler von 3 cm Durchmesser ausstechen. Die vorbereiteten Zutaten abwechselnd auf 4 lange Holz- oder Metallspieße reihen. Öl mit Salz, Paprika, Cayennepfeffer und zerriebenem Majoran verrühren. Spieße damit bepinseln.

Unterm vorgeheizten Grill 10 Minuten grillen. Einmal wenden. Heiß servieren.

Beilagen: 4 Eßlöffel Curryketchup (80 g). Eine Portion: 86 Kalorien = 360 Joule. 1,6 BE. — 4 Scheiben Stangenbrot (60 g). Eine Scheibe: 39 Kalorien = 163 Joule. 0,6 BE.

Spinat mit Grilltomaten

Eine Portion enthält: 10 g Eiweiß, 7 g Fett, 9 g Kohlenhydrate = 0,7 BE, 20 mg Cholesterin.
Kalorien: 199 = 833 Joule.
Zubereitung: 35 Minuten.

1000 g Blattspinat, 8 Tomaten (500 g), 2 EL Pflanzenöl (20 g), Salz, schwarzer Pfeffer, getrockneter Oregano, 1 EL Butter (10 g), 50 g geriebener Schweizer Emmentaler (45%).

Blattspinat verlesen. In viel kaltem Wasser mehrmals waschen und dann in eine Schüssel geben. Mit kochendem Wasser übergießen und 6 Minuten blanchieren. Auf einem Sieb abtropfen lassen.

Die Tomaten waschen und abtrocknen. Stengelansätze rausschneiden. Die Tomaten oben kreuzweise einschneiden.

Den Backofen auf Grillstufe vorheizen.

Das Pflanzenöl in einem Topf erhitzen. Den Spinat darin knapp 10 Minuten dünsten. Mit Salz, Pfeffer und Oregano kräftig abschmecken.

Die Tomaten auf den mit Alufolie bespannten Grillrost legen. In die Einschnitte jeweils einen Stich Butter geben und darauf jeweils einen

Teelöffel geriebenen Käse. Unterm Grill in 5 Minuten gar werden lassen.
Inzwischen den restlichen Käse auf den Spinat verteilen. Im geschlossenen Topf noch so lange erhitzen, bis der Käse zerlaufen ist.
Spinat mit den gegrillten Tomaten auf einer Platte anrichten. Sofort servieren.

Beilagen: 4 gegrillte Filetsteaks von je 125 g. Eine Portion: 170 Kalorien = 711 Joule.

PS: Man kann die Tomaten auch aushöhlen, das Fruchtfleisch mit Käse und Paprika edelsüß mischen und die Mischung in die Tomaten füllen. Sie werden 10 Minuten unterm vorgeheizten Grill überbacken und schmecken auch sehr gut.

Spinat überbacken

Eine Portion enthält: 10 g Eiweiß, 8 g Fett, 13 g Kohlenhydrate = 1 BE, 83 mg Cholesterin.
Kalorien: 169 = 708 Joule.
Zubereitung: 35 Minuten.

1000 g Blattspinat, Wasser, Salz. – Für die Mornay-Soße: ¼ l Milch, Salz, Muskat, 2 EL Speisestärke (20 g), 1 Eigelb, weißer Pfeffer, 25 g geriebener Tilsiter Käse (30 %). – Außerdem: *10 g geriebener Parmesankäse, 10 g Butter.*

Spinat verlesen und gründlich waschen. In eine Schüssel geben. Mit sprudelnd kochendem Wasser bedecken. 7 Minuten ziehen lassen. Auf einem Sieb abtropfen lassen.
Für die Mornay-Soße Milch mit Salz und Muskat aufkochen. Mit angerührtem Stärkemehl binden und aufkochen. Den Topf dann vom Herd nehmen.
Eigelb mit etwas Soße verquirlen. In die Soße rühren. Mit Salz, Muskat und Pfeffer abschmecken. Käse unterrühren.
Spinat in eine gefettete feuerfeste Form füllen. Mit der Soße übergießen. Mit Parmesankäse bestreuen. Butter in Flöckchen darauf verteilen. In den vorgeheizten Ofen — mittlere Schiene — stellen.

Backzeit: 10 Minuten. Elektroherd: 225 Grad. Gasherd: Stufe 4.
Gericht sofort in der Form heiß servieren.

Beilagen: Rührei von 4 Eiern, 1 EL Schnittlauchröllchen und 20 g Margarine. Eine Portion: 111 Kalorien = 465 Joule. — Kartoffelpüree von 500 g Kartoffeln, gut ⅛ l Magermilch und 10 g Butter. Eine Portion: 116 Kalorien = 486 Joule. 2 BE.

Spinat-Auflauf

Eine Portion enthält: 13 g Eiweiß, 14 g Fett, 9 g Kohlenhydrate = 0,7 BE, 262 mg Cholesterin.
Kalorien: 224 = 938 Joule.
Zubereitung: 35 Minuten.

1000 g Spinat, 1 Knoblauchzehe, 30 g Margarine, Salz, schwarzer Pfeffer, Muskat, 4 Eier, 4 EL Dosenmilch (7,5 %), 1 EL Semmelbrösel (10 g).

Spinat verlesen und in kaltem Wasser gründlich waschen. Knoblauch schälen und fein hacken. 20 g Margarine in einem Topf erhitzen. Knoblauch kurz darin braten. Spinat dazugeben und zugedeckt 3 Minuten dünsten. Mit Salz, Pfeffer und Muskat abschmecken.
Eier mit der Dosenmilch verquirlen. Mit dem Spinat mischen. In eine gefettete feuerfeste Form füllen. Mit Semmelbrösel bestreuen. Restliche Margarine in Flöckchen darauf verteilen. Die Form in den vorgeheizten Ofen auf die mittlere Schiene stellen.

Backzeit: 15 Minuten. Elektroherd: 225 Grad. Gasherd: Stufe 4.
Spinat-Auflauf in der Form sofort servieren.

Beilagen: Kartoffelpüree von 500 g Kartoffeln, gut ⅛ l Magermilch und 10 g Margarine. Eine Portion: 116 Kalorien = 486 Joule. 1,7 BE.

TIP Geriebenen Magerkäse gibt es meist nicht zu kaufen. Machen Sie ihn selbst. Ein Stück Käse an der Luft trocknen lassen und dann fein reiben. Man bewahrt ihn im Kühlschrank auf.

Spurenelemente

Nur 0,1 % Körpersubstanz entfallen auf die Spurenelemente. Auf Stoffe, die nur in winzigen Mengen — in Spuren also — in unserem Körper enthalten sind. Von diesen sind, soweit das bis heute bekannt ist, einige unwesentlich, andere giftig (wie Blei und Quecksilber), die meisten jedoch lebenswichtig. Zum Beispiel Jod, Kobalt, Mangan, Eisen, Kupfer, Zink, Vanadium und Molybdän. Andere im Organismus vorhandene Elemente haben sicher keine Funktion. Zum Beispiel Aluminium, Silicium oder Edelgase. Sie werden aber regelmäßig aufgenommen, da sie in der Luft, im Boden und im Trinkwasser weit verbreitet sind.

Eisen ist wichtiger Bestandteil des Blutfarbstoffes. Ohne Jod wird kein Schilddrüsenhormon gebildet. Manche Spurenelemente sind also Bestandteil von Hormonen und Fermenten und durch gar nichts zu ersetzen.

Natürlich können wir Spurenelemente nicht wahllos einnehmen. Einen Mangel wird der Arzt feststellen und beheben. Aber wir können selbst viel tun. Nämlich: So abwechslungsreich und vielseitig wie möglich essen. Vor allem nicht ständig denaturierte Lebensmittel. Und täglich Frischkost.

Stangensellerie überbacken

Eine Portion enthält: 5 g Eiweiß, 11 g Fett, 9 g Kohlenhydrate = 0,7 BE, 8 mg Cholesterin.
Kalorien: 157 = 657 Joule.
Zubereitung: 40 Minuten.

4 Stauden Stangensellerie (1000 g), 1 Zwiebel, 40 g Margarine, 1/4 l Fleischbrühe aus Würfeln, 2 EL Zitronensaft, 4 EL Dosenmilch (7,5 %), Salz, weißer Pfeffer, 30 g geriebener Käse (30 %).

Stangensellerie gründlich waschen und putzen. Nur die zarten Blättchen dranlassen. Nach dem Putzen noch mal waschen. In 6 cm lange Stücke schneiden.

Zwiebel schälen und vierteln. 30 g Margarine in einem Topf erhitzen. Stangensellerie und Zwiebel darin in 2 Minuten anbraten. Dabei vorsichtig wenden. Würfelbrühe angießen. Zugedeckt 10 Minuten bei mittlerer Hitze dünsten.
Stangensellerie mit der Schaumkelle aus der Brühe heben. Abgetropft in eine gefettete feuerfeste Form schichten.
Zitronensaft und Dosenmilch verquirlen. Mit Salz und Pfeffer würzen. Über den Sellerie gießen. Käse drüberstreuen. Restliche Margarine in Flöckchen darauf verteilen.
In den vorgeheizten Ofen auf die mittlere Schiene stellen.

Backzeit: 10 Minuten. Elektroherd: 225 Grad. Gasherd: Stufe 4.
In der Form servieren.

Beilagen: 500 g Schweinefilet in 2 EL Öl gebraten. Eine Portion: 267 Kalorien = 1118 Joule. — Kartoffelpüree von 500 g Kartoffeln, gut ⅛ l Magermilch und 10 g Margarine. Eine Portion: 116 Kalorien = 486 Joule. 1,6 BE.

Steak auf Cumberlandart

Eine Portion enthält: 25 g Eiweiß, 21 g Fett, 10 g Kohlenhydrate, 88 mg Cholesterin.
Kalorien: 345 = 1444 Joule.
Zubereitung: 10 Minuten.

> 1 Apfel (Cox Orange), 2 EL Pflanzenöl (30 g), 4 kleine Rindersteaks (Beefsteaks) von je 125 g, Salz, schwarzer Pfeffer, 2 EL Johannisbeergelee, 1 EL Rotwein.

Apfel waschen, trocknen, achteln und ungeschält entkernen. Das Pflanzenöl in der Pfanne erhitzen. Die Apfelstücke darin 5 Minuten durchbraten. Dann warm stellen.
Beefsteaks im Bratfett auf jeder Seite in 3 Minuten braun braten. Mit Salz und Pfeffer kräftig würzen. Auf einer vorgewärmten Platte anrichten.
Johannisbeergelee und Rotwein in einer Tasse verrühren.
Die Soße über die Steaks verteilen. Die Steaks mit den gebratenen Apfelstücken garniert servieren.

Beilagen: Pommes frites von 1 Paket Tiefkühlware (450 g), Fettaufnahme: 35 g. Eine Portion: 209 Kalorien = 875 Joule. 2 BE.

Steak mit Kräuterbutter

Eine Portion enthält: 24 g Eiweiß, 15 g Fett, 1 g Kohlenhydrate = 0,1 BE, 102 mg Cholesterin.
Kalorien: 246 = 1030 Joule.
Zubereitung: 25 Minuten.

4 Filetsteaks (je 125 g), 2 EL Pflanzenöl (20 g), Salz, schwarzer Pfeffer, 1 Tomate (60 g), 2 Stengel Petersilie, 4 kleine Salatblätter, ½ Kästchen Kresse, 4 Zitronenscheiben, 20 g Kräuterbutter (selbstgemacht oder Fertigprodukt).

Filetsteaks, wenn nötig, von Hautresten befreien. Mit dem Handballen etwas flachdrücken und mit Haushaltpapier abtrocknen.
Öl in einer Pfanne erhitzen. Steaks darin auf jeder Seite ½ Minute anbraten. Wenden und weitere 3 Minuten auf jeder Seite braten. Salzen, pfeffern und auf einer vorgewärmten Platte angerichtet warm stellen.
Tomate waschen und vierteln. Petersilie und Salatblätter waschen. Gut abtropfen lassen. Kresse abspülen und abschneiden. Die Steakplatte damit garnieren. Jedes Steak noch mit einer Zitronenscheibe belegen.
Darauf je eine Portion Kräuterbutter. Die Platte dann sofort servieren.

Beilagen: Kopfsalat. Marinade aus 2 EL Zitronenessig, 2 EL gehackten Kräutern, Salz, Knoblauchpulver, weißem Pfeffer und 2 EL Keimöl. Eine Portion: 55 Kalorien = 230 Joule. 0,1 BE.

Steak vom Grill

Abb. zwischen den Seiten 416/417.

Eine Portion enthält: 21 g Eiweiß, 29 g Fett, 0 g Kohlenhydrate, 88 mg Cholesterin.
Kalorien: 366 = 1532 Joule.
Zubereitung: Ohne Marinierzeit 20 Minuten.

4 Rumpsteaks von je 215 g, 1 EL Pflanzenöl (10 g). – Für die Marinade: 2 EL Weinessig, 2 EL Pflanzenöl (20 g), 1 Bund Petersilie, 3 Stengel frisches oder 1 TL getrocknetes Basilikum, ½ TL getrockneter Oregano. – Außerdem: Salz, frisch gemahlener schwarzer Pfeffer.

Rumpsteaks am Tag vorher mit Küchenpapier abtrocknen und mit Öl einreiben. Über Nacht zugedeckt im Kühlschrank gut durchziehen lassen.
Für die Marinade Weinessig mit Pflanzenöl verrühren. Petersilie und frisches Basilikum waschen und hacken. Getrockneten Oregano und Basilikum zerreiben. Kräuter in die Marinade rühren. Fettrand der Rumpsteaks einige Male mit einem scharfen Messer einschneiden. Steaks mit der Marinade bestreichen. Auf den Grillrost legen. Unterm vorgeheizten Grill 5 Minuten auf jeder Seite grillen. Nach dem Wenden die Steaks wieder reichlich mit Marinade bestreichen.
Das typische Grillkaro entsteht, wenn die Steaks auf jeder Seite während des Bratens um 90 Grad gedreht werden. Das heißt also, jeweils nach 2½ Minuten drehen.
Rumpsteak salzen, pfeffern, auf einer Platte anrichten und servieren.

Beilagen: Tomaten-Gurken-Salat. Aus 250 g Tomaten und 500 g Salatgurke. Marinade aus 2 EL Weinessig, Salz, gewürztem Pfeffer, 2 EL Schnittlauchröllchen, 2 EL Keimöl. Eine Portion: 75 Kalorien = 314 Joule. 0,4 BE. — Grillkartoffeln (500 g einzeln in Alufolie gepackte Kartoffeln) 40 Minuten im Ofen gebacken. Eine Portion: 85 Kalorien = 356 Joule. 1,6 BE.

TIP Wenn Sie Cholesterin sparen müssen oder wollen, nehmen Sie Kräutermargarine statt -butter. Einfach die gehackten Kräuter in gute Pflanzenmargarine mischen.

Steinbutt spanische Art

Eine Portion enthält: 35 g Eiweiß, 10 g Fett, 8 g Kohlenhydrate = 0,6 BE, 140 mg Cholesterin.
Kalorien: 298 = 1248 Joule.
Zubereitung: 50 Minuten.

> *4 Steinbuttfilets (je 200 g), Saft einer Zitrone, 1 Zwiebel, 1 Knoblauchzehe, Salz, 1 grüne Paprikaschote (125 g), 250 g Tomaten, 2 EL Mehl (20 g), 30 g Margarine, weißer Pfeffer, je 1 Msp Safran und gemahlener Nelkenpfeffer, ⅛ l trockener spanischer Weißwein, ½ Bund Petersilie.*

Steinbuttfilets abspülen und mit Küchenpapier abtrocknen. Mit Zitronensaft beträufeln.

Zwiebel und Knoblauchzehe schälen, Zwiebel hacken, Knoblauch mit etwas Salz zerdrücken.
Paprikaschote halbieren, entkernen, waschen und fein würfeln. Tomaten überbrühen, abziehen, vierteln und entkernen. Die Tomaten auch würfeln.
Fischfilets abtrocknen, salzen, in Mehl wenden. Überschüssiges Mehl abschütteln. In einer Pfanne mit der erhitzten Margarine auf jeder Seite 3 Minuten anbraten. Herausnehmen und zugedeckt warm stellen.
Gehackte Zwiebel im Bratsatz 2 Minuten anbraten. Knoblauch und Paprika dazugeben. Nach weiteren 2 Minuten die Tomatenwürfel zufügen. Mit Salz, Pfeffer, Safran und Nelkenpfeffer würzen. Weißwein und Zitronensaft angießen. Fischfilets wieder in die Pfanne geben. Zugedeckt 15 Minuten dünsten. Steinbutt auf einer vorgewärmten Platte anrichten. Mit dem Fond übergießen und mit gehackter Petersilie bestreuen.

Beilagen: Petersilienkartoffeln von 500 g, in 2 EL gehackter Petersilie und 10 g Margarine geschwenkten Salzkartoffeln. Eine Portion: 105 Kalorien = 440 Joule. 1,6 BE.

Sülzkotelett garniert

Eine Portion enthält: 23 g Eiweiß, 33 g Fett, 7 g Kohlenhydrate = 0,5 BE, 135 mg Cholesterin.
Kalorien: 434 = 1817 Joule.
Zubereitung: 120 Minuten.

500 g Kotelett am Stück, 1 Bund Suppengrün (375 g), 1 l Wasser, Salz, 1 Zwiebel, 1 Lorbeerblatt, 5 Pfefferkörner, 2 Nelken, 1 Eiweiß, 1 Eischale, 8 Blatt weiße Gelatine, 3 EL Essig. – Zum Garnieren: *1 hartgekochtes Ei, 5 Champignons aus der Dose, 1 Gewürzgurke (50 g), ½ Bund Petersilie, 1 Tomate (50 g).*

Kotelettstück vom Fleischer ansägen lassen, damit man es später gut schneiden kann. Kalt abspülen und abtropfen lassen.
Suppengrün putzen, waschen und in Stücke schneiden (Möhre ganz lassen). Wasser mit Salz in einem Topf aufkochen.
Fleisch, zerschnittenes Suppengrün, geschälte Zwiebel, Lorbeerblatt, Pfefferkörner und Nelken hineingeben.

Zugedeckt 80 Minuten kochen lassen. Nach 30 Minuten die Möhre zugeben.
Fleisch aus dem Topf nehmen und in 4 Scheiben schneiden.
Brühe durchsieben. Im offenen Topf auf etwa ½ l einkochen. Brühe klären. Das heißt: Von allen trüben Bestandteilen befreien. Kalorienbewußte Köche sieben die Brühe durch einen Kaffee-Filter, denn so bleibt auch Fett im Papier hängen. In die klare Brühe Eiweiß und die fein zerkleinerte Eischale mit etwas Wasser verquirlen. Bei starker Hitze bis kurz vorm Kochen erhitzen. Dabei gerinnt das Eiweiß. Es wird ständig abgeschöpft. Auf diese Weise wird die Brühe durchsichtig klar. Brühe kalt werden lassen.
In der Zwischenzeit die Gelatine 10 Minuten in kaltem Wasser einweichen. Brühe durch ein sauberes Leinentuch in einen Topf gießen. Die Brühe wieder aufkochen. Gelatine ausdrücken und in die heiße Brühe rühren. So lange weiterrühren, bis sie sich aufgelöst hat. Brühe mit Essig und Salz abschmecken.
Boden von 4 Sülzkotelettformen 3 mm hoch mit etwas Brühe ausgießen. Im Kühlschrank in etwa 10 Minuten fest werden lassen. Falls die übrige Brühe inzwischen geliert, hält man sie bei ganz schwacher Hitze etwas flüssig.
Für die Garnierung das geschälte Ei und die Champignons in Scheiben schneiden. Gewürzgurke und Möhre mit dem Buntmesser auch in Scheiben schneiden. Garnierung auf dem Gelatinespiegel in den Formen anrichten. Koteletts drauflegen. Mit der übrigen Brühe übergießen.
Im Kühlschrank mindestens 120 Minuten erstarren lassen. Man kann die Sülzkoteletts auch über Nacht im Kühlschrank stehen lassen und sie am nächsten Tag servieren.
Zum Anrichten das Gelee vorsichtig mit einem Messer vom Formrand lösen.
Die Formböden kurz in heißes Wasser tauchen. Dann die Koteletts auf 4 Teller stürzen.
Mit Petersiliensträußchen und Tomatenachteln garnieren.
Man kann auch unter jedes Kotelett ein großes Salatblatt legen.

Beilagen: Kopfsalat in Marinade aus 2 EL Zitronensaft, Gewürzen, 2 EL gehackten Kräutern und 2 EL Pflanzenöl. Eine Portion: 55 Kalorien = 230 Joule. — Bratkartoffeln aus 500 g Pellkartoffeln und 25 g Pflanzenöl. Eine Portion: 143 Kalorien = 599 Joule. 1,6 BE.

Süßstoff

Es gibt das Saccharin mit einer Süßkraft, die zwischen 200- und 770mal stärker ist als die des Zuckers. Und es gibt das Cyclamat, das nur etwa 30mal süßer ist als Rübenzucker. Saccharin hinterläßt beim Kochen einen Nebengeschmack, Cyclamat ist unauffällig im Geschmack.
Süßstoffe gibt es flüssig und in Tablettenform. Sie haben keine Kalorien, sind für Diabetikerkost unentbehrlich — und sollten es auch für Kaloriensparer sein. Weil Zucker Kalorien hat.

Sylter Abendschmaus

Eine Portion enthält: 13 g Eiweiß, 9 g Fett, 4 g Kohlenhydrate = 0,3 BE, 150 mg Cholesterin.
Kalorien: 157 = 657 Joule.
Zubereitung: 25 Minuten.

50 g Mayonnaise (50 %), 50 g Magermilch-Joghurt, Salz, flüssiger Süßstoff, Curry- und Knoblauchpulver, 1 EL gehackter Dill, 1 kleine Dose Spargelköpfe, 1 kleine Dose Champignons, 200 g Nordsee-Krabben, 1 hartgekochtes Ei, Dill.

Mayonnaise mit Joghurt, Salz, Süßstoff, Curry- und Knoblauchpulver und Dill in einer Schüssel verrühren und herzhaft abschmecken. Spargel und Champignons abtropfen lassen. Zusammen mit dem Krabbenfleisch in die Soße mischen. Kurz durchziehen lassen. Anrichten. Mit Ei-Achteln und Dillspitzen garnieren.

Beilagen: 4 Scheiben Toast (80 g). Eine Scheibe: 52 Kalorien = 218 Joule. 0,8 BE. — 20 g Butter. Eine Portion: 38 Kalorien = 159 Joule. — 4 Glas trockenen Sherry (je 50 cm^3). Ein Glas: 70 Kalorien = 293 Joule.

Szegediner Geflügel-Gulasch

Abb. zwischen den Seiten 448/449.

Eine Portion enthält: 41 g Eiweiß, 17 g Fett, 19 g Kohlenhydrate = 1,6 BE, 138 mg Cholesterin.
Kalorien: 423 = 1771 Joule.
Zubereitung: 90 Minuten.

1 Poularde (1000 g), 1 Zwiebel, 2½ El Pflanzenöl (25 g), 3 gestrichene EL Paprika edelsüß, 1 Knoblauchzehe, Salz, 1 TL gemahlener Kümmel, ¼ l heißes Wasser, ½ Bund Suppengrün, 300 g Kartoffeln, ¼ l Würfelbrühe, je 1 rote und grüne Paprikaschote (250 g), 3 Tomaten, ½ Bund Petersilie.

Poularde häuten. Fleisch von den Knochen lösen. Geschälte Zwiebel hacken.
Öl in einem großen Topf erhitzen. Zwiebel darin hellgelb werden lassen. 2 EL Paprikapulver drüberstäuben und unterrühren. Geschälte, zerdrückte Knoblauchzehe, Salz und Kümmel dazugeben. ⅛ l heißes Wasser angießen. Bei schwacher Hitze 10 Minuten köcheln lassen.
In der Zwischenzeit das Poulardenfleisch in mundgerechte Stücke schneiden. Leber abspülen und würfeln. (Die übrigen Innereien anderweitig verwenden). Fleisch und Leber in den Topf geben. Salzen und zugedeckt 5 Minuten ohne Wasserzugabe schmoren. Restliches Wasser angießen. Wieder zudecken und 15 Minuten schmoren. Suppengrün putzen, waschen und ganz fein schneiden. Lauch längs halbieren und in dünne Streifen schneiden.
Kartoffeln schälen und waschen. 2 cm groß würfeln. Suppengrün, Kartoffeln und ⅛ l Brühe zum Fleisch geben. Aufkochen und dann zugedeckt köcheln lassen.
Paprikaschoten halbieren, entkernen, waschen und würflig schneiden. 2 Tomaten überbrühen, abziehen und in Stücke schneiden.
Beides und das restliche Paprikapulver nach 10 Minuten unters Fleisch mischen. Restliche Brühe drübergießen. Zugedeckt 15 Minuten garen. Abschmecken. In einer vorgewärmten Schüssel anrichten. Mit gehackter Petersilie bestreuen und mit einer in Scheiben geschnittenen Tomate garnieren.

Beilage: Körnig gekochter Reis (von 125 g Langkorn-Reis). Eine Portion: 115 Kalorien = 481 Joule. 2 BE.

T

Tatar garniert

Eine Portion enthält: 25 g Eiweiß, 10 g Fett, 10 g Kohlenhydrate = 0,8 BE, 284 mg Cholesterin.
Kalorien: 262 = 1097 Joule.
Zubereitung: 15 Minuten.

1 großer säuerlicher Apfel (150 g), 1 große Zwiebel, 4 Sardellenfilets aus der Dose, 1 EL Kapern, 1 grüne Paprikaschote (150 g), 400 g Beefsteakhack, 2 Eigelb, 2 EL Calvados, 1 TL scharfer Senf, Salz, schwarzer Pfeffer, 2 TL Paprika edelsüß. – Zum Garnieren: *1 Apfel, 1 Eigelb, 1 EL Kapern.*

Apfel schälen, Kerngehäuse ausstechen, in eine Schüssel reiben. Zwiebel schälen, 4 Scheiben zum Garnieren abschneiden. Rest fein hacken. Sardellen und Kapern abtropfen lassen. Beides auch fein hacken.
Paprikaschote halbieren, putzen, waschen und fein würfeln. Zum geriebenen Apfel geben. Auch Beefsteakhack, Eigelb, Calvados und Senf. Gut mischen. Mit Salz, Pfeffer und Paprika pikant abschmecken. Zum Garnieren den Apfel waschen, trocknen, Kerngehäuse ausstechen, in Scheiben schneiden. Auf ein Holzbrett legen. Tatar darauf anrichten. In die Mitte eine Mulde eindrücken. Eine halbe Eierschale mit dem Eigelb hineinsetzen. Zwiebelringe auf das Tatar legen. Mit Kapern füllen und servieren.

Beilagen: 4 Scheiben Vollkornbrot (200 g). Eine Scheibe: 120 Kalorien = 159 Joule. 2 BE. — 40 g Halbfettmargarine. Eine Portion: 38 Kalorien = 159 Joule.

Tee

Dieses aromatische Getränk ist kalorienfrei, sofern es ohne Zucker und Sahne und ohne Rum getrunken wird. Süßstoff und Zitrone sind dagegen erlaubt.
Der Wohlgeschmack des Tees beruht auf seinem ätherischen Öl und den Gerbstoffen. Grüner Tee schmeckt daher herber als der fermentierte und dadurch gerbstoffärmere schwarze Tee.
Die anregende Wirkung dieses Getränks ist auch im goldgelb gezogenen Tee schon vorhanden. Steht der Aufguß länger, dann wird er zwar aromatischer, aber auch leicht bitter. Das ist aber nichts für den empfindlichen Magen.
Es ist möglich, daß bei bestimmten Diätformen Kaffee verboten, schwarzer Tee aber erlaubt ist. Sollte aber Coffein verboten sein, dann ist es auch der Tee. Denn das darin enthaltene Tein ist — einfach gesagt — auch eine Art Coffein.

Tee-Creme
6 Portionen

Eine Portion enthält: 4 g Eiweiß, 5 g Fett, 7 g Kohlenhydrate, 93 mg Cholesterin.
Kalorien: 107 = 448 Joule.
Zubereitung: 20 Minuten.

¼ l Wasser, 4 TL schwarzer Tee, flüssiger Süßstoff, 6 Blatt weiße Gelatine, 2 Eigelb, 20 g Zucker, 1 Prise Salz, abgeriebene Schale einer halben Zitrone (ungespritzt), 5 EL Orangensaft, 2 EL Rum, 20 g Instant-Schlagschaumpulver (½ Beutel), 5 EL sehr kalte Magermilch, 1 EL gehackte Pistazien (10 g).

Wasser im Kessel aufkochen. Teeblätter in eine vorgewärmte Kanne geben. Mit sprudelndem Wasser übergießen. 5 Minuten ziehen lassen. Tee durch ein Sieb in eine andere vorgewärmte Kanne gießen. Mit Süßstoff abschmecken.

Gelatine kalt einweichen. Eigelb mit Zucker, Süßstoff und Salz in einem Topf schaumig rühren. Zitronenschale, Orangensaft, Rum und heißen Tee unter Rühren nach und nach dazugeben. Auf schwacher Hitze mit dem Schneebesen schlagen. Bis kurz vorm Kochen erhitzen. Topf vom Herd nehmen. Gelatine ausdrücken und unter die Schaummasse rühren. Creme unter häufigem Umrühren erkalten lassen.
Das Instant-Schlagschaumpulver mit Magermilch aufschlagen (etwas zum Garnieren zurücklassen) und unter die Creme heben, sobald sie fest zu werden beginnt. In 6 Portionsgläser verteilen. Zugedeckt im Kühlschrank erstarren lassen. Mit Schlagschaum und gehackten Pistazien garniert servieren.

Tee-Früchte-Bowle
12 Gläser

Ein Glas enthält: 1 g Eiweiß, 0 g Fett, 11 g Kohlenhydrate = 1 BE, 0 mg Cholesterin.
Kalorien: 50 = 209 Joule.
Zubereitung: Ohne Ruhezeit 20 Minuten.

4 Eßlöffel schwarzer Tee, ½ l kochendes Wasser, ¼ l Zitronensaft, ½ l Orangensaft, flüssiger Süßstoff, 1 große saftige Zitrone, 2 Orangen (mit Schale etwa 420 g), 300 g frische Erdbeeren oder tiefgekühlte ohne Zucker, 1 Flasche Selterswasser.

Tee mit kochendem Wasser aufgießen. 5 Minuten ziehen lassen. Durchsieben. Mit Zitronen- und Orangensaft verquirlen, mit Süßstoff abschmecken.
Zitrone und Orangen wie Kartoffeln schälen, so daß die äußere weiße Haut mit weggeschnitten wird. Filets aus den Bindehäuten schneiden. Zum Früchte-Tee geben. Erdbeeren gut waschen, Stiele abzupfen. Früchte halbieren und zum Tee geben. (Tiefgekühlte Früchte gefroren hineingeben.) Bowle mindestens 6 Stunden zugedeckt im Kühlschrank durchziehen lassen. Mit Selterswasser aufgießen und servieren.

PS: Wer keine Kohlensäure verträgt, nimmt stilles Wasser zum Aufgießen.

Tellerfleisch
Abb. zwischen den Seiten 448/449.

Eine Portion enthält: 18 g Eiweiß, 21 g Fett, 21 g Kohlenhydrate = 1,7 BE, 69 mg Cholesterin.
Kalorien: 363 = 1520 Joule.
Zubereitung: 2 Stunden, 40 Minuten.

> 1 l Wasser, Salz, 1 Zwiebel, 2 Nelken, 1 Lorbeerblatt, 500 g Rindfleisch (Brust, Hoch- oder Querrippe), 4 Pfefferkörner, 2 Wacholderbeeren, 500 g Kartoffeln, 1 Päckchen geriebener Meerrettich (35 g), 1 EL Zitronensaft, flüssiger Süßstoff.

Wasser mit Salz im Topf aufkochen. Zwiebel schälen. Mit Nelken und Lorbeerblatt spicken. Fleisch kalt abspülen. Mit der gespickten Zwiebel, den Pfefferkörnern und den Wacholderbeeren in das sprudelnd kochende Wasser geben. Zugedeckt 2 Stunden kochen lassen.
In der Zwischenzeit Kartoffeln schälen und waschen. Meerrettich mit dem Zitronensaft und mit Süßstoff mischen. Eventuell etwas salzen. Fleisch aus der Brühe nehmen und warm stellen. Kartoffeln in der Brühe 20 Minuten garen. In einer vorgewärmten Schüssel mit etwas Brühe anrichten.
Fleisch nochmal kurz in der Brühe erhitzen. Dann in 4 Portionen schneiden. Auf einem Holzbrett mit Ablaufrille oder auf einer Platte anrichten.
Etwas Brühe darüber verteilen. Die Bouillonkartoffeln und den Meerrettich extra servieren.

Beilagen: Kopfsalat in Marinade aus 2 EL Zitronensaft, Gewürzen, 2 EL gehacktem Schnittlauch und 2 EL Pflanzenöl. Eine Portion: 55 Kalorien = 230 Joule. 0,1 BE.

Teltower Rübchen
Weiße Mairübchen

Eine Portion enthält: 2 g Eiweiß, 4 g Fett, 19 g Kohlenhydrate, 11 mg Cholesterin.
Kalorien: 116 = 486 Joule.
Zubereitung: 35 Minuten.

1000 g Teltower Rübchen, 1 EL Butter (15 g), 2 TL Zucker (10 g), 1 gehäufter TL Mehl (5 g), ¼ l Wasser, Salz, 1 EL gehackte Petersilie.

Rübchen waschen, abschaben und noch einmal kurz abspülen. Große Rübchen längs durchschneiden.
Butter in einem flachen Topf erhitzen. Zucker darin anbräunen. Rübchen hineingeben und unter vorsichtigem Wenden schön goldgelb rösten.
Mehl überstäuben, umrühren und gleich darauf (damit nichts anbrennt) das kochende Wasser zufügen. Zugedeckt nach dem Aufkochen etwa 15 Minuten vollständig garen.
Beim Kochen ab und zu umrühren. Salzen. Vor dem Auftragen abschmecken und Petersilie überstreuen.

Beilagen: Junge Kartoffeln von 500 g. Eine Portion: 85 Kalorien = 356 Joule. 1,6 BE.

Terrine mit Kalbfleisch und Pilzen

Eine Portion enthält: 27 g Eiweiß, 13 g Fett, 12 g Kohlenhydrate = 1 BE, 137 mg Cholesterin.
Kalorien: 310 = 1298 Joule.
Zubereitung: 105 Minuten.

1 l Wasser, 1 Lorbeerblatt, 2 Nelken, Salz, 250 g Kalbfleisch aus der Schulter, 1 Kalbszunge (300 g), 1 große Dose Champignons (460 g). – Für die Soße: 30 g Margarine, 40 g Mehl, ⅜ l Fleischbrühe, ⅛ l Weißwein, Salz, weißer Pfeffer, 1 Bund Petersilie.

Wasser mit Lorbeerblatt und Nelken im Topf aufkochen. Salzen. Kalbfleisch abspülen, Zunge gründlich waschen. In das kochende Wasser geben und zugedeckt 75 Minuten garen.
Fleisch und Zunge aus der Brühe nehmen. Zunge sofort häuten. Beides in schräge Scheiben schneiden. Die Brühe durchsieben. Champignons abtropfen lassen. Große Pilze halbieren oder vierteln.
Für die Soße Margarine im Topf erhitzen. Mehl darin durchschwitzen. Nach und nach unter Rühren Fleischbrühe aufgießen. Aufkochen. Weißwein zufügen. Mit Salz und frisch gemahlenem Pfeffer abschmecken. Kalbfleisch, Zunge und Champignons darin 5 Minuten erhitzen. In eine Terrine füllen. Mit gewaschener, gehackter Petersilie überstreuen.

Beilagen: Salat von 500 g Tomaten in einer Marinade aus 2 EL Weinessig, Salz, schwarzem Pfeffer, 2 EL Schnittlauchröllchen und 2 EL Keimöl. Eine Portion: 73 Kalorien = 301 Joule. 0,3 BE. — Körnig gekochter Reis aus 125 g Langkornreis. Eine Portion: 115 Kalorien = 481 Joule. 2 BE.

PS: Anstelle von Champignons kann man auch Pfifferlinge verwenden. Vielleicht an Festtagen. Denn Pfifferlinge sind teuer.

Tim Frazer
Eine Portion

Enthält: 0 g Eiweiß, 0 g Fett, 2 g Kohlenhydrate, 0 mg Cholesterin.
Kalorien: 155 = 649 Joule.

2 Eiswürfel, ½ Glas Campari (1 cl), 1 Glas (2 cl) trockener Wermut, 1 Glas (2 cl) Whisky, Sodawasser zum Auffüllen, 1 Zitronenscheibe.

Eis, Campari, Wermut und Whisky in einem Shaker mischen. In ein Cocktailglas abseihen. Mit Sodawasser auffüllen. Zitronenscheibe einschneiden. Auf den Glasrand setzen. Sofort servieren.

TIP Dies ist ein besonders alkoholarmer Drink: ½ Glas (1 cl) Campari mit kalorienarmer Limonade mischen und mit etwas gemahlenem Zimt würzen. Viel Eis hineingeben. Das schmeckt gut.

Toggenburger Hähnchen

Eine Portion enthält: 41 g Eiweiß, 21 g Fett, 6 g Kohlenhydrate = 0,5 BE, 144 mg Cholesterin.
Kalorien: 403 = 1687 Joule.
Zubereitung: 70 Minuten.

1 küchenfertiges Hähnchen, frisch oder tiefgefroren (1000 g), Salz, 1 rote Paprikaschote (150 g), 1 Zwiebel, 10 g Margarine, 1 Scheibe Toastbrot, 1 Ecke Schmelzkäse (30%), 2½ EL Pflanzenöl (25 g).

Hähnchen (tiefgekühltes auftauen lassen) innen und außen waschen, trocknen und mit Salz einreiben.

Die Paprikaschote halbieren, entkernen und waschen. Die Zwiebel putzen und beides würfeln.
Margarine in einem Topf erhitzen. Paprika und Zwiebel darin andünsten. Gewürfeltes Toastbrot nach 10 Minuten zum Paprika in den Topf geben.
Schmelzkäse würfeln und unter die vom Herd genommene Masse mischen. Die Masse mit Salz würzen und ins Hähnchen füllen. Das Hähnchen zunähen oder mit Zahnstochern gut zustecken.
Das Hähnchen in die Fettpfanne legen und mit heißem Pflanzenöl übergießen. In den vorgeheizten Ofen auf die mittlere Schiene stellen.

Bratzeit: 35 Minuten. Elektroherd: 225—250 Grad. Gasherd: Stufe 4—5.

Beilagen: Salat aus 250 g Tomaten und 500 g Salatgurke in einer Marinade aus 2 EL Zitronensaft, je 1 EL gehackter Petersilie und Schnittlauchröllchen, 1 gehackten Zwiebel (oder Zwiebelgranulat) und 2 EL Pflanzenöl. Eine Portion: 75 Kalorien = 314 Joule. 0,4 BE. — Kartoffelschnee von 500 g Kartoffeln. Eine Portion: 85 Kalorien = 356 Joule. 1,6 BE.

Tokio-Steak

Abb. zwischen den Seiten 480/481.

Eine Portion enthält: 24 g Eiweiß, 13 g Fett, 10 g Kohlenhydrate, 95 mg Cholesterin.
Kalorien: 275 = 1151 Joule.
Zubereitung: 15 Minuten.

4 Filetsteaks von je 125 g, Salz, Ingwerpulver, 1 EL grüner Pfeffer aus dem Glas, 2 EL Reiswein oder Sherry, 2 EL Pflanzenöl (20 g), 1 kleine Dose Mandarinen (190 g), 10 g Butter.

Filetsteaks mit Küchenpapier abtupfen. Salz, Ingwerpulver, zerstoßenen Pfeffer und Reiswein oder Sherry mischen. Steaks damit kräftig einreiben.
Öl in einer Pfanne erhitzen. Steaks darin auf beiden Seiten je 1 Minute bei starker Hitze braten.
Auf den Grillrost legen. Abgetropfte Mandarinenspalten darauf verteilen. Mit Butterflöckchen besetzen. Unter den vorgeheizten Grill schieben und 2 Minuten übergrillen. Steaks sofort auf vorgewärmten Tellern anrichten und sehr heiß servieren.

Beilagen: Sojabohnenkeime in Marinade aus 2 EL Zitronensaft, Salz, gewürztem Pfeffer, 1 Prise Zucker und 2 EL Pflanzenöl. Eine Portion: 55 Kalorien = 230 Joule. — Körnig gekochter Reis (aus 125 g Langkornreis). Eine Portion: 115 Kalorien = 481 Joule. 2 BE.

PS: Wer es sich leisten kann, trinkt zum Tokio-Steak ein Glas herben Weißwein. 0,1 l haben 61 Kalorien. Oder vielleicht soll's Rotwein sein? Er hat 76 Kalorien.

Tomaten gegrillt

Eine Portion enthält: 2 g Eiweiß, 3 g Fett, 5 g Kohlenhydrate = 0,4 BE, 0 mg Cholesterin.
Kalorien: 54 = 226 Joule.
Zubereitung: 10 Minuten.

8 mittelgroße, feste Tomaten (625 g), 1 EL Pflanzenöl (10 g), 3 Spritzer Tabascosoße, Zwiebelsalz, ½ Bund Petersilie.

Grill vorheizen. Tomaten waschen. Oben kreuzweise einschneiden. Pflanzenöl mit Tabascosoße und Zwiebelsalz mischen. Mit einem Pinsel auf die Schnittfläche streichen. Tomaten auf den leicht geölten Grillrost setzen und 5 Minuten grillen. Mit Petersilie garniert servieren.

Wozu reichen? Zu kurzgebratenem Fleisch, zu Braten, auch zu Geflügel und gebratenem Fisch.

Tomaten-Auflauf

Eine Portion enthält: 15 g Eiweiß, 10 g Fett, 20 g Kohlenhydrate = 1,6 BE, 144 mg Cholesterin.
Kalorien: 233 = 976 Joule.
Zubereitung: 35 Minuten.

1 kleine Zwiebel, 10 g Margarine, Salz, weißer Pfeffer, 100 g Edamer oder Tilsiter Käse (30%), 1 Bund Petersilie, 12 kleine Tomaten (650 g), 4 Pellkartoffeln (250 g), 2 Eier, ¼ l Magermilch, 1 Bund Schnittlauch, Paprika rosenscharf, Muskat.

Zwiebel schälen und ganz fein hacken. Margarine in einer Pfanne erhitzen. Zwiebel darin 3 Minuten braten. Mit Salz und Pfeffer würzen. Vom Herd nehmen. Käse ganz fein würfeln. Gewaschene Petersilie hacken. Mit der Zwiebel mischen.
Tomaten waschen, Stengelansätze herausschneiden. Tomaten mit einem Teelöffel vorsichtig aushöhlen. Mit der Käsemasse füllen. In eine gefettete, feuerfeste Form setzen.
Kartoffeln abziehen und in dünne Scheiben schneiden. Um die Tomaten legen. Eier und Milch verquirlen. Gewaschenen Schnittlauch hacken, dazugeben. Mit Salz, Pfeffer, Paprika und Muskat abschmecken. Eiermilch in die Tomaten gießen. Rest über die Kartoffeln verteilen. In den vorgeheizten Ofen auf die mittlere Schiene stellen.

Backzeit: 20 Minuten. Elektroherd: 200 Grad. Gasherd: Stufe 3.
Das fertige Gericht sofort servieren.

Beilagen: Endiviensalat, Marinade aus 2 EL Zitronensaft, Gewürzen, 2 EL gehackten Kräutern und 2 EL Pflanzenöl. Eine Portion: 55 Kalorien = 230 Joule. 0,1 BE. — 4 Scheiben Toast (80 g). Eine Scheibe: 52 Kalorien = 218 Joule.

TIP Im Sommer sollten Sie mal Tomaten auf dem Holzkohlengrill garen. Da werden sie noch aromatischer. Man packt sie in Alufolie. Gereicht werden sie zu saftigen Grillsteaks.

Tomaten-Cocktail

Eine Portion enthält: 8 g Eiweiß, 9 g Fett, 9 g Kohlenhydrate, 38 mg Cholesterin.
Kalorien: 152 = 636 Joule.
Zubereitung: Ohne Kühlzeit 25 Minuten.

2 EL Kräuteressig, Salz, weißer Pfeffer, flüssiger Süßstoff, 2 EL Pflanzenöl (20 g), 500 g schnittfeste Tomaten, 100 g tiefgekühlte Nordsee-Krabben, 1 Zwiebel, 20 g Instant-Schlagschaumpulver ($\frac{1}{2}$ Beutel), 5 EL sehr kalte Magermilch, 1 Päckchen geriebener Meerrettich (35 g), 4 Salatblätter.

Aus Kräuteressig, Salz, Pfeffer, Süßstoff und Pflanzenöl eine Beize rühren. Pikant abschmecken.
Tomaten überbrühen, abziehen, vierteln und entkernen. Viertel quer

halbieren. Mit der Beize mischen. Im Kühlschrank zugedeckt gut 20 Minuten durchziehen lassen.
In der Zwischenzeit das Krabbenfleisch auftauen lassen. Zwiebel schälen und in ganz hauchdünne Ringe schneiden.
Für die Cocktailsoße Schlagschaumpulver und Magermilch fast steif schlagen. Meerrettich unterrühren. Salzen und pfeffern.
4 Cocktailschalen mit den gewaschenen, gut abgetropften Salatblättern auslegen. Tomatenstücke abtropfen lassen und darauf verteilen. Darüber Zwiebelringe und Krabben schichten. Mit der Cocktailsoße übergießen. Servieren.

Tomatendrink

Eine Portion enthält: 3 g Eiweiß, 0 g Fett, 14 g Kohlenhydrate = 1,1 BE, 0 mg Cholesterin.
Kalorien: 73 = 306 Joule.
Zubereitung: 5 Minuten.

¾ l Tomatensaft, ¼ l frisch gepreßter Orangensaft, Salz, schwarzer Pfeffer, 3 EL feingehackte Petersilie.

Tomaten- und Orangensaft miteinander verquirlen, mit Salz und Pfeffer abschmecken und in Longdrinkgläsern mit gehackter Petersilie bestreut servieren.

PS: Wer es verträgt, kann noch einen Eiswürfel in den Drink geben.

Tomaten-Eier

Eine Portion enthält: 21 g Eiweiß, 10 g Fett, 6 g Kohlenhydrate = 0,5 BE, 358 mg Cholesterin.
Kalorien: 208 = 871 Joule.
Zubereitung: 20 Minuten.

8 Tomaten (etwa 400 g), 4 hartgekochte Eier, 1 Zwiebel (50 g), 200 g Beefsteakhack, 1 Ei, 1 EL feingehackte Kapern, Salat, schwarzer Pfeffer, Petersilie, 1 kleiner Kopf Salat.

Tomaten waschen und abtrocknen. Jeweils einen Deckel abschneiden. Tomaten mit einem Teelöffel aushöhlen. Umgekehrt zum Abtropfen auf eine Lage Küchenpapier legen.
Eier schälen, quer halbieren, Eigelb vorsichtig entfernen. Für andere Zwecke verwenden.
Zwiebel abziehen, fein würfelig schneiden. Mit Hack, Ei und Kapern zu Fleischteig kneten. Mit Salz und Pfeffer abschmecken.
Eihälften in die leicht gesalzenen Tomaten setzen, mit der Tatarmasse füllen. Die Tomatendeckel schräg aufsetzen, mit Petersilie garniert auf gewaschenen, abgetropften Salatblättern anrichten.

Beilagen: 4 Scheiben (je 50 g) Schwarzbrot. 1 Scheibe: 120 Kalorien = 502 Joule. 1,9 BE. — 40 g Pflanzenmargarine. Eine Portion: 75 Kalorien = 314 Joule.

Toulouser Zwiebelsuppe

Eine Portion enthält: 16 g Eiweiß, 14 g Fett, 12 g Kohlenhydrate = 1 BE, 35 mg Cholesterin.
Kalorien: 264 = 1105 Joule.
Zubereitung: 55 Minuten.

250 g Zwiebeln, 100 g magerer gekochter Schinken, 30 g Margarine, ¾ l Würfelbrühe, Salz, 5 EL Weißwein, Muskat, flüssiger Süßstoff, 1 Brötchen oder 2 Scheiben Weißbrot, 125 g geriebener Käse (30 %), Paprika edelsüß.

Geschälte Zwiebeln und gekochten Schinken in feine Streifen schneiden.
Margarine in einem Topf erhitzen. Zwiebeln darin anbraten. Schinken dazugeben. 5 Minuten durchbraten. Würfelbrühe angießen. Salzen. 15 Minuten kochen lassen.
Weißwein zufügen. Mit Muskat, Salz und ein paar Spritzern Süßstoff abschmecken.
Brötchen oder Weißbrot in Würfel schneiden. In vier feuerfeste Suppentassen verteilen. Die Hälfte geriebenen Käse drüberstreuen. Mit der heißen Zwiebelbrühe übergießen. Restlichen Käse draufstreuen. Tassen in den vorgeheizten Ofen auf die mittlere Schiene stellen.

Backzeit: 10 Minuten. Elektroherd: 250 Grad. Gasherd: Stufe 5—6. Die Suppe mit Paprika bestäuben und sofort servieren.

Beilagen: 8 Scheiben Stangenweißbrot (120 g). 2 Scheiben: 78 Kalorien = 327 Joule. 1,2 BE.

Tournedo mexikanisch

Eine Portion enthält: 20 g Eiweiß, 14 g Fett, 4 g Kohlenhydrate, 70 mg Cholesterin.
Kalorien: 247 = 1034 Joule.
Zubereitung: 30 Minuten.

> *1 Zwiebel, 1 grüne Paprikaschote (125 g), 1 rote Paprikaschote (125 g), 20 g Margarine, 2 EL Tomatenmark, 1/8 l heiße Würfelbrühe, Salz, weißer Pfeffer, einige Spritzer Tabascosoße, 4 Tournedos von je 100 g, 2 EL Pflanzenöl (20 g), 2 EL Tequila (Agavenschnaps) Cayennepfeffer.*

Zwiebel schälen. Paprikaschoten putzen, halbieren, waschen. Beides würfeln.
Zwiebel in einer Pfanne in heißer Margarine goldgelb werden lassen. Paprikawürfel dazugeben und 2 Minuten mitbraten. Tomatenmark mit der heißen Würfelbrühe verrühren. In die Pfanne gießen. Mit Salz, Pfeffer und Tabascosoße würzen. Zugedeckt 10 Minuten schmoren lassen.
In der Zwischenzeit das Fleisch mit Küchenpapier abtrocknen. Mit den Händen ganz rund formen und mit Pfeffer einreiben. Im heißen Öl auf jeder Seite 3 Minuten braten. Salzen und auf einer vorgewärmten Platte anrichten. Bratsatz mit Tequila, dem berühmten Agavenschnaps, verrühren. Wer keinen Tequila hat, nimmt einen anderen klaren Schnaps. Zum Beispiel Wacholder.
Mit Cayennepfeffer und Salz abschmecken. Soße über die Tournedos gießen. Sofort servieren.

Beilagen: Kopfsalat mit Früchten. Dazu Salat mit je 1 kleingeschnittenen Grapefruit, Orange und Banane und 100 Ananasstücken mischen. Marinade: 2 EL Zitronensaft, Gewürze und 2 EL Keimöl. Eine Portion: 142 Kalorien = 545 Joule. — Kartoffelschnee aus 500 g Kartoffeln. Eine Portion: 85 Kalorien = 356 Joule.

Trauben-Biskuitauflauf

Eine Portion enthält: 7 g Eiweiß, 5 g Fett, 44 g Kohlenhydrate, 133 mg Cholesterin.
Kalorien: 253 = 1059 Joule.
Zubereitung: 90 Minuten.

500 g blaue oder grüne Trauben, 2 Eigelb, 50 g Zucker, 1 Prise Salz, 50 g Mehl, ⅛ l Milch, 2 Eiweiß, 1 TL Zitronensaft.

Trauben waschen. Weinbeeren abzupfen. Schalen abziehen und entkernen. Eigelb mit Zucker und Salz schaumig rühren. Mehl unterheben. Milch leicht einrühren. Eiweiß mit Zitronensaft steif schlagen. Unter den Teig heben.
Auflaufform einfetten. Die Weinbeeren einfüllen, Teig draufgeben. In den vorgeheizten Ofen auf die mittlere Schiene stellen.

Backzeit: 45 Minuten. Elektroherd: 175 Grad. Gasherd: Stufe 2.
5 Minuten im geöffneten Ofen stehen lassen. Dann servieren.

Wann reichen? Als Dessert. Zum Beispiel nach einer leichten Gemüsesuppe.

Trunkenes Hähnchen

Eine Portion enthält: 41 g Eiweiß, 17 g Fett, 5 g Kohlenhydrate = 0,4 BE, 140 mg Cholesterin.
Kalorien: 386 = 1616 Joule.
Zubereitung: 65 Minuten.

1 frisches oder tiefgekühltes Hähnchen von 1000 g, Salz, 2½ EL Pflanzenöl (25 g), 125 g Tomaten, 250 g Champignons, ⅛ l Wasser, ⅛ l herber Weißwein, 1 EL Mehl (10 g), 2 EL Dosenmilch (7,5 %).

Hähnchen (tiefgekühltes auftauen) innen und außen waschen und mit Salz einreiben. Pflanzenöl im Topf erhitzen. Hähnchen darin 10 Minuten rundherum anbraten. Deckel auflegen und etwa 15 Minuten im eigenen Saft schmoren lassen.
Inzwischen Tomaten überbrühen, abziehen (Stengelansätze rausschneiden) und in Scheiben schneiden.

Champignons putzen, waschen und in Scheiben schneiden. Zuerst die Champignons zum Hähnchen geben und kurz mitschmoren. Dann die Tomaten zufügen. Durchschmoren. Wasser und Weißwein zugießen und noch mal 20 Minuten garen.
Hähnchen aus dem Topf nehmen und in Portionsstücke teilen. In einer vorgewärmten Schüssel anrichten. Mehl mit Dosenmilch vermischen. Fond damit binden. Abschmecken und über das angerichtete Hähnchen gießen.

Beilagen: Salat aus 500 g Tomaten in einer Marinade aus 2 EL Zitronenessig, 2 EL Keimöl, 1 Bund gehacktem Schnittlauch, Zwiebelpulver und Gewürzen. Eine Portion: 72 Kalorien = 301 Joule. 0,3 BE.
Körnig gekochter Reis von 125 g. Eine Portion: 115 Kalorien = 481 Joule. 2 BE.

PS: Versuchen Sie das Trunkene Hähnchen auch mal mit $1/8$ l Sherry Fino (anstelle von Wein). Das schmeckt auch vorzüglich und hat so wenig Kalorien mehr, daß man sie kaum zu zählen braucht.

Tunesischer Eintopf
6 Portionen

Eine Portion enthält: 29 g Eiweiß, 14 g Fett, 13 g Kohlenhydrate = 1 BE, 89 mg Cholesterin.
Kalorien: 310 = 1298 Joule.
Zubereitung: 90 Minuten.

Je 125 g mageres Rind-, Schweine- und Hammelfleisch, $1/2$ küchenfertiges Hähnchen (500 g), $2 1/2$ EL Pfanzenöl (25 g), 1 Bund Suppengrün, 125 g Zwiebeln, 2 Knoblauchzehen, 1 l Würfelbrühe, Salz, Cayennepfeffer, Thymian und Oregano (getrocknet), 500 g rote Paprikaschoten, 1 Paket Tiefkühl-Sommergemüse (300 g), 2 EL Tomatenmark, 1 Bund Petersilie.

Fleisch in grobe Würfel schneiden. Hähnchenfleisch von den Knochen lösen. Auch grob schneiden. Öl in einem größeren Topf erhitzen. Fleisch darin rundherum anbraten.
Suppengrün putzen, waschen, kleinschneiden. Die Zwiebeln schälen und vierteln. Geschälten Knoblauch zerdrücken. Zum Fleisch geben und 5 Minuten mitbraten. Würfelbrühe angießen. Salz, Cayenne-

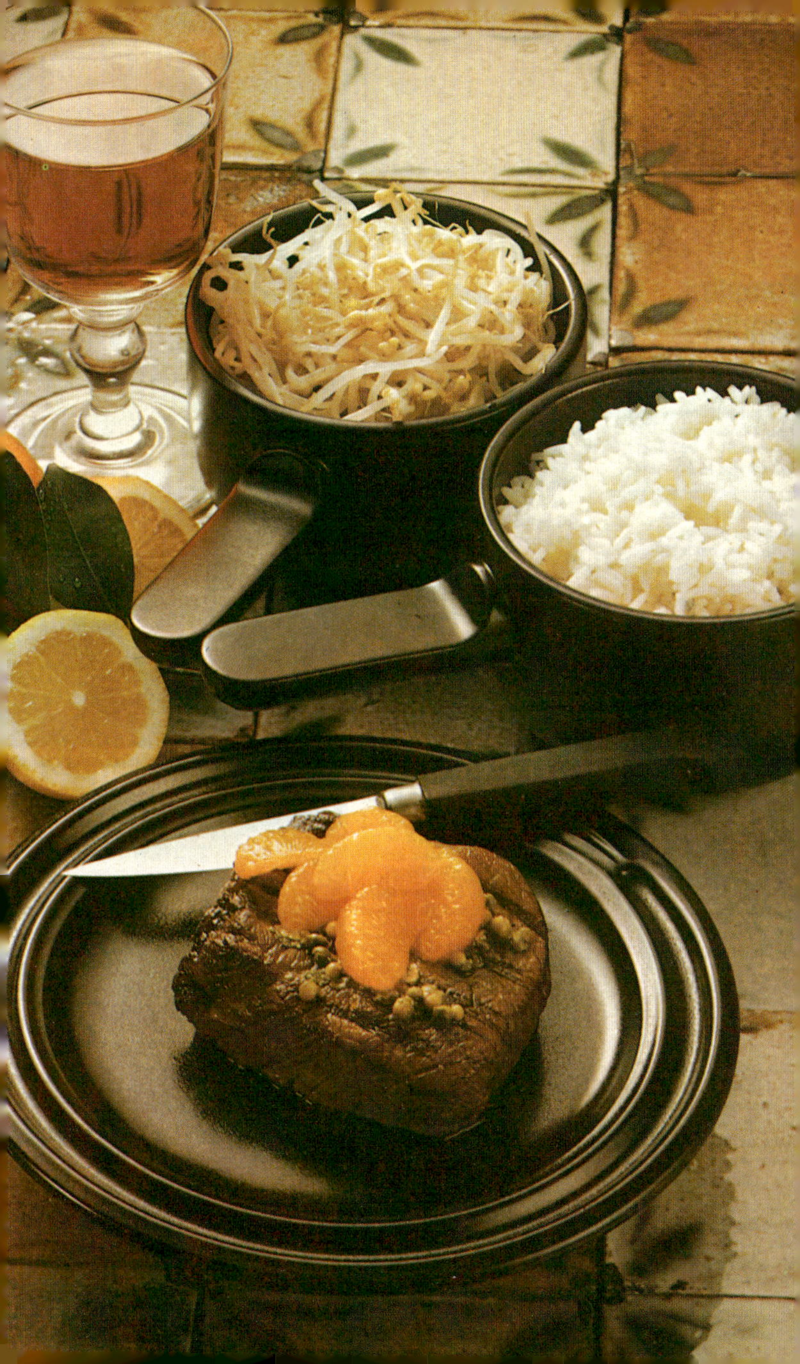

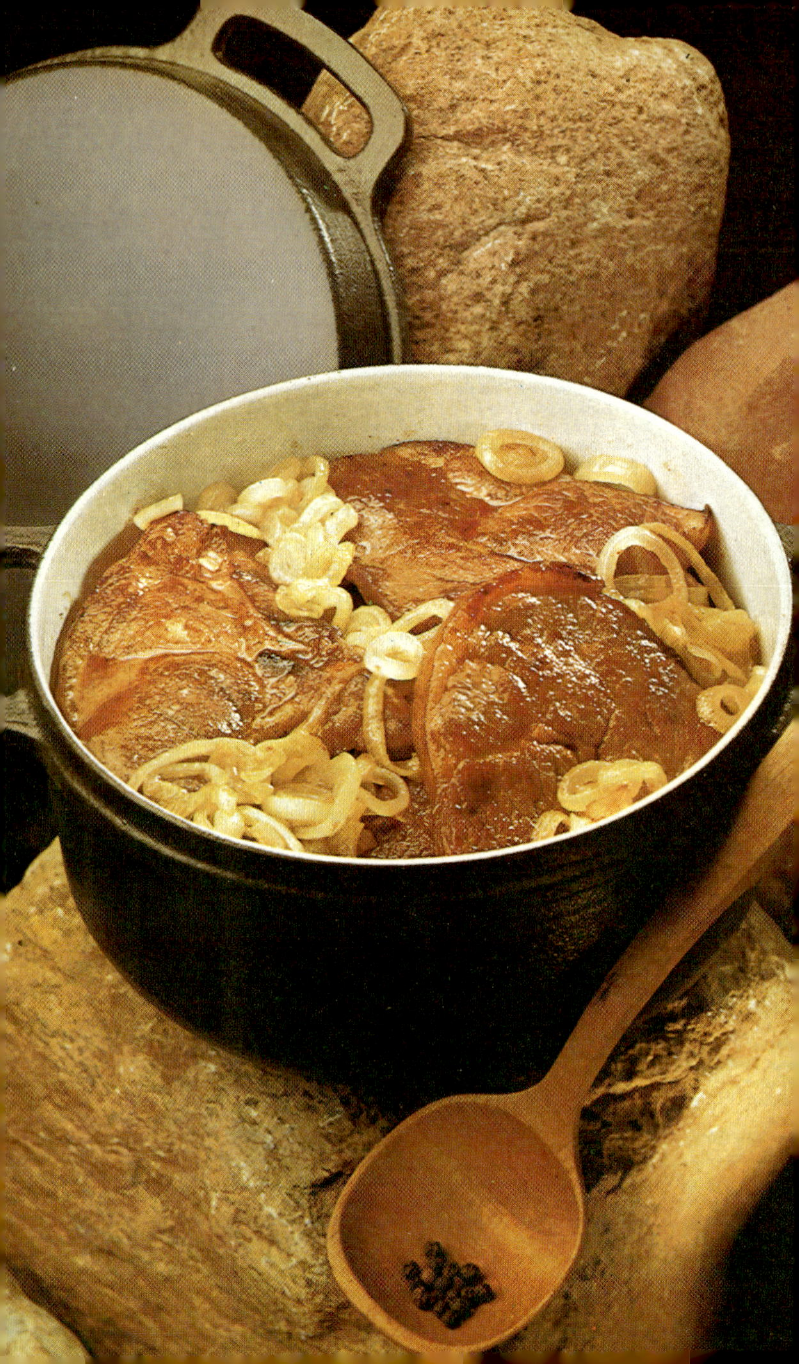

pfeffer, Thymian und Oregano zufügen und 30 Minuten zugedeckt kochen lassen.

Inzwischen Paprika vierteln, putzen, waschen und in Streifen schneiden. Dazugeben. Weitere 15 Minuten garen. Dann das Sommergemüse in den Topf geben. Restliche Garzeit: 15 Minuten.

Eintopf mit den Gewürzen abschmecken und mit gehackter Petersilie bestreut servieren.

Turiner Fenchelgemüse

Eine Portion enthält: 10 g Eiweiß, 10 g Fett, 29 g Kohlenhydrate = 2,4 BE, 7 mg Cholesterin.
Kalorien: 256 = 1072 Joule.
Zubereitung: 90 Minuten.

> *1000 g Fenchelknollen, Salz, 35 g Margarine, 30 g Mehl, 3/8 l Gemüsebrühe (eventuell mit Wasser aufgefüllt), 1 Brühwürfel, 1 Eigelb, 1 EL Semmelbrösel, 50 g geriebener Käse (30%).*

Fenchelknollen von welken Blättern und harten Stielen befreien. Waschen und in mundgerechte Stücke schneiden. Mit wenig Wasser und etwas Salz in einem Topf in etwa 35 Minuten fast weich dünsten. 30 g Margarine in einem Topf erhitzen. Mehl hineinrühren und anschwitzen. Fenchelbrühe mit einem Brühwürfel würzen, Mehlschwitze damit ablöschen. Mit einem Eigelb legieren. Fenchel in eine gefettete Auflaufform füllen. Soße drübergießen. Mit Semmelbröseln und geriebenem Käse bestreuen. 5 g Margarine in Flöckchen daraufsetzen. In den vorgeheizten Ofen auf die mittlere Schiene stellen.

Backzeit: 25 Minuten. Elektroherd: 200—225 Grad. Gasherd: Stufe 3—4.

Beilage: Kartoffelschnee von 500 g gekochten Kartoffeln. Eine Portion: 85 Kalorien = 356 Joule. 1,6 BE.

PS: Wir wollen ja nicht kleinlich sein, aber es macht doch etwas aus, wenn Sie auf den Eßlöffel Semmelbrösel verzichten. Sie sparen rund 10 Kalorien pro Portion und 2 g Kohlenhydrate. Kohlenhydratgegner begrüßen das sehr.

◁ *Yahni (Rezept S. 509)*

Türkisches Auberginengemüse

Eine Portion enthält: 6 g Eiweiß, 12 g Fett, 16 g Kohlenhydrate = 1,3 BE, 21 mg Cholesterin.
Kalorien: 204 = 854 Joule.
Zubereitung: 45 Minuten.

4 Auberginen (1000 g), 2 EL Pflanzenöl (20 g), 2 Zwiebeln, 500 g Tomaten, 20 g Butter, 2 Knoblauchzehen, Salz, 2 Bund Petersilie, 1 Lorbeerblatt, 1 Stange Zimt, weißer Pfeffer, 8 schwarze Oliven, 8 Sardellenringe.

Von den gewaschenen Auberginen Stiele und Kappen abschneiden. Öl in der Pfanne erhitzen.
Auberginen 5 Minuten darin braten. Dann die Haut abziehen. Der Länge nach halbieren und mit einem Löffel aushöhlen.
Zwiebeln schälen und in dünne Scheibchen schneiden. Tomaten überbrühen und abziehen. Auch in Scheiben schneiden. Butter in der Pfanne erhitzen. Zwiebeln darin goldgelb werden lassen. Tomatenscheiben dazugeben und 5 Minuten mitdünsten. Inzwischen die geschälten Knoblauchzehen mit etwas Salz zerdrücken.
Petersilie fein hacken. Beides mit Lorbeer, Zimt, Salz und Pfeffer in die Pfanne geben. Weitere 10 Minuten unter Rühren mitdünsten. Lorbeerblatt und Zimtstange entfernen.
Masse in die Auberginen füllen. Diese in eine gefettete Auflaufform setzen und in den vorgeheizten Ofen — mittlere Schiene — stellen.

Backzeit: 10 Minuten. Elektroherd: 200 Grad. Gasherd: Stufe 3.
Gericht mit Oliven und Sardellenringen garnieren.

Beilagen: 4 mit 1 TL Pflanzenöl (5 g) gegrillte Hammelkoteletts von je 100 g. Eine Portion: 312 Kalorien = 1306 Joule.
Petersilienreis von 125 g Langkornreis. Eine Portion: 117 Kalorien = 490 Joule. 2 BE.

TIP Auch mal Vollkornbrot zum Türkischen Auberginengemüse essen. Das macht pro 50-g-Scheibe 120 Kalorien und liefert gesunde Mineralstoffe, Spurenelemente und Vitamine.

U

Überbackenes Tatarbrötchen

Eine Portion enthält: 38 g Eiweiß, 11 g Fett, 36 g Kohlenhydrate, 169 mg Cholesterin.
Kalorien: 421 = 1763 Joule.
Zubereitung: 20 Minuten.

> 1 Zwiebel (50 g), 500 g Tatar (Beefsteakhack), 1 Ei, Salz, schwarzer Pfeffer, 1 Prise getrockneter Majoran, Paprika edelsüß, 4 Brötchen (je 50 g), 4 Scheiben (80 g), Edamer (40 %), 4 Salatblätter, 8 TL Tomatenketchup.

Zwiebel abziehen und fein hacken. Mit Hack und Ei, Salz, Pfeffer, Majoran und Paprika edelsüß mischen und gut durchkneten. Abschmecken.
Aus dem Hackteig 8 gleichgroße Frikadellen formen.
Brötchen halbieren, je eine Portion Fleischteig draufdrücken. Auf dem Rost in den vorgeheizten Ofen (mittlere Schiene) schieben.

Backzeit: 13 Minuten. Elektroherd: 220 Grad. Gasherd: Stufe 4.
Käsescheiben in Dreiecke schneiden und auf die Brötchenhälften legen. Noch mal 2 Minuten im Ofen überbacken, bis der Käse geschmolzen ist.
Auf Salatblättern anrichten. Mit je 1 TL Ketchup garniert servieren.

Wann reichen? Als warme Hauptmahlzeit. Dazu Salat aus 300 g Salatgurke, 4 Bund geputzten Radieschen in einer Marinade aus 1 Becher Magermilch-Joghurt, 2 EL Keimöl, Zwiebelsalz (oder einer kleinen feingehackten Zwiebel), Salz, 1 Prise Zucker oder Süßstoff, Pfeffer und fein gehacktem Dill. Eine Portion: 87 Kalorien = 364 Joule. 0,6 BE.

Ullas Toast

Eine Portion enthält: 16 g Eiweiß, 11 g Fett, 27 g Kohlenhydrate = 2,2 BE, 23 mg Cholesterin.
Kalorien: 288 = 1206 Joule.
Zubereitung: 25 Minuten.

> Gut ⅜ l Tomatensaft (400 cm³), 1 EL Sherry Fino, Salz, weißer Pfeffer, flüssiger Süßstoff, 1 EL Schnittlauchröllchen, 8 Scheiben Toastbrot, 40 g Halbfettmargarine, 150 g Schnittkäse (30%), 2 Tomaten, 50 g Salatgurke, Salz, schwarzer Pfeffer, Zwiebelpulver.

Tomatensaft mit Sherry und den Gewürzen verrühren. Pikant abschmecken. In 4 Gläser verteilen. Mit Schnittlauch bestreuen.
Toastbrot mit Margarine bestreichen. 4 Scheiben mit Käse belegen, die anderen daraufklappen. Auf einem Backblech in den vorgeheizten Ofen auf die obere Schiene schieben.

Backzeit: 7 Minuten. Elektroherd: 250 Grad. Gasherd: Stufe 5—6.
In der Zwischenzeit Tomaten und Gurke waschen, abtrocknen und in Scheiben schneiden. Mit Salz, Pfeffer und Zwiebelpulver kräftig würzen.
Ullas Toast aus dem Ofen nehmen, diagonal durchschneiden und auf Tellern anrichten. Die Toasts mit den vorbereiteten Tomaten- und Gurkenscheiben garnieren. Dann sofort servieren.
Getränk: Tee mit 4 Teelöffel Dosenmilch (7,5%) und Süßstoff. Eine Tasse: 7 Kalorien = 29 Joule.

Ungarisches Hammelkotelett

Eine Portion enthält: 14 g Eiweiß, 32 g Fett, 7 g Kohlenhydrate = 0,5 BE, 54 mg Cholesterin.
Kalorien: 391 = 1637 Joule.
Zubereitung: 55 Minuten.

> 2 EL Pflanzenöl (20 g), 4 Hammelkoteletts (400 g), Salz, schwarzer Pfeffer, 1 grüne Paprikaschote, 1 Zwiebel, 125 g Champignons, 1 EL Mehl (10 g), knapp ¼ l Wasser (200 cm³), Cayennepfeffer, Paprika rosenscharf, 1 kleine Gewürzgurke (50 g), 50 g eingelegte Maiskölbchen, 1 EL Dosenmilch (7,5%), 1 Bund Petersilie, 50 g Tomatenpaprika aus dem Glas.

Öl in einer Pfanne erhitzen. Hammelkoteletts darin auf jeder Seite 3 Minuten braten. Salzen und pfeffern. Aus der Pfanne nehmen und gut warm halten.
Paprika putzen, waschen und in Streifen schneiden. Zwiebel schälen und würfeln. Im Bratfett hellbraun werden lassen. Paprikastreifen zugeben. Auch die geputzten, blättrig geschnittenen Champignons. Durchdünsten.
Mehl darüberstäuben, mit Wasser ablöschen. Mit Salz, Cayennepfeffer und Paprika scharf würzen. Alles etwa 10 Minuten köcheln lassen. Gewürzgurke in Scheiben schneiden. Mit den Maiskölbchen dazugeben. Dosenmilch unterrühren.
Diese Gemüsesoße um die angerichteten Koteletts geben. Mit reichlich Petersilie und mit Tomatenpaprika garnieren.

Beilagen: Reisberge. Dazu 125 g nicht zu körnig gekochten Reis in leicht gefettete Tassen drücken und stürzen. Auf der Platte mit den Hammelkoteletts anrichten.
Eine Portion: 115 Kalorien = 481 Joule. 2 BE.

Ungarisches Kalbsschnitzel

Eine Portion enthält: 30 g Eiweiß, 11 g Fett, 9 g Kohlenhydrate = 0,7 BE, 123 mg Cholesterin.
Kalorien: 265 = 1110 Joule.
Zubereitung: 20 Minuten.

> 4 Kalbsschnitzel von je 125 g, 2 EL Pflanzenöl (20 g), Salz, weißer Pfeffer, 1 Zwiebel, $1/2$ Dose Mischpilze (250 g), Paprika rosenscharf, $1/8$ l Wasser, $1/8$ l saure Sahne, 1 EL Mehl (10 g), 2 EL Tomatenmark. – Zum Garnieren: 4 EL Tomatenpaprika aus dem Glas (80 g), $1/2$ Bund Petersilie.

Kalbsschnitzel mit dem Handballen flachdrücken. Öl in einer Pfanne erhitzen. Schnitzel dann auf jeder Seite 3 Minuten braten. Salzen und pfeffern. Auf einer vorgewärmten Platte warm stellen.
Geschälte Zwiebel hacken. Im Bratfond anbraten. Pilze mit der Flüssigkeit dazugeben. Mit Paprika würzen, Wasser zugießen. Bei schwacher Hitze 5 Minuten schmoren. Sahne, Mehl und Tomatenmark verrühren. Unter Rühren das Pilzgemüse damit binden. Mit Salz und Pfeffer kräftig abschmecken.

Schnitzel mit Tomatenpaprika, Pilzen und Petersilie garnieren. Restliche Pilze extra reichen.

Beilagen: Bandnudeln (von 125 g Rohware).
Eine Portion: 122 Kalorien = 511 Joule. 2 BE.

Ungesättigte Fettsäuren

Alle Fette bestehen aus Glyzerin und drei Fettsäuren; den gesättigten und den mehrfach ungesättigten. Talg, Milchfett und Kokosfett enthalten vorwiegend gesättigte Fettsäuren, die das Blutcholesterin erhöhen. Schmalz, Oliven- und Erdnußöl bestehen aus ungesättigten Fettsäuren, die keine Wirkung auf den Blutfettspiegel haben. Also dem Körper nicht schaden können, solange sie in vernünftigen Mengen genommen werden.

Ganz zweifellos das gesündeste Fett ist das mit den essentiellen oder lebenswichtigen Fettsäuren, den mehrfach ungesättigten, die in der Lage sind, den Cholesteringehalt des Blutes zu senken. Enthalten in Pflanzenölen und Pflanzenmargarinen. 100 g Margarine enthalten übrigens 750 Kalorien, 100 g Öl 930 Kalorien.

Ungarisches Kartoffelpaprikasch

Eine Portion enthält: 5 g Eiweiß, 6 g Fett, 36 g Kohlenhydrate = 3 BE, 40 mg Cholesterin.
Kalorien: 221 = 925 Joule.
Zubereitung: 35 Minuten.

750 g Kartoffeln, 1 Zwiebel, 2 EL Pflanzenöl (20 g), 1 Knoblauchzehe, Salz, ½ l heiße Würfelbrühe, 3 EL Paprika edelsüß, 1 Msp Kümmel, 4 grüne Paprikaschoten (500 g), 4 Tomaten (250 g).

Kartoffeln schälen. Waschen und in mittelgroße Würfel schneiden. Geschälte Zwiebel fein hacken. In einem Topf in heißem Öl anbraten.

Geschälte Knoblauchzehe mit Salz zerdrücken und mit den Kartoffeln in den Topf geben. Fleischbrühe angießen, mit Paprika und Kümmel würzen. 15 Minuten bei schwacher Hitze kochen lassen. Paprikaschoten vierteln, waschen und entkernen. In Streifen schneiden. Nach etwa 5 Minuten zu den Kartoffeln geben. Tomaten abziehen und achteln. Auch entkernen. 5 Minuten vor Ende der Garzeit in den Topf geben. Kartoffelpaprikasch eventuell mit Salz nachwürzen. In einer vorgewärmten Schüssel anrichten und servieren.

Beilagen: 4 Kasseler Koteletts (500 g), in 1 EL Öl gebraten. Ein Kotelett: 363 Kalorien = 1520 Joule.

V

Valeskas Eisbergsalat

Eine Portion enthält: 2 g Eiweiß, 7 g Fett, 26 g Kohlenhydrate, 10 mg Cholesterin.
Kalorien: 184 = 770 Joule.
Zubereitung: 20 Minuten.

> 50 g Mayonnaise (50%), 3 EL Zitronensaft, 3 EL trockener Sherry, Salz, flüssiger Süßstoff, 10 g kandierter Ingwer, 1 Dose Mandarinen (190 g), 375 g Eisbergsalat, 2 kleine Bananen (250 g).

Mayonnaise mit Zitronensaft und Cherry in einer Schüssel verrühren. Mit Salz und Süßstoff abschmecken. Den kandierten Ingwer fein würfeln und dazugeben. Unterheben.
Mandarinen abtropfen lassen. Den Eisbergsalat waschen, längs halbieren. Die Hälften in gleichmäßige Streifen schneiden. Dann in die Marinade mischen.
Bananen schälen und in Scheibchen schneiden. Mit den übrigen Zutaten sofort unter die Mayonnaisemarinade mischen.
Salat 10 Minuten durchziehen lassen und abschmecken. In Schalen oder in einer Schüssel servieren.

Vanille-Apfel

Eine Portion enthält: 3 g Eiweiß, 2 g Fett, 29 g Kohlenhydrate, 0 mg Cholesterin.
Kalorien: 141 = 590 Joule.
Zubereitung: 25 Minuten.

4 Äpfel (500 g), ¼ l Wasser, 2 EL Zitronensaft, flüssiger Süßstoff, ½ Vanillestange. – Für die Soße: ¼ l Magermilch, flüssiger Süßstoff, 1 Päckchen Vanillesoßenpulver. – Außerdem: 4 TL Johannisbeergelee (40 g), 10 g blättrige Mandeln.

Äpfel schälen. Kerngehäuse ausstechen. Wasser mit Zitronensaft, Süßstoff und der aufgeschnittenen Vanillestange in einem Topf aufkochen. Äpfel darin 10 Minuten bei milder Hitze gar ziehen lassen. Zwischendurch umdrehen.
Für die Soße zwei Drittel Milch in einen Topf gießen. Mit Süßstoff abschmecken und aufkochen. Soßenpulver mit der restlichen Milch verquirlen. Unter Rühren in die kochende Milch geben. Aufkochen und vom Herd nehmen.
Äpfel mit einem Schaumlöffel aus dem Topf nehmen. Abtropfen lassen und auf vier Dessertteller verteilen. Mit Johannisbeergelee füllen, mit Mandeln bestreuen. Vanillesoße darumherum gießen und sofort servieren.

Vanillecreme

Eine Portion enthält: 6 g Eiweiß, 8 g Fett, 13 g Kohlenhydrate, 148 mg Cholesterin.
Kalorien: 157 = 657 Joule.
Zubereitung: 30 Minuten.

¼ l Milch, 1 Vanilleschote, 1 Prise Salz, 1 Päckchen Vanillinzucker, flüssiger Süßstoff, 2 Eigelb, 4 Blatt eingeweichte weiße Gelatine, ½ Beutel Instant-Schlagschaumpulver (20 g), 5 EL sehr kalte Magermilch, 5 Cocktailkirschen.

Milch in einen Topf geben. Dazu das ausgeschabte Vanillemark, die Schote, Salz, Vanillinzucker und Süßstoff. Unter Rühren aufkochen. 1 Minute kochen lassen. Vanilleschote aus dem Topf nehmen.
Eigelb in einer Schüssel verquirlen und nach und nach mit der heißen Vanillemilch mischen.
In ein kochendes Wasserbad stellen und mit dem Schneebesen zu einer dicklichen Creme schlagen. Ausgedrückte Gelatine in die Creme geben und so lange rühren, bis sich die Gelatine aufgelöst hat. Creme abkühlen lassen. Dabei hin und wieder umrühren, damit sich keine Haut bildet.

In der Zwischenzeit Schlagschaumpulver und Milch nach Anweisung steif schlagen. Etwas zum Garnieren in einen Spritzbeutel geben. Den übrigen Schlagschaum mit einem Schneebesen locker unter die Creme ziehen. Creme in einer Glasschüssel oder in 4 Dessertgläsern anrichten. Mit Schlagcremetupfen bespritzen. Cocktailkirschen fein hacken. Über den Schlagschaum streuen. Creme gut gekühlt servieren.

TIP Vanillecreme für Diabetiker: Den Vanillinzucker weglassen und statt Schlagschaumpulver einen Eßlöffel geschlagene Sahne unterheben. Mit Preiselbeeren (Süßstoff!) garnieren.

Veras Gulasch

Eine Portion enthält: 26 g Eiweiß, 22 g Fett, 18 g Kohlenhydrate, 88 mg Cholesterin.
Kalorien: 389 = 1629 Joule.
Zubereitung: 70 Minuten.

500 g Rindergulaschfleisch, 2 EL Pflanzenöl (20 g), 1 Zwiebel, 2 EL Mango-Chutney-Sirup, 10 g geriebene Erdnüsse, Salz, weißer Pfeffer, $1/4$ l Wasser, $1/2$ Dose Pfirsiche.

Gulaschfleisch im heißen Öl in einem Topf kräftig anbraten. Geschälte Zwiebel in Scheiben schneiden. Kurz mitbraten. Mango-Chutney-Sirup und geriebene Erdnüsse zugeben. Durchdünsten. Mit Salz und Pfeffer würzen. Mit Wasser ablöschen und im geschlossenen Topf 60 Minuten schmoren lassen.
Abgetropfte Pfirsiche in dickere Spalten schneiden. Nach 50 Minuten Schmorzeit auf das Fleisch geben. Gulasch mit Salz und Pfeffer herzhaft abschmecken. In einer vorgewärmten Schüssel servieren.

Beilagen: Kartoffelbrei aus 500 g gekochten Kartoffeln, gut $1/8$ l (150 cm^3) Magermilch und 10 g Margarine.
Eine Portion: 116 Kalorien = 486 Joule.

TIP Bereiten Sie an Festtagen mal Veras Blitzgulasch zu. Mit Rinderfilet. Das ist zwar teurer, aber es ist auch in 10 Minuten gar und hat noch mindestens 100 Kalorien weniger.

Verhüllte Birnen

Eine Portion enthält: 11 g Eiweiß, 5 g Fett, 33 g Kohlenhydrate, 0 mg Cholesterin.
Kalorien: 232 = 971 Joule.
Zubereitung: 35 Minuten.

4 frische Birnen (je 200 g), ¾ l Wasser, 1 Stück Stangenzimt, 2 Gewürznelken, 1 Stückchen ungespritzte Zitronenschale, flüssiger Süßstoff, 6 EL Magerquark (180 g), 2 EL Zitronensaft, 300 g frische Himbeeren (oder aufgetaute Tiefkühlhimbeeren ohne Zucker), 4 TL blättrige Mandeln (30 g).

Birnen schälen, Stengel dranlassen. Birnen halbieren, Kerngehäuse und Blüte rausschneiden.
Wasser mit Gewürznelken und Zitronenschale aufkochen, mit Süßstoff abschmecken und die Birnen darin 10 Minuten weich dünsten. Früchte mit der Schaumkelle herausheben und abtropfen lassen.
Quark mit Zitronensaft und etwas Wasser verrühren, so daß eine geschmeidige, aber noch feste Masse entsteht. Mit Süßstoff abschmecken. Birnenhälften mit dem Quark füllen. Jeweils 2 Hälften zusammensetzen, unten gerade schneiden und auf Glasteller stellen.
Himbeeren pürieren (ein paar zum Garnieren zurücklassen). Durch ein Sieb streichen, mit etwas Süßstoff nachschmecken und über die Birnen geben. Mandeln in einer beschichteten Pfanne ohne Fettzugabe unter ständigem Wenden goldbraun rösten und über die Früchte verteilen. Mit den restlichen Himbeeren garnieren.

Verlorene Eier auf Spinat

Eine Portion enthält: 13 g Eiweiß, 16 g Fett, 9 g Kohlenhydrate = 0,7 BE, 261 mg Cholesterin.
Kalorien: 237 = 992 Joule.
Zubereitung: 35 Minuten.

600 g Blattspinat, Salz, 10 g Margarine, weißer Pfeffer, Muskat. – Für die Soße: 20 g Margarine, 2 EL Mehl (20 g), ⅛ l heiße Fleischbrühe (Würfel), ⅛ l Magermilch, Salz, weißer Pfeffer, Muskat. – Für die Eier: 1 l Wasser, 2 EL Weinessig, 4 Eier. – Zum Überbacken: 20 g geriebener Käse (30 %), 10 g Margarine.

Blattspinat putzen und waschen. Tropfnaß in einen Topf geben, salzen. 2 Minuten dünsten. Auf einem Sieb abtropfen lassen. In heißer Margarine schwenken. Mit Salz, Pfeffer und geriebenem Muskat pikant abschmecken. In eine feuerfeste Form füllen. Zugedeckt warm stellen.
Für die Soße Margarine in einem Topf erhitzen. Mehl darin anschwitzen. Heiße Brühe und Milch unter Rühren nach und nach angießen. Aufkochen. Auch mit Salz, Pfeffer und Muskat würzen und zugedeckt warm stellen.
Für die Eier Wasser mit Salz und Essig in einem schmalen, hohen Topf aufkochen. Jeweils 1 Ei in einen Schöpflöffel aufschlagen und ins kochende Wasser gleiten lassen. Bei schwacher Hitze in 5 Minuten pochieren, das heißt, gar ziehen lassen. Mit einer Schaumkelle herausnehmen und abgetropft auf dem Spinat anrichten. Soße darüber gießen. Mit geriebenem Käse bestreuen. Margarine in Flöckchen darauf verteilen. In den vorgeheizten Ofen auf die mittlere Schiene stellen.

Backzeit: 10 Minuten. Elektroherd: 225 Grad. Gasherd: Stufe 4.

Beilage: Kartoffelpüree von 500 g Kartoffeln, gut ⅛ l Magermilch und 10 g Margarine. Eine Portion: 116 Kalorien = 486 Joule. 1,7 BE.

Versteckte Ananas

Eine Portion enthält: 2 g Eiweiß, 2 g Fett, 20 g Kohlenhydrate, 0 mg Cholesterin.
Kalorien: 105 = 440 Joule.
Zubereitung: 10 Minuten.

4 Scheiben Ananas aus der Dose (200 g), 1 EL Ingwersirup, 2 Eiweiß, 20 g Zucker, 15 g Kokosraspel.

Backblech mit Alufolie belegen. Die abgetropften Ananasscheiben darauf verteilen und mit Ingwersirup beträufeln.
Eiweiß mit Zucker sehr steif schlagen. Kokosraspel unterheben. In einen Spritzbeutel füllen. Ananasscheiben mit der Schneemasse garnieren. Unter dem vorgeheizten Grill in 2 Minuten goldbraun werden lassen.

Vitamine

Was über die einzelnen Vitamine zu sagen ist, finden Sie unter dem jeweiligen Stichwort (zum Beispiel: A-Vitamin). Allgemein muß hinzugefügt werden, daß wir ohne Vitamine nicht leben könnten. Schon ein geringer Mangel an diesen Ergänzungsstoffen führt sofort zu Leistungsschwäche und Müdigkeit und kann sogar dem guten Aussehen abträglich sein.

Mangelgefährdet sind vor allem schnell wachsende Kinder und Jugendliche, junge Mütter und ältere Menschen. Vitaminbewußt leben sollte auch jeder, der langandauernd seine Nahrungszufuhr drastisch einschränkt. Vitaminpräparate nehmen und viel Obst und Gemüse essen.

Vitamin-Salatteller
Eine Portion

Enthält: 36 g Eiweiß, 14 g Fett, 16 g Kohlenhydrate = 1,3 BE, 83 mg Cholesterin.
Kalorien: 354 = 1482 Joule.
Zubereitung: 20 Minuten.

½ kleiner Kopfsalat, 1 große Tomate (75 g), ¼ Salatgurke (70 g), ⅓ Rettich (70 g), ½ grüne Paprikaschote (65 g), 40 g gebratene Hühnerkeule, 30 g gek. Dosenschinken, 20 g Edamer (30 %), 30 g Ölsardinen, 3 paprikagefüllte Oliven, ½ Becher Magermilch-Joghurt (88 g), 1 EL Zitronensaft, Salz, weißer Pfeffer, 1 Knoblauchzehe, 1 TL gehackte Petersilie, 1 TL gehackten Dill, einen Tropfen Süßstoff.

Salatgemüse waschen und putzen. Salat in mundgerechte Stücke teilen. Auf einen Teller legen.
Tomate in schmale Spalten, Gurke in feine Scheiben schneiden. Rettich raffeln. Paprikaschote in Streifen schneiden. Gemüse auf den Salatblättern anrichten. Zugedeckt kühl stellen.
Hühnerfleisch in dünne Scheiben, Schinken in kleine Quadrate, Käse in feine Streifen schneiden. Abgetropfte Ölsardinen längs der Gräte halbieren. Oliven in Scheiben schneiden.

Joghurt mit Zitronensaft verquirlen. Mit Salz, Pfeffer und zerdrückter Knoblauchzehe abschmecken. Kräuter unterrühren. Soße auf den Salat geben. Fleisch, Käse und Fisch darauf anrichten. Mit Olivenscheiben garnieren.

Beilagen: 2 Scheiben Knäckebrot. Kalorien: 76 = 318 Joule. 1,3 BE.

Vlaardinger Innereien-Auflauf

Eine Portion enthält: 40 g Eiweiß, 20 g Fett, 15 g Kohlenhydrate = 1,2 BE, 532 mg Cholesterin.
Kalorien: 423 = 1771 Joule.
Zubereitung: 95 Joule.

> Je 500 g Nieren und Herz vom Schwein, 1 Bund Suppengrün, 2 Lorbeerblätter, 3 Nelken, 2 Zwiebeln, Salz, 250 g Tomaten, 2½ EL Pflanzenöl (25 g), Majoran, frisch oder getrocknet, 1 EL Speisestärke (10 g), ⅛ l Milch, 20 g geriebener Käse (30 %), 5 g Margarine.

Nieren gründlich wässern. Herz waschen.
Suppengrün putzen und waschen. In kochendes Wasser geben. Lorbeerblätter, eine geschälte, mit Nelken gespickte Zwiebel und Salz zugeben. Herz hineingeben, wenn das Wasser wieder kocht. Nach 40 Minuten Garzeit Nieren dazugeben. Nach insgesamt 50 Minuten die Innereien wieder herausnehmen, in feine Streifen schneiden und dabei die Röhrchen entfernen.
Die zweite Zwiebel abziehen und fein würfeln. Tomaten überbrühen, abziehen und in Scheiben schneiden. Mit der Zwiebel in einer Pfanne mit erhitztem Pflanzenöl andünsten. Innereien und etwas Majoran zugeben. Ebenfalls kurz mitdünsten. Alles in eine gefettete Auflaufform geben. Speisestärke mit Salz und Milch verrühren. Darübergießen. Mit Margarineflöckchen belegen und mit Käse überstreuen. In den vorgeheizten Ofen auf die mittlere Schiene stellen.

Backzeit: 25 Minuten. Elektroherd: 225 Grad. Gasherd: Stufe 4.

Beilagen: Körnig gekochter Reis von 125 g.
Eine Portion: 115 Kalorien = 481 Joule.

TIP Reis ist zwar eine leicht verdauliche Beilage, aber er hat keinen großen Nährwert. Vielleicht lassen Sie ihn weg? Denn der Vlaardinger Innereien-Auflauf hat schon 423 Kalorien. Und das reicht ja.

Vollkorn

Wer nur Brötchen, Weiß- oder Graubrot ißt, wer Auszugsmehl, Grieß und Graupen verwendet, nimmt leere Sättigungskalorien zu sich. Das sind Dickmacher ohne wesentliche Nährstoffe. Und er verzichtet auf das Wertvollste am Getreide: Auf den Keim. Der ist zum Beispiel im Roggenvollkornbrot enthalten. Daher dessen Anteil an wichtigen Nährstoffen. 100 g haben zum Beispiel 291 mg Kalium, 43 mg Calcium, 3,3 mg Eisen, 220 mg Phosphor und die wichtigen Vitamine der B-Gruppe. Ähnlich ist es bei hellen Vollkornerzeugnissen wie bei Haferflocken und hellem Vollkornbrot. Aber nur wenn's draufsteht, sind es Vollkornerzeugnisse.

Vogelnester

Eine Portion enthält: 33 g Eiweiß, 15 g Fett, 1 g Kohlenhydrate, 323 mg Cholesterin.
Kalorien: 295 = 1235 Joule.
Zubereitung: 30 Minuten.

1 Zwiebel, 500 g Beefsteakhack (Tatar), Salz, weißer Pfeffer, 2 EL Pflanzenöl (20 g), 4 kleine Eier, ½ Bund Petersilie.

Zwiebel schälen und in eine Schüssel reiben. Hack dazugeben. Mit Salz und Pfeffer würzen. Zu einem Fleischteig mischen und herzhaft abschmecken. Vier runde, abgeflachte Steaks daraus formen.
Öl in einer Pfanne erhitzen. Steaks darin auf einer Seite 2 Minuten anbraten. Wenden und mit dem Löffelrücken eine leichte Vertiefung in die angebratene Seite drücken.
In jede Vertiefung ein aufgeschlagenes Ei gleiten lassen. Zugedeckt in 10 Minuten stocken lassen.
Das Eiweiß salzen und die fertig gebratenen Vogelnester auf einer vorgewärmten Platte anrichten. Mit der Petersilie garniert sofort servieren.

Beilagen: Tomaten-Gurken-Salat (250 g Tomaten, 500 g Salatgurke). Marinade aus 2 EL Weinessig, Salz, gewürztem Pfeffer, 2 EL Schnittlauchröllchen und 2 EL Keimöl. Eine Portion: 75 Kalorien = 314 Joule. 4 Scheiben Bauernbrot (200 g). Eine Scheibe: 125 Kalorien = 523 Joule. 2,1 BE.

TIP Vogelnester kann man, wie jede Fleischspeise, mit Zitronen servieren. Hübsch: Einmal rundherum in der Mitte mit einem Messer zickzackförmig einstechen und gleichzeitig halbieren. Die Speise mit den Hälften garnieren.

W

Wachsbohnensalat Gerti

Eine Portion enthält: 4 g Eiweiß, 3 g Fett, 13 g Kohlenhydrate = 1 BE, 4 mg Cholesterin.
Kalorien: 97 = 406 Joule.
Zubereitung: Ohne Marinierzeit 35 Minuten.

> *500 g Wachsbohnen, ½ l Wasser, Salz, 1 Apfel (125 g), 250 g Tomaten, 1 Zwiebel. – Für die Marinade: 1 EL Mayonnaise (50 %), 1 Becher Magermilch-Joghurt, 2 EL Zitronensaft, flüssiger Süßstoff, weißer Pfeffer, ½ Bund Petersilie.*

Bohnen, wenn nötig, fädeln, waschen und brechen. Wasser in einem Topf aufkochen. Salzen. Bohnen darin 20 Minuten garen. Abtropfen und vollständig abkühlen lassen.
Apfel schälen, vierteln, entkernen und in hauchdünne Scheiben schneiden. Tomaten überbrühen, abziehen, in Scheiben schneiden. Die geschälte Zwiebel fein würfeln. Alle diese Zutaten mit den Bohnen in einer Schüssel mischen.
Für die Marinade Mayonnaise und Joghurt mit Zitronensaft, Süßstoff und Pfeffer schaumig schlagen. Nach Geschmack salzen. Abschmecken und über die Salatzutaten gießen. Mischen. 30 Minuten zugedeckt im Kühlschrank durchziehen lassen.
Salat abschmecken, anrichten und mit gehackter Petersilie bestreut servieren.

Waldorf-Cooler

Eine Portion enthält: 2 g Eiweiß, 0 g Fett, 17 mg Kohlenhydrate, 0 mg Cholesterin.
Kalorien: 168 = 703 Joule.
Zubereitung: 5 Minuten.

1 Stück Würfelzucker, 1 TL Orange Bitter, 2 Glas (je 2 cl) trockener Wermut, Saft einer Orange, 1 Eiswürfel, Ginger Ale zum Auffüllen (etwa ⅛ l).

Würfelzucker in ein Becherglas geben. Mit Orange Bitter tränken. Wermut, Orangensaft und Eiswürfel in einem Shaker 2 Minuten mixen. Ins Glas seihen. Mit Ginger Ale aufgießen und sofort servieren.

Waldorfsalat leichte Art

Eine Portion enthält: 4 g Eiweiß, 15 g Fett, 23 g Kohlenhydrate = 2 BE, 12 mg Cholesterin.
Kalorien: 248 = 1038 Joule.
Zubereitung: Ohne Marinierzeit 30 Minuten.

50 g Walnußkerne, 375 g säuerliche Äpfel, 2 junge Sellerieknollen (250 g), 4 EL Zitronensaft, 50 g Mayonnaise (50 %), Salz, weißer Pfeffer, flüssiger Süßstoff, 2 EL Dosenmilch (7,5 %), 4 Salatblätter, 4 Kirschen oder ¼ Orange.

Walnußkerne (4 zum Garnieren beiseite legen) hacken. Äpfel schälen, vierteln, entkernen. Sellerieknollen schälen und waschen. Äpfel und Sellerie in sehr feine Stifte (knapp 2 cm lang) schneiden oder grob raspeln. Mit Nüssen und Zitronensaft in einer Schüssel mischen.
Mayonnaise mit Salz, Pfeffer und Dosenmilch verrühren. Pikant abschmecken. Marinade mit dem Salat mischen. Zugedeckt im Kühlschrank 20 Minuten durchziehen lassen. Noch mal abschmecken. Salatblätter waschen, gut abtropfen lassen und auf Salatteller legen. Waldorfsalat darauf verteilen. Mit Cocktailkirschen und Walnußkernen garnieren.

PS: Wer noch mehr Kalorien sparen will, kann anstelle der Dosenmilch Magermilchjoghurt verwenden. Und Diabetiker nehmen zum Garnieren eine viertel Orange in Würfeln.

Weinschaumsoße auf Williamsbirnen

Eine Portion enthält: 2 g Eiweiß, 3 g Fett, 14 g Kohlenhydrate, 140 mg Cholesterin.
Kalorien: 129 = 540 Joule.
Zubereitung: 20 Minuten.

4 halbe Williams-Christ-Birnen aus der Dose (200 g), 4 TL Williams-Christ-Birnengeist. – Für die Soße: 2 Eigelb, 20 g Zucker, 1 TL Williams-Christ-Birnengeist, 1 Spritzer Zitronensaft, $1/8$ l Weißwein, eventuell flüssiger Süßstoff.

Gut abgetropfte Birnenhälften auf Glastellern anrichten. Mit je 1 TL Birnengeist beträufeln.
Für die Soße Eigelb und Zucker in einer Schüssel schaumig rühren. Birnengeist, Zitronensaft und Wein langsam einrühren. Nach Wunsch Süßstoff dazugeben. Schüssel ins kochende Wasserbad stellen. Soße mit dem Schneebesen zu einer schaumigen Creme schlagen. Über die Birnen geben. Warm oder abgekühlt servieren.

TIP Wer Diabetiker ist, muß nun mal den Zucker durch Austauschstoffe ersetzen und Diabetiker-Obst verwenden. Das kann aber auch dem nicht schaden, der schlank werden oder bleiben will.

Wein

Unter den alkoholischen Getränken ist der Wein, ob rot oder weiß, immer noch das bekömmlichste. Der Rote für den schwachen Magen, der Weiße durch seinen höheren Kaliumgehalt für alle, die ihre Nieren ein bißchen auf Trab bringen wollen. In kleinen Spuren sind fast alle Mineralien und Vitamine, auch zahlreiche Spurenelemente im Wein enthalten. Rechnen Sie pro Viertel Weißen oder Roten 150 bis 180 Kalorien.

Wendischer Eintopf

Eine Portion enthält: 20 g Eiweiß, 32 g Fett, 34 g Kohlenhydrate = 2,9 BE, 56 g Cholesterin.
Kalorien: 517 = 2165 Joule.
Zubereitung: 70 Minuten.

500 g Kartoffeln, 500 g Rosenkohl, 250 g Möhren, 1 Zwiebel, 2 Knoblauchzehen, Salz, 2 EL Pflanzenöl (20 g), 375 g Schweinenacken, weißer Pfeffer, $1/8$ l Wasser, 1 rote Paprikaschote (125 g), 125 g Sellerie, 1 Bund Petersilie.

Kartoffeln schälen. Rosenkohl und Möhren putzen. Alles waschen. Möhren grob würfeln. Geschälte Zwiebel hacken, geschälte Knoblauchzehen mit Salz zerdrücken. Zwiebel und Knoblauch in einem Topf mit dem erhitzten Pflanzenöl anbraten.
Schweinenacken in Scheiben schneiden. Im Zwiebelfett anbraten. Kartoffeln längs halbieren. Zum angebratenen Fleisch geben und ebenfalls anbraten. Mit Salz und Pfeffer würzen. Nun Rosenkohl und Möhren zugeben. Wasser aufgießen. 20 Minuten im geschlossenen Topf schmoren lassen. Inzwischen Paprika putzen, waschen und in Streifen schneiden. Sellerie schälen, waschen und würfeln. Zum Eintopf geben und noch 15 Minuten mitschmoren. Kräftig abschmecken. Petersilie hacken und über den angerichteten Eintopf streuen.

TIP Schnelles Dessert für 4 Portionen: 250 g Magerquark verrühren, mit Süßstoff und Instant-Kaffee würzen. Eine Portion: 44 Kalorien; 11 g Eiweiß.

Wiener Lungenbraten
8 Portionen

Eine Portion enthält: 25 g Eiweiß, 10 g Fett, 5 g Kohlenhydrate = 0,4 BE, 88 mg Cholesterin.
Kalorien: 236 = 988 Joule.
Zubereitung: 60 Minuten.

1 Möhre (100 g), 1 Petersilienwurzel (50 g), 1 Stück Sellerie (125 g), 1 Zwiebel, 3½ EL Pflanzenöl (35 g), 125 g Tomaten, 1000 g Rinderfilet (Lungenbraten), Salz, weißer Pfeffer, Paprika rosenscharf, 1 EL Mehl (10 g), ¼ l heiße Fleischbrühe (Würfel). – Für die Soße: ⅛ l Rotwein, 1 gehäufter EL Mehl (15 g), Salz, schwarzer Pfeffer.

Möhre, Petersilienwurzel und Sellerie putzen, waschen und fein schneiden. Zwiebel schälen und würfeln. 1 EL Öl in einem Bräter erhitzen. Gemüse darin anbraten, Tomaten überbrühen, abziehen und vierteln. Dazugeben.
Rinderfilet mit Salz, Pfeffer und Paprika einreiben. Mit Mehl überstäuben. Zum Gemüse in den Topf legen. Restliches Öl erhitzen und über

Weizenkeime

Gemeint sind die schonend herausgelösten, ruhenden Keime des Weizenkorns. Man kann Weizenkeime in Reformhäusern oder -abteilungen kaufen. 100 g haben zwar 400 Kalorien. Aber wer täglich seinen Eßlöffel voll verputzt — und mehr braucht man nicht — nimmt nur 30 Kalorien zu sich.

Diese Weizenkeime sind vielleicht das vollkommenste Nahrungsmittel, das es gibt. Genau gesagt: 100 g Weizenkeime enthalten 35 g biologisch hochwertiges Eiweiß, 7 bis 11 g vollwertiges Fett (Weizenkeimöl!) mit überwiegend mehrfach ungesättigten Fettsäuren, 40 bis 50 g Kohlenhydrate, Keimlezithin, viel Vitamin E, alle Vitamine der B-Gruppe, Kalium, Calcium, Phosphor, Eisen und Spurenelemente. Wichtig: Der Gehalt an Kalium ist etwa 200mal höher als der an Natrium. Und der Anteil an Vitamin E ist höher als bei jedem anderen Nahrungsmittel. Weizenkeime sind ideal bei Herzschutzkost und bei Ernährungsschäden. Man muß sie nur regelmäßig essen. Am besten wie gemahlene Nüsse: Beim Anrichten über die Speisen streuen.

Weizenkeime kühl und dunkel aufbewahren. Sonst werden sie durch ihren hohen Fettgehalt ranzig.

---

das Fleisch gießen. Würfelbrühe zufügen. Bräter in den vorgeheizten Ofen auf die mittlere Schiene stellen.

Bratzeit: 40 Minuten. Elektroherd: 250 Grad. Gasherd: Stufe 5—6. Braten auf einer vorgewärmten Platte warm stellen. Fond durch ein Sieb in einen Topf passieren. Wenn nötig, auf ¾ l auffüllen. Aufkochen. Rotwein und Mehl verrühren. Fond damit binden. Gut durchkochen lassen. Mit Salz und Pfeffer abschmecken. Braten aufschneiden. Soße getrennt dazu reichen.

Beilagen: 1000 g gekochter Blumenkohl. Eine Portion: 21 Kalorien = 88 Joule. 0,2 BE.
40 g zerlassene Butter. Eine Portion: 38 Kalorien = 159 Joule.
Salzkartoffeln von 1000 g. Eine Portion: 85 Kalorien = 356 Joule. 1,6 BE.

Wild

Auf die Suche nach magerem, eiweißreichem Fleisch brauchen Sie nicht lange zu gehen. Sie finden es in jeder Tiefkühltruhe und in Spezialhandlungen. Es ist das Wild. Eine ideale Schlankheitskost, solange die Fasanen, Hasen- und Rehrücken mager zubereitet werden. Am fettärmsten gart man sie in Folie oder grillt sie. Sobald Wildfleisch aber mit Speck gespickt oder mit Speckscheiben mollig belegt wird, zieht soviel Fett ins Fleisch ein, daß wir es mit beliebigem Mastrindfleisch vergleichen können. Delikat, aber kalorienreich. Darum eine praktische Hilfe: Mit wenig dünnem Speck belegen und ihn nach dem Braten wegwerfen. Hier haben Sie die Durchschnittswerte für 100 g gegartes Wildfleisch:
127 Kalorien = 532 Joule; 26 g Eiweiß.
Während Wildfleisch früher erst durch längeres Abhängen zart wurde und seinen von Feinschmeckern besonders geschätzten Hautgoût bekam, bereitet man in der modernen Küche das Wild ziemlich frisch zu. Dank der Tiefkühltruhe geht das. Denn darin wird das Wildfleisch zart und wohlschmeckend und ist, unabhängig von der Saison, immer zu haben.

Wildgulasch Hubertus

Eine Portion enthält: 28 g Eiweiß, 12 g Fett, 7 g Kohlenhydrate = 0,5 BE, 142 mg Cholesterin.
Kalorien: 343 = 1436 Joule.
Zubereitung: Ohne Marinierzeit 115 Minuten.

500 g Wildgulasch, 1 Zwiebel, Zwiebelpulver, ½ l leichter Rotwein, 1 Knoblauchzehe, Salz, schwarzer Pfeffer, flüssiger Süßstoff, Tabascosoße, getrockneter Majoran, 10 g durchwachsener Speck, 2 EL Pflanzenöl (20 g), ⅛ l Wasser, 250 g Sellerie, 1 EL Mehl (10 g), 5 EL Milch, Sojasoße.

Fleisch in mundgerechte Stücke, geschälte Zwiebel in Ringe schneiden. Beides mit Zwiebelpulver schichtweise in eine Schüssel geben. Rot-

wein mit der geschälten, zerdrückten Knoblauchzehe, Salz, Pfeffer, Süßstoff, Tabasco und Majoran verrühren. Pikant abschmecken und über das Fleisch gießen. Zugedeckt etwa 24 Stunden kühl durchziehen lassen.
Fleisch und Zwiebelringe gut abtropfen lassen. Den durchwachsenen Speck würfeln. Im Pflanzenöl in einem Topf erhitzen. Speck darin glasig werden lassen. Fleisch und Zwiebelringe dazugeben und bei starker Hitze anbraten. Fleisch im geschlossenen Topf 90 Minuten schmoren. Eventuell etwas Rotweinmarinade angießen.
Nach 60 Minuten Garzeit Wasser und die restliche Marinade zugießen. Sellerie putzen, waschen, stifteln und in den letzten 15 Minuten mitgaren. Mehl und Milch verrühren, Gulasch damit binden. Mit Sojasoße, Salz und Pfeffer rund abschmecken.

Beilagen: Kartoffelklöße von 200 g Kartoffelkloßpulver.
Eine Portion: 178 Kalorien = 745 Joule. 3 BE.

TIP Wer durchwachsenen Speck nicht vertragen kann, nimmt die ausgebratenen Würfel aus dem Topf. Am Aroma ändert das nichts. Das gilt nicht nur für Wildgulasch Hubertus.

Wildschweinbraten
6 Portionen

Eine Portion enthält: 37 g Eiweiß, 14 g Fett, 5 g Kohlenhydrate = 0,4 BE, 106 mg Cholesterin.
Kalorien: 328 = 1373 Joule.
Zubereitung: 80 Minuten.

> *1000 g Wildschweinfleisch aus der Keule. – Für die Beize: 1 l Buttermilch, 5 EL Zitronensaft, 6 Wacholderbeeren, 2 Lorbeerblätter, je 2 Pfeffer- und Pimentkörner. –* Außerdem: *Salz, weißer Pfeffer, 3 EL Pflanzenöl (30 g), ¼ l Würfelbrühe, ¼ l Rotwein, 20 g Margarine, 20 g Mehl (2 EL), 20 g ungesüßtes Hagebuttenmark, 1 kleiner Becher saure Sahne (100 g), ½ Bund Petersilie.*

Wildschweinfleisch kalt abspülen. Mit einem scharfen Messer Sehnen und Fett abschneiden.
Für die Beize Buttermilch 4 EL Zitronensaft, zerdrückte Wacholderbeeren, Lorbeerblätter, Pfeffer- und Pimentkörner in einer Schüssel

mischen. Fleisch darin 24 Stunden kalt stellen. Zwischendurch gelegentlich wenden.
Fleisch mit Küchenpapier abtrocknen. Mit Salz und Pfeffer einreiben. Öl in einem Bräter erhitzen. Fleisch darin in 10 Minuten rundherum anbraten. Mit Würfelbrühe und Rotwein begießen. Zugedeckt bei schwacher Hitze 60 Minuten schmoren lassen.
Fleisch auf einer vorgewärmten Platte warm stellen. Schmorfond durchsieben und gut ⅜ l abmessen. Margarine im Topf erhitzen. Schmorfond einrühren. Mehl darin aufkochen lassen. Mit Hagebuttenmark, restlichem Zitronensaft, Salz und Pfeffer würzen. Saure Sahne unterrühren. Soße erhitzen, aber nicht mehr kochen lassen. Abschmecken. Fleisch in Scheiben schneiden. Mit Petersilie garnieren.

Beilagen: 6 Birnenhälften (Dose) mit Preiselbeerkompott (20 g) gefüllt. Eine Portion: 46 Kalorien = 292 Joule. (Diabetiker verwenden Diabetiker-Kompott).
Salzkartoffeln von 750 g. Eine Portion: 85 Kalorien = 356 Joule. 1,6 BE.

Wildschweinsteak Hannes

Eine Portion enthält: 27 g Eiweiß, 8 g Fett, 14 g Kohlenhydrate, 75 mg Cholesterin.
Kalorien: 349 = 1461 Joule.
Zubereitung: 25 Minuten.

> Für die Marinade: ½ l Rotwein, ⅛ l Wasser, weißer Pfeffer, ½ TL Senf. –
> Außerdem: 4 Wildschweinsteaks (je 125 g), weißer Pfeffer, 2 EL Pflanzenöl (20 g), Salz, 1 Zwiebel, 1 TL Paprika rosenscharf, 1 EL Mehl, flüssiger Süßstoff, 4 Birnenhälften aus der Dose (200 g), 10 g Margarine, 4 gehäufte TL Preiselbeerkompott (40 g).

Für die Marinade Rotwein, Wasser, Pfeffer und Senf in einer Schüssel verrühren. Wildschweinsteaks abspülen und 24 Stunden darin kalt stellen.
Fleisch mit Küchenpapier abtrocknen und mit Pfeffer einreiben. Pflanzenöl in einer Pfanne erhitzen. Steaks darin auf jeder Seite 4 Minuten braten. Salzen und auf einer vorgewärmten Platte warm stellen.

Zwiebel schälen und würfeln. Im Bratfett braun werden lassen. Mit Paprika und Mehl bestäuben. Unter Rühren durchschwitzen und mit der durchgesiebten Marinade auffüllen. 5 Minuten kochen lassen. Mit Salz, Pfeffer, Paprika und Süßstoff pikant abschmecken.
Birnenhälften abtropfen lassen. In heißer Margarine schwenken. Auf die Steaks geben. Mit je 1 TL Preiselbeerkompott füllen. Soße getrennt reichen.

Beilagen: Kartoffelkroketten von 125 g Krokettenpulver (15 g Fettaufnahme). Eine Portion: 153 Kalorien = 641 Joule.

PS: Für Diabetiker Spezialkompott verwenden.

Wirsing gedämpft

Eine Portion enthält: 5 g Eiweiß, 3 g Fett, 12 g Kohlenhydrate = 1 BE, 7 mg Cholesterin.
Kalorien: 88 = 368 Joule.
Zubereitung: 30 Minuten.

1000 g zarter Wirsing, 10 g Butter, ⅛ l kochendes Wasser oder magere Fleischbrühe (Würfel), Salz, 1 bis 2 EL Instant-Magermilchpulver oder ¼ l heiße Magermilch, 1 Prise Muskat, 2 EL gehackte Petersilie.

Kohl außen putzen. Gründlich abwaschen. Halbieren und dann in feine Streifen schneiden. Butter im genügend großen Topf zerlassen. Kohl reingeben. Umrühren. Einige Minuten dünsten. Kochendes Wasser auffüllen, 10 Minuten zugedeckt bei niedrigster Hitze garen. Entweder das Magermilchpulver drüberstäuben (dabei ist meist noch etwas kochendes Wasser nötig) oder heiße Magermilch zugießen. Weitere 10 Minuten im geschlossenen Topf gar dünsten.
Mit Muskat, Petersilie und Salz abschmecken. In einer Schüssel anrichten.

TIP Egal, welches Gericht aus Wirsing Sie zubereiten, im Spätsommer oder im frühen Herbst ist er am zartesten und am besten diätgeeignet. Weil er leichter verträglich ist.

Wirsing-Eintopf

Eine Portion enthält: 21 g Eiweiß, 40 g Fett, 28 g Kohlenhydrate = 2,3 BE, 75 mg Cholesterin.
Kalorien: 579 = 2424 Joule.
Zubereitung: 70 Minuten.

500 g Schweinenacken, 1 Zwiebel, 1000 g Wirsing, 500 g Kartoffeln, 2 EL Pflanzenöl (20 g), ½ l heiße Fleischbrühe (Würfel), Salz, schwarzer Pfeffer, gemahlener Kümmel, 1 Bund Petersilie.

Schweinenacken in 3 cm große Würfel schneiden. Zwiebel schälen und würfeln. Wirsing putzen, waschen und vierteln. In eine Schüssel hobeln. Strunk wegwerfen.
Kartoffeln schälen, waschen und in gut 2 cm große Würfel schneiden. Öl in einem großen Topf erhitzen. Fleisch darin in 10 Minuten rundherum braun anbraten. Zwiebel dazugeben. Noch 3 Minuten mitbraten. Wirsing in den Topf füllen. Unter Rühren andünsten. Kartoffelwürfel zugeben, Würfelbrühe angießen. Mit Salz, Pfeffer und Kümmel würzen. Zugedeckt 30 Minuten kochen lassen.
Wirsingeintopf abschmecken. In einer Schüssel anrichten. Mit gehackter Petersilie überstreuen.

Wirsing-Tomatentopf

Eine Portion enthält: 32 g Eiweiß, 29 g Fett, 33 g Kohlenhydrate = 2,7 BE, 88 mg Cholesterin.
Kalorien: 543 = 2273 Joule.
Zubereitung: 95 Minuten.

500 g Hammelfleisch aus der Keule, 1½ EL Pflanzenöl (15 g), 1 Zwiebel, 1000 g Wirsingkohl, Salz, schwarzer Pfeffer, ⅛ bis ¼ l Wasser, 500 g Kartoffeln, 500 g Tomaten, 50 g geriebener Käse (30 %).

Hammelfleisch in grobe Würfel schneiden. Öl in einem Topf erhitzen. Fleisch darin 5 Minuten anbraten. Geschälte Zwiebel in Scheiben schneiden. Geputzten, gewaschenen Wirsing fein schneiden. Beides zum angebratenen Fleisch geben. Mit Salz und Pfeffer kräftig würzen. Wasser zufügen und den Kohl in 55 Minuten garen.
Tomaten überbrühen, abziehen und vierteln. 10 Minuten vor Ende der

Garzeit zum Kohl geben. Das fertige Gericht mit Salz und Pfeffer herzhaft abschmecken, anrichten und mit geriebenem Käse überstreuen.
Beilagen: Salzkartoffeln von 500 g. Eine Portion: 85 Kalorien = 356 Joule. 1,6 BE.

Würzige Käsesuppe

Eine Portion enthält: 9 g Eiweiß, 10 g Fett, 8 g Kohlenhydrate = 0,6 BE, 21 mg Cholesterin.
Kalorien: 165 = 691 Joule.
Zubereitung: 15 Minuten.

1 kleine Zwiebel, 20 g Margarine, 20 g Mehl, ¾ l Würfelbrühe, 3 Ecken Schmelzkäse (30 %), Streuwürze, Salz, Paprika edelsüß, Schnittlauchröllchen zum Bestreuen.

Geschälte Zwiebel fein würfeln. Margarine in einem Topf erhitzen. Zwiebel darin anbraten. Mehl darüberstäuben und durchschwitzen lassen. Mit Würfelbrühe auffüllen. Schmelzkäse in die Suppe geben und auf schwacher Hitze unter Rühren mit dem Schneebesen schmelzen lassen. Suppe noch mal aufkochen. Mit Streuwürze, Salz und Paprika abschmecken.
Die Suppe vor dem Servieren mit Schnittlauchröllchen bestreuen.

Würziger Kabeljau

Eine Portion enthält: 40 g Eiweiß, 9 g Fett, 8 g Kohlenhydrate = 0,6 BE, 269 mg Cholesterin.
Kalorien: 296 = 1239 Joule.
Zubereitung: 60 Minuten.

2 Pakete tiefgekühlte Kabeljau-Filets (800 g), Saft einer Zitrone. ⇁ Für das Paprikapüree: 1 Zwiebel, 1 Knoblauchzehe, Salz, 500 g rote Paprikaschoten, 2 EL Pflanzenöl (20 g), 1 Lorbeerblatt, 5 Pfefferkörner, 4 Nelken, ½ Dose Stangenspargel (300 g), 2 hartgekochte Eier, 1 Bund Petersilie.

Kabeljau unaufgetaut in 8 Portionen teilen und mit Zitronensaft beträufeln.

Für das Paprikapüree die geschälte Zwiebel fein hacken. Geschälte Knoblauchzehe mit etwas Salz zerdrücken. Paprikaschoten halbieren, putzen, waschen und in 1 cm großoe Würfel schneiden.

Zwiebel und Knoblauch in einer Pfanne in Pflanzenöl bei schwacher Hitze glasig braten. Paprika, Lorbeer, zerdrückte Pfefferkörner und Nelken dazugeben. Zugedeckt bei schwacher Hitze 15 Minuten schmoren.

Durch ein Sieb streichen. Oder die Gewürze herausnehmen und das Gemüse abgekühlt im Mixer pürieren.

Kabeljaustücke in eine gefettete, feuerfeste Form geben. Salzen. Mit dem Paprikapüree bestreichen. In dem vorgeheizten Ofen auf die mittlere Schiene stellen.

Garzeit: 20 Minuten. Elektroherd: 225 Grad. Gasherd: Stufe 4.

Inzwischen den Spargel im Gemüsewasser erhitzen. Eier schälen und achteln. Fertigen Fisch auf einer vorgewärmten Platte anrichten. Mit Eiachteln und abgetropften Spargelstangen garnieren. Mit gehackter Petersilie bestreuen.

Beilagen: Körnig gekochter Reis von 125 g Langkornreis.
Eine Portion: 115 Kalorien = 481 Joule. 2 BE.

Y

Yahni
Türkisches Hammelfleisch
Abb. zwischen den Seiten 480/481.

Eine Portion enthält: 23 g Eiweiß, 28 g Fett, 1 g Kohlenhydrate = 0,1 BE, 81 mg Cholesterin.
Kalorien: 363 = 1520 Joule.
Zubereitung: 60 Minuten.

500 g Hammelfleisch aus der Keule, schwarzer Pfeffer, 2 EL Pflanzenöl (20 g), 1 Zwiebel, 2 Knoblauchzehen, ¼ l heißes Wasser, Salz.

Hammelfleisch abspülen, abtrocknen und in 4 Scheiben schneiden. Mit reichlich Pfeffer einreiben. 10 Minuten einziehen lassen.
Öl in einem großen Topf erhitzen. Fleisch darin in 10 Minuten rundherum braun anbraten.
Inzwischen Zwiebel schälen und in Scheiben schneiden. Geschälten Knoblauch mit Salz zerdrücken. Fleisch im Topf zur Seite schieben. Zwiebel und Knoblauch hineingeben. Fünf Minuten durchbraten.
Fleisch und Zwiebel mischen. Wasser angießen. Mit Salz und Pfeffer würzen. Zugedeckt 30 Minuten schmoren lassen.
Fleisch abschmecken. Auf einer vorgewärmten Platte anrichten und sehr heiß servieren.

Beilagen: Tomatensalat aus 500 g. Marinade: 2 EL Weinessig, Knoblauchsalz, gewürzter Pfeffer, 2 EL Pflanzenöl und 2 EL Schnittlauchröllchen. Eine Portion: 72 Kalorien = 301 Joule. 0,3 BE.
Grütze aus 125 g Maisgrieß. In Wasser gekocht, mit Safran, Salz und Pfeffer gewürzt. Eine Portion: 117 Kalorien = 491 Joule. 2 BE.

Yale-Cocktail

Eine Portion enthält: 1 g Eiweiß, 0 g Fett, 16 g Kohlenhydrate, 0 mg Cholesterin.
Kalorien: 121 = 507 Joule.
Zubereitung: 5 Minuten.

> 2 Eiswürfel, 1 Stück Würfelzucker, 1 große ungespritzte Orange (davon 1 Orangenscheibe und 6 EL Saft), Spirale aus der Schale einer halben Zitrone, 1 Maraschinokirsche, 1 Glas (2 cl) Bourbon-Whiskey.

Eiswürfel in ein Whiskyglas geben. Zuckerwürfel an der Orangenschale abreiben. Ins Glas geben. Orangensaft drübergießen. Orangenscheibe drauflegen. Zitronenspirale ins Glas hängen. Maraschinokirsche auf die Orangenscheibe legen. Whiskey drübergießen.

Z

Zarte Buletten

Eine Portion enthält: 24 g Eiweiß, 15 g Fett, 7 g Kohlenhydrate = 0,6 BE, 70 mg Cholesterin.
Kalorien: 272 = 1139 Joule.
Zubereitung: 30 Minuten.

> *400 g Beefsteakhack (Tatar), 1 gehackte Zwiebel (30 g), 2 EL Sojamehl (20 g), 3 EL zarte Haferflocken (25 g), etwa $1/8$ l sehr kaltes Wasser, $1/2$ TL Salz, 1 Prise weißer Pfeffer, $1/2$ TL Senf, 4 EL Pflanzenöl (40 g) zum Braten.*

Alle Zutaten bis auf das Öl 3 Minuten mit dem Rührgerät oder 5 Minuten mit dem Kochlöffel verrühren. Der Fleischteig soll locker und glatt sein.
Öl in einer Pfanne erhitzen. Mit nassen Händen vom Fleischteig 8 gleichmäßig große Buletten formen. Ins heiße Fett legen und in der Pfanne mit dem Wender etwas flachdrücken. Auf jeder Seite 10 Minuten langsam durchbraten. Heiß servieren.

Beilagen: Salat aus 250 g Feldsalat in einer Marinade aus 3 Eßlöffeln Trinkmilchjoghurt, 1 EL Zitrone, Salz, weißem Pfeffer und Zwiebelgranulat. Eine Portion: 21 Kalorien = 88 Joule. 0,8 BE.

PS: Diese zarten Buletten haben einen hohen Gehalt an hochwertigem Eiweiß und sind deshalb für die gesunde Ernährung besonders zu empfehlen. Sie lassen sich übrigens gut einfrieren.

Zärtlicher Wecker

Eine Portion enthält: 15 g Eiweiß, 12 g Fett, 54 g Kohlenhydrate, 21 mg Cholesterin.
Kalorien: 393 = 1645 Joule.
Zubereitung: 15 Minuten.

3 Becher Magermilch-Joghurt, 100 g Möhren, 200 g Äpfel, 50 g Rosinen, 1 TL Zitronensaft, 1 Prise Salz, flüssiger Süßstoff, 4 Zwiebäcke, 4 Scheiben Vollkorn-Schwarzbrot, 20 g Halbfettmargarine, 100 g Mortadella, Petersilie. Kaffee oder Tee.

Magermilch-Joghurt verquirlen. Geputzte Möhren waschen und hineinreiben. Auch den gründlich gewaschenen Apfel.
Rosinen, Zitronensaft und eine Prise Salz zufügen. Mit Süßstoff abschmecken. Die Mischung in 4 Schälchen oder in breite Gläser füllen. Einen Zwieback dazu reichen.
Das Vollkorn-Schwarzbrot mit der Halbfettmargarine bestreichen, mit Mortadellascheiben belegen und diagonal durchschneiden. Mit Petersilie garniert appetitlich anrichten. Mit Süßstoff gesüßten Kaffee oder Tee dazu trinken. 1 TL Kaffeesahne (10 %) dazu macht 5 Kalorien für jede Portion mehr.

TIP Zwiebäcke sind natürlich lieblich im Geschmack und passen daher gut zu Joghurt. Nicht minder gut aber schmeckt Roggenvollkornknäcke zum Frühstück Zärtlicher Wecker. Man zerbröckelt es einfach auf den Joghurt. Denn Knäcke hat viele gesunde Seiten.

Zebraschnitten
2 Portionen

Eine Portion enthält: 17 g Eiweiß, 12 g Fett, 28 g Kohlenhydrate = 2,3 BE, 39 mg Cholesterin.
Kalorien: 300 = 1256 Joule.
Zubereitung: 15 Minuten.

½ reifer 30prozentiger Camembert (62,5 g), 1 Ecke 45prozentiger Schmelzkäse (62,5 g), 1 EL Magerquark (30 g), 5 Scheiben Pumpernickel (100 g), Salatblätter, Radieschen.

Camembert mit einer Gabel fein zerdrücken, mit Quark und Schmelzkäse verrühren, bis eine glatte Masse entsteht. 4 Pumpernickelscheiben damit bestreichen. Übereinander setzen. Mit der ungestrichenen Scheibe abdecken. Würfel fest in Alufolie einschlagen. Zwischen zwei Bretter legen und beschweren. 5 Stunden kühl stellen. Zum Anrichten in 8 gestreifte Scheiben schneiden. Auf Salatblättern anrichten, mit Radieschen garnieren.

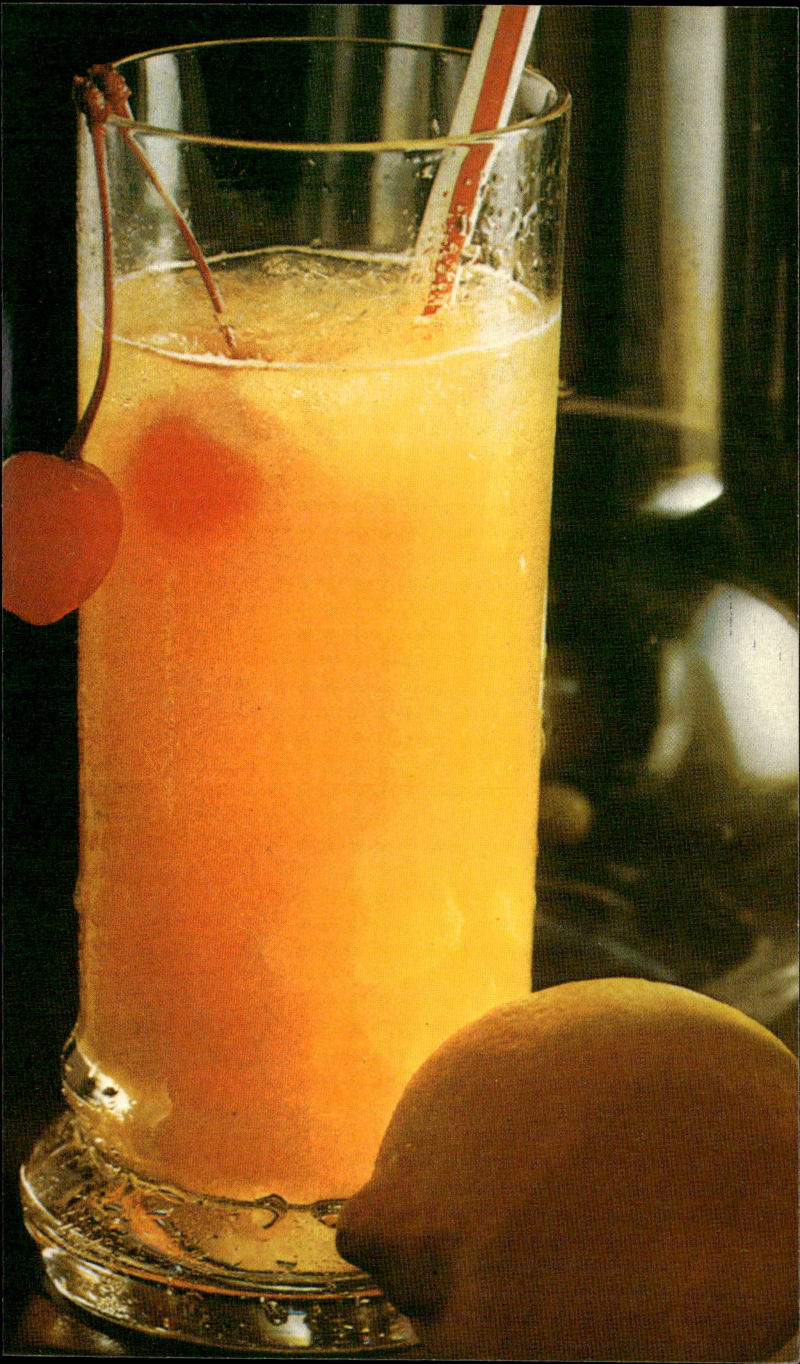

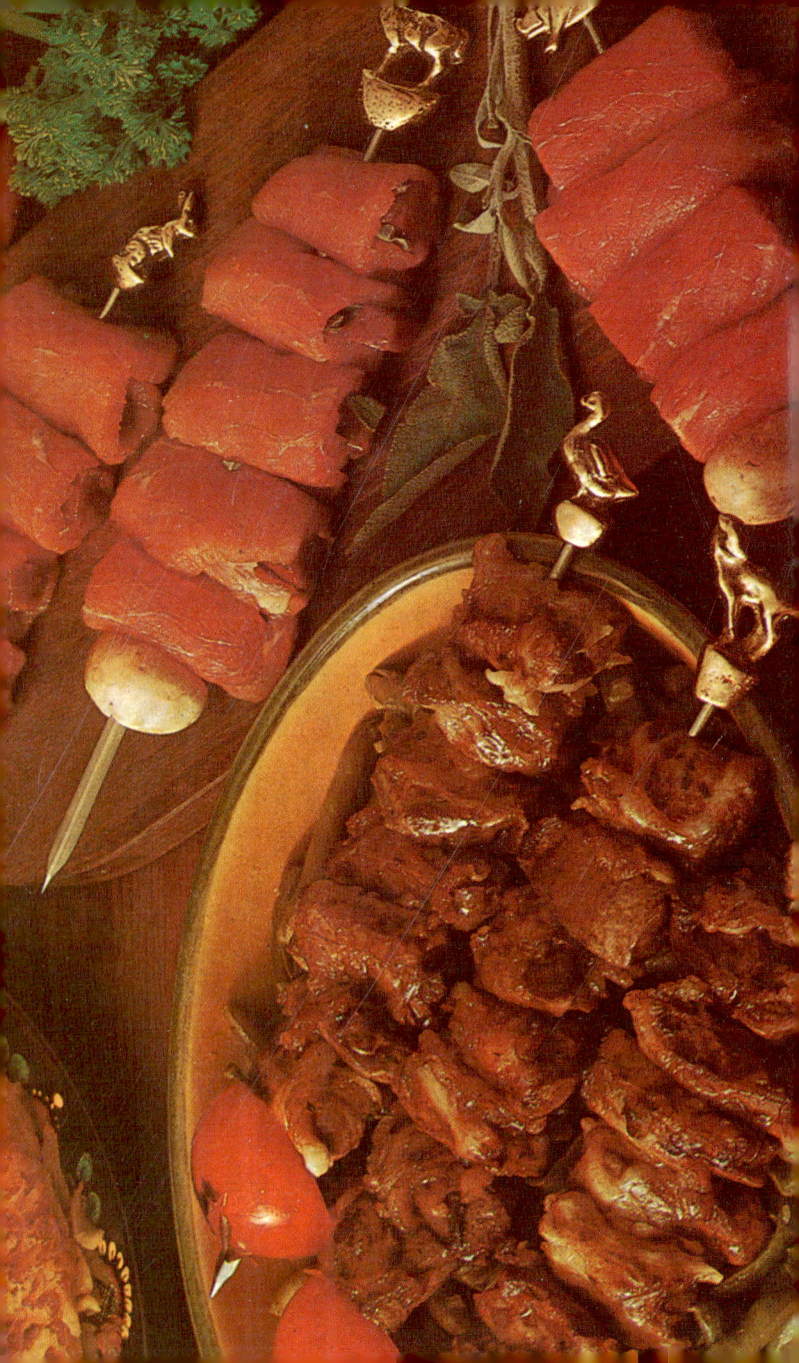

Beilagen: Endiviensalat mit Apfelsine aus: 1 Kopf Endiviensalat, 2 filierten mittelgroßen Orangen, 1 EL Öl, 2 EL Wasser, 2 EL Zitronensaft, Salz, Süßstoff, 1 Prise Curry. Eine Portion: 70 Kalorien = 293 Joule. 0,8 BE.

PS: Machen Sie die Zebraschnitten noch kalorienärmer durch Schmelzkäse mit 20% Fett i. Tr. Sie sparen Fett und 34 Kalorien bei jeder Portion und bekommen 3 g Eiweiß dazu.

TIP Manchmal lassen sich Camembert und Schmelzkäse schwer miteinander mischen. In diesem Fall locker, aber fest verschlossen in Alufolie wickeln. Dieses 10 Minuten in kochendes Wasser legen. Anschließend mit dem Quark mischen und weiterverarbeiten.

Ziegenkäse-Salat

Eine Portion enthält: 12 g Eiweiß, 23 g Fett, 4 g Kohlenhydrate = 0,3 BE, 56 mg Cholesterin.
Kalorien: 281 = 1176 Joule.
Zubereitung: 15 Minuten.

2 trockene französische Ziegenkäse (250 g), frisch gemahlener schwarzer Pfeffer, 2 EL Keimöl (20 g), 2 EL Weinessig, 375 g Bleichsellerie, 10 g Pecan- oder Walnußkerne, Salz.

Käse in dünne Scheiben schneiden. In eine flache Schüssel geben und reichlich Pfeffer drübermahlen. Je 1 Eßlöffel Öl und Weinessig drüberträufeln.
Bleichsellerie putzen und waschen. In etwa 3 mm dicke Scheiben schneiden. Über den Käse verteilen. Darüber die Nüsse. Mit dem restlichen Öl und Essig beträufeln. Mit Salz bestreuen. Zugedeckt 60 Minuten im Kühlschrank durchziehen lassen. Mischen und gut nachwürzen.

Zitronen pikant gefüllt

Eine Portion enthält: 6 g Eiweiß, 6 g Fett, 6 g Kohlenhydrate, 20 mg Cholesterin.
Kalorien: 101 = 423 Joule.
Zubereitung: 20 Minuten.

◁ *Zürcher Leberspieße (Rezept S. 521)*

4 kleine Zitronen, 1 Dose Ölsardinen (90 g), 1 EL Mayonnaise (50 %), 1 EL Tomatenketchup, ½ TL Paprika edelsüß, Salz, weißer Pfeffer, 4 paprikagefüllte spanische Oliven, 2 EL eingelegte Tomatenpaprikastreifen (20 g), 4 Salatblätter.

Zitronen abspülen, trocknen und der Länge nach halbieren. Fruchtfleisch rauslösen. Am besten mit dem Grapefruitmesser. Häutchen und Kerne entfernen. Fruchtfleisch kleinschneiden.
Sardinen abtropfen lassen, halbieren und entgräten. Fischfleisch etwas zerpflücken.
Mayonnaise und Tomatenketchup in einer Schüssel verrühren. Ölsardinen und Zitronenstücke untermischen. Mit Paprika, Salz und Pfeffer würzen. In die Zitronenhälften füllen. Als Garnierung jeweils 1 Olive und Tomatenpaprikastreifen darauf anordnen. Zitronen im Kühlschrank mindestens 30 Minuten zugedeckt durchkühlen lassen. Gut abgetropfte Salatblätter auf Dessertteller verteilen und je 2 Zitronenhälften darauf anrichten.

Beilagen: 4 Scheiben Toastbrot (80 g). Eine Scheibe: 52 Kalorien = 218 Joule.

Zitronen-Cobbler
Abb. zwischen den Seiten 512/513.

Eine Portion enthält: 1 g Eiweiß, 0 g Fett, 20 g Kohlenhydrate, 0 mg Cholesterin.
Kalorien: 126 = 528 Joule.
Zubereitung: 5 Minuten.

Saft einer Zitrone (4 EL), Saft einer halben Orange (3 EL), flüssiger Süßstoff, 2 Glas (je 2 cl) Sherry, 3 Eiswürfel, je 1 geschälte Orangen- und Zitronenscheibe, 2 Cocktailkirschen.

Zitronen- und Orangensaft mit Süßstoff und Sherry im Shaker gut schütteln. Eiswürfel in ein Küchentuch einwickeln. Mit einem Hammer fein zerschlagen. Oder im Eiscracker zerkleinern. Eis in ein hohes Becherglas füllen. Zitronen-Cobbler daraufgießen. Orangen- und Zitronenscheiben entkernen, in kleine Stücke schneiden und ins Glas geben. Mit den Cocktailkirschen garnieren. Mit Strohhalm und Barlöffel sofort servieren.

Zitroneneistee mit Pfefferminz

Eine Portion enthält: 0 g Eiweiß, 0 g Fett, 5 g Kohlenhydrate = 0,4 BE, 0 mg Cholesterin.
Kalorien: 15 = 63 Joule.
Zubereitung: 10 Minuten.

1 Beutel Pfefferminztee, 2 Beutel Schwarzer Tee, 1 l kochendes Wasser, 1/4 l Zitronensaft, flüssiger Süßstoff, 8 Eiswürfel, 1 ungespritzte Zitrone, 4 Pfefferminzblätter.

Teebeutel in eine Kanne geben. Mit dem kochenden Wasser übergießen. 5 Minuten ziehen lassen. Teebeutel entfernen. Abkühlen lassen. Zitronensaft zugeben, verquirlen, mit Süßstoff abschmecken, kühl stellen. Zitrone in Scheiben schneiden. Jede Scheibe einmal bis zur Mitte einschneiden.
Je 2 Eiswürfel in vier Longdrinkgläser geben. Tee aufgießen und auf jeden Glasrand eine Zitronenscheibe setzen. Pfefferminzblätter als Garnierung auf die Zitronenscheiben geben.

PS: Man kann den Tee natürlich auch auf Teeblättern aufgießen.

Zitronensuppe Fernando

Eine Portion enthält: 0 g Eiweiß, 0 g Fett, 12 g Kohlenhydrate, 0 mg Cholesterin.
Kalorien: 173 = 724 Joule.
Zubereitung: 15 Minuten.

2 ungespritzte Zitronen, 20 g Zucker, flüssiger Süßstoff, 1/2 l Weißwein, 1/4 l Wasser, 1 Stück Stangenzimt, 1 Prise Salz, 2 EL Speisestärke (20 g), 4 Zwiebäcke.

Zitronen mit einem scharfen Messer wie einen Apfel so abschälen, daß die weiße Haut mit entfernt wird. Fruchtfleisch in kleine Würfel schneiden. Kerne entfernen. Mit Zucker bestreuen und mit flüssigem Süßstoff beträufeln. Zugedeckt in einer Schüssel durchziehen lassen. Inzwischen Weißwein und Wasser mit Stangenzimt, ein Stück Zitronenschale, Salz und Süßstoff aufkochen. Speisestärke mit etwas

Wasser anrühren, Suppe damit binden. Über die eingezuckerten Zitronen gießen. Bei Tisch bröckelt sich jeder seinen Zwieback in die Suppe.

Z'nacht

Eine Portion enthält: 14 g Eiweiß, 15 g Fett, 33 g Kohlenhydrate, 211 mg Cholesterin.
Kalorien: 335 = 1403 Joule.
Zubereitung: 35 Minuten.

> *750 g Pellkartoffeln, 1 Zwiebel, 3 EL Pflanzenöl (30 g), 100 g magerer gekochter Schinken, 3 Eier, 4 EL Wasser, 1 EL Schnittlauchröllchen, 2 Gewürzgurken (200 g), 1½ EL Tomatenketchup (30 g).*

Am Vortag gekochte Kartoffeln abziehen und in Scheiben schneiden. Geschälte Zwiebel würfeln. Öl in einer Pfanne erhitzen. Kartoffeln und Zwiebel darin in 15 Minuten braun braten. Ab und zu wenden. Salzen. Gekochten Schinken würfeln und dazugeben.
Eier mit Wasser und Salz verquirlen. Über die Bratkartoffeln gießen und bei schwacher Hitze langsam stocken lassen.
Vom Pfannenboden lösen und auf eine Platte stürzen. Mit Schnittlauch überstreuen. Gewürzgurken in Scheiben schneiden. Gericht damit garnieren. Tomatenketchup drübergeben oder extra reichen.

Beilage: 4 Glas Tomatensaft (je ½ l). Ein Glas: 27 Kalorien = 113 Joule.

Znaimer Gulasch

Eine Portion enthält: 23 g Eiweiß, 25 g Fett, 2 g Kohlenhydrate = 0,1 BE, 100 mg Cholesterin.
Kalorien: 349 = 1461 Joule.
Zubereitung: 55 Minuten.

> *Je 250 g Schweine- und Kalbfleisch aus der Keule, 2 EL Pflanzenöl (20 g), 1 große Zwiebel, 2 EL Paprika edelsüß, knapp ¼ l heißes Wasser, Salz, 1 Knoblauchzehe, 1 TL getrockneter, zerriebener Majoran, 1 TL grobgemahlener Kümmel, 3 mittelgroße Gewürzgurken (150 g), Petersilie.*

Fleisch in 3 cm große Würfel schneiden. In heißem Öl rundherum 10 Minuten anbraten. Geschälte, in Scheiben geschnittene Zwiebel dazugeben und 5 Minuten mitbraten. Paprika drüberstäuben. Umrühren und mit Wasser auffüllen. Zugedeckt 30 Minuten schmoren lassen.
Nach 15 Minuten die geschälte, mit etwas Salz zerdrückte Knoblauchzehe, Majoran und Kümmel zugeben. Eventuell noch etwas Wasser nachgießen.
2 Gewürzgurken in sehr dünne Scheiben schneiden, 1 Gurke in ganz dünne Streifen. Gurkenscheiben in das fertige Gulasch mischen. Gulasch abschmecken und in einer vorgewärmten Schüssel anrichten. Mit Gurkenstreifen und Petersilie auftragen.

Beilagen: Feldsalat in einer Marinade aus 2 EL Estragonessig, Salz, gewürztem Pfeffer und 2 EL Sonnenblumenöl.
Eine Portion: 55 Kalorien = 230 Joule.
Salzkartoffeln von 500 g. Eine Portion: 85 Kalorien = 356 Joule.

Zucchini

Französisch heißen sie Courgettes. Sie gehören zur gurkenähnlichen Familie der Gemüsekürbisse. Nur jung sind sie aromatisch. Ihr Vorteil: Sie beeinflussen die Arbeit der Nieren günstig. Kalium macht's.

Zucchini mit Walnüssen

Eine Portion enthält: 4 g Eiweiß, 18 g Fett, 11 g Kohlenhydrate = 1 BE, 0 mg Cholesterin.
Kalorien: 264 = 1105 Joule.
Zubereitung: 30 Minuten.

> *600 g Zucchini, 1 Zwiebel, 4 EL Sonnenblumenöl (40 g), knapp ¼ l Weißwein, Salz, weißer Pfeffer, 2 EL Zitronensaft, 50 g gehackte Walnußkerne, flüssiger Süßstoff.*

Zucchini waschen, Stengelansätze abschneiden. Zucchini schälen und würfeln. Öl in einem Topf erhitzen. Zwiebel darin glasig werden las-

sen. Zucchini dazugeben. Mit Weißwein übergießen und mit Salz und Pfeffer kräftig würzen. Zugedeckt 10 Minuten dünsten.
Topf vom Herd nehmen. Zitronensaft und Walnüsse unterrühren. Mit Salz, Pfeffer und Süßstoff abschmecken. Sofort servieren.

Wann reichen? Als Beilage zu gekochtem Geflügel oder Fisch. Auch zu Braten.

Zucchinipfanne

Eine Portion enthält: 14 g Eiweiß, 15 g Fett, 28 g Kohlenhydrate = 2,3 BE, 388 mg Cholesterin.
Kalorien: 312 = 1306 Joule.
Zubereitung: 25 Minuten.

> *600 g kleine Zucchini, 500 g Pellkartoffeln, 2 EL Pflanzenöl (20 g), Salz, schwarzer Pfeffer, 6 Eier, 6 EL Wasser, 4 EL Schnittlauchröllchen.*

Zucchini waschen und die Stengel abschneiden. Zucchini in $1/4$ cm dicke Scheiben schneiden. Kartoffeln abziehen. Auch in Scheiben schneiden. Öl in einer beschichteten Pfanne erhitzen, Zucchini- und Kartoffelscheiben darin 10 Minuten anbraten. Salzen und pfeffern.
Eier mit 6 EL Wasser verquirlen, mit Salz und Pfeffer abschmecken, Schnittlauch unterrühren und in die Pfanne gießen. Einmal leicht durchrühren. Deckel auf die Pfanne legen und die Eimasse bei schwacher Hitze stocken lassen.

Beilage: Tomatensalat aus 500 g Tomaten in einer Marinade aus 2 EL Keimöl, 2 EL Wasser, 2 EL Weinessig, Salz, Pfeffer und fein gehackter Petersilie.
Eine Portion: 70 Kalorien = 293 Joule. 0,3 BE.

PS: Dieses Gericht kann man auch vorzüglich mit Käse überbacken. Dazu 4 dünne Scheiben 40prozentigen Edamer (je 20 g) auf das gestockte Rührei legen. In der geschlossenen Pfanne schmelzen lassen.
Eine Portion: 18 g Eiweiß, 19 g Fett, 27 g Kohlenhydrate = 2,3 BE, 437 mg Cholesterin, 360 Kalorien = 1507 Joule.

Zucker

Ob Rohr-, Rüben- oder Traubenzucker, alle haben sie 394 Kalorien pro 100 g. Und alle bestehen sie ausschließlich aus Kohlenhydraten.
Zwar ist Zucker an vielem schuld, aber nicht an allem. Denn wenn wir uns freiwillig mit Zucker mollig essen, dann liegt das nicht am Lebensmittel. Zucker im Überfluß ist so schädlich, wie alles, was man zuviel ißt. Neben dem Nachteil, daß er nur Leckereien liefert, wird zuviel Zucker vom menschlichen Körper auch noch in Fett umgewandelt. Und: Zucker ist schuld am Zahnverfall.
Gebot also für Gesundheitsbewußte: Den Zuckerkonsum erheblich einschränken.

Zuckeraustauschstoff

Im Gegensatz zu den kalorienfreien Süßstoffen haben Zuckeraustauschstoffe die gleiche Kalorienzahl wie Rübenzucker.
In Mengen sind sie daher für eine Schlankheitskur so ungeeignet wie der herkömmliche Zucker. Aber für Diabetiker, die weder Rohr-, Rüben-, noch Traubenzucker essen dürfen, sind sie ein Segen.
Diese Austauschstoffe, vor allem Sorbit und Fruchtzucker, müssen neuerdings auch als BE-Anteil angerechnet werden, um Irrtümer in der Berechnung diätetischer Lebensmittel zu beseitigen. Auch wenn sie — in kontrollierten kleinen Mengen!! — insulinunabhängig verarbeitet werden. Zuckeraustauschstoffe kann man zum Backen und Kochen verwenden.

Zürcher Geschnetzeltes

Eine Portion enthält: 26 g Eiweiß, 11 g Fett, 4 g Kohlenhydrate = 0,3 BE, 128 mg Cholesterin.
Kalorien: 261 = 1093 Joule.
Zubereitung: 30 Minuten.

500 g mageres Kalbfleisch aus der Keule, 1 Zwiebel, 200 g kleine Champignons, 2 EL Pflanzenöl (20 g), 1 gehäufter EL Mehl (15 g), knapp ⅛ l heiße Fleischbrühe (Würfel), ⅛ l Weißwein, Salz, weißer Pfeffer, 4 EL Sahne, 1 TL gehackte Petersilie, Paprika edelsüß.

Fleisch kalt abspülen, mit Küchenpapier abtrocknen und schräg zur Faser in ganz feine Scheiben schneiden (schnetzeln). Zwiebel schälen und fein hacken. Öl in einer großen Pfanne erhitzen. Zwiebel darin glasig braten. Kalbfleisch dazugeben und in 5 Minuten anbräunen. Geputzte Champignons zugeben. Mehl drüberstäuben und unterrühren. Dann Fleischbrühe und Wein unter ständigem Rühren angießen. Stark erhitzen, aber nicht kochen lassen. Salzen und pfeffern. Sahne unterrühren.
Geschnetzeltes in einer vorgewärmten Schüssel anrichten. Mit Petersilie überstreuen und mit Paprikapulver bestäuben.

Beilagen: Salat aus je 250 g Tomaten und Paprikaschoten. Marinade: 2 EL Zitronensaft, Gewürze, 2 EL Keimöl und 2 EL Schnittlauchröllchen. Eine Portion: 76 Kalorien = 318 Joule. 0,4 BE.
Körnig gekochter Reis von 125 g Langkornreis. Eine Portion: 115 Kalorien = 481 Joule. 2 BE.

Zürcher Käseschnitten

Eine Portion enthält: 10 g Eiweiß, 13 g Fett, 8 g Kohlenhydrate = 0,6 BE, 45 mg Cholesterin.
Kalorien: 199 = 833 Joule.
Zubereitung: 20 Minuten.

4 Scheiben Stangenbrot, 15 g Halbfettmargarine, 2 dicke Knackwürstchen (150 g), Zwiebelpulver, ½ Schweizer Camembert (30 %), 1 TL Pflanzenöl (5 g), Paprika rosenscharf.

Brotscheiben mit Margarine bestreichen. Von den Knackwürstchen die Haut abziehen. Der Länge nach halbieren. Auf die Brotscheiben legen. Mit etwas Zwiebelpulver bestäuben.
Camembert in vier Halbmondscheiben schneiden. Über die Würstchen legen. Mit Pflanzenöl bepinseln. Auf einem gefetteten Blech in den vorgeheizten Ofen schieben.

Backzeit: 10 Minuten. Elektroherd: 225 Grad. Gasherd: Stufe 4.
Vorm Servieren mit etwas Rosenpaprikapulver bestäuben.

Zürcher Leberspieße

Abb. zwischen den Seiten 512/513.

Eine Portion enthält: 29 g Eiweiß, 9 g Fett, 4 g Kohlenhydrate = 0,3 BE, 228 mg Cholesterin.
Kalorien: 228 = 955 Joule.
Zubereitung: 25 Minuten.

4 Kalbsschnitzel von je 80 g, 250 g Kalbsleber, Salz, weißer Pfeffer, 1 TL zerriebener Salbei, 2 Tomaten (125 g), 2 EL Pflanzenöl (20 g).

Kalbsschnitzel ganz dünn klopfen und jedes in 4 Streifen schneiden. Von der Kalbsleber mit einem scharfen Messer vorsichtig Sehnen und Haut abschneiden. Leber in 16 Stücke schneiden. Mit Salz, Pfeffer und Salbei würzen. Je 1 Leberstückchen auf einen Schnitzelstreifen legen und darin einrollen. Je 4 Fleischröllchen auf einen Spieß stecken. Tomaten waschen und halbieren. Auf jeden Spieß noch eine Tomatenhälfte stecken.
Fleisch und Tomate mit Pflanzenöl bestreichen. Unterm vorgeheizten Grill auf jeder Seite 3 Minuten grillen. Sofort servieren.

Beilagen: Grüne Bohnen (von 500 g Bohnen, gehackter Petersilie, 10 g Margarine). Eine Portion: 57 Kalorien = 239 Joule. 0,5 BE.
Pommes frites (von einem 450-g-Paket Tiefkühlware). Eine Portion: 209 Kalorien = 875 Joule. 2 BE.

Zwischenmahlzeit

Modern essen und dabei schlank werden heißt: Zwischenmahlzeiten genießen. Man ißt nicht mehr dreimal am Tag mächtige Portionen, sondern lieber sechsmal über den Tag verteilt kleine Gerichte. Das allein hat schon ausgereicht, wie Testreihen bewiesen haben, daß man abnimmt. Weil die Speisen ständig mühelos verbrannt werden können, ohne daß Reservefett angesetzt werden kann. Man ermüdet nicht.
In Umfang und Zusammensetzung müssen aber auch Zwischenmahlzeiten geplant werden. Bei ohnehin reduzierter Kost verringert sich auch ihre Kalorienanzahl. Sie liegt etwa bei 100.

Register

Hauptmahlzeiten

Abendbrot daheim 7
Amerikanische Steaks 9
Apfelfleisch 13
Apfelstrudel 16
Arabischer Reistopf 24
Arme Ritter 24
Artischocken Bordelaise 25
Artischocken gefüllt 27
Artischockenböden auf Kalbsschnitzel 27
Auberginenpfanne 30
Austern-Stew 30
Bacon-Nieren 32
Bamberger Rouladen 32
Bananen-Rhabarber-Auflauf 34
Bayrischer Toast 36
Béchamelkartoffeln 37
Beef Lindström 37
Beefsteak afrikanische Art 38
Beefsteakrouladen 39
Beefsteak Tatar 39
Berliner Rinderbrust 40
Bismarckheringe 45
Blitzgulasch 46
Blumenkohl mit Krabben 48
Blumenkohl mit Tomatensoße 48
Bohnen in Sofrito-Soße 50
Bohnen mit Matjesfilet 51
Bohnen-Hammel-Eintopf 52
Bohnen-Plaki 52
Borjupörkölt 53
Borkumer Scholle 54
Bouillonkartoffeln mit Rinderbrust 54
Bourbon-Filet 55
Brasilianisches Hühnergericht 57
Brokkoli mit Schinken 59
Bunter Gemüsetopf 64
Buntes Fischfilet 65
Burgunder Braten 66
Burgunder Hammel-Carré 66
Butterfisch 68
Cäcilies Filetplatte 71
Camembert à la maison 74
Camembert Toast 74
Canneloni mit Quark 75
Celler Schloßforellen 77
Champignon-Geschnetzeltes 79

Champignon-Steaks 81
Chateaubriand 82
Chateaubriand vom Grill 83
Chicorée belgische Art 85
Chicorée-Hähnchen 85
Chinakohl überbacken 87
Chinakohl-Roulade 89
Chinakohltopf 89
Chinesische Rühreipfanne 90
Chop Suey 91
Corned beef-Haschee 92
Curry-Lammragout 95
Dänische Fischklößchen 97
Dänische Frikadellen 98
Delikateß-Schnitte 99
Djuvec leichte Art 102
Dorschröllchen mit Pilzfüllung 103
Eier in Gelee 105
Eierfrikassee 107
Eintopf mit Schalentieren 110
Eintopf mit Tatarklößchen 110
Eisbergsalat mit Pfirsichen und Geflügel 111
Entrecôte double mit Grapefruit 116
Erbsenplatte gelb-grün 117
Estragon-Hähnchen 122
Farcierte Gurken 125
Fasan in Folie 126
Fasan Lothringen 127
Feinschmeckertopf 128
Fenchel-Steak 132
Filetpfanne 133
Filetsteak California 134
Filetsteak gegrillt 134
Filetsteak mit Rosenkohl 135
Filetsteakplatte 136
Fisch gegrillt 139
Fisch mit Zitrone 139
Fisch süß-sauer 140
Fischeintopf 141
Fischfilet portugiesisch 142
Fischfrikasse Matrosenart 143
Fischkotelett mit feiner Soße 143
Fischragout pikant 144
Fisch-Schaschlik 146
Fondue chinoise 153
Forelle blau 155
Frikandeau 157

Garnierter kalter Rehrücken 164
Gebeiztes Rumpsteak 167
Gedünstete Makrele 168
Gedünstetes Kalbshirn 168
Geflügelspieße 170
Gefüllter Blumenkohl 173
Gemüse-Eintopf 177
Gemüse-Risotto 177
Gemüsetopf Jochen 179
Genfer Steak 182
Genueser Salat 182
Glacierte Kalbsnuß Landvogtei 183
Goldbarsch gedünstet 184
Goldbarschfilet auf Spinat 185
Goldbarsch-Rouladen 186
Grillsteak gebeizt 190
Haferflocken-Kirsch-Auflauf 196
Hähnchen chinesisch 198
Hähnchen Hawaii 198
Hähnchen Marengo 199
Hähnchen mit Äpfeln 200
Hähnchen-Geschnetzeltes 201
Hasengulasch ungarisch 202
Hasenrücken mit Weißwein 202
Heidjerbraten 208
Heilbutt gekocht 208
Heilbutt mit Champignons 209
Heilbutt mit Gemüse 210
Heilbuttschnitte mit Tomaten 210
Hering gegrillt mit Kräuterbutter 212
Herz geschmort 214
Herzragout 215
Hirn auf Brokkoli 218
Hirn mit Ei überbacken 219
Hirschsteak Diana 220
Hirschsteak Hubertus 220
Hirschsteak mit Kirschen 221
Hühnerbrust Botschafterin Art 224
Hühnerbrust provenzalisch 225
Hühnertopf Hongkong 226
Hummer Scheveninger Art 228
Hummer-Ragout 229
Italienisches Kalbsröllchen 233
Italienisches Kalbsschnitzel 234
Italienische Leber 235
Jagdsteak 237
Jägertopf 237
Jambalaya 238
Jugoslawische Lendenschnitte 242
Kabeljau in Krabben-Soße 244
Kabeljaukotelett 245
Kalbfleisch Marengo 249
Kalbfleischklößchen in Weinsoße 250
Kalbsfilet Sevilla 251
Kalbsfrikassee 252
Kalbshaxe in Zitronensoße 253
Kalbsleber mit Früchten 254

Kalbsnierenbraten 254
Kalbsschnitzel Tessiner Art 255
Kalbssteak auf Reis 256
Kalbssteak California 257
Kalbssteak mit Schinken und Käse 258
Kalbszunge in Madeira 258
Kaninchenschnitzel 260
Kantalupe-Steak 260
Kapern-Schnitzel 261
Karpfen blau 262
Kartoffeln mit Käse überbacken 264
Käse-Kartoffeln 266
Kasseler mit Quark-Apfel-Soße 269
Kirschschnitzel 271
Königsberger Klopse 274
Krabben chinesisch 277
Kräuter-Fisch 281
Kräuter-Hähnchen 281
Kräuterkarpfen gegrillt 282
Kräuter-Kartoffeln 283
Kräuterschollen 284
Kräuterquark 284
Lachs Göteborg 286
Lachs in Weinsoße 286
Lachs vom Rost 287
Lammfleisch arabisch 288
Lammfleisch im Tontopf 289
Lammfleisch mit Gemüse 290
Lammspieß 291
Leber in Sojasoße 293
Leber mit Birnen 294
Leichter Auflauf 296
Lendenschnitte gefüllt 298
Linsen mit Thymian 299
Linsen-Gabeleintopf 300
Makrele Frühlingsart 304
Makrele mit Champignons 305
Mandarinen-Hähnchen 307
Marsala-Huhn 311
Matjes Hausfrauenart 312
Matjesteller Hafenbar 314
Mexikanische Pfanne 316
Miesmuscheln französische Art 317
Milchreis für Helmuth 318
Minutenfleisch vom Hirsch 320
Möhren mit Schweinefleisch 321
Möhrenpfanne 323
Nasi-Goreng 327
Navarra Hähnchen 328
Nieren mit Pfifferlingen 329
Norwegischer Fischpudding 330
Okraschoten überbacken 335
Olivenschnitzel 337
Omelett mit Spargel 337
Orangenhuhn Jürgen 341
Orangen-Kalbsbraten 341
Orientalische Lammschnitzel 343

Paëlla la Mancha 346
Paprikakäse 348
Paprikaschnitzel 348
Paradiesplatte 350
Pellkartoffeln mit Quark 351
Pfifferling-Roulade 352
Pfirsich-Heilbutt 353
Piccadilly-Kotelett 355
Pikante Käseplätzchen 357
Pilaw mit Hühnerleber 358
Pilaw mit Rosinen 359
Pilzauflauf Waldschänke 360
Provenzalischer Topf 363
Puterkeule mit Orangensoße 364
Puterleber mit Obst 364
Puter-Rollbraten 365
Puter-Sauerbraten 366
Puterschnitzel auf Gemüse 367
Putersteak Hubertus 368
Quarkklößchen mit Erdbeermark 372
Quark-Tatar 374
Rahmschnitzel 377
Ratatouille 378
Rebhühner Hennegau 379
Reh-Geschnetzeltes 380
Rehmedaillon mit Sauerkirschen 381
Rehragout 382
Rehrücken mit Birnen 383
Reiskuppel 383
Reisteller 387
Rheinischer Sauerbraten 389
Rinderbraten bayrische Art 390
Rinderschmorbraten 391
Rindfleischspieße Rodeo 394
Roastbeef 396
Rotbarsch überbacken 400
Rotzungenfilet delikat 405
Rührei holländische Art 405
Rührei mit Schinken 406
Rumpsteak Chez Pierre 407
Rumpsteak nach Art von Bordeaux 408
Sahnematjes 410
Salbei-Leber 414
Sauermilchkaltschale 418
Schellfisch mit Kräutern 418
Schellfisch mit Paprika 419
Schellfisch mit Spinatfüllung 420
Schinken in Gelee 422
Schinken-Honig-Steak 423
Schleie mit Eiersoße 424
Schnelles Abendbrot 425
Schnitzel mit Schinken 426
Scholle Blankeneser Art 427
Schollenfilet auf Paprika und Tomaten 428
Schwarzbrot-Auflauf 430
Schwarzwurzeln in Schinkensoße 430

Schwarzwurzeln überbacken 431
Schweinefilet mit Lauch 432
Schweinefilet Posthof 433
Schweinefilet Roulette 434
Schweinekotelett mit Biersoße 436
Schweinesteak flambiert 436
Schweizer Rindsroulade 437
Seelachs garniert 438
Seelachs überbacken 439
Seezunge Altonaer Art 439
Seezunge mit Gemüse 440
Senfbraten gegrillt 443
Serbisches Reisfleisch 444
Sherry-Schnitzel 445
Sirloin-Steak 445
Soufflé de volaille 449
Spargel Mornay 451
Spargel-Eier-Gemüse 452
Spezial-Gulasch 454
Spiegelei Jägerart 455
Spießchen mit Kalbsbratwurst 455
Spinat-Auflauf 458
Steak auf Cumberlandart 460
Steak mit Kräuterbutter 461
Steak vom Grill 461
Steinbutt spanische Art 462
Sülzkotelett garniert 463
Sylter Abendschmaus 465
Szegediner Geflügelgulasch 466
Tatar garniert 467
Tellerfleisch 470
Terrine mit Kalbfleisch und Pilzen 471
Toggenburger Hähnchen 472
Tokio-Steak 473
Tomaten-Auflauf 474
Tomaten-Eier 476
Tournedo mexikanisch 478
Trunkenes Hähnchen 479
Tunesischer Eintopf 480
Turiner Fenchelgemüse 481
Überbackenes Tatarbrötchen 483
Ungarisches Hammelkotelett 484
Ungarisches Kalbsschnitzel 485
Veras Gulasch 489
Verlorene Eier auf Spinat 491
Vitamin-Salatteller 493
Vlaardinger Innereien-Auflauf 494
Vogelnester 495
Wendischer Eintopf 499
Wiener Lungenbraten 500
Wildgulasch Hubertus 502
Wildschweinbraten 503
Wildschweinsteak Hannes 504
Wirsing-Eintopf 506
Wirsing-Tomaten-Topf 506
Würziger Kabeljau 507
Yahni 509

Zarte Buletten 511
Zebraschnitten 512
Z'nacht 516
Znaimer Gulasch 516
Zucchini-Pfanne 518
Zürcher Geschnetzeltes 519
Zürcher Leberspieße 521

Zwischenmahlzeiten

Ananaskraut 10
Apfel bosnisch 12
Appetithappen 17
Aprikosen-Auflauf 20
Aprikosen-Shake 23
Artischockenböden mit Käse 28
Artischockenböden mit Krabben 29
Artischockenböden mit Tatar 29
Bambussprossen-Salat 33
Bananen-Cocktail 34
Bananensalat Costa Rica 35
Berliner Salat 41
Birnensalat pikant 44
Bleichsellerie mit Dip 46
Blumenkohl-Birnen-Rohkost 49
Bratäpfel nordisch 58
Bückling in Rührei 62
Buttermilch-Auflauf 69
Calamares in pikanter Sauce 72
California-Cocktail 73
Caponata 76
Champignons und Fenchel überbacken 78
Champignonköpfe auf Mangold 80
Champignon-Schiffchen 81
Chicorée-Salat nach Gutsherrenart 86
Corned beef-Salat 93
Corn Mexican Style 94
Eier nach Königin Art 107
Eier-Paprika-Pfanne 108
Eierspeise Kardinal 109
Endiviensalat flämisch 114
Feierabendschnitten 128
Fenchel mit Quarkdips 130
Fleisch in Aspik 148
Fleischbrühe mit Brandteigkrapfen 150
Forelle in Gelee 156
Gebackene Tomaten 166
Gefüllte Paprikaringe 172
Grießgrütze russisch 189
Hausmacherkäse mit Erbsen 203
Heringscocktail 213
Honigmelone mit Dickmilch 222
Hummer-Cocktail 228
Joghurt mit Gurke und Tomate 239
Joghurt mit Paprika 241
Kabeljau-Imbiß 245

Käsecremeschnitten 266
Käsetoast ungarische Art 268
Käsetomaten 268
Kaviar-Krapfen 270
Krabben Balkan-Art 276
Krabben in Dillsoße 278
Kräuter-Eier 280
Lebercocktail 294
Leichtes Horsd'œuvre 297
Maiskolben gegrillt 303
Marine-Cocktail 308
Marinierte Heringe 309
Matjesröllchen 313
Melone mit Schinken 314
Möhren-Gurken-Rohkost 321
Nuß-Tatar 332
Orangen mit Oliven 339
Pikante Joghurtspeise 356
Pilz-Curry-Pfanne 361
Portugiesischer Imbiß 362
Quarkbecher 370
Rettich mit Roquefortsoße 387
Rindfleisch-Imbiß 392
Roquefort-Bleichsellerie 398
Sanddorn-Quark 415
Sanddornspeise 415
Schinken-Cocktail 423
Schokoquarkcreme 427
Schwedenhappen 432
Sellerie-Cocktail 442
Spargel-Toast 453
Tomaten-Cocktail 475
Ullas Toast 484
Zitronen pikant gefüllt 513
Zürcher Käseschnitten 520

Frühstück

Apfel-Müsli 15
Apfelquark mit Weizenkeimen 15
Baseler Frühstück 36
Berner Müsli 41
Frühstück excellent 161
Frühstück für Eßbewußte 163
Guten Morgen 195
Haferflocken-Müsli 197
Herbstliches Frühstück 211
Kakao-Frühstück 248
Knusperfrühstück 273
Kollath-Frühstück 273
Müsli mit Früchten 324
Oxford-Frühstück 345
Pamelas Frühstück 346
Sonntagsfrühstück 448
Zärtlicher Wecker 511

Suppen

Crème Vichyssoise 94
Felipes Bananensuppe 129
Fleischbrühe mit Gemüse 151
Fliederbeersuppe mit Grießklößchen 152
Gazpacho 165
Gelierte Orangenconsommé 174
Gemüsebouillon 175
Gemüsesuppe chinesisch 178
Grüne Krabbensuppe 190
Gulaschsuppe Piroschka 191
Gurken-Kartoffelsuppe 193
Gurkensuppe eisgekühlt 194
Hühnerbouillon mit Ei 224
Italienische Tomatensuppe 236
Kräuter-Bouillon 279
Reissuppe 386
Rotbarschsuppe 401
Schildkrötensuppe Lady Curzon 421
Toulouser Zwiebelsuppe 477
Würzige Käsesuppe 507
Zitronensuppe Fernando 515

Salate und Beilage

Allerlei-Salat 8
Ananas-Salat auf Äpfeln 11
Apfelsalat pikant 16
Bulgarische Paprikaschoten 63
Bunter Salat 64
Butterbohnen 68
Carolinen-Salat 76
Champignons provenzalische Art 78
Chinakohl kalt 87
Chinakohlgemüse 88
Dicke Bohnen in Milchsoße 100
Dicke Bohnen mit Paprika 101
Eisbergsalat 111
Endiviensalat in Kräutersoße 115
Endiviensalatplatte 115
Erbsen mit Spargel 117
Erbsensalat 118
Eugenia-Salat 123
Fenchel italienische Art 130
Fenchel-Rohkost 131
Fischsalat grün-weiß 145
Fleisch mit Quarksoßen 149
Fleischsalat 151
Folienkartoffeln 153
Fondue-Dips 154
Frühlingssalat 161
Geflügelsalat 169
Griechischer Salat 188
Gurken-Ananas-Salat 192
Gurken-Paprika-Salat 193
Hawaii-Salat 204
Ingwerreis 232
Ingwer-Sauerkraut 232
Insulinde-Salat 232
Kartoffeln Columbine 263
Käsesalat 267
Kopfsalat Elisabeth 275
Kopfsalat mit Früchten 275
Kopfsalat Pyrmonter Art 276
Lauch gedünstet 291
Lauchsalat 292
Leichter Kartoffelsalat 296
Lorenzo-Salat 300
Mailänder Reis 302
Maissalat 304
Marinierte Radieschenfächer 310
Obstsalat chinesisch 334
Orangen-Sauerkraut 343
Otto-Salat 344
Paprikagemüse römisch 347
Paprikaschoten überbacken 349
Pfifferlinge gebraten 352
Radieschen-Salat 376
Rahm-Gurken-Salat 376
Räucherfisch-Salat 378
Reissalat Tante Kitty 384
Rettichsalat 388
Rindfleisch-Salat 393
Risi-Bisi 395
Roher Champignonsalat 397
Rosenkohl mit Bananen 399
Rosenkohl mit Kastanien 400
Rote-Bete-Gemüse 402
Rote-Bete-Salat 403
Salat Aida 410
Salat Globus 412
Salat Montblanc 412
Salat Rapunzel 413
Sauerkraut-Salat 416
Sauerkraut-Salat mit Schinken 417
Sellerie in Zitronensoße 441
Sellerie-Salat mit Schinken 442
Sojakeimsalat mit Mandarinen 447
Sommersalat 448
Spargel mit Eiercreme 450
Spargel überbacken 451
Spargel-Champignon-Salat 452
Spinat mit Grilltomaten 456
Spinat überbacken 457
Stangensellerie überbacken 459
Teltower Rübchen 470
Tomaten gegrillt 474
Türkisches Auberginen-Gemüse 482
Ungarisches Kartoffelpaprikasch 486
Valeskas Eisbergsalat 488
Wachsbohnensalat Gerti 497
Waldorfsalat leichte Art 498
Wirsing gedämpft 505

Ziegenkäse-Salat 513
Zucchini mit Walnüssen 517

Soßen und Dips

Essig-Kräuter-Soße 121
Estragon-Dip 122

Desserts und Backwerk

Ananas-Erdbeerschale 10
Apfelkuchen 14
Aprikosenbecher 21
Aprikosen-Fruchtsalat 22
Birnen mit Hagebutten 42
Birnendessert Baronesse 42
Birnengelee 43
Biskuitrolle 44
Blitzkuchen mit Äpfeln 47
Brandteig-Ringe 56
Bratäpfel gegrillt 58
Brombeer-Birnen 62
Cheese Cake 84
Diplomatenkuchen 101
Elfenspeise 114
Erdbeeren mit Vanillesoße 119
Erdbeer-Bananen-Salat 119
Erdbeercreme 120
Erdbeergelee 120
Flammeri mit Haselnüssen 146
Flammeri von Grieß 147
Flammeri von Kirschen 148
Fruchtgelee 158
Fruchtsalat Garda 159
Fruchtsalat mit Nüssen 159
Gefüllte Birne 171
Gefüllte Honigmelone 172
Gelee-Orangen 174
Grapefruit pikant gefüllt 187
Haferflocken-Makronen 197
Hefe-Mandelkranz 205
Heidelbeerkuchen vom Blech 206
Heidelbeer-Törtchen 207
Herzogenkragen 214
Himbeeren mit Vanilleschaum 216
Himbeer-Soufflé 217
Honigmelone gefüllt 223
Ingwerbirnen 231
Julias Aprikosen-Eis 243
Kaffeecreme 247
Kaffee-Schaumspeise 247
Kirschspeise 270
Kiwibecher 272
Makronen 306
Mandarinenquark 308
Melonenkaltschale 316
Mint-Quark-Creme 320

Möhrenkuchen 322
Mokkacreme-Brandy 324
Mokkagelee 324
Mokkakuchen 325
Obsttorte 334
Orangendessert 339
Orangen-Früchtegelee 340
Orangensalat Badhotel 342
Pflaumenpudding 354
Pflümli-Wähe 355
Quark-Apfeltorte 370
Quark-Birnen 371
Quark-Fruchttorte 371
Quark-Kuchen 373
Quark-Törtchen 374
Quark-Vanillecreme Hannelore 375
Rhabarber-Schichtspeise 389
Ringelzopf 395
Rote Grütze 403
Rotweingelee 404
Rotweingelee mit Banane 404
Sagoflammeri mit Himbeeren 409
Schneeberg geeist 425
Slim-Cake 446
Tee-Creme 468
Trauben-Biskuitauflauf 479
Vanille-Apfel 488
Vanillecreme 489
Verhüllte Birnen 491
Versteckte Ananas 492
Weinschaumsoße auf Williamsbirnen 498

Getränke

Florida Shake 153
Frische Brise 158
Grapefruit Cobbler 186
Gurkenbowle 192
Ingwer-Drink 231
Joghurt-Getränk pikant 241
Kardinal 262
Lebenswecker 292
Sangria 416
Tee-Früchte-Bowle 469
Tim Frazer 472
Tomatendrink 476
Waldorf-Cooler 497
Yale-Cocktail 510
Zitronen-Cobbler 514
Zitronen-Eistee mit Pfefferminz 515

Ernährungskunde

Alkohol 8
Apfel 12

Aprikosen 22
Artischocken 26
A-Vitamin 31
Bier 42
Blutdruck 50
Blutzucker 51
Brot 60
Broteinheiten 61
Butter 67
Buttermilch 69
B-Vitamine 70
Calcium 72
Chicorée 84
Cholesterin 91
C-Vitamin 95
Diabetiker-Diät 99
D-Vitamin 103
Eier 105
Eisen 112
Eiweiß 112
E-Vitamin 124
Fett und Fettsäuren 133
Fisch 138
Fruchtzucker 160
Frühstück 162
Gallenschutzkost 165
Geflügel 169
Gemüse 176
Gewürze 180
Grieß 188
Grillen 189
Haferflocken 196
Hefe 205
Herz 213
Herzschutzkost 216
Hirn 218
Honig 222
Hülsenfrüchte 227
Hummer 227
Insulin 233
Joghurt 240
Joule 242
Kaffee 246
Kakao 248
Kalbfleisch 249
Kalium 259
Kalorie 259
Kartoffeln 264

Käse 265
Knoblauch 272
Kohlenhydrate 273
Krabben 277
Kräuter 279
Lammfleisch 288
Leber 293
Leberschutzkost 295
Magenschutzkost 302
Magnesium 303
Margarine 309
Mayonnaise 315
Milch 319
Mineralstoffe 319
Natrium 328
Nieren 329
Nierenschutzkost 330
Nüsse 331
Obst 333
Öl 336
Pflanzenfett 354
Phosphor 356
Pilze 360
Quark 369
Reis 385
Rindfleisch 392
Rohkost 398
Sahne 409
Salatgemüse 411
Salz 414
Sauerkraut 416
Schokolade 426
Schonkost 429
Schweinefleisch 435
Soja 447
Spurenelemente 459
Süßstoff 465
Tee 468
Ungesättigte Fettsäuren 486
Vitamine 493
Vollkorn 495
Wein 499
Weizenkeime 501
Wild 502
Zucchini 517
Zucker 519
Zuckeraustauschstoffe 519
Zwischenmahlzeit 521